www.ingramcontent.com/pod-product-compliance
Lightning Source LLC
Chambersburg PA
CBHW080537230426
43663CB00015B/2626
* 9 7 8 6 0 0 9 5 3 0 2 3 6 *

بسم الله الرحمن الرحیم

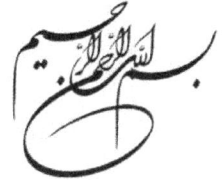

A Commentary on the Mathnavi

A Fresh Approach to the Foundations of Theoretical Mysticism

Vol. IIII

Authur : Nahid Abghari

2016

۳۸۵۲ **او محک می‌خواهد، امّا آنچنان[1] که نگردد قلبیِ او زآن عیان**

او مشتاق سنگ محک هست؛ امّا محکی که تقلّبی بودن او را آشکار نکند.

۳۸۵۳ **آن محک، که او نهان دارد صفت نی محک باشد، نه نورِ معرفت**

محکی که خالصی و یا ناخالصی را تعیین نکند، محک نیست و نور معرفت ندارد.

۳۸۵۴ **آینه، کو عیبِ رُو دارد نهان از برای خاطرِ هر قَلْتَبان[2]**

آینه‌ای که به خاطرِ هر بی‌غیرتی عیبِ چهره را مخفی کند،

۳۸۵۵ **آینه نَبْوَد، منافق باشد او این چنین آینه، تا توانی[3] مجو**

آینه نیست، منافق است. هرگز خواهان چنین آینه‌ای نباش.

۱ - محکی که خود هم تقلّبی باشد. ۲ - **قَلْتَبان**: بی غیرت، بی ناموس. ۳ - توانی را «تانی» بخوانید.

ناهید عبقری

شرح

مثنوی

معنوی

دفتر چهارم

با نگاهی تطبیقی به مبانی عرفان نظری

سرشناسه : عبقری، ناهید، ۱۳۳۱ -
عنوان قراردادی : مثنوی. شرح
عنوان و نام پدیدار : شرح مثنوی معنوی (با نگاهی تطبیقی به مبانی عرفان نظری) /ناهید عبقری.
مشخصات نشر : مشهد: بانگ نی، ۱۳۹۴ -
مشخصات ظاهری : ج.
شابک : دوره 978-600-95302-6-7: ؛ 978-600-95302-3-6: ج. ۴ ؛
وضعیت فهرست‌نویسی : فیپا
موضوع : مولوی، جلال‌الدین محمد بن محمد، ۶۰۴ - ۶۷۲ ق. مثنوی -- نقد و تفسیر
موضوع : شعر فارسی -- قرن ۷ ق. -- تاریخ و نقد
شناسه افزوده : مولوی، جلال‌الدین محمد بن محمد، ۶۰۴ - ۶۷۲ ق. مثنوی. شرح
رده‌بندی کنگره : ۱۳۹۴ ۴ش ۲۶ ع/۵۳۰۱ PIR
رده‌بندی دیویی : ۸فا۱/۳۱
شماره کتابشناسی ملی : ۴۱۰۶۸۲۸

نام کتاب : شرح مثنوی معنوی (با نگاهی تطبیقی به مبانی عرفان نظری) دفتر چهارم
نویسنده : ناهید عبقری
ویراستار : عفت‌السّادات شهیدی
ویراستار : زهرا رحمانی
ویراستار : نسیم نیک‌پور
حروف‌چینی و صفحه‌آرایی : اسد احمدی
طراح جلد : نسیم نیک‌پور
چاپ : دقت
نوبت چاپ : اول / ۱۳۹۵
شمارگان : ۲۰۰۰
شابک : ۹۷۸-۶۰۰-۹۵۳۰۲-۳-۶
شابک دوره : ۹۷۸-۶۰۰-۹۵۳۰۲-۶-۷
تعداد صفحات : ۵۶۰ صفحه وزیری
بها : ۵۰۰۰۰ تومان (دورهٔ ۶ جلدی ۳۵۰۰۰۰ تومان)
ناشر : بانگ نی e-mail : info@bangeney.ir

مرکز پخش: انتشارات بانگ نی، مشهد، هنرستان ۵، پلاک ۲۴، تلفن ۳۸۶۷۳۳۱۳ ۰۵۱ تلفکس ۳۸۶۷۳۱۲۹ ۰۵۱
سایت: bangeney.ir کانال در تلگرام: @bangeney ارتباط با ما در تلگرام: @bangeney2

بسم الله الرّحمن الرّحيم

اَلطَّعْنُ الرّابِعُ إلیٰ أَحْسَنِ المَرابِعِ وَأَجَلِّ المَنافِعِ تَسُرُّ قُلُوبُ العارِفينَ بِمُطالَعَتِهِ كَسُرُورِ الرِّياضِ بِصَوْتِ الغَمامِ وَ أُنْسِ العُيُونِ بِطيبِ المَنامِ، فِيهِ ارْتِياحُ الأَرْواحِ وَ شِفاءُ الأَشْباحِ، وَ هُوَ كَما يَشْتَهيهِ المُخْلِصُونَ وَ يَهْوَوْنَهُ وَ يَطْلُبُهُ السّالِكُونَ وَ يَتَمَنَّوْنَهُ، لِلْعُيُونِ قُرَّةٌ، وَ لِلنُّفُوسِ مَسَرَّةٌ، أَطْيَبُ الثِّمارِ لِمَنْ اجْتَنیٰ و أَجَلُّ المُراداتِ وَ المُنیٰ، مُوصِلُ العَليلِ إلیٰ طَبيبِهِ وَ هادِی المُحِبِّ إلیٰ حَبيبِهِ وَ هُوَ بِحَمْدِالله مِنْ أَعْظَمِ المَواهِبِ وَ أَنْفَسِ الرَّغائِبِ، مُجَدِّدُ عَهْدِ الأُلْفَةِ، مُسَهِّلُ عُسْرِ أَصْحابِ الكُلْفَةِ، يَزيدُ النَّظَرُ فيهِ أَسَفاً لِمَنْ بَعُدَ وَ سُرُوراً وَ شُكْراً لِمَنْ سَعِدَ، تَضَمَّنَ صَدْرُهُ ما لَمْ يَتَضَمَّنْ صُدُورُ الغانِياتِ مِنَ الحُلَلِ، جَزاءً لِأَهْلِ العِلْمِ وَالعَمَلِ، فَهُوَ كَبَدْرٍ طَلَعَ وَ جَدٍّ رَجَعَ زائِدٌ عَلیٰ تَأْميلِ الآمِلينَ، زائِدٌ لِرَوْدِ العامِلينَ، يَرْفَعُ الأَمَلَ بَعْدَ انْخِفاضِهِ وَ يَبْسُطُ الرَّجاءَ بَعْدَ انْقِباضِهِ، كَشَمْسٍ أَشْرَقَتْ مِنْ بَيْنِ غَمامَةٍ تَفَرَّقَتْ، نُورٌ لِأَصْحابِنا وَ كَنْزٌ لِأَعْقابِنا، وَ نَسْأَلُ اللهَ التَّوفيقَ لِشُكْرِهِ فَإِنَّ الشُّكرَ قَيْدٌ لِلْعَتيدِ وَ صَيْدٌ لِلْمَزيدِ، وَ لا يَكُونُ إلاّ مايُريدُ،

وَ مِمّا شَجانی أَنَّنی كُنْتُ نائِماً — أُعَلَّلُ مِنْ بَرْدٍ بِطيبِ التَّنَسُّمِ

إلیٰ أَنْ دَعَتْ وَرْقاءُ فی غُصْنِ أَيْكَةٍ — تُغَرِّدُ مَبْكاها بِحُسْنِ التَّرَنُّمِ

فَلَوْ قَبْلَ مَبْكاها بَكَيْتُ صَبابَةً — لِسُعْدیٰ شَفَيْتُ النَّفْسَ قَبْلَ التَّنَدُّمِ

وَ لٰكِنْ بَكَتْ قَبْلی فَهَيَّجَ لی البُكا — بُكاها فَقُلْتُ الفَضْلُ لِلْمُتَقَدِّمِ

رَحِمَ اللهُ المُتَقَدِّمينَ وَ المُتَأَخِّرينَ وَ المُنْجِزينَ و المُتَنَجِّزينَ بِفَضْلِهِ وَ كَرَمِهِ وَ جَزيلِ آلائِهِ وَ نِعَمِهِ، فَهُوَ خَيْرُ مَسْؤُولٍ وَ أَكْرَمُ مَأْمُولٍ، وَاللهُ خَيْرٌ حافِظاً وَ هُوَ أَرْحَمُ الرّاحِمينَ وَ خَيْرُ المُونِسينَ وَ خَيْرُ الوارِثينَ وَ خَيْرُ مُخْلِفٍ رازِقٍ لِلْعابِدينَ الزّارِعينَ الحارِثينَ، وَ صَلَّی اللهُ عَلیٰ مُحَمَّدٍ وَ عَلیٰ جَميعِ الأَنْبِياءِ وَ المُرْسَلينَ، آمينَ يا رَبَّ العالَمينَ.

به نام خداوند بخشندهٔ مهربان

این سَفَرِ چهارم[1] به سوی بهترین منزل‌ها[2] و ارجمندترین بهره‌های معنوی است. دل عارفان با مطالعهٔ آن شاد و آرام می‌شود، همان‌گونه که باغ‌ها از ریزش قطره‌های باران شادمان می‌شوند و دیدگان[3] از خوابِ خوش آرام می‌گیرد. مایهٔ راحت جان‌ها و شفای بدن‌هاست. همان‌گونه است که انسان‌های پاک‌نهاد می‌خواستند و سالکان طالب و آرزومند آن بودند. سبب روشنیِ دیده‌ها و مایهٔ شادی جان‌هاست. برای کسی که از آن بهره ببرد پاکیزه‌ترین میوه‌ها و والاترین خواسته‌ها و آرزوهاست. بیمار را به طبیب و عاشق را به معشوق می‌رساند. سپاس خداوند را که این دفتر از بزرگ‌ترین موهبت‌ها و گران‌بهاترین عطیّه‌هاست. تجدیدکنندهٔ روزگار وصل و آسان‌کنندهٔ سختی‌های سختی‌کشیدگان است.

نگریستن به آن بر تأسّف کسی که دور است، می‌افزاید و موجب افزایش شادی و سپاسِ سعادتمند است. سینه‌اش به چنان زیورهایی آراسته شده که سینهٔ زنان نیز بدان آراسته نشده است. پاداشی است برای اهل علم و عمل. این دفتر همانند ماهِ تمامی است که طالع شده و اقبال رفته‌ای است که باز آمده. همان بختی است که آرزوی آرزومندان را می‌افزاید و پیشاهنگ طلب عاملان است. آرزوی خفته را بر می‌انگیزد و امید مُرده را گشایش می‌دهد. بسان خورشیدی است که از میان ابرهای پراکنده پرتو می‌افشانَد. نوری است برای یاران ما و گنجینه‌ای برای فرزندان ما.

از خداوند توفیق آرزو می‌کنیم تا سپاس آن را به ما ارزانی دارد؛ زیرا شکر همانند زنجیری است که نعمت موجود را نگه می‌دارد و نعمت افزون‌تر را صید می‌کند.[4] هیچ چیز جز آنکه خدا بخواهد، انجام نمی‌پذیرد.

---

۱ - سَفَرِ چهارم : دفتر چهارم، هر یک از دفاتر سَفَری روحانی است.

۲ - منزل‌ها : مراد سیر و سلوک و گذشتن از اطوار مختلف یا وادی‌های متفاوت باطنی است؛ زیرا انسان به اعتبار باطن دارای هفت بطن است. ر.ک: ۳۵۱۳/۱.

۳ - دیدگان ظاهری و باطنیِ عارفان و سالکان از ادراکِ برترِ حقایق آرامش می‌یابد.

۴ - اشارتی قرآنی؛ ابراهیم: ۷/۱۴.

از جمله [1] چیزهایی که مرا اندوهگین کرد، یکی این بود که خوابیده بودم. هوا خوش بود، نسیم لطیف عطرآگین مرا به خواب فرو برده بود تا آنکه کبوتر سبزرنگی که بر شاخهٔ درخت جنگلی نشسته بود، با ترنّم خود مرا فراخواند.

آواز می‌خواند و گریه‌اش نوای دلکشی داشت.
اگر پیش از گریستن او من به خاطر معشوقی [2] می‌گریستم،
دلم را پیش از پشیمانی آرامش می‌دادم؛
امّا او پیش از من گریست و گریه‌اش مرا هیجان‌زده و گریان کرد،
و من گفتم که برتری از آنِ پیشی‌گیرنده است.

خداوند به فضل و کَرَم و نعمت‌های فراوان خویش پیشینیان و پسینیان، وفاداران به عهد و آنان را که خواهان وفاداری‌اند رحمت کناد؛ زیرا او گرامی‌ترین کسی است که از او درخواست شود و به او امید رَوَد. خدا بهترین نگهدار و مهربان‌ترینِ مهربانان است و بهترینِ مونسان و وارثان و بهترینِ عوض‌دهندگان بر عابدانی است که [در مزرعهٔ دنیا] زراعت می‌کنند. درود خدا بر محمّد و جمیع پیامبران و رسولان. آمین یا ربّ العالمین.

---

۱ - ابیات عربی در کامل المبرّد، ص ۵۰۴ آمده است. سرایندهٔ آن عدیّ بن الرِقاع عاملی است. شاعری که در قرن اوّل هجری در دمشق می‌زیست. با استفاده از: مثنوی مولوی، ج ۴، ص ۱۴۱۰.
مولانا با آوردن این ابیات در دیباچهٔ دفتر چهارم در واقع «نفخهٔ فیض حق» و همچنین «مثنوی» را همانند نغمهٔ کبوتری می‌یابد که عاشق خفته را بیدار و از عشقِ حق مشتاق و گریان می‌کند.
۲ - این معشوق سُعْدیٰ نام دارد. برای سالک یا عارف معشوق سرمدی است.

مجلّد چهارم هم از مثنوی

در ابیات آغازین دفتر چهارم نیز همان‌گونه که از ابتدایِ دفتر اوّل شاهد آن بودیم، حُسام‌الدّین چلبی[1] مخاطب خاصّ مثنوی و الهام دهندهٔ نظم آن است و با لقب «**ضیاء الحق**» نامیده و ستایش می‌شود و مولانا ذکر این نکته را ضروری می‌یابد که به همّت عالی اوست که مثنوی در پویش و رویش است.

در شروعِ این دفتر، مثنوی همانند موجودی زنده به تصویر کشیده می‌شود که رشد و کمال خویش را مدیون حُسام‌الدّین چلبی می‌داند و از این بابت هزاران شکر دارد و خالصانه دعاگوی اوست.

در اینجا هم لبهٔ تیز حمله و طعن متوجّه کسانی است که پویش و افزایش مثنوی را می‌بینند؛ امّا از سر حسد و بغض نقش حُسام‌الدّین چلبی را در پیدایش و بالندگی آن مُنکر می‌شوند؛ بنابراین باز هم به کوری چشم حاسدان، حُسام‌الدّین، «ضیاءالحق» خطاب می‌شود و از وی درخواست می‌گردد تا همان‌گونه که خورشید از فلک چهارم طالع شده است، وی نیز که ضیاءالحق است بر دفتر چهارم طالع شود و نورافشانی کند.

همچنین یادی از طَعّانهٔ مثنوی نیز هست که آن را «افسانهٔ نژند» و «اساطیر الاوّلین» خوانده بود و اینکه در پاسخ طَعّانه، مثنوی باز هم به رود نیل مانند می‌شود که برای قبطی خون و برای سبطی آبی گواراست.

---

۱ - **چلبی** : لقبی در تداول تُرک‌زبانان آسیای صغیر به معنی «سیدی»، خواجه، سرور.

۱ **ای ضیاءُ الحق حُسام الدّین! تـوی — که گذشت از مَهْ بـه نـورت مـثنوی**

ای ضیاءالحق حُسام‌الدّین، تو آن انسانِ کاملِ منوّری هستی که مثنوی در پرتو انوارت از ماه هم درخشان‌تر شده است.

۲ **هـمّتِ[۱] عـالیِ تـو ای مُـرتَجا[۲]! — مـی‌کَشد ایـن را، خـدا دانـد کـجا**

ای تکیه‌گاه روحانی و معنوی، خدا می‌داند که همّت والای تو که موجب پویش مثنوی است آن را به چه مرتبه‌ای از رفعت خواهد رسانید.

۳ **گـردنِ ایـن مـثنوی را بسته‌ای — مـی‌کَشی آن سوی کـه دانسـته‌ای**

مثنوی در اختیارِ توست و آن را به هر سو که بخواهی می‌کشانی.

۴ **مـثنوی پـویان[۳]، کَشـنده نـاپدید — ناپدید از جاهلی کِش نیست دیـد**

مثنوی به پیش می‌رود؛ امّا کشندهٔ آن ناپیداست؛ البتّه جاهلِ بی‌بصیرت جاذب نهانی آن را نمی‌تواند ببیند.

۵ **مـثنوی را چـون تـو مـبدأ بـوده‌ای — گر فـزون گـردد تُـو اَش افـزوده‌ای**

چون اشتیاق تو سبب شروع مثنوی شد؛ پس اگر تطویل یابد، تو آن را افزوده‌ای.

۶ **چون چنین خواهی، خدا خواهد چنین — مـی‌دهد حـق آرزویِ مُـتّقین[۴]**

چون تو چنین می‌خواهی، خدا نیز چنین می‌خواهد و امید پرهیزکاران را بر می‌آوَرَد.

۷ **کـانَ لِـلّه[۵] بـوده‌ای در مـامَضیٰ[۶] — تـا کـه کـانَ اللّهُ پـیش آمـد جـزا**

تو همواره در جهت رضای حق گام برداشته‌ای، خداوند هم به پاداش آن، خواسته‌ات را برآوَرد.

۸ **مثنوی از تـو هـزاران شُکـر داشت — در دعا و شُکر، کَفْ‌ها[۷] برفراشت[۸]**

مثنوی از تو هزاران شکر و سپاس دارد و برای تشکّر دست به دعا برداشته است.

---

۱ - **همّت:** قصد و اراده، نفوذ روحانی مرشد در مرید و امداد باطنی.

۲ - **مُرتجا:** مُرْتَجیٰ، امید داشته شده، تکیه‌گاه روحانی و معنوی. ۳ - **پویان:** روان.

۴ - اشارت قرآنی؛ ابراهیم: ۷/۱۴: ر.ک: ۹۴۴/۱. ۵ - اشاره به حدیث: ر.ک: ۱۹۴۸/۱.

۶ - **مامَضیٰ:** آنچه گذشت.

۷ - مثنوی رشد و کمال خود را مدیون حُسام‌الدّین چلبی می‌داند و از این بابت همانند بنده‌ای شاکر، سپاس و شکر می‌گوید و خالصانه دعاگوست.

۸ - اشارتی قرآنی؛ ابراهیم: ۷/۱۴: ...لَئِن شَکَرْتُمْ لَأَزِیدَنَّکُمْ...: اگر شکر کنید بر نعمت شما می‌افزایم.

در لب و کَفَّش، خدا شکرِ تو دید   فضل کرد و لطف فرمود و مَزید ۹

چون خداوند دید که مثنوی سپاسگزار توست، لطف فرمود و بر عنایت خویش افزود.

زانکه شاکر را زیادت وعده است   آنچنانکه قُربْ مزدِ سجده است ۱۰

زیرا حق تعالی وعده فرموده است که بر نعمت شاکر می‌افزاید، همان‌طور که قُرب حق، پاداش ساجدان است.

گفت: وَٱسْجُدْ وَٱقْتَرِبْ[1] یزدانِ ما   قُربِ جان شد سجدهٔ اَبدانِ ما ۱۱

پروردگار ما فرمود: «*سجده‌کن تا به خدا نزدیک شوی*». سجدهٔ جسم ما سبب نزدیک شدن جان ماست.

گر زیادت می‌شود زین رو بُوَد   نه از برای بَوْش[2] و های و هو[3] بُوَد ۱۲

اگر مثنوی تطویل می‌یابد به سبب شکرگزاری اوست. ازدیاد آن برای خودنمایی و شهرت‌طلبی یا لاف‌زنی نیست.

با تو ما، چون رَز[4] به تابستان، خَوشیم   حکمْ داری، هین بکَش تا می‌کَشیم ۱۳

همان‌طور که باغ انگور در تابستان خوش و شاداب است، ما نیز در پرتو تابش انوار روحانی تو که مشتاق جوشش معارف و معانی از چشمه‌های دل ماست، خوش هستیم؛ پس حُکم از آن توست، بکش تا بکشیم؛ یعنی ما را هر جایی که می‌خواهی، ببر.

خوش بکش این کاروان را تا به حج   ای امیرِ صَبْرُ مِفْتَاحُ الفَرَجْ! ۱۴

ای مظهرِ صبرِ نجات دهنده، با شادمانی این کاروان ابیات و معانی را تا رسیدن به کمال مطلوب بکشان.

حج زیارت کردنِ خانه بُوَد   حجِّ ربُّ ٱلبَیْت مردانه بُوَد ۱۵

حجّ، زیارت خانهٔ خداست؛ امّا زیارت صاحبِ آن خانه و رسیدن به کمال کار مردان حق است.

---

۱ - اشارت قرآنی؛ عَلَق: ۱۹/۹۶: ر.ک: ۳۶۲۱/۱ و ۱۲۷/۳.   ۲ - **بَوْش**: خودنمایی.
۳ - **های و هو**: سروصدا و آوازه و شهرت‌طلبی.   ۴ - **رز**: درخت انگور، اینجا باغ انگور.

۱۶ **زآن ضیا گفتم حُسام‌الدّین! تو را — که تو خورشیدی و این دو وصف‌ها**

ای حُسام‌الدّین، تو را «ضیاءالحق» خطاب کردم؛ زیرا محلِّ ظهور خورشید حقایق هستی و این دو؛ یعنی «ضیا» و «حُسام» از اوصاف توست.

۱۷ **کین حُسام[1] و این ضیا[2] یکّی‌ست هین — تیغ خورشید از ضیا باشد یقین**

زیرا «حُسام» و «ضیا» هر دو یکی است؛ یعنی تیغ خورشید از ضیاء اوست.

۱۸ **نورْ از آنِ ماه باشد، وین ضیا — آنِ خورشید، این فرو خوان از نُبا[3]**

«نور» به ماه تعلّق دارد و «ضیا» به خورشید، این نکته را در قرآن بخوان.

۱۹ **شمس را قرآن ضیا[4] خواند ای پدر — و آن قمر را نور خواند، این را نگر[5]**

ای پدر، توجّه کن که قرآن، خورشید را ضیا و ماه را نور خوانده است.

۲۰ **شمس چون عالی‌تر آمد خود ز ماه — پس ضیا از نور افزون دان به جاه[6]**

چون خورشید در مرتبه‌ای بالاتر از ماه قرار دارد؛ پس مرتبهٔ «ضیا» هم از «نور» بالاتر است.

۲۱ **بس کس اندر نورِ مَهْ مَنْهَج[7] ندید — چون بر آمد آفتاب، آن شد پدید**

بسیاری از مردم در پرتو نور ماه نمی‌توانند راه را بیابند؛ ولی با طلوع خورشید راه را می‌یابند.

۲۲ **آفتاب اَعْواض[8] را کامل، نمود — لاجرم بازارها در روز بود**

چون نور خورشید شأن و بهایِ هر چیز و هر کالایی را نشان می‌دهد، ناچار داد و ستدِ بازارها در روز انجام می‌شود.

۲۳ **تا که قلب و نقدِ نیک آید پدید — تا بُوَد از غَبْن[9] و از حیله بعید**

تا سکّهٔ تقلّبی یا خالص به خوبی شناخته شود و همه از زیان در داد و ستد در امان باشند.

---

۱ - **حُسام** : تیغ، شمشیر.

۲ - اینکه مولانا، حُسام‌الدّین را «ضیاءالحق» می‌خوانَد، در حقیقت این معنا را تأکید می‌کند که چون ضیا چیزی جز نور شمس نیست، ضیاءالحق نیز پرتوی از نور شمس‌الحق به شمار می‌آید. ۳ - **نُبا** : ممالِ نُبی، قرآن.

۴ - **ضیاء** : روشنی. اشارتی قرآنی؛ یونس : ۵/۱۰ : هُوَ الَّذی جَعَلَ الشَّمْسَ ضِیاءً وَالْقَمَرَ نوراً...: اوست کسی که خورشید را روشن و ماه را تابان کرد.

۵ - مراد آن است که نور خورشید، امری ذاتی است و نور ماه ذاتی نیست بلکه عَرَضی است.

۶ - اشاره به مقام روحانی و معنوی حُسام‌الدّین که انسانِ کاملِ مکمل است. ۷ - **مَنْهَج** : راه و روش.

۸ - **أعْواض** : جمع عِوَض، چیزی به جای چیز دیگری، بدل. ۹ - **غَبْن** : زیان در خرید و فروش.

۲۴ **تا کـه نـورش کـامل آمـد در زمـین   تـــاجران را، رَحْـمَةً لِـلعالمین**[۱]

روشنیِ نور خورشید در روز برای تجارت‌پیشگان مایهٔ رحمت است، همان‌گونه که روح منوّر پیامبر(ص)، «**رَحْمَةً لِلعالَمین**» است.

۲۵ **لیک بر قَلّاب[۲] مبغوض[۳] است و سخت   زآنک از او شد کاسد[۴] او را نقد و رخت**[۵]

امّا آفتاب تابناک برای شخص متقلّب ناخوشایند است؛ زیرا با نور خـورشید نـقدینه و کالای او از رونق می‌افتد.

۲۶ **پس عدوِّ جانِ صرّاف است[۶] قلب   دشمن درویش کِه بْوَد غیر کَلْب**[۷] **؟**

بنابراین هر چیز تقلّبی با محک که سببِ افتراق حق و بـاطل است، دشـمنی مـی‌ورزد، همان‌طور که دشمن درویش هیچ کس جز سگ‌صفتِ بی‌مایه نیست.

۲۷ **انـبیا بـا دشـمنان بـر مـی‌تَنَند[۸]   پس مـلایک رَبِّ سَـلِّمْ[۹] مـی‌زنند**

پیامبران با معاندان مبارزه می‌کنند و فرشتگان دست به دعا بر می‌دارند که پـروردگارا! آنان را به سلامت دار.

۲۸ **کین چراغی را که هست او نورِکار   از پُف و دَم‌هایِ[۱۰] دزدان[۱۱] دور دار**

این چراغِ هدایت را از نَفَس و نَفْسِ منکران و معاندان در امان بدار.

۲۹ **دزد و قَلّاب است خـصمِ نـورْ بَس   زین دو ای فـریادرس! فـریاد رس**

ای خداوند دادرس، کافران و متقلّبان دشمن نور هدایت هستند. از دست این دو به فریاد ما برس.

۳۰ **روشـنی بـر دفـترِ چـارم بـریز   کآفتاب از چرخِ چارم[۱۲] کرد خـیز**

ای حُسام‌الدّین، همان‌گونه که آفتاب از فلک چهارم طالع شده است تو نیز بسان خورشید بر دفتر چهارم مثنوی، طالع شو و آن را روشنی ببخش.

---

۱ - **رَحْمَةً لِلعالَمین** : انبیاء: ۱۰۷/۲۱، ر.ک: ۱۸۰۵/۳ و ۴۴۸۰/۳. اشاره به انسان کامل مکمل در مقام مرشد روحانی است که در پرتو تابش انوار لطف و هدایت او، مرید می‌تواند حق را از باطل تمییز دهد.
۲ - **قَلّاب** : کسی که سکّه‌های تقلّبی می‌سازد، نیرنگ‌باز و مکّار.
۳ - **مبغوض** : مورد بغض و خشم واقع شده.   ۴ - **کاسد** : کساد و بی‌رونق.
۵ - **نقد و رخت** : همهٔ نقدینه و متاع و کالا.
۶ - **صرّاف** : کسی که پول‌ها را می‌شناسد و آن‌ها را تبدیل می‌کند، مراد مرد حق است.   ۷ - **کَلْب** : سگ.
۸ - **بر می‌تَنَند** : بر می‌پیچند، مبارزه می‌کنند.   ۹ - **رَبِّ سَلِّمْ** : خدایا! سلامت بدار.
۱۰ - **پُف و دَم** : نَفْس و هوایِ نَفسانی.   ۱۱ - **دزدان** : اشاره به کافران و معاندان.
۱۲ - اشاره به اعتقاد قُدما که محلّ خورشید را فلک چهارم می‌دانسته‌اند.

هین ز چارم نور دِهْ خورشیدوار   تا بتابد بر بِلاد و بر دیار   ۳۱

تو نیز همانند خورشید از دفتر چهارم پرتو بیفشان تا نورت از طریق معانی بلند و والای آن بر تمام شهرها و سرزمین‌ها بتابد.

هر کِش افسانه[1] بخواند، افسانه است   وانکه دیدش نقد، خود مردانه است   ۳۲

هر کس که مثنوی را کتابی حاوی افسانهٔ بیهوده بخواند، خودش افسانه است؛ امّا کسی که در آن نقدِ حال خویش را بیابد، مرد راه است.

آب نیل است[2] و به قِبطی[3] خون نمود   قوم موسی را نه خون بُد، آب بود   ۳۳

مثنوی، همانند آب رود نیل در نظر فرعون و فرعونیان خون است و برای قوم موسیٰ(ع)، آبی گواراست.

دشمنِ این حرف، این دَم در نظر   شد مُمَثَّل[4] سرنگون اندر سَقَر[5]   ۳۴

دشمن مثنوی، هم‌اکنون در نظرم مجسّم شد و سرنگون در آتش دوزخ افتاد.

ای ضیاءالحق تو دیدی حالِ او   حق نمودت پاسخِ افعالِ او   ۳۵

ای ضیاءالحق، تو هم حال او را دیدی، خداوند به تو نشان داد که پاسخ اعمال او چیست.

دیدهٔ غیبت چو غیب است اوستاد   کم مباد از این جهان این دید و داد[6]   ۳۶

دیدهٔ غیب‌بین و ادراکِ تو همانند عالم غیب پیشوا و رهبر است. این دیده و این درک از جهان کم مباد!

این حکایت را که نقدِ وقتِ ماست   گر تمامش می‌کنی اینجا، رواست   ۳۷

شایسته است که این حکایت را که در دفتر سوم آغاز کرده بودیم و حقیقت حال ماست، اینجا به پایان برسانی.

---

۱ - اشاره است به طعانهٔ مثنوی که آن را افسانهٔ نژند می‌دانند و از دیدگاه مولانا مخالفان و طعنه‌زنندگان مثنوی در واقع همانند منکران قرآن کریم به شمار می‌آیند که آن را «أساطیرالأوّلین» می‌خوانده‌اند.

۲ - مولانا در دیباچهٔ دفتر اوّل نیز مثنوی را به رود نیل مانند کرده که آبی گواراست برای آنان که به حکم حق گردن می‌نهند و صبر پیشه می‌کنند.   ۳ - قِبطی : مردم مصر قدیم، پیروان فرعون.

۴ - مُمَثَّل : مجسّم شده، تصویر شده.   ۵ - سَقَر : درکه‌ای از درکات دوزخ، جهنّم.

۶ - داد : عدل، اینجا ادراکِ صحیح از حقایق غیبی.

۳۸ نـاکسـان را تـرک کُـن بـهرِ کسـان   قصّه را پایان بَر و مَخْلَص[1] رسـان

برای خاطر انسان‌های باارزش، افراد بی‌قدر را رها کن و به سخنان آنـان اهـمّیّتی نـده. قصّه‌ای را که آغاز کرده‌ایم به پایان برسان.

۳۹ این حکـایت گـر نشـد آنـجا تـمام   چارمین جلد است، آرَش در نـظام

هرچند که این حکایت در دفتر سوم به پایان نرسید؛ امّا هنوز فرصت هست. در دفتر چهارم آن را سروسامانی بده و تمام کن.

تمامیِ حکایتِ آن عاشق که از عَسَس گریخت در باغی مجهول، خود معشوق را در باغ یافت، و عَسَس را از شادی دعای خـیر می‌کرد و می‌گفت که: عَسـیٰ اَنْ تَکْـرَهُوا شَیْـئاً وَ هُوَ خَیْرٌ لَکُم[2]

این قصّه در اواخر دفتر سوم آغاز شده بود[3] و در پایان دیباچهٔ دفتر چهارم مولانا آن را «نقد وقت ما» می‌خواند و به ادامهٔ آن می‌پردازد.

در دفتر سوم گفته شد که جوانی دلدادهٔ زنی می‌شود و هشت سال در طلب او می‌کوشد و جز محنت نمی‌بیند تا آنکه شبی که دیرگاه از منزل بیرون مانده است از بیم عسس خود را در باغی می‌افکَند و با حیرت تمام محبوب را آنجا می‌یابد. عاشق دلخسته که سال‌ها انتظارِ چنین لحظه‌ای را داشته است، به آنی همه چیز را از یاد می‌بَرَد و قصد بوس و کنار می‌کند؛ امّا زن بر وی بانگ می‌زند و او را باز می‌دارد. جوان از ممانعت او متعجّب می‌شود و یادآوری می‌کند که اینجا خلوت است و جز باد کسی نیست. زن پاسخ می‌دهد که از سخن تو آشکار است که همچنان در دام شهوت و نَفْس اسیر هستی و با آنکه هشت سال در دیگِ فراق جوشیده‌ای، از خامی وجودت ذرّه‌ای کاسته نشده است. از هر بیهوده‌گوی ناشسته‌رویی که اینجا باشد، شرم داری از خدای خویش نه.

جوان عاشق حیله‌گرانه عذری بدتر از گناه را عرضه می‌دارد که اگر قصد بوس و کنار داشتم، می‌خواستم تو را بیازمایم که چون و چگونه‌ای؟ اینک از کردهٔ خویش سخت پشیمانم.

۱ - مَخْلَص: محلّ خلاص و رهایی.   ۲ - قرآن، بقره: ۲/۲۱۶.   ۳ - ر.ک: ۳/۴۷۵۰.

زن عذر او را رد می‌کند و با عِتاب می‌گوید: مکر و رموز تو نزد ما آشکار است همچو روز، و اظهار می‌دارد که تو در مرتبه‌ای نیستی که: «**امتحان همچو من یاری کنی**».

در این قصّه که نقش عمده با عنصر گفتار است، زن رمزی از کمال و استغراق در حق است و جوان دلداده نمادی از سالکِ طالبِ مشتاق، که شرارهٔ شوق رسیدن به کمال و استغراق در وجودش شعله می‌کشد؛ امّا هنوز به مرتبهٔ لازم برای این اتّصال نرسیده و از نظر احوال روحانی و نَفْسانی خام است.

۴۰ **اندر آن بودیم کآن شخص از عَسَس[۱] رانـد انـدر بـاغ از خـوفی فَـرَس[۲]**

در بیانِ این حکایت به آنجا رسیده بودیم که آن جوان عاشق از ترس داروغه، اسب را به سوی باغی راند و به شتاب وارد شد.

۴۱ **بـود انـدر بـاغ، آن صـاحبْ جـمال کز غمش این در عَنا[۳] بُد هشت سال[۴]**

زیبارویی که جوان عاشق هشت سال در غمِ دوری او به سر برده بود، در آن باغ بود.

۴۲ **ســایهٔ او را نــبود امکــانِ دیــد همچو عَنقا[۵]، وصفِ او را می‌شنید**

معشوق او چنان دور از دسترس بود که حتّی سایه‌اش را نمی‌دید و همانند سیمرغ، دست‌نیافتنی بود که فقط وصفش را از دیگران می‌شنید.

۴۳ **جــز یکـی لُـقْیه[۶] کـه اوّل از قـضا بــر وی افــتاد و شــد او را دلربـا**

جز نخستین دیدار که کاملاً اتّفاقی رخ داد و در همان اوّلین برخورد دل جوان را ربود.

۴۴ **بعد از آن، چندان که مـی‌کوشید او خود مَجالش مـی‌نداد آن تُـندخو[۷]**

بعد از اوّلین دیدار، هرچه عاشق کوشش کرد که باز هم او را ببیند، محبوب تندخو فرصت و مهلتی نمی‌داد.

۴۵ **نه به لابه چاره بودش، نـه بـه مـال چشم پُرّ[۸] و بی‌طمع بـود آن نـهال[۹]**

نه عجز و لابهٔ عاشق اثری داشت و نه زرّ و سیم؛ زیرا محبوب سروقامت بی‌نیاز بود.

---

۱ - **عَسَس**: داروغه، شبگرد، گزمه. ۲ - **فَرَس**: اسب. ۳ - **عَنا**: رنج بردن.
۴ - در بیت ۴۷۸۱ دفتر سوم، مدّت هجران عاشق، هفت سال ذکر شده است که در اصل ماجرا هیچ تفاوتی ندارد.
۵ - **عنقا**: سیمرغ. ۶ - **لُقْیَة**: لقا، دیدن.
۷ - **تندخو**: بدخو، اینجا کنایه از بی‌نیازی و استغنای معشوق است. ۸ - **چشم پُرّ**: چشم سیر، آزاده، بی‌نیاز.
۹ - **نهال**: درخت جوان، اینجا محبوب سروقامت.

۴۶   عـاشقِ هـر پیـشهیی و مـطلبی   حـــق بـیالود اوّل کـارش لبـی[۱]

همواره همینطور است که هر چیزی یک زمینهٔ قبلی دارد، حتّی اگر جزیی باشد. کسی که مشتاق و شیفتهٔ هنر یا کاری است، خداوند در ابتدای امر مذاق جانش را نسبت بدان کار مختصری شیرینی و حلاوت بخشیده تا او به آن راغب و عاشق شده است.

۴۷   چون بدان آسیب[۲] در جُست آمدند   پیشِ پـاشان مـینهد هـر روز بند

هنگامی که در اثر آن حلاوت و ادراک اوّلیّه به جستوجوی مطلوب میپردازند، خداوند هر روز برابرشان سدّ و مانعی ایجاد میکند.

۴۸   چون درافکندش به جُست و جوی کار   بـعد از آن در بست کـه: کـابین[۳] بیار

چون طالب به جستوجو میپردازد و مشتاق وصال حق میگردد، درها را میبندند و میگویند: ابتدا شیربها بیار.

۴۹   هـم بـر آن بـو مـیتَنند و مـیروند   هر دمی راجی[۴] و آیِس[۵] مـیشوند

سالکان به امید همان ادراکات اوّلیّه و حلاوت آن مـیکوشند و راه را طی مـیکنند و لحظهای امیدوار و دمی ناامید مـیشوند.

۵۰   هـر کسـی را هست اومـیدِ بَری   کـــه گشـادندش در آن روزی دری

هر کسی که روزی دری به رویش گشوده شده و به طریقی به شهود جمال مطلوب نایل آمده باشد، باز هم امیدوار است که دوباره در را بگشایند.

۵۱   بـاز در بستندش و آن درپَرَست[۶]   بر همان اومـید آتشپا[۷] شـدهست

امّا دوباره در را به رویش میبندند و او به همان امید بیتاب و بیقرار میشود.

---

۱ – سالک اگر ادراکی از حقایق نداشته باشد و کام جانش از ادراک روحانی شیرین نشده باشد، نمیتواند سالک و طالب باشد.   ۲ – آسیب : زخم و ضربه، بلا، فتنه، اینجا مراد همان شیرینی و حلاوت و ادراک اوّلیّه است.
۳ – کابین : مهریه، شیربها، مراد بها یی است که سالک برای وصال حق باید بپردازد و آن چیزی جز استهلاک هستی موهومیاش در هستی حقیقی حق نیست که در آن صورت شیر معارف را از پستان حقایق خواهد چشید.
۴ – راجی : امیدوار.   ۵ – آیس : ناامید.
۶ – دَرپَرَست : کسی که درگاه مطلوب را میشناسد؛ امّا هنوز به حریم راهی ندارد.
۷ – آتش پا : کسی که پایش سوخته، بیتاب، بیقرار.

۵۲   چون در آمد خوش در آن باغ آن جوان   خود فرو شُد پا به‌گنجش[1] ناگهان

چون آن جوان عاشق به خوشی وارد باغ شد، ناگهان خود را در برابر معشوق یافت.

۵۳   مر عسس را ساخته یزدانْ سبب   تـا ز بیم او دَوَد در بـاغ شب

خداوند داروغه را وسیله‌ای قرار داد تا جوان عاشق از بیم او شبانه به باغ بگریزد.

۵۴   بـیند آن مـعشوقه را با او چراغ   طـالبِ انگشـتری در جویِ بـاغ

تا معشوق را آنجا ببیند که با فانوس در کنار جوی باغ در جست‌وجوی انگشتر خویش است.

۵۵   پس قرین می‌کرد از ذوق آن نَفَس   بـا ثنایِ حـق دعایِ آن عسس

بنابراین از شدّت شادی در عین حال که از خداوند شاکر بود، داروغه را نیز دعا می‌کرد.

۵۶   که زیان کردم[2] عسس را از گریز   بیست چندان سیم و زر بر وی بریز

می‌گفت: خداوندا! من گریختم و به داروغه زیان وارد کردم. تو بیست برابر این ضرر به او سیم و زر بده.

۵۷   از عــوانـی[3] مـر وَرا آزاد کـن   آنـچنانکه شـادم، او را شـاد کـن

خدایا، او را از شبگردی که شغلی حقیر است رهایی بده، همانگونه که من شادم، او را هم شاد کن.

۵۸   سعد دارش این جهان و آن جهان   از عــوانـی و سگـی‌اش وارهان

خدایا، در این جهان و آن جهان سعادت نصیبش کن و او را از ستمگری و درنده‌خویی نجات بده.

۵۹   گرچه خویِ آن عوان هست ای خدا   کـه همـاره خلق را خواهـد بَلا

پروردگارا، هرچند که خو و خصلت شحنه این است که همواره خلق را مبتلا می‌پسندد و خواهان گرفتاری و دردسر برای آنان است؛ امّا تو او را برهان.

---

۱ - **گنج** : کنایه از معشوق که چون گنجی نهان بود.

۲ - **زیان کردم** : ضرر رساندم، چون می‌بایست به او پولی می‌دادم تا مرا رها کند.

۳ - **عوانی** : داروغه بودن، شبگردی، پاسبانی، معمولاً عوانان انجام وظایف خویش را با تندی و خشونت و آزار مردم همراه می‌کردند و افرادی ظالم به شمار می‌آمدند.

گر خبر آیـد کـه شَـهْ جُـرمی نـهاد   بر مسلمانان، شـود او زفت و شـاد   ۶۰

اگر خبر بدهند که شاه برای مسلمانان جریمه‌ای تعیین کرده است، او به سبب سرشت پلید از رنج مردم شاد می‌شود.

ور خبر آیـد کـه شَـهْ رحـمـت نـمود   از مسلمانان فکـند آن را بـه جُـود   ۶۱

و اگر خبر بدهند که شاه بر مسلمانان رحمت آوَرد و از سرِ کَرَم جریمه را بخشید،

مـاتمی در جـانِ او افتـد از آن   صـد چنین اِدبـارها^۱ دارد عَـوان   ۶۲

اندوهگین می‌شود. شحنه موجود بدبختی است که صدها خصلت زشت این چنینی دارد.

او عـوان را در دُعـا در می‌کشید   کز عوان او چنان راحت رسیـد   ۶۳

جوان عاشق، داروغه را دعا می‌کرد؛ زیرا به وسیلۀ او به این راحتی و خوشی رسیده بود.

بر همه زهر و بر او تِـریاق^۲ بـود   آن عـوان پیونـدِ آن مشتـاق بـود   ۶۴

شِـحنه بـرای هـمـه زهـری کُشـنده و بـرای او مـایۀ نجات بـود؛ زیـرا عـاشق را به معشوق رسانید.

پس بـدِ مـطلق نباشد در جهان   بَد به نسبت باشد، این را هم بدان^۳   ۶۵

پس بدان که در نظام آفرینش بد مطلق وجود ندارد. بد بودن امری نسبی است.

در زمانه هیچ زَهـر و قـند^۴ نیـست   که یکی را پا، دگر را بـند^۵ نیست   ۶۶

در جهان هیچ نیک و بدی وجود ندارد که برای یک نفر مفید و برای دیگری مضرّ نباشد.

مـر یکـی را پا، دگر را پـائ‌بند   مر یکی را زهر و بر دیگر چو قند   ۶۷

یک امر واحد برای یک نفر یاری دهنده است و برای دیگری بازدارنده. برای یک نفر تلخ و برای دیگری شیرین است.

---

۱ ـ اِدبار: بدبختی.   ۲ ـ تریاق: پادزهر.

۳ ـ وجود بر حسب فیض و تجلّی و ظهور، عین اضداد است و به اعتبار سعه و انبساط و تجلّی است که با یک‌دیگر تخالف و تضاد دارند و به صورت اشیائی که با یک‌دیگر تخالف و تضاد دارند ظاهر می‌شود: شرح مقدّمۀ قیصری، ص ۱۳۳.

۴ ـ زهر و قند: اشاره به چیزهای متضاد، نیک و بد.

۵ ـ پا و بند: اشاره به امداد و انسداد. هرکس بنا به دیدگاه خود به پدیده‌های مختلف می‌نگرد و به آن‌ها نسبت خیر یا شرّ می‌دهد.

۶۸ **زهرِ مار، آن مار را باشد حیات　　　نسبتش با آدمی باشد ممات**

زهر مار برای انسان موجب هلاکت و برای مار سبب حیات است.

۶۹ **خلقِ آبی را، بُوَد دریا چو باغ　　　خلقِ خاکی را بُوَد آن مرگ و داغ**

دریا برای مخلوقات آبزی، همانند باغ و بوستان است؛ ولی برای مخلوقات خاکزی موجب هلاکت است.

۷۰ **همچنین بر می‌شمر ای مردِ کار[1]!　　　نسبتِ این، از یکی کس تا هزار**

ای سالک، به همین ترتیب، در امور نسبی می‌توانی هزاران نمونهٔ دیگر را مثال بیاوری.

۷۱ **زید[2] اندر حقّ آن شیطان بُوَد　　　در حقِ شخصی دگر سلطان بُوَد**

زید در نظر یک نفر ممکن است، همانند شیطان پست باشد و در نظر دیگری پاک و بلندمرتبه.

۷۲ **آن بگوید: زید صدّیقِ سَنی‌ست[3]　　　وین بگوید: زید گبرِ[4] کُشتنی‌ست**

یکی می‌گوید: زید مردی گران‌قدر و شریف است، دیگری می‌گوید: زید کافری واجب‌القتل است.

۷۳ **زید یک ذات است، بر آن یک جُنان[5]　　　او بر این دیگر همه رنج و زیان**

«زید» یک نفر است؛ امّا برای یکی امنیّت خاطر می‌آورد و برای دیگری امنیّت را به مخاطره می‌افکَنَد.

۷۴ **گر تو خواهی کو تو را باشد شکر　　　پس وَرا از چشمِ عُشّاقش نگر**

اگر می‌خواهی که زید برایت خوشایند باشد، او را از دریچهٔ چشم عاشقانش نگاه کن.

۷۵ **منگر از چشمِ خودت[6] آن خوب را　　　بین به چشمِ طالبان مطلوب را[7]**

«مردِ حق» را از دریچهٔ چشم خود که تحت تأثیر نفس است، نمی‌توانی ببینی. از چشم طالبان به مطلوب بنگر.

---

۱ - **مرد کار**: مرد راه حق، سالک.　۲ - **زید**: اسم عام، مراد شخص خاصّی نیست، فلانی.
۳ - **سَنِیّ**: رفیع، بلند مرتبه و شریف.　۴ - **گبر**: کافر.　۵ - **جُنان**: سپر، محافظ.
۶ - **چشم خود**: اشاره به چشمی که تحت تأثیر نفس است.
۷ - انسان تا در قید خودی خویش است، با چشمی ظاهربین به امور و پدیده‌ها می‌نگرد و خیر و شرّ خود را هم به درستی نمی‌تواند تشخیص دهد.

۷۶ **چشمِ خود بربند زآن خوشْ‌چشم[1] تو — عـاریت کـن چشـمْ از عشّـاقِ او[2]**

برای شهود حقایق، باید چشم ظاهربین را بست و با چشمی عاریه؛ یعنی از دیدگاه حق‌بینِ کاملان و عاشقان به محبوب راستین نگریست.

۷۷ **بل کز او کُن عاریت چشـم و نـظر — پس ز چشـمِ او بـه رویِ او نگـر**

بلکه برای دیدار او و شهود حقایق، از خودِ معشوق حقیقی، چشمی حق‌بین بخواه و با آن ببین.

۷۸ **تـا شـوی آمِـن ز سـیری[3] و مـلال — گفت: کـانَ اللهُ لَهْ[4] زیـن ذوالجـلال**

تا از دلتنگی و ملالت خاطر در امان باشی؛ زیرا خداوند فرموده است: *هرکس برای خدا باشد، خدا برای اوست.*

۷۹ **چشمِ او من بـاشم و دست و دِلش — تـا رهـد از مُـدبری‌ها مُـقبلش[5]**

خداوند فرمود[6]: *هنگامی که بنده‌ای را به عنوان حبیب برگزینم، چشم او می‌شوم تا با آن ببیند، دست او می‌شوم تا با آن کار کند و اگر از من چیزی درخواست کند، به او می‌دهم تا وجود* سعادتمند او از بدبختی در امان باشد.

۸۰ **هر چه مکروه است، چون شد او دلیل — سویِ محبوبت، حبیب است و خـلیل**

هر چیزی که نزد تو کراهت‌آور و عیب و شرّ خوانده می‌شود، اگر تو را به سوی معشوق هدایت کند، یار و رفیقت به شمار می‌آید.

---

۱ – **خوش چشم**: اشاره به معشوق حقیقی و محبوب ازلی است.
۲ – **عشّاقِ او**: اشاره به عاشقان راستین حق، کاملان که دارای کشف و شهود هستند. ۳ – **سیری**: دلتنگی.
۴ – اشاره به حدیث: ر.ک: ۱۹۴۸/۱. ۵ – **مقبلش**: وجود بااقبال او. ۶ – اشاره به حدیث: ر.ک: ۱۹۴۷/۱.

حکایتِ آن واعظ که هر آغازِ تذکیر، دعایِ ظالمان و سخت‌دلان و بی‌اعتقادان کردی

واعظی را عادت بر آن بود که در آغاز هر وعظ، مفسدان، ستمگران، طاغیان و رهزنانِ راهِ حق را دعا می‌کرد. به او اعتراض کردند که این کار معهود نیست و «**دعوتِ اهلِ ضلالت جُود نیست**». واعظ گفت: خیر و نیکی را در این گروه یافتم؛ زیرا با خُبث و ظلم و جُور مرا از شرّ به خیر انداختند و چون سبب‌ساز خیر من شده‌اند؛ «**پس دعاشان بر من است ای هوشمند**».

این قصّه که ضمن حکایت «عاشق درازهجران» و در لابه‌لای طرحِ مبحثِ نسبی بودن «خیر و شرّ» آمده است، در واقع تأیید همان معناست که علی‌رغم تضاد و تخالف ظاهری در پدیده‌های مختلف عالم، بنا بر حکمتِ بالغهٔ الهی، مجموع عالم متوجّه خیر و کمال است؛ پس آنچه که از دیدگاه چشم ظاهربین «خیر و شرّ» نامیده می‌شود، بنابر اختیاری که به انسان تفویض شده است، ضروری و برای احراز کمال الهی که مقام جمع و ظهور اضداد است، اجتناب‌ناپذیر است.

سرّ سخن در شرحِ این معناست که غرور ناشی از نعمت آدمی را از یاد حق غافل و از درگاه باری تعالیٰ دور می‌سازد. شرّی که از ستم ظالمان و جور سخت‌دلان بر وی وارد می‌آید، متضمّن خیری است نهانی؛ زیرا او را به زشتی شرّ واقف می‌کند و به سوی خیر می‌کشانَد. ظهور خیری که در وجود او از قوّه به فعل در نیامده است، جز با عارض شدن شرّ امکان‌پذیر نیست.

۸۱ **آن یکی واعظ چو بر تخت آمدی — قاطعانِ راه[1] را داعی[2] شدی**

واعظی بود که چون بر منبر می‌رفت در آغاز سخن راهزنان را دعا می‌کرد.

۸۲ **دست بر می‌داشت یا رب رحم ران — بر بدان و مُفسدان و طاغیان**

دست به دعا بر می‌داشت و می‌گفت: خدایا، بر افراد بد و فاسد و سرکش رحم کن.

۸۳ **بر همه تَسْخَرکنانِ اهلِ خیر[3] — بر همه کافرْدلان و اهلِ دیر[4]**

خدایا، بر همهٔ کسانی که اهل ایمان را حقیر می‌پندارند و تمسخر می‌کنند و بر همهٔ آنان که دلی کافر دارند و بر بی‌دینان رحم کن.

---

۱ - **قاطعان راه**: دزدان، رهزنان راه حق. ۲ - **داعی**: دعاکننده.
۳ - **تَسْخَرکنانِ اهلِ خیر**: کسانی که اهل ایمان را مسخره می‌کنند.
۴ - **اهلِ دیر**: اهل صومعه، اینجا مراد بی‌دین است.

۸۴ **مـی‌نکردی او دعـا بـر اَصـفیا[1] مـی‌نکردی جـز خـبیثان را دعـا**

او هرگز نیکان را دعا نمی‌کرد. فقط عادت داشت که افراد بد و خبیث را دعا کنند.

۸۵ **مر وَرا گـفتند کـین مـعهود نـیست دعوتِ اهلِ ضـلالت جُـود نـیست**

به عنوان اعتراض به وی گفتند: این کار مرسوم نیست. دعا کردن در حقّ گمراهان عمل جوانمردانه‌ای به شمار نمی‌آید و کار درستی نیست.

۸۶ **گـفت: نـیکویی از ایـن‌ها دیـده‌ام من دعاشان زیـن سـبب بُگـزیده‌ام**

واعظ گفت: من از این افراد خبیث نیکی بسیار دیده‌ام و آنان را دعا می‌کنم.

۸۷ **خُبث و ظلم و جُور چندان ساختند که مرا از شـر بـه خـیر انـداخـتند**

زیرا این افراد ستمکار و خبیث به حدّی در حقّ من بدی و ظلم و ستم کردند که به اجبار از شرّ گریختم و به سوی خیر پناه بردم.

۸۸ **هـر گَـهی کـه رو بـه دنـیا کـردمی من از ایشان زخم و ضربت خوردمی**

هرگاه که به امور دنیوی روی می‌آوردم از ایشان زخم و ضربه‌ای می‌خوردم و از توجّه به دنیا پشیمان می‌شدم.

۸۹ **کـردمی از زخـمْ آن جـانب پـناه بـاز آوردنـدمی گـرگان بـه راه**

زخم و ضربهٔ آنان موجب می‌شد که به سوی حق پناه ببرم و در واقع وجود این افـراد گرگ‌صفت وسیله‌ای بود تا بار دیگر به راه راست بازگردم.

۹۰ **چـون سـببْ‌سازِ صـلاحِ مـن شـدند پس دعاشان بر من است ای هوشمند**

ای هوشمند، چون آنـان وسـیله‌ای بـودند کـه نـمی‌گذاشـتند در شـرّ بـمانم و مـوجب رستگاری من شدند؛ پس دعا در حقّ ایشان بر من واجب است.

۹۱ **بنده می‌نالد به حـقّ از درد و نـیش صد شکایت می‌کُند از رنجِ خویش**

بنده از درد و رنج خود به درگاه حق تعالیٰ می‌نالد و شکوه سر می‌دهد.

---

۱ - **أَصْفِیاء**: پاکان.

۹۲ **حق همی گوید که: آخر رنج و دَرد … مر تو را لابه‌کنان و راست کرد**[۱]

خداوند می‌گوید: درد و رنج تو را به لابه و تضرّع واداشت و به راه راست هدایت کرد.

۹۳ **این گِله زآن نعمتی کُن کِت زند … از درِ ما دُور و مطرودت کند**

از نعمتی شِکوه کن که تو را غافل و مغرور کند و از درگاه الهی ما دور و مردود سازد.

۹۴ **در حقیقت هر عدو داروی توست … کیمیا و نافع و دلجویِ توست**

تو مانند بیماری هستی که وجود هر دشمن و شرّ برایت دارو و کیمیاست که مس وجودت را به زرّ مبدّل می‌کند.

۹۵ **که از او اندر گریزی در خلا … استعانت جویی از لطفِ خدا**

زیرا از شرّ او به خلوتی پناه می‌بری و از لطف خداوند یاری می‌خواهی.

۹۶ **در حقیقت دوستانت دشمن‌اند … که ز حضرت دور و مشغولت کنند**

در حقیقت کسانی را که دوست می‌پنداری، دشمن‌اند؛ زیرا تو را به خود مشغول می‌کنند، در نتیجه از حق غافل و دور می‌شوی.

۹۷ **هست حیوانی که نامش اُشْغُر[۲] است … او به زخمِ چوب زفت[۳] و لَمْتُر[۴] است**

حیوانی به نام اُشْغُر هست که اگر ضربات چوب بر او وارد آید، درشت‌تر و چاق‌تر می‌شود؛ زیرا در برابر آسیب و صدمات خارجی خود را جمع می‌کند و از حرکت باز می‌مانَد.

۹۸ **تا که چوبش می‌زنی، بِهْ می‌شود … او ز زخمِ چوب فربه می‌شود**

هرچه ضربهٔ بیشتری بر او وارد آوری، حالش بهتر می‌شود. ضربات او را فربه‌تر می‌کند.

۹۹ **نفسِ مؤمن اُشْغُری آمد یقین … کو به زخمِ رنجْ زفت است و سمین**[۵]

نفس مؤمن، دارای همان خصلتی است که اُشْغُر دارد و با آسیب‌ها و رنج‌ها قوّت و کمال می‌یابد.

---

۱ - اشاره به این نکته که: شرّی که بر تو عارض شد، متضمّن خیری نهانی بود.

۲ - **اُشْغُر**: جوجه تیغی، خارپشت بزرگ تیرانداز. ۳ - **زفت**: چاق و حجیم.

۴ - **لَمْتُر**: چاق و بزرگ، کاهل و بی‌رگ. ۵ - **سَمین**: چاق.

۱۰۰ **زین سبب بر انبیا رنج و شِکَست　　از همه خلقِ جهان افزون‌تر است**

برای همین، رنج و دردی که بر پیامبران وارد آمده از همهٔ خلق جهان افزون‌تر بوده است.

۱۰۱ **تا ز جان‌ها جانشان شد زفت‌تر　　که ندیدند آن بلا قومِ دگر**

رنج‌ها و سختی‌ها جان پیامبران را به عالی‌ترین درجات رسانید؛ زیرا بلاهایی را که آنان تحمّل کردند، هیچ قوم دیگری نمی‌توانست تحمّل کند.

۱۰۲ **پوست از دارو بلاکَش می‌شود　　چون اَدیم طایفی[1] خَوش می‌شود**

پوست پیراسته نشده که زشت و بدبوست، تلخی و تندیِ داروهای مخصوص دبّاغی را تحمّل می‌کند تا به پوست مرغوبی تبدیل شود.

۱۰۳ **ورنه تلخ و تیز مالیدی در او　　گَنده گشتی، ناخوش و ناپاکْ بو**

اگر داروهای تلخ و تیز را نمی‌افزودند، زشتی و بویناکی خود را از دست نمی‌داد.

۱۰۴ **آدمی را پوستِ نامدبوغْ[2] دان　　از رطوبت‌ها[3] شده زشت و گِران**

انسان هم، مانند پوست دبّاغی نشده است که جان او به سبب افراط در برخورداری از تمتّعات دنیوی زشت و سنگین شده؛ یعنی در سطح نازله متوقّف مانده است.

۱۰۵ **تلخ و تیز و مالِشِ بسیار دِه　　تا شود پاک و لطیف و با فَره[4]**

برای اینکه جان آدمی، یعنی نَفْسِ او پاک و لطیف گردد، تهذیب، ریاضت و رنج و درد امری اجتناب‌ناپذیر است.

۱۰۶ **ور نمی‌تُوانی رضا دِه ای عیار[5]!　　گر خدا رنجت دهد بی‌اختیار**

ای جوانمرد، اگر خود نمی‌توانی یا نمی‌خواهی که رنج تهذیب و ریاضت را بر خویش هموار بداری؛ پس راضی باش که خداوند رنج و درد را بر وجودت عارض کند.

۱۰۷ **که بلایِ دوست تطهیرِ شماست　　علمِ او بالایِ تدبیرِ شماست**

زیرا سختی و بلایی که از حضرت دوست می‌رسد، موجب پاک شدنِ جانِ شما از آلایش‌ها می‌گردد، چون علم و تقدیر او از علم و تدبیر انسان بسی برتر است.

---

۱ - **ادیم طایفی**: پوست دبّاغی شدهٔ منسوب به شهر طایف. ادیم به معنی پوست دبّاغی شده است.

۲ - **مدبوغ**: دبّاغی شده.　　۳ - **رطوبت‌ها**: کنایه از شهوات و تعلّقات دنیوی است.

۴ - **فَره**: شوکت و بزرگی و عظمت.　　۵ - **عیار**: عیّار، جوانمرد.

۱۰۸ **چون صفا بیند، بلا شیرین شود   خوش شود دارو، چو صحّتْ‌بین شود**

چون آدمی متوجّه شود که با رنج و سختی‌ها، جانش صفا یافته است، می‌فهمد که بلا امری خوشایند در جهت کمالِ او بوده است، مانند بیماری که با استفاده از دارو، بهبود می‌یابد و دارو را دوست دارد.

۱۰۹ **بُرد بیند خویش را در عینِ مات   پس بگوید: اُقْتُلونی یا ثِقات[۱]**

به این ترتیب در عین شکستِ ظاهری، خود را برنده می‌بیند و با استمرار این وضع به حالی می‌رسد که خواهان جانبازی در راه حق نیز می‌شود و همانند حلاّج می‌گوید: ای یاران مورد اعتمادم، مرا بکشید.

۱۱۰ **این عوان در حقِّ غیری سود شد   لیک اندر حقِّ خود مردود شد**

هرچند که این داروغه در حقّ آن جوان عاشق بی‌آنکه بخواهد موجب خیر شد؛ امّا رفتار غیر انسانی‌اش، بدی و شرّ بود و سبب می‌شد که مردود درگاه حق گردد.

۱۱۱ **رحم ایمانی از او بُبْریده شد   کینِ شیطانی بر او پیچیده شد**

استمرار اعمال ستمگرانه و آزار خلق سبب شد که رحم و شفقتی که خاصّ مؤمنان است در او زوال یابد و شیطان که دشمن بنی‌آدم است و کینهٔ آنان را در دل دارد بر او تسلّط و سیطره بیابد.

۱۱۲ **کارگاهِ خشم گشت و کینْ‌وری   کینه دان اصلِ ضَلال و کافری**

در نتیجه وجودش شیطانی شده بود؛ یعنی تجسّم خشم و کینه نسبت به خلق بود. بدان که کینه‌توزی، منشأ گمراهی و کُفران است.

---

۱ - مطلع غزلی است از حلاّج: ر.ک: ۳۹۴۹/۱.

سؤال کردن از عیسی علیه السّلام
که: در وجود از همهٔ صعب‌ها صعبْ‌تر چیست؟[1]

شخص آگاه و خردمندی از عیسی(ع) پرسید: در عالم هستی چه چیز از همه دشوارتر است؟ عیسی(ع) فرمود: خشم الهی. مرد پرسید: چگونه می‌توان از آن در امان بود؟ **«گفت: ترک خشم خویش اندر زمان»**.

گـفت عـیسی را یکـی هشـیارْسر[2]　　　چیست در هستی ز جمله صَعبْ‌تر؟ ۱۱۳

شخص آگاهی از عیسی(ع) پرسید: در جهان هستی چه چیزی از همه دشوارترست؟

گفتش: ای جان! صعب‌تر خشم خدا　　　کـه از آن دوزخ هـمی لرزد چـو مـا ۱۱۴

عیسی(ع) گفت: ای جان، هیچ چیز دشوارتر از خشم خدا نیست که از بیم آن دوزخ نیز همانند ما بر خود می‌لرزد.

گفت: از این خشم خدا چه بْوَد اَمان؟　　　گفت: ترکِ خشم خویش اندر زمـان ۱۱۵

آن شخص پرسید: چه چیزی می‌تواند آدمی را از خشم الهی در امان بدارد؟ عیسی(ع) گفت: فرو بردن خشم خویش.

پس عوان که معدنِ این خشـم گشت　　　خشمِ زشتش از سَبُع[3] هم درگذشت ۱۱۶

پس آن داروغه که منبع غضب شده بود، درنده‌خویی‌اش از حیوانات نیز افزون‌تر بود.

چه امیدستش به رحمت؟ جز مگر　　　بـاز گـردد زآن صـفت آن بـی‌هنر ۱۱۷

چنین شخص درنده‌خویی چگونه می‌تواند به رحمت الهی امیدوار باشد؟ مگر اینکه آن بی‌مایه بتواند این صفت زشت را از خود دور سازد.

---

۱ - مأخذ آن روایتی است که در مستدرک الوسائل، چاپ ایران، ج ۲، ص ۳۲۶ به نقل از المنیه تألیف شهید ثانی منقول است: از رسول خدا(ص) سؤال شد: چه چیزی غضب خداوند متعال را دور می‌سازد؟ فرمود: اینکه غضبناک نشوی.
این مطلب را مولانا در فیه ما فیه، ص ۲۳۲ و در مکتوبات، ص ۳۳ و ۵۸ نیز آورده است: احادیث، صص ۳۴۷-۳۴۶.
۲ - **هشیارسر**: کسی که ذهن و فکرش به ادراک معارف تمایل دارد.　　۳ - **سَبُع**: درنده.

۱۱۸ **گرچه عالَم را از ایشان چاره نیست   این سخن اندر ضَلال افکندنی‌ست**

هرچند که عالم هستی، عالم تضاد و تخالف است و در جهان اضداد، خواه ناخواه وجودِ این افراد نیز اجتناب‌ناپذیرست؛ امّا شاید گفتن این حقیقت، آنان را از آنچه هستند، گمراه‌تر کند و تصوّر کنند که آزار خلق کاری شایسته است.

۱۱۹ **چاره نَبْوَد هم جهان را از چَـمین[۱]   لیک نَـبْوَد آن چَـمین مـاءِ مَـعین[۲]**

در این عالم از وجود ادرار هم گزیری نیست؛ امّا مسلّماً هرگز نمی‌تواند جای آب گوارا را بگیرد.

قصدِ خیانت کردنِ عاشق، و بانگ برزدنِ معشوق بر وی

۱۲۰ **چونکه تنهااَش بدید آن ساده مـرد   زود او قـصدِ کـنار و بـوسه کـرد**

هنگامی که جوانِ عاشقِ نادان، معشوق را در باغ تنها یافت، فوراً خـواست او را در بـر بگیرد و ببوسد.

۱۲۱ **بانگ بر وی زد به هـیبت آن نگـار   که: مرو گستاخ، ادب را هـوش دار**

معشوق زیبارو با خشم بر وی بانگ زد که گستاخ نباش و ادب را رعایت کن.

۱۲۲ **گفت: آخر خلوت است و خلق نی   آب حـاضر، تشـنهٔ هـمچون مـنی**

عاشق ساده‌دل گفت: آخر اینجا خلوت است و هیچ کس نیست. آبی زلال و تشنه‌ای چون من، چگونه خوددار باشم؟

۱۲۳ **کس نمی‌جُنبد در ایـنجا جُـز کـه بـاد   کیست حاضر؟ کیست مانع زین گشاد؟**

در اینجا جُنبنده‌ای جز باد نیست. چه کسی مانع گشایش خاطر و شادمانی من است؟

۱۲۴ **گفت: ای شـیدا! تـو ابـله بـوده‌ای   ابـــلهی، وز عـــاقلان نشــنوده‌ای**

معشوق گفت: ای دیوانه، تو احمق هستی و سخنی هم از خردمندان نشنیده‌ای.

۱۲۵ **بـاد را دیـدی کـه مـی‌جُنبد، بـدان   بـادْ جُـنبانی‌ست ایـنجا بـادْران**

وقتی که باد را در حال جنبش دیدی باید بدانی که آن را جُنباننده‌ای به وزش آورده است.

---

۱ - **چَمین**: بول، ادرار. ۲ - **ماءِ معین**: آب زلال و گوارا، تعبیری قرآنی، ملک: ۳۰/۶۷، ر.ک: ۱۶۳۶/۲.

مِرْوَحهٔ[1] تـصریفِ[2] صُـنعِ ایـزدش   زد بر این بـاد و هـمی جُـنباندش[3] ۱۲۶

قدرت و تدبیر آفرینش الهی، همانند بادبزنی باد را به حرکت وامی‌دارد.

جزوِ بادی که به حکمِ ما دَر است   بـادْبیزن، تـا نـجنبانی نـجَست ۱۲۷

این باد و هوای جزیی که می‌تواند در تصرّفِ آدمی قرار گیرد تا بادبزن را تکان ندهی، نمی‌وزد.

جنبش ِ این جُزوِ باد ای ساده مردا!   بـی‌تو و بـی بـادْبیزن سـر نکـرد ۱۲۸

ای مرد ابله، این باد جزیی هم بدون وجود تو و بادبزن به وزش نمی‌آید.

جنبش ِ بادِ نَـفَس کـاندر لب است   تابع تصریفِ جـان و قـالب است ۱۲۹

جنبش هوایی که تنفّس می‌کنیم هم تابع تأثیرِ جان و تن است.

گـاه دَمْ را مـدح و پـیغامی کُـنی   گـاه دم را هـجو و دشـنامی کُـنی ۱۳۰

با دخالت تو، گاه نَفَس وسیلهٔ مدح و پیغام است و گاه وسیلهٔ طعنه و دشنام.

پس بـدان، احـوالِ دیگـر بـادها   کـه ز جـزوی، کُـل مـی‌بینند نُـهیٰ[4] ۱۳۱

پس به استناد «باد» که جزوی از عالم هستی است، می‌توانی به احوال دیگر اجزای جهان پی ببری؛ زیرا عاقلان از جزو به کلّ می‌رسند.

بـاد را حـق گـه بـهاری مـی‌کند   در دِیْاَش[5] زین لطف عاری می‌کند ۱۳۲

بنا بر مشیّت الهی، باد در بهار سرشار از لطف و در زمستان، عاری از لطف و گزند است.

بـر گـروهِ عـاد[6] صَـرصَر مـی‌کند   بـاز بـر هُـودَش مُـعطّر مـی‌کند ۱۳۳

بنا بر تقدیر و تصریف الهی، باد برای قوم سرکش عاد، تندبادی کشنده و برای هـود(ع) لطیف و عطرآگین می‌شود.

مـی‌کند یک بـاد را زهـرِ سَـموم[7]   مـر صـبا را مـی‌کند خـرّمْ قُـدوم ۱۳۴

بادی را به صورت زهر کُشنده در می‌آوَرَد و باد صبا را حیات‌بخش و مبارک قدم می‌کند.

---

۱ - **مِرْوَحَة** : بادبزن.   ۲ - **تصریف** : گردانیدن، آشکار کردن، دگرگونی.

۳ - این بیت را از مثنوی تصحیح نیکلسون افزوده‌ایم، در مثنوی کهن نیست.

۴ - **نُهیٰ** : جمع نُهْیَة به معنی عقل.   ۵ - **در دی**: در زمستان.   ۶ - **عاد** : قوم عاد، ر.ک: ۸۵۸/۱

۷ - **سَمُوم** : بادگرم و سوزان.

بادِ دَم را بر تو بنهاد او اساس   تا کنی هر باد را بر وی قیاس ۱۳۵

خداوند باد نَفَس را اساس حیات تو قرار داده است تا بر مبنای آن بتوانی دیگر بادها را قیاس کنی و بدانی که هر جنبنده‌ای، جنبانندهٔ‌ای و هر فعلی، فاعلی دارد.

دَم نمی‌گردد سخن بی‌لطف و قهر   بر گروهی شهد و بر قومی‌ست زهر ۱۳۶

نَفَس آدمی بدون آنکه در نهادش لطف یا قهری باشد، به سخن مبدّل نمی‌گردد و سخنی را که می‌گوید برای عدّه‌ای خوشایند و برای گروهی تلخ و آزاردهنده است.

مِروَحه جُنبان پیِ انعام کس   وز برای قهرِ هر پشّه و مگس[1] ۱۳۷

حرکت بادبزن می‌تواند برای راحتی آدمی و خنک کردن او بجنبد و می‌تواند برای دور کردن و راندن موجودات مزاحمی مثل پشّه و مگس باشد؛ یعنی حتّی فعلی چنین جزیی نیز یا از سر لطف است یا قهر.

مِروَحهٔ تقدیرِ ربّانی چرا   پُر نباشد ز امتحان و ابتلا؟ ۱۳۸

با توجّه به اینکه افعال جزیی نیز یا از لطف است یا قهر؛ چرا بادبزن «تقدیر الهی» سرشار از امتحان و ابتلا نباشد که گاه به قهر و گاه با لطف رقمی بزند؛ زیرا در عرصهٔ همین آزمون‌های الهی جان آدمی تکامل یا تنزّل می‌یابد و سره از ناسره شناخته می‌شود.

چونکه جزوِ بادِ دَم یا مِروَحه   نیست الاّ مَفسَدَه یا مَصْلحَه ۱۳۹

حال که باد جزیی، مثلاً نَفَس و یا باد بادبزن می‌تواند از سر لطف و یا قهر باشد،

این شمال و این صبا و این دَبور[2] **   کی بُوَد از لطف و از اِنعامْ**[3] **دور؟** ۱۴۰

چگونه بپذیریم که بادهای کلّی مثل: باد شمال، باد صبا و باد مغرب عاری از لطف الهی باشد؟

یک کفِ گندم ز انباری ببین   فهم کن کآن جمله باشد همچنین ۱۴۱

اگر یک مشت از گندم انباری را ببینی، می‌توانی دریابی که تمام گندم‌های انبار هم باید همین‌طور باشد؛ یعنی مشت نمونهٔ خروار است.

---

۱ - تجلّی حق یا با صفات جمالی است که مستلزم لطف و رحمت و قُرب است یا به صفات جلالی که منشأ قهر و غضب و بُعد است. جمال بدون جلال تحقّق ندارد: شرح مقدّمهٔ قیصری، ص ۲۴۱.

۲ - **دَبور**: بادی که از مغرب می‌وزد و سرد و خشک است.   ۳ - **اِنعام**: نعمت دادن.

کُـلِّ بـاد از بُـرجِ بـادِ آسـمان[۱]   کی جَـهَد بـی مِرْوَحهٔ آن بـادْران؟ ۱۴۲

همهٔ بادهایی که از برج‌های آسمانی می‌وزد، بدون بادبزنِ او و بدون ارادهٔ او نیست.

بـر سـرِ خـرمن بـه وقتِ انـتقاد[۲]   نه که فلاّحان[۳] ز حق جـویند بـاد؟ ۱۴۳

مگر کشاورزان از خداوند برایِ جدا کردن کاه از گندم سرخرمن خواستار وزش باد نیستند؟

تـا جـدا گـردد ز گـندم کـاه‌ها   تـا بـه انـباری رَوَد یـا چـاه‌ها ۱۴۴

تا گندم از کاه جدا شود و به انبار یا چاه‌های مخصوص ذخیرهٔ گندم انتقال یابد.

چـون بـمانَد دیـر آن بـادِ وزان   جمله را بینی به حق لابه‌کنان ۱۴۵

اگر باد دیر بِوَزَد می‌بینی که به درگاه خداوند تضرّع می‌کنند و خواهان آن می‌شوند.

هـمچنین در طَـلْقْ[۴] آن بـادِ وِلاد[۵]   گر نـیاید، بـانگِ درد آیـد کـه: داد! ۱۴۶

در ارتباط با وضعِ حملِ زن باردار نیز اگر جنبش و تحرّکی که لازمهٔ زایمان است، به موقع صورت نیابد، زائو تحت فشار و درد شدید، فریادش برمی‌خیزد.

گـر نـمی‌دانـند کِش رانـنده اوست   باد را پس کردنِ زاری چه خوست؟ ۱۴۷

اگر مردم باور ندارند که وزیدن باد به ارادهٔ حق تعالیٰ است؛ پس ناله و زاری چه مفهومی دارد؟

اهلِ کَشـتی هـمچنین جـویایِ بـاد   جمله خواهـانش از آن ربِّ آلعـباد ۱۴۸

کشتی‌نشینان هم همین طور هستند و همه از خداوند خواستار باد موافق‌اند.

همچنین در دردِ دنـدان‌هـا ز بـاد[۶]   دفع می‌خواهـی بـه سـوز و اعـتقاد ۱۴۹

هنگامی که به درد دندان مبتلا می‌شوی با سوز و اعتقاد از خداوند التیام می‌خواهی.

---

۱ - **برج بادِ آسمان**: کرهٔ هوا، برج‌های آسمانی: ر.ک: ۷۵۵/۱ و ۴۴۰۷/۳.
۲ - **انتقاد**: تشخیص نقد از قلب، اینجا جداکردن کاه از گندم است. ۳ - **فَلاّح**: کشاورز.
۴ - **طَلْق**: درد زایمان. ۵ - **وِلاد**: زایمان کردن، باد وِلاد یعنی جنبشی که به زایمان و تولّد نوزاد می‌انجامد.
۶ - **باد**: در طب سنّتی، «باد» نوعی تحریک موضعی است که موجب دردهای شدید و ناگهانی می‌شود.

۱۵۰ **از خدا لابه‌کنان آن جُندیان[۱] که: بده بادِ ظفر ای کامران![۲]**

لشکریان هم هنگام نبرد به درگاه خداوند ناله می‌کنند که باد موفقیّت را بر ما بوزان.

۱۵۱ **رُقعهٔ[۳] تعویذ[۴] می‌خواهند نیز در شکنجهٔ طَلقِ زن از هر عزیز**

همچنین هنگام وضع حمل، برای آنکه زائو به راحتی زایمان کند، از هر عزیزی «دعای حفاظت» می‌گرفتند و بر بازوی او می‌بستند.

۱۵۲ **پس همه دانسته‌اند آن را یقین که فرستد بادْ رَبُّ آلعالمین**

پس به یقین همگان می‌دانند که «باد» را پروردگار دو جهان می‌فرستد.

۱۵۳ **پس یقین در عقلِ هر داننده هست این که: با جُنبنده جُنباننده هست[۵]**

پس عقلِ هر خردمندی حُکم می‌کند که هر جنبنده، جنباننده‌ای دارد.

۱۵۴ **گر تو او را می‌نبینی در نظر فهم کن آن را به اظهارِ اثر**

اگر تو نمی‌توانی او را ببینی، از آثاری که به ظهور می‌رسانَد، می‌توانی وجودش را درک کنی.

۱۵۵ **تن به جان جُنبد، نمی‌بینی تو جان لیک از جُنبیدنِ تن، جان بدان**

نمونهٔ بارز آن، تن آدمی است که با وجود جان حرکت می‌کند؛ ولی جان را نمی‌توان دید.

۱۵۶ **گفت او: گر ابلهم من در ادب زیرکم اندر وفا و در طلب**

عاشق گفت: اگر من در رعایت ادب حماقت کردم، در وفاداری و طلب کوتاهی نمی‌کنم.

۱۵۷ **گفت: ادب این بود خود که دیده شد آن دگر را خود همی دانی تو لُد[۶]**

معشوق گفت: ای ستیزه‌جو، ادب تو را که دیدیم و چیزهای دیگری را هم که از آن دم می‌زنی، فقط خودت می‌دانی.

---

۱ - **جُندیان**: لشکریان.

۲ - جان کلام در این ابیات در تقریر این معناست که همهٔ مردم برای برآورده شدن خواسته‌هایشان به حق روی می‌آورند و از قدرت باری تعالیٰ امداد می‌خواهند. ۳ - **رُقْعَة**: نامه.

۴ - **رُقعهٔ تعویذ**: دعای حفاظت، حِرْز.

۵ - اشارتی قرآنی؛ حدید: ۴/۵۷: وَ هُوَ مَعَكُمْ أَيْنَما كُنْتُمْ...: ر.ک: ۱۵۱۵/۱.

۶ - **لُدّ**: جمع أَلَدّ به معنی مردمی که سخت خصومت می‌ورزند و به حق توجّهی ندارند.

قصّهٔ آن صوفی که زنِ خود را با بیگانه‌یی بگرفت[1]

مردی صوفی بر خلاف معهود روزهنگام به خانهٔ خویش وارد شد، زن وی که با کفشدوز در حُجره خلوتی داشت، راهی برای نجات نیافت جز آنکه چادر خود را بر سر کفشدوز بیفکَند و چنین وانمود کند که وی خاتونی است از اعیان شهر که به خواستگاری دختر آمده و پسری زیرک و چابک دارد. صوفی که از مکر زن آگاه بود و تصمیم داشت دیده را نادیده آرَد، گفت: هرگز فقرِ ما و احتشامِ خاتون نمی‌تواند ازدواجی هماهنگ باشد؛ امّا زن عذری دیگر آورد و گفت: خاتون طالب سِتر و عِفاف ماست که فلاح دو جهان در آن است. صوفی با طنزی رندانه گفت: مال و منال ما این است که خاتون می‌بیند و سِتر و عِفاف ما را نیز خود بهتر بر آن عالِم است.

این لطیفهٔ طنزآمیز، تصویری است از زشتی‌هایی که واقعیّتِ وجودیِ آن را نمی‌توان انکار کرد و در تأکیدِ رعایت «ادب» است که در داستان پیش از آن «قصد خیانت کردن عاشق و پرخاش معشوق» آمده بود و اینجا در قالبی دیگر عرضه می‌گردد که در طیّ آن خطا و جفا و گناه در محضر حق اسائه ادب تلقّی شده است و هرچند حق تعالیٰ از پی اظهار فضل مدّتی جرایم را می‌پوشاند و ستّارالعیوب است؛ امّا روزی از پس اظهار عدل، جزا و قهر شامل حال مجرم می‌گردد.

در این قصّه، صوفی نمادی است از «معرفت و حِلم» عارف که علی‌رغم بینش و بصیرتی که بر پستی و پَلَشتی خلق دارد، زشتی اعمال آن‌ها را در رویشان نمی‌مالد و صبورانه مراعات حال زن را که نمادی است از نَفْس اَمّارهٔ خلق بر خود واجب می‌شمارد.

همچنین این لطیفه طعنی است بر مدّعی لاف‌زن که در ادّعا زیاده‌روی می‌کند و مانند زن صوفی، نَفْسی خیانت‌پیشه دارد و نمی‌داند که «**گرچه ستّار است هم بِدْهد سزا**».

۱۵۸ **صوفیی آمد به سویِ خانه روز　　خانه یک در بود و زن با کفشْ‌دوز**

مرد صوفی روز به خانه آمد. خانه‌اش یک در داشت و زنش با کفشدوز خلوت کرده بود.

۱۵۹ **جُفت گشته با رهیِ[2] خویش زن　　اندر آن یک حُجره[3] از وسواس ِ تن[4]**

زن او که موجودی شهوت‌ران بود با عاشق خویش در آن اتاق خلوت کرده بود.

---

۱ - مآخذ آن احتمالاً قصّه‌های عامیانهٔ رایج در افواه است که در ادب عوام حکایاتی مشابه دارد.

۲ - **رهی**: غلام، اینجا عاشق و دلباخته.　۳ - **حُجْرَة**: اتاق.　۴ - **وسواسِ تن**: وسوسه‌هایِ جسمانی.

۱۶۰ **چون بزد صوفی به جِد در، چاشتگاه   هر دو درماندند، نه حیلت، نه راه**

چون صوفی پیش از ظهر درِ خانه را با جدّیت به صدا در آورد، هر دو درمانده شدند و راه چاره‌ای نیافتند.

۱۶۱ **هیچ معهودش نَبُد کو آن زمان   سویِ خانه بازگردد از دکان**

صوفی هرگز عادت نداشت که در آن هنگام از دکّان به خانه بازگردد.

۱۶۲ **قاصدا[1] آن روز بی‌وقت آن مَروع[2]   از خیالی کرد تا خانه رُجوع**

صوفی آن روز عمداً و بی‌وقت به خانه بازگشته بود؛ زیرا از خیالی نسبت به زن بیمناک بود.

۱۶۳ **اعتمادِ زن بر آن کو هیچ بار   این زمان فا خانه نامد او زکار**

زن اطمینان داشت که همسرش هیچ‌گاه در این وقت از کار به خانه باز نمی‌گردد.

۱۶۴ **آن قیاسش راست نامد از قضا   گرچه ستّار است، هم بِدْهد سزا**

قیاس او درست در نیامد؛ زیرا هرچند که خداوند ستّار است؛ امّا سزای بدکاران را هم می‌دهد.

۱۶۵ **چونکه بدکردی، بترس، آمِن مباش   زانکه تخم است و برویاند خداش**

اگر مرتکب عمل ناپسندی شده‌ای، بیمناک باش؛ زیرا فعل بد، همانند تخمی است که خداوند آن را می‌رویاند.

۱۶۶ **چند گاهی او بپوشاند که تا   آیدت زآن بد پشیمان و حیا**

ستّاریّت خداوند و اینکه برای مدّتی آثار و نتایج حاصل از اعمال بد را مشاهده نمی‌کنی برای این است که به تو مهلتی بدهد، شاید پشیمان شوی و شرم کنی.

۱۶۷ **عهدِ عُمَر، آن امیرِ مؤمنان   داد دزدی را به جلّاد و عوان**

در روزگار عمر، آن امیر مؤمنان، دزدی را به دست مأمور و جلّاد سپرد.

۱۶۸ **بانگ زد آن دزد:کای میرِ دیار   اوّلین بار است جُرمم، زینهارا!**

دزد بانگ برآورد که ای فرمانروای کشور، اوّلین بار است که مرتکب این جرم شده‌ام، مرا امان بده.

---

۱ - **قاصدا**: عمداً.   ۲ - **مَرُوع**: وحشت‌زده.

۱۶۹ **گفت عمّر: حاشَ لِلّه[1] که خدا　　بارِ اوّل قهر بارد در جزا**

عمر گفت: پناه بر خدا، ممکن نیست که خداوند بنده‌ای را در نخستین جرم او به قهر بگیرد و کیفر دهد.

۱۷۰ **بارها پوشد پیِ اظهارِ فضل　　باز گیرد از پیِ اظهارِ عدل**

خداوند بارها و بارها جرم و خطا را می‌بیند و می‌پوشاند تا بنده متوجّه شود که لطف و گذشت حق تعالی در مورد بندگان بسیار زیاد است؛ امّا برای آنکه عدالت حق آشکار شود، روزی او را به قهر می‌گیرد و کیفر می‌دهد.

۱۷۱ **تا که این هر دو صفت ظاهر شود　　آن مبشِّر گردد، این مُنْذِر[2] شود**

تا هر دو صفتِ فضل و عدل او به ظهور برسد. «فضل الهی» بشارت دهنده باشد و «عدل الهی» ترساننده.

۱۷۲ **بارها زن نیز این بدکرده بود　　سهل بگذشت آن و سهلش می‌نمود**

زن بارها این عمل زشت را مرتکب شده بود و چون هیچ اتّفاقی نیفتاده بود، به نظرش آسان می‌آمد.

۱۷۳ **آن نمی‌دانست عقلِ پایْ‌سُست　　که سبو دایم ز جُو ناید دُرُست**

عقل ناقص او این نکته را در نمی‌یافت که کوزه همواره سالم از جوی آب بیرون نمی‌آید و امکان شکستن آن نیز هست؛ یعنی اوضاع همواره بر یک منوال نمی‌ماند.

۱۷۴ **آنچنانَش تنگ آورد آن قضا　　که منافق را، کند مرگِ فُجا[3]**

قضای الهی که اینک در پی ظاهر شدن عدل، گریبان او را گرفته بود، چنان او را در تنگنا قرار داد که مرگ ناگهانی منافق را در فشار قرار می‌دهد.

۱۷۵ **نه طریق و نه رفیق و نه امان　　دست کرده آن فرشته سویِ جان**

منافق با فرارسیدن بلای ناگهانی و مرگ، خود را تنها می‌یابد در حالی که فرشتهٔ مرگ به سوی او دست دراز کرده است و نه راه نجاتی دارد، نه رفیق و نه امانی.

---

۱ - **حاش لِلّه**: پناه بر خدا.　۲ - **مُنذِر**: بشارت دهنده.　۳ - **مرگِ فُجا**: مرگ ناگهانی.

۱۷۶ **آنچنان کین زن در آن حُجرهٔ جَفا   خشک شد او و حریفش ز ابتلا[۱]**

این زن هم در اتاقی که محلّ خیانت بود، به اتّفاق فاسق تبه‌کارش از شدّت وحشت خشک شده بودند.

۱۷۷ **گفت صوفی با دلِ خود کِای دو گبْر   از شما کینه کشم، لیکن به صبر**

صوفی با خود گفت: ای بی‌دینان، از شما انتقام خواهم گرفت؛ امّا با صبر.

۱۷۸ **لیک نادانسته آرَم این نَفَس   تا که هر گوشی ننوشد[۲] این جرس[۳]**

در این لحظه بهتر است به روی خودم نیاورم تا بانگ این رسوایی به گوش مردم نرسد.

۱۷۹ **از شما پنهان کشد کینه مُحِق[۴]   اندک اندک همچو بیماریِ[۵] دِق[۶]**

کسی که حق با اوست، آرام آرام از شما انتقام می‌گیرد، همان‌طور که بیماری سل به آهستگی بیمار را به سوی هلاکت و مرگ می‌کشاند.

۱۸۰ **مردِ دِق باشد چو یخ هر لحظه کم   لیک پندارد به هر دم: بهترم**

بیمارِ مسلول هر لحظه همانند یخ آب می‌شود؛ ولی می‌پندارد رو به بهبود است.

۱۸۱ **همچو کفتاری[۷] که می‌گیرندش، و او   غَرّهٔ آن گفتْ کین کفتارْ کو؟**

زندگی غافلانهٔ کسی که در چنگ قهر الهی گرفتار است؛ امّا خود را آزاد و رها می‌پندارد، همانند ماجرای شکار کفتار است که شکارچیان بر در غار در کمین او نشسته‌اند و چون برای خام کردن وی به یک‌دیگر می‌گویند: کفتار کو؟ می‌پندارد که از محلِّ اختفای او بی‌خبرند.

۱۸۲ **هیچ پنهان خانه آن زن را نبود   سُمج[۸] و دِهلیز[۹] و رهِ بالا نبود**

در آن خانه هیچ جایی برای پنهان شدن وجود نداشت، نه سرداب و زیرزمینی، نه راهرویی و نه راهی به پشت بام.

---

۱ - **اِبْتِلاء :** گرفتار شدن. ۲ - **ننوشد :** نیوشد، نشنود. ۳ - **جرس :** زنگ، درای.
۴ - **مُحِقّ :** صاحب حق، اینجا صوفی است. ۵ - **بیماری دق :** سل.
۶ - حق تعالیٰ نیز برای عاصیان و سرکشانی که در ستیز با حق مصرّاند شرایطی فراهم می‌آورد تا در دام ناپیدای حق «استدراج» گرفتار آیند و به هلاکت برسند. ۷ - شکار کفتار: ر.ک: ۳۳۷۳/۲.
۸ - **سُمْج :** نقب و سرداب. ۹ - **دهلیز :** دالان، راهرو.

۱۸۳ **نه تنوری که در آن پنهان شود   نه جوالی[۱] که حجابِ آن شود**

نه تنوری که مرد را آنجا پنهان کند و نه جوالی که بر سر او بکشد و نهانش بدارد.

۱۸۴ **همچو عرصهٔ پهنِ روزِ رستخیز   نه گَوْ[۲] و نه پُشته، نه جایِ گریز**

خانهٔ مرد صوفی، همانند عرصهٔ صحرای محشر بود. همه چیز عیان و آشکار، نه چاله‌ای، نه پُشته‌ای و نه محلّی برای گریز.

۱۸۵ **گفت یزدان وصفِ این جایِ حَرَج[۳]   بهرِ محشر: لاتَریٰ[۴] فیها عِوَج[۵]**

خداوند در توصیف صحرای محشر که از شدّت ازدحام به تنگنایی بدل می‌شود، می‌فرماید: تو در آنجا هیچ انحنا و کجی مشاهده نمی‌کنی.

معشوق را زیرِ چادر پنهان کردن
جهتِ تلبیس، و بهانه گفتنِ زن که اِنَّ کَیْدَ کُنَّ عَظیمٌ[۶]

۱۸۶ **چادرِ خود را بر او افکند زود   مرد را زن ساخت و در را بر گُشود**

زن صوفی به سرعت چادر خود را بر سر مردِ فاسق افکند و وانمود کرد که او زن است و در را گشود.

۱۸۷ **زیرِ چادر، مَردْ رسوا و عیان   سخت پیدا چون شتر بر نردبان**

امّا آن مرد همانند شتری که بر نردبان باشد، سخت رسوا و آشکار بود.

۱۸۸ **گفت: خاتونی‌ست از اعیانِ شهر   مر وَرا از مال و اقبال است بَهر**

زن گفت: این خانم شخص محترمی از بزرگان شهر است که مال و ثروت فراوانی دارد.

۱ - **جُوال**: کیسه‌ای که از پشم می‌بافند و چیزهای مختلف را در آن می‌ریزند.   ۲ - **گَوْ**: گودال.

۳ - **حَرَج**: تنگی.

۴ - **لاٰ تَریٰ**: نمی‌بینی. اشارتی قرآنی؛ طه: ۱۰۷/۲۰: که در آن نه نشیبی می‌بینی و نه فرازی.

۵ - **عِوَج**: کجی. اشاره است به اینکه در آستانهٔ فرارسیدن رستاخیز، زمین به صورت دشتی صاف و هموار و بی‌آب و گیاه دیده می‌شود و کوه‌ها به خاک مبدّل می‌گردند.

۶ - اشارتی قرآنی؛ یوسف: ۲۸/۱۲: و چون دید که پیراهنش از پشت دریده شده [حقیقت را دریافت] گفت: این مکر شما [زنان] است که مکرتان شگرف است.

حیلهٔ زن صوفی با این عبارت توصیف شده و مکری شگرف خوانده شده است.

۱۸۹ **در ببستم، تا کسی، بیگانه‌یی — در نیاید زود نادانانه‌یی**

من در خانه را بسته بودم که مبادا بیگانه‌ای غفلتاً وارد شود.

۱۹۰ **گفت صوفی: چیستش هین خدمتی؟ — تا بر آرم بی سپاس و منّتی**

صوفی گفت: خواستهٔ ایشان چیست تا بدون منّت و بی‌توقّع به جای آورم.

۱۹۱ **گفت: میلش خویشی و پیوستگی‌ست — نیک خاتونی‌ست، حق داند که کیست**

زن گفت: مشتاق است که با ما قوم و خویش شود. خانم خوبی به نظر می‌رسد؛ امّا باطنش را خدا آگاه است.

۱۹۲ **خواست دختر را ببیند زیرْدست[1] — اتّفاقاً دختر اندر مَکتب است**

می‌خواست دختر ما را مخفیانه ببیند؛ امّا اتّفاقاً دختر در مکتب‌خانه است.

۱۹۳ **باز گفت: ار آرد باشد یا سُبوس[2] — می‌کنم او را به جان و دل عروس**

این خاتون گفته است: هرچند که دختر را ندیدم؛ امّا هر چه باشد، او را با جان و دل به عنوان عروس می‌پذیرم.

۱۹۴ **یک پسر دارد که اندر شهر نیست — خوب وزیرک، چابک و مَکسَبْکُنی‌ست[3]**

او صاحب پسری خوب، چالاک، دانا و اهل کار است که در همهٔ شهر نظیر ندارد.

۱۹۵ **گفت صوفی: ما فقیر و زار و کَم — قومِ خاتون مالْدار و مُحتشم**

صوفی گفت: ما بینوا و ندار هستیم؛ امّا خانوادهٔ این خانم دارای بضاعت فراوان و بلندمرتبه‌اند.

۱۹۶ **کی بُوَد این کُفْو[4] ایشان در زِواج[5]؟ — یک در از چوب و دری دیگر ز عاج**

چگونه دختر ما در این ازدواج بتواند همتای آنان باشد؟ آیا می‌شود که دو لنگهٔ در، یکی از چوب و دیگری از عاج ساخته شود؟

۱۹۷ **کُفو باید هر دو جفت اندر نِکاح — ور نه تنگ آید، نماند اِرتیاح[6]**

هنگام ازدواج، دو همسر باید هم‌شأن باشند و گرنه آرامش نخواهند داشت.

---

۱ - **زیردست**: مخفیانه. ۲ - **آرد باشد یا سبوس**: هر چه که باشد. ۳ - **مَکْسَب‌کُن**: کاسب، نان‌آور.
۴ - **کُفو**: همتا، قرین. ۵ - **زَواج**: ازدواج. ۶ - **ارتیاح**: راحت شدن، آسایش، راحتی.

گفتنِ زن که: او در بندِ جهاز نیست، مُرادِ او سِتر و صلاح است، و جواب گفتنِ صوفی این را سرپوشیده

گفت: گفتم من چنین عذری، و او	گفت: نه! من نیستم اسباب‌جو [۱]

۱۹۸

زن گفت: من این‌ها را گفتم؛ امّا او گفت: من به دنبال جهیزیّهٔ عروس نیستم.

ما ز مال و زر مَلول و تُخمه‌ایم [۲]	ما به حرص و جمعْ نه چون عامه‌ایم

۱۹۹

ما از مال و ثروت دل‌زده شده‌ایم، مثل عامه برای مال‌اندوزی حریص نیستیم.

قصدِ ما سِتر است و پاکی و صلاح	در دو عالم خود بدان باشد فلاح

۲۰۰

ما به دنبال عفّت و پاکدامنی و نیکی هستیم؛ زیرا سبب رستگاری در دو دنیاست.

باز صوفی عذرِ درویشی بگفت	و آن مکرّر کرد تا نَبْوَد نهفت

۲۰۱

صوفی باز هم موضوع فقر و ناداری را تکرار کرد تا مسأله‌ای پوشیده باقی نماند.

گفت زن: من هم مکرّر کرده‌ام	بی‌جهازی را مُقَرَّر کرده‌ام

۲۰۲

زن صوفی گفت: من هم بارها همین موضوع را مطرح کردم که دختر ما جهیزیّه ندارد.

اعتقادِ اوست راسخ‌تر ز کوه	که ز صد فقرش نمی‌آید شِکوه [۳]

۲۰۳

امّا او اعتقادی بسیار استوار دارد و اگر از این هم فقیرتر باشیم، اهمیّتی نمی‌دهد.

او همی گوید مرادم عِفّت است	از شما مقصودْ صدق و همّت است

۲۰۴

این خانم می‌گوید: من خواستار عفّت و پاکدامنی هستم و مقصودم از انتخاب شما صدق و اخلاص و همّتی است که دارید.

گفت صوفی: خود جهاز و مالِ ما	دید، و می‌بیند هویدا و خفا

۲۰۵

صوفی گفت: این خانم جهیزیّه و ثروت ما را دیده است و الان هم آشکار و نهان را می‌بیند.

---

۱ - اسباب‌جو : به دنبال مال و ثروت، اینجا جهیزیه.
۲ - تخمه : دل‌درد حاصل از پرخوری، ثقل معده، اینجا دل‌زده.   ۳ - شِکوه : شکایت، در عربی شَکْوَة.

۲۰۶ **خـــانهٔ تـــنگی، مـــقامِ یک تـــنی[۱] کـــه در او پـــنهان نـــمانَد ســوزنی**

اینجا خانهٔ کوچک و تنگی است که سوزنی را هم نمی‌توان در آن مخفی کرد.

۲۰۷ **باز سِتر[۲] و پاکی و زُهد و صـلاح[۳] او ز مـا بِـهْ دانـد انـدر اِنـتصاح[۴]**

در مورد پوشیدگی، پاکی، تقوا و نیکیِ ما نیز، او احوالمان را بهتر از خودمان می‌داند و نیازی به شرح نیست.

۲۰۸ **بِـهْ ز مـا مـی‌دانـد او احـوالِ سِـتر وز پس و پیش و سر و دُنبالِ سِـتر**

او بهتر از ما می‌داند که پیش و پس و سر و ته پوشیدگی و عفاف ما تا چه حد است.

۲۰۹ **ظاهرا او بـی جِـهاز و خـادم است وز صلاح و سِتر او خود عالِم است[۵]**

معلوم است که با فقر و بینوایی ما دخترمان جهیزیّه و خدمه‌ای ندارد؛ امّا بـه صـلاح و عفاف دختر، خودِ او به خوبی واقف است.

۲۱۰ **شرحِ مستوری ز بابا شـرط نـیست چون بر او پیدا چو روزِ روشنی‌ست**

کار درستی نیست که پدر از پاکدامنی دخترش تعریف کند، چون این امر را او به وضوح می‌داند.

۲۱۱ **این حکایت را بـدآن گـفتم کـه تـا لافْ کم بافی، چو رسوا شد خـطا[۶]**

این حکایت را گفتم تا اینک که خطایت آشکار شده است، دست از لاف زدن برداری.

۲۱۲ **مر تو را ای هم به دعوی مُـستزاد[۷] ایـن بُـده‌ستت اجـتهاد و اعـتقاد**

تو هم که ادّعا داری که در وفا و طلب، زیرک و صادق هستی، جهد و اعتقادت همانند آن زن ناپاک است.

۲۱۳ **چون زنِ صوفی تو خـاین بـوده‌ای دامِ مکـر انـدر دَغـا[۸] بگشـوده‌ای**

معشوق همچنان خطاب به جوان عاشق می‌گوید: تو هـم مـانند زن صـوفی، خـیانتکار هستی و سخنانت دامی است از مکر و نیرنگ که دعوی بی‌دلیلت را توجیه کند.

---

۱ - اشاره به دل صوفیِ صافی که در آن جز حق کسی را راهی نیست. ۲ - **سِتْر** : پوشش. «سَتْر»: پوشاندن.

۳ - صوفی به کنایه با همسرش سخن می‌گوید و مرادش این است که او به خوبی تو را می‌شناسد و می‌داند که ستر و عفاف و زهد و صلاح نداری. ۴ - **اِنْتِصاح** : نصیحت پذیرفتن، پندپذیری.

۵ - صوفی با کنایه می‌گوید: دخترکه مادرش تو باشی، در ستر و صلاحش باید تردید کرد.

۶ - مولانا این قصّه را با حکایت پیشین چنان در هم آمیخته است که گویی معشوق «قصّهٔ صوفی» را بـرای تـنبیه عاشق گفته است. ۷ - **مُسْتَزاد** : زیاد شده. ۸ - **دَغا** : مکر و حیله، دعوی بی‌دلیل، سفسطه.

که زِ هَر ناشسته‌رویی[1]، کَپ‌زنی[2] — شرم داری، وز خدایِ خویش نی ۲۱۴

زیرا از هر آدم ناپاکِ لاف‌زن شرم می‌کنی و می‌کوشی گناهت را پنهان بداری؛ امّا از خدای خود شرم نمی‌کنی.

غرض از سمیع و بصیر گفتنْ خدا را

از پیِ آن گفت حق خود را بصیر — که بُوَد دیدِ وی‌اَتْ هر دم نذیر ۲۱۵

خداوند خود را «بصیر» خواند که بدانی می‌بیند و بیناییِ او تو را از ارتکاب گناه هر لحظه بترسانَد.

از پیِ آن گفت حق خود را سمیع — تا ببندی لب ز گفتارِ شنیع ۲۱۶

خداوند خود را «سمیع» نامید که بدانی می‌شنود و لب از گفتن سخنان زشت بربندی.

از پیِ آن گفت حق خود را علیم — تا نیندیشی فسادی تو، ز بیم ۲۱۷

خداوند خود را «علیم» نامید تا بدانی بر همه چیز آگاه است و از ترسِ علم و آگاهیِ او، افکار پلید و فاسد را از خود دور کنی.

نیست این‌ها بر خدا اسم عَلَم[3] — که سیه[4] «کافور»[5] دارد نامْ هم ۲۱۸

این اسامی برای خداوند اسماء خاصّ به شمار نمی‌آید؛ یعنی جنبهٔ عَلَمیّت ندارد، چه بسا که سیاهِ زنگی را کافور بنامند و سفیدی در او تحقّق نداشته باشد؛ امّا صفات و اسماء باری تعالیٰ، علی‌رغم وجه خاصّ، عین ذات حق‌اند و تعدّد و تکثّری ندارند.

اسمْ مُشتقّ است و اوصافِ قدیم — نه مثالِ علّت اُولیٰ سَقیم[6] ۲۱۹

همان‌طور که از نظر دستوری و اشتقاقِ کلمات، اسم از مصدر اشتقاق می‌یابد، اسماء

---

۱ - **ناشسته رو**: ناپاک. ۲ - **کَپ‌زن**: بیهوده‌گو، پرگوی لاف‌زن.
۳ - **اسم عَلَم**: نام خاصّ بر شخص خاصّ که بدان شناخته می‌شود مانند: اسکندر، صالح و پروین.
۴ - **سیه**: سیاه‌پوست، زنگی.
۵ - **کافور**: گیاهی خوشبو که صمغ آن را می‌سایند و پودر سفیدرنگی حاصل می‌شود که در مراسم تغسیل و تدفین از آن استفاده می‌کنند. ۶ - **سَقیْم**: بیمار، اینجا ناقص.

باری تعالیٰ نیز از مصدرِ صفاتِ قدیم و ازلی به ظهور می‌رسند. این امر مانند توصیفی که فلاسفه و حکما از حق دارند و باری تعالیٰ را «علّت اولیٰ» می‌نامند، ناقص نیست.[1]

ورنه تَسخَر[2] باشد و طنز و دَها[3]   کَز را سامع[4]، ضریران[5] را ضیا[6]   ۲۲۰

اگر اسماء الهی جز آن که شرح دادیم باشد، چیزی جز استهزا، طنز و نیرنگ نخواهد بود که مثلاً شخص ناشنوا را «شنوا» و آدم کور را «بینا» بخوانیم.

یا عَلَم[7] باشد حَیی[8] نام وقیح   یا سیاهِ زشت را نام صبیح[9]   ۲۲۱

یا مثلاً شخصِ بی‌آزرمی را «شرمگین» بنامیم و یا فرد سیاه و زشتی را «زیبا» بخوانیم.

طفلکِ نوزاده را حاجی لقب   یا لقب غازی[10] نهی بهرِ نَسَب   ۲۲۲

یا اینکه نوزاد را «حاجی» لقب دهیم و یا به علّت انتساب به خانواده‌ای که در آن مبارزان راه دین بوده‌اند، «غازی» ملقّب کنیم.

گر بگویند این لقب‌ها در مدیح   تا ندارد آن صفت، نَبوَد صحیح   ۲۲۳

اگر این القاب را به عنوان ستایش و احراز شخصیّت و اعتبار برای کسی به کار ببرند تا او به این صفات و القاب آراسته نباشد و این خصوصیّات در او تحقّق نیافته باشد، به کار بردن آن کار درستی نیست.

تَسخَر و طنزی بُوَد آن یا جنون   پاکْ حق عَمّا یَقُولُ الظّالمون   ۲۲۴

این کار چیزی جز استهزا و شوخی یا دیوانگی نیست. خداوند از آنچه ستمگران می‌گویند منزّه است.

---

۱ – توصیف فلاسفه و حُکما، ارتباط حق با خلق را در قالب «علّیّت و معلولیّت» محدود می‌کند، در حالی که حق به حسب فیض مقدّس و وجود منبسط، عین هر موجودی و به اعتبار ظهور در ملابس اسماء و صفات و ظهور در عالم خلق عین هر ذی‌وجودی است و به اعتبار اصل ذات و منزّه بودن آن از حدّ وجودی و حدوث و لوازم عالم مادّه و تکوین، غیر اشیاء است؛ با استفاده از شرح مقدّمهٔ قیصری، ص ۱۵۴. پس حق تعالیٰ بی‌نیاز از علّیّت و معلولیّت است. خلاصهٔ کلام آنکه: اسماء حق تعالیٰ که از صفات او ناشی می‌شوند، هر یک معانی مناسب با عظمت خداوند دارند و این تناسب هیچ‌گونه شباهتی به تعبیر حکما ندارد که خداوند را «علّت العلل» می‌نامند؛ زیرا این تعبیر بسی ناقص است.   ۲ – تَسخَر: استهزا و بذله.   ۳ – دَهاء: زیرکی و تیزبینی.   ۴ – سامع: شنوا.   ۵ – ضریران: جمع ضَریر، به معنی کور.   ۶ – مراد آن است که صفات حق تعالیٰ عین ذات پاک اوست.   ۷ – عَلَم: اسم عَلَم، اسم خاص.   ۸ – حَیی: شرمگین، با حیا.   ۹ – صَبیح: زیبا و سپیدروی.   ۱۰ – غازی: جنگجو و مبارز راه حق و دین.

۲۲۵ **من همی دانستمت پیش از وصال — که نکو رویی و لیکن بدخصال**[۱]

معشوق به جوانِ عاشق می‌گوید: من پیش از اینکه به باغ بیایی و گستاخی کنی، از احوال تو باخبر بودم و می‌دانستم که صورتی نیک و سیرتی بد داری.

۲۲۶ **من همی دانستمت پیش از لقا**[۲] **— کز ستیزه راسخی اندر شَقا**[۳]

پیش از این دیدار هم می‌دانستم که خُوی ستیزه‌گرِ تو موجب بدبختی‌ات شده است.

۲۲۷ **چونکه چشمم سرخ باشد در عَمَش**[۴] **— دانمش زآن درد، گر کم بینمش**

هنگامی که چشمم قرمز و متورّم می‌شود، این بیماری و درد به من تفهیم می‌کند که اگر دید چشمم کاهش یابد به سبب این ابتلاست.

۲۲۸ **تو مرا چون بَرّه دیدی بی شُبان — تو گُمان بُردی ندارم پاسبان**

تو مرا همانند برّه‌ای تنها و بدون چوپان دیدی و پنداشتی که نگهدارنده و محافظ ندارم.

۲۲۹ **عاشقان از درد زآن نالیده‌اند — که نظر ناجایگه**[۵] **مالیده‌اند**

اینکه عاشقان از درد هجران می‌نالند و همچنان در فراق باقی می‌مانند، این است که به اموری که مهم نیست توجّه می‌کنند.

۲۳۰ **بی‌شُبان دانسته‌اند آن ظَبْی**[۶] **را — رایگان دانسته‌اند آن سَبْی**[۷] **را**

«مردِ حق» را بدون محافظ پنداشته و عاشقِ حق را سهل الوصول دانسته‌اند.

۲۳۱ **تا ز غمزه**[۸] **تیر آمد بر جگر**[۹] **— که: منم حارس، گزافه کم نگر**

در نتیجه تیری از تجلیّات جلالیِ حق بر جگرشان فرود آمد که با گستاخی به او نگاه مکن. من نگهدار و نگهبان او هستم.

---

۱ - **بدخصال :** بدسیرت.

۲ - **لِقاء :** دیدار. در قصّهٔ «عاشق درازهجران»، معشوق نمادی از مردان حق و کاملان است که بر ضمایر و سرایر اشراف دارند. ۳ - **شَقاء :** بدبختی.

۴ - **عَمَش :** ضعف بینایی همراه با التهاب و جاری شدن اشک. در واقع معشوق با ذکر این مثال به عاشق تفهیم می‌کند که ستیزه‌جویی‌ات با حق که منجر به شقاوت شده از این‌رو درست است که تو علی‌رغم سال‌ها هجران هرگز نفهمیدی که این مفارقت به سبب عیب و علّتی است که در چشم بصیرتت وجود دارد، هرگز فکر نکردی که این عدم دیدار به دلیل بیماریِ چشم باطنی توست. ۵ - **ناجایگه :** به غیر از حق، چیز دیگری جز حق.

۶ - **ظَبْی :** آهو، مراد مرد حق است. ۷ - **سَبْی :** اسیر، شکار، مراد عاشق حق است.

۸ - **غَمْزَة :** تجلیّات جلالی حق. ۹ - قُدما جگر را محل و مرکز عاطفه می‌دانسته‌اند.

۲۳۲ **کی کم از برّه کم از بُزغاله‌ام — که نباشد حارس از دُنباله‌ام**

آیا من از برّه یا بزغاله حقیرتر و کمتر هستم که محافظی به دنبالم نباشد؟

۲۳۳ **حارسی[1] دارم که مُلکش می‌سزد — داند او بادی که آن بر من وزد**

نگهدارنده‌ای دارم که سزاوار پادشاهی است و از نسیمی که به سوی من می‌وزد باخبر است.

۲۳۴ **سرد بود آن باد یا گرم، آن علیم — نیست غافل، نیست غایب، ای سقیم[2]!**

ای ناقص، آن دانای اسرار به وزش باد، خواه سرد یا گرم، آگاه است و از هیچ چیز بی‌خبر نیست.

۲۳۵ **نَفْسِ شهْوانی ز حق کرّ است و کور — من به دل کوریت می‌دیدم ز دور**

نفس امّاره از حقایق بی‌خبر و کر و کور است؛ امّا من که نفسی متعالی دارم از طریق چشم دل، کور بودن و بی‌خبری تو را از حقایق می‌دیدم و می‌دانستم.

۲۳۶ **هشت سالت زآن نپرسیدم به هیچ — که پُرَت دیدم ز جهلِ پیچْ پیچ**

هشت سال سراغ تو را نگرفتم؛ زیرا می‌دیدم که سرشار از جهل مرکّب هستی.

۲۳۷ **خود چه پرسم آنکه او باشد به تون[3] — که تو چونی؟ چون بُوَد او سرنگون**

چرا باید حال کسی را که غرق در امور دنیوی و زندگی غافلانه است، بپرسم؟ چرا بپرسم چگونه‌ای؟ چون می‌دانم که او سرنگون در منجلاب تمایلات نفسانی است.

---

۱ - **حارِس**: نگهبان، نگهدارنده، مراد حق تعالیٰ است.
۲ - **سقیم**: بیمار، اشاره به کسی که ادراک روحانی ندارد و ناقص است، اینجا کمال نیافته، نادرست.
۳ - **تون**: آتش‌خانهٔ حمّام، گلخن، کنایه از دنیا و امور دنیوی و زندگی غافلانه است. «تون تاب» ناچار بوده است برای افروختنِ تون سرش را به درون آتش‌خانهٔ حمام فرو ببرد.

مثالِ دنیا چون گولخن و تقویٰ چون حمام

شهوات و لذّت‌های پست و حقیر در عالم محسوسات در این تمثیل به گلخن و تابخانهٔ سوزان آن که در عین حال مکانی پست و پلید است، مانند شده که وجود آن‌ها حمّام تقوا را روشن و گرم می‌دارد.

در این تمثیل که تصویری است از تقابل «اتقیا» و «اشقیا»، طالبان دنیا به سرگین‌کشانی مانند شده‌اند که تمام عمر به سرگین‌کشی اشتغال دارند و این کار آنان نیز برای آن است که گلخن دنیا همواره گرم و پایدار بماند و آب حمّام را که موجب طهارت اتقیاست گرم بدارد.

اینکه اغنیا و طالبان دنیا در گردآوری زر و سیم تفاخر می‌کنند، در این تمثیل به تفاخر سرگین‌کشان مانند شده است که در میان تونیان نیز از این تفاخرِ رسواگر هست که یکی بر دیگری می‌نازد که من امروز بیست سلّه سرگین کشیده‌ام و تو شش سلّه بیش نکشیده‌ای.

قطعهٔ پیشین که در آن ادامهٔ قصّهٔ «عاشق درازهجران» به تقریر آمد، تنبیه و طعنی که معشوق در حقّ عاشق ابراز می‌داشت و علّتِ هجرانِ وی را حق‌ستیزی و شقاوتِ ناشی از زندگی غافلانه و جاهلانه برمی‌شمرد، تداعی‌گر این تمثیل شده است.

شـهوتِ دنـیا مـثالِ گُـلخن است[1]　　　که از او حـمّامِ تقوی روشـن است ۲۳۸

تمایل شدید به امور دنیوی، همانند آتش‌خانه‌ای است که حمّام تقوا را گرم نگاه می‌دارد.

لیک قِسمِ متّقی زین تون صفاست　　　زانکه در گرمابه است و در نَقاست[2] ۲۳۹

امّا بهرهٔ شخص پرهیزکار از این دنیا، پاکی و صفاست؛ زیرا درون گرمابه خود را می‌شوید و از آلایش‌ها به دور می‌دارد.

اغـنیا مـانندهٔ سـرگینْ‌کَشان　　　بـهرِ آتش کـردنِ گـرمابه‌بان ۲۴۰

ثروتمندان همانند سرگین‌کشانی هستند که برای صاحب حمّام سرگین حمل می‌کنند.

انـدر ایشـان حـرص بـنهاده خـدا　　　تـا بُـوَد گـرمابه گـرم و بـانوا ۲۴۱

خـداونـد، طـمع را در دل دنـیاپرستان قـرار داده است تـا هـمواره گـرمابهٔ تـقوا گـرم و برقرار باشد.

---

۱ - **گُلْخَن** : آتش‌خانهٔ حمّام.　۲ - **نَقاء** : پاکیزگی.

۲۴۲ **ترکِ این تون گوی و در گرمابه ران   ترکِ تون را عینِ آن گرمابه دان**

شهوات و لذّت‌های پست و حقیر عالم محسوس را رها کن و به عالم معنا روی آور. ترک این تمتّعاتِ نازل عین تقوا است.

۲۴۳ **هر که در تون است، او چون خادم است   مر وَرا که صابر است و حازم است**

هر کسی که در گلخن بمانَد، همانند خدمتگزارِ صابران و غایت‌اندیشان است.

۲۴۴ **هر که در حمّام شد، سیمایِ او   هست پیدا بر رخِ زیبایِ او**[1]

هر کسی که با ورود به عرصهٔ پرهیزکاری، خود را از آلایش‌ها برهاند، آثار پاکی را در چهرهٔ زیبای او می‌توان دید.

۲۴۵ **تونیان**[2] **را نیز سیما آشکار   از لباس و از دُخان و از غبار**

چهرهٔ ناپاک دنیاپرستان نیز از لباس و دود و گرد و خاکشان پیداست.

۲۴۶ **ور نبینی روش، بویش را بگیر**[3] **   بو عصا آمد برای هر ضریر**

اگر به حدّی از کمال روحانی نرسیده‌ای که بتوانی با چشم دل آثارِ پاکی یا ناپاکی را در سیمای «صالح» یا «طالح» تشخیص دهی، از طریق «بو» آنان را بشناس. بو برای نابینا راهنمای خوبی است.

۲۴۷ **ور نداری بو، درآرَش در سخن   از حدیثِ نو بدان رازِ کهن**

اگر شامهٔ باطنی نداری که عِطر پاکی را از بو بازشناسی، او را به سخن گفتن وادار کن تا از طریق سخنانش که همان آثار و عوارض شخصیّت است، او را بشناسی.

۲۴۸ **پس بگوید تونیی صاحبْ ذَهَب   بیست سَلّه**[4] **چرک بُردم تا به شب**[5]

سرگین‌کش (دنیاپرست) به محض اینکه شروع به صحبت کند، می‌گوید: تو ثروتمند نیستی؛ امّا من تا شب توانستم بیست سبدِ سرگین حمل کنم؛ یعنی خیلی موفّق هستم.

---

۱ - اشارتی قرآنی؛ فتح : ۲۹/۴۸ : ...سِيمَاهُمْ فِي وُجُوهِهِمْ مِنْ أَثَرِ ٱلسُّجُودِ...: بر رخسارشان از اثر سجده نشان‌ها[ی نورانیّت] پدیدار است.

۲ - اشارتی قرآنی؛ الرّحمان : ۴۱/۵۵ : يُعْرَفُ ٱلْمجْرِمُونَ بِسِيمَاهُمْ...: گناهکاران با نشانه‌هایشان شناخته می‌شوند.

۳ - جانی که به درجاتی از کمال رسیده است، شامّه‌ای باطنی دارد که می‌تواند عِطر پاکی درون افراد صالح را از بوی پلید درون افراد طالح تمییز دهد. [بدکاران]   ۴ - **سَلّه** : سبد، زنبیل.

۵ - اهل دنیا به مال و ثروت می‌بالند و از آن سخن می‌گویند، نه از عوالم معنوی و روحانی.

۲۴۹ **حرصِ تو چون آتش است اندر جهان　　　بـاز کـرده هـر زبـانه صـد دهـان**

ای دنیاپرست، طمع در وجودت بسان آتشی سوزان است که هر شراره‌اش صد دهان گشوده تا تو را ببلعد.

۲۵۰ **پیشِ عقل این زر چو سرگین ناخوش است　　　گرچه چـون سـرگین فـروغ آتش است**

در نظرِ عقلِ انسانِ کامل که به عقلِ کلّ اتّصال یافته، طلا و ثروت، همانند سرگین که آتش را شعله‌ور می‌کند، سببِ شعله‌ور شدن آتشِ نَفْس می‌شود.

۲۵۱ **آفـــتابی کـــه دَم از آتش زنـــد　　　چـرکِ تـر را لایـقِ آتش کـند**[1]

آفتاب هم که همانند آتش دارای حرارت است، تپالهٔ تر را خشک می‌کند تا بتواند بسوزد.

۲۵۲ **آفـتاب آن سـنگ را هـم کـرد زر**[2]**　　　تا به تونِ حـرص افـتد صـد شَـرَر**

تابش آفتاب سنگ را زر می‌کند تا بر حرص طمعکاران برای زراندوزی بیفزاید و آنان همچنان در زندگی غافلانه و حریصانه‌شان غوطه‌ور باشند.

۲۵۳ **آنکـه گـوید: مـال گِـرد آورده‌ام　　　چیست؟ یعنی چرکِ چندین بُرده‌ام**

تفاخر دنیاپرست که می‌گوید: ثروتی گرد آورده‌ام، چه مفهومی دارد؟ به سرگینی که جمع کرده است، می‌نازد.

۲۵۴ **این سخن گرچه که رسوایی فزاست　　　در میانِ تـونیان، زیـن فـخرهاست**

چنین سخنانی مایهٔ رسوایی است؛ امّا در میان سرگین‌کشان موجب مباهات است.

۲۵۵ **که: تو شش سَلّه کشیدی تا به شب　　　من کشـیدم بـیست سـلّه بـی‌کُرَب**[3]

یکی از سرگین‌کشان به دیگری می‌گوید: تو تا شب فقط توانستی شش سبد سرگین حمل کنی، در حالی که من بدون رنج و زحمت توانستم بیست سبد سرگین حمل کنم؛ بنابراین پیداست که دنیاپرستان از حمّام دنیا حاصلی جز پلیدی و آلودگی ندارند و طهارت و صفای این حمّام عاید افراد پرهیزکار است.

---

۱ - اشاره است به «آفتاب حقایق» و قدرت روحانی و معنوی مردان حق و کاملان که بر نَفْس سالک راه حق می‌تابد و وجوه نازلهٔ آن را می‌سوزاند؛ یعنی تبدیل می‌کند.

۲ - بنا بر عقیدهٔ قُدما تابش آفتاب سنگ را زر می‌کند، اینجا تجلّی قهرِ حق بر حرص زراندوزیِ اهل دنیا می‌افزاید تا به کار دنیا بپردازند و عدّه‌ای «تون‌تاب» باشند و عدّه‌ای در حال استحمام.

۳ - **کُرَب**: جمع کُرْبَة به معنی رنج و اندوه.

۲۵۶ **آنکه در تون زاد و پاکی را ندید　　　بوی مُشک آرَد بر او رنجی پدید**

کسی که در گلخن دنیا متولّد می‌شود و در لجن‌زارِ تمایلات پست و حقیر دنیوی رشد می‌کند و هرگز از پاکی عوالم معنوی بهره نمی‌بَرَد، شامّه‌اش به بوی تعفّن عادت می‌کند، به حدّی که عِطرِ دلاویزِ پاکی‌ها و بوی خوش مُشک مشامش را می‌آزارد و او را به رنج می‌افکند.

قصّهٔ آن دبّاغ که در بازارِ عطّاران از بویِ عِطر و مُشک بیهوش و رنجور شد[1]

دبّاغی که همواره سروکارش با پوست احشام و پیراستن آن از مدفوع و پلیدی‌ها بود، روزی گذرش به بازار عطرفروشان افتاد و چون شامّه‌اش به بوی پلیدی‌ها عادت کرده بود، از بوی عطر رنجور و بیهوش بر زمین افتاد. مردم برای به هوش آوردن او از گلاب و عود و عنبر استفاده می‌کردند؛ امّا ثمری نداشت تا خبر به خویشاوندان او رسید و برادرش که شخصی مکّار و کاردان بود، خود را به او رسانید و به آهستگی چیزی را که با خود آورده بود به بینی دبّاغ نزدیک کرد؛ پس از مدّتی دبّاغ به هوش آمد؛ زیرا برای درمانِ مغزِ پلیدِ او راهی را جز آن نیافته بود که سرگین سگ را به کف دست خویش بمالد و بر بینی وی نهد.

هر که را مُشکِ نصیحت سود نیست　　　لاجرم با بویِ بد خو کردنی‌ست

سرّ سخن در بیانِ این معناست که بنی آدم، بنی‌عادت است و همان‌گونه که ظاهرِ او با انجام کارهای متفاوت به آن خُو می‌گیرد و عادت می‌کند، جان او نیز با غوطه‌ور گشتن در زندگی غافلانه، تنزّل می‌یابد و به پلیدی‌ها خُو می‌گیرد و از دروغ و لاف و لاغ قوّت می‌یابد و بی‌آنکه بداند رنجش افزون و عقلش به افیون درمان می‌شود.

---

۱ – مأخذ آن گفتهٔ غزالی است در کیمیای سعادت: مَثَل او، یعنی آنکه به حق اُنس ندارد، چون آن کنّاس (کنّاس: کسی که چاهِ مبرز را پاک می‌کند.) بُوَد که به بازار عطّاران رفت و از آن بوی‌های خوش بیفتاد و بیهوش شد. مردم می‌آمدند وگلاب و مُشک بر وی می‌زدند و حال او بدتر می‌شد تا یکی که وقتی کنّاسی کرده بود، آنجا رسید، بدانست که حال او چیست؟ پاره‌ای نجاست آدمی بیاورد و ترکرد و در بینی وی مالید. به هوش باز آمد وگفت: این است بوی خوش. و شیخ عطّار در اسرارنامه این حکایت را نظم فرموده است: احادیث، صص ۳۴۸-۳۴۷.

آن یکی افتاد بیهوش و خمید   چونکه در بازارِ عطّاران رسید ۲۵۷

دبّاغی به محض ورود به بازار عطرفروشان حالش به هم خورد و بیهوش بر زمین افتاد.

بویِ عطرش زد زِ عطّاران راد   تا بگردیدش سر و برجا فُتاد ۲۵۸

بوی خوش عطر که از دکّان عطرفروشان جوانمرد در فضا پراکنده شده بود به مشامش رسید و سبب شد که سرش گیج برود و بیفتد.

همچو مُردار اوفتاد او بی‌خبر   نیم روز اندر میانِ رَه‌گذر ۲۵۹

دبّاغ در میان راه، بی‌خبر همانند مُرده‌ای هنگام ظهر افتاده بود.

جمع آمد خلق بر وی آن زمان   جملگان لاحول گو، درمان‌کُنان ۲۶۰

مردم در آن هنگام دور او جمع شدند، در حالی که «لاٰ حَوْلَ وَ لاٰ قُوَّةَ إلاّ بِالله» می‌گفتند و می‌خواستند او را درمان کنند.

آن یکی کف بر دلِ او می‌براند   وز گلاب آن دیگری بر وی فشاند ۲۶۱

یک نفر دست بر روی قلبش می‌گذاشت تا ببیند زنده است یا نه؟ دیگری گلاب به سر و صورتش می‌پاشید که به هوش بیاید.

او نمی‌دانست کاندر مَرتَعه[1]   از گلاب آمد وَرا آن واقعه ۲۶۲

کسی که گلاب می‌پاشید، نمی‌دانست که بوی عطر حال وی را بر هم زده است.

آن یکی دستش همی مالید و سر   و آن دگر کَهگِل همی آوَرد تَر ۲۶۳

یک نفر دست و سر او را مالش می‌داد و دیگری برایِ درمان کاهگل تازه می‌آورد.

آن بخورِ عود و شکّر زد به هم   و آن دگر از پوشِشَش می‌کرد کَم ۲۶۴

یک نفر عود را با شکر می‌سوزانید و دود می‌کرد و دیگری لباس‌هایش را کم می‌کرد.

و آن دگر نبضش که تا چون می‌جَهَد؟   و آن دگر بوی از دهانش می‌ستد ۲۶۵

و آن شخص دیگر نبضش را می‌گرفت تا ببیند چگونه می‌زند و دیگری دهانش را می‌بویید.

---

۱ - **مَرْتَع** : چراگاه، کشتزار، اینجا مراد بازار عطّاران است که مانند کشتزار محلّی خوب به شمار می‌آید.

۲۶۶ **تاکه می‌خورده‌است و یابنگ[۱] وحشیش[۲]؟ خـــلق در مـــاندند انـــدر بـــیهُشی‌ش**

دهانش را بو می‌کرد تا ببیند که شـراب خـورده یـا بـنگ و حشـیش کشیده است؛ امّا علی‌رغم تمام این تلاش‌ها به علّت بیهوشی وی پی نبردند و از کشف سبب آن عاجز شدند.

۲۶۷ **پس خبر بُردند خویشان را شـتاب که: فلان افتاده است آنـجا خـراب**

بنابراین به شتاب به خویشاوندان دبّاغ خبر دادند که فلانی در فلان‌جا بیهوش افتاده است.

۲۶۸ **کس نمی‌داند که چون مصروع[۳] گشت؟ یا چه شد کو را فُتاد از بـامْ طشت[۴]؟**

هیچ کس نمی‌داند که چرا غش کرده و بیهوش بر زمین افتاده یا چه شده است که ایـن چنین گرفتار شده و بر سر زبان‌ها افتاده است؟

۲۶۹ **یک بـرادر داشت آن دبّـاغِ زَفت گُـربز[۵] و دانـا، بـیامد زود تـفت[۶]**

آن دبّاغِ قوی هیکل برادری زیرک و حیله‌گر و کاردان داشت که به سرعت خود را به آنجا رسانید.

۲۷۰ **انـدکی سـرگینِ سگ در آسـتین خلق را بشکافت و آمد بـا حـنین[۷]**

او اندکی مدفوع سگ را در آستین لباس خود مخفی کرده بود، با ناله و شیون صف مردم را از هم شکافت و پیش آمد.

۲۷۱ **گفت: من رنجش همی دانم ز چیست چون سبب دانی، دوا کردن جَلی‌ست[۸]**

گفت: من علّت ناراحتی او را می‌دانم. هنگامی که سبب را بدانی، معالجه آسان است.

۲۷۲ **چون سبب معلوم نَبْوَد، مشکـل است داروی رنج، و در آن صد مَحْمِل است[۹]**

چون علّت معلوم نباشد، معالجه دشوار است و باید احتمالات گوناگون را بررسی کرد.

۲۷۳ **چون بدانستی سـبب را سـهل شـد دانشِ اسـبابْ دفـعِ جـهل شـد**

چون سبب را بدانی معالجه آسان است؛ زیرا دانستن علل بیماری، احتمال را از میان می‌برد.

---

۱ - **بنگ** : گردی مخدّر که ازگیاه شاهدانه به دست می‌آید.
۲ - **حشیش** : مادّه‌ای تخدیر کننده که ازگیاه شاهدانه به دست می‌آید.
۳ - **مَصْرُوع** : کسی که مبتلا به بیماری صرع است و یکباره غش می‌کند و بر زمین می‌افتد.
۴ - **طشت (تشت) از بام افتادن** : کنایه از رسوایی و بر سر زبان‌ها افتادن، اینجا مراد گرفتار شدن و وضع بدی است که دبّاغ بدان مبتلا شده است. ۵ - **گُربز** : زیرک و حیله‌گر. ۶ - **تفت** : تند و تیز.
۷ - **حَنین** : ناله و شیون. ۸ - **جَلیّ است** : روشن است.
۹ - **صد مَحْمِل است** : صدگونه احتمال هست.

۲۷۴ **گفت با خود: هستش اندر مغز و رگ　　　تُوی بر تُو[1] بـویِ آن سـرگینِ سگ**

برادرش با خود گفت: بوی مدفوع سگ در لابه‌لای رگ و مغزش نفوذ کرده است.

۲۷۵ **تا میان اندر حَـدَث او تـا بـه شب　　　غـرقِ دبـاغی‌ست او، روزی طـلب**

او هر روز از صبح تا شب در میان نجاست غوطه می‌خورَد و برای امرار معاش دبّاغی می‌کند.

۲۷۶ **پس چنین گفته است جالینوس[2] مِهْ[3]　　　آنـچه عـادت داشت بـیمار، آنَشْ دِه**

به همین مناسبت جالینوس بزرگ گفته است: برای درمان هـر بـیمار بـاید از چـیزهایی استفاده کرد که به آن عادت دارد.

۲۷۷ **کز خلافِ عـادت است آن رنـج او　　　پس دوایِ رنـجش از مُـعتادْ جـو**

زیرا چیزی که بر خلاف عادت او بوده سبب بیماری‌اش شده است؛ پس درمان او را در چیزی بجو که بدان عادت دارد.

۲۷۸ **چون جُعَل[4] گشته‌ست از سِرگین کشی　　　از گُـــلاب آیـــد جُـــعَل را بـــیهُشی**

آن دبّاغ هم از بس با مدفوع سروکار داشته بود، مانند «سرگین گردانک» از بـوی گـلاب بیهوش می‌شد.

۲۷۹ **هم از آن سِرگینِ سگ داروی اوست　　　که بدان او را همی مُعتاد و خوست**

درمان او هم همان سرگین سگ است که به آن خو گرفته و عادت کرده است.

۲۸۰ **اَلخَـــبیثاتُ الخَـــبیثین[5] را بـخوان　　　رُو و پشتِ ایـن سـخن را بـاز دان**

آیهٔ شریفهٔ «زنان ناپاک برای مردان ناپاک‌اند» را بخوان و ظاهر و باطن آن را دریاب.

۲۸۱ **ناصحان[6] او را به عنبر یـا گـلاب[7]　　　مـی دوا ســـازند بـهرِ فـتحِ بـاب**

ناصحان می‌کوشند تا او را با عنبر و گلاب درمان کنند و درِ پاکی و نجات را به رویش بگشایند.

۲۸۲ **مـر خـبیثان را نســازد طـیِّبات　　　در خور و لایـق نـباشد ای ثـقات!**

ای یاران مورد اعتماد، چیزهای پاک به مزاج ناپاکان نمی‌سازد و در خور آنان نیست.

---

۱ - **توی بر تو**: لایه به لایه، طبقه به طبقه. ۲ - **جالینوس**: نام طبیب معروف یونانی. ۳ - **مِه**: بزرگ.
۴ - **جُعَل**: حشره‌ای که در جاهای پلید و کثیف زندگی می‌کند و از بوی سرگین لذّت می‌برد.
۵ - اشارتی قرآنی؛ نور: ۲۶/۲۴؛ ر.ک: ۳۶۱۸/۱. ۶ - **ناصحان**: اشاره به انبیا و اولیا، مردان حق.
۷ - **عنبر یا گلاب**: اشاره به عِطر وحی و کلام پاک ارشادآمیز کاملان است.

۲۸۳ چون ز عطرِ وَحی کژ گشتند و گُم   بُد فغانشان که: تَطَیَّرْنا بِکُم[1]

چون منکران نتوانستند عِطر وحی را با وجود ناپاک خویش مناسب و در خور بیابند، بر انکارشان افزوده شد و فریاد بر آوردند که: «ما شما را به فال بدگرفته‌ایم».

۲۸۴ رنج و بیماری‌ست ما را این مَقال   نیست نیکو وَعْظِتان ما را به فال

کافران و بت‌پرستان خطاب به رسولانی که از سوی پروردگار برای ارشاد و هدایت آنان مأموریّت یافته بودند، گفتند: سخنان شما برای ما مایهٔ رنج و بیماری است، آنچه را که شما «پند نیکو» می‌دانید، ما به فال نیک نمی‌گیریم، بلکه در نظر ما سخنانی شوم و موجب تیره‌روزی است.

۲۸۵ گر بیاغازید نُصحی آشکار   ما کنیم آن دم شما را سنگسار[2]

اگر آشکارا به نصیحت ما بپردازید، بی‌درنگ سنگسارتان می‌کنیم.

۲۸۶ ما به لغو و لَهو فربه گشته‌ایم   در نصیحت خویش را نسرشته‌ایم

ما با کارهای باطل و بیهوده رشد کرده‌ایم، عادت نداریم که پند و اندرز را بپذیریم.

۲۸۷ هست قُوتِ ما دروغ و لاف و لاغ[3]   شورشِ معده است ما را زین بَلاغ[4]

غذای جان ما دروغ و لاف و گزاف و هزل است. پیام شما حال ما را به هم می‌زند.

۲۸۸ رنج را صدتُو و افزون می‌کنید   عقل را دارو به افیون می‌کنید

شما با این سخنان رنج ما را صد برابر می‌کنید و می‌خواهید عقل ما را با افیون کلامتان زایل کنید.

---

۱ - اشارتی قرآنی؛ یس: ۱۸/۳۶ : ر.ک: ۲۹۵۱/۳.
اشاره است به انکار کافران و سرکشان که نه تنها کلام وحی را نمی‌پذیرفتند؛ بلکه وجود پاک پیامبران را نیز مایهٔ شومی و بدبختی خود و شهر و دیارشان می‌دانستند.
۲ - این ابیات اشاره است به «اصحاب قریه» (اشارت قرآنی؛ یس: ۱۹/۳۶-۱۳) که قومی گمراه و احتمالاً بت‌پرست بوده‌اند و بنا بر گفتهٔ مفسّران، مراد از «قریه»، انطاکیه از شهرهای شامات بوده است که خداوند برای هدایت آنان دو نفر از رسولان را به سوی ایشان فرستاد؛ امّا مورد تکذیب واقع شدند و برای تقویت آن دو، رسول سوم را ارسال فرمود که باز هم تسلیم نشدند و بر شدّت عمل خود افزودند و گفتند: اگر دست از این سخنان بر ندارید، سنگسارتان می‌کنیم.   ۳ - **لاغ**: شوخی، خوش‌طبعی.   ۴ - **بلاغ**: ابلاغ، تبلیغ، رسانیدنِ پیام.

معالجه کردنِ برادرِ دبّاغ دبّاغ را به خُفیه، به بویِ سِرگین

۲۸۹ خـلق را مـی‌رانـد از وی آن جـوان　　تـا عـلاجش را نـبینند آن کسـان

برادر دبّاغ که علّت بیهوشی او را می‌دانست، مردم را از اطراف وی می‌راند تا نحوهٔ درمان او را نبینند.

۲۹۰ سَر به گوشش بُرد همچون رازگـو　　پس نـهاد آن چـیز بـر بـینیِ او

سر را چنان که گویی رازی می‌گوید، به گوش دبّاغ نزدیک کرد و آنگاه مدفوع سگ را که به همراه آورده بود روی بینی او قرار داد.

۲۹۱ کو به کف سِرگینِ سگ ساییده بود　　داروِی مـغزِ پـلید، آن دیـده بـود

او مدفوع سگ را با دست ساییده بود؛ زیرا می‌دانست که داروی مغز پلید همان است.

۲۹۲ ساعتی شـد، مَـرد جُـنبیدن گـرفت　　خلق گفتند: این فسونی بُد شگـفت

مدّتی گذشت، مرد دبّاغ تکانی خورد. مردم گفتند: عجب افسونی به کار برد!

۲۹۳ کین بخواند افسون، به گوشِ او دمید　　مُرده بود، افسون بـه فـریادش رسـید

این مرد افسونی خواند و به گوش او دمید، مُرده‌ای بود که این افسون نجاتش داد.

۲۹۴ جُـنبشِ اهـلِ فسـاد آن سـو بُـوَد　　کـه زِنـا و غـمزه و اَبـرو بُـوَد

همواره همین‌طور است و افراد فاسد با چیزهای پلید، زنا، کرشمه و اشارات ابرو که آنان را به سوی پلیدی می‌خواند، تحرّک می‌یابند و بدان تمایل دارند.

۲۹۵ هر که را مُشکِ نصیحت سود نیست　　لاجرم با بویِ بـد خـو کـردنی‌ست

هر کس که بوی خوش اندرز ناصحان در جانش اثر نکند، لاجرم با بوی بد سخنان ناحق خو می‌گیرد.

۲۹۶ مشرکان را زآن نَجِس خواندست حق　　کـاندرونِ پُشک[۱] زادنـد از سَـبَق[۲]

خداوند از آن رو مشرکان را نجس خوانده است که از روز ازل در پلیدی‌ها زاده شده‌اند.[۳]

۱ - **پُشک** : سرگین گاو و گوسفند.　۲ - **سَبْق** : سبقت گرفتن، پیشی گرفتن، اینجا ازل.
۳ - اشارت قرآنی؛ توبه : ۲۸/۹ : ر.ک: ۲۰۹۵/۳.

کِرم کـو زاده‌ست در سـرگین، ابـد　　می‌نگردانَـد بـه عـنبر خـویِ خَـود ۲۹۷

کرمی که در میان کثافت زاده شد، نمی‌تواند خصلت خود را عوض کند و به عطرِ عنبر خُو بگیرد.

چـون نَـزَد بـر وی نـثارِ رَشّ[۱] نور　　او همه جسم است، بی‌دل، چون قُشور[۲] ۲۹۸

چون نور حق بر کافران و معاندان نثار نشده است، آنان همانند پوست، جسمی بـدون جان هستند؛ یعنی حیات روحانی ندارند و دارای روح حیوانی هستند.

ور زِ رَشّ نـورْ حـق قِـسمیش داد　　همچو رسمِ مصر[۳] سرگین مرغ زاد ۲۹۹

اگر خداوند از نور حق بهره‌ای به حق‌ستیزان بدهد، همان‌گونه که در مصر مرسوم بود، از میان سرگین و کثافات نیز جوجه پدید می‌آید.

لیک نـه مـرغِ خـسیسِ خـانگی　　بـلکه مـرغِ دانش و فـرزانگـی ۳۰۰

امّا این مرغی که ما می‌گوییم، مرغ پست خانگی نیست، مرغ دانش و فرزانگی است.

تو بدان مـانی، کـز آن نـوری تـهی　　زانکـه بـینی بـر پـلیدی مـی‌نهی[۴] ۳۰۱

تو هم ای عاشق، همانند کسی هستی که از نور الهی بی‌بهره مانده است؛ زیرا بینی خود را بر پلیدی‌ها می‌نهی و آن را می‌بویی؛ یعنی به عوالم معنوی که رعایت ادب شرط اوّل آن است، توجّهی نداری.

از فـراقت زرد شـد رخسـار و رو　　بـرگِ زردی مـیوهٔ نـاپخته‌تُو ۳۰۲

رنگ و رویت از هجران زرد و زار شده است؛ امّا این هجران سبب پـختگی و کـمالت نشده و همچنان مانند برگی زرد و میوه‌ای خام باقی مانده‌ای.

---

۱ - **رَشّ**: پاشیدن. اشاره به حدیث که مضمون آن این است: خداوند خلق را در ظلمت آفرید، سپس نورش را بر آنان تابانید، هرکس از آن نور بهره یافت در راه رَشَد قرارگرفت و هرکس بهره نیافت گمراه شد: ر.ک: ۷۶۵/۱.

۲ - **قُشور**: جمع قشر به معنی پوست.

۳ - در مصر باستان متداول بود که برای تکثیر مرغ خانگی، تخم‌های زایا را در میان پِهِن می‌گذاشتند و حرارت ملایمی می‌دادند تا جوجه سر از تخم در آوَرَد. این رسم در زمان سلطهٔ مسلمانان بر مصر به صورت صنعت پررونقی در آمده بود: با استفاده از شرح مثنوی مولوی، ج ۴، ص ۱۴۳۰.

۴ - بازگشتی است به قصّهٔ «عاشق درازهجران» که معشوق برای تنبیه و تأدیب عاشق که قصد بوس و کنارکرده بود، با وی سخن می‌گوید.

**دیگ ز آتش شد سیاه و دودفام		گوشت از سختی چنین ماندست خام** ۳۰۳

دیگِ تن تو با آتش هجران سیاه شد و دود گرفت؛ امّا محتویّات آن، یعنی جانِ عاری از لطافتِ تو، همچنان خام مانده است.

**هشت سالت جوش دادم در فِراق		کم نشد یک ذرّه خامیت و نفاق** ۳۰۴

هشت سال در دیگ هجران تو را جوشاندم؛ امّا ذرّه‌ای از خامی و نفاقت کاسته نشد.

**غورهٔ تو سنگ بسته[1] کز سَقام[2]		غوره‌ها اکنون مَویزند و تو خام** ۳۰۵

جان بیمارت که در بند هوا و هوس است، همانند غورهٔ نارسیده‌ای است که اشتیاقی برای پختگی ندارد و در حالی که غوره‌های دیگر همه رسیده و پخته و مویز شده‌اند، تو همچنان نارسیده مانده‌ای.

عذر خواستنِ آن عاشق از گناهِ خویش به تلبیس[3] و روی‌ْپوش[4]، و فهم کردنِ معشوق آن را نیز

**گفت عاشق: امتحان کردم مگیر		تا ببینم تو حریفی یا سَتیر** ۳۰۶

عاشق گفت: مرا سرزنش نکن؛ زیرا تو را امتحان می‌کردم که ببینم آیا اهلِ بوس و کنار هستی یا واقعاً پاکدامنی.

**من همی دانستمت بی‌امتحان		لیک کِی باشد خبر همچون عیان؟** ۳۰۷

هرچند که بدون آزمون هم تو را می‌شناختم؛ امّا شنیدن کی بود مانند دیدن؟

**آفتابی، نامِ تو مشهور و فاش		چه زیان است ار بکردم ابتلاش[5]؟** ۳۰۸

تو همانند آفتاب عالمتاب به پاکی شهره‌ای. چه اشکالی دارد که آفتاب را بیازمایم؟

---

۱ - **سنگ بسته** : سفت و سخت شده است، اشاره به روح یا جان کمال نیافته و ناقص است.
۲ - **سَقام** : بیماری.	۳ - **تَلْبِیس** : پوشاندن حقیقت امری و مبهم ساختن، حیله و نیرنگ، تزویر.
۴ - **روی‌پوش** : پوشاندن و مخفی کردن.	۵ - **ابتلا** : ابتلاء: مورد آزمایش قرار دادن، امتحان کردن.

۳۰۹ **تو مَنی،[1] من خویشتن را امتحان — می‌کنم هر روزْ در سود و زیان**

تو در واقع خود منی و از من جدا نیستی. من هر روز خود را در سود و زیان می‌آزمایم؛ پس آزمودن تو نیز آزمودن خودم بوده است.

۳۱۰ **انبیا را امتحان کرده عُداة[2] — تا شده ظاهر از ایشان معجزات**

دشمنان پیامبران را مورد آزمون قرار دادند تا آن همه معجزات از ایشان به ظهور رسید.

۳۱۱ **امتحانِ چشمِ خود کردم به نور — ای که چشمِ بد ز چشمانِ تو دور**

ای محبوب که چشم بد از چشمان تو دور باد! من در واقع نورِ چشم خود را می‌آزمودم.

۳۱۲ **این جهان همچون خراب است و تو گنج — گر تفحّص کردم از گنجت، مرنج**

دنیا، همانند خرابه‌ای است که تو گنج نهانی آن هستی. اگر در این گنجینه جُست‌وجویی کردم، آزرده نشو.

۳۱۳ **ز آن چنین بی‌خُردگی[3] کردم گزاف — تا زنم با دشمنان هر بار لاف**

علّتِ بی‌مبالاتی‌ام این بود که نزد رقیبان لاف بزنم که به تو نزدیک هستم.

۳۱۴ **تا زبانم چون تو را نامی نهد — چشم از این دیده گواهی‌ها دهد**

تا هرگاه که نام تو را بر زبان می‌آورم، چشمانم نیز بر آنچه که از پاکی تو دیده گواه باشد.

۳۱۵ **گر شدم در راهِ حُرمت راهْزن — آمدم ای مَهْ! به شمشیر و کفن[4]**

اگر در رعایت ادب و احترام نسبت به تو، همانند راهزنان گستاخ بوده‌ام، پوزش می‌طلبم و برای هر کیفری حاضرم.

۳۱۶ **جز به دستِ خود مَبُرّم پا و سر — که از این دستم، نه از دستِ دگر**

پا و سر مرا جز با دست خود قطع نکن؛ زیرا من به دست تو تعلّق دارم نه دست دیگر؛ یعنی هر چه هستم به دست تو ساخته شده‌ام و مال تو هستم.

۳۱۷ **از جدایی باز می‌رانی سخُن — هر چه خواهی کن و لیکن این مکن**

باز هم سخن از هجران می‌گویی، هر کاری که می‌خواهی بکن؛ ولی این کار را نکن.

---

۱ - اشاره است به فنای عاشق در معشوق. ۲ - **عُداة** : جمع «عادِی» به معنی عداوت کننده، دشمن.

۳ - **بی خُردگی** : چیزهای خُرد و ظریف را ندیدن، بی‌توجّهی کردن، بی‌مبالاتی.

۴ - **با شمشیر و کفن آمدن** : آماده برای هر کیفری بودن.

۳۱۸ **در سخن آباد[1] این دَم راه شد   گفتْ امکان نیست، چون بیگاه شد**

مولانا می‌فرماید: اینک به قلمرو معانی رسیده‌ایم و باید به بیانِ حقایق بپردازیم؛ یعنی هجران آدمی از مبدأیی که از آن آمده است؛ امّا دیر شده و امکان ندارد.

۳۱۹ **پوست‌ها گفتیم، و مغز آمد دفین   گر بمانیم، این نماند همچنین**

ظاهرِ قصّه را گفتیم؛ امّا معانی مانده است، اگر عمر کفاف بدهد آن را هم خواهیم گفت.

ردّ کردنِ معشوقه عذرِ عاشق را، و تلبیسِ او را در رویِ او مالیدن

۳۲۰ **در جوابش برگشاد آن یار لب   کز سویِ ما روز، سویِ توست شب**

معشوق گفت: حقیقت برای من همانند روز روشن‌است؛ امّا برای تو مانند شب تاریک است.

۳۲۱ **حیله‌هایِ تیره اندر داوری   پیشِ بینایان چرا می‌آوری؟[2]**

چرا نیرنگ‌های تیره و سیاه خود را در محضر داوری بینایان مطرح می‌کنی؟

۳۲۲ **هر چه در دل داری از مکر و رموز   پیشِ ما رسواست و پیدا همچو روز[3]**

هر حیله و نیرنگی که در دل داری، برای ما همانند روز آشکار است.

۳۲۳ **گر بپوشیمش ز بنده‌پروری   تو چرا بی‌رُویی از حد می‌بری؟**

اگر ما از سر بنده‌پروری زشتیِ درونت را آشکار نمی‌کنیم، چرا پررویی و بی‌آزرمی را از حدّ می‌گذرانی؟

۳۲۴ **از پدرآموز، کآدم در گناه   خوش فرود آمد به سویِ پایگاه[4]**

از پدرت حضرت آدم بیاموز که وقتی مرتکب گناه شد، با نهایت فروتنی سر بر آستان الهی نهاد و پوزش خواست.

---

۱ - **سخن آباد:** منشأ و مبدأ این سخنان، عالم معنا.
۲ - اشاره است به حیله و نیرنگ مرید با مراد یا بنده با حق.
۳ - اشاره است به آگاهی و علم کاملان بر امور و اِشراف ایشان بر ضمایر و سرایر.
۴ - **پایگاه:** درگاه، اینجا سر بر آستانِ حق نهادن، پیشانی بر خاک سودن.

چـون بـدید آن عـالمُ آلاَسـرار[۱] را بـر دو پـا اِسـتاد[۲] اِسـتغفار را ۳۲۵

هنگامی که به سببِ خطا موردِ عِتاب خداوند واقع شد، مصرّانه طلب مغفرت کرد.

بـر سـرِ خـاکسترِ انـدُه نشست از بهانه شاخ تـا شـاخی نَـجَست[۳] ۳۲۶

آدم(ع) بسیار اندوهگین شد و بهانه‌ای نیاورد و دلیلی نتراشید؛ یعنی خطای خود را پذیرفت.

رَبَّـنا اِنّـا ظَـلَمْنا[۴] گـفت و بس چونکه جانداران[۵] بدید از پیش و پس ۳۲۷

گفت: «پروردگارا! ما بر خود ستم کردیم»؛ زیرا در پیش و پس فرشتگانِ مراقب را می‌دید.

دید جاندارانِ پـنهانْ هـمچو جـان دور بـاش،[۶] هـر یکـی تـا آسـمان ۳۲۸

فرشتگان مراقب را می‌دید که چونان جان نهان بودند و نیزه‌های دورباش هر یک از آنان تا آسمان می‌رسید.

که: هلا! پیشِ سـلیمان مـور بـاش تا بـنشکافد تـو را ایـن دوربـاش[۷] ۳۲۹

آن فرشتگان می‌گفتند: هوشیار باش و در برابر حق، همانند موری تواضع به خرج بده تا این نیزهٔ دورباش تو را نشکافد.

جز مقامِ راستی[۸] یک دم مـهایست هیچ لالا[۹] مرد را چون چشم نیست ۳۳۰

حتّی برای لحظه‌ای جز در مقامِ «صدق» نباش؛ زیرا هیچ نگهدارنده‌ای، همانندِ چشم باطن انسان را حفظ نمی‌کند. صدق به آدمی کمک می‌کند تا بتواند چشمی بصیر داشته باشد؛ یعنی دیدهٔ باطنی.

---

۱ - **عالمُ آلاَسرار**: حق تعالی.

۲ - **بر دو پا ایستادن**: مصرّانه در کاری ثابت قدم بودن، اشاره به رسم صوفیان است که مرید خطاکار را در محلّ کفش‌کن بر پای ایستاده نگاه می‌داشتند تا مُراد از سر تقصیر او بگذرد.

۳ - اشاره به عاشق جوان قصّه که می‌کوشد با آوردن دلایل گوناگون خود را توجیه کند.

۴ - اشارت قرآنی؛ اعراف: ۲۳/۷ : ر.ک: ۱۴۸۵/۱. ۵ - **جانداران**: فرشتگان مراقب.

۶ - **دورباش**: نیزه‌های دو شاخه که در قدیم پیشاپیش مرکب سلاطین می‌بردند تا مردم دور شوند و راه را باز کنند.

۷ - در این تمثیل، شکوه و عظمت حق و کاملان به حضرت سلیمان و حقارت آدمی به مورچه مانند شده است که زندگی غافلانه و گستاخانه، او را به دورباشِ حق و هلاکت مبتلا می‌کند.

۸ - **مقامِ راستی**: مقامِ صدق که در آن ظاهر و باطن همخوانی دارد؛ یعنی اندیشه و عمل در یک راستاست.

۹ - **لالا**: خدمتکار، لَلِه، مربّیِ فرزندانِ بزرگان.

کور اگر از پند پالوده شود　　　هر دمی او باز آلوده شود ۳۳۱

اگر شخص کوردل از طریق پند و اندرز صفایی بیابد، به سببِ عدم تشخیص حق از باطل، به سرعت آلوده می‌شود.

آدما! تو نیستی کور از نظر　　　لیک اِذا جاءَ اَلقضا عَمِیَ اَلبَصَر [1] ۳۳۲

ای آدم، چشمِ دل تو کور نیست؛ امّا «چون قضای الهی برسد، چشم نابینا می‌شود».

عُمرها باید به نادر گاه گاه　　　تا که بینا از قضا افتد به چاه ۳۳۳

به ندرت اتّفاق می‌افتد که شخص بینا بنا بر قضای الهی، چشم بصیرتِ خویش را از دست بدهد و به چاه گمراهی سقوط کند.

کور را خود این قضا همراهِ اوست　　　که مر او را اوفتادن طبع و خوست ۳۳۴

در مورد کوردل، فقدان دیدهٔ بصیرت، همان قضای الهی است که همواره بدان گرفتار است؛ زیرا هیچ‌گاه نمی‌تواند راه را از چاه باز داند.

در حَدَث[2] افتد، نداند بویِ چیست　　　از من است این بوی یا ز آلودگی‌ست؟[3] ۳۳۵

اگر آدم کوردل در پلیدی و نجاست بیفتد، نمی‌داند که این بوی تعفّن از چیست؟ از من است یا از نجاست و پلیدی؟

ور کسی بر وی کند مُشکی نثار　　　هم ز خود داند، نه از احسانِ یار[4] ۳۳۶

و اگر کسی در حقّ او نیکی کند، آن را از خوبی خویش می‌پندارد، نه از لطفی که شامل حالش شده است.

پس دو چشمِ روشن ای صاحب نظر　　　مر تو را صد مادر است و صد پدر ۳۳۷

بنابراین ای صاحب بینش، تو را چشمانی بصیر، همانندِ صد پدر و مادر به راه راست هدایت می‌کند؛ یعنی بهترین مراقب و هادی است.

---

۱ - اشاره به حدیثی با همین مضمون است: ر.ک: ۱۱۹۹/۱.　　۲ - **حَدَث**: مدفوع، نجاست.

۳ - کوردلان گناهی را که مرتکب می‌شوند یا بدی‌هایی را که به آنان می‌رسد، به قضای الهی نسبت می‌دهند.

۴ - افرادِ بی‌بصیرت هر عمل نیکی را به خود نسبت می‌دهند و آن را از عنایت الهی نمی‌دانند.

۳۳۸ **خـاصه چشمِ دل کـه آن هـفتادتُوست[1]　　　وین دو چشمِ حسّ، خوشه‌چینِ اوست[2]**

بخصوص چشمِ دل که به حقایق بیناست و به سبب بصیرتی ژرف، دو چشم ظاهر از او روشنی و بینایی می‌یابند.

۳۳۹ **ای دریـغا ! ره‌زنـان[3] بـنشسته‌انـد　　　صـد گِـره زیـرِ زبـانم بـسته‌انـد**

افسوس که اینک ناآگاهان در این مجلس حضور دارند و با عدم بینش نسبت به عوالم معنوی با آن می‌ستیزند و با خُرده‌گیری بر این معانی و مفاهیم والا، صد گره بر زبانم بسته‌اند و نمی‌گذارند جوشش معارفِ ژرف، سیر خویش را طی کند و بر زبانم جاری گردد.

۳۴۰ **پای‌بسته چون رود خوش راهوار[4] ؟　　　بس گران بندی‌ست این، معذور دار**

چگونه راهوار با پایِ بسته راه را به خوبی طی کند؟ اینک زبان مـن، هـمانند راهـواری است که بندی گران بر پای دارد؛ بنابراین اگر حقایق الهی چنان که باید گـفته نشـوند، مـرا معذور بدار.

۳۴۱ **ایـن سـخن اشکسـته مـی‌آید دلا !　　　کین سخن دُرّ است، غیرت[5] آسیا[6]**

ای دل، اینک حقایق الهی، شکسته بسته جاری مـی‌شوند؛ زیـرا سـخنان مـن، هـمانند مروارید است و غیرت الهی بسان آسیا. آسیا مروارید را خُرد می‌کند تا به صورت «دُرّ» به دست ره‌زنان نااهل نیفتد.

۳۴۲ **دُرّ اگر چه خُـرد و اِشکسـته شـود　　　تـوتیایِ[7] دیـدهٔ خسـته شـود**

اگر «دُرّ» شکسته و خُرد شود، باز هم مفید است و چشم بیمار را درمان می‌کند.

---

۱ - **هفتادتو :** هفتاد لایه، هفتاد اشاره به کثرت دارد؛ یعنی چشم دل بینشی ژرف دارد.

۲ - **خوشه چین اوست :** بر خوان کرم او نشسته، مدیون اوست.

۳ - **ره‌زنان :** کسانی که از عوالم روحانی و معنوی ناآگاه هستند. اشاره است به کسانی که با بی‌اعتقادی و به صرف استهزا و خرده‌گیری در مجلس تقریر مثنوی حضور یافته‌اند.　　۴ - **راهوار :** مرکبِ سواریِ تندرو.

۵ - **غیرت :** ر.ک: ۱۷۲۱/۱.

۶ - بیت اشاره است به «کتمان سرّ» و «کتمان حقایق الهی» که عارفان بـر آن تأکید داشته‌انـد؛ زیـرا حـق تـعالی نمی‌پسندد که سخنِ «اهلِ دل» به «اهلِ گِل» گفته شود.

۷ - **توتیا :** سنگ سرمه، داروی شفابخش و نیرودهندهٔ چشم. حقایق الهی و معارف والایی که مولانا مشتاق به ابراز آن است؛ حتّی اگر شکسته بسته و ناقص، یعنی در سطحی نازل نیز عرضه گردد، چشمِ دل طالبان و مشتاقان را روشنی می‌بخشد و راه‌گشای سلوک سالکان می‌شود.

۳۴۳ **ای دُرا از اِشکستِ خود بر سر مزن　　کز شکستن روشنی خواهی شدن**[۱]

ای «دُرّ»، از شکسته شدن، غمگین نباش؛ زیرا با شکسته شدن می‌توانی چشم‌ها را روشنی ببخشی.

۳۴۴ **همچنین اشکسته بسته گفتنی‌ست　　حق کند آخر دُرُستش، کو غنی‌ست**

لازم است که حقایق گفته شود؛ حتّی اگر این‌طور شکسته بسته و ناقص باشد؛ زیرا سرانجام خداوندِ بی‌نیاز که نیازمندی مشتاقان را می‌داند، به آنان کمک می‌کند تا بتوانند به ادراک کامل‌ترِ آن از طریق کشف و شهود نایل آیند.

۳۴۵ **گندم ار بشکست[۲] و از هم در شُکُست[۳]　　بر دُکان آمد که نک نانِ دُرُست[۴]**

هنگامی که گندم خُرد و آرد می‌شود، آن را در دکّان نانوایی به نان مبدّل می‌کنند؛ پس گندم با شکسته شدن تکامل می‌یابد و جزو وجود آدمی می‌گردد.

۳۴۶ **تو هم ای عاشق! چو جُرمت گشت فاش　　آب و روغن[۵] ترک کن، اشکسته باش**

اینک مولانا به قصّهٔ «عاشق درازهجران» باز می‌گردد و از زبان معشوق خطاب به جوان عاشق که محبوب را در باغ و خلوت یافت و گستاخانه قصد بوس و کنار داشت، می‌فرماید:

ای عاشق، تو نیز هنگامی که گناهت آشکار شد، ریاکاری را کنار بگذار و قبول کن که مرتکب خطا شده‌ای.

۳۴۷ **آنکه فرزندانِ خاصِ آدم‌اند　　نفحهٔ اِنّا ظَلَمْنا[۶] می‌دَمَند**

زیرا آنان که فرزندان جان و دل آدم(ع) هستند، به پیروی از پدر که «ظَلَمْنا أَنْفُسَنا» گفت، اقرار می‌کنند که بر خود ستم کرده‌اند.

۳۴۸ **حاجت خود عرضه کن، حجّت مگو　　همچو ابلیسِ لعینِ سخت‌رُو[۷]**

تو هم نیاز خویش را عرضه بدار و همانند شیطانِ ملعونِ گستاخ، خطای خود را توجیه نکن.

---

۱ - اشاره به این نکته است که افهامِ حقیرِ خلق قادر به ادراک حقایق والا آن‌چنان که هست، نیست؛ پس چاره همین است که در سطحی نازل و ناقص و در پردهٔ رمز و راز به تقریر آید.　۲ - **بشکست** : خرد شد.

۳ - **در شُکُست** : از مصدر شُکُستن، گسسته شد.　۴ - **نان دُرُست** : قرص نان.

۵ - **آب و روغن** : ظاهر را آراستن، راست و دروغ را به هم بافتن، تظاهر کردن به صداقت، توجیه کردن.

۶ - اشارت قرآنی؛ اعراف : ۲۳/۷ : ر.ک: ۱۲۵۹/۱ و ۱۴۸۵/۱.　۷ - **سخت رو** : گستاخ، پررو، بی‌شرم.

۳۴۹ **سخت رُویی گر وَرا شد عیب پوش[۱]   در ستیز و سخت رویی رو بکوش**

اگر وقاحت و گستاخی شیطان، عیب و گناه او را پوشاند، تو هم لجوج و گستاخ باش.

۳۵۰ **آن ابـــوجهل[۲] از پِـــیَمبَر مُـــعجِزی   خواست همچون کینه‌ور تُرکی غُزی[۳]**

ابوجهل، همانند ترک کینه‌تور غُز خواستار معجزه‌ای از پیامبر(ص) بود.

۳۵۱ **لیک آن صدّیقِ[۴] حق معجز نـخواست   گفت: این رو خود نگوید جز که راست[۵]**

امّا ابوبکر صدّیق از پیامبر(ص) معجزه‌ای نخواست و گفت: صاحب این چهره جز سخن راست نمی‌گوید.

۳۵۲ **کِی رسد همچون تویی را کَـز مَـنی   امتحانِ هـمچو مـن یـاری کـنی؟[۶]**

معشوق به عاشق گستاخ که گفته بود: می‌خواستم تو را امتحان کنم، گفت: تو در مقامی نیستی که بتوانی محبوبی همانند مرا مورد امتحان قرار دهی.

---

۱ - اشاره به این نکته است که درگاه آن بی‌نیاز، فقط خریدار نیاز، عجز، انکسار، پستی و نیستی بندگان است و عُجب، غرور و انانیّت را در آن ساحت پاک راهی نیست.

۲ - ابوجهل به عنوان نمونهٔ بارز انکار و مخالفت با پیامبر(ص) و در بیت بعد، ابوبکر به عنوان نمونهٔ بارز تصدیق و اقرار در تقابل با یک‌دیگرند که اوّلی علی‌رغم دیدن شواهد نبوّت و معجزات ایمان نیاورد؛ ولی دومی معجزه‌ای نخواست و ایمان آورد: ر.ک: ۲۶۷۳/۲.

۳ - **ترک غُز**: ترکان غُز گروهی از ترکان غارتگر بودند که در زمان سلطان سنجر قوّت گرفتند و خراسان و نقاط دیگری را غارت کردند. آنان مظهر کینه‌توزی و سنگدلی به شمار می‌آمدند.   ۴ - ابوبکر: ر.ک: ۲۷۰۰/۱.

۵ - محمّد غزّالی در احیاءالعلوم، طبع مصر، ج ۲، ص ۲۵۶ در توصیف رسول اکرم(ص) می‌گوید: شمایل و احوال وی بر صدق ادّعایش گواهانی قاطع بودند. چنانکه اگر یک تن عرب خالص شهر نادیده او را می‌دید، می‌گفت: این روی از آن مردی دروغ‌باره نیست. مَا هَذَا وَجْهَ کَذّابٍ: احادیث، صص ۱۰۷-۱۰۶.

۶ - اشاره به مریدان ناآگاه و یا خرده‌گیران و حق‌ستیزان است که گستاخانه می‌پندارند که می‌توانند مردان حق و یا کاملان را بیازمایند.

گفتنِ آن جُهود علی را کَرَّمَ اللهُ وَجْهَهُ، که: اگر اعتماد داری بر حافظیِ حق، از سرِ این کوشک[۱] خود را در انداز، و جواب گفتنِ امیرالمؤمنین او را[۲]

جُهودی به علی(ع) گفت: اگر اطمینان داری که خداوند حافظ و نگهدار توست، خود را از فراز این کاخ به زمین پرتاب کن. امیرالمؤمنین گفت: ای احمق! بنده در مقامی نیست که حق را بیازماید و این امر شایستهٔ مقام الهی اوست که:

آن خـدا را مـی‌رسد کـو امـتحان　　　پـیش آرَد هـر دَمـی بـا بـندگان

مرتضی را گفت روزی یک عَـنود[۳]　　　کـو ز تـعظیمِ خـدا[۴] آگـه نـبود ۳۵۳

روزی آدمی سرکش که از ادراک عظمت حق تعالیٰ بی‌بهره بود، به طریق امتحان گفت:

بـر سـرِ بـامی و قـصری بس بـلند　　　حفظِ حق را واقـفی ای هـوشمند؟ ۳۵۴

ای مرد هوشیار، آیا بر فراز این بام و کاخ بلند هم به قدرت حفظ و نگهداری خداوند یقین داری؟

گفت: آری، او حفیظ است و غـنی　　　هسـتیِ مـا را ز طـفلی و مـنی ۳۵۵

علی(ع) گفت: آری، او هم حافظ است و هم بی‌نیاز، ما را از زمان کودکی و حتّی از مرحله‌ای که «منی» بوده‌ایم، حفظ کرده و می‌کند.

گفت: خود را اندر افکن هین ز بام　　　اعتمادی کن بـه حـفظ حـق تـمام ۳۵۶

جُهود گفت: پس به قدرت حراست و نگهداری خدا اعتماد کن و خود را از فراز این بام به زیر بیفکن.

---

۱ - **کوشک**: کاخ.
۲ - این حکایت در مآخذ و روایات مربوط به زندگی علی(ع) بدین صورت که مثنوی روایت می‌کند، نیامده است؛ امّا قصّه‌ای مشابه آن در حلیة‌الأولیاء، ج ۴، ص ۱۲ و در تلبیس ابلیس، ص ۲۸۱ دیده می‌شود که دارای همین مضمون است و در آن ابلیس از عیسی(ع) می‌خواهد که اگر اعتقاد داری که جز آنچه که مقدّر است به تو نخواهد رسید و اگر بر حفظ الهی اعتماد داری، خود را از سر کوه به پایین بینداز. عیسی(ع) در پاسخ می‌فرماید: بنده حق ندارد خدا را بیازماید و باید بداند که آنچه مشیّت الهی مقتضیِ آن باشد، همان خواهد شد: احادیث، ص ۳۴۹.
۳ - **عَنود**: ستیزه‌گر، سرکش.　۴ - **تعظیمِ خدا**: عظمت خداوند.

۳۵۷ **تا یقین گردد مرا ایقانِ[1] تو — و اعتقادِ خوبِ با برهانِ[2] تو**

تا من یقین بیاورم که ایمان و اعتقاد تو قوی و قاطع است.

۳۵۸ **پس امیرش گفت: خامش کن، برو — تا نگردد جانْت زین جرأت گرو[3]**

پس امیرالمؤمنین(ع) گفت: خاموش باش و برو، تا به سبب این گستاخی جانت را نگیرند.

۳۵۹ **کی رسد مر بنده را که با خدا — آزمایش پیش آرَد ز ابتلا؟**

هرگز بنده در شأن و مرتبه‌ای نیست که بتواند خدا را بیازماید.

۳۶۰ **بنده را کی زَهره باشد کز فُضول[4] — امتحانِ حق کند ای گیجِ گول؟**

ای نادان احمق! بنده با چه جرأتی می‌تواند گام را از حدّ خویش فراتر نهد و خدا را بیازماید؟

۳۶۱ **آن، خدا را می‌رسد کو امتحان — پیش آرَد هر دَمی با بندگان**

این امر در خور مقام خداوند است که هر لحظه بندگان خویش را بیازماید.

۳۶۲ **تا به ما، ما را نماید آشکار — که چه داریم از عقیده در سِرار[5]؟**

خداوند بندگان را می‌آزماید تا به ما نشان دهد که چه نیّتی در ضمیر خویش داریم؟

۳۶۳ **هیچ آدم گفت حق را؟ که: تو را — امتحان کردم در این جُرم و خطا**

آیا هرگز آدم(ع) در ترک اولیٰ[6] به خداوند گفت که این خطا به سبب امتحان تو بود؟

۳۶۴ **تا ببینم غایتِ حِلمت شها! — آه[7] که را باشد مجالِ این؟ که را؟**

ای شاه عالم هستی، من تو را امتحان می‌کردم تا نهایت بردباری‌ات را بدانم. چه کسی جرأت گفتن چنین سخنی را دارد؟

۳۶۵ **عقلِ تو از بس که آمد خیره‌سر[8] — هست عذرت از گناهِ تو بَتَر**

معشوق گفت: چون عقل تو خیره‌سر است، عذر بدتر از گناه می‌آوری.

---

۱ - **إیْقان**: یقین داشتن. ۲ - **برهان**: حجّت روشن و واضح، دلیل قاطع.
۳ - **تا نگردد جانت زین جرأت گرو**: تا جانت را به سبب این گستاخی نگیرند.
۴ - **فُضول**: در تداول فارسی زبانان به معنی کسی است که در اموری دخالت کند که در حدّ او و یا حقّ او نیست.
۵ - **سِرار**: خط پیشانی و کف دست، محاق و وقت پنهان بودن نور و به همین دلیل ماه را به تازی سِرار خوانند، اینجا اشاره به باطن و ضمیر آدمی است.
۶ - **ترک اولیٰ**: علما و مفسّران مسلمان معتقدند که انبیا در عصمت الهی هستند و مرتکب خطا نمی‌شوند و لغزش را ترک اولیٰ می‌نامند. ۷ - **آه**: بیان نفرت و انزجار. ۸ - **خیره‌سر**: گستاخ و پررو.

۳۶۶ **آنکــه او افــراشت سـقفِ آسـمان   تو چه دانـی کـردن او را امـتحان؟**

کسی که با علم و قدرتی بی‌مانند آسمان را برافراشته است، چگونه او را می‌آزمایی؟

۳۶۷ **ای نــدانســته تــو شـرّ و خـیر را   امتحان خود را کـن، آنگـه غـیر را**

ای کسی که نه خیر را می‌شناسی و نه شر را؛ یعنی از نیک و بد وجودِ خودت نیز بی‌خبری، ابتدا خودت را بیازما تا بدانی وجودت چیست، آنگاه دیگران را بیازمای.

۳۶۸ **امتحانِ خود چو کـردی ای فُـلان!   فـارغ آیـی ز امـتحانِ دیگـران[1]**

ای فلان، اگر خود را بیازمایی و به عیوب خویش آگاه شوی، به فکر آزمودن دیگران نمی‌افتی.

۳۶۹ **چون بدانستی کـه شکّـر دانـه‌ای[2]   پس بـدانـی کَـاهْلِ شکّـرخـانه‌ای[3]**

هنگامی که با آزمودن خویش دانستی که جانت مشتاق دریافت معارف و ادراک حقایق است؛ یعنی سالک راه حق هستی، آنگاه می‌توانی یقین داشته باشی که تو نیز از اهل‌الله به شمار می‌آیی.

۳۷۰ **پس بــدان، بـی امـتحانی، کـه اِلٰـه   شکّــری[4] نــفرستدت نــاجایگاه**

پس بدان که خداوند بدون آنکه تو را بیازماید و پیش از اینکه شایستگی و قابلیّت خویش را به اثبات برسانی، عنایتی در حقّت نمی‌کند و اجازه نمی‌دهد که از علوم و اسرار الهی بهره‌مند گردی.

۳۷۱ **این بدان، بی‌امتحان، از علم شـاه[5]   چون سَری[6]، نفرستدت در پایگاه[7]**

به این نکته هم توجّه کن که علم ازلی حق تعالیٰ بدون امتحان هم هر چیز و هر کس را در جای مناسب خویش قرار می‌دهد، هنگامی که وجودت شایستگی و قابلیّت احراز مراتب عالی را دارد، هرگز تو را در درجات دون قرار نمی‌دهد و به یقین از عنایات خود برخوردار می‌کند.

---

۱ - این ابیات ناظر است به مضمون این روایت: طُوبَىٰ لِمَنْ شَغَلَهُ عَيْبُهُ عَنْ عُيُوبِ النَّاسِ : خوشا به حال کسی که به سبب پرداختن به عیب خود از عیب‌جویی دیگران باز می‌ماند: احادیث، صص ۳۵۰-۳۴۹.

۲ - **شکّردانه :** دانهٔ شکر، کنایه از کسی که به معارف و حقایق گرایش دارد و از آنها بهره‌مند است، سالک سیر و سلوک إلی الله، طالب راه حق.

۳ - **شکّرخانه :** معدن شکر، کنایه از اصل حقایق، بارگاه حضرت باری تعالی. عارف پس از امتحانات الهی و تنزّه از صفات بشری و تخلّق به اخلاق‌الله از روی یقین درمی‌یابد که به منبع همهٔ نور و شیرینی رسیده و به تقدیر ازلی سعادت سرمدی یافته است.

۴ - **شکّر :** کنایه است از معارف الهی و حقایق که به عنایتِ حق سالک موفّق به دریافت و ادراک آن می‌شود.

۵ - **علم شاه :** علم حق.   ۶ - **سر :** سرور.   ۷ - **پایگاه :** محلّ پایین، صفِ نعال.

۳۷۲ **هیچ عاقل افکند دُرِّ ثَمین[1] در میانِ مستراحی پُر چَمین[2]؟**

آیا شخص عاقل مروارید گرانبهایی را در مستراحی پر از کثافات می‌افکَنَد؟

۳۷۳ **زانکه گندم را حکیم آگهی هیچ نفرستد به انبار کَهی**

زیرا این امر واضح است که هیچ حکیم دانایی گندم را به انبار کاه نمی‌فرستد؛ پس یقین داشته باش که خداوند هرگز کسی را که شایستگیِ احرازِ مراتبِ عالیِ معنوی را دارد، در مراتب دون قرار نمی‌دهد.

۳۷۴ **شیخ را که پیشوا و رهبر است گر مریدی امتحان کرد او خر است**

اگر مریدی شیخ خویش را که رهبر و راهنماست، بیازماید، بدون شک بی‌شعور است.

۳۷۵ **امتحانش گر کُنی در راهِ دین هم تو گردی مُمْتَحَن[3] ای بی‌یقین!**

ای آدم بی‌اعتقاد، اگر از سر نادانی به آزمودن عقاید، اعمال، خصایصِ معنوی و دینِ شیخ بپردازی، در واقع، خودت مورد آزمون قرار می‌گیری و پریشان‌روزگار می‌شوی.

۳۷۶ **جرأت و جهلت شود عریان و فاش او برهنه کی شود زآن اِفتتاش[4]؟**

با این آزمودن تنها چیزی که فاش می‌شود، گستاخی توست. شیخ هرگز در برابر این تفتیش احمقانهٔ تو اسرارش را آشکار نخواهد کرد.

۳۷۷ **گر بیاید ذرّه، سَنجَد کوه را بردَرَد زآن کُهْ ترازوش ای فتی!**

ای جوان، اینکه مرید بخواهد مُراد را بیازماید، همانند آن است که ذرّه‌ای حقیر به وزن کردن کوه بپردازد، طبیعی است که ترازویش از سنگینی کوه دریده می‌شود؛ یعنی تاب و تحمّل عظمت کوه را ندارد. با چنین اقدام جاهلانه‌ای، تجلیّات جلالی حق، رشتهٔ ارادت و اتّصال مرید را از هم می‌دَرَد.

۳۷۸ **کز قیاسِ[5] خود ترازو می‌تَنَد مردِ حق را در ترازو می‌کند[6]**

مرید جاهل و سرکش با معیارهای حقیرانهٔ خود مردِ حق را می‌آزماید.

---

۱ - **دُرّ ثمین**: مروارید گرانبها. ۲ - **چَمین**: مدفوع، ادرار.
۳ - **مُمْتَحَن**: آزموده شده، محنت زده، پریشان‌روزگار.
۴ - **اِفْتِتاش**: تفتیش کردن، اینجا امتحان کردن مرید مراد را.
۵ - **قیاس**: اینجا قیاس به نفس، کسی یا کسانی را چون خود دیدن و با خود قیاس کردن، خود را ملاک چیزی قرار دادن. ۶ - قیاس به نفس و استدلال ناآگاهانهٔ مرید به ترازو تشبیه شده است.

چــون نگنجد او به میزانِ خِرَد   پس تــرازوی خــرد را بــردَرد   ۳۷۹

شیخ کاملِ واصل برتر از آن است که با ترازوی حقیر عقل جزوی بتوان او را سنجید؛ پس با چنین خطایی، عقل جزوی مرید نابود می‌شود.

امتحان همچون تـصرّف دان در او   تو تصرّف بر چـنان شاهی مجو ۱   ۳۸۰

آزمودن چیزی جز تصرّف کردن در آن نیست. این نکته را بدان که تو هرگز نمی‌توانی بر حق مسلّط شوی؛ پس هرگز چنین چیزی را نخواه.

چه تصرّف کرد خواهـد نقش‌ها   بــر چـنان نـقّاش بـهرِ ابتلا ۲ ؟   ۳۸۱

تو همانند تصویری هستی که نقّاشی بس هنرمند کشیده است. نقش‌ها بر چنان نـقّاش قدرتمندی چه تسلّطی می‌توانند داشته باشند؟

امـتحانی گـر بـدانست و بـدید   نی که هم نقّاش آن بـر وی کشید؟   ۳۸۲

اگر نقش بتواند نقّاش را بیازماید، مگر این توانایی را هم نقّاش به او نداده است؟

چه قَدر باشد خودِ این صورت که بست   پیشِ صورت‌ها‌که در علمِ وی است؟   ۳۸۳

این صورت و تصویری که او از تو کشیده است، در برابر صورت و تصاویری که در علم الهی و عالَم اَعیانِ ثابته است، چه قدر و منزلتی دارد؟

وسوسهٔ این امتحان، چــون آمــدت   بختِ بد دان، کآمد و گردن زدت ۳   ۳۸۴

هنگامی که وسوسهٔ آزمودن شیخ کامل به سراغت آمد، بدان که این وسوسه، بخت بدی است که آمده تا نابودت کند.

چون چنین وسواس دیدی، زود زود   بـا خـداگـرد، و درآ انـدر سجود   ۳۸۵

چون چنین وسوسه‌ای را حس کردی، به سرعت به خداوند روی آور و در پیشگاه او خاضعانه به خاک بیفت و سجده‌کن.

سجده‌گه را تـر کـن از اشکِ روان   کِای خدا ! تو وارهانم زین گمان   ۳۸۶

با اشک‌های خویش سجده‌گاه را تر کن و از خداوند بخواه که تو را از این پندار برهاند.

---

۱ – اشاره است به این موضوع که هرگز مرید در شأن و مقامی نیست که بتواند مراد را‌که انسان کامل است، بیازماید.

۲ – **بهرِ ابتلا** : برای آزمایش.   ۳ – **گردن زدت** : گردنت را خواهد زد؛ یعنی نابودت می‌کند.

۳۸۷ آن زمان کِت امتحان مطلوب شد   مسجدِ دینِ تو پُر خَرّوب[۱] شد

هرگاه احساس کردی که آزمودن شیخِ کاملِ واصل در نظرت مطلوب و پسندیده است، بدان که دین و ایمانت رو به ویرانی نهاده است.

قصّهٔ مسجدِ اَقصیٰ و خَرُّوب[۲]، و عزم کردنِ داوود علیه السَّلام، پیش از سلیمان علیه السَّلام، بر بنایِ آن مسجد[۳]

داوود(ع) عزم کرد که مسجدالأقصیٰ را بسازد. وحی الهی رسید که این عزیمت را ترک کن. داوود(ع) سبب ترک آن را پرسید. خطاب الهی فرمود: تو خون‌هایی را ریخته و خلقی بی‌شمار را هلاک کرده‌ای، بی‌آنکه جرمی داشته باشی؛ زیرا گروه کثیری از آواز دلکش تو جان داده و به هلاکت رسیده‌اند و این مسجد نباید با دستی که آلوده به خون است، بنا گردد. داوود(ع) گفت: پروردگارا! مگر نه آن است که من مغلوب تو بودم؟ مگر خون‌هایی که ریخته شد، در راه تو نبود؟ از حق تعالیٰ خطاب رسید: مگر نه آن است که آنان بندگان من بودند؟

مسجد الأقصیٰ یا بیت المقدّس، زادگاه بسیاری از پیامبران و رسولان از ابراهیم، ابوالأنبیاء، تا عیسی بن مریم(ع) و دومین مسجد مقرّر در زمین پس از کعبهٔ بیت‌الحرام و نخستین قبلهٔ مسلمانان و یکی از سه حرم شریف است که عروجگاه پیامبر گرامی اسلام(ص) نیز بوده است، اسراء: ۱/۱۷.

---

۱ - **خَرُّوب**: خَرْنُوب؛ بوته‌ای بیابانی که هرجا بروید آن را ویران می‌کند، این گیاه نشان ویرانی است.

۲ - نام گیاهی که هر جا بروید نشان خرابی است.

۳ - مأخذ آن روایتی است که در عهد عتیق، ص ۶۶۶ و در حلیةالاولیاء، ج ۵، ص ۲۴۶ و تفسیر ابوالفتوح، ج ۴، ص ۳۵۸ نقل شده است و ما آن را از حلیةالاولیاء در اینجا می‌آوریم: «رسول خدا(ص) گفت: خداوند متعال به داوود(ع) فرمود: برای من در زمین خانه‌ای بساز. داوود(ع) پیش از آنکه به ساختن خانه‌ای که به آن فرمان یافته بود، بپردازد، برای خویش خانه‌ای ساخت. آنگاه خداوند به او وحی کرد که داوود! آیا خانهٔ خویش را پیش از خانهٔ من برافراشتی؟ عرض کرد: پروردگارا، از فرمانروایی بی‌انباز چنین مقرر شده است. آنگاه شروع به ساختن مسجد کرد؛ امّا دیوارها سه بار فروریختند و داوود(ع) از این امر به خداوند شکوه کرد و خداوند فرمود: ای داوود! تو را نسزد که برای من خانه‌ای بسازی، عرض کرد: پروردگارا، چرا؟ فرمود: از آن روی که دستان تو به خون کسانی آغشته است. عرض کرد: پروردگارا، آیا جز این بوده که در راه عشق و دوستی تو چنین رخ داده است؟ فرمود: آری؛ امّا آنان نیز بندگان من بودند و به ایشان رحم می‌کنم. این امر بسی بر داوود(ع) دشوار آمد. آنگاه خداوند به او وحی کرد که نگران مباش. من کار ساختن آن را به دست فرزندت سلیمان به انجام خواهم رساند.» : احادیث، صص ۳۵۰ و ۳۵۱.

چون داوود(ع) وفات یافت، سلیمان(ع) به ساختن آن پرداخت و هنگامی که به پایان رسید، قربانی‌ها تقدیم داشت و ذبح بسیار کرد و با شادی تمام بنی‌اسرائیل را فراهم آورد.

بخاری و مسلم از ابوذر روایت کرده‌اند که گفت: عرض کردم یا رسول الله! نخستین بار کدامین مسجد در زمین ساخته شد؟ فرمود: المسجد الحرام. گفتم: آن‌گاه کدامین مسجد؟ فرمود: المسجد الأقصیٰ. عرض کردم، فاصلهٔ آن‌ها چند سال بوده است؟ فرمود: چهل سال.[۱]

باری، این حدیث شریف مایهٔ جدل و معرکهٔ آرای عالمان گردید، بر این اساس حضرت ابراهیم(ع) بنیانگذار بیت‌الحرام و سلیمان(ع) پایه‌گذار مسجدالأقصیٰ بوده‌اند و فاصلهٔ زمانی میان آنان بالغ بر هزار سال می‌شود؛ بنابراین برخی مفسّران و محقّقان به این نتیجه رسیدند که اوّلین بنیادگزار آن یعقوب(ع) بوده است و سلیمان(ع) آن را نوسازی و تجدید نموده است و این سخن با حدیث مذکور همخوان است.

به هر تقدیر، سلیمان(ع) در سال چهارمِ فرمانروایی خویش شروع به ساختن بیت‌المقدّس کرد و طیّ هفت سال ساختمان آن بنا به پایان رسید، در حالی‌که بنایی استوار بود و با سنگ گران ساخته شده بود و درون آن را با چوب پوشانده و چوب‌ها را با نقش و نگار آراسته بودند. معبدی زرّین برای آن ساختند و تابوت عهد را در معبد قرار دادند که حاوی دو لوح برجای مانده از موسیٰ(ع) بود.[۲] تاریخ ساخت بیت‌المقدّس توسّط سلیمان(ع) را حوالی سال ۹۵۷ ق.م، ذکر کرده‌اند.

مسجدی که سلیمان(ع) ساخت، به تمامی در اثنای جنگ «نبوخذ نصر = بُخت النصر» با قدس، در سال ۵۸۶ ق.م ویران شد.[۳]

۳۸۸ **چون در آمد عزم داوودی به تنگ — که بسازد مسجدِ اقصیٰ به سنگ**

چون داوود(ع) مصمّم شد که مسجد اقصیٰ را با سنگ بنا کند،

۳۸۹ **وحی کردش حق که: ترکِ این بخوان — که ز دستت بر نیاید این مکان**

خداوند وحی فرمود که منصرف شو؛ زیرا ساختن این مکان از دستِ تو بر نمی‌آید.

۳۹۰ **نیست در تقدیرِ ما آنکه تو این — مسجدِ اقصیٰ بر آری ای گزین!**

ای برگزیده، تقدیر الهی ما چنین رقم نزده است که تو مسجد اقصیٰ را بسازی.

۳۹۱ **گفت: جُرمم چیست ای دانایِ راز — که: مرا گویی که: مسجد را مساز؟**

داوود(ع) گفت: ای خداوندی که از اسرار باخبری، گناه من چیست که تو نمی‌خواهی مسجد را بسازم؟

۳۹۲ **گفت: بی‌جُرمی تو خون‌ها کرده‌ای — خونِ مظلومان به گردن بُرده‌ای**

خداوند فرمود: تو بی‌آنکه مرتکب جرمی شده باشی، خون‌های بسیاری را ریخته‌ای و خون همهٔ آن ستمدیدگان بر گردن توست.

---

۱ - صحیح بخاری، ۱۷۷/۴، صحیح مسلم، ۳۷۰/۱.   ۲ - تاریخ یعقوبی، ۵۸/۱.

۳ - بنای مسجدالأقصیٰ: بررسی تاریخی قصص قرآن، ج سوم، صص ۱۱۱-۱۰۱، با تلخیص.

۳۹۳ **کـه ز آوازِ تـو[1] خـلقی بی‌شمار جان بدادنـد و شـدند آن را شکـار**

زیرا به سبب آوازِ دلکش تو گروه کثیری از مردم شیفته شدند و جان باختند.

۳۹۴ **خـون بسـی رفـته‌ست بـر آوازِ تـو بـر صـدایِ خـوبِ جـان‌پردازِ تـو**

به سبب آوازِ روح‌پرورِ تو، خون گروه زیادی از مردم ریخته شده است.

۳۹۵ **گفت: مغلوبِ تـو بـودم، مستِ تـو دستِ من بربسته بـود از دست تـو**

داوود(ع) گفت: من زمانی که مکشوفات قلبی خویش را به صورت اشعار مُلْهَمه، بر فرازِ صِهیون و وادی‌های بیت‌اللحم می‌خواندم، سرمست و مغلوب جمال و جلال الهی تو بودم، دست قدرتت ارادهٔ مرا در خود مستهلک ساخته بود.

۳۹۶ **نه که هر مغلوبِ شه[2] مرحوم[3] بُود؟ نه که المَغْلوب کَـالمَعْدوم[4] بُـود؟[5]**

مگر عاشق حق، شایستهٔ رحمت و مغفرت نیست؟ مگر مغلوب که اراده‌ای ندارد، معدوم به شمار نمی‌آید؟

۳۹۷ **گفت: این مغلوب، معدومی‌ست کو جز به نسبت نیست معدوم، اَیْقِنُوا[6]**

حق فرمود: این «معدوم»، معدوم تامّ نیست، نسبی است؛ یعنی نسبت به حق معدوم است؛ امّا نسبت به خلق معدوم نیست و دارای «وجود» یا «هستی حقیقی» است، این امر را باور کنید.

۳۹۸ **این چنین معدوم کو از خویش رفت بـهترینِ هست‌هـا افـتاد و زفت**

چنین «معدومی» که خویشتنِ خویش را در هستیِ حق مستهلک کرده است، در واقع والاترینِ موجودات محسوب می‌شود؛ زیرا در ذات حق فانی شده است.

۳۹۹ **او به نسبت با صفاتِ حق فـناست در حـقیقت در فـنا او را بـقاست**

چنین «معدومی» با محو شدن صفات بشری‌اش در صفات حق به فنای در صفات رسیده و در حقیقت با فانی شدن ذات او در ذات حق، بقا یافته است.

---

۱ - داوود(ع) و صوت دلکش: ر.ک: ۴۹۵/۲، اشارت قرآنی: سبا: ۱۰/۳۴. ۲ - **مغلوب شه** : اسیر عشق حق.
۳ - **مرحوم** : کسی که مورد رحمت قرارگیرد.
۴ - **معدوم** : کسی یا چیزی که به عدم واصل شده است، اینجا یعنی «نیست»؛ زیرا کسی که مغلوب حق است، به اعتبار آنکه از خود و از فعل خود بی‌خبر است، به تعبیر عرفانی می‌توان او را «نیست» یا «معدوم» دانست.
۵ - اشاره به ضرب‌المثل: اَلْمَغْلُوبُ کَالمَعْدُوم: کسی که اسیر دیگری است گویی خود وجود ندارد: مثنوی، تصحیح دکتر محمّد استعلامی، ج ۴، ص ۲۱۱. ۶ - **أَیْقِنُوا** : یقین کنید، باور کنید.

جملهٔ ارواح در تدبیرِ اوست جملهٔ اشباحْ[1] هم در تیرِ اوست[2] ۴۰۰

او که با فنای در ذات حق، بقا یافته از قدرت معنوی کاملی برخوردار است؛ یعنی عالم ارواح و اجسام در سیطره و نفوذ اوست.

آنکه او مغلوب اندر لطفِ ماست نیست مُضْطَر بلکه مختارِ وَلاست[3] ۴۰۱

کسی که مغلوب حق است؛ یعنی عاشق حق است، عنایت خداوند او را به مرتبهٔ «مغلوبیّت» رسانیده است و کسی که لطفِ الهی شامل حال اوست، هرگز درمانده و مضطر نیست؛ زیرا همواره عنایت حق را نسبت به خویش می‌بیند. او به اختیار خود دوستی و محبّت ما را برگزیده و به خواستِ خویش ارادهٔ خود را در اراده و خواست حق مستهلک ساخته است.

منتهایِ اختیار آن است خود که اختیارش گردد اینجا مُفْتَقَد[4] ۴۰۲

عالی‌ترین مرتبهٔ «اختیار» آن است که انسان بتواند اختیار خود را در اختیار حق محو کند؛ یعنی از خود اراده و اختیاری نداشته باشد و هرچه را که حق اراده کند، خواست خود بداند.

اختیاری را نبودی چاشنی[5] گر نگشتی آخر او محو از منی[6] ۴۰۳

اگر قرار بود «اختیار» از خودبینی پالایش نیابد و در واقع متعالی نشود، لطف و حلاوتی نداشت؛ زیرا کمال هر چیز در بازگشت و اتّصال آن به اصل خویش است.

در جهان گر لقمه و گر شربت است لذّتِ او فرعِ محوِ لذّت است ۴۰۴

لذّتی که در خوردنی‌ها و آشامیدنی‌های جهان وجود دارد، اصیل و حقیقی نیست. لذّت حقیقی در ترک لذّت‌های جسمانی است.

گرچه از لذّات بی‌تأثیر شد لذّتی بود او و لذّت‌گیر شد ۴۰۵

ترک لذّات جسمانی و دنیوی، آدمی را که در شرایط عادی همواره جویای لذّات ناپایدار این جهانی است، جاذب لذّت‌های پایدار آن جهانی می‌کند؛ یعنی جان متعالیِ او لذّت‌های عالم غیب و الهی را به خویش جذب می‌کند، چون قابلیّت آن را یافته است.

---

۱ - **أشْباح** : جمع شَبَح به معنی کالبد، اینجا مراد عالم مادّه و عالم محسوس است.
۲ - **در تیر اوست** : تحت سیطره و نفوذ روحانی اوست. ۳ - **وَلا** : دوستی، محبّت.
۴ - **مُفْتَقَد** : گم کرده شده، از دست رفته.
۵ - **چاشنی** : هر چیز افزودنی که طعم غذا را مطبوع و خوشایند کند، اینجا مراد مزه و حلاوت است.
۶ - **منی** : من بودن، انانیّت، خودبینی.

شرح إِنَّما ٱلمُؤمنونَ إِخْوَةٌ،[1] و أَلعُلَماءُ كَنَفْسٍ واحِدةٍ، خاصه اتّحاد داوود و سلیمان و سایر انبیا علیهِمُ السَّلام، که اگر یکی از ایشان را مُنکر شوی، ایمان به هیچ نَبی درست نباشد، و این علامت اتّحاد است، که یک خانه از هزاران خانه ویران کنی، آن همه ویران شود و یک دیوار قایم نمانَد، که لاٰ نُفَرِّقُ بَیْنَ أَحَدٍ مِنْهُم،[2] وَالعاٰقِلُ یَکْفِیهِ الإِشارَةُ[3] این خود از اشارت گذشت

«قصّهٔ مسجد اقصیٰ» و اشاره به این نکته که داوود(ع) پیش از «سلیمان(ع)» مصمّم به ساخت آن بود؛ امّا بدان مهم توفیق نیافت، تداعی‌گر آن می‌شود که در شرح اتّحاد ایمان و جان مؤمنان راستین و اولیا ابیاتی به تقریر آید و متذکّر این نکته باشد که جان انبیا اتّصالی قدیم دارند و یگانگی آنان حقیقتی روشن است که اگر یکی را انکار کنی، به انکار همه برخاسته‌ای و در تأیید آن به اشارت قرآنی استناد می‌شود.

اشاره به اتّحاد و کمال جان انسان است که آدمی تا اسیر عالم محسوس است و با «جان حیوانی» زندگی می‌کند در کثرت غوطه‌ور است و خود را از دیگران جدا می‌بیند؛ امّا هنگامی که کمال یابد و جان حیوانی‌اش به «روح انسانی» مبدّل گردد با اتّصال به حق، خود و دیگر مردان حق را نَفْسی واحد می‌یابد.

۴۰۶ **گرچه برناید به جهد و زورِ تو لیک مسجد را بر آرَد پورِ تو**

هرچند که با کوشش تو این کار به جایی نمی‌رسد؛ امّا پسرت مسجد را بنا خواهد کرد.

۴۰۷ **کردهٔ او کردهٔ توست ای حکیم! مؤمنان را اتّصالی دان قدیم**

ای حکیم، کاری را که او انجام دهد گویی که تو به انجام رسانده‌ای؛ زیرا مؤمنان با هم پیوستگی و اتّحادی ازلی دارند.

---

۱ - اشارت قرآنی؛ حُجُرات: ۱۰/۴۹: إِنَّمَا الْمُؤْمِنُونَ إِخْوَةٌ فَأَصْلِحُوا بَيْنَ أَخَوَيْكُمْ...: به حقیقت مؤمنان همه برادر یک‌دیگراند؛ پس همیشه بین برادران [ایمانی] خود صلح دهید: ر.ک: ۳۷۲۸/۲.
أَلعُلَماءُ كَنَفْسٍ واحِدَةٍ: آگاهان چون یک تن واحدند: این عبارت به صورت حدیث نقل نشده است.
که با این حدیث مناسبت دارد: المُؤْمِنُونَ كَرَجُلٍ وَاحِدٍ. یا به عبارت دیگری که برخی آن را حدیث پنداشته‌اند: المُؤْمِنُونَ كَنَفْسٍ وَاحِدَةٍ: احادیث مثنوی، ص ۴۳.
۲ - اشارتی قرآنی؛ آل‌عمران: ۸۴/۳: ...لاٰ نُفَرِّقُ بَيْنَ أَحَدٍ مِنْهُمْ...: بین هیچ یک از آنان [پیامبران] فرق نمی‌گذاریم: ر.ک: ۶۸۴/۱، همین مضمون در آیهٔ ۲۸۵ سورهٔ بقره هم آمده است.
۳ - العاقِلُ یَکْفیهِ ٱلإِشارَة: خردمند را اشارتی کفایت می‌کند: این عبارت از ضرب‌المثل‌هاست.

مؤمنان معدود، لیک ایمان یکی　　　جسمشان معدود، لیکن جان یکی[1] ۴۰۸

مؤمنان از نظر ظاهر متعدّدند؛ امّا نور ایمان که بر جانشان تابیده یکی است. جسم آنان تعدّد دارد؛ امّا جانشان یکی است.

غیرِ فهم و جان که درگاو و خر است　　　آدمی را عقل و جانی دیگر است[2] ۴۰۹

انسان از خرد و جانی برخوردارست که در حیوانات یافت نمی‌شود.

باز غیرِ جان و عقلِ آدمی　　　هست جانی در ولیِّ آن دَمی ۴۱۰

همین‌طور در ولیّ که از دَمِ الهی برخوردار است، جانی به جز جان و خرد انسانی وجود دارد.

جانِ حیوانی ندارد اتّحاد　　　تو مجو این اتّحاد از روحِ باد ۴۱۱

«روح حیوانی» در مرتبه‌ای نازل از مراتب روح قرار دارد و در صمیم ذات خود از جنس مادّه است. عالم مادّه، عالم تنازع و تخالف و تخاصم است و به همین مناسبت، روح حیوانی که از جنس عالم مادّه است، دارای اتّحاد نیست. این اتّحاد و یگانگی را نمی‌توان در روحِ پستی که مولانا آن را «روحِ باد» می‌خوانَد، یافت.

گر خورَد این نان، نگردد سیر آن　　　ور کشد بار این، نگردد او گِران ۴۱۲

آنان که از روح حیوانی برخوردار هستند فقط به خود می‌اندیشند، اگر یکی از چیزی بهره‌مند گردد، دیگری از بهره‌مندیِ او شادمان نمی‌شود و اگر یکی بار سنگینی را بر دوش بکشد، دیگری از رنج او رنجور نمی‌گردد.

بلکه این شادی کند از مرگِ او　　　از حسد میرد، چو بیند برگِ او[3] ۴۱۳

تخالف و تخاصم در عالم کثرت چنان زیاد است که از مرگ یک‌دیگر شادمان می‌شوند و از موفقیّت یک‌دیگر آزرده خاطر.

---

۱ - انسان دارای «نَفْس» یا «جان» است که ابتدای وجود آن مادّه و انتهای آن فنای فی‌الله است؛ بنابراین نفس درجاتی از وجود را داراست که مرتبه‌ای از آن طبیعت و مرتبه‌ای مثال و مرتبه‌ای عقل صرف است: «شرح مقدّمهٔ قیصری، ص ۸۱۳». نفسِ انسانی در مراتب نازل آن «روح حیوانی» هم نامیده می‌شود که دارای تعدّد و تکثّر است و در «اهل دنیا» می‌توان آن را یافت؛ امّا در مراتب کمال «روح انسانی» خوانده می‌شود و دارای تعدّد و تکثّر نیست و با «فنای فی الله» از وجود واحدی برخوردار است که هستی فردی در آن محو می‌شود و به همین مناسبت است که مولانا می‌فرماید: جسم مؤمنان معدود است؛ امّا جانشان یکی است.

۲ - مؤمنان راستین با وجود «روح انسانی» حیات دارند و منکران و دنیاپرستان با «روح حیوانی».

۳ - **برگ او**: برگ و نوا، مراد موفقیّت است.

جانِ گرگان و سگان، هر یک جداست   متّحد جـانهایِ شـیرانِ خـداست ۴۱۴

جان کسانی که از روح حیوانی برخوردارند؛ یعنی گرگ صفت و سگ سیرت‌اند، در تفرقه است؛ امّا جان مردان خدا که از روحِ انسانی بهره‌مندند، متّحد است.

جمع گفتم جان‌هاشان من به اسم   کآن یکی جان صد بُوَد نسبت به جسم ۴۱۵

اینکه «جانِ» مردان حق را به صورتِ جمع آورده‌ام، از حیث لفظ است؛ زیرا «جانِ اولیا» جانِ واحد؛ یعنی همان حقیقت کلّی است که در قالب جسمانی آنان از قوّه به فعل آمده و در حدّ کمال است.

همچو آن یک نورِ خورشیدِ سما   صد بُوَد نسبت به صحنِ خانه‌ها ۴۱۶

همان‌طور که نور خورشید نور واحدی است؛ امّا به صحن خانه‌ها که می‌تابد، به سبب وجود دیوارها، صدها نور به نظر می‌رسد.

لیک یک باشد همه انوارشان   چونکه برگیری تو دیوار از میان ۴۱۷

امّا اگر دیوار میان خانه‌ها برداشته شود، نوری که متعدّد به نظر می‌رسید، یکی می‌شود.

چون نمانَد خانه‌ها[1] را قاعده[2]   مؤمنان مانَندْ نَفْسِ واحده[3] ۴۱۸

مثالی که آوردیم، در مورد مؤمنان راستین هم مصداق دارد؛ یعنی هنگامی که بنیاد دیوار تن آنان بر جای نمانَد، آنان که ظاهراً متعدّد به نظر می‌آیند، به روحی واحد تبدیل می‌شوند.

فرق و اِشکالات آید زین مقال   زانکه نَبْوَد مثل، این باشد مثال ۴۱۹

سخنانی را که در ارتباط با اتّحاد جان اولیا می‌گوییم و مثال‌هایی را که برای تفهیم مطلب می‌آوریم، موجب می‌شود که اشکالاتی را در ذهن شنونده به وجود آورد؛ زیرا آنچه را که برای درک بهتر موضوعات می‌گوییم، «مثال» است و «مَثَل» آوردن در تعالیم اجتناب‌ناپذیر؛ امّا هرگز مثالی که می‌آوریم از جمیع جهات مثل چیزی که برایش مثال آورده‌ایم، نیست. به عنوان مثال، اینکه اتّحاد جان اولیا را به نور واحد خورشید تشبیه می‌کنیم، یک مثال است وگرنه طبیعی است که روح اولیا مثل نور خورشید مادّی و این جهانی نیست.

---

۱ - **خانه‌ها**: کنایه از قالب‌های جسمانی، تن‌ها.   ۲ - **قاعده**: پی، بنیاد دیوار.
۳ - به توضیحات آغاز این فصل، قبل از بیت ۴۰۶ همین دفتر رجوع کنید.

فرق‌ها بی حد بُوَد از شخصِ شیر تـا بـه شـخصِ آدمـی‌زادِ دلیـر ۴۲۰

یا هنگامی که شخص شجاعی به شیر تشبیه می‌شود، شجاعت و بی‌باکی‌اش به شیر مانند شده و گرنه از نظر ظاهری هیچ شباهتی به شیر ندارد.

لیک در وقتِ مثال ای خوش‌نظر[1] اتّـحاد از رویِ جـانبازی نگـر ۴۲۱

امّا ای کسی که توانایی ادراک حقایق را داری، هنگامی که مثال می‌زنند، باید به وجه شباهت آنان توجّه کرد که در مورد اتّحاد مردان حق، وجه شباهت این است که همگی در راه خدا جانبازی‌ها کرده‌اند تا توانسته‌اند هستی موهومی خود را در هستی حقیقی محو و مستهلک سازند.

کآن دلیـر آخـر مـثالِ شـیر بـود نیست مثلِ شیر در جـملهٔ حـدود ۴۲۲

آن شخص دلاور از حیث شجاعت شبیه شیر است؛ امّا از تمام جهات شبیه شیر نیست.

مـتّحد، نـقشی نـدارد ایـن سـرا[2] تـا کـه مِثلی وانـمایم مـن تـو را ۴۲۳

در عالم محسوس، هیچ پدیده‌ای با پدیدهٔ دیگر اتّحاد کاملی ندارد که بتوانم بگویم اتّحاد جان اولیا مثل آن است؛ زیرا این جهان، عالم کثرت و تفرقه است؛ بنابراین چاره‌ای جز آن نیست که وحدت کامل جان اولیا را با مثالی این جهانی قابل تفهیم سازیم و به عنوان مثال نور خورشید را نمونه بیاوریم.

هـم مـثالِ نـاقصی دست آورم تـا ز حـیرانـی خـرد را واخـرم ۴۲۴

اینک هم بنا به اجبار و برای آنکه عقل و خرد آدمی از حیرت رهایی یابد، مثال ناقص دیگری در مورد «روح حیوانی» و چگونگی پیوند آن با تن انسان می‌آورم.

شب به هر خانه چـراغی مـی‌نهند تـا بـه نـورِ آن ز ظـلمت مـی‌رهند ۴۲۵

به‌طور معمول شب‌ها در هر خانه چراغی روشن می‌کنند تا در پرتو نور آن از تاریکی نجات یابند.

آن چراغ این تن بُوَد، نورش چو جان هست مـحتاج فـتیل و ایـن و آن ۴۲۶

می‌توانی تصوّر کنی که آن چراغ همین تنِ آدمی است و نور آن هم، همان «روح حیوانی»[3] است که برای روشن شدن نیازمند فتیله و روغن و آتش است.

---

۱ - **خوش نظر**: کسی که توانایی ادراک حقایق را دارد. ۲ - **این سرا**: مراد عالم مادّه است.

۳ - مراد از «روح حیوانی» نازل‌ترین مرتبهٔ جان، یعنی نَفْس امّاره است.

۴۲۷ **آن چراغ شش فتیلهٔ[1] این حواس　　جملگی بر خواب و خور دارد اساس**

چراغ شش فتیلهٔ حواسّ انسان نیازمند خواب و خوراک و امکانات برای زیستن است.

۴۲۸ **بی‌خور و بی‌خواب نَزْید نیمْ دَم　　با خور و با خواب نَزْید نیز هم**

حیاتِ «روحِ حیوانی» وابسته به خواب و خوراک قالب جسمانی اوست و بدون آن نمی‌تواند لحظه‌ای به زندگی خود ادامه دهد؛ امّا به اتّکای خواب و خوراک هم نمی‌تواند زندگی کند؛ زیرا استمرار حیاتش به عوامل دیگری هم وابسته است.

۴۲۹ **بی فتیل و روغنش نَبْوَد بقا　　با فتیل و روغن، او هم بی‌وفا**

زندگی و حیات مادّی آدمی که وابسته به حیاتِ «روح حیوانی» اوست، بدون علل و اسباب ظاهری ممکن نیست و در عین حال با وجود آن‌ها نیز دوام و بقایی ندارد.

۴۳۰ **زانکه نورِ[2] علّتی‌اش[3] مرگْ‌جوست　　چون زِیَد؟ که روزِ روشن مرگِ اوست**

زیرا نور آن چراغ، یعنی «روح حیوانی» به علّت‌ها و اسباب این جهانی که همگی مادّی و ناپایدار هستند، وابسته است؛ بنابراین به زبانِ حال جویای مرگ و نابودی است و با سررسیدن اجل و طلوع صبح حقایق دیگر نمی‌تواند به زندگی خود ادامه دهد.

۴۳۱ **جمله حس‌هایِ بشر هم بی‌بقاست　　زانکه پیشِ نورِ روزِ حشر[4] لاست**

جمیع حواسّ انسان هم زوال‌پذیر و بدون بقاست؛ زیرا در تجلّی حقایق محو است.

۴۳۲ **نورِ حسّ و جانِ باباپانِ ما　　نیست کُلّی فانی و لا، چون گیا**

امّا باید دانست که نور حس و روح اجداد ما، همانند گیاهی که در آغاز سبز می‌شود و بعد به کلّی پژمرده می‌شود، به‌طور کامل معدوم و نیست نمی‌شود و از میان نمی‌رود.

۴۳۳ **لیک مانندِ ستاره و ماهتاب　　جمله محوند از شُعاع آفتاب**

بلکه مانند نور ستاره و ماه در برابر تابش انوار درخشان آفتاب محو می‌شوند.

---

۱ - **شش فتیله** : مراد حواسّ پنجگانهٔ آدمی است که مولانا حسّ مشترک را نیز به عنوان حسّ ششم به آن افزوده است.　۲ - **نور** : مراد «روح حیوانی» است که به سبب مرتبهٔ نازل آن با مادّه سنخیّت پیدا کرده است.
۳ - **علّتی** : منسوب به علّت، موجودی که دوام و استمرارش به علّت‌های دیگری وابسته باشد.
۴ - **نور روز حشر** : تجلّی حقایق.

۴۳۴ **آنچنانکه سوز و دردِ زخـم کـیک[۱]   محو گردد چون در آید مـار اِلیْک[۲]**

همان‌طور که درد و سوزش گزیدن حشرهٔ کک با نیش زدن مار به کلّی از میان می‌رود؛ زیرا دردِ نیش مار چنان شدّت دارد که درد قبلی را تحت‌الشّعاع قرار می‌دهد.

۴۳۵ **آنـــچنانکه عـــور انـدر آب جَست   تا در آبْ از زخم زنبوران بِـرَست[۳]**

همان‌طور که شخص برهنه برای رهایی از نیش زنبوران خود را در آب می‌افکَند.

۴۳۶ **مـــی‌کند زنـــبور بـــر بـــالا طـواف   چون بر آرَد سر، ندارنـدش مُـعاف**

زنبورها بالای سرش پرواز می‌کنند و اگر سر را از آب خارج کند به او حمله می‌کنند.

۴۳۷ **آب ذکرِ حـقّ و زنـبورْ ایـن زمـان   هست یـادِ آن فُـلانه و آن فُـلان**

مراد ما از آب در این تمثیل، ذکر حق است و مقصود از زنبور، یادِ این زن و آن مرد.

۴۳۸ **دم بخور در آبِ ذکر[۴] و صبر کُـن   تـا رهـی از فکـر و وسـواس کُـهُن**

در آب ذکر حق تنفّس کن و صبور باش تا از افکار دنیوی و وسوسه‌های دیرین رهایی یابی.

۴۳۹ **بـــعد از آن تـــو طـبعِ آن آبِ صـفا   خود بگیری جملگی سر تـا بـه پـا**

بعد از مدّتی که در ذکر حق غرقه گشتی و توانستی وسوسه‌های بیهوده را دور کنی، خودت از سر تا پا سرشت آن آب صافی را پیدا خواهی کرد.

۴۴۰ **آنـــچنان کـــز آبْ آن زنـــبورِ شـر[۵]   مـــی‌گریزد، از تـو هـم گـیرد حـذر**

همان‌طور که آن زنبور گزنده از آب دوری می‌کند، از تو نیز که خو و سرشت آب صافی را گرفته‌ای، دوری خواهد کرد.

---

۱ - استاد زرّین‌کوب در ص ۲۶۳ سرّ نی می‌نویسد: علی‌رغم آنکه مولانا از قافیه‌اندیشی اظهار ناخرسندی می‌کند؛ امّاگاه دیده می‌شود که ضرورت قافیه و ضرورت وزن او را بر آن می‌دارد تا تعلیل‌های سست و تعبیرهای نامأنوسی را جهت رعایت وزن و قافیه به کار بَرَد، مثل همین بیت که تعبیر عربی إلَیْک را با کیک قافیه می‌کند و در واقع به‌طور بی‌قیدانه‌ای تسلیم قافیه‌اندیشی می‌شود.   ۲ - **إلَیْک** : به سوی تو.

۳ - در این تمثیل که تا بیت ۴۴۳ ادامه می‌یابد، ذکر حق به آب و افکار دنیوی به زنبور مانند شده‌اند. برای آنکه سالک بتواند از شرّ افکار دنیوی و خواطر گونه‌گون برهد چاره‌ای جز آن ندارد که در «آبِ ذکر» فرو رود و غرق شود.

۴ - **دم بخور در آب ذکر** : همواره و در هر نَفَس به یاد حق باش.

۵ - زنبور شر، اشاره است به افکار دنیوی و وسوسه‌های گونه‌گون و تمام عوامل بازدارنده.

۴۴۱ **بعد از آن خواهی تو دور از آب باش[1] که به سِر هم طبع آبی خواجه‌تاش!**

بعد از آن اگر بخواهی، می‌توانی از آب دور باشی؛ زیرا خودت سرشت آب را یافته‌ای.

۴۴۲ **بس کسانی کز جهان بگذشته‌اند لا نی‌اَند و در صفات آغشته‌اند**

چه بسیار کسانی که از دنیا رفته‌اند؛ امّا از میان نرفته‌اند و با صفات الهی در آمیخته‌اند.

۴۴۳ **در صفاتِ حق صفاتِ جمله‌شان همچو اختر پیشِ آن خور بی‌نشان**

صفات آنان در برابر اوصاف حق، همانند ستاره در برابر خورشید دیده نمی‌شود و بی‌نشان می‌مانَد.

۴۴۴ **گر ز قرآن نقل خواهی، ای حرون[2]! خوان: جَمیعٌ هُمْ لَدَیْنا مُحْضَرون[3]**

ای نافرمان، اگر برای این موضوع از قرآن شاهد می‌خواهی، آیهٔ «همهٔ آنان در پیشگاه ما حاضرند» را بخوان.

۴۴۵ **مُحْضَرون معدوم نَبْوَد، نیک بین تا بقایِ روح‌ها دانی یقین**

به درستی توجّه کن، «حاضرند»، یعنی از میان نرفته‌اند؛ بنابراین یقین کن که ارواح باقی هستند.

۴۴۶ **روحِ محجوبْ از بقا، بس در عذاب روحِ واصل در بقا، پاک از حجاب**

روحی که در حق فانی نشده و به بقا نرسیده، سخت در عذاب است و روحی که در حق فانی شده و بقا یافته است، از حجاب پاک و به دور است.

۴۴۷ **زین چراغ حسّ ِ حیوان اَلْمُراد گفتمت: هان! تا نجویی اتّحاد**

خلاصه، آنچه را که مقصود از «چراغ حسّ حیوان»، یعنی حواسّ این جهانی و ادراکات محدود و نازل آن است، گفتم تا بدانی که میان کسانی که دارای حسّ ِ حیوانی هستند، اتّحادی وجود ندارد و این «حسّ حیوانی» نمی‌تواند با «جانِ پاک» مردان حق متّحد گردد.

---

۱ – انسان در مرحلهٔ کمال روح می‌تواند زندگی دنیوی طبیعی داشته باشد و نیازی به پرهیز شدید و تهذیب فراوان و ریاضت ندارد؛ زیرا جان او منوّر شده است و این جان کمال یافته در زندگی دنیوی صفا و نور خود را از دست نمی‌دهد. ۲ – **حَرُون**: چهارپای سرکش، اینجا مراد انسان سرکش است.

۳ – اشارت قرآنی؛ یس: ۳۲/۳۶: وَ إِنْ كُلٌّ لَمَّا جَمِيعٌ لَدَيْنا مُحْضَرُونَ: و نیستند همهٔ ایشان مگر آنکه نزد ما حاضر شوند: ر.ک: ۳۶۸۶/۱.

این آیه در تبیین صفت روز رستاخیز است و مفهوم عارفانهٔ آن اشاره به کاملان واصل و کسانی است که در حق مستغرق‌اند و چنان حواس و عقلشان غرقه در جانان است که گویی قیامتشان برپا شده و نزد خداوند حضور دارند.

روحِ خود را متّصل کن ای فلان — زود با ارواحِ قدسِ سالکان[۱] ۴۴۸

ای مرد، اگر جویای اتّحاد هستی، بی‌درنگ روح خود را به ارواح پاک اولیای حق پیوند ده.

صد چراغت[۲] ار مُرَنْد[۳]، ار بیستند[۴] — پس جدا اند و یگانه نیستند ۴۴۹

به اطرافیانت نگاه کن که روح هر یک در چراغ تنش از طریق حواسّ او که همان فتیله است، پرتوافشانی می‌کند؛ امّا این‌ها نورهای غیر متّحد و این جهانی هستند، یکی می‌میرد، یکی می‌مانَد؛ ولی در هر حال میان آن‌ها اتّحاد و وحدتی نیست.

زآن همه جنگ‌اَند این اصحابِ ما[۵] — جنگْ کس نشنید اندر انبیا ۴۵۰

چون میان مردم در اجتماع اتّحاد و وحدتی نیست، همواره در جنگ و ستیز به سر می‌برند؛ امّا هیچ کس نشنیده است که میان پیامبران نزاعی در گرفته باشد.

زانکه نورِ انبیا خورشید بود — نورِ حسِّ ما چراغ و شمع و دود[۶] ۴۵۱

زیرا نور روح انبیا از خورشید حقایق نشأت می‌گیرد و متّحد و متّصل است؛ امّا نور حواسّ ما، از جان کمال نیافته و حیات مادّی نشأت می‌یابد و اتّحادی ندارد.

یک بمیرد، یک بمانَد تا به روز — یک بُوَد پژمرده دیگر با فروز[۷] ۴۵۲

چراغ‌های تن مردمی که در اطراف ما زندگی می‌کنند، نورهای این جهانی و غیر متّحدی‌اند که یکی می‌میرد و یکی تا صبح می‌مانَد. یکی کم‌نور و دیگری نورانی است؛ یعنی هر کسی با شرایط خاصّ خود زندگی می‌کند.

جانِ حیوانی بُوَد حَیّ از غذا — هم بمیرد او به هر نیک و بدی[۸] ۴۵۳

«روح حیوانی» با غذا زنده است؛ یعنی زندگی مادّی دارد و با هر نیک و بدی از میان می‌رود.

---

۱ - **ارواح قدس سالکان:** مراد جان پاک اولیاست.

۲ - **صد چراغ:** اشاره به اطرافیان و مردم، نورهای غیر متّحد این جهانی. ۳ - **مُرَند:** بمیرند.

۴ - **بیستند:** بایستند، یعنی زنده بمانند.

۵ - **اصحاب ما:** اشاره است به مردمی که دوروبر ما و در اجتماع زندگی می‌کنند.

۶ - **چراغ و شمع و دود:** مراد زندگی مادّی و دنیوی است. ۷ - این بیت تکرار مضمون ابیات پیشین است.

۸ - در اینجا مصوّت الف با «یا» قافیه شده است.

۴۵۴ **گر بمیرد این چراغ[۱] و طی شود   خانهٔ همسایه مُظلِم کی شود؟**

اگر این چراغ خاموش شود و از میان برود، ضرری برای همسایه ندارد و خانهٔ او تاریک نمی‌شود.

۴۵۵ **نورِ آن خانه چو بی این هم به پاست   پس چراغِ حسّ ِ هر خانه جداست**

چون چراغ خانهٔ همسایه بدون این چراغ هم روشن و برپاست؛ پس معلوم می‌شود که هر خانه چراغ جداگانه‌ای دارد و اتّحادی میان چراغ‌ها نیست.

۴۵۶ **این مثالِ جانِ حیوانی بُوَد   نه مثالِ جانِ رَبّانی[۲] بُوَد**

این مثالی را که آوردیم، در مورد «روح حیوانی» مصداق دارد نه در مورد «جان ربّانی».

۴۵۷ **باز از هندوی ِ شب[۳] چون ماه زاد   در سر هر روزنی نوری فُتاد[۴]**

در مورد آنان که دارای «جان ربّانی» هستند؛ یعنی در میان شب تاریک طبیعت بشری‌شان، ماه تابناک حقایق طالع شده است، پرتو درخشان این ماه به روزن دل‌هایشان تابیده است.

۴۵۸ **نورِ آن صد خانه را تو یک شمر   که نماند نورِ این بی‌آن دگر**

نوری را که بر صد خانه، یعنی تمام «جان‌های ربّانی» می‌تابد، یکی بدان؛ زیرا همین که ماه زیر ابر پنهان شود، همهٔ خانه‌ها تاریک می‌شوند.

۴۵۹ **تا بُوَد خورشیدِ تابان بر اُفُق   هست در هر خانه نورِ او قُنُق[۵]**

تا خورشید درخشان در افق پرتوافشانی می‌کند، نورش میهمان هر خانه‌ای هست.

۴۶۰ **باز چون خورشیدِ جان[۶] آفِل[۷] شود   نورِ جمله خانه‌ها زایل شود**

اگر خورشید تابناکی که بر جان سالکان پرتو می‌افکَند غروب کند؛ یعنی اگر انسان کامل واصلی که در مقام هدایت و ارشاد مُریدان است از دنیا برود، خانهٔ دل و جان همهٔ کسانی که نور حق را از او دریافت می‌داشتند، تاریک می‌شود.

---

۱ - **این چراغ :** اشاره است به «روح حیوانی» و کسی که فقط از حیات مادّی بهره‌مند است.
۲ - **جان ربّانی :** روح الهی.   ۳ - **هندوی شب :** شب تاریک.
۴ - اشاره است به روح تابناک انبیا و اولیا که همانند خورشید یا ماه بر جان واصلان می‌تابد.
۵ - **قُنُق :** واژهٔ ترکی به معنی مهمان.
۶ - **خورشیدِ جان :** جان انسان کاملی که در اتّصال با روح پاک انبیا و اولیاست.
۷ - **آفل :** افول کننده، غروب کننده.

۴۶۱ **ایـن مـثالِ نـور آمـد، مثل نی — مـر تـو را هـادی، عـدو را رَهزنی**

آنچه را که گفتیم، مثالی برای نور روح بود نه مثل آن. تو که غرضی نداری، با این مثال هدایت می‌شوی و کسی که غرض دارد، گمراه می‌گردد.

۴۶۲ **بر مـثالِ عـنکبوت، آن زشت‌خـو — پـرده‌هایِ گَـنده را بـر بـافَد او** [1]

آن دشمن بدخو، همانند عنکبوت تارهای پندارِ متعفّن را به دور خویش می‌تَنَد.

۴۶۳ **از لُـعابِ خـویش پـردهٔ نور کـرد — دیـدهٔ ادراکِ خـود را کـور کـرد**

او با لعابی از پندارها به دور خود پرده‌ای می‌کشد و چشم ادراکِ خود را کور می‌کند.

۴۶۴ **گـردنِ اسب ار بگـیرد، بَـرخـورَد** [2] **— ور بگـیرد پـاش، بسـتاند لگـد** [3]

انسان، همانند اسب‌سواری است که اگر سوارکاری بداند و لگام و گردن اسب را بگیرد، می‌تواند مسیر را طی کند و اگر پای اسب را بگیرد، به طور قطع لگد می‌خورَد.

۴۶۵ **کم نشین بر اسبِ توسن** [4] **بی لَگام — عقل و دین را پیشوا کن، و السَّلام**

اجازه نده که اسبِ سرکشِ اندیشه‌هایِ منحرف و پندارها بدون مهار عِنان اختیار تو را در دست بگیرد و به هر سو که می‌خواهد بکشاند. عقل و دین را پیشوای خود قرار ده، والسّلام.

۴۶۶ **اندر این آهنگ** [5]**، منگر سُست و پست — کاندر این ره، صبر و شِقِ اَنْفُس** [6] **است**

این کار را سطحی نبین؛ یعنی تصوّر نکن که ادراک حقایق سهل است؛ زیرا کشف و درک حقیقت مستلزم بردباری و تحمّل رنج فراوان است.

---

۱ - در این تمثیل، منکران و معاندان به عنکبوت مانند شده‌اند. ۲ - **برخورَد** : برخوردار می‌شود.

۳ - در این تمثیل، «مثال» به اسب مانند شده است که سوارکار ماهر، یعنی انسان فهیم و سنجیده نحوهٔ استفادهٔ صحیح از آن را می‌داند؛ بنابراین «مثال»های متفاوت در طیّ طریق به او کمک می‌کنند تا معانی والا را بهتر دریابد.

۴ - **اسبِ توسن** : اسب سرکش، اینجا مراد اندیشه‌های منحرف و پندارهای باطل است.

۵ - **آهنگ** : قصد و اراده، قاعده و قانون.

۶ - **شِقِّ أَنْفُس** : به احتمال زیاد مقتبس است از نحل: ۷/۱۶ : و بارهایتان را [شتران یا چهارپایان] تا شهری که جز با به رنج انداختن تن خویش به آن نمی‌توانید رسید، می‌برند. بی‌گمان پروردگارتان رئوف و مهربان است. «...لَمْ تَکُونُوا بالِغِیهِ إِلاَّ بِشِقِّ الأَنْفُسِ... .» البتّه مولانا با اشاره به «شِقِّ أَنْفُس» در واقع به ریاضت و سختی‌های تهذیب در سیر و سلوک نظر دارد که بدون آن نمی‌توان به حقایق رسید.

بقیّهٔ قصّهٔ بنایِ مسجدِ اقصیٰ

۴۶۷ **چــون ســلیمان کــرد آغــازِ بــنا   پاک چون کعبه، همایون چون مِنیٰ**[1]

هنگامی که سلیمان(ع) ساختن مسجد اقصیٰ را آغاز کرد که همانند کعبه و مِنا پاک و مبارک بود،

۴۶۸ **در بـنااَش دیـده مـی‌شد کـرّ و فـر   نـی فسـرده چـون بـناهایِ دگـر**

در ساختمان آن شکوه و جلالی معنوی دیده می‌شد و همانند بناهای دیگر بی‌روح نبود.

۴۶۹ **در بنا هر سـنگ کـز کُـه مـی‌سُکُست**[2] **فاش «سیرُوا بی»**[3] **همی‌گفت از نُخُست**

از هر سنگی که برای بنای مسجد از کوه جدا می‌کرد، این ندا آشکارا شنیده می‌شد که اوّل مرا با خود ببرید؛ یعنی سنگ‌ها هم مشتاق بودند که در کار حق شرکت کنند.

۴۷۰ **هــمچو از آب و گِــلِ آدم‌کــده**[4] **نــور، ز آهک پــاره‌ها تـابان شـده**[5]

همان‌طور که از آب و گِلِ آن جایگاهی که قالب عنصری آدم(ع) آفریده شد، نور می‌تابید، اینجا نیز از پاره‌های آهک و مصالحی که به کار می‌رفت، نور می‌تابید.

۴۷۱ **ســنگ، بــی‌حمّال، آیــنده شــده   و آن در و دیــوارهــا زنــده شـده**

سنگ بدون آنکه کسی حملش کند، به سوی محلّ بنا می‌آمد و در و دیوار آنجا جان می‌گرفت.

۴۷۲ **حــق هـمی گـوید کـه: دیـوارِ بـهشت   نیست چون دیوارها بی جان و زِشت**[6]

خداوند می‌فرماید: دیوار بهشت همانند دیگر دیوارها بی‌روح و زشت نیست.

۴۷۳ **چون در و دیـوارِ تـن بـا آگـهی‌ست   زنده باشد خانه، چون شاهنشهی‌ست**

قالب جسمانی انسانِ کاملِ واصل در پرتو نورِ جانِ او با «جان» سنخیّت یافته و جان به

---

۱ - **مِنیٰ**: موضعی است در نزدیکی مکّه که در آن مراسم قربانی حج انجام می‌شود.

۲ - **می‌سُکُست**: می‌شکست. ۳ - **سیروا بی**: مرا با خود ببرید. ۴ - **آدم‌کده**: جایگاه آدم.

۵ - مراد آن است که فقط انسان‌ها قادر نبودند شأن و اعتبار این کار ارزشمند، یعنی بنای مسجد را دریابند، سنگ و آهن و مصالح ساختمانی نیز به برکت این کار حقّانی، معرفت یافته بودند.

۶ - اشارتی قرآنی؛ عنکبوت: ۶۴/۲۹: ...وَ إِنَّ الدّارَ الْآخِرَةَ لَهِیَ الحَیَوانُ...: بی‌گمان سرای آخرت کانون زندگی است.

مراد آن است که سرای آخرت حیات حقیقی دارد.

شمار می‌آید؛ یعنی تنی که در آن نور حق از قوّه به فعل در آمده و محلّ تجلّی حق شده، خانهٔ شاه حقایق است؛ پس در پرتوِ نورِ حق، خانه نیز زنده و آگاه است و به همین ترتیب، بهشت نیز در پرتوِ نورِ حق می‌تواند در و دیوار زنده و سخن‌گو داشته باشد.

۴۷۴ **هم درخت و میوه، هم آب زلال   با بهشتی در حدیث و در مَقال**

در بهشت، درخت و میوه و آب زلال با بهشتیان سخن می‌گویند.

۴۷۵ **زانکه جنّت را نه ز آلت بسته‌اند   بلکه از اعمال و نیّت بسته‌اند**

زیرا بهشت را با ابزار مادّی نساخته‌اند، مصالح آن اعمال و نیّات خالص بندگان است.

۴۷۶ **این بنا[1] ز آب و گِلِ مُرده بُده‌ست   وآن بنا از طاعتِ زنده شده‌ست**

این جهان از آب و گِلِ بی‌جان بنا شده است؛ امّا سرای آخرت از طاعت و عبادت زندهٔ مؤمنان پدید آمده است.

۴۷۷ **این به اصلِ خویش مانَد، پُر خَلَل[2]   و آن به اصلِ خود که علم است و عمل**

بنای این جهان، به اصل خود که پر از تباهی و خلل است، شباهت دارد و بنای آن جهان هم شبیه اصل خود، یعنی علم و عمل صالح است.

۴۷۸ **هم سریر[3] و قصر و هم تاج و ثیاب[4]   با بهشتی در سؤال و در جواب**

هم تخت، هم قصر و هم تاج و لباس‌هایی که بهشتیان می‌پوشند با آنان سخن خواهند داشت.

۴۷۹ **فرش بی‌فرّاش[5] پیچیده شود   خانه بی مِکناس[6] روبیده شود[7]**

در بهشت، فرش بدون فرّاش جمع می‌شود و خانه بدون جارو روبیده می‌گردد.

۴۸۰ **خانهٔ دل بین ز غم ژولیده شد   بی کَناس[8] از توبه‌یی روبیده شد**

به خانهٔ دل توجّه کن و ببین که بر اثر غم و اندوه ناشی از گناه و خطا چگونه پریشان می‌شود؛ امّا همین که به سوی خداوند باز می‌گردی و توبه می‌کنی، بدون هیچ ابزار مادّی از غم و آلودگی پاک می‌شود.

---

۱ - **این بنا**: اشاره به عالم محسوس است.   ۲ - **خَلَل**: رخنه، نقصان، نابسامانی، تباهی.
۳ - **سَریر**: تخت.   ۴ - **ثِیاب**: جمع ثَوب به معنی لباس.   ۵ - **فرّاش**: فرش‌کننده.
۶ - **مِکناس**: جارو.   ۷ - در سرای آخرت و در بهشت علل و اسباب مادّی وجود ندارند.
۸ - **کَناس**: کَنّاس به معنی جاروکش.

۴۸۱ **تـخت او سیّار، بی حمّال، شد حلقه و در، مُطرِب و قَوّال[۱] شد**

در بهشت، تخت بدون حمل کننده منتقل می‌شود. حلقه و در، همانند مطرب و آوازخوان نغمه‌سرایی می‌کنند.

۴۸۲ **هست در دل، زندگی دارُ ٱلخُلُود[۲] در زبانم چون نمی‌آید، چه سود؟**

در دل انسان نیز زندگی بهشتی وجود دارد؛ امّا متأسّفم که نمی‌توانم از آن سخن بگویم.

۴۸۳ **چون سلیمان در شدی هر بامداد مسجد اندر، بهرِ ارشادِ عِباد**

چون سلیمان(ع) هر روز صبح برای ارشاد و هدایت بندگان به مسجد می‌رفت،

۴۸۴ **پند دادی، گه به گفت و لحن و ساز گه به فعل، اَعنی[۳] رکوعی یا نماز**

گاه مردم را با گفتار و آهنگ و ساز و گاه با عمل، یعنی با رکوع و نماز پند می‌داد.

۴۸۵ **پندِ فعلی خلق را جذّاب‌تر که رسد در جانِ هر با گوش و کر**

پند عملی برای مردم خوشایندتر است؛ زیرا بر جان هر شنوا و ناشنوایی اثر می‌گذارد.

۴۸۶ **اندر آن وَهْمِ امیری کم بُوَد در حَشَم[۴] تأثیرِ آن محکم بُوَد[۵]**

زیرا در پند عملی پندار خودنمایی کمتر است؛ بنابراین بر زیردستان تأثیر بیشتری دارد.

---

۱ - **قوّال** : آوازه‌خوان. ۲ - **دارُ ٱلخُلود** : بهشت.
۳ - **أَعْنِي** : قصد می‌کنم، قصد دارم، مرادم این است که. ۴ - **حَشَم** : زیردستان، خدمتگزاران.
۵ - گفته‌اند: دو صد گفته چون نیم کردار نیست.

قصّهٔ آغازِ خلافتِ عثمان رَضِی اللهُ عَنْهُ، و خطبهٔ وی در بیانِ آنکه: ناصحِ فعّالِ به فعل بِهْ از ناصحِ قوّالِ به قول [1]

هنگامی که خلافت به عثمان بن عفّان (سومین خلیفه) رسید، برای ایراد خطبه بر فراز منبر رفت و بر جای پیامبر(ص) نشست و در پاسخ بوالفضولی که پرسیده بود: چرا تو که به مرتبه از ابوبکر و عمر کمتری، بر جای رسول نشستی در حالی که آن دو ننشستند؟ گفت: اگر بر پایهٔ سوم می‌نشستم، این گمان پیش می‌آمد که خود را هم‌شأن عمر می‌دانم و اگر بر پایهٔ دوم می‌نشستم، همین گمان به ابوبکر می‌رفت؛ بنابراین بر جای رسول بی‌نظیر(ص) نشستم؛ زیرا چنین گمانی هرگز به او نمی‌رود. آنگاه به جای آنکه خطبه‌ای ایراد کند تا نزدیک غروب خاموش نشست و هیبت او چنان بود که خاصّ و عام مات و متحیّر بودند.

در ابیات پایانی قطعهٔ پیشین گفته شد که پند عملی برای مردم خوشایندتر است و در مورد سلیمان(ع) آمد که گاه به قول و گاه به فعل خلق را ارشاد می‌کرد. این تذکار کلام را تداعی‌گر «قصّهٔ آغاز خلافت عثمان» کرده است و همان‌گونه که قبلاً هم توضیح داده‌ایم، مولانا در نقل حوادث و ماجراهای تاریخی داستان مورد نظر را به تناسب مقصود و دیدگاه عارفانهٔ خویش دخل و تصرّف می‌کند و هرگز همانند یک مورّخ به نقل جزئیات دقیق ماجرا نمی‌پردازد؛ بنابراین با توجّه به این نکته که اینجا نیز نقل این قصّه تابع معنای مورد نظر وی روایت شده است، با آوردن این حکایت تاریخی نتیجه می‌گیرد که خطبهٔ خاموش عثمان رَضِی اللهُ عَنْهُ در عین حال که نمونه‌ای از «ناصحِ فعّالِ به فعل» است در تحریض و ترغیب به خاموشی و برخورداری از فواید تعمّق و تدبّر و تفکّر نیز هست و جز با خاموشی و تفکّر نمی‌توان از فیض خاصّ حق بهره‌مند شد.

۴۸۷ **قـصّهٔ عـثمان کـه بـر مِـنبر بـرفت　　　چون خلافت یافت، بشتابید تـفت**

قصّه‌ای را که اینک می‌خواهیم بگوییم، ماجرای آغاز خلافت عثمان است که چون به خلافت رسید، بی‌درنگ بر منبر رفت.

۴۸۸ **مِـنبرِ مـهتر کـه سـه پـایه بُـده‌ست　　　رفت بـوبکر و دُوُم پـایه نشست**

ابوبکر که به خلافت رسید روی پلّهٔ دوم منبر پیامبر بزرگ که سه پایه داشت، نشست.

---

۱ - مأخذ این خطبهٔ خاموش و پرهیبت را می‌توان در روایت جاحظ یافت: البیان و التبیین، چاپ مصر، ص ۲۷۲ که بر اساس آن، در اوّلین خطبه عثمان به اضطراب دچار می‌شود؛ بنابراین تا عصر خاموش می‌نشیند و در عیون الاخبار، ج ۲، ص ۲۳۵ هم روایتی نسبتاً مشابه هست که علّت سکوت عثمان را اضطراب ناشی از ایراد اوّلین خطبه ذکر کرده است. جاحظ نقل می‌کند که عثمان در همان خطبهٔ خاموش گفته است که شما به یک رهبر عادل بیشتر نیاز دارید تا یک سخنور: احادیث، صص ۳۵۲-۳۵۱.

۴۸۹ **بر سوم پـایه عُـمَر در دورِ خـویش   از بـرای حُـرمتِ اسـلام و کـیش**

عمر هم برای ابراز احترام به اسلام و دین در دوران خلافت خویش بر پلّهٔ سوم نشست.

۴۹۰ **دورِ عـثمان آمـد، او بـالایِ تـخت   بر شد و بنشست آن محمودْ بـخت**

هنگامی که دورهٔ خلافت عثمان آغاز شد، آن نیک‌بخت بالای منبر نشست.

۴۹۱ **پس سؤالش کرد شخصی بوالفضول[1]   کآن دو نـنشستند بـر جـایِ رسـول**

شخص یاوه‌گویی پرسید: دو خلیفهٔ پیشین بر جای پیامبر(ص) ننشستند،

۴۹۲ **پس تو چون جُستی از ایشان برتری؟   چون به رُتبت تـو از ایشـان کـمتری**

تو که مرتبه و مقامی کمتر از ایشان داری، چرا برتر از آنان نشستی؟

۴۹۳ **گـفت: اگـر پـایهٔ سـوم را بِسـپَرَم   وَهْــم آیــد کـه: مـثالِ عُـمَّرم**

عثمان گفت: اگر روی پلّهٔ سوم می‌نشستم، این گمان بود که خود را هم‌شأن عُمَر می‌دانم.

۴۹۴ **بـر دوم پـایه شـوم مـن جـایْ‌جو   گویی: بوبکر است، و این هم مثلِ او**

اگر روی پلّهٔ دوم منبر می‌نشستم، می‌گفتید که خود را هم‌مرتبهٔ ابوبکر می‌داند.

۴۹۵ **هست ایـن بـالا مـقامِ مـصطفی   وَهـمِ مـثلی نـیست بـا آن شـه مـرا**

امّا این بالا جایگاه مصطفی(ص) است و کسی گُمان نخواهد کرد که من خود را هم‌مرتبه با آن سلطان حقیقی دانسته‌ام.

۴۹۶ **بعد از آن بر جایِ خطبه آن ودود[2]   تا به قُربِ عصر، لب خاموش بـود**

سپس آن مرد مهربان تا نزدیک غروب بر بالای منبر خاموش نشسته بود.

۴۹۷ **زَهره نه کس راکه گوید: هین! بخوان   یـا بـرون آیـد ز مـسجد آن زمـان**

هیچ کس جرأت نداشت که بگوید: سخنی بگو و نه جرأت داشت از مسجد خارج شود.

۴۹۸ **هیبتی بنشسته بُد بر خاص و عـام   پُر شده نورِ خـدا آن صـحن و بـام**

خاموشی طولانی او هیبتی ویژه داشت که خاصّ و عام تحت تأثیر آن بودند. بام و فضای مسجد را نور خدا پر کرده بود.

---

۱ - **بوالفضول**: یاوه‌گو.   ۲ - **وَدُود**: بسیار مهربان.

۴۹۹ هـر کـه بـینا، نـاظر نـورش بُـدی   کور زآن خورشید هـم گـرم آمـدی

هر کسی که چشمی بینا داشت، آن نور را می‌دید. کور هم از گرمای آن بهره‌مند می‌شد.

۵۰۰ پس ز گرمی فهم کردی چشمِ کـور   کـه بـر آمـد آفـتابی بـی‌فتور[۱]

چشمی که قادر به رؤیت حقایق نبود از گرما درمی‌یافت که آفتابی بدون نقص طالع شده است.

۵۰۱ لیک ایـن گـرمی گشـاید دیـده را   تـا بـبیند عـینِ هر بشـنیده را[۲]

امّا گرما و حرارت خورشیدِ حقایق چشم را می‌گشاید تا بتواند آنچه را که شنیده است، ببیند.

۵۰۲ گـرمیش را ضَـجْرتی[۳] و حـالتی   زآن تَبِش[۴] دل را گشادی فُسحتی[۵]

گرمایِ خورشیدِ حقایق حالتی در آدمی به وجود می‌آوَرَد که احساس دلتنگی می‌کند و بدون آنکه بداند، از تاریکی‌های ضمیر و جان خود آزرده‌خاطر می‌گردد و این احوال سبب می‌شود که دلِ او فراخی و انبساط یابد.

۵۰۳ کور چـون شـد گـرمْ از نـورِ قِـدَم[۶]   از فرح گـوید کـه: مـن بینا شـدم[۷]

هنگامی که سالک مُبتدی در پرتو تعالیم مُراد و امدادِ روحانی او که هـمان فـیض حـق است، گرم شود، در دل خود انبساطی یابد و قادر به درکِ حقایقی گردد که قبلاً بر آن توفیقی نداشته است، با شادمانی می‌پندارد بینا شده است.

۵۰۴ سخت خوش مستی ولی ای بوالحسن[۸]!   پـاره‌یی راه است تـا بـینا شـدن

ای بوالحسن، در پرتو تابش انوار حق انبساط و مستیِ خوشی یافته‌ای؛ امّا این آغاز راه است. برای رسیدن به کشف و شهود عارفانه هنوز پاره‌ای راه باقی است.

۵۰۵ ایـن نـصیب کـور بـاشد ز آفـتاب   صـد چـنین، وَاللهُ اَعْـلَمْ بـالصَّواب

این حالت بهرهٔ «آدم کور» یا شخص بدون معرفت از خورشید حقایق است که به انـدک گرمی و شوری بسنده کند. در سلوک از این‌گونه افراد فراوان‌اند. خداوند به راستی و درستی داناتر است.

---

۱ - **بی‌فتور**: بدون خلل، پایدار.
۲ - اشاره است به ارتقا و ترقّی سالک و گذشتن از مرتبهٔ علم الیقین و رسیدن به عین الیقین.
۳ - **ضَجْرة**: آزردگی و دلتنگی. ۴ - **تَبِش**: حرارت، گرمی. ۵ - **فُسْحَة**: فراخی و گشادگی.
۶ - **نور قِدَم**: نور حق، نور ازلی. ۷ - اشاره است به مریدی که زود خود را گُم می‌کند.
۸ - **بوالحسن**: اشاره به فرد خاصّی نیست، در مثنوی به جای «فلان» به کار می‌رود.

۵۰۶ **وانکه او آن نور را بینا بُوَد — شرح او کی کارِ بوسینا[1] بُوَد؟[2]**

و اگر کسی به مرتبه و مقامی برسد که قادر به شهود آن نور خالص و صِرف گردد، چنان شأن و ارجی دارد و به چنان جایگاه والایی رسیده است که بوعلی سینا نیز با آن مقام علمی برجسته، بدان مرتبه نرسیده و اشراف نیافته است که بتواند در شرح احوال انسان کامل سخنی بگوید.

۵۰۷ **ور شود صدتُو[3]، که باشد این زبان — که بجنباند به کف پردهٔ عیان؟[4]**

اگر زبان انسان صد برابر نیرومندتر بشود، نمی‌تواند پردهٔ اسرار غیب را کنار بزند.

۵۰۸ **وای بر وی گر بِساید پرده را[5] — تیغِ اللّهی کُنَد دستش جدا**

وای بر زبانی که پرده را کنار بزند و سخن بگوید که تیغ غیرت حق دستش را قطع می‌کند.

۵۰۹ **دست چه بُود؟ خود سرش را بر کَنَد — آن سری کز جهل سرها می‌کُند**

دست چیست؟ سرش را قطع می‌کند. سری را که از روی جهل خودنمایی می‌کند.

۵۱۰ **این به تقدیر سخن گفتم تو را — ورنه خود دستش کجا و آن کجا؟**

اینکه گفتم: اگر زبان پردهٔ اسرار را کنار بزند، غیرت حق دستش را جدا می‌کند، بر سبیل تصوّر بود، وگرنه می‌دانم که زبان فاقد دست و سر است. مُراد آن است که: زبان و قال در مرتبه‌ای بسی نازل‌تر از مرتبهٔ کشف و شهود و حضور است.

۵۱۱ **خاله را خایه بُدی خالو شدی — این به تقدیر آمده‌ست، ار او بُدی**

شنیده‌اید که گفته‌اند: خاله اگر خایه داشت، دایی می‌شد. این یک فرض است؛ یعنی «اگر می‌داشت» که ندارد و نمی‌تواند داشته باشد. سخن قبلی ما هم مثل همین است، وقتی که گفتیم: اگر «زبان» یا «قال» می‌توانست پردهٔ اسرار را کنار بزند، طبیعی است که نمی‌تواند و هرگز «اهل قال» بدون ارادت نمی‌تواند «اهل حال» بشود و او را به عرصهٔ حقایق راهی نیست.

---

۱ - **بوسینا**: ابوعلی سینا معروف به شیخ الرّئیس، اینجا به عنوان برجسته‌ترین و اعلاترین مرتبهٔ تفکّر فلسفی ذکر شده است. ۲ - اشاره است به مرتبه و مقام «حقّ الیقین». ۳ - **صدتُو**: صد لایه.
۴ - «علم الیقین» مرتبه‌ای بسی فروتر از «عین الیقین» و «حقّ الیقین» دارد.
۵ - **بساید پرده را**: پرده را کنار بزند.

۵۱۲ **از زبان تا چشمْ کو پاک از شَک است　　　صد هزاران ساله گویم، انـک است** [۱]

اگر بگویم که میان «زبان» یا «قال» و چشمی که عـاری از شک است، صـدهزاران سـال فاصله وجود دارد، کم گفته‌ام.

۵۱۳ **هــین مشــو نــومید، نورْ از آسـمان　　　حق چو خواهد، می‌رسد در یک زمان**

اینکه گفتیم: از زبان و قال تا رسیدن به نور حقیقت صدها هزار سال راه است، نـاامید نشو؛ زیرا اگر عنایتِ حق باشد، به آنی راه دور نزدیک می‌شود.

۵۱۴ **صد اثـر** [۲] **در کـان‌ها** [۳]**، از اخـتران** [۴]　　　**مـی‌رساند قـدرتش در هـر زمـان**

او در هر لحظه اثرات نور خورشید و ستارگان را به معادن می‌رساند و سنگ را به گوهر مبدّل می‌کند.

۵۱۵ **اخترِ گردون** [۵] **ظُـلَم را نـاسخ است　　　اخترِ حق در صفاتش راسـخ است**

خورشید، تاریکی‌های دنیوی را محو می‌کند؛ امّا «اختر حق» کـه «روح انسـان کـامل واصـل» است، با نور حق می‌تابد و صفاتش در بقای اوصاف حق پایدار است و ظلماتِ صفاتِ بشری و تعلّقاتِ انسان‌ها را محو می‌کند.

۵۱۶ **چرخِ پانصد ساله راه** [۶] **ای مُستعین** [۷]**!　　　در اثــر نــزدیک آمـد بـا زمــین**

ای یاری جوینده، درست است که فلک گردون با زمین فاصلهٔ بسیاری دارد؛ امّا تأثیرات آن به سهولت به زمین و خاکیان می‌رسد؛ پس اگر از ادراک حقایق بسی دور هستی، ناامید نباش که حقیقت به تو نزدیک است.

۵۱۷ **سه هزاران سال و پانصد** [۸] **تا زُحَـل　　　دم بـه دم خـاصیّتش** [۹] **آرَد عـمل** [۱۰]

زُحَل تا زمین فاصلهٔ زیادی دارد؛ امّا خواصّ آن لحظه به لحظه به خاک و خاکیان می‌رسد.

---

۱ – چشم عاری از شک، چشم پاکی است که از خودبینی و دوبینی درگذشته و قادر به ادراک و شهود حقایق است.

۲ – بنا به اعتقاد قُدما نور خورشید و ستارگان خاک را به گوهر مبدّل می‌کند.

۳ – **کان‌ها :** معادن، می‌تواند کنایه از ظلمات صفات بشری هم باشد و همچنین اشاره به انسان که وجودش شایستگی آن را دارد که معدنی از لعل و گوهرِ معارف و معانی باشد.

۴ – **اختران :** ستارگان، می تواند کنایه از ارواح پاک و قدسی کاملان باشد در فلک ذات باری تعالیٰ و مایهٔ فیض برای خلق.　۵ – **اختر گردون :** اشاره به خورشید است.

۶ – **پانصد ساله راه :** اشاره به دوری است نه عدد معیّن.　۷ – **مُسْتَعِین :** یاری جوینده.

۸ – این اعداد بر اساس معلومات قُدما است.　۹ – ر.ک: ۱۵۵۲/۲.

۱۰ – اهل تنجیم این ستاره را که نام فارسی آن کِیوان است، نحسِ اکبر می‌دانند و ستارهٔ نامیمون و فلاکت می‌شمارند.

۵۱۸ **دَرهمش آرَد[1] چو سایه در اِیاب[2] طولِ سایه چیست پیشِ آفتاب[3]**

اگر حق تعالیٰ بخواهد، خاصیّت زحل را در هم می‌پیچد و زایل می‌کند همان‌طور که طول سایه در برابر آفتاب هیچ استقلال و اعتباری ندارد.

۵۱۹ **وز نفوسِ پاکْ[4] اَختروَشْ مدد سویِ اخترهایِ گردون می‌رسد[5]**

از ارواح پاک ستاره مانندِ انسان‌هایِ «کامل واصل» به ستارگان آسمان امداد می‌رسد.

۵۲۰ **ظاهرِ آن اختران قَوّامِ[6] ما باطنِ ما گشته قَوّامِ سَما**

به ظاهر، ستارگان آسمان با تأثیراتی که دارند در زندگی ما اثر می‌گذارند و موجب قوام و دوام آن هستند؛ امّا در واقع باطن ما موجب قوام اختران است.

در بیانِ آنکه حُکما گویند: آدمی عالَمِ صُغریٰ است، و حُکمای اللّهی[7] گویند: آدمی عالَمِ کُبریٰ است؛ زیرا آن علمِ حُکما بر صورتِ آدمی مقصور بود، و علمِ این حُکما در حقیقتِ حقیقتِ آدمی موصول بود

ابیات پیشین رشتهٔ سخن را به آنجا کشانید که ظاهراً چنین به نظر می‌رسد که «تأثیرات اختران» دم به دم به خاک و خاکیان می‌رسد؛ یعنی در زندگی آدمی مؤثّرند؛ امّا واقعیّت آن است که انسان خاک‌نشین در اثر سیر مراحل استکمالی به‌کمال الهی می‌رسد و به اعتبار فنا در احدیّت منشأ جمیع تعیّنات محسوب می‌شود و اوست که در مقام جمع و اینکه نسخهٔ ظاهر و باطن است در دوام و بقای عالم و اختران مؤثّر است.

---

۱ - **درهمش آرَد**: جمعش می‌کند، کوتاهش می‌کند. ۲ - **اِیاب**: بازگشت.

۳ - اشاره است به جهات گوناگونی که نور بر اشیا می‌تابد، اگر خورشید عمودی بر اجسام بتابد سایه ندارند و اگر با زاویه بتابد سایه دارند و هر چه زاویهٔ تابش از خط عمود بیشتر باشد طول سایه بیشتر می‌شود.

۴ - **نفوس پاک**: نفس مردان حق، نفس‌های انسان‌های کامل واصل.

۵ - ابیات پیشین در ارتباط با آن بود که «انوار آسمانی» و «تأثیر اختران» دم به دم به خاک و خاکیان می‌رسد، اینک می‌فرماید: انسان خاک‌نشین در اثر سیر مراحل استکمالی می‌تواند به مرتبه و جایگاهی برسد که به اخترهای گردون امداد برساند.

اشاره است به انسان کامل واصل که نسخهٔ ظاهر و باطن است و به اعتبار فنا در احدیّت منشأ جمیع تعیّنات است: شرح مقدّمهٔ قیصری، ص ۲۲۱. ۶ - **قَوّام**: نگهدارنده.

۷ - **اَللّهی**: منسوب به الله، «حُکمای اَللّهی»: عارفان.

اینک در تأیید همان معنا به تقریر این نکته پرداخته می‌شود که فلاسفه و حکمای این جهانی[۱] انسان را «عالم اصغر» می‌دانند؛ امّا حکمای الهی (عارفان) که به روح انسان و قابلیّت و استعداد خاصّی که در آن به ودیعه نهاده شده است، نظر دارند، آدمی را «عالمِ اکبر» می‌بینند و تمامِ عالمِ امکان را در برابر عظمت روحِ انسان کوچک می‌یابند.

همچنین با اشاره به اینکه هدَف از ایجاد عالم، خود عالم نیست و هدف از آن وجود انسان است و با ذکر تمثیلی که در آن، عالم به درخت و انسان به میوهٔ آن مانند شده است، نتیجه‌گیری می‌شود که برتری شأن آدمی بر عالم، همان برتری و شأن و تقدّمِ مرتبه‌ای میوه بر درخت است؛ پس انسان با توجّه به «حقیقتِ» وجودی‌اش «عالَمِ اکبر» است در عین حال که از نظر صورت و جرمِ صغیر «عالَمِ اصغر» محسوب می‌گردد.

۵۲۱ **پس به صورت عـالَمِ اصـغر تُـویی　　　پس بـه مـعنی عـالَمِ اکـبر تـویی**

پس ای انسان، تو به اعتبارِ ظاهر، «عالم اصغر» و به اعتبارِ باطن «عالم اکبر» هستی.

۵۲۲ **ظـاهرِ آن شـاخْ اصـلِ مـیوه است　　　بـاطنا بـهرِ ثـمر شـد شـاخ هست**

هرچند که به ظاهر وجود درخت و شاخه اصل و میوه فرع است؛ امّا در حقیقت، درخت ابزاری برای رسیدن به میوه است.

۵۲۳ **گـر نـبودی مـیل و اومـیدِ ثـمر　　　کـی نشـاندی بـاغبان بـیخِ شـجر؟**

اگر باغبان امید حصول میوه را نداشت، هرگز درخت نمی‌کاشت.

۵۲۴ **پس به معنی آن شـجر از مـیوه زاد　　　گر به صورت از شجر بودش وِلاد[۲]**

پس میوه به ظاهر از درخت حاصل شده؛ امّا در معنی درخت از میوه پدید آمده است.

۵۲۵ **مـصطفی زیـن گـفت کآدم و انـبیا　　　خَـلفِ[۳] مـن بـاشند در زیـرِ لِـوا**

به همین مناسبت پیامبر(ص) فرمود: آدم(ع) و پیامبران دیگر در پی من و زیر پرچم من خواهند بود.

---

۱ – عدّه‌ای از حکما و به عنوان مثال «**رواقیان**» که به نوعی **وحدت وجود جسمانی** نه روحانی معتقد بودند، انسان را عالم صغیر و پاره‌ای از عالم کبیر می‌دانستند. سرسلسلهٔ این جماعت **زِنُون** نامی از اهالی قبرس بود: نقل از سیر حکمت در اروپا، فروغی، صص ۵۷–۵۵. سابقهٔ این امر نزد غیرمسلمانان به **افلاطون** می‌رسد که قبل از او هم نزد **ذیمقراطیس** و برخی دیگر بوده که **ذیمقراطیس** دو رساله بـه نـام «عـالم صـغیر» و «عـالم کـبیر» داشته است و **انکسیمندروس** از این نکته که انسان و عالم هر دو به هوا زنده‌اند، ظاهراً به این نتیجه رسیده است که عالم هم مثل انسان موجود زنده‌ای است و در واقع از اینجاست که برخی عالم را انسان کبیر تلقّی کرده‌اند: نقل از سرّ نی، ص ۵۴۵. همین طرز تفکّر در میان فیلسوفان مسلمان و از جمله در **رسائل اخوان صفا** دیده می‌شود که عالم را انسان کبیر و انسان را عالم صغیر دانسته‌اند.　۲ – اشاره است به تقدّم مرتبه‌ای که برتر از تقدّم زمانی است.

۳ – **خَلْف** : پشت سر. اشاره به حدیث است: أَنَا سَیِّدُ وُلْدِ آدَمَ یَوْمَ الْقِیَامَةِ وَ لا فَخْرَ وَ بِیَدِی لِوَاءُ الْحَمْدِ وَ لاَ فَخْرَ وَ مَا مِنْ نَبِی آدَمُ فَمَنْ سِوَاهُ إِلاَّ تَحْتَ لِوَائِی وَ أَنَا أَوَّلُ شَافِعٍ وَ أَوَّلُ مُشَفَّعٍ وَ لاَ فَخْرَ: روز قیامت من به عنوان سرورِ آدمیان محشور می‌شوم. پرچم ستایش از پروردگار در دستِ من است. آدم و سایر انبیا زیر پرچم من هستند. اوّل کسی هستم که شفاعت می‌کنم و شفاعتم پذیرفته می‌شود. امّا به هیچ کدام از این امتیازات فخر نمی‌فروشم: احادیث، ص ۳۵۳.

۵۲۶ **بهرِ این فرموده است آن ذوفنون[1] رمـز نَـحْنُ[2] الآخِـرُونَ السّـابقون[3]**

و به همین دلیل پیامبر(ص) این راز را فاش کرد و فرمود: ما بعد آمده‌ایم؛ امّا مقدّم هستیم.

۵۲۷ **گـر بـه صـورت مـن ز آدم زاده‌ام مـن بـه مـعنی جَـدِّ جَـدّ افـتاده‌ام**

پیامبر(ص) فرمود: من از فرزندان آدم(ع) به شمار می‌آیم؛ امّا در باطن جدِّ جدِّ آدم هستم.

۵۲۸ **کز بـرای مـن بُـدَش سـجدهٔ مَـلَک وز پـیِ مـن رفت بـر هـفتم فـلک**

فرشتگان، حقیقتِ کلّیِ انسان را که همان «عقل اوّل»، یا «حقیقت محمّدیّه»(ص)، یا «وجودِ صِرف» است، در او دیدند و به نورِ من که در آدم متجلّی بود، سجده کردند و به سبب تجلّیِ همین نور بود که او به اوج آسمان‌ها صعود کرد و از فرشتگان برتری یافت.

۵۲۹ **پس ز مـن زایـید در مـعنی، پـدر پس ز مـیوه زاد در مـعنی، شـجر**

بنابراین بر حسب باطن، پدر از من تولّد یافته و درخت از میوه پدیدار گشته است.

۵۳۰ **اوّلِ فکـر آخـر آمـد در عـمل خاصه فکری کـو بُـوَد وصـفِ ازل**

همواره همین است که فکرِ اوّلیّهٔ ایجاد هر چیز، در عمل مرحلهٔ نهایی است، بخصوص فکری که در وصف ازل باشد؛ یعنی اموری که خداوند آن‌ها را در ازل در علم خود آفریده است، همانند وجود بی‌نظیر پیامبر(ص) که غایت خلقت انسان بود و سرانجام تحقّق یافت.

۵۳۱ **حاصل انـدر یک زمـان از آسـمان مـی‌رود، مـی‌آید، ایـدَرْ[4] کـاروان**

مولانا باز می‌گردد به بیت ۵۱۳ که در آنجا گفته شده بود: علی‌رغم آنکه میان عالمِ حس تا عالمِ معنا راه درازی است؛ امّا ناامید نباش که خداوند می‌تواند آن را نزدیک کند. اینک می‌فرماید: خلاصه اینکه میان عالم حس تا عالم معنا راهِ بسیاری هست؛ امّا برای «روح» یا

---

۱ - **ذوفنون :** دارای هنرها، اینجا کسی که فنون مختلف، یعنی معارف والا را می‌داند و واجد کمالات گوناگون است. ۲ - اشاره به حدیث: ر.ک: ۳۰۶۴/۲.

۳ - عقلِ اوّل که اوّلین تجلّی حق است و اوّلین صورتِ وجودِ مطلق و حضرتِ الهیّه به شمار می‌آید، دارای فعلیات و کمالات جمیع اشیا هست، لذا به حسب ذات کلّ اشیا است و به حکم «بسیط الحقیقة کلّ الاشیاء الوجودیّه» فعلاً و کمالاً عین حقایق است؛ بنابراین حقایقی که از مشکاة عقل اوّل وجود یافته‌اند، از وجهی عین عقل اوّل هستند و از وجهی تغایر دارند. آدم حقیقی همان عقل اوّل است و به همین مناسبت پیامبر(ص) فرمود: «اوّل ما خلق الله نوری»؛ پس به این معنی حضرت ختمی مرتبت به حسب ظهور خلقی، عقل اوّل است و آدم حقیقی اوست وگرچه از اولاد آدم صفی(ع) است؛ ولی به حسب حقیقت، جدّ حقیقی اوست و آدم و جمیع انبیا(ع) از ظهورات و تجلیّات آن نیّر اعظم به شمار می‌آیند: شرح مقدّمهٔ قیصری، ص ۴۷۳. ۴ - **ایدر :** اینجا، اکنون.

«جان انسان» زمان و مکان مطرح نیست و در هر لحظه کاروان درکاروان ظهورات دائمی و آفرینش نو و فیض حق از آسمان، یعنی عالم الهی به سوی زمین می‌آید و باز می‌رود.

نیست بر این کاروان این ره دراز　　کی مَفازه[1] زفت آید با مُفاز[2]؟ ۵۳۲

برای این کاروان این راه دراز نیست و هرگز بیابان فراخ برای انسان قدرتمند طولانی به نظر نمی‌رسد؛ یعنی روح که قادر است درکمتر از لحظه‌ای از زمین به آسمان برسد، خارج از قیدِ زمان و مکان عالم محسوس را در می‌نوردد.

دل به کعبه می‌رود در هر زمان　　جسم، طبعِ دل بگیرد زِ امتنان[3] ۵۳۳

به عنوان مثال، دل انسان هر لحظه به کعبه می‌رود و جسمِ او نیز در پرتو لطف الهی می‌تواند تبدیل شود و خوی دل را بیابد.

این دراز و کوتهی مر جسم راست　　چه دراز و کوته آنجا که خداست؟ ۵۳۴

این دراز و کوتاه بودن؛ یعنی قوانین مربوط به ابعاد، به عالم اجسام ربط می‌یابد و الاّ در لامکانی که خداست، ابعاد مفهومی ندارند.

چون خدا مر جسم را تبدیل کرد　　رفتنش بی‌فرسخ[4] و بی‌میل[5] کرد ۵۳۵

اگر فضل الهی شامل حال کسی باشد که در پرتو تابش انوار جانِ کمال یافته‌اش جسم او نیز تبدیل شود و خاصیّت جان را بیابد، «تنِ» او نیز همانند جان بدون توجّه به فاصله و فرسنگ راه را طی می‌کند.[6]

صد امید است این زمان، بردار گام　　عاشقانه ای فتی! خَلِّ الکلام[7] ۵۳۶

ای سالک، سخن را رها کن و عاشقانه در راه حق گام بردار که جای بسی امید است.

---

۱ - **مَفازَه:** بیابان، در لفظ به معنی محلّ رستگاری است، کنایه از دنیاست.

۲ - **مُفاز:** رستگار. اشاره است به انسانِ کاملِ واصل که روحِ متعالی او در هر لحظه خارج از قید زمان و مکان در سیر روحانی است.　۳ - **اِمتِنان:** نعمت دادن، منّت گذاشتن، منّت و احسان.

۴ - **فَرْسَخ:** واحدی در مسافت که معادل شش کیلومتر است.

۵ - **میل:** واحدی در مسافت که آن را معادل چهار هزار ذراع و ثلث فرسخ دانسته‌اند، کنایه از طول راه و بسیار و دور و درازی آن است.

۶ - نیکلسون در شرح مثنوی مولوی، ج ۴، ص ۱۴۴۹ می‌نویسد: فاتح، به معراج پیامبر(ص) همچون نمونه‌ای از تبدیل بدن اشارت دارد.　۷ - **خَلِّ الکلام:** سخن را رها کن. اشاره است به پرهیز از «قال» و ترغیب به «حال».

۵۳۷ **گرچه پِلّه[۱] چشمْ بر هم می‌زنی در سفینه[۲] خفته‌ای ره می‌کُنی**

هنگامی که عاشقانه به سلوک می‌پردازی و زیر چتر ارشادِ مُراد قرار می‌گیری، هرچند که با مردم حشر و نشر داری و پلک چشم‌هایت را بر هم می‌زنی؛ یعنی ظاهراً بیدار هستی؛ امّا در واقع جانت در کشتی ارشاد مرد حق به آسودگی آرمیده و طیّ طریق می‌کند.

تفسیرِ این حدیث که :
مَثَلُ أُمَّتي كَمَثَلِ سَفينَةِ نُوحٍ، مَنْ تَمَسَّكَ بِها نَجا وَ مَنْ تَخَلَّفَ عَنْها غَرِقَ[۳]

ابیات پایانی قطعهٔ پیشین در تقریر این معنا بود که میان عالم ظاهر با عالم باطن یا عالم معنا راه بس درازی است؛ امّا عنایت الهی می‌تواند این راه بس طولانی را بسیار نزدیک کند؛ پس برای آنکه عنایت حق شامل حال آدمی گردد، چاره‌ای جز آن نیست که عاشقانه به سلوک بپردازد و در سفینهٔ نجاتِ ارشاد و امدادِ مردان حق بنشیند و به آسودگی طیّ طریق کند.

اینک در این قطعه با تأیید همان معنا به تفسیر روایتی[۴] از پیامبر(ص) می‌پردازد که در منابع مختلف با تفاوت‌های جزئی نقل شده است.

۵۳۸ **بهرِ این فرمود پیغمبر که: من همچو کشتی‌ام به طوفانِ زَمَن**

اینکه پیامبر (ص) فرمود: «من در توفان روزگار همانند کشتی‌ام»، به همین مناسبت بود که می‌خواست خلق با تمسّک به او از عنایت حق بهره‌مند گردند و راه طولانی میان خلق تا حق برای آنان نزدیک شود.

۵۳۹ **ما و اصحابم چو آن کشتیِّ نوح هر که دست اندر زند، یابد فُتوح[۵]**

من و یارانم همانند کشتی نوح هستیم که هر کس به آن چنگ بزند، نجات می‌یابد.

---

۱ - **پِلّه** : مراد پلک چشم است. ۲ - **سَفینه** : کشتی، مراد کشتیِ وجودِ مردِ حق است.

۳ - تفسیر این حدیث که: مَثَل امّت من همانند کشتی نوح است هر کس به آن چنگ بزند نجات می‌یابد و هرکس خلاف کند غرق می‌شود.

۴ - روایت : مَثَلُ اَهْلِ بَيْتي مَثَلُ سَفينَةِ نُوحٍ مَنْ رَكِبَها نَجا وَ مَنْ تَخَلَّفَ عَنْها غَرِقَ. پیامبر(ص) فرمود: مَثَل اهل بیت من مَثَل کشتی نوح است. هرکس بر آن سوار شود نجات می‌یابد و هرکس به آن پشت کند غرق می‌شود: احادیث، صص ۳۵۵-۳۵۴. ۵ - **فُتوح** : جمع فَتْح به معنی نُصْر، گشایش و در اصطلاح گشایش در کمالات غیبی است.

۵۴۰ **چونکه با شیخی تو دور از زشتیی روز و شب سیّاری و در کشتیی**[۱]

چون زیر چتر حمایت و ارشاد شیخ هستی، یقین داشته باش که تو را از زشتی و بدی در امان می‌دارد و گویی که در کشتی امن شب و روز طیّ طریق می‌کنی.

۵۴۱ **در پناهِ جانِ جان بخشی تَوی**[۲] **کشتی اندر خفته‌ای، ره می‌روی**

به جانِ کمال یافته پناه برده‌ای. امداد روحانی مراد به مرید مشابه آن است که تصوّر کنی درون کشتی نجات خوابیده‌ای و در حال پیش‌روی هستی.

۵۴۲ **مَسْکُل**[۳] **از پیغمبرِ ایّام**[۴] **خویش تکیه کم کن بر فن و بر کامِ خویش**

از پیامبر روزگار خود جدا مشو و به تدبیر و عمل و خواسته‌های خود تکیه مکن.

۵۴۳ **گرچه شیری، چون روی ره بی‌دلیل**[۵] **خویش‌بین و در ضلالی و ذلیل**

حتّی اگر همانند شیر باشی، بدون وجود راهنما به خودبینی و گمراهی و خفّت مبتلا می‌شوی.

۵۴۴ **هین مَپَر الّا که با پرهای شیخ**[۶] **تا ببینی عون**[۷] **و لشکرهایِ شیخ**[۸]

آگاه باش که پرواز در آسمان‌های عالم معنا، بدون امداد شیخ که همانند بال و پر نیرومندی یاری می‌رساند، امکان‌پذیر نیست. با استفاده از این امداد، قدرت روحانی و معنوی او را خواهی دید.

۵۴۵ **یک زمانی موج لطفش بالِ توست آتش قهرش دمی حمّالِ توست**[۹]

گاهی لطف او بال و پر پرواز توست و گاه آتش خشم او تو را با خود می‌برد.

۵۴۶ **قهرِ او را ضدِّ لطفش کم شُمَر اتّحادِ هر دو بین اندر اثر**

تصوّر نکن که قهر او به مفهوم حقیقیِ قهر و غضب و بُعد است؛ یعنی هرچند که قهر او ضدّ لطف وی است؛ امّا این قهر و لطف اثر واحدی دارند و برای تربیت تو الزامی‌اند.

---

۱ - با استناد به حدیث نبوی، کاملان واصل نیز به سبب اتّصالی که با روحانیّت پیامبر(ص) دارند، کشتی نوح خوانده شده‌اند: احادیث، ص ۳۵۴. ۲ - **تَوی** : تَویّ: مقیم در جایی. ۳ - **مَسْکُل** : جدا مشو.

۴ - **پیغمبرِ ایّام** : کنایه از شیخ کامل واصل است. ۵ - **دَلیل** : راهنما.

۶ - **پرهای شیخ** : کنایه از چتر امداد و ارشاد روحانی و معنوی شیخ کامل است. ۷ - **عون** : یاری کردن.

۸ - **لشکرهای شیخ** : کنایه از قدرت روحانی و معنوی شیخ کامل است.

۹ - توجّه باطنی شیخ کامل گاه به صورت لطف جلوه‌گر می‌شود و گاه به شکل قهر؛ امّا هر دو برای تربیت و رشد مرید ضروری و اجتناب‌ناپذیر است.

۵۴۷ **یک زمان چون خاکْ سبزت می‌کند یک زمان پُر باد و گَبْزت[۱] می‌کند**

گاه با لطف او جانِ تو پرنشاط و پرتحرّک می‌شود و گاه با قهرِ او، به خودبینی مبتلا می‌شوی.

۵۴۸ **جسمِ عارف را دهد وصفِ جماد تا بر او رویدگُل و نسرینِ شاد**

همان‌طور که با قدرت معنوی شیخِ کامل، «جانِ سالک» بسان خاک سرسبز و پرطراوت می‌گردد، «جسمِ سالک» نیز، همانند خاکَ قابلیّت و استعداد رویانیدن گل و نسرین را می‌یابد؛ یعنی آرام آرام خاصیّت «جان» را پیدا می‌کند.

۵۴۹ **لیک، او بیند، نبیند غیرِ او جز به مغزِ پاک ندهد خُلد بو**

امّا این تبدیل و تکامل را فقط شیخ می‌بیند؛ زیرا بوی بهشت را جز مشام پاک نمی‌تواند دریابد.

۵۵۰ **مغز را خالی کن از انکارِ یار تا که ریحان یابد از گلزارِ یار[۲]**

مغز را از انکار پاک کن تا مشامِ جانت عطر دلاویز گلزارِ روحانیِ یار را دریابد.

۵۵۱ **تا بیابی بویِ خُلد از یارِ من چون محمّد بویِ رحمٰن از یَمَن[۳]**

تا همان‌گونه که محمّد (ص) بدون آنکه اویس قَرَنی را دیده باشد، بوی حق را از یمن دریافت، تو نیز از یارِ من رایحهٔ بهشت را دریابی.

۵۵۲ **در صفِ معراجیان[۴] گر بیستی چون بُراقت[۵] بر کَشاند نیستی[۶]**

اگر در صفِ «اهلِ معراج» قرار بگیری؛ یعنی معتقد باشی که جسم و جان انسان قابلیّت و استعداد رسیدن به کمال را دارد، «نیستی» که چیزی جز ترک خودبینی‌ها نیست، تو را همانند براق حمل می‌کند و به عروج روحانی می‌رساند.

۵۵۳ **نه چو معراجِ زمینی تا قمر بلکه چون معراجِ کِلْکی[۷] تا شکر**

امّا مقصود من از معراجِ این نیست که انسان بتواند تا ماه یا برتر از آن برود، بلکه آن است که انسان بتواند تبدیل شود، همان‌گونه که بافت‌ها و سلول‌های «نی» به «شکر» تبدیل می‌شود.

---

۱ - **گَبْز**: هرچیز گنده و قوی و ستبر، اینجا مراد مغرور شدن است.

۲ - همان‌طور که شارحان اشاره کرده‌اند، «یار» اشاره به حُسام‌الدّین است و تذکّری به مریدان که تا از سر انکار برنخیزند، تجلیّات حق را در حُسام‌الدّین نخواهند دید. ۳ - اشاره به حدیث است: ر.ک: ۱۲۰۶/۲.

۴ - **معراجیان**: اهل معراج.

۵ - **بُراق**: مرکب پیامبر(ص) در معراج، در ادبیّات عرفانی مراد از آن عشق است که جان عاشق را به جهان روحانی پیوند می‌دهد.

۶ - در این قطعه به معراج خاصّ حضرت ختمی مرتبت(ص) اشاره نمی‌شود و به کار بردن این تعبیر به مفهوم ترقّی و تکامل روحانی و معنوی است. ۷ - **کلک**: نی، قلم.

۵۵۴ **نـه چـو معراجِ بُـخاری تـا سـما　　　بـل چـو معراجِ جـنینی تـا نُـهیٰ**[1]

مقصودم این نیست که انسان بتواند همانند بخار به آسمان صعود کند؛ بلکه آن است که بتواند مانند جنین مراحل تکامل را طی کند و تا مرتبهٔ عقل پیش برود؛ یعنی از عقل مادّی یا عقل معاش فراتر رَوَد و به عقل معاد یا عقل خداجو برسد که جویای حقایق و معارف است.

۵۵۵ **خوش بُراقی گشت خنگِ**[2] **نیستی　　　سـوی هسـتی آرَدَت گـر نـیستی**

«نیستی»، مرکب خوبی است. اگر در حق فانی شوی، «نیستی» تو را به هستیِ حقیقی می‌رساند.

۵۵۶ **کوه و دریاها سُـمَش مَس مـی‌کند**[3]　　　**تـا جـهانِ حسّ را پس مـی‌کند**

«خِنگ نیستی» یا «بُراق فنا» به سرعت جهان محسوسات را پشت سر می‌گذارد و می‌گذرد.

۵۵۷ **پـا بِکَش**[4] **در کشـتی و مـی‌رو روان　　　چون سویِ معشوقِ جان**[5]**، جانِ روان**[6]

به کشتی نجات انسان کامل واصلی سوار شو؛ یعنی تحت تربیت او باش و به سویِ حق برو، همان‌طور که جانِ عاشقِ حق به سوی خدا می‌رود.

۵۵۸ **دست نـه و پـای نـه رو تـا قِـدَم**[7]　　　**آنـچنانکه تـاخت جـان‌ها از عَـدَم**

این رفتن، با دست و پا نیست. پرواز جان انسان در عالم معناست، همان‌طور که جان‌ها از عدم به سوی هستی شتافتند.

۵۵۹ **بر دریـدی در سـخن پـردهٔ قـیاس　　　گر نبودی سمعِ سـامع را**[8] **نُـعاس**[9]

اگر گوش شنوندگان دچار غفلت نبود، سخنانی می‌گفتیم که پردهٔ پندار را کنار می‌زد و محلّی برای قیاس و استدلال باقی نمی‌گذاشت.

---

۱ - **نُهیٰ**: جمع نُهْیَة به معنی عقل.　　۲ - **خِنگ**: اسبی که سپیدی بر او غلبه دارد.

۳ - معنی مصراع: کوه و دریاها با سمش فقط اندکی تماس دارند.

۴ - **پابکش**: مقصود سوار شدن به کشتی است.　　۵ - **معشوقِ جان**: مراد حق تعالیٰ است.

۶ - **جانِ روان**: جانِ رونده، جانِ در حال تحرّک، جانِ خداجو. «روان» در مصراع اوّل قید و در مصراع دوم صفت است.　　۷ - **قِدَم**: مراد ذات حق است.　　۸ - **نُعاس**: خواب، چُرت.

۹ - این بیت اشاره‌ای است به مستمعان خاصّ جلسات تقریر مثنوی که خستگی و خواب‌آلودگی آنان مولانا را از ادامهٔ تبیین معانی بلند بازداشته و به نکوهش وادارکرده است. قبلاً هم در طیّ قطعات متعدّدی این امر سابقه داشته است، چنانکه در بیت ۳۱۰۰ دفتر اوّل می‌فرماید:

چونکه جمع مستمع را خواب بُرد　　　سنگهای آسیا را آب بُرد

رفتنِ این آب فوقِ آسیاست　　　رفتنش در آسیا بهر شماست

چون شما را حاجت طاحون نماند　　　آب را در جوی اصلی باز راند

۵۶۰ **ای فلک! بر گفتِ او[1] گوهر ببار — از جهانِ او، جهانا شرم دار**

ای آسمان، بر کلام او گوهر نثار کن. ای جهان، از هستی موهومی‌ات در تقابل با هستی حقیقیِ او شرم داشته باش.

۵۶۱ **گر بباری گوهرت صد تا شود — جامدت بیننده و گویا شود[2]**

اگر بر کلامش گوهر نثار کنی، گوهرهایت صد چندان می‌شود و گویا و بینا می‌گردد.

۵۶۲ **پس نثاری کرده باشی بهرِ خود — چونکه هر سرمایهٔ تو صد شود**

بنابراین تو با حرمت نهادن به انسان کامل در واقع به خود حرمت نهاده‌ای؛ زیرا هر سرمایه‌ای که می‌گذاری صد برابر می‌شود.

قصّهٔ هدیه فرستادنِ بلقیس از شهرِ سَبا، سویِ سلیمان علیه السَّلام[3]

ابیات پایانی قطعهٔ پیشین، در تقریر این معنا بود: کلام انبیا و اولیا و به‌طور کلّی انسان‌کامل چنان شأن و اعتباری دارد که باید بر آن گوهر نثار کرد و پاداشی صد چندان دریافت داشت. اینک در تأیید همان معنا، قصّهٔ «هدیه فرستادن بلقیس به سوی سلیمان(ع)» تداعی شده است که هدایای فراوان وی در مقایسه با شوکت و ثروت سلیمان(ع)، چنان بی‌قدر به نظر می‌رسید که چیزی جز موجبات شرمندگی نبود و از نثار آن نیزگزیری نه.

سرّ سخن در این است که: عقل جزوی و خِرَدورزی‌هایش در بارگاه الهی و در تقابل با عقل کلّیِ انسانِ‌کامل، همان قدر بی‌قدر است که هدیهٔ بلقیس در بارگاه سلیمان(ع)، «ای بُبرده عقل هدیه تا اِلٰه»؛ امّا حکمتی که در نثار گوهر و هدایا به پیشگاه حق است، بدان مناسبت است که با ایثار آن، لیاقتِ دریافت هدایای الهی را بیابیم «بلکه گفتم لایقِ هدیه شوید». قصّهٔ سلیمان(ع) و بلقیس که ملکهٔ سبا در یمن بود، در قرآن‌کریم، نمل ۴۴/۲۷–۲۰، آمده است.

سلیمان(ع) فرمانروایی پدرش داوود(ع) را از او به ارث برد و در اورشلیم (قدس) بر تخت پادشاهی نشست و بر کشور اسرائیل حاکم شد. مورّخان تاریخ فرمانروایی او را قرن دهم پیش از میلاد دانسته‌اند و مدّت فرمانروایی وی را (۹۲۲–۹۶۰ ق. م) ذکر کرده‌اند. سلیمان(ع) به سبب کفایت شخصی، علی‌رغم آنکه بزرگ‌ترین پسر در میان پسران داوود(ع) نبود، بدون هیچ مشکلی جانشین داوود(ع) شد. او سیاستمداری فرزانه، جنگاوری بزرگ و مدیری توانا بود که تشکیلات نظامی نیرومند و فعالیّت‌های تجارتی عظیم و ممتازی داشت و در بندر «عصیون جابر» موفق به کشتی‌سازی برای ارتباطات تجاری از طریق دریا شد که کوشش‌های باستان‌شناسی اخیر در اطراف این بندر میخ‌های آهنین بزرگ و همچنین میخ‌هایی از آلیاژ مس و آهن و پاره‌هایی از طناب‌های ضخیم و انباشته از قیر را که برای پیوستن اعضای کشتی به‌کار می‌رفته، یافته است.

---

۱ – ضمیر «او» در این بیت اشاره به خود مولاناست که گوینده این ابیات و معانی بلندی است که می‌تواند «پردهٔ پندار» را پاره کند. ۲ – حرمت نهادن به انسان کامل پاداشی صد چندان دارد.

۳ – **سلیمان**(ع): ر.ک: ۱۲۰۶/۱، ۲۶۱۶/۱، ۱۶۰۴/۲، ۳۷۶۳/۲.

منابع تاریخی کاربرد نخستین بار «ارّابه‌های جنگی» را در سپاه اسرائیل به سلیمان(ع) نسبت می‌دهند و قلمرو پادشاهی سلیمان(ع) را در شکوفاترین زمان، تقریباً همان مرزهای فلسطین می‌دانند.[۱]

همان‌طور که قبلاً نیز گفته شد،[۲] خداوند مواهب بزرگی به سلیمان(ع) بخشید که یکی از آن‌ها روان شدن چشمهٔ مس بوده است و در ارتباط با این معجزه محقّقان معتقدند که یا خداوند چشمه‌ای جوشان و آتشفشانی از مس مذاب را برای او شکافته است یا دانش ذوب کردن مس را به بنده‌اش سلیمان عنایت کرده است.

امروزه با کاوش‌های باستان‌شناسی معلوم شده است شهر «عصیون جابر» که بندر و مرکز صنعتی در زمان سلیمان(ع) بوده، کارخانهٔ ذوب مس عظیمی داشته که در هیچ جای دیگر در عصر باستان دیده نشده است.[۳]

سلیمان(ع) در ساختن بناهایی که در روزگار او ساخته شدند، نقش اساسی داشت، بنابر روایت تورات، دیوار و باروی شهر را سلیمان(ع) برافراشت و در عین حال ساختمان مسجدالاقصیٰ و کاخ سلیمان نمودی از بزرگ‌ترین فعالیّت‌های معماری وی بوده است.[۴]

۵۶۳ **هدیهٔ بلقیس چل اَستر بُده‌ست — بارِ آن‌ها جمله خشتِ زر بُده‌ست**

هدیهٔ بلقیس به بارگاه سلیمان(ع) چهل استر بود که بار آن‌ها همه خشت‌های زر بود.

۵۶۴ **چون به صحرایِ سلیمانی رسید — فرش ِ آن را جمله زرِّ پُخته دید**

هنگامی که حاملان هدایا به قلمرو سلیمان(ع) وارد شدند، سنگفرش آنجا را زرّ ناب دیدند.

۵۶۵ **بر سرِ زر تا چهل منزل[۵] براند — تا که زر را در نظر آبی نماند**

فرستادگان بلقیس چهل منزل روی زرّ ناب راه رفتند و دیگر طلا در نظرشان جلوه‌ای نداشت.

۵۶۶ **بارها گفتند: زر را وابَریم — سویِ مخزن ما چه بیگار اندریم!**

بارها با خود گفتند: این طلاها را به گنجینهٔ بلقیس باز گردانیم که کار ما بسیار بیهوده است.

۵۶۷ **عرصه‌یی کِش خاک، زرِّ دَه‌دَهی‌ست[۶] — زر به هدیه بردن آنجا ابلهی‌ست**

زیرا بردن طلا به سرزمینی که خاک آن زرّ ناب است، چیزی جز نادانی نیست.

۵۶۸ **ای بِبُرده عقلْ هدیه تا اِله — عقل آنجا کمتر است از خاکِ راه[۷]**

ای کسی که عقل جزوی را به پیشگاه خداوند برده‌ای، این عقل در آن بارگاه از خاک راه بی‌قدرتر است.

۱ - بررسی تاریخی قصص قرآن، ج ۳، صص ۱۴۸-۱۳۸ با تلخیص. ۲ - ر.ک: ۲۶۱۶/۱.
۳ - بررسی تاریخی، صص ۹۰-۷۷. ۴ - همان، ص ۱۷۶.
۵ - **منزل**: مسافت میان دو توقّفگاه مسافران که آن را حدود چهار فرسخ دانسته‌اند.
۶ - **دَه‌دَهی**: به معنی ده ده، یعنی طلای خالص و تمام عیار.
۷ - مُراد آنکه: این عقل آدمی را به خدا نمی‌رساند.

۵۶۹ **چون کسادِ[1] هدیه آنجا شد پدید — شرمساریشان همی واپس کشید**

فرستادگان بلقیس که به بی‌قدر بودن هدیهٔ خویش پی بردند، با شرمندگی از ادامهٔ راه باز ماندند.

۵۷۰ **باز گفتند: اَزْ کساد و اَزْ روا — چیست بر ما؟ بنده‌فرمانیم ما**

امّا دوباره گفتند: مقبول بودن یا نبودن هدیه به ما ربطی ندارد. ما مطیع فرمان هستیم.

۵۷۱ **گر زر و گر خاک، ما را بُردنی‌ست — امرِ فرمانْدِه به جا آوردنی‌ست**

اگر این هدایا زرّ است یا خاک، باید آن را ببریم و فرمان فرمانده را اجرا کنیم.

۵۷۲ **گر بفرمایند که: واپس بَرید — هم به فرمان، تُحفه را باز آورید**

اگر دستور بدهند که هدایا را برگردانید، طبق فرمان تحفه را باز می‌گردانیم.

۵۷۳ **خندَه‌ش آمد چون سلیمان آن بدید — کز شما من کی طلب کردم ثَرید[2]؟**

هنگامی که سلیمان(ع) آن هدایا را دید با خنده گفت: من کی از شما هدیه خواستم؟

۵۷۴ **من نمی‌گویم مرا هدیه دهید — بلکه گفتم: لایق هدیه شوید[3]**

از شما نمی‌خواهم که به من هدیه دهید؛ بلکه می‌خواهم که لایق هدیه گرفتن بشوید.

۵۷۵ **که مرا از غیب نادِرْ هدیه‌هاست[4] — که بشر آن را نیارَد نیز خواست**

سلیمان(ع) گفت: برای من از عالم غیب هدیه‌هایی می‌رسد که عقل از فهم و درخواست آن عاجز است.

۵۷۶ **می‌پرستید اختری کو زر کند[5] — رو به او آرید کو اختر کند[6]**

خورشیدی را می‌پرستید که خاک یا سنگ را به طلا تبدیل می‌کند، به خالقِ خورشید روی بیاورید.

۵۷۷ **می‌پرستید آفتابِ چرخ را — خوار کرده جانِ عالی‌نرخ را**

خورشید آسمان را می‌پرستید و با این کار جان گرانبهای خود را خوار می‌دارید.

---

۱ - **کَساد :** کساد شدن، بی رونق شدن.

۲ - **ثَرید :** ترید، تکّه‌های نان که در آب گوشت می‌ریزند، کنایه از متاع حقیر دنیوی.

۳ - **لایق هدیه شدن :** استعداد و قابلیّت ادراک علوم و اسرار الهی را یافتن.

۴ - **نادر هدیه‌ها :** مراد علم و حقایق الهی است.

۵ - **اختری کو زرکُنَد :** مراد خورشید است که بنا بر اعتقاد قُدَما خاک در اثر تابش آن در معادن به زرّ بدل می‌شود.

۶ - مردم سرزمین سبا در زمان بلقیس در برابر خورشید سجده می‌کردند. سلیمان(ع) به هُدهُد مأموریت داد تا پیام توحید را به آن سرزمین ببرد و آنان را به ایمان فراخوانَد.

اشارت قرآنی ؛ نَمْل : ۲۴/۲۷ : ...یَسْجُدُونَ لِلشَّمْسِ...: خورشید را می‌پرستیدند.

۵۷۸ **آفتاب از امرِ حق طبّاخِ ماست   ابلهی باشد که گوییم او خداست**

خورشید به فرمان خداوند به انسان خدمت می‌کند. اگر آن را خدا بدانیم، حماقت است.

۵۷۹ **آفتابت، گر بگیرد، چون کنی؟   آن سیاهی زو، تو چون بیرون کنی؟**

اگر خورشید دچار کسوف شود، چه می‌کنی؟ چگونه آن را برطرف می‌کنی؟

۵۸۰ **نه به درگاهِ خدا آری صُداع[1] ؟   که: سیاهی را ببَر، وادِه شُعاع**

مگر به درگاه خداوند روی نمی‌آوری که پروردگارا، گرفتگی را برطرف کن تا درخشان باشد؟

۵۸۱ **گر کُشندت نیم‌شب، خورشید کو؟   تا بنالی یا امان خواهی از او**

اگر نیمه‌شب بخواهند تو را بِکُشند، خورشید کجاست تا ناله کنی یا امان بخواهی؟

۵۸۲ **حادثاتْ اغلب به شب واقع شود   و آن زمان معبودِ تو غایب بود**

اکثر حوادث در شب رخ می‌دهند و معبودت نیست که به تو کمک کند.

۵۸۳ **سویِ حق گر راستانه[2] خم شوی   وارهی از اختران[3]، مَحْرَم شوی**

اگر خالصانه به تعظیم حق تعالی بپردازی، از پرستش ستارگان رهایی می‌یابی و محرم درگاه الهی می‌شوی.

۵۸۴ **چون شوی مَحْرَم، گُشایم با تو لب   تا ببینی آفتابی نیم‌شب[4]**

چون آشنای حق شوی، بی‌پرده سخن خواهم گفت تا خورشید حقایق را ببینی، حتّی در نیمه شب.

۵۸۵ **جز روانِ پاک، او را شرقْ نَه   در طلوعش روز و شب را فرقْ نَه**

خورشید تابناکی که مشرقی جز جان پاک ندارد و برای طالع شدنش شب و روز یکسان است و اگر «جان» از انکار پاک باشد، به یقین بر آن خواهد تابید.

۵۸۶ **روزْ آن باشد که او شارق[5] شود   شب، نمانَد شب، چو او بارِق[6] شود**

اینکه با طلوع خورشید آسمان می‌گوییم که روز شده است، در واقع چیزی جز یک

---

۱ - **صُداع** : درد سر، صداعِ آوردن؛ یعنی روی آوردن و لابه کردن.   ۲ - **راستانه** : خالصانه.

۳ - **اختران** : ستارگان که قُدَما سعد و نحس ایّام و حوادث را متأثّر از آن‌ها می‌دانستند، به‌طور کلّی ماسِوی الله یا سبب‌های دنیوی.

۴ - ظاهراً ادامهٔ سخنان سلیمان(ع) است؛ امّا در واقع کلام مولاناست که آدمی را از پرستش معبودهای دنیوی باز می‌دارد و به پرستش معبود یگانه فرا می‌خواند.   ۵ - **شارِق** : درخشنده، طالع، برآینده.

۶ - **بارِق** : درخشان.

پدیدهٔ مادّی نیست. برای انسان روز حقیقی هنگامی است که خورشیدِ حقیقت در دل و جانش طالع شود و تیرگی‌ها را محو کند.

۵۸۷ **چون نماید ذرّه پیشِ آفتاب همچنان است آفتاب اندر لُباب[1]**

همان‌طور که ذرّه در برابر خورشید بی‌قدر و بی‌اعتبار است، نور خورشید آسمان نیز در تقابل با انوار حقایق نزد خرد عارفان بی‌قدر و بی‌اعتبار به شمار می‌آید.

۵۸۸ **آفتابی را که رُخشان[2] می‌شود دیده پیشش کُنْد و حیران می‌شود**

آفتابی را که می‌درخشد و چشم انسان در برابر تابشش خیره و حیران می‌گردد،

۵۸۹ **همچو ذرّه بینی‌اَش، در نورِ عرش پیشِ نورِ بی حدِ مَوْفُورِ[3] عَرش**

در برابر نور بیکران و بی‌حدّ عرش به صورت ذرّه‌ای می‌بینی.

۵۹۰ **خوار و مسکین بینی او را بی‌قرار دیده را قوّت شده از کردگار**

اگر چشم باطن انسان از حق تعالی نیرو بگیرد، آفتاب تابناک آسمان را موجودی ذلیل و درمانده و بیقرار می‌یابد که بدون وجود او هم می‌توان همه چیز را با چشم دل دید.

۵۹۱ **کیمیایی[4] که از او یک مَأثَری[5] بر دُخان[6] افتاد، گشت آن اختری[7]**

«نور حق» به دودهای آسمان تابید و موجب تبدیل آن‌ها به ستارگان شد.

۵۹۲ **نادر اِکسیری[8] که از وی نیم تاب بر ظَلامی[9] زد، بِکَردَش آفتاب**

«نور حق»، اکسیر بی‌همتایی است که با نیمه تابشی بر دودی تاریک، آن را به خورشیدی درخشان تبدیل کرد.

---

۱ - **لُباب**: خالص و گزیده از هر چیز، ناب و خالص، مغز چیزی مانند مغز پسته یا مغزگردو، عقل، خرد.
۲ - **رُخشان**: رخشان، تابان. ۳ - **موفور**: فراوان.
۴ - **کیمیا**: ر.ک: ۵۲۰/۱. اینجا مراد «نور حق» است که در بیت پیشین گفته شد: چشم باطن عارف را قوّت می‌دهد تا بتواند حقیقت هر چیز را دریابد و با حقایق آشنا گردد؛ پس «نور حق» همانند کیمیایی است که موجب تبدیل می‌شود و چشمی را که بینای حقایق نیست، بینا می‌کند. ۵ - **مَأثَر**: اثر. ۶ - **دُخان**: دود.
۷ - اشاره است به آفرینش آسمان که در آغاز به صورت دود یا بخاری بوده است: فُصّلت: ۱۱/۴۱.
۸ - **اکسیر**: ر.ک: ۱۴۷۸/۱. ۹ - **ظَلام**: تاریکی.

بُوالعجب میناگری[1] کز یک عمل — بست چندین خاصیت را بر زُحَل[2] ۵۹۳

«نور حق»، کیمیاگر بی‌نظیر و عجیبی است که در اثر یک تابش به ستارهٔ زحل، خواصّ گوناگونی را در وی نهاده است.

باقی اخترها و گوهرهایِ جان — هم بر این مقیاس، ای طالب! بدان ۵۹۴

ای طالب، با توجّه به اثری که تابش نور حق بر زحل یا خورشید داشته و دارد، می‌توانی اثر تابش آن را بر بقیّهٔ ستارگان که اخترهای عالم مادّی هستند و ارواح انسان‌ها که می‌توانند اخترهای عالم معنا باشند، قیاس کنی و بدانی که تجّلی نور حق چه خواصّ گوناگونی را در هر یک نهاده یا می‌نهد.

دیدهٔ حسّی زبونِ آفتاب — دیدهٔ ربّانیی جو و بیاب ۵۹۵

«دیدهٔ حس» یا چشم سَر در برابر تابش نور خورشید آسمان ناتوان است؛ زیرا نمی‌تواند به نورش بنگرد، در حالی که دیدهٔ ماورای حس، یعنی دیدهٔ باطن می‌تواند حقارت خورشید آسمان را در قبال خورشید حقایق دریابد؛ پس جویای چنین دیده‌ای باش.

تا زبون گردد به پیش ِ آن نظر — شَعْشَعاتِ[3] آفتابِ با شرر ۵۹۶

با داشتن چشم باطن یا «چشم ربّانی»، درخشش خورشید آسمان را خوار می‌یابی.

کآن نظر نوری و این ناری بُوَد — نار پیش ِ نور بس تاری بُوَد ۵۹۷

زیرا چشم دل یا «چشم باطن» از دیدگاهی حقّانی که نور محض است، می‌نگرد، در حالی که تابش خورشید پدیده‌ای مادّی است. پدیده‌های خلقی در تقابل با امور حقّی بسیار تاریک‌اند.

---

۱ - **میناگر** : میناکار، کسی که با مادّه‌ای از جنس شیشه و چینی کبود رنگ بر فلزات و جز آن نقش و نگار کند، کیمیاگر، صاحب اکسیر.

۲ - **زُحل** : کیوان که به سبب دوری و بلندی که نسبت به زمین دارد، زحل نام گرفته و نزد منجّمان نحس اکبر است. مردم مغرب آن را جنگجو می‌دانند.

۳ - **شَعْشَعات** : جمع شَعْشَعَة به معنی تابندگی و تابناکی.

کرامات و نورِ شیخ عبدالله مغربی[۱] قَدَّسَ اللهُ سِرَّه[۲]

شیخ عبدالله مغربی که عارفی روشن ضمیر بود، کراماتی چند داشت. یکی از این کرامات آن بود که در پرتو باطن روشن و منوّرش می‌توانست در تاریکی شب نیز همانند روز همه چیز را ببیند. شب و تاریکی برای او مفهومی نداشت. مریدان در بیابان‌های پر از خار و گودال، شبانه به دنبال او به راه می‌افتادند و می‌دیدند که شیخ مغربی، همانند ماه شب چهارده به راهنمایی آنان می‌پردازد و بدون آنکه به پشت سر بنگرد از وضع و حال آنان باخبر است و به آن‌ها هشدار می‌دهد که توجّه کنید، گودالی در پیش است، به جانب چپ یا راست بروید.

در ابیات پایانی قطعهٔ پیشین سرّ سخن در تقریر این معنا بود که اگر چشم باطن انسان از حق تعالیٰ نیرو بگیرد «دیده را قوّت شده از کردگار»، آفتاب تابناک آسمان را موجودی خوار و بی‌قدر می‌یابد که بدون وجود او هم می‌توان همه چیز را با چشم دل دید؛ زیرا تجلّی حق همانند کیمیای بی‌نظیری است که موجب تبدیل می‌شود.

اینک در این قطعه نیز در تأیید همان معنا، «شیخ عبدالله مغربی»، به عنوان یک نمونه از مردان حق نام برده می‌شود که دیده‌اش از کردگار قوّت گرفته بود و به فضل الهی «مغربی» نورافزا شده و «مشرقی» گشته بود.
«مغرب» نمادی است از ظلمات تن و مادّه و «مشرق» رمزی از نور حق.

۵۹۸ گفت عبدالله شیخ مغربی   شصت سال از شب ندیدم من شبی

شیخ عبدالله مغربی گفت: شصت سال است که هرگز شب را ندیده‌ام.

۵۹۹ من ندیدم ظلمتی در شصت سال   نه به روز و نه به شب ،نه زِ اعتلال[۳]

من شصت سال است که نه در روز و نه در شب و نه به هیچ دلیلی، تاریکی و ظلمت را ندیده‌ام.

۶۰۰ صوفیان گفتند: صدقِ قالِ او   شب همی رفتیم در دُنبالِ او

صوفیان در تأیید سخن او گفتند: شب در پی او به راه افتادیم.

---

۱ - **شیخ عبدالله مغربی** : ابن احمد ابن اسماعیل. یکی از بزرگان مشایخ صوفیه. ابراهیم شیبانی و ابراهیم خواص شاگردان وی بودند. گفته‌اند که صد و بیست سال زیست. عطّار گوید: این دو ابراهیم که از او خاسته‌اند، خود شرح دهندهٔ کمال وی هستند. کارهای او عجیب بود. هیچ چیزی که دست آدمی بدان رسیده بودی، نخوردی مگر ریشهٔ گیاه و هرگز جامهٔ او شوخگن نشدی و موی او نبالیدی. وفات او به طور سینا بود. ابن جوزی گوید وفات او به سال ۲۷۹ یا ۲۹۹ هـ‌ق بود و وی را نزدگور استاد او علی بن رزین به خاک سپردند.

۲ - مأخذ آن روایت ذیل است : ابو عبدالله مغربی همیشه در سفر بود. در همهٔ عمر برای خود لباسی ندوخت. ناخن و مویش هیچ وقت بلند نمی‌شد. یارانش در شب پشت سر او راه می‌رفتند. اگر یکی از آنان راهش کج می‌شد، صدا می‌کرد: فلانی، از راست یا چپ برو: احادیث، صص ۳۵۷-۳۵۶ نقل از رسالهٔ قشیریه، ص ۱۳۱، تذکرةالاولیاء، ج ۲، صص ۱۱۷-۱۱۶.   ۳ - **اِعْتِلال** : بیماری و علّت، «نه ز اعتلال»، یعنی نه به دلیل و علّت خاصّی.

۶۰۱ **در بیابان‌هایِ پُر از خار و گَوْ[1] او چو ماهِ بدر ما را پیش‌رو**

در بیابان‌های پر از خار و گودال می‌رفتیم در حالی که او، همانندِ ماهِ شبِ چهارده راهنمای ما بود.

۶۰۲ **روی پس ناکرده می‌گفتی به شب هین! گَوْ آمد، میل کن در سویِ چپ[2]**

شیخ پیشاپیش ما می‌رفت و بدون آنکه سر را به عقب بازگرداند، می‌گفت: دقّت کنید، گودالی در برابر است به جانب چپ بروید.

۶۰۳ **باز گفتی بعدِ یک دم سویِ راست میل کن، زیرا که خاری پیشِ پاست**

لحظه‌ای بعد می‌گفت: به سوی راست بروید؛ زیرا خاری در برابر پای ماست.

۶۰۴ **روز گشتی، پاش را ما پای بوس گشته، و پایش چو پاهایِ عروس**

هنگامی که روز می‌شد، پایش را می‌بوسیدیم و می‌دیدیم که علی‌رغم پیاده‌روی در بیابان، همانند پاهای عروس تمیز و لطیف است.

۶۰۵ **نه ز خاک و نه زِگِل بر وی اثر نه از خراشِ خار و آسیبِ حَجَر**

هیچ اثری از خاک و گِل و زخمِ خار و یا ضربهٔ سنگ بر روی پاهای او دیده نمی‌شد.

۶۰۶ **مغربی را مشرقی کرده خدای کرده مغرب را چو مشرق نوْرزای[3]**

خداوند به فضل خویش شیخ مغربی را همانند مشرق تابان کرده است.

۶۰۷ **نورِ این شمسِ شموسی[4] فارِس[5] است روزْ خاص و عام را او حارس است**

در حالی که نور خورشیدِ آسمان که خورشیدی همانند خورشیدهای دیگر است، بر عالم محسوس احاطه دارد و فقط روزها خاصّ و عام را بهره‌مند می‌کند.

---

۱ - **گَو** : گودال.

۲ - در متن کهن، چپ «چب» آمده است و در بعضی از نسخ «چب» که ما «چپ» نوشتیم و به ضرورت قافیه «چب» می‌خوانیم. ۳ - مغرب رمزی است از ظلمت و مشرق رمزی از نور حق.

۴ - **شُمُوس** : جمع شَمْس به معنی خورشید، حرف «ی» یای نسبت است. شمس شموسی؛ یعنی خورشیدی که منسوب به خورشیدهاست یا خورشیدی همانند دیگر خورشیدهاست. مراد مادّی بودن نور آن و اشاره به کثرت خورشیدهاست که همه مخلوق خالقی واحدند.

۵ - **فارِس** : اسب‌سوار، کسی که سوار بر اسب است، اینجا مراد احاطهٔ نور مادّی خورشید به جهان محسوس است.

۶۰۸ چون نباشد حارش‌¹ آن نور مجید که هزاران آفتاب‌² آرَد پدید؟

چگونه آن نور مجید، یعنی خورشید حقایق که هزاران خورشید پدید می‌آوَرَد، خاصّ و عام را بهره‌مند نکند و نگهدار همه نباشد؟

۶۰۹ تو به نور او همی رو در امان در میانِ اژدها و کژدُمان‌³

تو به اعتماد نور او به میان اژدها و کژدم‌ها برو و بیمناک نباش.

۶۱۰ پیشِ پیشت می‌رود آن نورِ پاک می‌کند هر رَوزنی را چاکِ چاک

در سلوک إلی الله، با اعتماد به نور حق می‌توان در صراط مستقیم طیّ طریق کرد و از رهزنان که چیزی جز موانع راه و وسوسه‌ها نیستند، نهراسید؛ زیرا آن «نور پاک» هادی است و پیچ و خم و گردنه‌ها را به سالک نشان می‌دهد و به او امداد می‌رساند.

۶۱۱ یَوْمَ لا یُخْزِی النَّبیَّ راست دان نُورُ یَسعیٰ بَیْنَ اَیدیهِم‌⁴ بخوان

بدان که آیۀ شریفۀ «آن روز خداوند پیامبر خود را شرمسار نمی‌کند»، راست است. در این که می‌فرماید: «نور در پیشاپیش آنان حرکت می‌کند»، تعمّق کن.

۶۱۲ گرچه گردد در قیامت آن فزون از خدا اینجا بخواهید آزمون‌⁵

هرچند که آن نور در قیامت افزون‌تر می‌تابد؛ امّا از خدا بخواهید که آن را در همین دنیا ببینید.

---

۱ - حارس: نگهدارنده.

۲ - آفتاب در مصراع دوم اشاره به خورشید ظاهری که روزها را خورشید ظاهری که روزها «خاصّ و عام» را بهره‌مند می‌سازد و هم اشاره است به خورشید باطنی که در کاملان متجلّی گشته و شب و روز همگان را بهره‌مند می‌کند.

۳ - مراد از اژدها و کژدم می‌تواند جانوران موذی، همانند مار و عقرب باشد یا مردمی بدین سیرت و یا نمادی از وسوسه‌های دنیوی که بسان اژدها آدم‌خوار است و مانندِ عقرب هلاکت‌آور.

۴ - اشارتی قرآنی؛ تحریم: ۸/۶۶ : ...یَوْمَ لاٰ یُخْزِی اللّٰهُ النَّبیَّ وَالَّذینَ اٰمَنُوا مَعَهُ نُورُهُمْ یَسْعیٰ بَیْنَ أَیْدیهِمْ وَ بِأَیْمٰانِهِمْ: روزی که خداوند پیامبر خود و گروندگان به او را فرو نگذارد، در آن روز نور آنان در پیش رو و سمت راست ایشان می‌شتابد.

مولانا با اقتباس لفظی از آیۀ شریفه این طور نتیجه‌گیری می‌فرماید: همان‌گونه که خداوند در روز رستاخیز پیامبر(ص) و گروندگان به او را فرو نمی‌گذارد و نور ایمان آنان پیشاپیش می‌شتابد، در این جهان نیز صالحان را فرو نمی‌گذارد و نور ایمان مؤمنان در پیش روی آن‌ها شتابان است؛ پس امر عجیبی نیست اگر نور ایمان شیخ عبدالله مغربی پیشاپیش او حرکت کند و در مدّت شصت سال از عمرش هرگز شبی را ندیده باشد.

۵ - در ادامۀ آیۀ شریفه‌ای که در بیت پیشین آمد، مؤمنان در حالی که نور ایمانشان در پیشاپیش می‌شتابد به خداوند عرض می‌کنند: ...یَقُولُونَ رَبَّنٰا أَتْمِمْ لَنٰا نُورَنٰا...: پروردگارا، نور ما را به حدّ کمال برسان.

کو ببخشد هم به میغ ١ و هم به ماغ ٢   نورِ جـان، وَاللهُ اَعْـلَـمْ بِـالْبَلاغ ٣   ٦١٣

زیرا او خدایی است که به ابر و مِهْ که تاریک‌اند، نور می‌بخشد و آن‌ها را روشن می‌کند و او بهتر از هرکس می‌داند که چگونه و چه‌سان شما را به مطلوب برساند.

بازگردانیدنِ سلیمان علیه السَّلام رسولانِ بلقیس را با آن هدیه‌ها که آورده بودند، سویِ بلقیس، و دعوت کردنِ بلقیس را به ایمان و ترکِ آفتاب پرستی

بـاز گـردیـد ای رسـولانِ خجل   زر شـما را، دل بـه مـن آریـد، دل   ٦١٤

سلیمان(ع) گفت: ای فرستادگان شرمسار، باز گردید، طلا مال خود شما. برای مـن بیاورید، دل.

ایـن زرِ مـن بـر سـرِ آن زر نهید   کـوریِ تـن فـرْجِ اسـتر را دهید ٤   ٦١٥

طلای مرا هم به آن اضافه کنید و به کوری افراد زرِّپرست همه را به شرمگاه استر ببندید؛ یعنی بدانید که در نظر ما چقدر بی‌قدر است.

فـرْجِ اسـتر لایـقِ حلقۀ زر است   زرِّ عـاشقِ رویِ زردِ اصفر ٥ است   ٦١٦

زیرا فرْجِ استر شایستۀ حلقۀ زر است؛ امّا زرِ عاشق زردیِ چهرۀ اوست.

کـه نـظرگاهِ خـداونـد است آن   کز نظرانداز خورشید است کان ٦   ٦١٧

زیرا چهرۀ زرد او نظرگاهِ خداوند است. او همانند معدنی از طلاست که خورشید حقایق بر او می‌تابد.

---

١ - میغ : ابر.   ٢ - ماغ : مِه.   ٣ - بَلاغ : رسانیدن و رسیدن به چیز مطلوب.

٤ - در ارتباط با مصراع دوم شارحان تفسیرهای گوناگونی ارائه داشته‌اند، مثلاً دکتر استعلامی در مورد آن به نقل از سایر تفسیرها نوشته است: قدما گاه می‌پنداشته‌اند که استر هم بارور می‌شود و حلقۀ زر بر فرج او می‌نهادند تا آمیزش جنسی نداشته باشد؛ امّا نمی‌دانم این موضوع تا چه حد صحّت دارد. نیکلسون نیز به همین رسم اعیان که بر فرج استر حلقۀ زر می‌انداخته‌اند، اشاره دارد.

٥ - أصفر : صفرایی. برای عاشق حق هیچ چیز از غم عشق که چهرۀ او را زرد و غمزده کرده است، خوشایندتر نیست؛ زیرا همین طلب و غم او را به مطلوب می‌رساند.

٦ - اشاره به اعتقاد قُدَما که می‌پنداشتند تابش خورشید خاک را زر می‌کند.

۶۱۸ **کو نظرگاهِ شعاع آفتاب؟ کو نظرگاهِ خداوندِ لُباب[1] ؟**

نظرگاه پرتو آفتاب کجا و نظرگاه خداوند حقایق کجا !

۶۱۹ **از گرفتِ من[2] ز جان اِسپَر[3] کنید گرچه اکنون هم گرفتارِ من‌اید[4]**

از عقوبت و کیفر من، با تقدیم دل و جان رهایی می‌یابید؛ یعنی با ایمان خالصانه به خداوند، هرچند که اکنون هم در دست من گرفتارید.

۶۲۰ **مرغِ فتنهٔ دانه[5]، بر بام است او پَرگشاده بستهٔ دام است او[6]**

هرچند که پرندهٔ مفتون دانه، آزاد بر بام نشسته است و گرفتار دام نیست؛ امّا در واقع فریفته شدن به دانه، افتادنِ در دام است.

۶۲۱ **چون به دانه داد او دل را به جان ناگرفته مر وَرا بگرفته دان**

هنگامی که پرنده دل به دانه داده است، اگر اسیر هم نباشد، باید او را اسیر بدانی.

۶۲۲ **آن نظرها که به دانه می‌کند آن گِرِه دان کو به پا بر می‌زند**

توجّهی که پرنده به دانه دارد، همانند آن است که گره‌هایی به پای خود می‌زند.

۶۲۳ **دانه گوید: گر تو می‌دزدی نظر[7] من همی دزدم ز تو صبر و مَقر[8]**

دانه به زبان حال می‌گوید: هرچند که دزدیده نگاه می‌کنی، من هم صبر و قرارت را می‌ربایم.

۶۲۴ **چون کشیدت آن نظر اندر پی‌اَم پس بدانی کز تو من غافل نی‌اَم**

هنگامی که آن نظر تو را در پی من کشانید، در می‌یابی که من از تو غافل نیستم.

---

۱ - **لُباب :** ر.ک: ۵۸۷/۴. ۲ - **از گرفتِ من :** از گرفتار شدن به دست من، از کیفر و عقوبت من.

۳ - **ز جان اسپر کنید :** از جان سپری بسازید؛ یعنی به جای زر برای من دل و جان هدیه بیاورید.

۴ - مصراع دوم اشاره است به قدرت روحانی و جاذبهٔ مردان حق یا انسان کامل که موجب جذب یا جلب توجّه خلق به روش‌های گوناگون می‌گردد. تمثیلی که در بیت بعد می‌آید مطلب را روشن‌تر می‌کند.

۵ - در متن: «مرغِ فتنهٔ دانه»، فتنه به معنی فریفته و مفتون است.

۶ - در این تمثیل، ملکهٔ سبا و فرستادگانش که کوشیده‌اند تا با ارسال هدایا رضایت خاطر سلیمان(ع) را جلب کنند به «پرندهٔ مفتون دانه» مانند شده‌اند که علی‌رغم آزادی ظاهری، بستهٔ دام نهانی جاذبهٔ روحانی و معنوی سلیمان(ع) هستند و به سبب همان جاذبه به ارسال هدایا تن در داده‌اند. ۷ - **می‌دزدی نظر :** دزدیده نگاه می‌کنی.

۸ - **مَقَرّ :** مکان قرار و آرامش.

قصّهٔ عطّاری که سنگِ ترازوی او گِلِ سَرْشوی بود، و دزدیدنِ مشتری گِلْ‌خوار از آن گِل هنگام سنجیدنِ شکر، دزدیده و پنهان[۱]

شخصی که به بیماری گِل‌خواری مبتلا بود، برای خرید قند به دکّان عطّاری رفت و چون دید که سنگ ترازوی عطّار از گِل است، دور از چشم فروشنده به دزدیدن گِل و خوردن آن مشغول شد. عطّار که متوجّه او بود، به روی خود نیاورد تا خریدار گِل بیشتری بخورد و با سبک شدن گِلِ سنگِ ترازو، قند کمتری را به او بدهد و اندیشید که تو با حماقت از من می‌ترسی و مخفیانه گِل می‌خوری در حالی که: **«من همی ترسم که توکمتر خوری»**.

تمثیلِ «پرندهٔ مفتونِ دانه» که در ابیات پایانی قطعهٔ پیشین آمد، و در تبیین این معنا بود که توجّه انسان کامل واصل، چیزی جز سیطرهٔ قدرت روحانی او بر خلق نیست و همانندکمندی جاذب است که در نهایت چه با قهر و چه با لطف، خلق را در دام عنایت او که همان هدایت است، می‌افکَنَد.

اینک در این قصّه که «تغافلِ» مرد عطّار تداعی‌گر آن شده است باز هم به نوعی دیگر همان معنا به تقریر می‌آید و عطّار که در پایان قصّه نمادی از مرشد روحانی است، از احوال مرید مبتدی یا متوسّط که مبتلا به گِل‌خواری، یعنی ذهنیّات و خواسته‌هایِ نَفْس خویش است، غافل نیست، هرچندکه بدان تغافل می‌کند و به او اجازه می‌دهد تا مدّتی در عرصهٔ ذهن خودکه چیزی جز پندارهای به ظاهر منطقی و به ظاهر عاقلانه نیست، جولان دهد؛ امّا سرانجام سیطرهٔ روحانی و نفوذ معنوی و باطنی مراد، مشتاقانه می‌کوشد تا او را ازگِل‌خواری بِرَهانَد، همان‌طور که در ابیات پایانی همین قطعه می‌بینیم که سلیمان(ع) در مقام یک انسانِ کاملِ واصل خطاب به فرستادگان بلقیس که رمزی از نومریدان‌اند، می‌گوید: من مال شما را نمی‌خواهم؛ بلکه می‌خواهم شما را نجات دهم.

۶۲۵ **پیشِ عطّاری یکی گِل‌خوار رفت تا خَرَد اَبْلوجِ[۲] قندِ خاصِ زفت**

شخصی که به بیماری گِل‌خواری مبتلا بود، برای خرید قند درشت و اعلا به دکّان عطّاری رفت.

۶۲۶ **پس برِ عطّارِ طرّارِ[۳] دودل[۴] موضعِ سنگِ ترازو، بود گِل**

عطّار که مردی پر فن و هوشیار و مراقب بود سنگ ترازویی ازگِل داشت.

---

۱ - مأخذ آن حکایتی در حدیقة الحقیقهٔ سنایی، ص ۴۱۱ است که در مثنوی حال و هوایی دیگر دارد: احادیث، ص ۳۵۷. ۲ - **اَبْلوج**: قند سفید یا شکر سفید یا قند سوده. ۳ - **طَرّار**: دزد.
۴ - **دودل**: اینجا به معنی کسی که حواسش جمع است، مراقب و هوشیار.

گفت: گِل سنگِ ترازویِ من است گر تو را میلِ شکر بِخْریدن است ۶۲۷

عطّار گفت: اگر می‌خواهی قند بخری، بدان که سنگ ترازوی من از گِل است.

گفت: هستم در مهمّی قندجو سنگِ میزان هرچه خواهی باش گو ۶۲۸

خریدار گفت: برای کار مهمّی به قند نیاز دارم و سنگ ترازو هر چه باشد، اشکالی ندارد.

گفت با خود: پیش آنکه گِلْ‌خور است سنگ چه بْوَد؟ گِل نکوتر از زر است ۶۲۹

و با خود گفت: در نظر آدم گِل‌خوار، سنگ چه ارزشی دارد؟ گِل از طلا هم بهتر است.

همچو آن دلاله[1] که گفت: ای پسر نو عروسی یافتم بس خوبْ فر ۶۳۰

همانند آن زن دلّاله که به پسر گفت: برایت نوعروسی بس خوب‌روی یافته‌ام.

سخت زیبا، لیک هم یک چیز هست کآن سَتیره[2] دخترِ حلواگر است ۶۳۱

آن دختر بسیار زیباست؛ امّا باید بدانی که او دختر مرد حلوافروشی است.

گفت: بهتر، این چنین خود گر بُوَد دخترِ او چرب و شیرین‌تر بُوَد ۶۳۲

پسر گفت: این که بهتر است؛ زیرا دختر حلوافروش، چرب و شیرین‌تر است.

گر نداری سنگ و سنگت از گِل است این بِهْ و بِهْ، گِل مرا میوهٔ دل است ۶۳۳

مرد گِل‌خوار گفت: اگر سنگ ترازو نداری و از گِل استفاده می‌کنی، خیلی بهتر است؛ زیرا گِل همان چیزی است که واقعاً می‌خواهم.

اندر آن کفّهٔ ترازو ز اعتداد[3] او به جایِ سنگْ آن گِل را نهاد ۶۳۴

عطّار برای وزن کردن به جای سنگ، گِل را در کفهٔ ترازو نهاد.

پس برای کفّهٔ دیگر به دست هم به قدر آن، شکر را می‌شکست ۶۳۵

سپس با دست قند می‌شکست که متناسب با وزن گِل در کفهٔ دیگر قرار دهد.

چون نبودش تیشه‌یی، او دیر ماند مشتری را منتظر آنجا نشاند ۶۳۶

چون قندشکن نداشت، مدّتی تأخیر کرد و مشتری را آنجا منتظر گذاشت.

---

۱ - **دَلّاله**: زن واسطه. ۲ - **سَتیره**: مستور، زن پوشیده.
۳ - **اِعْتِداد**: به شمار آوردن، شمرده شدن، «زِ اِعتداد»: برای وزن کردن.

۶۳۷ رویش آن سو بود، گِلْ‌خور ناشِکفت[۱]   گِل از او پوشیده، دزدیدن گرفت

در حالی که عطّار مشغول قندها و رویش به سمت دیگری بود، مشتری گِل‌خوار بی‌صبرانه و به دور از چشم عطّار به دزدیدن گِل پرداخت.

۶۳۸ ترس ترسان که: نباید ناگهان   چشمِ او بر من فُتَد از امتحان[۲]

مشتری می‌ترسید که مبادا عطّار به سبب آنکه مراقب است، چشمش به من بیفتد.

۶۳۹ دید عطّار آن و خود مشغول کرد   که: فزون‌تر دزد، هین ای رویْ‌زرد[۳]!

عطّار که متوجّه بود، وانمود کرد مشغول است و با خود گفت: ای زردروی، بیشتر بدزد.

۶۴۰ گر بدزدی، وز گِلِ من می‌بَری   رو، که هم از پهلویِ خود می‌خوری[۴]

اگر از گِل سنگ ترازو می‌دزدی و می‌کاهی، در واقع به خود صدمه می‌رسانی.

۶۴۱ تو همی‌ترسی ز من، لیک از خری   من همی‌ترسم که تو کمتر خوری

تو از من می‌ترسی و این ترس به سبب حماقت توست؛ امّا من بیمناک هستم که تو گِل کمتری بخوری.

۶۴۲ گرچه مشغولم، چنان احمق نی‌اَم   که شکر افزون‌کشی تو از نِی‌اَمْ

هرچند که به کار دیگری مشغول هستم؛ امّا احمق نیستم که تو بتوانی از نیِ وجودِ من شکر بیشتری بکشی؛ یعنی سرم کلاه بگذاری.

۶۴۳ چون ببینی مر شکر را ز آزمود[۵]   پس بدانی احمق و غافل که بود

پس از توزین که قند را در دست بگیری، می‌فهمی که احمق و بی‌خبر چه کسی بوده است.

۶۴۴ مرغْ زآن دانه نظر خوش می‌کند   دانه هم از دُور راهش می‌زند

پرنده با لذّت به دانه نگاه می‌کند. دانه هم از دور پرنده را فریب می‌دهد.

---

۱ - ناشِکِفت : بی‌صبرانه.
۲ - امتحان : آزمودن، نگریستن، تفحّص و جست‌وجو، «از امتحان»، یعنی اینکه به سبب آنکه مراقب من است.
۳ - رویْ‌زرد : شرمسار، احتمال است اشاره به رنگ زرد رخسارهٔ مرد گِل‌خوار نیز باشد و یا هر دو.
۴ - از پهلوی خود خوردن : به خود زیان رساندن.   ۵ - آزمود : آزمودن، وزن کردن.

۶۴۵ **گـر زِ نـایِ چشـمْ[۱] حـظّی می‌بری نه کباب از پهلویِ خود می‌خوری[۲]؟**

اگر از نگریستن به دانه لذّت می‌بری، در واقع به خودت صدمه نمی‌زنی؟

۶۴۶ **این نظر از دور چون تیر است و سَم[۳] عشقت افزون می‌شود، صبرِ تو کـم**

اینکه از دور دانه را نگاه می‌کنی، گویی تیری را به وجود خویش پرتاب می‌کنی یا مثل سمّی است که می‌خوری؛ زیرا نگریستن میل تو را افزون‌تر می‌کند و صبرت را کمتر.

۶۴۷ **مـالِ دنـیا، دام مـرغانِ ضـعیف[۴] مُـلْکِ عـقبی دامِ مـرغانِ شـریف[۵]**

مال دنیا، دامِ پرندگان ناتوان است؛ امّا سلطنت آخرت، دام پـرندگان بـلند پـرواز عـالم معناست.

۶۴۸ **تا بدین ملکی که او دام است ژرف در شکـار آرَنـد مـرغانِ شگـرف[۶]**

مرغان شریف که همان بازان تیزپرواز عوالم روحانی هستند با سلطنت عالم معنا که خودِ آنان را نیز در دام افکنده است، مـی‌توانـند پـرَندگان نـادر و شگـفت‌انگیزی را کـه بـه دام افکندنشان به سهولت ممکن نیست به دام آورند.

۶۴۹ **مـن سـلیمان مـی‌نخواهـم مُـلکتان بلکه مـن بِـرْهانم از هـر هُـلکتان[۷]**

من سلیمان هستم و نیازی به مال و ملک شما ندارم؛ بلکه می‌خواهم شما را از هلاکت برهانم.

۶۵۰ **کین زمان هستید خود مملوکِ[۸] مُلک[۹] مالکِ مُلک آنکه بـجهید او ز هُـلک**

اکنون شما بندهٔ مال و مُلکِ خود هستید. مالک کسی است که از هلاکت معنوی رهایی یافته باشد.

---

۱ - **ز نای چشم** : از نای چشم، اینجا چشم به نای یا گلویی تشبیه شده است که از طریق آن و با نگاه کردن به چیزی، حظّی را فرو می‌دهد یا بهره‌مند می‌شود. بعضی از شارحان « ز نای چشم» را «زنایِ چشم» یعنی زنا کردن چشم قرائت کرده‌اند؛ امّا نیکلسون آن را به معنای «نای چشم» قرائت کرده است. مولانا قبلاً و در اوایل دفتر سوم، ر.ک: ۱۷/۳ به بعد در مورد اینکه جسم و اعضای قالب عنصری آدمی هم حلق؛ یعنی قابلیّت و استعداد بهره‌مندی ظاهری و باطنی دارند، صحبت کرده بود. ۲ - **کباب از پهلوی خود خوردن** : به خود زیان رسانیدن.

۳ - مقتبس از مضمون این خبر است: نگاه [حرام] تیر مسمومی از تیرهای ابلیس است: احادیث، ص ۳۵۸.

۴ - **مرغان ضعیف** : کنایه از دنیادوستان، اهل دنیا. ۵ - **مرغان شریف** : کنایه از اهل معنا، کاملان و عارفان.

۶ - **مرغان شگرف** : کنایه از سالکان طریقت و طالبان حقیقت. ۷ - **هُلک** : هلاکت معنوی.

۸ - **مَمْلُوک** : بنده. ۹ - **مُلْک** : یا مِلْک، هر آنچه که در تصرّف کسی باشد، مانند خانه و باغ یا مزرعه، دارایی.

بــازگونه، ای اسـیر ایـن جهان!   نام خـود کـردی امیر ایـن جهان   ۶۵۱

ای کسی که دل و جانت اسیر دنیاست، نام خود را وارونه امیر جهان گذاشته‌ای.

ای تو بندهٔ این جهان، محبوسِ جان   چندگویی خویش را خواجهٔ جهان؟   ۶۵۲

ای بندهٔ دنیا که جانت در ظواهر و ذهنیّاتِ پوچ اسیر است، تا کی با پندارِ سروریِ جهان باقی می‌مانی؟

دلداری کردن و نواختنِ سلیمان علیه السَّلام، مر آن رسولان را، و دفع وحشت و آزار از دلِ ایشان، و عذرِ قبول ناکردنِ هدیه شـرح کردن با ایشـان

ای رسولان! می‌فرستمتان رسول   ردِّ مــن بــهتر شـما را از قبول   ۶۵۳

سلیمان(ع) گفت: ای فرستادگان، شما را به عنوان نمایندگانی از جانب خویش به سوی ملکهٔ سبا می‌فرستم. اینکه هدایای شما را نپذیرفتم، برایتان بهتر از آن است که می‌پذیرفتم.

پیشِ بلقیس آنچه دیدیت از عجب   بــاز گـــویید از بــیابانِ ذَهَب ¹   ۶۵۴

همهٔ چیزهای شگفت‌آوری را که دیدید، نزد بلقیس بازگو کنید و از بیابان مفروش با زرّ نیز سخن بگویید.

تا بدانـد که به زر طامع ² نـه‌ایم   مــا زر از زرْآفـرین آورده‌ایـم   ۶۵۵

تا واقف شود که ما حرص و طمعی برای جمع‌آوری طلا نداریم. طلایی که ما داریم، از آفرینندهٔ آن گرفته‌ایم؛ یعنی از مالک حقیقی آن.

آنکه گر خواهد هـمه خـاکِ زمین   سر بـه سـر زر گـردد و دُرّ ثـمین ³   ۶۵۶

از آفرینندهٔ توانایی که اگر اراده کند تمام خاک زمین به طلا و مروارید گرانبها مبدّل می‌شود.

---

۱ ـ ذهب : زر، طلا.   ۲ ـ طامع : طمع‌کننده.   ۳ ـ دُرّ ثَمین : مروارید گرانبها.

۶۵۷ **حـق بـرای آن کـند ای زرْگـزین! روزِ محشر این زمـین را نـقره‌گـین**

ای طلادوست، خداوند در روز رستاخیز زمین را از نقره و آسمان را از طلا خواهد پوشاند تا قدرت لایزال الهی او و بی‌ارزشی زرّو سیم دنیا بر خلق آشکار گردد.[1]

۶۵۸ **فارغیم از زرکـه مـا بس پُـر فَـنیم خاکیان را سر به سر زرّیـن کـنیم[2]**

تا بگوید که ما از طلا بی‌نیاز هستیم؛ زیرا قدرت بی‌مانندی داریم که می‌توانیم اهل این جهان را یکسره طلاصفت کنیم.

۶۵۹ **از شـما کـی کـدیهٔ[3] زر مـی‌کنیم؟ مـا شـما را کـیمیاگـر مـی‌کنیم**

کی از شما طلا درخواست کرده‌ایم؟ ما می‌توانیم شما را به کیمیاگر مبدّل کنیم.

۶۶۰ **ترکِ آن گـیرید گـر مُـلکِ سَـباست که برونِ آب و گِل بس مُلک‌هاست**

برای کیمیاگر شدن باید قدرت‌های دنیوی را، حتّی اگر سلطنت سبا هم هست رها کنید؛ زیرا برای رسیدن به سلطنت‌های دیگری که در ماورای این جهان خاکی است، باید از این‌ها بی‌نیاز باشید.

۶۶۱ **تخته‌بند[4] است آن که تختش خوانده‌ای صـدر پـنداری و بـر درمـانده‌ای[5]**

چیزی را که تخت سلطنت نامیده‌ای، حصاری است که تو را محبوس کرده است. تکیه زدن بر این اریکه را صدر می‌پنداری، در حالی که آن چهارچوب توهّمی، تو را از ادراک حقایق بازداشته و پشت در نگاه داشته است.

۶۶۲ **پادشاهی نیستت بـر ریشِ خَـود[6] پادشاهی چون کنی بر نیک و بـد؟**

تو که بر وجود ناچیز خود نیز تسلّط نداری، چگونه می‌توانی حاکمِ نیک و بد جهان باشی؟

---

۱ - نیکلسون در شرح مثنوی مولوی، ج ۴، ص ۱۴۵۸ می‌نویسد: شارحان احادیثی در این باره نقل کرده‌اند که در آن‌ها از «زمین نقره‌گین و آسمان زرّین» و از «زمین سفید» نام برده شده است. اشارتی قرآنی؛ ابراهیم: ۴۸/۱۴: يَوْمَ تُبَدَّلُ الْأَرْضُ غَيْرَ الْأَرْضِ وَ السَّماوَاتُ...: روزی که زمین جز این زمین و آسمان‌ها [جز این آسمان‌ها] شوند.

۲ - اشاره است به قدرت روحانی کاملان واصل که می‌توانند خلق را ارتقا دهند و به کمال برسانند و طلاصفت کنند.

۳ - **کُدیه**: گدایی. ۴ - **تخته‌بند**: حبس و قید و زنجیر.

۵ - مخاطب این ابیات بلقیس است و اشاره به اعتبارات و ارزش‌های پوچ این جهانی.

۶ - **ریشِ خَود**: اینجا وجودِ خود.

بی مرادِ تو شود ریشت سپید   شرم دار از ریشِ خود ای کژ امید! ۶۶۳

بی‌آنکه بخواهی موی سر و ریش تو سپید می‌شود و نمی‌توانی آن‌ها را بازداری؛ پس ای ناامید، از خود شرم کن.

مالکُ المُلک است، هر کِش سر نهد   بی جهانِ خاک، صد مُلکش دهد ۶۶۴

صاحب و مالک جهان هستی خداوندی است که به کسانی که در برابرش تسلیم باشند در ماورای این عالم خاکی صد نوع مُلک و سلطنت می‌دهد.

لیک ذوقِ سجده‌یی پیشِ خدا   خوشتر آید از دوصد دولت تو را ۶۶۵

امّا باید بدانی که ذوق و لذّت روحانی سجدهٔ خالصانه به درگاه خداوند، برای تو بسی برتر و خوشایندتر از مُلک و سلطنت دنیوی است.

پس بنالی که نخواهم مُلک‌ها   مُلکِ آن سجده مُسلَّم کن مرا ۶۶۶

هنگامی که ذوق و لذّت روحانی سجدهٔ خالصانه را دریابی، ناله سر می‌دهی که آن پادشاهی را نمی‌خواهم. خداوندا، به من دولت و اقبال سجده و بندگی خود را عطا کن.

پادشاهانِ جهان از بدرگی[1]   بو نبردند از شراب بندگی[2] ۶۶۷

شاهان دنیا به سبب سرشت بد نتوانستند ادراکی از لذّت روحانی بندگی داشته باشند.

ورنه اَدْهم‌وار[3] سرگردان و دنگ[4]   مُلک را بر هم زدندی بی‌درنگ ۶۶۸

اگر رایحهٔ دل‌انگیزِ «شرابِ بندگی» به مشام جانشان می‌رسید، همانند ابراهیم اَدْهَم بی‌درنگ حیران و سرگردان پادشاهی دنیا را رها می‌کردند.

لیک حق بهرِ ثباتِ این جهان   مُهرشان بنهاد بر چشم و دهان[5] ۶۶۹

امّا خداوند برای برقراری امور دنیوی مُهری بر چشم و دهان آنان نهاده و آن‌ها را از ادراک حقایق محروم کرده است.

---

۱ - **بدرگی :** بدسرشتی، کسی که نمی‌تواند عالم معنا را درک کند.

۲ - **شراب بندگی :** لذّت روحانی تسلیم بودن در برابر خداوند و بندگی او.

۳ - **ابراهیم اَدْهَم :** ر.ک: ۳۲۱۸/۲.   ۴ - **دنگ :** بی‌خبر.

۵ - اشارتی قرآنی؛ بقره : ۷/۲ : خدا بر دل‌ها و گوش‌هایشان مهر نهاده و بر چشم‌هایشان پرده افکنده است. اشاره است به تعصّب و لجاجت معاندان و منکران که حسّ تشخیص و قابلیّت هدایت را در اثر اعمال زشت خویش از دست داده‌اند و راه نجاتی ندارند؛ زیرا در توهّمات ذهن خود گرفتار هستند: ر.ک: ۴۰۹/۱، ۶۸۱/۲، ۱۱۰۹/۳.

۶۷۰ **تا شود شیرین بر ایشان تخت و تاج — کـه: سِتانیم از جـهانداران خـراج**

تا تاج و تخت در نظرشان شیرین جلوه کند که می‌توانند از جهان‌داران دیگر باج بگیرند.

۶۷۱ **از خراج ار جمع آری زر چو ریگ — آخـر آن از تـو بـمانَد مُرده‌ریگ**

اگر از باج و خراج به اندازهٔ ریگ‌های بیابان طلاگرد بیاوری، آن‌ها را می‌گذاری و می‌روی.

۶۷۲ **هـمرهِ جـانَت نگـردد مُـلک و زر — زر بـده، سُـرمه سِـتان بـهرِ نـظر[1]**

سلطنت و ثروت، اموری دنیوی‌اند که به جهان آخرت منتقل نمی‌شوند. تا فرصت باقی است از ثروت خود برای رضای خداوند به خلق ایثارکن تا بینش بیابی.

۶۷۳ **تا ببینی کین جهان چاهی‌ست تنگ — یوسفانه آن رَسَـن[2] آری بـه چـنگ**

با داشتن بصیرت، حقیقت این جهان را که «چاهی تنگ» است، می‌بینی و همانند یوسف(ع) به حبل‌المتین حق چنگ می‌زنی تا نجات یابی.

۶۷۴ **تا بگوید چون ز چاه آیی بـه بـام — جان که: یا بُشْرایَ هٰـذا لِی غـلام[3]**

هنگامی که از چاه دنیا رهایی یافتی و به بام عالم معنا رسیدی، جانِ کُل یا روحِ هستی با شادمانی می‌گوید: مژده، این است جوان من.

۶۷۵ **هست در چـاه انـعکاساتِ نـظر — کـمترینْ آنکـه نـماید سـنگْ زر[4]**

اسارتِ عالم مادّه، موجب توهّمات ذهنی می‌شود و در نتیجهٔ آن چشم آدمی به کج‌بینی مبتلا می‌گردد و ناچیزترین آن این است که سنگ در نظر شخص طلا جلوه‌گر می‌شود.

۶۷۶ **وقتِ بـازی کـودکان را زِ اخـتلال[5] — مـی‌نماید آن خَـزَف‌ها[6] زرّ و مـال**

کودکان هنگام بازی به سبب کمبودِ عقل تکّه‌های سفال را زر و سیم می‌پندارند.

۶۷۷ **عـارفانش کـیمیاگـر گشـته‌انـد — تا که شد کـان‌ها بَـرِ ایشـان نـژند[7]**

عارفانِ واصل می‌توانند مسِ وجودِ خلق و یا هر چیزی را به زر مبدّل کنند و به هـمین دلیل معادن طلا و نقره در نظرشان ارزش و قدری ندارد.

---

۱ - راه ورود به عالم معنا رهاکردن دنیاست. ۲ - **رَسَن**: طناب، ریسمان.

۳ - اشارتی قرآنی؛ یوسف: ۱۹/۱۲: وکاروانی [پیش] آمد و آب آورشان را فرستادند، و او دلوش را [در چاه] انداخت، [چون یوسف را بالا کشید] گفت مژده باد؛ چه جوانی!...

۴ - ارزش‌ها و معیارها در عالم مادّی و عالم معنا متفاوت است. ۵ - **اِختِلال**: نقصان عقل.

۶ - **خَزَف**: سفال، ظرف سفالی. ۷ - **نژند**: پژمرده، فرومانده، خوار و بی‌قدر.

دیدنِ درویش جماعتِ مشایخ را در خواب، و درخواست کردنِ روزیِ حلال بی‌مشغول شدن به کسب و از عبادت ماندن، و ارشادِ ایشان او را، و میوه‌های تلخ و تُرش کوهی بر وی شیرین شدن، به دادِ آن مشایخ[1]

درویشی در عالم رؤیا و خواب رجال غیب را می‌بیند و به هدایت و ارشاد ایشان به سوی کوهستان روانه می‌گردد و چون در می‌یابد که به همّت مشایخ، خداوند میوه‌های تلخ و تُرُش کوهی را بر وی شیرین نموده است، ذوقی و حالی خاصّ می‌یابد و چون درویشی هیزم‌کش را در بیشه‌ای خسته و مانده می‌یابد، از سر حالی خوش که در کوهستانی رفیع و خلوت دل حاصل گشته است، می‌اندیشد که میوهٔ مکروه بر من خوش شده است؛ پس مختصر زری را که همراه دارم به این هیزم‌کش بینوا دهم تا دو روزی بیاساید. درویش که از ملوک مستور در حجاب غیرت حق است، از ضمیر او آگاه می‌گردد و به قصد تأدیبِ وی، در حال پشتهٔ هیزم را بر زمین می‌نهد و به دعا از حق می‌خواهد که به زر ناب مبدّل گردد؛ پس از آن باز از حق تعالی خواهان آن می‌شود تا تودهٔ زر به پشتهٔ هیزم مبدّل گردد؛ سپس به سرعت هیزم را برمی‌دارد و می‌رود.

سرّ قصّه که در طیّ آن کرامات رجال غیب و مشایخ و مستوران قباب غیرت حق به تقریر می‌آید، حاکی از تصرّف ارواح کاملان است در کاینات و بیان آنکه عارفانِ بِالله کیمیاگران حقیقی‌اند و علی‌رغم آنکه به عنایت الهی عناصرِ کاینات مقهور قدرت و ارادهٔ ایشان گشته‌اند، وجود ایشان بیانِ حقیقتِ معنیِ توکّل است که گر توکّل می‌کنی در کار کن.

۶۷۸ **آن یکی درویش گفت اندر سَمَر[2] خضریان[3] را من بدیدم خوابْ دَر**

درویشی ضمن نقل حکایتی گفت: در خواب جماعتی از کاملان را دیدم.

۶۷۹ **گفتم ایشان را که: روزیِ حلال از کجا نوشم[4] که نَبْوَد آن وبال؟**

پرسیدم: از کجا روزی حلالی به دست آورم که وبال و دردسری نداشته باشد؟

---

۱ - نظیر آن حکایتی است از حسن بصری در کشف المحجوب، ص ۲۹۷ و ۲۹۸ که در طیّ آن، حسن بصری برای سیاهی که در خرابه‌ای مسکن دارد، طعامی می‌بَرَد بدان امید که وی را به آن نیازی است، سیاه به دست اشارتی می‌کند و در حال سنگ و کلوخ خرابه جمله زر می‌شود، حسن طعام را می‌نَهَد و از هیبت آن مرد می‌گریزد: احادیث، ص ۳۵۹.   ۲ - **سَمَر**: افسانه یا حکایت شب، مراد قصص و حکایات است.

۳ - **خضریان**: کاملانی که به «آب حیات»؛ یعنی بقایِ بالله رسیده‌اند.   ۴ - **نوشم**: بنوشم، مراد بخورم است.

مــر مــرا ســوی کُـهستان رانـدند　　　مـیوه‌ها زآن بـیشه مـی‌افشـاندند ۶۸۰

آنان مرا به سوی کوهستان راهنمایی کردند و از درختان جنگلی برایم میوه‌ها ریختند.

که خـدا شـیرین بکـرد آن مـیوه را　　　در دهــانِ تــو بــه هـمّت‌هایِ مـا ۶۸۱

و گفتند: خداوند به سبب همّت ما، میوه‌ها را برایت شیرین کرده است.

هین! بخور پاک و حلال و بی‌حساب[1]　　　بـی‌صُداع[2] و نـقل و بـالا و نشـیب ۶۸۲

آگاه باش و از این روزی پاک و حلال و فراوان، بی آنکه به دردسر و زحمت بیفتی، بخور.

پس مـرا زآن رزق نُـطقی رُو نـمود　　　ذوقِ گـفتِ مـن خِـرَدها مـی‌ربود ۶۸۳

با خوردن آن میوه‌ها، چنان سخنانم دلنشین شده بود که لذّت شنیدن کلامم مردم را متحیّر می‌کرد.

گفتم: این فتنه است، ای ربِّ جهان!　　　بـخششی دِه از هـمه خـلقان نـهان ۶۸۴

گفتم: ای پروردگار، این توانایی سخنوری و جاذبهٔ آن موجب وسوسهٔ نفس و دردسر است، به من عنایت خاصّی بفرما که از دید خلق نهان باشد.

شد سخن از من، دلِ خوش یـافتم　　　چـون انـار از ذوق[3] مـی‌بشکافتم ۶۸۵

با از دست دادن توانایی سخنوری، آسوده و خوشدل شدم و همانند انار رسیده که بر خود می‌شکافد، از ذوق معنوی در خود نمی‌گنجیدم.

گفتم: ار چـیزی نـباشد در بـهشت　　　غیرِ این شادی که دارم در سرشت ۶۸۶

با خود گفتم: اگر در بهشت به غیر از این حال خوشی که دارم چیز دیگری نباشد،

هــیچ نــعمت آرزو نــاید دگــر　　　زیـن نـپردازم بـه جُـوز[4] و نـیشکر ۶۸۷

هیچ نعمت دیگری را آرزو نمی‌کنم و با وجودِ آن، به سایر لذایذ بهشتی نمی‌پردازم.

مانده بود از کسبْ یک دو حـبّه‌ام[5]　　　دوخــته در آســتینِ جُــبّه‌ام[6] ۶۸۸

از کسب و کار یکی دو سکّه مانده بود که در آستین جبّه‌ام دوخته بودم.

---

۱ - حساب را طبق قاعدهٔ اماله، حسیب بخوانید. مصوّت «الف» با «یا» در بسیاری از موارد در مثنوی قافیه شده است.　۲ - **صُداع**: دردسر.　۳ - **ذَوْق**: چشیدن، مراحل اوّلیّهٔ ادراک روحانی حقایق.

۴ - **به جوز**: به گردو، در نسخهٔ کهن مورد استفاده این متن «بجور» ضبط شده است، بعضی از شارحان «بحور» قرائت کرده‌اند [حوری بهشتی]، در هر حال مُراد نعمت‌ها و لذایذ بهشتی است.

۵ - **حَبَّة**: مراد سکّه و پول ناچیز است.

۶ - **جُبَّة**: قبا، جامهٔ گشاد و بلند که بر روی جامه‌های دیگر می‌پوشند.

نیّت کردنِ او که: این زر بدهم بدآن هیزمْ‌کش، چون من روزی یافتم به کراماتِ مشایخ و رنجیدنِ آن هیزم‌کش از ضمیر و نیّتِ او

آن یکی درویش هیزم می‌کشید　　خسته و مانده ز بیشه در رسید ۶۸۹

درویشی که بار هیزمی بر دوش داشت، خسته و کوفته از جنگل بیرون آمد.

پس بگفتم: من ز روزی فارغم　　زین سپس از بهرِ رزقم نیست غم ۶۹۰

با خود گفتم: من از رزق فراغت یافته‌ام و پس از این برای آن اندوهی ندارم.

میوهٔ مکروه[1] بر من خوش شده‌ست　　رزقِ خاصی جسم را آمد به دست ۶۹۱

میوه‌های تلخ و ترش برایم شیرین شده و جسمم روزی خاصّ خود را یافته است.

چونکه من فارغ شدستم از گلو　　حبّه‌یی چند است، این بِدْهم بدو ۶۹۲

اینک که از غم روزی رهایی یافته‌ام، بهتر است این چند سکّه را به او بدهم.

بِدْهم این زر را بدین تکلیفْ‌کَش[2]　　تا دو سه روزک شود از قُوتْ خَوش ۶۹۳

سکّه‌ها را به این زحمتکش می‌دهم تا دو سه روزی خیالش از بابت غذا آسوده شود.

خود ضمیرم را همی دانست او　　زانکه سمعش داشت نور از شمع هُو[3] ۶۹۴

او که گوش باطنی و جانی منوّر داشت، از اندیشهٔ من باخبر بود.

بود پیشش سِرِّ هر اندیشه‌یی　　چون چراغی در درونِ شیشه‌یی ۶۹۵

راز هر اندیشه‌ای را به وضوح می‌دید، همانند چراغی در میان محفظهٔ شیشه‌ای.

هیچ پنهان می‌نشد از وی ضمیر　　بود بر مضمونِ دل‌ها او امیر ۶۹۶

ضمیر و باطن هیچ کس از او پنهان نبود. بر مکنونات دل‌ها تسلّط داشت.

پس همی مُنگید[4] با خود زیرِ لب　　در جواب فکرتم آن بوالعجب ۶۹۷

آن مرد شِگفت‌آور در پاسخ اندیشهٔ من آهسته و زیر لب زمزمه‌ای کرد:

---

۱ - **مَکْرُوه**: نامطلوب.　۲ - **تکلیف کش**: زحمتکش.

۳ - اشاره است به کاملان واصل که بر ضمایر و سرایر إشراف دارند.

۴ - **مُنگید**: آهسته و زیر لب سخن گفتن از روی قهر و غضب.

۶۹۸ **که چنین اندیشی از بهر مُلوک[۱] ؟ کَیْفَ تَلْقَی الرِّزْقَ اِنْ لَمْ یَرْزُقُوک؟**

که تو در مورد شاهان چنین می‌اندیشی؟ اگر آنان به تو روزی ندهند، چگونه آن را می‌یابی؟

۶۹۹ **من نمی‌کردم سخن را فهم، لیک بر دلم می‌زد عِتابش[۲] نیکْ نیک**

من سخنانِ زیرلبی او را به خوبی نمی‌شنیدم؛ امّا عتابش به شدّت بر دلم اثر می‌کرد.

۷۰۰ **سویِ من آمد، به هیبت[۳] همچو شیر تَنگِ هیزم را ز خود بنهاد زیر**

درویش همانند شیر با مهابت به سوی من آمد و پشتهٔ هیزم را روی زمین گذاشت.

۷۰۱ **پرتوِ حالی که او هیزم نهاد لرزه بر هر هفت عضوِ من فُتاد**

هنگامی که هیزم را بر زمین می‌گذاشت، حالی داشت که از پرتو آن، بدنم به لرزه افتاد.

۷۰۲ **گفت: یا رب! گر تو را خاصان هَیْ‌اند[۴] که مبارک دعوت و فرّخ پی‌اند[۵]**

گفت: خدایا، اگر بندگانی داری که دعایشان مبارک و خودشان مبارک قدم هستند،

۷۰۳ **لطفِ تو خواهم که میناگر شود این زمان این تَنگِ هیزم زر شود**

به حقّ آنان از تو می‌خواهم که لطفت کیمیاگری کند و پُشتهٔ هیزم را به زر مبدّل سازد.

۷۰۴ **در زمان دیدم که زر شد هیزمش همچو آتش بر زمین می‌تافت خَوش**

ناگهان پشتهٔ هیزم به طلا مبدّل شد و همانند شعله‌های آتش می‌درخشید.

۷۰۵ **من در آن بی‌خود شدم تا دیرگَهْ چونکه با خویش آمدم من از وَلَه[۶]**

با دیدن آن حال، مدّتی طولانی بیهوش شدم و هنگامی که به هوش آمدم،

۷۰۶ **بعد از آن گفت: ای خدا گر آن کِبار[۷] بس غیورند[۸] و گریزان ز اشتهار**

درویش گفت: خدایا، اگر آن بزرگان بسیار غیورند و از شهرت گریزان هستند،

۷۰۷ **باز این را بندِ هیزم[۹] ساز زود بی‌توقّف، هم بر آن حالی که بود**

بار دیگر، فوراً این بار مرا به همان پُشتهٔ هیزم که بود، مبدّل بفرما.

---

۱ - **ملوک**: مردان حق. ۲ - **عِتاب**: ملامت کردن، گله کردن. ۳ - **هیبت**: با ابهّت و جلال.

۴ - **هَیْ‌اند**: هستند، «هَیْ» به زبان دری و هندی به معنی «هست» است.

۵ - **فرّخ پی**: مبارک قدم، خوش قدم. ۶ - **وَلَه**: سرگشتگی، حیرانی.

۷ - **کِبار**: جمع کَبیْر به معنی بزرگ.

۸ - **غَیور**: دارای غیرت، غیرت مردان حق اجازه نمی‌دهد که اسرار حق نزد غیر آشکار شود.

۹ - **بندِ هیزم**: بار هیزم.

در زمان هیزم شد آن اَغصانِ[1] زر　　　مست شد در کارِ او عقل و نظر ۷۰۸

بلافاصله آن شاخه‌های طلایی به هیزم مبدّل شد. عقل و اندیشه در کرامت او متحیّر بود.

بعد از آن برداشت هیزم را و رفت　　　سویِ شهر از پیشِ من او تیز و تَفت[2] ۷۰۹

سپس هیزم را برداشت و به سرعت به سوی شهر روانه گشت.

خواستم تا در پیِ آن شه رَوَم　　　پرسم از وی مشکلات و بشنوم ۷۱۰

می‌خواستم به دنبال آن شاه عالم معنا روانه شوم و مشکلاتی را بپرسم و پاسخ بگیرم.

بسته کرد آن هیبتِ او مر مرا　　　پیشِ خاصانْ ره نباشد عامه را ۷۱۱

امّا اُبهّت و جلالِ او راه مرا بست. عوام را به حریم خواصّ راهی نیست.

ور کسی را ره شود، گو: سَر فشان　　　کآن بُوَد از رحمت و از جذبشان ۷۱۲

و اگر به کسی اجازهٔ حضور بدهند، بگو: سر فدا کند؛ زیرا این از مرحمت و جاذبهٔ آنان است.

پس غنیمت دار آن توفیق را　　　چون بیابی صُحبتِ صدّیق را ۷۱۳

پس هنگامی که مصاحبت مرد حق را یافتی، آن توفیق الهی را مغتنم شمار.

نه چو آن ابله، که یابد قُربِ شاه　　　سهل و آسان در فُتَد آن دم ز راه ۷۱۴

مانند آن احمق نباش که به محض تقرّب به مرد حق، از راه باز می‌مانَد. برای حضور باید ظرفیّت داشت.

چون ز قربانی[3] دهنلش بیشتر　　　پس بگوید: رانِ گاو است این مگر؟[4] ۷۱۵

چون از گوسفندِ قربانی سهم افزون‌تری به او بدهند، می‌گوید: آیا ران گاو است؟

نیست این از رانِ گاو ای مُفتری![5]　　　رانِ گاوت می‌نماید از خری ۷۱۶

ای دروغگو، آنچه داده‌اند، ران گاو نیست، از حماقت ران گاو می‌نماید.

بذلِ شاهانه‌ست این، بی رِشوتی　　　بخششِ محض است این از رحمتی ۷۱۷

این بخشش شاهانه، بدون هیچ چشمداشتی از بحر رحمت رسیده است.

---

۱ - **اَغْصان**: جمع غُصْن به معنی شاخهٔ درخت.　　۲ - **تفت**: تند، زود، شتاب.

۳ - **قربانی**: حیوانی که به رسم قربانی ذبح کنند.

۴ - در این تمثیل، توجّه باطنی و مرحمت مرد حق به گوشت قربانی مانند شده که مقرّبان سهم بیشتری را از آن دریافت می‌دارند؛ امّا اگر کسی قابلیّت و ظرفیّت لازمه را نداشته باشد، این پدیدهٔ روحانی را همانند پدیده‌های مادّی می‌نگرد و از شأن راستین آن بی‌خبر می‌ماند.　　۵ - **مُفتَرِی**: افترا زننده.

تحریضِ[۱] سلیمان علیه السَّلام
مر رسولان را بر تعجیل به هجرتِ بلقیس بهرِ ایمان

۷۱۸ **همچنان که شه سلیمان در نَبَرد[۲]　　جذبِ خیل و لشکرِ بلقیس کرد**

همان‌طور که سلیمان(ع) برای هدایت قوم سبا یاران و سپاهیان بلقیس را جذب کرد.

۷۱۹ **که: بیایید ای عزیزان زود زود　　که بر آمد موج‌ها از بحرِ جُود[۳]**

گفت: ای عزیزان، زود بشتابید که دریای رحمت به جوش و خروش در آمده است.

۷۲۰ **سویِ ساحل می‌فشانَد بی‌خطر　　جوشِ موجش هر زمانی صدگُهر[۴]**

در هر لحظه جوش و خروش امواج آن بدون هیچ خطری صدها گوهر نثار ساحل می‌کند.

۷۲۱ **الصَّلا[۵] گفتیم ای اهلِ رَشاد[۶]!　　کین زمان رضوان[۷] درِ جنّت گُشاد**

ای مشتاقانِ هدایت، دعوت عام است و خوانی از کَرَم، بشتابید که خازن بهشت درِ وصال راگشاده است.

۷۲۲ **پس سلیمان گفت: ای پیکان روید　　سویِ بلقیس و بدین دین بگروید**

سلیمان(ع) گفت: ای فرستادگان، به سوی بلقیس باز گردید و به این دین ایمان بیاورید.

۷۲۳ **پس بگوییدش: بیا اینجا تمام　　زود، که اِنَّ اللهَ یَدْعُو بِالسّلام[۸]**

و به بلقیس بگویید: به سرعت اینجا بیاید؛ زیرا «خداوند شما را به دارالسّلام می‌خواند».

---

۱ - **تَحْرِیْض** : برانگیختن، واداشتن.　　۲ - **نبرد** : جنگ، رزم، کوشش برای مبارزه و مجاهده.

۳ - اشاره است به اینکه توفیقی که صحبت صدّیق و جذب به حق را نصیب آدمی می‌کند چیزی جز عنایت الهی و بذل شاهانه و بخشش محض نیست و موجی است که از «بحرِ جُود» برخاسته است.

۴ - در این تمثیل، دریا رمزی از حق است. رحمت و جُودِ الهی به امواج دریا مانند شده است که جُوش و خروش آن گوهر نور و معارف را به ساحل که نمادی از «خاکیانِ جذب شده است»، می‌افشاند و آنان را به حقایق رهنمون می‌گردانَد که اینجا یاران و سپاهیان بلقیس است.

۵ - **اَلصَّلا** : آواز دادن برای خورانیدن طعام یا چیزی دادن به کسی، دعوت برای خوان، دعوت عام.

۶ - **اهل رَشاد** : آنان که هدایت‌پذیر هستند.

۷ - **رضوان** : نام فرشته‌ای که نگهبان و موکّل بهشت است، خازن بهشت.

۸ - اشارتی قرآنی؛ یونس : ۲۵/۱۰ : وَاللهُ یَدْعُواْ إِلیٰ دَارِ السَّلامِ...: و خدا همهٔ خلق را به سرمنزل سعادت و سلامت می‌خواند.

| هـین بیا ای طالبِ دولت! شتاب | که فتوح ۱ست این زمان و فتح باب ۲ | ۷۲۴ |

هان، ای کسی که مشتاق دولت و اقبال هستی، بشتاب که زمان گشایش کارهاست.

| ای که تو طالب نه‌ای، تو هم بیا | تا طلب یابی از این یارِ وفا | ۷۲۵ |

ای کسی که طالب نیستی، تو هم بیا، تا از این یار باوفا بیاموزی که باید «طالب» بود.

سببِ هجرتِ ابراهیمِ أَدْهَم قَدَّسَ اللهُ سِرَّهُ و ترکِ مُلکِ خراسان ۳

یک شب در حالی که ابراهیم بن أَدْهَم بر تخت سلطنت آرمیده بود و نگهبانان بر بام قصر به نگهبانی مشغول بودند، صدای های و هویی از بام کاخ به گوش او رسید. به سوی پنجره رفت و سر را بیرون برد و بانگ برداشت که آن بالا چه خبر است؟ موجوداتِ شگفت‌انگیزی سر را از بام فرود آوردند و گفتند: ما به دنبال شتر خود می‌گردیم. ابراهیم که از دیدن این قوم بر بام و پاسخ عجیبشان متحیّر بود، گفت: چه کسی در بام شتر می‌جوید؟ آنان گفتند: تو بر این تختِ جاه «چون همی جویی ملاقات اله»؟

همان‌گونه که قبلاً گفته شد ۴، ابراهیم أَدْهَم از اکابر زُهّاد نیمه اوّل قرن دوم هجری، شاهزادهٔ بلخ بود که با شنیدن ندای هاتف غیب شوریده شد و تخت و تاج سلطنت را رها کرد و روی به صحرا نهاد و مدّت‌ها در کوه و صحرا گشت تا سرانجام به مکّه رفت و سال‌های پایانی عمر خویش را در شام گذرانید.

سرّ سخن در بیانِ این معناست که بدون رهایی از امارت این جهان، یعنی رها کردن پندارهای ذهنی نمی‌توان به امارت نفس نایل آمد.

| مُلک بر هم زن تو ادهم‌وار زود | تا بیابی همچو او مُلکِ خُلود ۵ | ۷۲۶ |

تو نیز همانند ابراهیم حشمت دنیوی را رها کن تا حشمتِ معنوی بیابی؛ یعنی ذهن خود را از معیارهای اعتباریِ جامعه، پاک کن.

---

۱ - فُتُوح : نصر، گشایش و گشادن در کارها، در اصطلاح اهل تصوّف: مال یا نعمتی که مادّی یا معنوی به مرد حق برسد.   ۲ - فتح باب : کنایه از گشادن یا گشادگی در کارهاست.

۳ - مأخذ آن روایتی است با همین مضمون در تذکرةالاولیا، عطّار، ج ۱، ص ۸۶: احادیث، ص ۳۶۰.

۴ - زندگی ابراهیم أَدْهَم: ر.ک: ۳۲۱۸/۲.   ۵ - مُلکِ خُلود : سلطنت جاودانگی، بقاي بِالله.

۷۲۷ خُفته بود آن شه شبانه بر سَریر[۱] حارسان[۲] بر بامْ اندر دار و گیر

آن شاه شب هنگام بر تخت آرمیده بود و نگهبانان بر بام کاخ به نگهبانی مشغول بودند.

۷۲۸ قصدِ شه از حارسان، آن هم نبود که کند زآن دفعِ دزدان و رُنود[۳]

مقصود شاه از وجود نگهبانان، دور کردن دزدان یا اراذل و اوباش یا مخالفان نبود.

۷۲۹ او همی دانست کآن کو عادل است فارغ است از واقعه، آمِنْ دل است[۴]

او می‌دانست که هرکس عدالت پیشه باشد از حوادث بد ایمن است.

۷۳۰ عدل باشد پاسبانِ کام‌ها[۵] نه به شب چوبکْ‌زنان[۶] بر بام‌ها[۷]

«عدالت» بهترین نگهبانِ موفقیّت‌هاست، نه وجود چوبک‌زنان یا نگهبانان بر بام‌ها.

۷۳۱ لیک بُد مقصودش از بانگِ رَباب[۸] همچو مشتاقان خیالِ آن خطاب[۹]

امّا مقصود او از اینکه اجازه داده بود که طبق تشریفات کاخ، چوبک‌زنان بر بام قصر چوبک بزنند و یا اینکه نوازندگان بنوازند و نوای رباب را به گوش او برسانند، آن بود که با شنیدن آن، جان مشتاقش، همانند عاشقان حق از عالم حس می‌رهید و به قلمروی ماورای آن که جان آدمی می‌تواند در آن میثاق روزِ اَلَست و حضور در محضر باری تعالیٰ را به یاد آوَرَد، می‌افتاد.

۷۳۲ نالهٔ سُرنا[۱۰] و تهدیدِ دُهُل[۱۱] چیزکی مانَد بدان ناقورِ کُل[۱۲]

نالهٔ سرنا و بانگِ طبل، کمی به صور اسرافیل که خلق را به صحنهٔ رستاخیز فرامی‌خواند، شبیه است.

---

۱ - **سَرِیْر**: تخت و اورنگ، تخت پادشاه، تخت آراسته. ۲ - **حارِسان**: نگهبانان.

۳ - **رُنود**: جمع رند به معنی محیل و زیرک، صافان و مجرّدان، اینجا اراذل و اوباش یا مخالفان.

۴ - مقصود آن است که ابراهیم بن ادهم در زمان سلطنت نیز علی‌رغم دیگر سلاطین ستمگر نبود؛ بلکه در همان ایّام نیز شاهی دادگر بود که سودای لقای حق را در سر داشت و وجود نگهبانان بر بام، به سبب مقرّرات و آداب دربار بود.

۵ - **کام‌ها**: آرزوها، مقاصد. ۶ - **چوبک‌زنان**: چوبک زنندگان، کسانی که با چوب بر دُهُل می‌کوبند.

۷ - با قرارگرفتن هر چیز در جای خویش توازن و تعادل جامعه مصون و محفوظ می‌ماند.

۸ - **رباب**: تنبور، سازی دارای سیم. ۹ - **آن خطاب**: اشاره به میثاق روز اوّل: ر.ک: ۱۲۴۶/۱.

۱۰ - **سُرنا**: سازی بادی که معمولاً در شادی‌ها می‌نوازند.

۱۱ - **دُهُل**: طبل بزرگ، کوس، صدایی هولناک دارد که در جنگ‌ها هم می‌نواختند.

۱۲ - **ناقور**: شاخ دمیدنی، ناقورکُلّ همان صور اسرافیل است. اشارتی قرآنی؛ مدّثر: ۸/۷۴: فَإِذَا نُقِرَ فِي ٱلنَّاقُورِ: و چون در صور دمیده شود.

مراد آن است که جانِ آگاه از نغمهٔ بزم یا بانگ رزم می‌تواند در درون خویش کمی از تأثیرات ناقور کلّ را بیابد.

۷۳۳ **پس حکیمان[۱] گفته‌اند: این لَحْن‌ها — از دَوارِ چرخ بگرفتیم ما**

به همین مناسبت حکیمان گفته‌اند: ما الحان موسیقی را از گردش افلاک گرفته‌ایم.

۷۳۴ **بانگِ گردش‌هایِ چرخ است این که خلق — می‌سرایندش به طنبور و به حَلق**

گردش افلاک نغمه‌ای دارد که جان آدمیان آن را شنیده است و می‌کوشد تا با نواختن آلات گوناگون موسیقی و یا با حنجرهٔ خویش همان نوا را تقلید کند.

۷۳۵ **مؤمنان گویند کآثارِ بهشت — نغز گردانید هر آوازِ زشت**

مؤمنان معتقدند که بانگ خوش این جهانی پرتوی از آوای خوشِ بهشت است.

۷۳۶ **ما همه اجزایِ آدم بوده‌ایم — در بهشت آن لحن‌ها بشنوده‌ایم[۲]**

ما انسان‌ها از اجزای آدم(ع) بوده‌ایم و در بهشت آن نغمه‌ها را شنیده‌ایم.

۷۳۷ **گرچه بر ما ریخت آب و گِلِ شکی — یادمان آمد از آن‌ها چیزکی**

هرچند زندگیِ دنیوی در ما شک و تردیدهایی را به وجود آورده است که قبلاً نداشتیم؛ امّا در هر حال، اندکی از آن‌ها را به یاد داریم.

۷۳۸ **لیک چون آمیخت با خاکِ کُرب[۳] — کی دهند این زیر[۴] و این بَم[۵] آن طرب؟**

امّا چون نغمه‌ها و الحانی که از بهشت به یاد داریم، اینجا و در این دنیایِ مادّیِ غم‌انگیز با سرشتِ بشری و صفات ما آمیخته می‌شود و به ظهور می‌رسد، هرگز الحان زیر و بم موسیقی این جهانی سرور حقیقی بهشت را ندارد.

---

۱ - **فیثاغورث:** فیثاغورث که از حکمای نامی یونان باستان است در میان سال‌های ۵۷۲-۵۸۳ ق.م در شهر سامس تولّد یافت. وی به ریاضیات عشق می‌ورزید. اصل فلسفی اعداد و تطبیق آن‌ها با علوم طبیعی و الهی و معرفت‌الروح و اخلاق، زادهٔ فکر اوست. اختراع جدول ضربی را به او نسبت داده‌اند. وی به این نکته برخورد که ترکیب صوت‌ها در تولید نغمات تابع مناسبات عددی هستند و موسیقی را نیز از رشته‌های علوم ریاضی و تابع اعداد می‌شمرد. پیروان فیثاغورث معتقد بودند که گردش کرات نغمه‌ای را ساز می‌کند که روح عالم است و گوش مردم به واسطهٔ عادت یا عدم استعداد از درک آن عاجز است. نقل از دهخدا، سیر حکمت در اروپا، فروغی، صص ۱۰-۹. نظریهٔ وی را کمابیش حکمای اسلامی هم پذیرفته‌اند و بعضی نکات آن در رسائل اخوان صفا نیز هست. گزیدهٔ رسائل اخوان‌الصفا، ترجمه دکتر حلبی، ص ۱۷۳.

۲ - اشاره است به عالم ذرّ، آنگاه که ابناء بشر چون ذرّات از ظهر آدم بوالبشر بیرون آمدند و به خداوندیِ خالقِ یکتا اقرار و اعتراف کردند.

۳ - **کُرَب:** جمع کُرْبَة به معنی اندوه، غم، «خاک کُرَب»: دنیای خاکی، یعنی عالم مادّی و غمناک.

۴ - **زیر:** صوت نازک که از سیم ساز و یا حنجره برآید. ۵ - **بَم:** صدای درشت، ضدّ زیر.

۷۳۹ **آب چون آمیخت با بَول[۱] و کُمیز[۲]   گشت ز آمیزش مزاجش تلخ و تیز[۳]**

اگر آب صاف و پاک با ادرار و پلیدی آمیخته شود، تلخ و تند می‌شود.

۷۴۰ **چیزکی از آب، هستش در جسد[۴]   بول گیرش، آتشی را می‌کُشد[۵]**

آبی که با پلیدی آمیخته باشد، پاک نیست؛ امّا آتش را خاموش می‌کند.

۷۴۱ **گر نجس شد آب، این طبعش بماند   کآتشِ غم را به طبعِ خود نشاند**

هرچند آب در اثر آمیختگی، ناپاک شده است؛ امّا خاصیّت خاموش کردن آتش را دارد.

۷۴۲ **پس غذایِ عاشقان آمد سَماع[۶]   که در او باشد خیالِ اجتماع[۷]**

بنابراین، جان عاشقان حق که جانی آگاه است و از هجرانی که زندگی این جهانی نصیبش کرده، در اندوه به سر می‌برد، با سماع الحان خوش، از عالم کثرت می‌رَهَد و می‌تواند حس و خیال خویش را در حق متمرکز سازد.

۷۴۳ **قوّتی گیرد خیالاتِ ضمیر   بلکه صورت گردد از بانگ و صفیر**

در اثر سماع، خیالات درونی شدّت می‌یابند و از آواز و نغمه‌ها تجسّم پیدا می‌کنند؛ یعنی تحت تأثیر الحان و موسیقی، خیالات ضمیر را دارای شکل و صورت می‌بینیم.

۷۴۴ **آتشِ عشق از نواها گشت تیز   آنچنان که آتشِ آن جوز ریز**

آتش عشق در اثر شنیدن الحان و نغمه‌ها تیزتر می‌شود، همان‌طور که آتش اشتیاق آن شخصی که در آب گردو می‌انداخت، از شنیدن صدای آب تیزتر می‌شد.

---

۱ - **بَوْل :** ادرار.   ۲ - **کُمیز :** بول، ادرار.

۳ - در این تمثیل «الحان بهشتی» و «نغمات موزون فلکی» به آب صاف مانند شده‌اند که در این دنیا آلایش دنیوی می‌یابند و تلخ و تیز می‌شوند.

۴ - **جسد :** کنایه از سرشت و طبیعت آب، مراد آن است که آب در اثر آمیزش با ناپاکی‌ها، بعضی از ویژگی‌های طبیعت خود را حفظ می‌کند؛ امّا پاکی و صفا و طعم خود را از دست می‌دهد و دیگر نمی‌تواند خاصیّت پاک کنندگی داشته باشد.

۵ - نغمات موزون و الحان این جهانی می‌تواند آتش اندوه ناشی از هجران و دوری از اصل و مبدأ هستی و زندگی در این خاکدان را اندکی فرو نشاند.   ۶ - **سماع :** ر.ک: ۱۳۵۲/۱.

۷ - **خیالِ اجتماع :** اجتماعِ خیال، تمرکز و جمعیّتِ خاطر.

حکایتِ آن مرد تشنه که از سرِ جوزْبُن[1] جوز می‌ریخت در جوی آب که در گَوْ[2] بود، و به آب نمی‌رسید، تا به افتادنِ جوز بانگِ آب بشنود، و او را چو سماعِ خوش، بانگِ آب اندر طرب می آورد[3]

مردی تشنه آب را در گودالی پست و دور از دسترس خود یافت و شوق آب او را بیقرار کرد، لاجرم بر بالای جوزبُنی که در کنار گودال رُسته بود، رفت و از آنجا جوزها را بر آب افشاند، عاقلی او را ملامت کرد که جوز افکندن ثمری ندارد، تشنه گفت: غَرَض من از افشاندن، شنیدنِ بانگِ آب و دیدنِ حباب است.

در این تمثیل، طالب مشتاق به مردی تشنه مانند شده است که تشنگی تامّ او را به بانگ آب و دیدن حباب نیز قانع داشته است و در ادامه مولانا نتیجه گیری می‌کند: همچنان که قصد تشنه از افشاندن جوز، بانگ آب بود، مقصود من هم از این مثنوی «ای ضیاءالحق حُسام‌الدّین تویی» و معترف می‌گردد که جان او همان تشنهٔ مشتاق است که با افکندن جوز مثنوی خواهان بانگ دل‌انگیز ضمیر و جان حُسام‌الدّین است.

تمثیلی با همین معنا و با عنوان «کلوخ انداختن تشنه از سر دیوار در جوی آب»[4] در دفتر دوم آمده است که در آن، شخص تشنه، کلوخ در آب می‌افکَنَد و بانگ آب را که برای تشنگان چون رباب است، می‌شنود و با برکندن هر خشت از دیوار که رمزی از امور دنیوی و تعلّقات به شمار می‌آید، موانع وصلِ یار کمتر می‌گردد و احتمالِ تقرّب بیشتر.

۷۴۵ **در نُغولی[5] بود آب، آن تشنه رانـد — بر درختِ جوز، جـوزی مـی‌فشاند**

آب در گودال عمیقی بود، شخصی تشنه از بالایِ درخت گردو، گردو در آب می‌افکند.

۷۴۶ **می‌فُتاد از جـوزبُن جـوز انـدر آب — بانگ می‌آمد، همی دیـد او حـباب**

از فراز درخت، گردو در آب می‌افتاد و شخص تشنه صدای آب و حباب‌ها را می‌دید.

۷۴۷ **عاقلی[6] گفتش که: بگـذار ای فـتیٰ! — جوزها، خـود تشـنگی[7] آرَد تـو را**

شخص عاقلی گفت: ای جوان، این کار را نکن؛ زیرا گردو تشنگی‌ات را می‌افزاید.

---

۱ - **جُوزبُن** : درخت گردو. ۲ - **گَوْ** : گودال.
۳ - مأخذ آن اقوال و امثال عامیانه است که در تقریر مولانا به نحو بارز و برجسته‌ای تعالی و تصعید یافته است: بحر درکوزه، ص ۲۹۱. ۴ - ر.ک: ۱۱۹۵/۲ به بعد. ۵ - **نُغول** : عمیق، ژرف.
۶ - **عاقل** : مراد شخص عاقل‌نما یا صاحب عقل معاش یا صاحب عقل جزوی است که تعقّل و تدبّر او جز در حیطهٔ امور دنیوی و تدبیر آن راه به جایی نمی‌برد.
۷ - شخص عاقل‌نما به تشنه می‌گوید که خوردن گردو تشنگی را افزون می‌کند.

۷۴۸ **بیشتر در آب می‌افتد ثَمَر   آب در پستی‌ست، از تو دُور در**

بیشتر گردوها در آب می‌افتد و آب نیز در گودالِ عمیق که از دسترس تو دور است.

۷۴۹ **تا تو از بالا فرو آیی به زور   آبِ جویش بُرده باشد تا به دور**

تا از درخت فرود آیی و گردوها را برداری، جریان آب آن‌ها را برده است.

۷۵۰ **گفت: قصدم زین فشاندن جوز نیست   تیزتر[1] بنگر، بر این ظاهر مایست**

شخص تشنه گفت: مقصود من از افکندن، گردو نیست. دقیق‌تر نگاه کن و باطن آن را هم ببین.

۷۵۱ **قصدِ من آن است کآید بانگِ آب[2]   هم ببینم بر سرِ آب این حباب**

مقصود من آن است که صدای آب را بشنوم و حباب‌ها را روی آب ببینم.

۷۵۲ **تشنه را خود شُغل چه بْوَد در جهان؟   گِردِ پایِ حوض گشتن جاودان[3]**

آدم تشنه در جهان کار دیگری ندارد جز اینکه همواره گِرد حوض بگردد.

۷۵۳ **گِردِ جُو و گِردِ آب و بانگِ آب   همچو حاجی طایفِ کعبهٔ صواب**

تشنه باید گِرد جوی آب و آب و صدای آب بگردد، مانند حاجی که گِردِ کعبه طواف می‌کند.

۷۵۴ **همچنان مقصودِ من زین مثنوی   ای ضیاالحق حُسام‌الدّین توی**

همان‌گونه که قصد مرد تشنه از افشاندن جوز، شنیدن بانگ آب و دیدن حباب بود، مقصود من هم از این مثنوی، ای ضیاءالحق حُسام‌الدّین، شنیدن بانگ جانفزای ضمیر و جان تو و دیدن اشتیاق توست.

۷۵۵ **مثنوی اندر فُروع و در اُصول   جمله آنِ توست، کردستی قبول**

اصل و فرع مثنوی، متعلّق به توست؛ زیرا تو پذیرفتی که در اوج همّت خود به سوی معراج حقایق پرواز کنی و پیش‌آهنگ باطن ما را به اهتزاز در آوری تا مثنوی به انتظام آید.

۷۵۶ **در قبول آرَند شاهان نیک و بد   چون قبول آرَند، نَبْوَد بیش رد**

و اینک مثنوی هرچه که هست، مورد قبول توست. این خصلت شاهان عالم معناست که هر چیز نیک یا بدی را می‌پذیرند و چون پذیرفتند دیگر ردّ نمی‌کنند.

---

۱ - **تیزتر** : با توجّهی بیشتر، دقیق‌تر.

۲ - در این تمثیل بانگ آب، رمزی است از «بانگ اَلَست» یا «بانگ حق».

۳ - در این تمثیل، آدم تشنه نمادی از «طالب حق» است و حوض پر آب نمادی از «انسان کامل» که به برکت روح منوّر و تابناکش، تشنگان حقایق از معارف سیراب می‌شوند و جانشان از ظلمت جهل و تعلّقات می‌رهد.

۷۵۷ **چـون نـهالی کـاشتی، آبش بِدِه   چون گشـادش داده‌ای، بُگشـا گِـره**

نهالِ مثنوی را همّت والای تو کاشته است؛ پس آن را آبیاری کن و چون آغازش کرده‌ای، گره‌هایی را که در راه انجام آن وجود دارد، باز کن تا جریانِ جوششِ معانی و معارف ادامه یابد.

۷۵۸ **قـصدم از الفـاظِ او رازِ تُـو است   قـصدم از انشـایش آوازِ تُـو است**[1]

مقصود من از نظم الفاظ در مثنوی، شرح اسرار تو به عنوان یک «انسان کامل» است. در واقع با تألیف آن می‌خواهم آوای درونت را بشنوم؛ یعنی همان «خطاب ازلی» را و در پاسخ آن خطاب، چشمه‌های درون و ضمیرم گشوده شود و با تعظیم و تکریم بـه شـرح «قالوا بلیٰ» بپردازد.

۷۵۹ **پـیشِ مـن آوازت آوازِ خـداست   عاشق از معشوق حاشا که جُداست**[2]

در نظر من آوای تو، آوای خداست. مباد که عاشق از معشوق جدا باشد.

۷۶۰ **اتّـصالی بـی‌تکیّف[3]، بـی‌قیاس   هست ربُّ ألنّاس را با جانِ نـاس**[4]

پروردگار با جان مردم اتّصالی خاصّ دارد که کیفیّت‌پذیر نیست و با ذهن و عقلِ متعارفِ انسانی نمی‌توان آن را قیاس کرد و ادراک آن در حیطهٔ عقل جزوی نیست.

۷۶۱ **لیک گفتم ناس مـن، نَسْـناس[5] نـی   ناس غیرِ جـانِ جـانْ اِشـناس نـی**

امّا اتّصالی که مورد نظر من است، فقط مخصوصِ «اهل معنا» است نه «اهل دنیا»؛ زیرا ناس را جز به کسی که جانی جان‌شناس داشته باشد، نباید گفت.

---

۱ - همان‌طور که در مثنوی ۱۸/۱ آمده است، مولانا از جاذبهٔ حُسام‌الدّین در حالت سماع، حمام، قیام و قعود، گاه از اوّل شب تا مطلع‌الفجر به املای مثنوی می‌پرداخت و حُسام‌الدّین به سرعت می‌نوشت و بعد در محضر مولانا، با صدایی خوش و بلند می‌خواند.

۲ - اشاره است به اتّحاد عبد با حق و فناء وجه خلقی در وجه حقّی که این اتّحاد نظیر انعدام قطرات آب در مقام اتّصال به دریاست. ذات حق در مقام ظهور خلقی با مظاهر سنخیّتی ندارد و از مشکات وجود انبیا که مظاهر ذات حق به اعتبار ربوبیّت‌اند، در حقایق متجلّی می‌گردد: شرح مقدّمهٔ قیصری، صص ۸۵۰ و ۸۶۲

۳ - **تکیّف** : چگونگی دانستن، شناختن و کیفیّت چیزی.

۴ - **ناس** : اسمی که برای جمع وضع شده است مثل قوم و واحدش انسان است؛ امّا بر انس و جنّ هر دو اطلاق می‌شود و اغلب بر انس. اشاره است به رابطهٔ ویژه‌ای که حق تعالیٰ با جانِ «اهل معنا» دارد.

۵ - **نسناس** : موجودی شبیه انسان، نوعی میمون، مراد مردم عاری از معرفت است.

۷۶۲ **ناس مردم باشد، وکو مردمی؟ تو[1] سرِ مردم[2] ندیدستی، دُمی[3]**

«ناس» به انسان گفته می‌شود؛ امّا کو انسان و انسانیّت؟ تو که کمالِ روحانیِ حُسام‌الدّین را انکار می‌کنی و باور نداری که جوشش این معانی والا از کشش ضمیرِ پاک اوست، از مقام انسانِ کاملِ واصل چیزی نمی‌دانی و در مرتبهٔ نازل باقی مانده‌ای.

۷۶۳ **ما رَمَیْتَ اِذْ رَمَیْتَ[4] خوانده‌ای لیک جسمی، در تَجَزّی[5] مانده‌ای**

آیهٔ شریفهٔ «هنگامی که تیر انداختی، تو نینداختی» را خوانده‌ای؛ امّا مفهوم آن را درک نکرده‌ای؛ زیرا اسیر زندگی جسمانی هستی و از هماهنگی با هستی دور شده‌ای و به نقشی که عالم غیب در آدمی و احوال عالم دارد، توجّه نداری.

۷۶۴ **مُلکِ جسمت را چو بلقیس ای غبی[6]! ترک کن بهرِ سلیمان نَبی**

ای نادان، همان‌گونه که بلقیس قلمرو خود را به سلیمان(ع) تسلیم کرد، تو نیز خویش را به سلیمان‌صفت دورانِ خود تسلیم کن.

۷۶۵ **می‌کنم لاحول[7]، نه از گفتِ خویش بلکه از وسواسِ آن اندیشه‌کیش**

از اینکه سخنان مرا که موجبِ هدایت است، عدّه‌ای که به ظنّ و گمان مبتلا هستند، نمی‌پذیرند، به خدا پناه می‌برم.

۷۶۶ **کو خیالی می‌کند در گفتِ من در دل از وسواس و انکاراتِ ظَن**

زیرا منکر از سخنان من، با وسوسه و پندار دچار خیالات و وهم می‌شود.

۷۶۷ **می‌کنم لاحول، یعنی چاره نیست چون تو را در دل به ضِدّم گفتنی‌ست**

به خدا پناه می‌برم؛ زیرا در دلت سخنانی بر خلاف گفتار من هست و چاره‌ای نیست.

---

۱ - در این بیت مخاطب که در ابیات پیشین حُسام‌الدّین بود، تغییر می‌یابد و روی سخن با مُنکر و معاندی است که به سبب عدم ادراک روحانی، از احوال و کمالِ انسانِ کامل هیچ نمی‌داند.

۲ - **سَرِ مردم**: اشاره به انسانِ کامل که «مردمک دیده» خوانده شده و به اعتبار اتّصالی که با حق و عقل کُلّ دارد، می‌تواند مردم را ارشاد و هدایت کند، همچنین اشاره دارد به ادراک متعالی آدمی که می‌تواند به عوالم غیب ره ببرد.

۳ - **دُم**: اشاره به پست‌ترین قسمت از یک موجود، اینجا عدم ادراک عوالم غیب، جنبه‌های مادّی زندگی دنیوی.

۴ - اشارتی قرآنی؛ انفال: ۱۷/۸؛ ر.ک: ۲۲۷/۱، ۶۱۹/۱ و ۳۸۰۴/۱. ۵ - **تجزّی**: جزءجزء شدن.

۶ - **غَبِیّ**: نادان، سبک‌مغز، کودن. ۷ - **لاحول**: ر.ک: ۲۰۶/۲.

چونکه گفتِ من گرفتت در گلو   من خَمُش کردم، تو آنِ خود بگو ۷۶۸

من به خوبی می‌دانم که کمالی را که برای حُسام‌الدّین بر شمردم، برای تو قابل قبول نبود؛ پس سکوت می‌کنم تا تو هر چیزی را که می‌خواهی، بگویی.

آن یکی نایِی خوش، نِیْ می‌زَدَه‌ست   ناگهان از مقعدش بادی بِجَست [1] ۷۶۹

از مردی نایی [2] که نی را خوش می‌نواخت، ناگهان صدایی غیر معهود بر جهید.

نای را بر کون نهاد او که: زِ من   گر تو بهتر می‌زنی، بِستان بزن ۷۷۰

نای‌زن، نی را بر مقعد خود گذاشت و گفت: اگر تو بهتر می‌زنی، بزن.

ای مسلمان! خود ادب اندر طلب   نیست اِلاّ حَمل [3] از هر بی‌ادب ۷۷۱

ای مسلمان، در سلوک، «ادب» چیزی جز تحمّلِ بی‌ادبی از هر بی‌ادب نیست.

هر که را بینی شکایت می‌کند   که: فُلان کس راست طبع و خوی بد ۷۷۲

هرگاه کسی را دیدی که از طبع و خوی بدِ دیگری شکایت می‌کند،

این شکایتْ‌گر، بدان که بدخُو است   که مر آن بدخوی را او بدگو است ۷۷۳

بدان که شکایت کننده آدمی بدخوست که از خوی بد دیگری شِکوه می‌کند.

زانکه خوشْ‌خو آن بُوَد کو در خُمول [4]   باشد از بدخو و بدطبعان حَمول [5] ۷۷۴

زیرا خوش‌خُلق کسی است که بتواند با وقار خوی بد افراد بداخلاق را تحمّل کند.

---

۱ – در شش بیت پیشین دیدیم که مولانا به شدّت مُنکرانِ حُسام‌الدّین را سرزنش کرد، اینک در این تمثیل‌گونه یادآور این نکته است که او نیز در مقام ارشاد سالکان باید صبورتر باشد و درشتی بی‌ادبان را تحمّل کند و در سرزنش آنان تندی نکند.

۲ – مأخذ این تمثیل‌گونه حکایتی در مقالات شمس است، نسخهٔ موزهٔ قونیه، ص ۱۶، نظیر آن را عبید زاکانی در لطایف آورده است: احادیث، ص ۳۶۰.

این تمثیل که در آن بعضی از احوال نهانی آدمی بی‌نقاب‌اند و الفاظ عریان، تقریرکنندهٔ معانی بلند و لطایف دقیق اخلاقی و عرفانی است. حاصل سخن در تبیین این معناست که ادب اندر طلب، «نیست اِلاّ حمل از هر بی‌ادب».

۳ – **حَمْل**: بار، برداشتن بار، اینجا تحمّل بار جهل و جور دیگران.

۴ – **خُمُول**: ضعف و سستی، خموشی، اینجا افتادگی و وقار.   ۵ – **حَمُول**: دارای تحمّل بسیار.

لیک در شیخ آن گِله ز امرِ خداست — نه پیِ خشم و مُمارات[۱] و هواست ۷۷۵

امّا اگر شیخ در مقامِ ارشاد، شِکوه کند، از خشم و دشمنی یا میل شخصی نیست، به فرمان حق تعالیٰ است.

آن شکایت نیست، هست اصلاحِ جان — چـون شکـایت کـردنِ پـیغمبران ۷۷۶

اعتراض او برای اصلاحِ جان طالبان است، همان‌گونه که پیامبران از جهلِ قوم شِکوه می‌کردند.

نـاحمولی انـبیا از امـر دان — ورنه حـمّال است بَـد را حِـلمشان ۷۷۷

اینکه گاه پیامبران تحمّل خویش را از دست می‌دادند، بنا بر ارادهٔ خداوند بـود و گـرنه بردباری آنان پرتوی از حلم حق بود و می‌توانستند بدی‌ها را تحمّل کنند.

طـبع را کُشـتند در حِـملِ بـدی — نـاحمولی گـر بُـوَد، هست ایـزدی ۷۷۸

طبیعتِ انسان‌های کامل واصل دگرگون شده و تولّدی ثانی یافته است؛ بنابراین اگر در آنان عدم تحمّلی یافت شود به خواست خداوند است.

ای سلیمان[۲] ! در میـانِ زاغ و بـاز[۳] — حلمِ حق شو، با همه مرغان بسـاز ۷۷۹

ای سلیمان، در میان زاغ و باز، مظهر بردباری الهی باش و با همهٔ پرندگان مدارا کن.

ای دو صد بلقیس حِلْمت را زبون[۴] — کـه اِهْـدِ قَـوْمي اِنَّـهُمْ لاٰ یَـعْلَمُون[۵] ۷۸۰

ای کسی که بردباری‌ات صدها بلقیس را به زانو در آورده است، تو چنان حلیم هستی که علی‌رغم بدکرداری قوم در حقّ ایشان دعا می‌کنی و خواستار هدایتشان هستی و می‌گویی: پروردگارا، قوم مرا هدایت کن که آنان نمی‌دانند.

---

۱ – **ممارات :** دشمنی.

۲ – **سلیمان :** اشاره به سلیمان‌صفتان تمام ادوار، انسان کامل واصل، احتمالاً حُسام‌الدّین که شاید از انکار منکران خاطری رنجه داشته است. ۳ – **زاغ و باز :** کنایه از طالح و صالح، شقی و سعید، منکر و مؤمن، بد و خوب.

۴ – احتمالاً خطاب به حُسام‌الدّین است که حلم و صبرش مریدان صاحب زر و زور را به زانو در آورده است و اینک مولانا از وی می‌خواهد که همچنان شکیبا باشد و به تبعیّت از پیامبر بزرگوار(ص) علی‌رغم جهل و عِناد مُنکران، همواره خواستار هدایت آنان باشد. ۵ – اشاره به روایت: ر.ک: ۱۸۷۳/۲.

تهدیدْ فرستادنِ سلیمان علیه السَّلام
پیشِ بلقیس که: اِصرار مَیندیش بر شرک و تأخیر مکن

۷۸۱ **هین! بیا بلقیس، ور نه بد شود　　لشکرت خصمت شود، مُرْتَد[1] شود[2]**

هان، ای بلقیس، بیا که برایت گران تمام می‌شود؛ زیرا لشکریانت به حق می‌پیوندند و با تو دشمنی می‌کنند.

۷۸۲ **پرده‌دارِ[3] تو دَرَت را بر کَنَد　　جانِ تو با تو به جان خصمی کُند**

حاجب تو درِ دربار را از جا بر می‌کند و حتّی جانت نیز حقیقتاً با تو دشمنی می‌کند.

۷۸۳ **جمله ذرّاتِ زمین و آسمان　　لشکرِ حقّ‌اند گاهِ امتحان[4]**

هنگامِ آزمون الهی، ذرّات زمین و آسمان برای تحقّق اهداف الهی لشکر حق‌اند.

۷۸۴ **باد را دیدی که با عادان[5] چه کرد؟　　آب را دیدی که در طوفان[6] چه کرد؟**

دیدی که باد با قوم عاد چه کرد؟ دیدی که آب در توفان نوح با قوم او چه کرد؟

۷۸۵ **آنچه بر فرعون[7] زد آن بحرِ کین　　و آنچه با قارون[8] نموده‌ست این زمین**

آنچه را که دریای قهر الهی بر سر فرعون آورد و یا زمین به فرمان حق با قارون کرد.

۷۸۶ **و آنچه آن بابیل با آن پیل[9] کرد　　و آنچه پشّه کَلّهٔ نمرود[10] خَورد**

بلایی را که پرندگان ابابیل بر سر اصحاب فیل آوردند و پشّه‌ای ضعیف که مغزِ نمرود را خورد.

---

۱ - **مُرْتَدّ** : بازگشت کننده، اینجا روی گرداندن از ملکهٔ سبا و پیوستن به سلیمان(ع) است.

۲ - اشاره است به نمل : ۳۷/۲۷ که در آن سلیمان(ع) خطاب به فرستادگان ملکهٔ سبا می‌گوید: به زودی با لشکرهایی به سراغ آنان خواهیم آمد که توانایی مقابله با آن را نداشته باشند و آنها را از آن سرزمین آباد با ذلّت خارج می‌کنیم.　۳ - **پرده‌دار** : حاجب، دربان که از افراد مورد اعتماد است.

۴ - اینک مولانا به عنوان نمونه‌هایی از امتحان و کیفر الهی، سرنوشت دردناک و عبرت‌انگیز تعدادی از اقوام پیشین را که در حق‌ستیزی پافشاری می‌کردند، بر می‌شمارد که در آنها به وضوح دیده می‌شود که چگونه ذرّات زمین و آسمان «لشکر حقّ‌اند گاه امتحان».　۵ - **عادان** : قوم عاد؛ ر.ک: ۸۵۸/۱

۶ - **نوح** (ع) : ر.ک: ۱۴۱۰/۱ و ۳۱۳۶/۱.　۷ - **فرعون** : ر.ک: ۹۲۵/۱ و ۲۴۵۷/۱.

۸ - **قارون** : ر.ک: ۸۶۹/۱　۹ - **اصحاب فیل** : ر.ک: ۱۳۱۹/۱ و ۲۹۱۱/۲.　۱۰ - **نمرود** : ر.ک: ۱۱۹۴/۱.

۷۸۷ **و آنکه سنگ انداخت داوودی[1] به دست   گشت ششصد پاره و لشکر شِکَست**

و آنکه هنگام جنگِ میان بنی‌اسرائیل و فلسطینیان، اگر نصرت الهی و پردلی داوود(ع) که در آن هنگام هنوز نوجوانی بیش نبود، نمی‌بود و اگر او با سنگ‌انداز (فلاخن) پا پیش نمی‌گذاشت و جالوت را که دشمن آنان و شاهِ کنعانیان بود، نمی‌کشت، بنی‌اسرائیل شکست سختی را متحمّل می‌شدند.

۷۸۸ **سنگ می‌بارید بر اعدایِ لوط[2]   تا که در آبِ سیه خوردند غوط**

بر سر دشمنان لوط(ع) بارانی از سنگ بارید که در آب سیاه غوطه خوردند و نابود شدند.

۷۸۹ **گر بگویم از جماداتِ جهان   عاقلانه یاریِ پیغمبران[3]**

اگر به شرح کارهای جمادات بپردازم که همانند موجوداتی دارای عقل و شعور به یاری پیامبران پرداخته‌اند،

۷۹۰ **مثنوی چندان شود که چِل شُتر   گر کَشد، عاجز شود از بارِ پُر**

مثنوی چنان پر حجم می‌شود که چهل شتر هم نمی‌تواند آن را بکشد.

۷۹۱ **دست بر کافر گواهی می‌دهد[4]   لشکرِ حق می‌شود، سر می‌نهد**

در روز رستاخیز، اجزای وجودِ مُنکر، سپاه حق است و بر آنچه که او کرده، گواهی می‌دهد.

۷۹۲ **ای نموده ضِدِّ حق در فعلْ درس   در میانِ لشکرِ اویی، بترس**

ای که با حق عناد می‌ورزی و با اعمالت درس حق‌ستیزی می‌دهی، بترس که تمام اجزای عالم لشکریان او هستند.

۷۹۳ **جُزو جُزوت لشکرِ او در وِفاق[5]   مر تو را اکنون مطیع‌اند از نِفاق**

اجزای وجودت سپاه حق‌اند و اگر از تو اطاعت می‌کنند، موقّتی و بنا بر مشیّت است.

۷۹۴ **گر بگوید چشم را، کو را فشار   دردِ چشم از تو بر آرد صد دَمار**

اگر حق اراده کند که چشمت تو را آزار دهد، درد دمار از روزگارت بر می‌آوَرَد.

---

۱ – **داوود**(ع) : ر.ک: ۱۴۵۱/۳.   ۲ – قوم **لوط** : ر.ک. قرآن: هود : ۸۲/۱۱.

۳ – اشاره است به احاطهٔ حقیقت بر اشیاء، یعنی احاطهٔ قیّومی و احاطهٔ این فعل بر اشیاء، یعنی احاطه و ظهور سَرَیانی.   ۴ – اشارت قرآنی؛ یس : ۶۵/۳۶: ر.ک: ۲۱۶۳/۱.   ۵ – **وِفاق** : همراهی کردن.

ور به دندان گوید او: بنما وَبال[۱]   پس ببینی تو ز دندان گوشمال ۷۹۵

اگر حق اراده کند که دندانت تو را عذاب دهد، می‌بینی که درد گوشمالی‌ات می‌دهد.

باز کن طب را بخوان بابُ‌العِلَل[۲]   تا ببینی لشکرِ تن را عمل ۷۹۶

در کتاب‌های پزشکی، بیماری‌های گوناگون را بخوان تا ببینی که «لشکرِ تن» بنا به فرمان حق میان صحّت و سقم در نوسان است.

چونکه جانِ جانِ هر چیزی وی است   دشمنی با جانِ جانْ آسان کِی است؟[۳] ۷۹۷

چون «حق» جانِ جان هر چیزی است، می‌توان با جانِ جان دشمنی کرد؟

خود رها کن لشکرِ دیو و پَری   کز میانِ جان کُنندم صَفْدری[۴] ۷۹۸

ای بلقیس، فرض کنیم که لشکر انس و جنّ و طیر[۵] که صمیمانه به فرمان من‌اند و بنا بر اراده‌ام صفوف دشمن را در هم می‌شکنند، وجود نداشته باشند؛ یعنی اگر این قدرت‌های عظیم را که به خواست حق تعالیٰ تحت فرمان من‌اند و می‌توانند به سرعت سپاه تو را در هم بشکنند، ندیده بگیریم، باید بدانی که سجده بردن تو و قومت بر آفتاب، دشمنی با حق است و اینک که تو را به سوی راه راست فرا می‌خوانم، عدم اجابت تو، دشمنی با جانِ جانِ من که چیزی جز حق نیست، محسوب می‌شود و به آسانی نمی‌توان با حق خصومت ورزید.

مُلک را بگذار بلقیس از نُخُست[۶]   چون مرا یابی همه ملک آنِ توست ۷۹۹

بلقیس، سلطنت را به‌طور کلّی رها کن. اگر مرا بیابی و بتوانی از حقیقتِ وجود من بهره‌مند گردی، به سلطنت حقیقی می‌رسی؛ یعنی کمال می‌یابی.

خود بدانی چون بَرِ من آمدی   که تو بی من نقشِ گرمابه[۷] بُدی ۸۰۰

هنگامی که به سوی من بیایی، می‌بینی که پیش از آن تنِ فاقد جان بوده‌ای.

۱ - **وَبال :** دشواری، سرانجام بد، بدعاقبتی. ۲ - **بابُ العِلَل :** فصل مربوط به بیماری‌های گوناگون.
۳ - این بیت و پنج بیتِ پس از آن سخنان سلیمان(ع) خطاب به بلقیس است.
۴ - **صَفْدری :** کسی که صف دشمن را از هم می‌درد، از القاب علی(ع).
۵ - مواهبی که به سلیمان (ع) داده شد: ر.ک: ۲۶۱۶/۱. ۶ - **از نُخُست :** از اصل، به‌طور کلّی.
۷ - **نقش گرمابه :** نقوشی که در رختکن حمّام‌ها بر دیوارها می‌کشیدند، کنایه از صورتی بی‌جان یا تن بی‌روح.

۸۰۱ **نقش، اگر خود نقشِ سلطان یا غنی‌ست   صورت‌است، از جانِ خودبی‌چاشنی‌ست**[1]

چه تفاوتی دارد که تصویری که ترسیم شده است، تصویر یک سلطان یا آدم ثروتمندی باشد، به هر حال آن نقش چیزی جز یک نگارگری نیست و جان ندارد.

۸۰۲ **زینتِ او از برای دیگران   باز کرده بیهده چشم و دهان**

آراستن او برای خاطر دیگران است و بیهوده چشم و دهان راگشوده است.

۸۰۳ **ای تو در پیگارْ خود را باخته   دیگران را تو زِ خود نشناخته**

ای کسی که «هویّت حقیقی» خود را در کشمکش‌های ذهنی و آنچه که جامعه القا کرده است، از دست داده‌ای و حقیقتِ خود را به فراموشی سپرده‌ای و در قالبی خشک به نام موجودیّت فردیِ خودساخته‌ات گرفتار آمده‌ای، بدان که این «موجودیّت ذهنی»، هستیِ حقیقی تو نیست.

۸۰۴ **تو به هر صورت که آیی بیستی   که: منم این، وَاللّه آن تو نیستی**

تا «هویّت حقیقی» خود را کشف نکنی، در هر مقامی که باشی، نقشی بی معنا هستی که خودِ تو نیست.

۸۰۵ **یک زمان تنها بمانی تو ز خلق   در غم و اندیشه مانی تا به حَلق**

اگر مردم تو را تنها بگذارند، غرق اندوه می‌شوی؛ زیرا موجودیّت ذهنی‌ات درکنار تأیید و تمجید دیگران به حیاتِ شادمان خود ادامه می‌دهد؛ پس وجودی که با تحسین دیگران شاد و با ترک کردن آنان غمناک است، نمی‌تواند حقیقتِ تو باشد.

۸۰۶ **این، تو کی باشی؟ که تو آن اَوحدی**[2] **   که خوش و زیبا و سرمستِ خودی**

وجود حقیقی‌ات، وجود یگانه‌ای است که خوبی و خوشی در ذات اوست و تو او را نمی‌شناسی.

۸۰۷ **مرغِ خویشی، صید خویشی، دامِ خویش   صدرِخویشی، فرشِ خویشی، بامِ‌خویش**[3]

تو مرغ خود، صید خود و دام خود هستی. صدر خود، فرش خود و بام خود به شمار می‌آیی.

---

۱ - فاقد هستی حقیقی است، یک هستی دنیوی و مادّی و بدونِ ذوق راستین دارد.   ۲ - **أوحد** : یگانه.

۳ - همه چیز در وجود خودِ توست، هیچ چیزی را نمی‌توان یافت که در ذات خودِ تو نباشد، همهٔ هستی در ذات تو هست.

۸۰۸   آن عَرَض باشد که فرع او شده‌ست[1]   جوهر آن باشد که قایم با خود است

حقیقتِ وجودت ذاتی قائم به خود است. هر چیزی که به این حقیقت عارض شده و هستی‌اش قائم به خود نیست، عَرَض است که فرع این حقیقت یا فرع این جوهر به شمار می‌آید.

۸۰۹   جمله ذُرّیات[2] را در خود ببین   گر تو آدم زاده‌ای، چون او نشین

اگر تو از فرزندان آدم(ع) هستی، در جایگاه خود، یعنی مقامی که برای آن آفریده شده‌ای، بنشین و چنان به خود متّکی باش که گویی تمام نسل‌ها در تو آیند.

۸۱۰   چیست اندر خانه کاندر شهر نیست؟[5]   چیست اندر خُم[3] که اندر نهر[4] نیست؟

چه چیزی در خمره هست که در جوی آب نیست؟ چه چیزی در خانه هست که در شهر نیست؟

۸۱۱   این جهان حُجْر[6] است و دلْ شهر عُجاب   این جهان خُمّ است و دل چون جوی آب

عالم هستی همانند خمره و دل آدمی مانند جوی آب است. عالم هستی همانند اتاقی کوچک؛ امّا دل آدمی مانند شهری سرشار از عجایب است.

پیدا کردنِ[7] سلیمان علیه السّلام که: مرا خالصاً لِأمرِالله[8] جهد است در ایمانِ تو، یک ذرّه غرضی نیست مرا، نه در نَفْسِ تو و حُسنِ تو، و نه در مُلکِ تو، خود بینی چون چشمِ جان باز شود بِنُورِالله

در این قطعه سبا برای ملکهٔ سبا توضیح می‌دهد که جهد من برای ایمان آوردن تو فقط و فقط در جهت اجرای فرمان الهی است و هیچ غرضی در کار نیست و هیچ چشمداشتی به مطامع دنیوی ندارم. هنگامی که ایمان بیاوری و خدای یگانه را بپرستی، چشم جانت به نور حق گشوده می‌شود و آنچه را که می‌گویم، می‌توانی ببینی.

۸۱۲   چون اجل شهوت کُشم، نه شهوتی   هین بیا، که من رسولم، دعوتی

هان، ای بلقیس، بیا که من فرستادهٔ خداوند هستم و تو را به سوی حق می‌خوانم. دعوت

---

۱ - جَوْهَر و عَرَض : ر.ک: ۲۱۲۰/۱ و ۹۴۷/۲. اینجا مراد از اشاره به جوهر و عَرَض همان حقیقتِ وجودِ آدمی است نه معنای فلسفی آن.   ۲ - ذُرّیات : جمع ذُرّیة به معنی فرزند، نسل.

۳ - خُم : کنایه از جهان یا عالم هستی.   ۴ - نَهر : کنایه از دل آدمی.

۵ - هر چیزی که در عالم هستی می‌باشد در وجود انسان و دل او نیز هست؛ پس باید همه چیز را در دل و وجود خود بیابد.   ۶ - حُجْرة : اتاق.   ۷ - پیدا کردن : بیان کردن، گفتن.

۸ - لِأمرِ الله : برای اجرای فرمان الهی.

من بنا بر اغراض دنیوی نیست برای منوّر کردن وجود و از بین بردن شهوات است. من همانند اجل شهوات را محو و نابود می‌کنم.

۸۱۳   ور بُوَد شهوت، امیرِ شهوتم   نه اسیرِ شهوتِ رویِ بُتَم

هر جا که شهوتی باشد بر آن چیره و غالب هستم. هرگز اسیر شهوت روی زیبایی نیستم.

۸۱۴   بت شکن بوده‌ست اصلِ اصلِ ما   چون خلیلِ حقّ و جمله انبیا

اینکه هرگز اسیر غرایز و شهوات نمی‌شوم، از آن روست که «اصلِ اصلِ ما»، یعنی خلقتِ پیامبران برایِ بت‌شکنی بوده است؛ بنابراین تمام معیارهای پوچ که در ذهن دیگران همانند بت ستایش و پرستیده می‌شود در ذهن ما خوار و بی‌قدر است.

۸۱۵   گر در آییم ای رهی۱ در بتکده   بت سجود آرَد نه ما در مَعبده۲

ای بندهٔ هوس، اگر ما به بتخانه برویم، بت به ما سجده می‌کند، نه ما به بت.

۸۱۶   احمد و بوجهل در بُتخانه رفت   زین شدن تا آن شدن فرقی‌ست زفت

احمد(ص) و ابوجهل هر دو به بتخانه رفتند؛ امّا میان این دو رفتن تفاوتی بس عظیم است.

۸۱۷   این در آید، سر نهند او را بُتان   آن در آید، سر نهد چون اُمّتان

اگر محمّد(ص) به بتخانه برود، بت‌ها به خاک می‌افتند، اگر ابوجهل برود، او به بت‌ها سجده می‌کند.

۸۱۸   این جهانِ شهوتی بتخانه‌ای‌ست   انبیا و کافران را لانه‌ای‌ست۳

این دنیای پر از وسوسه و شهوات، همانند بتخانه‌ای است که هم پیامبران و هم کافران در آن مسکن دارند.

۸۱۹   لیک شهوت بندهٔ پاکان بُوَد   زر نسوزد زانکه نقدِکان بُوَد

انسان‌هایی که از کدورت سرشتِ بشری پاک شده‌اند؛ یعنی انبیا و اولیا، به عالی‌ترین

---

۱ - رَهی : بنده، غلام.

۲ - اشاره است به روایتی در تفسیر ابوالفتوح رازی که دلالت بر آن که حلیمه دایهٔ محمد(ص) در دوران کودکی، او راگم می‌کند و به ارشاد پیرمردی عرب به بتان استعانت می‌خواهد و با شنیدن نام محمد (ص)، بت‌ها به سجود می‌آیند. ر.ک: ۹۵۵/۴.

۳ - در این جهان اگر جویای هر چیزی غیر از تکامل جان خویش باشیم، خواهان و دلبستهٔ چیزی غیر از «حق» هستیم که مولانا آن را «بت» می‌نامد. تمام خواستن‌های حریصانهٔ ما چیزی برای رسیدن به این بت‌های ذهنی نیست.

درجهٔ کمال الهی رسیده‌اند؛ بنابراین هرگز اسیر شهوت نمی‌شوند و هلاکت روحانی نمی‌یابند، همان‌گونه که زر در کوره نمی‌سوزد؛ زیرا خالص است.

کافران قلب‌اند[1] و پاکان همچو زر   اندر این بُوته[2] دَر اند این دو نفر[3] ۸۲۰

دنیا، همانند کورهٔ زرگران است که در آن مؤمن و منکر بسان زر خالص و طلای تقلّبی‌اند.

قلب چون آمد، سیه شد در زمان   زر در آمد، شد زریِ او عیان ۸۲۱

طلای تقلّبی در بوتهٔ زرگری سیاه می‌شود؛ امّا طلای ناب همچنان می‌درخشد.

دست و پا انداخت[4] زر در بوته خَوش   در رُخِ آتش همی خندد رگش[5] ۸۲۲

طلای ناب در بوتهٔ زرگری با خوشی می‌خرامد و لبخند می‌زند؛ یعنی از آتش زیانی نمی‌بیند.

جسمِ ما روپوشِ ما شد در جهان   ما چو دریا زیرِ این کَهْ در نهان ۸۲۳

جسم، همانند روپوشی حقیقتِ ما را پوشانیده و در واقع «حقیقت» بسان دریا در زیر کاه مخفی شده است.

شاهِ دین را منگَر ای نادان به طین[6]   کین نظر، کرده‌ست ابلیسِ لعین ۸۲۴

ای نادان، تصوّر نکن که سلطان دین همین قالب جسمانی است؛ زیرا چنین نگرشی شیطانی است که خلیفهٔ حق را جز موجودی خاکی ندید.

کِی توان اندود این خورشید را   با کفِ گِل؟ تو بگو آخِر مرا[7] ۸۲۵

به من بگو که چگونه می‌توان این خورشید تابناک را با مشتی گِل پوشانید؟

گر بریزی خاک و صد خاکسترش   بر سرِ نور، او بر آید بر سرش ۸۲۶

اگر روی این خورشید بارها و بارها خاک و خاکستر بریزند، باز نورِ او برمی‌آید و می‌درخشد.

کَهْ که باشد کو بپوشد رویِ آب؟   طین[8] که باشد کو بپوشد آفتاب؟ ۸۲۷

نه کاه می‌تواند روی آب را بپوشانَد و نه خاک آفتاب را.

---

۱ - **قلب** : تقلّبی.   ۲ - **بوته** : کورهٔ زرگران، مراد دنیاست.   ۳ - **نفر** : گروه، دسته.
۴ - **دست و پا انداختن** : کنایه از دست‌افشانی و پایکوبیِ اهلِ سماع، خرامیدن.
۵ - **رگش** : رگ و پیِ او، یعنی با تمام وجود.   ۶ - **طین** : گِل.
۷ - حقیقت جان منوّر انسان هرگز از چشمِ بصیر نهان نمی‌ماند.
۸ - در این بیت «کاه» و «طین» اشاره به قالَب جسمانی و مادّی آدمی‌اند که نمی‌تواند حقیقتِ جانِ پاک و مجرّد او را بپوشاند.

۸۲۸ **خیز بلقیسا چو اَدْهَمْ[1] شاه‌وار[2]   دود از این مُلکِ دو سه روزه برآر[3]**

ای بلقیس، همانند ابراهیم أَدْهَم برخیز و با همّتی عالی از سلطنت صرف نظر کن.

باقیِ قصهٔ ابراهیم أَدْهَم قَدَّسَ اللهُ سِرَّه

۸۲۹ **بر سرِ تختی شنید آن نیک نام   طَقطَقی و های و هویی شب ز بام**

آن مرد نیک‌نام شبی بر تخت خود آسوده بود که سروصدا و هیاهویی را از پشت بام شنید.

۸۳۰ **گام‌هایِ تُند بر بامِ سرا   گفت با خود: این چنین زَهره که را؟**

صدای گام‌های محکمی از بام می‌آمد. او اندیشید: چه کسی چنین جسارتی کرده است؟

۸۳۱ **بانگ زد بر روزنِ قصر او که: کیست؟   این نباشد آدمی، مانا[4] پری‌ست!**

از پنجره فریاد زد: این گستاخ کیست؟ نمی‌تواند آدمی باشد، شاید از پریان است.

۸۳۲ **سر فرو کردند قومی بوالعجب   ما همی گردیم شب بهرِ طلب**

موجودات شگفت‌انگیزی سر را از بام فرود آوردند و گفتند: ما شبانه چیزی را می‌جوییم.

۸۳۳ **هین چه می‌جویید؟ گفتند: اشتران   گفت: اشتر بامْبَر که جُست؟ هان؟**

ابراهیم گفت: جویای چه هستید؟ گفتند: شترهای خود را می‌جوییم. ابراهیم گفت: چه کسی در پشت بام شتر می‌جوید؟

۸۳۴ **پس بگفتندش که: تو بر تختِ جاه   چون همی جویی ملاقاتِ اله؟**

آنان گفتند: تو چگونه بر تخت سلطنت خدا می‌جویی؟

۸۳۵ **خود همان بُد، دیگر او را کس ندید   چون پَری از آدمی شد ناپدید**

چنین بود که او سلطنت را رها کرد و روحش نهان از خلق به سیر پرداخت.

---

۱ - **ابراهیم أَدْهَم** : ر.ک: ۳۲۱۸/۲.

۲ - اینکه در ضمن این قصّه، سلیمان(ع) که در قرن دهم پیش از میلاد فرمانروایی می‌کرده است، از ابراهیم أَدْهَم عارف و زاهد برجستهٔ نیمهٔ اوّل قرن دوم هجری یاد می‌کند، نشان عدم توجّه مولانا به توافق تاریخی است و حاکی از آن است که استغراق در معناگاه وی را از إمعان نظر به جزییات ظاهر قصّه باز می‌داشته است.

۳ - **دود بر آوردن** : کنایه از نابود کردن.   ۴ - **مانا** : مثل اینکه.

۸۳۶ **معنی‌اش پنهان، و او در پیشِ خلق خلق کِی بینند غیرِ ریش و دَلْق[۱]؟**

علی‌رغم آنکه ابراهیم همچنان در میان خلق بود؛ امّا کسی از تحوّلات درونی او باخبر نبود؛ زیرا عامّهٔ خلق جز ظواهر را نمی‌بینند و از او هم جز ریش و خرقه چیز دیگری را نمی‌دیدند.

۸۳۷ **چون ز چشمِ خویش[۲] و خلقان[۳] دور شد همچو عنقا[۴] در جهان مشهور شد**

چون ابراهیم به جوهر اصیل انسانی توجّه کرد و از قالب خشکِ موجودیّت فردی و ذهنیِ خویش خارج شد، به امنیّت، صلح و کمالی رسید که حاصل زندگی روحانی وی بود و موجب شد که همانند سیمرغ در جهان شهرت یابد.

۸۳۸ **جانِ هر مرغی که آمد سویِ قاف[۵] جملهٔ عالم از او لافند لاف**

انسانی که چنین همّت والایی داشته باشد و به سوی اوج قلّهٔ قافِ قربِ دوست پرواز کند، چنان شأنِ بی‌نظیری می‌یابد که همهٔ مردم او را می‌ستایند.

۸۳۹ **چون رسید اندر سبا این نورِ شرق[۶] غُلغُلی افتاد در بلقیس و خلق**

هنگامی که این پیام تابناک به سرزمین سبا رسید، در جان بلقیس و مردم غوغایی برپا شد.

۸۴۰ **روح‌هایِ مُرده[۷] جمله پر زدند مُردگان[۸] از گورِ تن سر بر زدند**

بلقیس و مردم سبا که به سبب غفلت از حق، حیات روحانیِ خود را از دست داده بودند، جانشان جنبشی روحانی یافت و بسان پرنده‌ای شادمان به پرواز در آمد.

۸۴۱ **یک دگر را مژده می‌دادند: هان! نک ندایی می‌رسد از آسمان**

مردم سبا به یک‌دیگر مژده می‌دادند که گوش دهید از آسمان ندایی می‌رسد.

۸۴۲ **زآن ندا، دین‌ها همی گردند گَبْز[۹] شاخ و برگِ دل[۱۰] همی گردند سبز**

در اثر آن ندا ایمان مردم قوّت می‌یابد و دلشان با حقایق آشنا می‌شود و طراوت می‌یابد.

---

۱ - **دلق :** جامهٔ صوفیان و درویشان.

۲ - **ز چشم خویش دور شد :** هنگامی که وجود فردی، یعنی ذهنیّت‌های او در نظر خودش بی‌اعتبار شد.

۳ - **ز چشم خلقان دور شد :** از چشم خلق افتاد؛ چون امور ظاهری و شکوه سلطنت برای او بی‌ارزش شده بود و عام خلق جز همین شوکت و حشمت چیز دیگری را نمی‌بینند. ۴ - **عنقا :** سیمرغ.

۵ - **قاف :** ر.ک: ۱۳۹۳/۱. ۶ - **نور شرق :** آفتاب، اینجا مراد پیام سلیمان(ع) است.

۷ - **روح‌های مُرده :** جان‌هایی که در اثر غفلت از حق، حیات روحانی خود را از دست داده بودند.

۸ - **مُردگان :** همان روح‌های مرده‌اند. ۹ - **گَبْز :** قوی.

۱۰ - **شاخ و برگِ دل :** اشاره به حقایق و عالم غیب است.

۸۴۳ **از سلیمان آن نَفَس[1] چون نفخ صور — مُـردگان را وارهـانید از قُـبور**

دعوت سلیمان(ع)، همان نفخه‌ای بود که در صور دمیده می‌شود؛ بنابراین بلقیس و قوم سبا بسان مردگان از گور تن رهیدند؛ یعنی از غفلت و جهل رهایی یافتند.

۸۴۴ **مر تو را بـادا سـعادت بـعد از ایـن — ایـن گـذشت، اَللهُ أعْـلَمْ بِـالیَقین**

ای سالک، قوم سبا که دعوت حق را لبیک گفتند و راه نجات را پیمودند؛ امّا امیدوارم نجاتِ حقیقی نصیب تو باشد. خداوند یقین را بهتر می‌داند.

بقیّهٔ قصّهٔ اهلِ سَبا[2] و نصیحت و ارشادِ سلیمان علیه السَّلام، آلِ بلقیس را، هر یکی را اندر خورِ خود و مشکلاتِ دین و دلِ او، و صید کردنِ هر جنسِ مرغِ ضمیری به صفیرِ آن جنسِ مرغ و طعمهٔ او

۸۴۵ **قـصّه گـویم از سـبا مشـتاق‌وار — چـون صـبا آمـد بـه سـوی لاله‌زار**

قصّهٔ قوم سبا را مشتاقانه می‌گویم؛ زیرا دعوت سلیمان(ع) نسیم عنایتی بود که از جانب حق به سوی این قوم وزید و دل و جانشان را زنده کرد، همان‌گونه که باد صبا بر لاله‌زاری می‌وزد و آن را طراوت می‌بخشد.

۸۴۶ **لاقَتِ[3] اَلأشْـباحُ یَـوْمَ وَصْـلِها — عـادَتِ[4] اَلاَوْلادُ صَـوْبَ[5] اَصْـلِها[6]**

بدن‌ها روز پیوند و وصالشان را با جان‌ها دیدند و همانند فرزندان به سوی اصلِ خود بازگشتند.

۸۴۷ **اُمَّـةُ اَلعِشْـقِ اَلخَـفِیِّ فـی اَلاُمَمْ — مِـثْلُ جُـودٍ حَـوْلَهُ لُـوْمُ[7] السَّـقَمْ[8]**

مذهب عاشقان حق که در میان مذاهبِ دیگر نهان است، همانند بخششی است که پیرامون آن را پستیِ روحِ بیمار گرفته باشد.[9]

---

۱ - **آن نَفَس**: پیام سلیمان(ع) و دعوت او.
۲ - **قصّهٔ اهل سبا**: حکایت قوم سبا در بیت ۲۸۲ دفتر سوم آغاز شده و بخش‌هایی از آن در همان دفتر آمده است و اینک در این دفتر ادامهٔ آن را می‌یابیم و می‌بینیم که بلقیس و قوم سبا به رسالت سلیمان(ع) ایمان می‌آورند و به سوی حق می‌شتابند. ۳ - **لاقَتْ**: ملاقات کرد. ۴ - **عادَتْ**: بازگشت. ۵ - **صَوْب**: سمت، سو.
۶ - بلقیس و قوم سبا سرشتی حق‌جو داشتند و به سبب همان سرشت خوب بود که در برابر دعوت حق پاسخی مثبت در جانِ خویش یافتند و بدان سو شتافتند. ۷ - **لُوم**: ملامت. ۸ - **سَقَم**: بیماری.
۹ - ایثار خالصانه و عاشقانهٔ اهل دل همواره مورد طعن و نکوهش اهل گِل بوده است.

۸۴۸ ذِلَّــةُ اَلْأرْواحِ مِــنْ اَشْــباحِها　　　عِــزَّةُ اَلْأشْــباحِ مِــنْ ارْواحِــها

خواری روح‌ها از تن‌هاست و شرف و عزّت تن‌ها به سبب وجود روح‌هاست.

۸۴۹ أیُّــها اَلعُشّــاقُ! اَلسُّــقْیا[1] لَکُــمْ　　　أنْــتُمُ البــاقُونَ وَ البُــقْیا[2] لَکُــمْ

ای عاشقان، شراب ناب حقایق از آنِ شماست که باقی هستید و بقا برای شماست.

۸۵۰ أیُّــها السّــالُونَ[3] قُــومُوا وَ اَعْشِــقُوا　　　ذاکَ ریــحُ یُــوسُفٍ، فَــاسْتَنْشِقُوا[4]

ای کسانی که میثاق روز اَلَست را به فراموشی سپرده‌اید، برخیزید و عشق بورزید که این عِطر دلاویز یوسف است؛ پس آن را ببویید تا همان‌گونه که چشم یعقوب(ع) بینا شد، چشم باطن شما نیزگشوده شود.

۸۵۱ مــنطق الطّــیرِ ســلیمانی! بــیا　　　بانگِ هر مــرغی کــه آیــد، مــی‌سرا[5]

ای منطق الطیر سلیمانی، بیا و با صدای هر پرنده‌ای نغمه‌ای همنوا با آن ساز کن.

۸۵۲ چون به مرغانت فرستاده‌ست حق　　　لحنِ هر مرغی بــداده‌ســت سَــبَق[6]

خداوند که تو را برای ارشاد مرغِ جان‌ها فرستاده، نغمهٔ هر پرنده را به تو آموخته است.

۸۵۳ مــرغِ جــبری[7] را زبــانِ جــبر گــو[8]　　　مــرغِ پــر اِشکســته[9] را از صــبر گــو

به کسی که به جبر معتقد است، از جبر بگو تا بداند که جبر هست؛ امّا برای خواصِ حق، نه عوام و با کسی که در راه حق به سختی‌ها گرفتار شده است، از معجزهٔ صبر بگو.

۸۵۴ مرغِ صابر را تو خوش دار[10] و مُعاف　　　مرغ عنقا[11] را بخوان اوصــافِ قــاف

به بنده‌ای که دارای ایمان و صبر است؛ امّا فاقد همّت و بصیرتِ والای عـارفان است، توجّه کن و به او برس؛ ولی او را از پرواز در اوج آسمان‌های جان معاف دار؛ زیرا توانایی آن

---

۱ - **سُقْیا** : آب دادن، آبیاری کردن.　۲ - **بُقْیا** : بقا.　۳ - **سالُون** : جمع سالِی به معنی فراموشکار.

۴ - **فَاسْتَنْشِقُوا** : پس استنشاق کنید.

۵ - اشاره است به این نکته که سلیمان(ع) زبان انس و جنّ و پرندگان را در می‌یافت و با هر یک بنا بر احوال خاصّ وی سخن می‌گفت، اینک مولانا با توجّه بدان می‌فرماید: ای سلیمان(ع)، بیا و با علم و حلمی که خداوند به تو داده است با هر یک از قوم سبا بر اساس احوال ویژه‌ای که دارد مداراکن و آنان را با محبّت به سوی حق رهنمون باش.

۶ - **سَبَق** : سَبْق: سبقت گرفتن، پیشی گرفتن.　۷ - **مرغ جبری** : جبری مذهب، جبر و اختیار: ر.ک: ۶۱۹/۱.

۸ - نیکلسون در این مورد می‌گوید: جبریان را مذهب جبر محمود بیاموز.

۹ - **مرغ پر اشکسته** : سالک رنج دیده یا مؤمن.　۱۰ - **خوش دار** : به او برس، توجّه کن، خوب نگاهش دار.

۱۱ - **مرغ عنقا** : کنایه از سالک صاحب بصیرت و دارای همّت والایی که می‌تواند به امداد مرشد روحانی به مقام عارفان راستین و کمال الهی ارتقا یابد.

را ندارد؛ امّا برای بنده‌ای که علاوه بر ایمان و صبر دارای همّت و بینش روحانی است و می‌تواند همانند عنقا در عوالم غیب پرواز کند و به اوج قاف قرب حق برسد از اوصاف و صفات حق بگو.

مر کبوتر[۱] را حَذَر فرما ز باز[۲] باز را از حلم گو و احتراز ۸۵۵

به سالکِ مبتدی که فاقد درک روحانی است، بگو که از سالکِ منتهیِ تیزپرواز بپرهیزد و به سالک منتهی نیز از بردباری و پرهیز بگو.

و آن خفاشی[۳] را که مانْد او بی‌نوا می‌کُنَش با نورْ جفت و آشنا ۸۵۶

کسی را که از حقایق به کلّی بی‌خبر مانده است با نور حقایق آشنا کن.

کبکِ جنگی[۴] را بیاموزان تو صُلح مر خروسان[۵] را نما اَشْراطِ[۶] صبح ۸۵۷

به کسی که اهل جَدَل و ستیزه‌جویی است، آرامش و صلح درونی را بیاموز تا بتواند با دیگران نیز زندگی صلح‌آمیزی داشته باشد. نشانه‌های دمیدن صبح سعادت را به عارفان و صاحبدلان بگو.

همچنان می‌رو زِ هُدهُد تا عُقاب ره نما، وَاللهُ اَعْلَمْ بِالصَّواب ۸۵۸

همین‌طور از هُدهُد تا عقاب، همه را هدایت کن. خداوند به راستی و درستی داناتر است.

---

۱ - **کبوتر** : کنایه از سالک مبتدی و ناتوان. ۲ - **باز**: کنایه از سالک منتهی و توانمند، عارف.
۳ - **خفاش** : کسی که از حقایق بی‌خبر است.
۴ - **کبک جنگی** : کنایه از کسی که به جان این و آن می‌افتد و اهل معنا را می‌آزارد. نیکلسون آن را کنایه از حکمای متعصّب دانسته است. ۵ - **خروس** : کنایه از عارف و صاحبدل.
۶ - **اشْراط** : جمع شَرَط به معنی علامت و نشانه.

آزاد شــدنِ بـلقیس از مُـلک و مست شــدنِ او از شوقِ ایمان، و التفاتِ همّتِ او[1] از همهٔ مُلک منقطع شدن[2] وقتِ هجرت، الاّ از تخت

۸۵۹ **چـون سـلیمان سـویِ مـرغانِ سـبا[3] یک صفیری کرد،[4] بست آن جمله را[5]**

پیام سلیمان(ع) که به قوم سبا رسید، در جان آنان اثر کرد و همه جذبِ وی شدند.

۸۶۰ **جز مگر مرغی که بُد بی‌جان و پـر یا چو ماهی گُنْگ بود، از اصلْ کَـر**

بجز کسی که حیاتِ روحانی‌اش را از دست داده بود یا همانند ماهی سرشتی گُنگ داشت.

۸۶۱ **نی، غلط گفتم، که کَرْ گـر سـر نـهد پیش ِ وَحْـی کـبریا، سـمعش دهـد**

نه، اشتباه گفتم؛ زیرا اگر آدمِ غافل دعوت حق را بپذیرد، خداوند به او گوش باطنی عطا می‌کند تا از هدایت محروم نشود.

۸۶۲ **چونکه بلقیس از دل و جان عزم کرد بـر زمـانِ رفـته هـم افسـوس خَـورد**

هنگامی که بلقیس مصمّم شد به سوی سلیمان(ع) برود، بر زمان رفته افسوس خورد.

۸۶۳ **ترکِ مـال و مُـلک کـرد او آنـچنان که به ترکِ نام و نـنگ آن عـاشقان**

با آزادگی، ثروت و سلطنت را رها کرد، همان‌گونه که عاشقان نام و ننگ را رها می‌کنند.

۸۶۴ **آن غــــلامان و کــنیزانِ بـــه نــاز پیش ِ چشمش همچو پوسیده پیاز**

غلامان و کنیزان زیبا و خوشایند در نظرش، همانند پیاز پوسیده جلوه می‌کردند.

۸۶۵ **بـــــاغ‌ها و قـــصرها و آبِ رود پیش ِ چشم، از عشق، گُلخن[6] می‌نمود**

به سبب عشقی که جذبهٔ حق برای هجرت در جانش به وجود آورده بود، باغ‌ها و کاخ‌ها و رودهای پر آب سرزمین سبا را همانند گلخن می‌دید؛ یعنی پست و بی‌ارزش.

---

۱ - **التفاتِ همّتِ او**: توجّه او.
۲ - **از همهٔ مُلک منقطع شدن**: از همهٔ قدرت و حشمت و اسبابِ شوکت دل کَنْدَن.
۳ - **مرغان سبا**: مراد قوم سباست.
۴ - **صفیری کرد**: تقلید صدای پرنده‌ای برای به دام افکندن، اینجا مراد پیام و دعوت است.
۵ - **بست آن جمله را**: همه جذب و مطیع وی شدند. ۶ - **گُلخن**: آتشدان حمّام.

۸۶۶ **عشق در هنگامِ استیلا[1] و خشم زشت گردانَد لطیفان را به چشم**

عشق الهی که در وجود عاشق غلبه می‌یابد، جاذبه‌هایِ زندگی را در چشم عاشق زشت می‌کند.

۸۶۷ **هر زُمُرّد را نماید گندنا[2] غیرتِ عشق این بُوَد، معنیِ لا[3]**

غیرتِ عشق الهی، معیارهایِ دنیوی را در ذهن عاشق بی‌اعتبار می‌کند، معنی «لا»، یعنی «نفیِ ما سِوی الله»، همین است.

۸۶۸ **لا اِلٰه اِلاّ هُو این است ای پناه[4]! که نماید مَهْ تو را دیگِ سیاه**

ای پناه دیگران، اگر سخن از توحید می‌گویی، باید «دنیا» در نظرت بی‌قدر باشد.

۸۶۹ **هیچ مال و هیچ مخزن، هیچ رخت می‌دریغش نامد، اِلاّ جز که تخت**

بلقیس هنگام هجرت از فرو نهادن هیچ چیز متأسّف نشد، بجز تخت سلطنت.

۸۷۰ **پس سلیمان از دلش آگاه شد کز دلِ او تا دلِ او راه شد**

بنابراین سلیمان(ع) از دل او مطّلع شد؛ زیرا دل به دل راه دارد و گذشته از آن انسانِ کاملِ واصل بر ضمایر و سرایر خلق اِشراف دارد و نهانی‌ها را می‌داند.

۸۷۱ **آن کسی که بانگِ موران بشنود هم فغان سِرِّ دُوران[5] بشنود**

کسی که صدای مورچه‌ها را می‌شنود؛ صدای فریاد درونیِ خلق را هم می‌تواند، بشنود.

۸۷۲ **آنکه گوید رازِ قالَتْ نَمْلَةٌ[6] هم بداند رازِ این طاقِ کُهُن**

کسی که رازِ «مورچه‌ای گفت» را می‌داند، راز این دنیای کهن را نیز می‌داند.

۸۷۳ **دید از دورش که آن تسلیم‌کیش[7] تلخش آمد فرقتِ آن تختِ خویش**

سلیمان(ع) دریافت که برای بلقیس رها کردن تخت سلطنت دشوار و تلخ است.

---

۱ - **استیلا**: غلبه. ۲ - **گندنا**: تره، سبزی معروف. ۳ - **لا و اِلاّ**: ر.ک: ۱۷۶۸/۱ و ۳۰۶۷/۱.

۴ - **ای پناه**: ای بزرگ، ای کسی که خلق ارشاد و حمایتِ تو را می‌خواهند.

۵ - **دُوران**: کسانی که از ادراک حقایق به دور هستند، یا اگر بنا بر وجه ظاهری حمل کنیم، کسانی که از نظر بُعد مسافت دورند.

۶ - اشارتی قرآنی؛ نمل: ۱۸/۲۷: تا آنجا که به وادی موران رسیدند. موری گفت: ای موران به درون خانه‌هایتان بروید که سلیمان و سپاهیانش شما را ناآگاهانه درهم نکوبند.
سلیمان(ع) هنگام عبور از وادی موران، این سخن را دریافت و لبخند زد.

۷ - **تسلیم‌کیش**: کسی که راه تسلیم شدن را برگزیده است؛ یعنی بلقیس.

۸۷۴ **گـر بگـویم آن سـبب، گـردد دراز   که چرا بودش به تخت آن عشق و ساز[1]**

اگر بگویم که چرا بلقیس به تخت سلطنت عشق می‌ورزید، سخن به درازا می‌کشد.

۸۷۵ **گرچه این کِلکِ[2] قلم خود بی‌حسی‌ست   نیست جنسِ کاتب، او را مونسی‌ست**

هرچند که این قلمِ نی نیز بی‌جان است؛ امّا چون انیس نویسنده است؛ پس پیوستگیِ نویسنده به قلم خویش را می‌توان عادت یا علاقه به ابزار کار نامید.

۸۷۶ **هـمچنین هـر آلتِ پـیشه‌وَری   هست بـی‌جان مـونسِ جـانوری**

به همین ترتیب، ابزارکارِ هر صاحب حرفه که بی‌جان است، همدمِ موجودی جاندار است.

۸۷۷ **ایـن سـبب را مـن مُـعَیَّن[3] گـفتمی   گر نـبودی چشـم فـهمت را نَـمی[4]**

اگر چشم فهم تو نم نداشت؛ یعنی دچار ضعف ادراک حقایق نبودی، سبب این دلبستگی را به روشنی می‌گفتم.

۸۷۸ **از بزرگی تخت، کـز حـد مـی‌فزود   نـقل کـردن تـخت را امکـان نـبود**

چون تخت سلطنت بلقیس بسیار بزرگ بود، انتقالش امکان نداشت.

۸۷۹ **خُرده‌کاری[5] بود و تفریقش[6] خطر   هـمچو اَوْصـالِ[7] بَـدَن بـا هـمدگر**

تختِ منبّت‌کاری، همانند اجزای بدن به هم پیوسته بود و جدا کردن آن خطرناک بود.

۸۸۰ **پس سلیمان گفت: گرچه فی ‌ٱلأَخیر[8]   سرد خواهد شد بـر او تـاج و سـریر**

سلیمان(ع) با خود گفت: اینک چنین است، بعد تاج و تخت نیز بر دلش سرد خواهد شد.

۸۸۱ **چون ز وحدت جان بُرون آرَد سری   جسـم را بـا فـرِّ او نَـبْوَد فـری**

جان که با عوالم غیبی آشنایی یابد، عظمتی می‌بیند که در برابرش شکوه دنیوی اعتباری ندارد.

---

۱ - **ساز:** میل داشتن به چیزی.   ۲ - **کِلک:** نی، قلم، خامه.   ۳ - **مُعَیَّن:** روشن و واضح.

۴ - در چهار بیت اخیر، مولانا کوشید تا علّت علاقه‌مند بودن بلقیس به تخت سلطنت خویش را به‌طور نسبی بیان کند؛ امّا از اظهار دلیلی قاطع خودداری کرد.

به نظر می‌رسد که «این سبب» «تجلّیِ وجود و ظهور آن» در مراتب مختلف به صورت اشیا و ماهیات است: نیکلسون نیز به همین معنا اشاره کرده است.   ۵ - **خُرده‌کاری:** ظریف کاری مثل خاتم‌کاری.

۶ - **تفریقش:** جدا کردن آن.

۷ - **أَوْصال:** جمع وَصْل، وِصل، وُصل به معنی پیوند. أَوصالِ بدن: اتّصال اعضای بدن.

۸ - **فِي الأَخِير:** در آخر.

چون بـر آیـد گـوهر از قـعرِ بـحار   بنگری اندر کف و خاشاک[1]، خوار ۸۸۲

چون «جان» کمال یابد و گوهر حقایق را از اعماق دریای معانی کشف کند، به ارزش‌های مادّی با دیده‌ای تحقیرآمیز خواهد نگریست.

سـر بـر آرَد آفـتابِ بـا شَـرَر   دُمِّ عـقرب[2] را کـه سـازد مُـستَقَر؟ ۸۸۳

با طلوعِ خورشیدِ درخشان هیچ کس به پرتو ستارگان کوچک توجّهی نمی‌کند.

لیک خود با این همه بر نـقدِ حـال   جُست بـاید تـختِ او را انـتقال ۸۸۴

امّا با این همه، فعلاً باید تخت او را منتقل کنیم.

تـا نگـردد خسـته هـنگامِ لِـقا   کـودکانه حـاجتش، گـردد روا ۸۸۵

تا هنگام ملاقات با ما ملول و دلتنگ نگردد و درخواست کودکانه‌اش برآورده شود.

هست بر ما سهل[3] و او را بس عزیز   تا بُوَد بر خوانِ حورانْ[4] دیـو[5] نـیز ۸۸۶

تخت او در نظر ما بی‌قدر و در نظر وی ارزشمند است؛ بنابراین برای رعایت حال بلقیس، تخت را می‌آوریم تا در کنارِ معرفتی که به او می‌دهیم، رمزی از تعلّقات دنیوی نیز باشد.

عبرتِ جانَش شـود آن تـختِ نـاز   همچو دلق[6] و چارقی[7] پیشِ ایاز[8] ۸۸۷

تا آن تخت نازنین عبرتی برای جانش باشد، همان‌طور که دلق و چارق موجب عبرت ایاز بود.

---

۱ - **کف و خاشاک :** مراد ارزش‌های دنیوی و مادّی است.

۲ - **دُمّ عقرب :** اصطلاح نجومی، منزلِ نوزدهم ماه در بُرجِ عقرب. اینجا مراد ستارگان آفل است که در تقابل با خورشید، ارجی ندارند.   ۳ - **سَهْل :** آسان، اینجا بی‌قدر.

۴ - **خوانِ حوران :** تعبیری از عوالم غیبی و مواهب عظیمی که خداوند به سلیمان(ع) عنایت کرد.

۵ - **دیو :** شیطان، اینجا اشاره به تخت است که نمادی است از «دنیا» و «تعلّقات دنیوی».

۶ - **دَلْق :** جامهٔ پشمینهٔ دراویش، جامهٔ کهنه.

۷ - **چارق :** کفش چرمین، نوعی از پاپوش که با طناب باریک پشمین به پا می‌بندند.

۸ - **اَیاز :** غلام ترک که محبوب سلطان محمود غزنوی بود، قصّهٔ «دلق و چارق ایاز» بعداً در مثنوی ۱۸۵۷/۵ خواهد آمد. اینکه در ضمن این داستان و از زبان سلیمان(ع) به قصّهٔ «ایاز و دلق و چارق او» که قرن‌ها بعد و در دنیای اسلام روی خواهد داد، اشاره می‌شود، از مواردی است که مغایرت با تاریخ خوانده می‌شود و در کلام سایر شاعران نیزگاه می‌بینیم و در واقع استغراق مولانا در تقریر معانی بلندی که مورد نظر اوست، وی را از توجّه به ظاهر قصّه باز داشته و پیداست که اینجا گوینده خود مولاناست نه سلیمان(ع).

تا بداند در چـه بـود آن مبتلا؟   از کـجاها در رسـید او تـا کـجا؟   ۸۸۸

تا بداند که گرفتار چه بلایی بوده و چگونه از اسارت رهایی یافته و آزاد شده است.

خـاک را و نُـطفه را و مُضْغه¹ را   پیشِ چشـمِ مـا هـمی دارد خـدا²   ۸۸۹

خداوند در قرآن کریم به انسان یادآور می‌شود که مراحل تکوین او چه بوده است.

کـز کـجا آوردمت ای بـد نِیَّت   که از آن آیـد هـمی خِـفریقیات³   ۸۹۰

می‌گوید: ای بدنهاد، ببین که تو را از مراحلی پست آوردم که اینک از آن عار داری.

تو بر آن عـاشق بُـدی در دَوْرِ آن   مُنکرِ ایـن فضل بـودی آن زمـان   ۸۹۱

تو در دورانی که مراحل نازلی را طی می‌کردی، شیفتهٔ آن‌ها بودی و در باورت نمی‌گنجید که چنین تکاملی را به فضل باری‌تعالی حاصل کنی.

این کَرَم، چون دفعِ آن انکارِ توست   که میانِ خاک می‌کردی نُـخُست⁴   ۸۹۲

کَرَم و فضلِ حق تعالی که تو را از مراحلِ جمادی و نباتی به مرتبهٔ انسانی رسانید، در واقع پاسخی است به انکارِ تو که نمی‌توانستی بپذیری ممکن است خداوند به مُشتی خاک چنین قابلیّت و استعدادی عطا کند.

حُـجّتِ انکارِ شـد انشـار⁵ تو   از دوا بـدتر شد ایـن بیمارِ تو⁶   ۸۹۳

اینکه از مرتبهٔ جمادی به مرتبهٔ انسانی رسیدی و دارای حیات، توانایی‌های عقلی، ذهنی و روحی شدی، موجب گردید که همین توانایی‌ها را به کارگیری و امکان کمالات بعدی و حشر را منکر شوی.

---

۱ ـ مُضْغَة : لقمهٔ جویده شده، در اینجا به پاره‌گوشت تشبیه شده است، طور سوم از اطوار مادّهٔ تکوینی، طور اوّل را نُطْفَة، دوم را عَلَقَة و سوم را مُضْغَة نامند.

۲ ـ اشارتی قرآنی؛ مؤمنون : ۱۴/۲۳-۱۲ : و به راستی که انسان را از چکیدهٔ گِل آفریدیم. آنگاه او را به صورت نطفه‌ای در جایگاهی استوار قرار دادیم. آنگاه نطفه را به صورت خون بسته و سپس خون بسته را به صورت گوشت‌پاره در آوردیم و سپس گوشت‌پاره را استخوان‌دار کردیم و آنگاه بر استخوان‌ها پرده‌ای گوشت پوشاندیم، آنگاه آن را به صورت آفرینشی دیگر پدید آوردیم، بزرگ است خداوند که بهترین آفرینندگان است. همین مضمون در سورهٔ حج : ۵/۲۲ ، نیز آمده است.

۳ ـ خِفریقیات آید : بدت می‌آید، ننگت می‌آید یا عار داری.

۴ ـ اشارتی قرآنی، حج: ۵/۲۲ ، یس: ۷۹/۳۶-۷۷.   ۵ ـ اِنْشار : زنده کردن.

۶ ـ اشاره است به منکران که با استفاده از عقل جزوی بشری و نظریه‌پردازی و استدلال بـه ردّ مـعارف دینی می‌پردازند و عقلِ کامل انبیا و اولیا و کمالِ الهی ایشان و رستاخیز را انکار می‌کنند.

خاک را تصویرِ ایـن کـار از کـجا؟ نطفه را خصمی[1] و انکـار از کـجا؟ ۸۹۴

خاک تا قابلیّت و استعداد پذیرفتن جانِ آدمی را نیافته است، چگونه می‌تواند تصوّری از خلقت و کمال داشته باشد؛ بنابراین به زبان حال منکر آن است، نطفه هم همین‌طور.

چون در آن دم بی‌دل و بی‌سِر بُدی فکـرت و انکـار را مـنکِر بُـدی ۸۹۵

تو در مراحلی که خاک و یا نطفه بودی، دل و جانی نداشتی که بتوانی فکر کنی؛ بنابراین به زبان حال منکر اندیشیدن و یا انکار کردن بودی.

از جمادی چونکه انکارت بِرُست هم از این انکارْ حشرت شد دُرُست ۸۹۶

امّا اینک که از مرحلهٔ جمادی رهیده و دارای «دل و سِر» شده‌ای، به زبان حال اقرار می‌کنی که می‌توان دارای «فکرت و انکار» بود، اکنون که رستاخیز را انکار می‌کنی، به دلیل برخورداری از «فکرت و انکار» است؛ امّا چون فاقد دل و جان منوّری هستی، معارف را درک نمی‌کنی.

پس مثالِ تـو چـو آن حـلقه‌زنی‌ست[2] کز درونش خواجه گوید:خواجه نیست ۸۹۷

پس بپذیر که حالِ تو، همانند کسی است که دری را می‌کوبد و صاحبخانه از درون می‌گوید: صاحبخانه نیست؛ یعنی برخاستن آوای او ثابت می‌کند که او در خانه هست.

حلقه‌زن، زین نیست، دریابد که هست پس ز حـلقه بـر نـدارد هـیچ دست ۸۹۸

کسی که در را می‌زند، در می‌یابد که صاحبخانه هست و از کوبیدنِ در دست بر نمی‌دارد.

پس هـم انکـارت مُـبَیَّن[3] مـی‌کند کز جماد او حشرِ صد فـن مـی‌کند ۸۹۹

پس از انکار تو نیز معلوم می‌شود که خداوند قادری است مطلق که می‌تواند از جماد، موجودی سرشار از هنر و کمال بیافریند، همان‌گونه که تو در آغاز جمادی بی‌جان بودی و اینک پس از طیّ مراتبی به چنین مرحله‌ای رسیده‌ای و دارای حیات و تعقّل شده‌ای و می‌توانی درجات و منازل کمال را طی کنی.

چـند صـنعت رفت ای انکـارا! تـا آب و گِـل انکـار زاد، از هَـلْ اَتـیٰ[4] ۹۰۰

ای منکر، آیا هیچ توجّه کرده‌ای که برای رسیدن به این مرحله از کمال، یعنی داشتن

---

۱ - **خصم** : حریف، هر یک از دو طرف دعوی.

۲ - **حلقه‌زن** : کوبندهٔ در، سالک که درِ درگاه حق را می‌کوبد و امید تعالی و کمال دارد.

۳ - **مُبَیَّن** : آشکار شده.

۴ - اشارتی قرآنی؛ انسان : ۷۶/۳-۱ : آری مدّتی از روزگار بر انسان گذشت که هنوز چیزی قابل ذکر نبود. ما انسان را از نطفه‌ای آمیخته آفریده‌ایم و به آزمونش کشانده‌ایم و او را شنوا و بینا ساخته‌ایم. ما او را به راه آورده‌ایم، چه سپاسگزار باشد، چه ناسپاس.

قوایی برای اندیشیدن، انکار یا اقرار، وجودت که در آغاز آب و گِلی بیش نبوده، چه مراحلی را پیموده است؟ و خلاقیّت حق در آفرینش انسان چه قدرت و هنری را به کار برده است تا «آب و گِل» بتواند حیات و تعقّل داشته باشد و به اقرار یا انکار بپردازد؟

۹۰۱ **آب و گِل می‌گفت: خود انکار نیست　　بانگ می‌زد بی‌خبر که: اِخبار نیست [۱]**

آب و گِلِ «انسان» نیز می‌گفت: من چیزی را منکر نمی‌شوم و همین گفتن او، چون به «لسانِ قال» بود و از قوّه به فعل در نیامده و «لسانِ حال» نشده بود، بانگی بود در عینِ بی‌خبری.

۹۰۲ **من بگویم شرحِ این از صد طریق　　لیک خاطر لغزد از گفتِ دقیق [۲]**

من می‌توانم این مطلب را به اشکال گوناگون بیان کنم و موضوع را کاملاً بشکافم؛ امّا ذهن بعضی از افراد این سخنان ظریف و دقیق را نمی‌تواند درک کند و دچار خطا و لغزش می‌شود.

چاره کردنِ سلیمان علیه السَّلام در احضارِ تختِ بلقیس از سَبا

۹۰۳ **گفت عِفریتی [۳] که: تختش را به فن [۴]　　حاضر آرَم تا تو زین مجلس شدن [۵]**

عفریتی گفت: من تختِ او را با استفاده از جادو، پیش از آنکه تو برخیزی و بروی، به اینجا می‌آورم.

۹۰۴ **گفت آصف [۶]: من به اسمِ اعظمش [۷]　　حاضر آرَم پیشِ تو در یک دَمَش [۸]**

آصف بن برخیا گفت: من به کمکِ اسم اعظم، تخت را در یک دَم حاضر می‌آورم.

---

۱ - نیکلسون به نقل از فاتح این بیت را از غامض‌ترین ابیات مثنوی دانسته است، برخی از شارحان نیز از شرح آن تن زده‌اند.　۲ - مولانا بارها از فهم کند و ناقصِ خلق شکوه کرده است، (مُردم اندر حسرت فهم درست).

۳ - **عفریت**: دیو، مهتر پریان.　۴ - **به فن**: اینجا کنایه از جادوست.

۵ - در قطعهٔ پیشین خواندیم که بلقیس راضی شد که سلطنت را رها کند و به سوی سلیمان(ع) و به بیت‌المقدّس برود؛ ولی دلبستگی او به تخت سلطنت همچنان باقی بود و دیدیم که سلیمان(ع) پذیرفت که تخت او را از سبا به بارگاه بیاورند.

۶ - **آصف**: آصف بن برخیا، نام وزیر یا دبیر سلیمان (ع) و یا دانشمندی از بنی اسرائیل. گویند این همان کس است که علمی از کتاب داشت و در قرآن کریم ذکر آن رفته است. او تخت بلقیس را به لحظه‌ای در پیشگاه سلیمان (ع) حاضر ساخت.　۷ - **اسم اعظم**: ر.ک: ۱۴۳/۲.

۸ - اشارتی قرآنی؛ نمل: ۴۰/۲۷: کسی که از «علم کتاب» بهره‌ای داشت گفت من پیش از آنکه چشمت را بر هم زنی آن را به نزدت می‌آورم [پذیرفت و آورد] و چون [سلیمان] آن را در نزد خویش مستقر دید، گفت این از فضل پروردگار من است که می‌آزمایدم که آیا شکر می‌ورزم یا کفران،... .

گرچه عفریت اوستادِ سِحْر بود لیک آن از نفخِ آصف رُو نمود ۹۰۵

هرچند که عفریت در جادو استاد بود؛ امّا تخت به امداد نَفَسِ پاکِ آصف بن برخیا انتقال یافت.

حاضر آمد تختِ بلقیس آن زمان لیک ز آصف، نه از فنِ عِفْریتیان ۹۰۶

تخت بلقیس، آن دم حاضر شد و این کار با قدرت روحانی آصف بود، نه از جادوی دیوان.

گفت: حمدِ اللّه بر این و صد چنین که بدیدستم ز رَبُّ العالمین ۹۰۷

سلیمان(ع) گفت: برای این کار و صدها لطفِ دیگر که از خداوند دیده‌ام، حمد و سپاس دارم.

پس نظر کرد آن سلیمان سویِ تخت گفت: آری گول[1] گیری ای درخت ۹۰۸

سپس سلیمان (ع) به تخت نظری انداخت و گفت: آری، ای چوب، شخص ناآگاه را به اسارت در می‌آوری.

پیشِ چوب و پیشِ سنگِ نقش‌کَند[2] ای بسا گولان که سرها می‌نهند ۹۰۹

چه بسا افراد ناآگاه و نادانی که در برابر چوب و یا سنگ کنده‌کاری شده سجده می‌کنند.

ساجد و مسجود از جان بی‌خبر دیده از جان جُنبشی وَ اندک اثر ۹۱۰

بُت‌پرست و بُت هر دو از «جان» بی‌خبرند و از آن تنها حرکتِ ناچیزِ اعضای بدن را دیده‌اند.

دیده در وقتی که شد حیران و دنگ[3] که سخن گفت و اشارت کرد سنگ ۹۱۱

بت‌پرست که سخن گفتن و اشاره کردنِ سنگ را می‌بیند، مدهوش و سرگشته می‌شود.

نَردِ خدمت[4] چون به ناموضع بباخت شیرِ سنگین را شقی[5] شیری شناخت[6] ۹۱۲

این درکِ وهم‌آلود و پندارگونه بدان سبب است که این موجود بدبخت به جای بندگی حق تعالیٰ، کمر همّت به بندگی بت سنگی بسته است؛ زیرا آن را خدا می‌داند.

از کَرَم شیرِ حقیقی کرد جُود استخوانی سویِ سگ انداخت زود ۹۱۳

امّا خداوند از سر کَرَم به او هم نصیبی می‌دهد؛ زیرا رحمت عام شامل همگان است.

---

۱ - **گول :** نادان، ناآگاه. ۲ - **سنگِ نقش‌کَنْد :** سنگی که بر روی آن نقوشی کنده و تراشیده شده باشد.
۳ - **دَنگ :** احمق، بی‌خبر و بیهوش، سرگشته و مات. ۴ - **خدمت :** چاکری، بندگی. ۵ - **شَقِیّ :** بدبخت.
۶ - شیر سنگی را شیر حقیقی پنداشته است.

گفت: گرچه نیست آن سگ بر قِوام ١   لیک ما را استخوان لطفی‌ست عام   ٩۱۴

حضرت حق فرمود: هرچند که آن بت‌پرست در راه خلاف حق است؛ امّا لطف عام ما او را هم بی‌بهره نمی‌گذارد و از متاع دنیوی که نهایت آمال و آرزوی اوست، برخوردار می‌کند.

قصّهٔ یاری خواستنِ حلیمه از بُتان، چون عَقیبِ فِطام٢ مصطفی را علیـه الـسَّلام گُم کرد، و لرزیدن و سجدهٔ بتان و گواهی دادنِ ایشان بر عظمتِ کارِ مصطفی صَلَّی الله عَلَیـه وَ سَلَّـم٣

حلیمه بنت ذؤیب از قبیله بنی سعد که به عنوان دایه برای شیر دادن رسول خدا(ص) در ایّام شیرخوارگی برگزیده شده بود، پس از پایان مدّت رضاع٤، طفل را برگرفت و به مکّه رفت تا او را به جدّ بزرگوارش عبدالمطّلب بسپارد. در نزدیک حطیم که بین رکن و باب کعبه است، از هوا صدایی خوش شنید که بانگ می‌زد: ای حطیم، امروز بر تو آفتابی بس عظیم تـافته است. ای حطیم، امروز پادشاهی بس محتشم که بخت بلند و اقبال سرمدی پیک اوست، در تو رحل اقامت افکنده است. امروز باز دوباره جایگاهِ قُدسیانِ آسمانی شده‌ای. حلیمه که از این صدای دل‌انگیز حیران بود، به هر سو که می‌نگریست شش جهت را خـالی مـی‌یافت. لحظه‌ای مصطفی(ص) را بر زمین نهاد تا صاحب صدا را بیابد.

هنگامی که از جست‌وجو ناامید شد و لرزان به سوی کودک(ص) بازگشت، وی را بر جای نیافت. جهان در نظرش تیره و تار گردید و بس ناله و فغان سر داد و دُردانـهٔ خـود را می‌خواست. پیرمردی او را گریان و سینه‌کوبان دید و از سر رحمت و شـفقت، دلالت بـه اِستعانت و یاری خواستن از عُزّیٰ کرد و خود در برابر بُت به سجود آمد و از عُزّیٰ که او را خداوندِ عرب می‌کرد خطاب می‌کرد، خواست تا فرزندی را که گم گشته و محمّد نـام دارد بـه سهولت باز یابند. به مجرد آنکه نام محمّد(ص) در فضای کـعبه طنین افکـند، جمله بتان

---

١ ‐ قِوام : چیزی که مایهٔ درستی و آراستگی باشد، بر انتظام و نظم بودن.

٢ ‐ عَقیْبِ فِطام : اندکی بعد از آنکه کودک را از شیر گرفت.

٣ ‐ مأخذ آن روایتی است به اجمال در طبقات ابن سعد، طبع لیدن، جزء اوّل از قسم اوّل، ص ٧۰. همچنین به تفصیلی تمام‌تر در تفسیر ابوالفتوح، ج ۵، صص ۵٤۶-۵٤۷ نقل شده و به روایت مثنوی نزدیک‌تر است: احادیث، صص ٣۶٣-٣۶١.   ٤ ‐ رضاع : شیر دادن به کودکی که مادرش فاقد شیر طبیعی باشد.

سرنگون و ساجد شدند که سنگ‌ساری و کساد و بی‌اعتباری ما از دولت بارگاه او خواهد بود و بدین ترتیب سنگ‌ها به سخن آمدند و پیر را ملامت و سرزنش کردند. او که سخت بیمناک و لرزان گشته بود، حلیمه را که سودا زده و حیران از سخنگویی باد و ادیبی سنگ‌ها و پریشان از ربودن طفل توسط غیبیان سبزپوش آسمان بود، اندرز داد و به آرامش و شادی دعوت کرد که یقیناً آن کودک گم نمی‌شود، بلکه همهٔ عالم در وجود او گم می‌شود.

خبر ناپدید شدن محمّد(ص) به جدّ بزرگوارش عبدالمطّلب رسید و پس از جست‌وجوی بی‌حاصل در میان کعبه نالید که ای پروردگار من، در سیمای آن دُرِّ یگانه آثار لطفت را دیده‌ام و هم او را شفیع خویش به بارگاه تو می‌آورم که حال وی را با من بگویی. هاتفی از درون کعبه ندا داد که او با دو صد اقبال محفوظ ما است و هم اکنون در فلان وادی و در زیر فلان درخت است و بدین ترتیب عبدالمطّلب به اتّفاق بزرگان قریش بدان مکان رفتند و آن فرخنده کودک را که درود و سلام جمله عالمیان بر وی باد! یافتند.

قصّه تصویری است از واقعه‌ای که درکودکی پیامبر(ص) رخ داده است و آن چنان‌که شیوهٔ مولانا در تصویرگری وقایع است بدان لطافت و ظرافتی فوق‌العاده بخشیده که حاکی از عشق و تعظیم و تقدیس فوق‌العادهٔ وی در حقّ خاتم انبیاست.

در تفسیر ابوالفتوح، پیرمرد، حلیمه را نزد هُبَل می‌برد و هاتف غیب نشان محمّد(ص) را به وادی تهامه می‌دهد و از احوالات عارفانه و عاشقانه‌ای که مولانا توسّط آن، حالی سخت شورانگیز به واقعهٔ رخ داده می‌دهد، اثری نیست.

قصّهٔ رازِ حلیمه گویمت / تا زداید داستانِ او غمت ۹۱۵

قصّهٔ اسرارآمیز حلیمه را می‌گویم تا غم و اندوه را از دلت بزداید.

مصطفی را چون ز شیر او باز کرد / بر کَفَش برداشت چون ریحان و وَرد[1] ۹۱۶

هنگامی که مصطفی(ص) را از شیر باز کرد، او را مانندِ گل و ریحان به دست گرفت.

می‌گریزانیدش از هر نیک و بد / تا سپارد آن شهنشه را به جَد ۹۱۷

برای آنکه آن شاهنشاه راستین را به سلامتی به جدّ بزرگوارش برساند، می‌کوشید تا او را از هر حادثه‌ای محفوظ بدارد.

چون همی آورد امانت را، ز بیم / شد به کعبه، و آمد او اندر حَطیم[2] ۹۱۸

و در حالی که برای سلامت و امنیّت آن امانت بیمناک بود، به خانهٔ کعبه و حطیم وارد شد.

---

۱ - **ریحان و وَرد**: سبزه و گل. ۲ - **حَطِیْم**: دیوار سنگی کعبه (بین رکن و زمزم و مقام).

از هوا بشنید بانگی، کِای حطیم!　　تافت بر تو آفتابی بس عظیم ۹۱۹

صدایی را از آسمان شنید که می‌گفت: ای حطیم، امروز آفتابی بس تابناک بر تو تابیده است.

ای حطیم! امروز آید بر تو زود　　صد هزاران نور از خورشیدِ جُود ۹۲۰

ای حطیم، امروز صدها هزار پرتو از خورشیدِ جُود بر تو خواهد تابید.

ای حطیم! امروز آرَد در تو رَخت[1]　　محتشم شاهی که پیکِ اوست بخت[2] ۹۲۱

ای حطیم، امروز پادشاهی محتشم با اقبالی بلند، در تو رحل اقامت می‌افکَند.

ای حطیم! امروز بی‌شک از نوی　　منزلِ جان‌هایِ بالایی شوی ۹۲۲

ای حطیم، امروز بدون شک دوباره جایگاه ارواح متعالی و ملکوتی می‌شوی.

جان پاکان طُلْبْ[3] طُلْب و جَوْقْ[4] جَوْق　　آیدت از هر نواحی مستِ شوق ۹۲۳

جان‌های پاک از هر طرف دسته دسته و گروه گروه، مست و بیقرار به سوی تو می‌آیند.

گشت حیران آن حلیمه زآن صدا　　نه کسی در پیش، نه سویِ قفا[5] ۹۲۴

حلیمه از آن صدا حیران شد؛ زیرا کسی را در پیش رو و یا پشت سر نمی‌دید.

شش جهت خالی ز صورت، وین ندا　　شد پیاپی، آن ندا را جان فِدا ۹۲۵

شش جهت از صورت خالی بود؛ امّا این ندا که جان به فدایش باد! شنیده می‌شد.

مصطفی را بر زمین بنهاد او　　تا کند آن بانگْ‌زن را جُست و جو ۹۲۶

حلیمه، مصطفی(ص) را بر زمین نهاد تا صاحب صدا را بجوید.

چشم می‌انداخت آن دم سو به سو　　که: کجا است این شهِ اسرارگو[6] ؟ ۹۲۷

به هر سو می‌نگریست تا ببیند که صاحب این صدا کجاست؟

کین چنین بانگِ بلند از چپ و راست　　می‌رسد یا رب! رساننده کجاست؟ ۹۲۸

حلیمه با خود گفت: خدایا، صاحب این صدا که از چپ و راست می‌رسد، کجاست؟

۱ - **رخت آوردن :** رحل اقامت افکندن.

۲ - **پیک اوست بخت :** هرچه از او برسد چیزی جز اقبال و بختی بلند نیست.　۳ - **طُلْب :** گروه.

۴ - **جُوق :** دسته وگروه.　۵ - **قفا :** پشت سر.　۶ - **شه اسرارگو :** هاتف غیب.

چون ندید او، خیره و نومید شد　　جسمْ لرزان همچو شاخِ بید شد ۹۲۹
چون کسی را ندید، حیران و ناامید شد و بدنش از ترس همانند شاخه‌های بید به لرزه افتاد.

باز آمد سویِ آن طفلِ رشید　　مصطفی را بر مکانِ خود ندید ۹۳۰
ناامید به سوی کودک رشید آمد؛ امّا مصطفی (ص) را سر جای خود ندید.

حیرت اندر حیرت آمد بر دلش　　گشت بس تاریک از غم منزلش ۹۳۱
دلش سرشار از حیرتی عظیم شد و از شدّت غم دنیا در نظرش تاریک گشت.

سویِ منزل‌ها دوید و بانگ داشت　　که: که بر دُردانه‌ام غارت گماشت؟ ۹۳۲
به سوی خانه‌ها می‌دوید و فریاد می‌زد: فرزند دردانهٔ مرا چه کس ربوده است؟

مَکّیان گفتند: ما را علم نیست　　ما ندانستیم کآنجا کودکی‌ست ۹۳۳
اهالی مکّه گفتند: ما اطّلاعی نداریم و اصلاً نمی‌دانستیم که آنجا کودکی هست.

ریخت چندان اشک و کرد او بس فغان　　که از او گریان شدند آن دیگران ۹۳۴
حلیمه چندان اشک ریخت و ناله کرد که مردم هم به گریه آمدند.

سینه‌کوبان آنچنان بگریست خَوش　　کاختران گریان شدند از گریه‌اش ۹۳۵
چنان بر سینه می‌کوفت و به زاری می‌گریست که ستارگان هم گریان شدند.

حکایتِ آن پیرِ عرب که دلالت کرد حلیمه را به استعانت به بُتان

پیرمردی پیشش آمد با عصا　　کِای حلیمه! چه فُتاد آخر تو را؟ ۹۳۶
پیرمردی عصازنان آمد و گفت: ای حلیمه، چه اتّفاقی افتاده است؟

که چنین آتش ز دل افروختی　　این جگرها را ز ماتم سوختی؟ ۹۳۷
چه شده که این چنین دلت آتش گرفته است و از سوزِ آن جگر مردم را سوزانده‌ای؟

۹۳۸ **گفت: احمد را رَضیعم[1]، مُعْتَمَد[2]   پس بیاوردم که بسپارم به جَد**

گفت: من دایهٔ محمّد و مورد اعتماد خانوادهٔ او بوده‌ام و کودک را آوردم که به جدّش بسپارم.

۹۳۹ **چون رسیدم در حطیم، آوازها   می‌رسید و می‌شنیدم از هوا**

هنگامی که به حطیم رسیدم، نداهایی از آسمان می‌رسید که من می‌شنیدم.

۹۴۰ **من چو آن الحان شنیدم از هوا   طفل را بنهادم آنجا زآن صدا**

چون آن آواها را از آسمان شنیدم، کودک را بر زمین نهادم.

۹۴۱ **تا ببینم این ندا آوازِ کیست؟   که ندایی بس لطیف و بس شهی‌ست[3]**

تا ببینم که این صدا از چه کسی است؛ زیرا بسیار لطیف و دل‌انگیز بود.

۹۴۲ **نه از کسی دیدم به گِردِ خود نشان   نه ندا می منقطع شد یک زمان**

نه کسی را در پیرامون خود یافتم و نه آن صدا لحظه‌ای قطع می‌شد.

۹۴۳ **چونکه واگشتم ز حیرت‌هایِ دل   طفل را آنجا ندیدم، وایِ دل**

چون بر این حیرت عظیم غلبه یافتم و به سوی کودک باز گشتم، او را بر جای ندیدم. وای بر من!

۹۴۴ **گفتش: ای فرزند! تو انُده مدار   که نمایم مر تو را یک شهریار**

پیر مرد گفت: ای فرزند، غمگین نباش که من به تو شاهی را نشان خواهم داد.

۹۴۵ **که بگوید، گر بخواهد، حالِ طفل   او بداند منزل و تَرْحالِ[4] طفل**

شاهی که اگر بخواهد، تو را از حال کودک آگاه می‌کند؛ زیرا می‌داند کجاست و کجا رفته است.

۹۴۶ **پس حلیمه گفت: ای جانم فِدا   مر تو را، ای شیخ خوبِ خوش ندا!**

حلیمه گفت: ای پیر خوبِ خوش خبر، جانم به فدای تو باد!

۹۴۷ **هین! مرا بنمای آن شاهِ نظر   کِش بُوَد از حالِ طفلِ من خبر**

اکنون آن شاه صاحب نظر و آگاه را که از حال کودک من باخبر است، نشان بده.

---

۱ - **رَضِیْع** : بچهٔ شیرخواره، اینجا به معنی دایه و زن شیرده به کار رفته است.   ۲ - **مُعْتَمَد** : مورد اعتماد.
۳ - **شَهِیّ** : مطلوب، لذیذ، اشتهاآور.   ۴ - **تَرْحال** : کوچ، کوچیدن، سفر کردن.

۹۴۸ **بُرد او را پیشِ عُزّیٰ کین صنم — هست در اَخبارِ غیبی مغتنم**

او را نزد بُتی به نام عُزّیٰ برد و گفت: این بت بزرگِ گرانمایه، اسرار غیب را می‌داند.

۹۴۹ **ما هزاران گم شده زو یافتیم — چون به خدمت سویِ او بشتافتیم**

هنگامی که ما بنده‌وار به محضر او رفته‌ایم، هزاران گمشده را باز یافته‌ایم.

۹۵۰ **پیر کرد او را سجود و گفت زود: — ای خداوندِ عرب! ای بحرِ جود!**

پیرمرد در برابر عُزّیٰ سجده کرد و گفت: ای خداوند عرب، ای دریای جود،

۹۵۱ **گفت: ای عُزّیٰ! تو بس اِکرام‌ها — کرده‌ای تا رَسته‌ایم از دام‌ها**

ای عُزّیٰ، با الطاف بی‌کران تو ما از دشواری‌های فراوان رهایی یافته‌ایم.

۹۵۲ **بر عرب حقّ است از اکرامِ تو — فرض گشته تا عرب شد رام تو**

بزرگداشت تو بر اعراب واجب است و آنان به تو ایمان دارند.

۹۵۳ **این حلیمهٔ سَعدی، از اومیدِ تو — آمد اندر ظِلِّ شاخِ بید تو[1]**

این حلیمه که از قبیلهٔ بنی سعد است به امید لطف تو به اینجا آمده تا در سایهٔ عنایتت قرار گیرد.

۹۵۴ **که از او فرزندِ طفلی گُم شده‌ست — نام آن کودک محمّد آمده‌ست**

زیرا فرزند کوچکی از او گم شده است که محمّد(ص) نام دارد.

۹۵۵ **چون محمّد گفت، آن جمله بُتان — سرنگون گشتند و ساجد آن زمان**

هنگامی که پیرمرد نام محمّد(ص) را بر زبان آورد، همهٔ بت‌ها سر را خم کردند و به سجده آمدند.

۹۵۶ **که: برو ای پیر! این چه جُست و جوست؟ — آن محمّد را که عزلِ ما از اوست**

که: ای پیرمرد، برو. این چه جست‌وجویی است؟ تو کسی را می‌جویی که ما را از مقام الوهیّت عزل خواهد کرد.

۹۵۷ **ما نگون[2] و سنگسار[3] آییم از او — ما کساد و بی‌عِیار آییم از او**

ما به سبب وجود او سرنگون می‌شویم و بی‌رونق و بی‌قدر می‌گردیم.

---

۱ - **ظِلِّ شاخ بید تو**: عنایتِ بت به درخت بیدی مانند شده که برخورداران از آن می‌توانند در سایهٔ آن مراحم بیاسایند. ۲ - **نگون**: سرنگون. ۳ - **سنگسار**: خوار و بی‌اعتبار.

۹۵۸ **آن خیالاتی[1] که دیدندی ز ما   وقتِ فَترت[2]، گاه گاه، اهلِ هوا**

آن خیالاتی را که گاه‌گاه در زمان فترت بُت‌پرستان از ما می‌دیدند،

۹۵۹ **گُم شود چون بارگاهِ او رسید   آب آمد، مر تَیَمّم را درید[3]**

با فرا رسیدن دوران قدرتِ او، محو خواهد شد. آب که باشد، تیمّم باطل است.

۹۶۰ **دور شو ای پیر! فتنه کم فروز   هین! ز رَشکِ احمدی ما را مسوز[4]**

ای پیر، از ما دور شو و فتنه بر پا نکن. به خود بیا و نگذار از غیرت محمّدی بسوزیم.

۹۶۱ **دُور شو بهرِ خدا ای پیرا! تو   تا نسوزی ز آتشِ تقدیرِ تو**

ای پیر، تو را به خدا از ما دور شو تا در آتش تقدیر الهی نسوزی.

۹۶۲ **این چه دُمّ اژدها افشردن است؟   هیچ دانی چه خبر آوردن است؟**

استمداد تو از ما همانند پای بر دم اژدها نهادن، خطرناک است. می‌دانی چه خبری آورده‌ای؟

۹۶۳ **زین خبر جُوشد دِل دریا و کان   زین خبر لرزان شود هفت آسمان**

از شنیدن این خبر دل دریا و معدن می‌جوشد و هفت آسمان به لرزه می‌افتد.

۹۶۴ **چون شنید از سنگ‌ها پیر این سخن   پس عصا انداخت آن پیرِ کهن**

چون پیرِ عرب این سخنان را از بت‌های سنگی شنید، عصا از دستش افتاد.

۹۶۵ **پس ز لرزه و خوف و بیمِ آن نِدا[5]   پیر دندان‌ها به هم بر می‌زدی**

با شنیدن آن صدا به حدّی ترسان و لرزان شده بود که دندان‌هایش به هم می‌خورد.

۹۶۶ **آنچنان کَاندر زمستان مردِ عور   او همی لرزید و می‌گفت: ای ثُبور[6]**

همانندِ مردی عریان در زمستان می‌لرزید و می‌گفت: وای بر من! بیچاره شدم.

---

۱ - **خیالات :** اشاره است به آنچه که بت‌پرستان، معجزات بت‌ها می‌دانسته‌اند.

۲ - **فترت :** زمان میان ظهور دو پیامبر.

۳ - اشاره به یک حُکم شرعی که به سبب کثرت استفاده، مَثَل شده است: با وجود آب تَیَمّم باطل است.

۴ - مُراد آن است که: تو از ظهور محمّد(ص) خبر می‌دهی و غیرتِ او موجب محو و نابودی بتان می‌شود.

۵ - ندا به صورتِ مُمال «ندی» خوانده می‌شود. «الف» و «یاء» با هم قافیه شده‌اند.

۶ - **ثُبور :** مرگ و هلاکت، واهلاکا گفتن، غم و اندوه.

۹۶۷ **چون در آن حالت بدید او پیر را   زآن عجب، گُم کرد زن تدبیر[۱] را**

چون حلیمه پیر را در آن حالت دید، توانایی چاره‌جویی را از دست داد.

۹۶۸ **گفت: پیرا ! گرچه من در محنتم   حیرت اندر حیرت اندر حیرتم**

گفت: ای پیرمرد، اگرچه غرق اندوهم؛ امّا به شدّت حیرانم.

۹۶۹ **ساعتی بادم خطیبی می‌کُند   ساعتی سنگم ادیبی می‌کُند**

گاهی باد با من سخن می‌گوید و گاه بُت سنگی به من طریق ادب می‌آموزد.

۹۷۰ **باد با حرفم سخن‌ها می‌دهد   سنگ و کوهم فهم اشیا می‌دهد**

باد با کلمات سخن می‌گوید و سنگ و کوه در ارتباط با حقیقت اشیا توضیح می‌دهند.

۹۷۱ **گاه طفلم را ربوده غیبیان[۲]   غیبیانِ سبز پَرِّ آسمان**

گاهی فرشتگان، فرشتگانی که بال و پر سبزی دارند، کودکم را می‌ربایند.

۹۷۲ **از که نالم؟ با که گویم این گِله؟   من شدم سودایی[۳] اکنون، صد دِله[۴]**

از دست چه کسی بنالم؟ به که شکایتم را بگویم؟ خیالاتی شده‌ام. چه چیزی را باور کنم؟

۹۷۳ **غیرتش از شرحِ غیبم لب بِبَست   این قَدَر گویم که: طفلم گم شده‌ست**

غیرتِ مقامِ آن کودک نمی‌گذارد اسراری را که می‌بینم، بگویم؛ بنابراین فقط می‌گویم که کودکم گم شده است.

۹۷۴ **گر بگویم چیزِ دیگر من کنون   خلق بندندم به زنجیر جنون**

اگر چیز دیگری را بگویم، مرا به اتّهام جنون به زنجیر خواهند کشید.

۹۷۵ **گفت پیرش: کِای حلیمه! شاد باش   سجدهٔ شُکر آر و رُو را کم خراش**

پیرمرد گفت: ای حلیمه، شاد باش. به شکرانه سجده کن و صورت خود را مخراش.

۹۷۶ **غم مخور، یاوه نگردد[۵] او ز تو   بلکه عالم یاوه[۶] گردد اندر او**

غصّه نخور، او را گم نمی‌کنی؛ بلکه همهٔ عالم در وجودِ او محو و گم می‌شود.

---

۱ - **تدبیر** : اندیشه کردن در عاقبت کار، تأمّل و تفکّر و اندیشه، چاره‌جویی.
۲ - **غیبیان** : کسانی که در پس پردهٔ غیب هستند، فرشتگان، موجودات نامرئی.   ۳ - **سودایی** : خیالاتی.
۴ - **صد دِله** : دچار تردید و شک.   ۵ - **یاوه نگردد** : گم نمی‌شود.   ۶ - **یاوه** : محو شدن.

۹۷۷ **هر زمان از رشکِ غیرت[1] پیش و پس   صدهزاران پاسبان است و حَرَس[2]**
غیرت حق در هر لحظه صدها هزار نگهبان و محافظ را در پیش و پس او گماشته است.

۹۷۸ **آن ندیدی کآن بُستان ذوفنون[3]   چون شدند از نامِ طفلت سرنگون؟**
مگر ندیدی که آن بت‌های توانمند با شنیدن نام کودکِ تو، چگونه خم شدند؟

۹۷۹ **این عجب قرنی‌ست[4] بر رویِ زمین   پیر گشتم، من ندیدم جنسِ این**
عجب روزگاری شده است! پیر شده‌ام و تاکنون چنین چیزی را ندیده و نشنیده‌ام.

۹۸۰ **زین رسالت سنگ‌ها[5] چون ناله داشت   تا چه خواهد بر گنه‌کاران گماشت؟**
از شنیدن خبر رسالت او، بت‌های سنگی به ناله آمده‌اند؛ در حالی که تقصیری ندارند و نخواسته‌اند بت باشند؛ زیرا فاقد قدرت و اختیار هستند؛ پس با این وضع معلوم نیست که بر سرِ گنهکاران که با اراده و اختیارِ خود بت را پرستیده‌اند، چه خواهد آمد؟

۹۸۱ **سنگ بی‌جُرم است در معبودی‌اَش   تو نه‌ای مضطر[6]، که بنده بودی‌اَش**
جماد، اگر پرستیده شود، مجرم نیست؛ امّا تو که برای پرستشِ بُت ناچار نبوده‌ای.

۹۸۲ **او که مضطر این چنین ترسان شده‌ست   تا که بر مُجرم چه‌ها خواهند بست؟**
بُت که اختیاری نداشته است، این چنین می‌ترسد. ببین که با گنهکاران چه خواهند کرد؟

خبر یافتنِ جدِّ مصطفی عبدالمطّلب، از گم کردنِ حلیمه محمّد را علیه السَّلام، و طالب شدنِ او گِردِ شهر و نالیدنِ او بر درِ کعبه، و از حق درخواستن، و یافتنِ او محمّد را علیه السَّلام

۹۸۳ **چون خبر یابید جَدِّ مصطفی   از حلیمه وز فغانش بر ملا[7]**
هنگامی که پدر بزرگ مصطفی(ص)[8] از گم شدن او و ناله و فغان حلیمه در انظار عموم باخبر شد،

---

۱ - **رشکِ غیرت**: غیرتِ حق. ۲ - **حَرَس**: جمع حارِس به معنی نگهبان.
۳ - **ذوفنون**: کسی که دارای هنرهای گونه‌گون است، پیرمرد قبل از این حوادث به بُت‌ها اعتقاد داشته است؛ پس بنا بر همان عادت دیرین آنان را ذوفنون می‌خواند؛ زیرا آنان بُت‌ها را صاحب اعجاز و قدرت‌های غیبی می‌دانسته‌اند.
۴ - **قرن**: روزگار، پاره‌ای از روزگار. ۵ - **سنگ‌ها**: مراد بُت‌های سنگی است.
۶ - **مُضْطَرّ**: حاجتمند، مجازاً به معنی بی‌اختیار و ناچار. ۷ - **بر ملا**: در انظار عمومی، در کوچه و بازار.
۸ - **بنی هاشم**: ر.ک: ۲۳۷۵/۱.

وز چنان بانگِ بلند و نعره‌ها — که به میلی[1] می‌رسید از وی صدا ۹۸۴

و فریاد بلند و نعره‌های او را که از فاصلهٔ دور نیز به گوش می‌رسید، شنید.

زود عبدالمطّلب دانست چیست — دست بر سینه همی زد، می‌گریست ۹۸۵

عبدالمطّلب فوراً دریافت که چه شده است؛ بنابراین بر سینه می‌کوفت و می‌گریست.

آمد از غم بر درِ کعبه به سوز — کِای خبیر از سِرِّ شب وز رازِ روز ۹۸۶

با دلی اندوهناک و سوزان به در کعبه آمد و گفت: ای خدایی که از همهٔ اسرار آگاه هستی.

خویشتن را من نمی‌بینم فنی — تا بُوَد همرازِ تو همچون منی[2] ۹۸۷

من در خویش قابلیّت و شایستگیِ اینکه همرازِ تو باشم را نمی‌بینم.

خویشتن را من نمی‌بینم هنر — تا شوم مقبولِ این مسعودْ در ۹۸۸

من در خود چیزی را نمی‌بینم که مورد قبول این درگاه باسعادت باشد.

یا سر و سجدهٔ مرا قدری بُوَد — یا به اَشکم دولتی خندان شود[3] ۹۸۹

سر و سجدهٔ من ارزشی ندارد و با سیل اشک‌های من دری از اقبال گشوده نمی‌شود.

لیک در سیمایِ آن دُرِّ یتیم — دیده‌ام آثارِ لطفت، ای کریم! ۹۹۰

امّا ای خدای بخشنده، در چهرهٔ آن مروارید بی‌همتا، نشانه‌های لطفِ تو را دیده‌ام.

که نمی‌مانَد به ما، گرچه ز ماست — ما همه مِسّیم و احمد کیمیاست ۹۹۱

آن نشانه‌های لطفِ تو را که در سیمای او دیده‌ام، حاکی از آن است که او شبیه خانوادهٔ ما نیست هرچند که از ماست؛ زیرا در تقابل با او ما همه مس هستیم و محمّد (ص) کیمیاست.

آن عجایب‌ها که من دیدم بر او — من ندیدم بر وَلیّ و بر عدو ۹۹۲

چیزهای عجیبی که در او دیده‌ام در دوست و دشمن، یعنی هیچ کس دیگر دیده نمی‌شود.

آنکه فضلِ تو در این طفلیش داد — کس نشان نَدْهد به صد ساله جهاد ۹۹۳

آنچه که فضلِ تو در کودکی به او داد، با صد سال مجاهده کسب نمی‌شود.

---

۱ - **میل**: واحد طول، اینجا مراد فاصلهٔ دور است.

۲ - مسلمانان معتقدند که خاندان و اجداد پیامبر (ص) پیش از بعثت رسول خدا (ص) نیز موحّد بوده‌اند و در این ابیات راز و نیاز عبدالمطّلب با خداوند است. ۳ - **دولتی خندان شود**: سعادتی روی آوَرَد.

۹۹۴ **چون یقین، دیدم عنایت‌هایِ تو — بر وی، او دُرّی‌ست از دریایِ تو**

چون عنایات تو را در حقّ او دیده‌ام، یقین آورده‌ام که او مرواریدِ دریایِ توست.

۹۹۵ **من هم او را می شفیع آرَم به تو — حالِ او، ای حال‌دان! با من بگو**

پروردگارا، من هم او را شفیع قرار می‌دهم که حالِ وی را به من بگویی.

۹۹۶ **از درونِ کعبه آمد بانگ، زود — که هم‌اکنون رخ به تو خواهد نمود**

در همان حال بانگی از درون کعبه گفت: او هم‌اکنون خود را به تو نشان خواهد داد.

۹۹۷ **با دو صد اقبال او محفوظِ ماست — با دو صد طُلْبِ[1] مَلَک محفوظِ ماست**

او از عنایت بی‌کران ما برخوردار است و با سپاهی از فرشتگانِ محافظ در حصن‌الهی ماست.

۹۹۸ **ظاهرش را شُهرهٔ کیهان کنیم — باطنش را از همه پنهان کنیم**

ظاهرش را در جهان مشهور می‌کنیم؛ امّا باطنش را از خلق نهان می‌داریم.

۹۹۹ **زرّکان[2] بود آب و گِل[3]، ما زرگریم[4] — که گَهش خلخال[5] و گَه خاتم[6] بُریم**

با آنکه قالب عنصری انسان، مادّی است، جانی که در آن به امانت نهاده شده، دارای استعداد عظیمی است که می‌تواند به سوی نور محض یا ظلمت محض برود؛ بنابراین ما (حق تعالیٰ) همان گونه که زرگر از زر زیورهای گوناگونی می‌سازد، آدمیان را با سرشت‌های متفاوت از آب و گِل خلق می‌کنیم، گروهی را اهل دنیا و عدّه‌ای را اهل معنا.

۱۰۰۰ **گه حمایل‌هایِ شمشیرش کنیم — گاه بندِ گردنِ شیرش کنیم**

گاهی از این طلا، بند شمشیر می‌سازیم و گاه قلادهٔ گردن شیر.

۱۰۰۱ **گه تُرنجِ تخت[7] برسازیم از او — گاه تاجِ فرق‌هایِ مُلکْ‌جو**

گاهی از آن گوی‌های زرّینِ تخت می‌سازیم و گاه تاج شاهان سلطنت طلب را.

---

۱ - **طُلْب** : گروه، دسته.
۲ - **زرّکان** : طلای معدن، اینجا مراد نَفْسِ آدمی است که استعداد تجرُّد و ادراک حقایق عالم هستی را دارد.
۳ - **آب و گِل** : اشاره به قالب عنصری انسان.
۴ - **زرگریم** : زرگر هستیم، از زبان حق است که می‌فرماید: ما زرساز هستیم.
۵ - **خلخال** : حلقهٔ زینتی پای زنان، کنایه از اهل دنیا. ۶ - **خاتم** : انگشتری، کنایه از اهل معنا، انسان کامل.
۷ - **تُرَنج تخت** : گوی‌های زرّین یا سیمین برای تزیین تخت شاهان.

۱۰۰۲ **عشق‌ها داریم با این خاک ما   زانکه افتاده‌ست در قَعدهٔ[1] رضا[2]**

از آنجا که این انسان راضی به رضای حق است، دوستش داریم و به او عشق می‌ورزیم.

۱۰۰۳ **گه چنین شاهی از او پیدا کنیم   گَه هم او را پیشِ شه شیدا کنیم**

گاه از او چنین شاهِ بی‌مانندی را پدید می‌آوریم و گاه انسان‌های خاکی را واله و شیدای ذات و صفات متجلّی در انسان کامل می‌کنیم.

۱۰۰۴ **صدهزاران عاشق و معشوق از او   در فغان و در نفیر[3] و جُست و جو**

ما از این خاک صدها هزار عاشق و معشوق می‌آفرینیم که همگی در فغان و فریاد و جست‌وجویِ اصل خویش‌اند.

۱۰۰۵ **کارِ ما این است بر کوریِ آن   که به کارِ ما ندارد میلِ جان**

به کوری چشم کسی که به کار ما اعتقادی ندارد، کار ما همین است.

۱۰۰۶ **این فضیلت[4] خاک را زآن رو دهیم   که نواله[5] پیشِ بی‌بَرگان[6] نهیم**

طالبان و کاملان را به وجود می‌آوریم تا ناآگاهان نیز در جوارِ آنان از عوالم روحانی برخوردار شوند و به کلّی بی‌بهره نمانند.

۱۰۰۷ **زانکه دارد خاک شکلِ اَغبری[7]   وز درون دارد صفاتِ انوری**

زیرا این موجود خاکی، ظاهری غبارآلوده دارد؛ امّا در باطن تابناک است.

۱۰۰۸ **ظاهرش[8] با باطنش[9] گشته به جنگ   باطنش چون گوهر و ظاهر چو سنگ**

همواره جسمِ سخت و جان لطیف آدمی با یک‌دیگر در چالش و جنگ هستند.

۱۰۰۹ **ظاهرش گوید که: ما اینیم و بس   باطنش گوید: نکو بین پیش و پس**

وجهِ نفسانی آدمی، همه چیز را در خود و در عالم مادّه می‌بیند و وجهِ روحانی را قبول ندارد؛ امّا وجه روحانی می‌گوید: همهٔ جوانب را ببین و بسنج.

---

۱ - **در قعدهٔ رضا افتادن**: راضی به رضای حق بودن.   ۲ - **رضا**: پذیرفتن بلایا و مصایب راه حق.

۳ - **نفیر**: بانگ بلند.   ۴ - **فضیلت**: رجحان، برتری.   ۵ - **نواله**: لقمه، فراخی و نعمت.

۶ - **بی برگان**: کسانی که از عوالم غیبی و ماورای حس بهره‌ای ندارند.

۷ - **اَغْبَر**: گردآلوده، خاکی، غبارآلوده. نَفْس آدمی دارای قابلیّت و استعدادِ خاصّی است که می‌تواند مادّیِ صرف یا مجرّدِ صرف باشد؛ بنابراین در اینجا دو وجه مادّی و معنویِ جان انسان در تقابل با یک‌دیگرند.

۸ - **ظاهر**: مراد ظاهر فیزیکی نیست؛ بلکه وجه نَفْسانی و مادّیِ نَفْس آدمی است.

۹ - **باطن**: مراد وجه روحانی و مجرّدِ نفس انسان است.

ظاهرش مُنکِر که: باطن هیچ نیست   باطنش گوید: که بنماییم، بیست[1] ۱۰۱۰

وجه روحانی‌اش به زبان حال می‌گوید: صبر کن تا ببینی.

ظاهرش با باطنش در چالش‌اند[2]   لاجرم زین صبر[3] نصرت می‌کَشند[4] ۱۰۱۱

«ظاهر» و «باطن» همواره با هم مبارزه می‌کنند تا به یاری خدا حقیقت آشکار شود.

زین تُرُش‌رُو خاکْ صورت‌ها کنیم   خندهٔ پنهانْش را پیدا کنیم ۱۰۱۲

از این مادّهٔ عنصری، صورت‌ها و نقوش را می‌آفرینیم و به کمال می‌رسانیم تا با رهایی از قید تعلّقات خندهٔ نهانی‌اش آشکار گردد.

زانکه ظاهر خاکْ اندوه و بُکاست[5]   در درونش صد هزاران خنده‌هاست ۱۰۱۳

زیرا این خاکِ تیره و اندوهناک، با ادراک باطنی به احوال خوشی می‌رسد.

کاشِفُ آلسِّرّیم[6] و کارِ ما همین   کین نهان‌ها را بر آریم از کمین ۱۰۱۴

کارِ ما آشکار کردن رازها و پدید آوردن اسرار نهانی از نهان‌خانهٔ غیب است.

گرچه دزد[7] از مُنکِری[8] تن می‌زند[9]   شِحنه[10]، آن از عَصْر[11] پیدا می‌کُند ۱۰۱۵

هرچند که «وجه مادّیِ» آدمی منکرِ حقایق است؛ امّا تقدیر الهی، او را با انواع فشارها، بلایا و مصایب، مجبور می‌کند تا در حدّ توان حقایق را بپذیرد.

فضل‌ها دزدیده‌اند این خاک‌ها[12]   ما مُقِرّ آریمشان از ابتلا ۱۰۱۶

این انسان‌ها از فضل حق بهره‌ها برده‌اند «امانت الهی»، اگر به سوی کمال نروند، در امانت خیانت کرده‌اند و ما با ابتلای به انواع محنت‌ها و آزمون‌ها، ناچارشان می‌کنیم تا به عجز خویش و فضل حق معترف شوند.

بس عجب فرزند کو را بوده است   لیک احمد بر همه افزوده است ۱۰۱۷

از خاک فرزندان شگفت‌انگیزی به وجود آمده‌اند؛ امّا احمد(ص) از همه برجسته‌تر است.

---

۱ - **بیست :** مخفّف بایست. ۲ - **چالش :** نبرد، کشمکش. ۳ - **زین صبر :** با این پایداری.
۴ - **نصرت می‌کَشند :** از خدا یاری می‌یابند. ۵ - **بُکا :** گریه. ۶ - **کاشف السِّر :** آشکار کنندهٔ راز.
۷ - **دزد :** اینجا نَفْسِ امّاره، وجه مادّیِ نَفْس. ۸ - **مُنکری :** انکار. ۹ - **تن می‌زند :** زیر بار نمی‌رود.
۱۰ - **شِحنه :** داروغه، اینجا تقدیر الهی، یا روح «حق‌جو»ی خودِ شخص. ۱۱ - **عَصر :** فشار دادن، شکنجه.
۱۲ - **خاک‌ها :** موجودات خاکی، مراد انسان‌هاست.

۱۰۱۸ **شد زمین و آسمان[۱] خندان و شاد   کین چنین شاهی ز ما دو جفت زاد**

با تولّد او، زمین و آسمان نازیدند که چنین سلطانی از ما به وجود آمده است.

۱۰۱۹ **مـی‌شکافد آسمان از شادی‌اَش   خاک چون سوسن[۲] شده ز آزادی‌اَش**

از شادی تولّد او آسمان شکفته می‌شود و خاک از آلایش رها و خاموش است.

۱۰۲۰ **ظاهرت با باطنت ای خاکِ خَوش[۳]   چونکه در جنگ‌اند و اندرکش مکش**

ای انسان خاکی، دلنشینی‌ات برای چالشِ میان وجه مادّی با وجه معنوی توست.

۱۰۲۱ **هر که با خود بهرِ حق باشد به جنگ   تا شود معنیش خصمِ بو و رنگ**

هرکس که برای تقرّب به خداوند با نَفْس خود بستیزد به حدّی که وجه کمال طلبِ او در تضادّ با وجه نفسانی‌اش باشد،

۱۰۲۲ **ظلمتش با نورِ او شد در قِتال   آفتابِ جانْش را نَبْوَد زوال**

در جنگِ میان نور و ظلمت، وجه روحانی پیروز می‌شود و آفتابِ جان او هرگز زوال نمی‌یابد.

۱۰۲۳ **هر که کوشد بهرِ ما در امتحان[۴]   پشت زیرِ پایش آرَد آسمان[۵]**

هرکس که برای حق مجاهده کند، بسیار متعالی می‌شود.

۱۰۲۴ **ظاهرت از تیرگی افغان کنان   باطنِ تو گُلْستان در گُلْستان**

ظاهر سالکِ مجاهد، مادّی و باطن او پر از نور و معارف است.

۱۰۲۵ **قاصد[۶] او چون صوفیانِ رو تُرُش[۷]   تا نیامیزند با هر نورْکُش[۸]**

او، همانند بعضی از صوفیان، احوال خوش درونی‌اش را از «نااهل» نهان می‌کند.

---

۱ - **زمین و آسمان**: به اعتقاد قدما زمین، یعنی عناصر اربعه نمادی از مادر و آسمان نمادی از پدر است که از تزویج آنان هماهنگی و تعادل میان ارتباطات آن دو است که موجودات خاکی امکان ظهور و رشد می‌یابند.

۲ - **سوسن**: در تعبیر عارفان مظهر خاموشی و آزادگی است.

۳ - **خاکِ خوش**: اشاره به آدمی است که از خاک آفریده شد و نفخهٔ الهی را دریافت.

۴ - **امتحان**: آزمون، محنت، اینجا مجاهده با نَفْس.

۵ - مصراع دوم، یعنی اینکه پای خود را بر پشت آسمان می‌گذارد، در عالم غیب مقام والایی دارد.

۶ - **قاصد**: قاصداً، عمداً.

۷ - **صوفیانِ رو تُرُش**: بعضی از صوفیان برای اینکه «اهل دنیا» مصدّع اوقاتشان نشوند، عبوس و روتُرُش می‌نشینند و با «نااهلان» در نمی‌آمیزند: من ز شیرینی نشستم روتُرُش: ۱۷۶۹/۱.

۸ - **نورکُش**: غافلان و اهلِ دنیا.

۱۰۲۶ **عارفانِ رُو تُـرُش چـون خـارپشت — عیش پنهان کـرده در خـارِ دُرُشت**

احوالِ عارفانِ روتُرُش که جانِ لطیف خویش را در پس چهره‌ای درهم و عبوس نهان می‌کنند، به خارپشتی مانند است که در پس خارهای درشت ظاهرش، حیاتی نرم جریان دارد.

۱۰۲۷ **باغ پنهان، گِردِ بـاغ آن خـارْ فـاش — کِای عدوی دزدا! زین در دُور باش**[1]

این «روی تُرُش» شبیه خارِ روی دیوار باغ‌هاست که دزد نتواند وارد شود.

۱۰۲۸ **خارپُشتا!**[2] **خـار حـارس کـرده‌ای — سر چو صوفی در گـریبان بُـرده‌ای**

تو هم مانند خارپشت فاصله با خلق را نگهبان نور و سیر درونیِ خود کرده‌ای.

۱۰۲۹ **تا کسی دوچـاردانگِ**[3] **عـیشِ تـو — کم شود، زین گُلرخـانِ خـارْ خـو**[4]

تا «اهل دنیا و غافلان» مزاحم عیش معنوی و روحانی‌ات نشوند.

۱۰۳۰ **طفلِ تو**[5] **گرچه که کودک خو بُدست — هر دو عالم خود طُفیلِ**[6] **او بُـده‌ست**

اینک طفل تو طبع کودکانه‌ای دارد؛ امّا بدان که هستی عالم برای هستی اوست.

۱۰۳۱ **مـا جـهانی را بـدو زنـده کـنیم — چـرخ را در خـدمتش بـنده کـنیم**

آفرینش جهان برای او و در سیطرهٔ اوست.

۱۰۳۲ **گفت عبدالمطّلب کین دم کجاست؟ — ای علیمُ آلسِّرّ**[7] **نشـان دِه راهِ راست**

عبدالمطّلب گفت: ای خدای رازدان، اکنون آن طفل کجاست؟ هدایتم کن.

---

۱ - اشاره به غافلان و «اهل دنیا» است که عارفان را با آنان کاری نیست.

۲ - خطاب به جدّ پیامبر(ص) : با استفاده از مثنوی به تصحیح دکتر استعلامی، ج ۴، ص ۲۵۱.

۳ - **دوچاردانگ :** دو دانگ از چهار دانگ، مقداری از یک چیز، اینجا به معنی کاستی و ناقص کردن است.

۴ - **گلرخان خارْخو :** کنایه از «اهل دنیا و غافلان» است که مصاحبت با آنان عیش روحانی را به زوال می‌آورد.

۵ - خطاب به جدّ پیامبر(ص).

۶ - اشاره است به حدیث: لَوْلاٰکَ لَمٰا خَلَقْتُ اْلأفلاكَ : اگر تو ای محمّد نمی‌بودی، جهان را نمی‌آفریدم: ر.ک: ۹۷۶/۲.   ۷ - **علیم السّر :** رازدان.

نشان خواستنِ عبدالمطلب از موضعِ محمّد علیه السَّلام
که: کجاش یابم؟ و جواب آمدن از اندرونِ کعبه و نشان یافتن

۱۰۳۳ **از درونِ کــــعبه آوازش رســـید   گفت: ای جوینده! آن طفلِ رشید[1]**

ندایی از درون کعبه گفت: ای جوینده، آن کودکِ رشید،

۱۰۳۴ **در فُلان وادی‌ست، زیرِ آن درخت   پس روان شـد زود پـیرِ نـیکبخت**

در فلان صحرا، زیر فلان درخت است. پیرمرد به سرعت بدان سو روانه شد.

۱۰۳۵ **در رکـــابِ او امــــیرانِ قُــریش   زانکه جَدّش بـود ز اعـیانِ قـریش**

بزرگان قریش همراه او بودند؛ زیرا جدّ محمّد(ص) از برجستگان قریش بود.

۱۰۳۶ **تـا بـه پُشتِ آدم، اَسـلافش[2] هـمه   مـــهترانِ بــزم و رزم و مَـلْحمه[3]**

تمام اجداد او تا آدم(ع) از بزرگان بزم و رزم و نبرد بودند.

۱۰۳۷ **این نَسَب خود پوستِ[4] او را بوده است   کـز شـهنشاهانِ مِـه[5] پـالوده است**

اصل و نَسَب امری این جهانی است. هستیِ حقیقیِ او ابداً این جهانی نیست.

۱۰۳۸ **مغزِ[6] او خود از نَسَب دور است و پاک   نیست جنسش از سَمَک کَس تا سِماک[7]**

باطن بی‌همتای او مطلقاً مادّی نیست که با کسی رابطهٔ نَسَبی داشته باشد.

۱۰۳۹ **نـــورِ حـــق را کس نـجوید زاد و بـود   خلعتِ[8] حق را چه حاجت تار و پود[9]؟**

روحِ او «نورِ حق» و «خلعتی» الهی است. نوری است که کمّیّت و کیفیّت‌پذیر نیست.

---

۱ - **طفلِ رشید**: طفلِ رشد یافته، کودکی که قبل از رسیدن به سنین رشد، کمالی بالفعل دارد.
۲ - **اسلاف**: جمع سَلَف، نیاکان. ر.ک. مثنوی: بنی هاشم ۲۳۷۵/۱.   ۳ - **مَلْحَمه**: جنگ و درگیری، نبرد.
۴ - **پوست**: کنایه از ظاهر، اینجا اشاره به اصل و نَسَبِ دنیوی است. ظاهراً مبتنی بر این روایت است: خداوند متعال اسماعیل را از فرزندان ابراهیم، بنی کنانه را از فرزندان اسماعیل، قریش را از بنی کنانه، بنی هاشم را از قریش و بالأخره مرا از بنی هاشم برگزید: احادیث، ص ۳۶۳.
۵ - **شهنشاهان مِه**: امیران بزرگ، شخصیّت‌های والای روحانی و معنوی طراز اوّل.
۶ - **مغز**: اینجا در تقابل با پوست، یعنی تقابلِ ظاهر و باطن.   ۷ - **سَمَک و سِماک**: ر.ک: ۵۹۱/۱.
۸ - **خلعت**: جامهٔ دوخته‌ای که بزرگان به عنوان حرمت نهادن و یا اِنعام به کسی می‌دادند.
۹ - **تار و پود**: اینجا اشاره به کمّیّت و کیفیّت است؛ یعنی ویژگی‌های عالم مادّی.

کمترین خلعت که بِدْهد در ثواب[۱] — بـر فـزایـد بـر طِـراز[۲] آفـتاب ۱۰۴۰

کمترین اثرِ «خلعتِ حق» این است که آن جانِ بی‌نظیر را از آفتاب تابناک‌تر می‌کند.

بقیّهٔ قصّهٔ دعوتِ رحمتْ بلقیس را

خـیز بـلقیسا! بـیا و مُـلک[۳] بـین — بر لبِ دریایِ[۴] یـزدان[۵] دُر[۶] بـچین ۱۰۴۱

ای بلقیس، بیا و پادشاهیِ حقیقی را ببین و از معارف الهی بهره‌مند شو.

خواهرانت[۷] سـاکـنِ چـرخِ سـنی[۸] — تو به مُرداری[۹]، چه سلطانی کـنی؟ ۱۰۴۲

زنان مؤمنهٔ پیشین، اینک مقامی والا دارند. تو چرا به سلطنت دنیوی قناعت کرده‌ای؟

خواهرانت را زِ بـخشش‌هایِ راد[۱۰] — هیچ می‌دانی که آن سلطان چه داد؟ ۱۰۴۳

آیا می‌دانی که خداوند بخشنده چه سعادتی به آنان عطا کرده است؟

تو ز شادی چون گرفتی طـبل‌زن[۱۱] — که مـنم شـاه و رئـیس ِگـولخن[۱۲] ۱۰۴۴

تو به تشریفات درباری قناعت کرده‌ای که من شاه هستم؟

---

۱ - **ثواب :** پاداش. ۲ - **طراز :** حاشیهٔ زینتی و زردوزی شدهٔ لباس بزرگان.

۳ - **مُلک :** اینجا سلطنتِ حقیقی و معنوی است.

۴ - **لبِ دریا :** ساحل دریا، اینجا کنایه از وجودِ مادّی انبیا و اولیا و مردان حق است.

۵ - **دریای یزدان :** دریای وحدت حق. ۶ - **دُر :** دُرّ: مروارید، اینجا مرواریدهایِ علوم و معارف الهی.

۷ - **خواهرانت :** زنان مؤمنهٔ روزگاران پیشین. ۸ - **چرخ سنی :** چرخِ بلند، آسمانِ پاک و روشن.

۹ - **مُردار :** کنایه از دنیا. ۱۰ - **بخشش های راد :** بخشش‌های جوانمردانه.

۱۱ - **طبل‌زن :** طبّال، با کوبیدن بر طبل که جزو تشریفات دربار بود، ورود شاه یا ملکه را اعلام می‌کردند.

۱۲ - **گولخن :** گلخن، آتش‌خانهٔ حمّام‌های قدیم، کنایه از مکان پست، اینجا دنیا.

مَثَل[۱] قانع شدنِ آدمی به دنیا، و حرصِ او در طلبِ[۲] دنیا، و غفلتِ او از دولتِ روحانیان، که ابنایِ جنسِ وی‌اند و نعره‌زنان که: «یا لَیْتَ قَوْمی یَعْلَمُون»[۳]

سگی در کویی به سائلی کور حمله کرد و دلق او را درید. کور آزرده گفت: همگنان تو در کوه گور می‌گیرند و تو در کوی سائلی کور؟

در این تمثیل، مدّعیان لاف‌زن که بر مسند ارشاد نشسته‌اند به سگ مانند شده‌اند که گردِ آبِ شورِ وجودِ حقیرِ خویش عدّه‌ای سائل کور را جمع آورده‌اند و به تزویر دلقِ جانشان را می‌دَرَند و از کمال که خاصّ این جایگاه است به مریدی چند راضی شده‌اند و از دولت عارفان که ابنای جنس آنان‌اند، غافل و از نعرهٔ «یا لَیْتَ قَوْمی یَعْلَمُون» ایشان بی‌خبرند.

۱۰۴۵ **آن سگی در کوگدایِ کور دید   حمله می‌آورد و دلقش می‌درید**

سگی در محلّه‌ای به گدایی نابینا حمله کرد و جامهٔ فرسوده‌اش را درید.

۱۰۴۶ **گفته‌ایم این را، ولی باری دگر   شد مکرّر بهر تأکیدِ خبر[۴]**

قبلاً هم آن را گفته‌ایم؛ امّا برای آنکه نتیجهٔ بهتری بگیریم، تکرار می‌کنیم.

۱۰۴۷ **کور گفتش: آخر آن یارانِ تو   بر کُه‌اند این دم، شکاری، صیدجو**

کور گفت: سگان دیگر اکنون در کوه مشغول شکار هستند.

۱۰۴۸ **قوم تو در کوه می‌گیرند گور   در میانِ کوی می‌گیری تو کور؟**

همجنسان تو در کوه گورخر می‌گیرند، تو در کوچه نابینا را می‌گیری؟

۱۰۴۹ **ترکِ این تزویر گو شیخ نَفور[۵]!   آبِ شوری[۶]، جمع کرده چند کور[۷]**

ای مدّعی، تزویر را رها کن. وجودت آبِ شور است و چند نابینا گِردِ آن.

---

۱ - مأخذ آن همان گونه که در دفتر دوم نیز آمد احتمالاً ضرب‌المثل‌های رایج در افواه عام است: ر.ک: ۲۳۵۹/۲.
۲ - «دنیا» در مقابله افزوده شده است.   ۳ - اشارتی قرآنی: یس: ۲۶/۳۶: «ای کاش قوم من می‌دانستند».
۴ - **تأکید خبر**: آگاهی افزون‌تر، روشن‌تر شدن موضوع.
۵ - **نَفُور**: بسیار رمنده، اینجا کسی که از حقایق می‌گریزد، این مخاطب لابد یکی از مدّعیان همعصر مولانا بوده است.   ۶ - **آب شور**: کنایه از روح تاریک و ظلمانی.
۷ - **کور**: نابینا، اینجا کسی که از ادراک حقایق بی‌بهره است.

۱۰۵۰ **کین مریدانِ من و من آبِ شور　　می‌خورند از من همی گردند کور**

زبانِ حالِ تو می‌گوید: مریدان در اثر همنشینی با من گمراه و کور باطن می شوند.

۱۰۵۱ **آبِ خود[1] شیرین کُن از بحرِ لَدُن[2]　　آبِ بد را دامِ این کوران مکن**

با ادراک حقایق، آبِ شورِ وجودت را به آبِ شیرین مبدّل کن و خلق را گمراه نکن.

۱۰۵۲ **خیز شیرانِ خدا بین گورْ[3]گیر　　تو چو سگ چونی به زرقی[4] کورگیر؟**

به خود بیا و ببین که مردان خدا با جاذبهٔ روحانی، روح انسان‌ها را صید می‌کنند و به سوی کمال می‌برند. تو چرا با پستی و حیله ناآگاهان را گمراه می‌کنی؟

۱۰۵۳ **گورِ چه؟ از صیدِ غیرِ دوستْ دور　　جمله شیر و شیرگیر و مستِ نور**

مردان حق بصیرند و صیّادِ «روح»های مستعدّی‌اند که بتوانند غرق نور شوند.

۱۰۵۴ **در نظارهٔ صید و صیّادی شه　　کرده ترکِ صید و مُرده در وَله[5]**

صیّادِ حقیقی خداوند است و مردان حق وسیلهٔ آن که با حیرت نظاره‌گر صید و صیّادند.

۱۰۵۵ **همچو مرغ مُرده‌شان بگرفته یار[6]　　تا کُند او جنسِ ایشان را شکار**

مردان حق در دست خداوند، همانند «پرندهٔ مرده» وسیلهٔ «صیدِ» روح‌های مستعدند.

۱۰۵۶ **مرغِ مُرده مُضطَر[7] اندر وَصْل و بَیْن[8]　　خوانده‌ای: اَلقَلْبُ بینَ اِصْبَعین[9] ؟**

عارف واصلی که در حق «فنا» یافته و هنوز به «بقا» نرسیده، همواره بین «وصال» و «هجران» بیمناک است که مبادا به تقرّب افزون‌تر نرسد؛ زیرا در پنجهٔ تقلیب خداوند است.

۱۰۵۷ **مرغِ مُرده‌ش را هر آن که شد شکار　　چون ببیند، شد شکارِ شهریار**

هر کس که صیدِ او شود در واقع صیدِ حق شده است.

---

۱ - **آب خود :** مراد جانِ خود یا روح انسانی است.

۲ - **بحر لَدُن :** دریای حقیقت، حقایق هستی، اشاره به مضمون آیهٔ ۶۵ سورهٔ کهف است که در ارتباط با خضر(ع) می‌فرماید: عَلَّمْناهُ مِنْ لَدُنّا عِلماً : از نزد خود به او دانشی آموختیم.

۳ - **گور :** گورخر، اینجا کنایه از «روح انسان» است.　۴ - **زَرق :** ریا، تزویر.　۵ - **وَلَه :** حیرت، واله شدن.

۶ - **یار :** دوست، خداوند.　۷ - **مُضطَر :** بیمناک.　۸ - **وصل و بَیْن :** وصال و هجران.

۹ - **اَلْقَلْبُ بینَ إصْبَعین :** اشاره به حدیث: ر.ک: ۷۶۴/۱.

۱۰۵۸ **هر که او زین مرغ مُرده سر بتافت — دستِ آن صیّاد را هرگز نیافت**

هر کسی که از «مردِ خدا» روی برتابد، هرگز به ادراک حقایق نایل نخواهد شد.

۱۰۵۹ **گوید او منگر به مُرداریِ من — عشقِ شه بین در نگهداری من**

مردِ حق می‌گوید: من برای پروردگار بسیار گران‌قدرم و مرا با مهر حفظ و نگهداری می‌کند؛ چون وسیلهٔ صیدِ او هستم، مانندِ «مرغِ مُرده»ای که صیّاد با آن شکار می‌کند.

۱۰۶۰ **من نه مُردارم، مرا شه کُشته است — صورتِ من شِبْهِ مُرده گَشته است**

من مُرده نیستم. مُردهٔ عشقِ حق هستم. هستیِ مجازی‌ام مُرده است، نه هستیِ حقیقی‌ام.

۱۰۶۱ **جنبشم زین پیش بود از بال و پَر[1] — جنبشم اکنون ز دستِ دادگر**

پیش از فنا با عقل و تدبیر انسانی جهد می‌کردم؛ امّا اینک جهدم از قدرت خداوند است.

۱۰۶۲ **جنبشِ فانیم[2] بیرون شد ز پوست — جنبشم باقی‌ست اکنون، چون از اوست**

اینک فعالیّت و جُنبشِ من به سببِ فنای در حق به مشیّت اوست.

۱۰۶۳ **هر که کژ جُنبد به پیشِ جُنبشم — گرچه سیمرغ است، زارش می‌کُشم**

چون فعلِ من فعل حق است، هر کس که در برابر آن ایستادگی کند؛ نابود می‌شود.

۱۰۶۴ **هین! مرا مُرده مبین گر زنده‌ای[3] — در کفِ شاهم نگر گر بنده‌ای**

هان، اگر دل‌زنده‌ای، مرا مُرده ندان و اگر بندهٔ او هستی، بدان که تسلیمِ حق هستم.

۱۰۶۵ **مُرده زنده کرد عیسی از کَرَم[4] — من به کفِّ خالقِ عیسی دَرَم**

عیسی(ع) با اعجاز مرده را زنده می‌کرد. من در دست قدرت خالقِ عیسی(ع) هستم.

۱۰۶۶ **کی بمانم مُرده در قبضهٔ خدا[5]؟ — بر کفِ عیسی مدار این هم روا**

در دست مشیّت الهی مُرده باقی نمی‌مانم. در دست عیسی(ع) نیز مُرده، مُرده نمی‌ماند.

---

۱ - **بال و پر**: کنایه از توانایی‌های زندگی این جهانی.

۲ - **جنبش فانی**: کنایه از همان ویژگی‌ها و توانایی‌های زندگی مادّی است که ناشی از عقل جزوی می‌باشد.

۳ - **زنده‌ای**: اگر دلت به نور حق زنده است و اگر حیاتت صرفاً حیات مادّی نیست. روی سخن مولانا با مدّعیان ارشاد یا همان کسانی است که تعبیر «شیخ نفور» را برای توصیفشان در همین قطعه به کار برده و باطنشان را «آب شور» و ارادتمندانشان را «چند کور» خوانده است.

۴ - **کَرَم**: کَرَم حق، مراد معجزاتی است که بر دست عیسی(ع) و به ارادهٔ خداوند انجام می‌شد.

۵ - **قبضهٔ خدا**: مراد مشیّت الهی است.

عیسی‌ام[1]، لیکن هر آنکو یافت جان   از دَمِ مـــن، او بـــمانَد جـــاودان ۱۰۶۷

من هم واسطهٔ فیض و زنده کننده‌ام؛ امّا هر که را زنده کنم، زندگی سرمدی می‌یابد.

شد ز عیسی زنده، لیکـن بـاز مُـرد   شاد آنکو جان بدین عـیسی سـپرد ۱۰۶۸

مرده‌ای که عیسی(ع) زنده می‌کرد، با فرارسیدن اجل می‌مرد؛ امّا کسی که توسطِ مردِ حق حیاتِ معنوی بیابد، زندگی جاودان دارد.

من عصاام در کفِ مـوسیِّ خـویش   موسیَم پنهان، و من پیدا بـه پـیش ۱۰۶۹

من عصایِ موسایِ خود هستم. او نهان است و من آشکار در حضور توام.

بـر مســلمانان پُــلِ دریـا[2] شـوم   بــاز بــر فــرعون اژدرهــا شــوم ۱۰۷۰

برای مسلمانان مانندِ پلی‌ام که از دریایِ حوادث بگذرند؛ امّا همانندِ اژدها منکران را به هلاکت می‌رسانم.

این عـصا[3] را ای پسـر تـنها مـبین   که عصا، بی کَفِّ حق نَـبْوَد چـنین ۱۰۷۱

ای پسر، این عصا را عصا نبین؛ زیرا عصا بدون قدرت الهی اثری ندارد.

موج طوفان هم عصا بُد، کـو ز درد   طـنطنهٔ[4] جـادوپرستان[5] را بـخَورد ۱۰۷۲

امواجِ توفانِ نوح هم عصایی بود که از سرِ درد جوشید و منکران را در هم پیچید.

گــر عــصاهایِ[6] خــدا را بشـمرم   زَرقِ[7] ایــن فــرعونیان را بــردَرَم ۱۰۷۳

معجزات آن‌قدر بی‌شمارند که یادآوری آن‌ها حیلهٔ فرعون صفتان را در هم می‌شِکَنَد.

لیک زین شـیرین گـیایِ زَهـرمند[8]   ترک کن تـا چـند روزی مـی‌چَرَند ۱۰۷۴

امّا آنان را به حال خویش بگذار تا مدّتی دیگر نیز از این گیاه شیرین زهرآلود بچرند.

گـر نـباشد جـاهِ فـرعون و سـری[9]   از کــجا یــابد جــهنّم پــروری؟ ۱۰۷۵

اگر شکوه فرعون و پادشاهیِ او نباشد، آتش جهنّم چگونه پرورده شود؟

---

۱ - **عیسی‌ام**: دم جان‌بخش دارم.
۲ - عبور بنی اسرائیل از رود نیل: ر.ک: ۱۱۹۳/۱. اشاره است به مضمون آیهٔ ۵۰ سورهٔ بقره.
۳ - **عصا**: اینجا مراد مرد حق است.   ۴ - **طنطنه**: شکوه و جلال، اینجا قدرتِ قدرتمندان دنیوی است.
۵ - **جادوپرستان**: مراد منکران و معاندان است.   ۶ - **عصاها**: اینجا مراد معجزات الهی است.
۷ - **زَرق**: حیله، تزویر.   ۸ - **شیرین گیایِ زهرمند**: مراد مطامع دنیوی و حظوظ نفسانی است.
۹ - **سَری**: سروری، ریاست.

۱۰۷۶ **فربهش کُن، آنگهش کُش ای قصاب[۱] زانکه بی‌برگ‌اند[۲] در دوزخ کِلاب[۳]**

ای قصّابِ روزگار، فربه‌شان کن؛ سپس سر آنان را بِبُر؛ زیرا سگ‌ها در جهنّم توشه ندارند.

۱۰۷۷ **گر نبودی خصم و دشمن در جهان[۴] پس بِمُردی خشم اندر مردمان**

اگر در دنیا دشمن و دشمنی نبود، در مردم خشم از میان می‌رفت.

۱۰۷۸ **دوزخ آن خشم است، خصمی بایدش تا زیَد، ور نی رحیمی بُکْشَدَش**

دوزخ، همان «خشم» است که برای بقای او باید در جهان کسانی باشند که با حق و حقایق دشمنی کنند وگرنه «رحیمی» و «لطف حق» موجب نابودی‌اش می شود.

۱۰۷۹ **پس بماندی لطف بی‌قهر و بَدی پس کمالِ پادشاهی کی بُدی؟**

اگر خشم نبود و دوزخ با «رحیمی» و «لطف حق» نابود می شد، «لطف الهی» بدون «قهر» تجلّی نمی‌یافت. کمال الهی اقتضای تجلّیِ صفات «جمال» و «جلال» را دارد.

۱۰۸۰ **ریشْخندی کرده‌اند آن مُنکِران بر مَثَل‌ها و بیانِ ذاکران[۵]**

منکران سخنانی راکه ذکر حق با مَثَل‌ها و تعبیرات ظریف گفته می شود، مسخره کرده‌اند.

۱۰۸۱ **تو اگر خواهی بکن هم ریشْخند چند خواهی زیست ای مُردار[۶]! چند؟[۷]**

ای مُردار، تو هم مسخره کن. تا کی زنده‌ای و به این اعمال ادامه می‌دهی؟ تا کی؟

۱۰۸۲ **شاد باشید ای محبّان[۸] در نیاز بر همین درکه شود امروز باز**

ای دوستداران، با نیاز و شاد به این درگاه بیایید که امروز این درگشوده‌تر می شود.

---

۱ - **قصاب:** قصّاب: مراد قصّابِ روزگار است، تقدیر هرکس که بنا بر اعمال و رفتار وی رقم زده می‌شود.

۲ - **برگ:** مراد توشه و زادراه است؛ یعنی این‌ها فاقد ادراکات روحانی‌اند؛ پس از نظر نَفْسِ حیوانی از آنچه که هستند، فربه‌تر شوند که هیزمی مناسب‌تر برای آتش دوزخ باشند. ۳ - **کلاب:** جمع کَلْب به معنی سگ.

۴ - اشاره به این نکته که در جهان محسوس، وجود اضداد ضروری است؛ زیرا لازم و ملزوم‌اند.

۵ - اشاره است به مجالس تقریر مثنوی که در آن ذکر حق با مَثَل‌ها و تعبیرات گوناگون و در قالب قصّه جریان دارد.

۶ - **مُردار:** لاشه، جسد.

۷ - اشاره به این نکته که عُمرِ منکران و تمسخرکنندگان روزی به سر می‌رسد؛ امّا مثنوی علی‌رغم طعنهٔ طاعنان بر جای می‌ماند.

۸ - **محبّان:** جمع محبّ به معنی دوستداران. اشاره به مجالس تقریر مثنوی و دری که مولانا از علوم و اسرار به روی مشتاقان گشوده است.

۱۰۸۳ هر حَویجی[1] باشدش کَردی[2] دگر — در میانِ باغ، از سیر و [3]کَبَر[4]

در زمین‌های مزروعی هر یک از سبزیجات، قطعهٔ مخصوصی برای خود دارد.

۱۰۸۴ هر یکی با جنسِ خود در کَردِ خَود — از برای پختگی نم می‌خورَد

هر یکی با همجنس خود در بخشِ مخصوص آبیاری می‌شود تا بروید.

۱۰۸۵ تو که کَرْدِ زعفرانی[5]، زعفران — باش، و آمیزش مکن با دیگران[6]

تو که در زمینِ زعفران قرار داری همچنان زعفران باش و با گیاهان دیگر میامیز.

۱۰۸۶ آب می‌خور[7] زعفرانا ! تا رسی — زعفرانی، اندر آن حلوا[8] رسی

ای زعفران، آب بخور تا رسیده شوی و به حلاوت دست یابی.

۱۰۸۷ در مَکُن در کَردِ شلغم[9] پوزِ خویش — که نگردد با تو او همْطبع و کیش

به زمینِ مخصوصِ شلغم کاری نداشته باش؛ زیرا خُو و سرشت او نمی‌تواند، همانند تو باشد.

۱۰۸۸ تو به کَردی، او به کَردی، مُودَعَه[10] — زانکه اَرْضُ الله[11] آمد واسِعَه

تو را به جایی و او را به جایِ دیگری سپرده‌اند؛ زیرا زمینِ خداوند گسترده است.

---

۱ - **حویج :** تره‌بار، معانی دیگری نیز دارد؛ امّا اینجا مراد سبزیجات مختلف است.

۲ - **کَرْد :** کَرْت: قطعه زمینی که اطراف آن با خاک کمی بلندتر و از قطعه زمین دیگر مجزا شده است و در آن بذر می‌کارند. در متن کهن روی کاف ضمّه گذاشته‌اند. ۳ - **کَبَر :** نوعی گیاه که با آن ترشی می‌اندازند.

۴ - اشاره به اختلاف مراتب و شرایط که نه فقط در گیاهان گوناگون است و نوع پرورش آن‌ها را متفاوت می‌کند، بلکه در انسان‌ها نیز این اختلاف قابلیّت‌ها و استعدادها موجب می‌شود که هر کس بنابر ویژگی‌های خویش مجلس خاصّ خود را بیابد. ۵ - **کَرْدِ زعفران :** مراد مرتبه سالکان شایسته و طالبان برجسته است.

۶ - خطاب به سالکان راه است که از مصاحب ناجنس بپرهیزند و قدر مرتبه‌ای از معارف را که به ادراک آن نایل آمده‌اند بدانند و موجبات تنزّل خویش را فراهم نیاورند.

۷ - **آب خوردن :** کنایه از برخورداری از نفوذ روحانی مرد حق در مرید که تعالی و تکامل جان وی را سبب می‌شود. ۸ - **حلوا :** کنایه از حلاوت ادراک علوم و اسرار عالم غیب است.

۹ - **شلغم :** اینجا کنایه از منکران و طاعنان است و «کَردِ شلغم» همان مجالس و گردهمایی‌های آنان است.

۱۰ - **مُودَعَه :** امانت نهاده شده.

۱۱ - **اَرْضُ الله :** اقتباس لفظی از : نساء : ۹۷/۴: قالُوا أَلَمْ تَکُنْ أَرْضُ اللهِ وَاسِعَةً...: گفتند مگر زمین خدا پهناور نبوده است... اشاره به این که هر کس بنا بر استعداد و قابلیّت، زمینهٔ مناسب را برای پرورش و استکمال خویش می‌یابد؛ زیرا «اَرْضُ الله»؛ یعنی عالمِ امکان بسیار بسیار وسیع و گسترده است.

۱۰۸۹ **خاصه آن ارضی[۱] که از پهناوری — در سفر گم می‌شود دیو و پری**

بخصوص زمینی که از نهایت پهناوری دیو و پری هم در آن گُم می‌شوند و حیطه‌اش را درک نمی‌کنند.

۱۰۹۰ **اندر آن بحر[۲] و بیابان[۳] و جبال[۴] — منقطع می‌گردد اوهام و خیال**

«اوهام و خیال» راهی به آن دریا و بیابان و کوه‌ها ندارند.

۱۰۹۱ **این بیابان در بیابان‌هایِ او — همچو اندر بحرِ پُر یک تایِ مو**

بیابانِ این جهانی در تقابل با بیابان‌های آن جهانی، همانند تار مویی در دریاست.

۱۰۹۲ **آبِ استاده[۵] که سَیْر اَستش نهان — تازه‌تر، خوشتر، ز جوهایِ روان**

آبی که در مزرعهٔ زعفران و یا گیاهان ممتاز ایستاده و ظاهراً راکد است، جریانی نهانی و گواراتر از جوی‌های روان دارد.

۱۰۹۳ **کو درونِ خویش چون جان و روان — سیرِ پنهان دارد و پایِ روان**

زیرا او در درون خود، همانند روح و جان سیری نهانی و پایی پرتوان دارد.

۱۰۹۴ **مستمع خفته‌ست، کوته کُن خطاب — ای‌خطیب[۶]! این نقشْ کم کن تو بر آب[۷]**

ای سخنور، کلام تو نقشی بر آب است. سخن را کوتاه کن که شنونده خفته است.

۱۰۹۵ **خیز بلقیسا! که بازاری‌ست تیز[۸] — زین خسیسانِ[۹] کسادْافکن گریز[۱۰]**

ای بلقیس، بیا که بازار ما «عالم معنا» پررونق است. از این بی‌مایگان دوری کن.

---

۱ - مراد عالم معناست که دیو و پری قادر به درک آن نیستند. ۲ - **بحر**: کنایه از بحر حقایق است.

۳ - **بیابان**: کنایه از وادی‌های گوناگون است که جانِ سالک برای رسیدن به کمال ناگزیر از طی آن است.

۴ - **جبال**: جمع جَبَل به معنی کوه، کنایه از هستی موهومی یا انانیّت سالک است که باید از آن بگذرد؛ یعنی هستی‌اش را در هستی حقیقی محو و مضمحل کند.

۵ - **آبِ استاده**: کنایه از مرد حق که کنجی خلوت گزیده است و ساکن به نظر می‌آید؛ امّا سیر نهانی و باطنی دارد.

۶ - **خطیب**: مراد خودِ مولاناست.

۷ - محتمل است که هنگام تقریر مثنوی که اکثراً شب‌ها مجالس مربوط بدان انعقاد می‌یافت، بعضی از مستمعان به خواب رفته باشند و یا خواب‌آلودگی‌شان آنان را از توجّه به دقایق کلام غافل ساخته باشد؛ بنابراین مولانا با این تذکر، تنبیه و جلب توجّه آن‌ها را ضروری می‌یابد. ۸ - **بازار تیز**: کنایه از عالم معنا.

۹ - **خسیسان**: جمع خسیس، اینجا مراد کسی است که به عوالم معنوی و روحانی بُخل و خسّت می‌ورزد، فرومایه.

۱۰ - اینک مولانا به قصّهٔ سلیمان(ع) و دعوت او از مردم سبا باز می‌گردد، شاید مستمعان خواب‌آلوده به شوق شنیدن حکایت به ظرایف و لطایف کلام نیز توجّه کنند. «کسادافکن»: اینجا کسی که جان را از رونق می‌افکَند، معاندان.

خیز بلقیسا! کنون با اختیار　　پیش از آنکه مرگ آرَد گیر و دار[1] ۱۰۹۶

ای بلقیس، اینک به اختیار بیا، پیش از آنکه اجل تو را مجبور کند که دنیا را رها کنی.

بعد از آن گوشَت کشد مرگ آنچنان　　که چو دزد[2] آیی به شِحنه[3]، جانْکَنان ۱۰۹۷

هنگام مرگ، تو را گوش‌کشان می‌برند، همانند دزدی که در حال جان کندن به سوی داروغه می‌رود.

زین خران[4] تا چند باشی نَعلْدزد[5]؟　　گر همی دزدی بیا و لعل[6] دزد ۱۰۹۸

تا کی می‌خواهی جویایِ متاع دنیوی باشی؟ اگر طالبی، مشتاقِ چیزی باارزش باش.

خواهرانت[7] یافته مُلکِ خُلود[8]　　تو گرفته مُلکتِ کور و کبود[9] ۱۰۹۹

خواهرانت به سلطنت جاوید رسیده‌اند و تو به این سلطنت دنیوی بسنده کرده‌ای.

ای خُنُک آن راکز این مُلکت بِجَست　　که اجل این مُلک را ویرانْگر است ۱۱۰۰

خوشا به کسی که بتواند چنین سلطنتی را رها کند؛ زیرا اجل آن را ویران خواهد کرد.

خیز بلقیسا! بیا، باری ببین　　مُلکتِ شاهان و سلطانانِ دین ۱۱۰۱

ای بلقیس، حدّاقل بیا و شکوه سلطنت پادشاهان و سلاطین دین را ببین.

شِشْته[10] در باطن میانِ گُلْسِتان　　ظاهرْ آحادی[11] میانِ دوستان ۱۱۰۲

این بزرگان باطناً در گلستان‌اند هرچند که ظاهراً فردی از افراد و در میان دوستان‌اند.

بوستان با او روان هر جا رود　　لیک آن از خلق پنهان می‌شود ۱۱۰۳

بوستان در میان جان او و با اوست؛ امّا چشم ظاهربین خلق نمی‌تواند آن را ببیند.

---

۱ - **گیرودار**: درگیری و گلاویز شدن.

۲ - **دزد**: کنایه از منکران و اهل دنیاست که ناچارند پس از مرگ با حقایقی که نمی‌پذیرفتند، روبه‌رو شوند.

۳ - **شِحْنه**: داروغه، اینجا مراد قهر الهی است.

۴ - **خران**: اینجا تمام کسانی که سلطنت بلقیس را پذیرفته بودند و همراه او «آفتاب» را می‌پرستیدند.

۵ - **نعل‌دزد**: اینجا مراد مالیات و خراج و کلیّهٔ متاع بی‌قدر دنیوی است که اهل سبا به مناسبت‌های گوناگون به خزانهٔ بلقیس تقدیم می‌کردند و همچنین ارج و منزلتی که برای او قائل بودند.

۶ - **لعل**: کنایه از معارف و ادراکات معنوی است. اشاره به این ضرب‌المثل عربی است که می‌گوید: اگر زنا می‌کنی با زن آزاده زنا کن و اگر می‌دزدی جواهر بدزد.　۷ - **خواهران**: اشاره است به زنان مؤمنه.

۸ - **مُلکِ خُلود**: سلطنت جاوید.　۹ - **کور و کبود**: بی‌قدر، تعبیری که در مثنوی مکرّر است.

۱۰ - **شِشْته**: مخفّف نشسته.　۱۱ - **آحاد**: جمع احد.

میوه‌ها لابه‌کنان کز من بچر — آبِ حیوان آمده کز من بخَور[1] ۱۱۰۴

میوه‌های بوستان از او می‌خواهند که از ما تناول کن و آب حیات می‌گوید: از من بنوش.

طَوف می‌کن بر فلک بی‌پرّ و بال — همچو خورشید و چو بَدْر و چون هلال[2] ۱۱۰۵

بیا و همانند خورشید و ماهِ کامل و بسان هلال، بدون بال و پر در آسمان گردش کن.

چون روان باشی روان و پای نی — می‌خوری صد لوت[3]، و لقمه‌خای[4] نی[5] ۱۱۰۶

چون حرکت کنی، از طریقِ اراده است، نه با پا و ارتزاق در آنجا روحانی است، نه جسمانی.

نی نهنگِ غم زند بر کَشتی‌اَت — نی پدید آید ز مُردن زشتی‌اَت ۱۱۰۷

در عالم معنا نه غم هست و نه مرگ.

هم تو شاه و هم تو لشکر، هم تو تخت — هم تو نیکوبخت باشی، هم تو بخت ۱۱۰۸

تمام خوبی‌ها در خودت تحقّق می‌یابد و خودِ تو عین بخت و اقبال می‌شوی.

گر تو[6] نیکوبختی و سلطانِ زَفت — بختْ غیرِ توست، روزی بخت رفت ۱۱۰۹

تو اینک بخت بلندی داری و سلطان با حشمتی هستی؛ امّا این اقبال موقّتی است.

تو بماندی چون گدایان بی‌نوا — دولتِ خود هم تو باش ای مجتبیٰ[7]! ۱۱۱۰

اگر این بخت را از دست بدهی، بینوا می‌شوی. خودت بخت و اقبالِ خود باش.

چون تو باشی بختِ خود ای معنوی! — پس تو که بَختی، ز خود کی گم شوی؟ ۱۱۱۱

ای اهلِ معنا، اگر جانت منوّر و مُقبل باشد، هرگز آن را از دست نخواهی داد.

تو ز خود کِی گم شوی ای خوش خصال! — چونکه عینِ تو، تو را شد مُلک و مال ۱۱۱۲

ای پسندیده خو، جانت که کمال بیابد، ذاتت که متعلّق به تو نبود، مالِ تو می‌شود.

---

۱ - مراد آن که باطن منوّر او بسان بوستان و گلستانی سرشار از علوم و اسرار و آب حیات، همواره در خدمت ظاهر اوست و مشتاق است که به هر صورت که مرد حق مصلحت بداند، نیازمندان را بهره‌مند کند.

۲ - باز هم سخن سلیمان(ع) خطاب به بلقیس است که به سوی حق بیاید و در آسمان‌های جان پرواز کند.

۳ - **لوت**: طعام. ۴ - **لقمه‌خای**: خورندهٔ لقمه، جوندهٔ لقمه.

۵ - اشاره به این نکته است که زندگی معنوی همانند زندگی مادّی این جهانی نیست و نیازی به ابزار و اسباب ندارد.

۶ - خطاب به بلقیس است که از اقبال و سلطنتِ باشکوهی برخوردار بود. ۷ - **مجتبیٰ**: برگزیده.

بقیّهٔ عمارت کردنِ سلیمان علیه السَّلام،
مسجدِ اقصیٰ[1] را به تعلیم و وحیِ خدا جهتِ حکمت‌هایی
که او داند، و معاونتِ ملایکه و دیو و پَری و آدمی، آشکارا

۱۱۱۳ **ای سلیمان! مسجدِ اقصیٰ بساز   لشکرِ بلقیس آمد در نماز[2]**
ای سلیمان، مسجد اقصیٰ را بناکن که لشکریانِ بلقیس برای نماز خواهند آمد.

۱۱۱۴ **چونکه او بنیادِ آن مسجد نهاد   جنّ و انس آمد، بدن در کار داد[3]**
هنگامی که سلیمان(ع) بنای مسجد را آغاز کرد، جنّ و انس به کار پرداختند.

۱۱۱۵ **یک گروه از عشق و قومی بی‌مراد[4]   همچنانکه در رهِ طاعت عباد[5]**
گروهی با عشق و گروهی با ترس خدمت کردند. بندگان نیز در طاعت و عبادت چنین‌اند.

۱۱۱۶ **خلق[6] دیوان‌اند و شهوت سلسله[7]   می‌کَشدشان سویِ دکّان و غله[8]**
مردم، همانند دیوها هستند و شهوت و نیازها بسان زنجیر آنان را به سوی کار می‌کشاند.

۱۱۱۷ **هست این زنجیر از خوف[9] و وَلَه[10]   تو مبین این خلق را بی‌سلسله**
این زنجیر به صورت «ترس و بیم» از دست دادن و یا به دست نیاوردن نیازها است.

۱۱۱۸ **می‌کَشاندشان سویِ کسب و شکار   می‌کَشاندشان سویِ کان و بحار**
زنجیر نهانی، آنان را به سوی کسب، شکار، معادن و دریاها می‌کشاند.

---

۱ - قصّهٔ مسجد اقصیٰ و مآخذ آن را قبلاً در بیت ۳۸۸ همین دفتر آورده‌ایم.
۲ - بازگشت به حکایتی است که از بیت ۳۸۸ همین دفتر آغاز شده و با توالی دیگر حکایاتی که در ضمن آن آمده ناتمام مانده است.
۳ - مواهبی که به سلیمان(ع) داده شد: ر.ک: ۲۶۱۶/۱، قصّهٔ هدیه فرستادن بلقیس و قسمتی از زندگی سلیمان(ع): ر.ک: ۵۶۳/۴.   ۴ - **بی‌مُراد** : اینجا بی‌بهره.
۵ - اشاره به این نکته که خدمت و طاعت بدون عشق و معرفت، به آدمی بهره‌ای نمی‌رساند؛ یعنی موجب ارتقای جان وی نمی‌گردد؛ پس «مراد» راستین از آن حاصل نمی‌شود.
۶ - **خلق** : عوام، اینجا آنان که از درکِ حقایق بهره‌ای نبرده‌اند. اشاره به مضمون ص : ۳۸/۳۸-۳۷ است که در طیّ آن سخن از دیوانی است که به فرمان خداوند مسخّر سلیمان(ع) بوده‌اند.   ۷ - **سلسله** : زنجیر.
۸ - **دکان و غله** : مراد کار و کاسبی است.   ۹ - **خوف** : ترس.   ۱۰ - **وَلَه** : حیرت، اینجا بیم و نگرانی.

۱۱۱۹ **می‌کَشدشان سویِ نیک و سویِ بد گفت حق: فی جیدِها حَبْلُ اَلْمَسَد**[1]

این زنجیر، خلق را به سوی نیکی یا بدی می‌کشاند. حق فرمود: ریسمانی از الیافِ خرما بر گردن دارد.

۱۱۲۰ **قَد جَعَلْنَا اَلحَبْلَ فی اَعْناقِهِمْ**[2] **وَاتَّخَذْنَا اَلحَبْلَ مِنْ اَخْلاقِهِمْ**

ما ریسمانی را بر گردن‌هایشان افکنده‌ایم که از خُلق و خوی خودشان ساخته‌ایم.

۱۱۲۱ **لَیْسَ مِنْ مُسْتَقْذِرٍ مُسْتَنْقِهٍ قَطُّ**[3] **اِلاّ طایِرُهُ فی عُنْقِهِ**[4]

هرگز هیچ انسان خوب یا بدی یافت نمی‌شود که نامهٔ اعمالش به گردنش آویخته نباشد.

۱۱۲۲ **حرصِ تو درکارِ بد چون آتش**[5] **است اخگر**[6] **از رنگِ خوش، آتش خوش است**

در پرتوِ شعلهٔ حرصی که برای انجام کارهای بد داری، آن‌ها را خوشایند می‌بینی.

۱۱۲۳ **آن سیاهی فَحْم**[7] **در آتش نهان چونکه آتش شد، سیاهی شد عیان**

سیاهیِ زغال در میان شعله‌ها دیده نمی‌شود. آتش که خاموش شود، آشکار می‌گردد.

۱۱۲۴ **اخگر از حرص تو شد، فَحْمِ سیاه حرص چون شد، ماند آن فَحْمِ تباه**

زغال سیاه را حرصِ تو به «جرقه» و آتش بَدَل کرد. حرص که نباشد، همچنان سیاه است.

---

۱ - اشارتی قرآنی؛ مَسَد: ۵/۱۱۱؛ ر.ک: ۳۸۱۱/۲. اشاره است به همسر ابولهب که همگام با شوهر خویش از دشمنان همیشگی پیامبر(ص) و قرآن و اسلام بود؛ بنابراین در سورهٔ مبارکهٔ مَسَد، او را به سبب اعمال زشتش «هیزم‌کش» و «آتش‌افروز معرکه» معرّفی می‌کند که این افعال پلید همانند ریسمانی برگردن اوست.

۲ - اقتباسی از قرآن: یس: ۸/۳۶: اِنّا جَعَلْنا فِیٓ اَعْناقِهِمْ اَغْلالاً فَهِیَ اِلَی ٱلْاَذْقانِ فَهُمْ مُقْمَحُونَ: ما برگردن‌هایشان غُل‌هایی نهاده‌ایم تا [دستانشان را بسته است به گردن‌ها و] چانه‌هایشان و ایشان سرهایشان به بالا و نگاهشان به پایین است. ۳ - **قَطّ**: هرگز.

۴ - اشارتی قرآنی؛ إسراء: ۱۳/۱۷: وَ کُلَّ اِنْسانٍ اَلْزَمْناهُ طائِرَهُ فِی عُنُقِهِ وَ نُخْرِجُ لَهُ یَوْمَ ٱلْقِیامَةِ کِتاباً یَلْقاهُ مَنْشُوراً: و سرنوشت هر انسانی [نامهٔ اعمال] را به‌گردن خود او پیوسته‌ایم، و روز قیامت کارنامه‌ای برای او بیرون می‌آوریم که آن را بازگشوده می‌یابد.

جزء لفظ از آیهٔ شریفه در یک بیت عرب با اندک تصرّف تضمین شده است.

۵ - **آتش**: مراد آتش شهوات است که «حرص» نیز جلوه‌ای از آن به شمار می‌آید.

۶ - **اخگر**: جرقه، مراد اعمال بدی است که حرص آدمی را بدان وا می‌دارد.

۷ - **فَحْم**: زغال. زغال و رنگ سیاه آن، تمثیلی است از «نفس امّاره» و «دنیادوستی» که «حرص» یکی از تجلیّات رذیلانهٔ آن است.

۱۱۲۵ **آن زمـان آن فـحم اخگـر مـی‌نمود　　　آن نه حُسن کار[۱]، نارِ حـرص بـود**

هنگامی که زغال را درخشان می‌دیدی، از «حُسن کار» و «زیبایی زغال» نبود، آتشِ حرص بود.

۱۱۲۶ **حـــرصْ کـارَت را بـیارایـیده بـود　　　حرص رفت و مـاند کـارِ تـوکـبود**

آتش حرص افعالت را در نظرت می‌آراست و اینک عواقبِ شومِ آن برجای مانده است.

۱۱۲۷ **غَـــوله‌یی[۲] را کـــه بـرآرایـید غـول[۳]　　　پُخته پندارد کسی کـه هست گـول[۴]**

آدم احمق، «غورهٔ ترش» را «شیرین» و «رسیده» می‌پندارد.

۱۱۲۸ **آزمـــایش چـــون نـــماید جـانِ او　　　کُـند گـــردد ز آزمـــون دنـدانِ او[۵]**

هنگامی که «غورهٔ ترش» را آزمود، دندانش کُند می‌شود.

۱۱۲۹ **از هـــــوس، آن دامْ دانــــه مـــی‌نمود　　　عکسِ[۶] غولِ حرص، و آن خود خام بود[۷]**

در اثر هوس، «دام» را «دانه» می‌دید. در پرتوِ حرص، خام پخته می‌نمود.

۱۱۳۰ **حرص، اندر کـارِ دیـن و خـیرجـو　　　چون نمانَد حرص،[۸] باشد نـغزرُو[۹]**

«حرص» در «کار دین» و «کار خیر» داشته باش که نتیجه‌اش نیک است.

۱۱۳۱ **خـــیرها نـغزند، نـه از عکسِ غـیر　　　تابِ حرص ار رفت، مانَد تابِ خیر**

«اعمال نیک» ذاتاً زیبا هستند. آتشِ حرص آن‌ها را زیبا نکرده است.

۱۱۳۲ **تابِ حرصْ از کارِ دنیا چون برفت　　　فَحْم باشد مانده از اخگر به تَفت[۱۰]**

آتشِ حرصِ دنیادوستی که از دل آدمی برود، درونی سیاه بر جای می‌مانَد.

---

۱ - **حُسن کار:** زیبایی کارها و اعمال و افعالی که انجام می‌دهی.

۲ - **غوله:** کودن، نادان، اینجا ظاهراً همان غوره است.

۳ - **غول:** مراد وسوسه‌های نفسانی است و تمام عواملی که هر یک آدمی را به نوعی از راه حق دور می‌کند.

۴ - **گول:** نادان، احمق. مراد آن است که «حرص»، «افعال بد» را خوب جلوه می‌دهد و آدم احمق آن را باور می‌کند؛ در نتیجه به این «غورهٔ ترش» دندان می‌زند، یعنی به «بدی‌ها» نزدیک می‌شود و آن‌ها را مرتکب می‌گردد.

۵ - **دندانش کُند می‌شود:** بر حماقتش افزوده می‌شود.

۶ - **عکس:** پرتو، بازتاب، «عکسِ غولِ حرص»: در اثر حرص.　　۷ - **خام بودن:** جاهل و ابله بودن.

۸ - **چون نمانَد حرص:** هنگامی که حرص از بین برود.

۹ - **نغز رُو:** زیبارو، اینجا مراد جان منوّر و زیباست و همچنین ظاهری مسرور و مفتخر.

۱۰ - **تَفْت:** سوزان، داغ.

۱۱۳۳ کودکان را حرص[۱] می‌آرد غِرار[۲] تا شوند از ذوقِ دل دامنْ‌سوار

کودکان را هوس ِ کودکانه می‌فریبد و به پندارِ اسب بر چوب می‌نشانَد.

۱۱۳۴ چون زکودک رفت آن حرص ِ بَدَش بر دگر اطفال خنده آیدش

هنگامی که هوس ِ کودکی فرو می‌نشیند، اطفال دیگر را سوارِ چوب می‌بیند و می‌خندد.

۱۱۳۵ که چه می‌کردم؟ چه می‌دیدم در این؟ خَلْ[۳] ز عکس ِ حرص بنمود انگبین[۴]

هنگامی که پندار پایان یافت، می‌اندیشد: چرا بدی‌ها را خوب می‌پنداشتم؟

۱۱۳۶ آن بنایِ انبیا[۵] بی حرص بود زآن چنان پیوسته رونق‌ها فزود

چون در سنگِ بنایِ ابلاغِ رسالت «حرص» نبود، پیوسته بر رونق آن افزوده می‌شود.

۱۱۳۷ ای بسا مسجد بر آورده کِرام[۶] لیک نَبْوَد مسجدِ اَقصاش نام

کریمان و نیکوکاران مساجد زیادی ساخته‌اند؛ امّا هیچ یک مسجد اقصیٰ نیست.

۱۱۳۸ کعبه[۷] را که هر دمی عِزّی[۸] فزود آن ز اِخلاصاتِ ابراهیم بود

عزّت روزافزون کعبه به سبب اخلاصی است که ابراهیم(ع) در بنای آن داشت.

۱۱۳۹ فضل آن مسجد ز خاک و سنگ نیست لیک، در بَنّاش حرص و جنگ نیست[۹]

برتری‌اش ربطی به ظاهر ندارد، مربوط به دلِ پاک سازندهٔ آن است.

۱۱۴۰ نه کُتُبشان، مِثْلِ کُتْبِ دیگران نی مساجدشان، نه کسب و خان و مان

در زندگیِ انبیا، هیچ چیز مشابه زندگی دیگران نیست، نه کتاب، نه مسجد و نه کسب.

---

۱ - **حرص**: اینجا مراد هوس‌های دوران کودکی است.

۲ - **غِرار**: گول خوردن، فریب خوردن، اینجا دچار پندار شدن. در این تمثیل «اهل دنیا» که از سرِ «حرص» به «پندار» مبتلا شده است و اعمالی از وی سر می‌زند که از دیدگاه عارفان بی‌خردانه است به کودکی مانند شده که در عالم خیال بر اسب سوار است و می‌تازد. ۳ - **خَلْ**: سرکه. ۴ - **انگبین**: عسل.

۵ - **بنای انبیا**: در ابیات پیشین سخن از این بود که انگیزهٔ «اهل دنیا» برای انجام کارهای گوناگون «حرص» و «شهوت» است که همانند زنجیری برگردنشان افکنده شده و آنان را به سوی کار و کسب می‌کشاند، اینک در تقابل انگیزه‌های «اهل معنا» با «اهل دنیا» می‌فرماید: انگیزهٔ «انبیا» و «اولیا» درکارها «حرص» و «شهوت» نیست؛ بلکه حق‌خواهی، حق‌گویی و حق‌جویی است؛ بنابراین همیشه بر رونق آن افزوده می‌شود. ۶ - **کِرام**: کریمان.

۷ - در روایات آمده که خانهٔ کعبه نخست به دست آدم(ع) بنا شده و بعدها ابراهیم(ع) آن بنا را تجدید کرده است. اشارت قرآنی آن: بقره: ۱۲۷/۲ است. ۸ - **عِزّ**: عزّت، شکوه و جلال.

۹ - اشاره به این نکته است که انگیزهٔ این کار «الهی» بود و تقوا و اخلاص هم آن را تقویت می‌کرد.

نه ادبشان، نه غضبشان، نـه نَکـال[۱] نه نُـعاس[۲] و نـه قـیاس و نـه مـقال ۱۱۴۱

احوال، رفتار، احساس، گفتار، ادب، و غضب و خصوصیّاتِ انبیا با دیگران متفاوت است.

هـر یکـی‌شان را یکـی فـرّی دگـر مرغِ جـان‌شان طـایر از پـرّی دگـر ۱۱۴۲

شوکت و جلال هر یک از انبیا خاصّ اوست و ادراک متعالی ویژهٔ خود را دارد.

دل هـمی لرزد ز ذکـرِ حـالشان قـبلهٔ افـعالِ مـا افـعالشان ۱۱۴۳

دل آدمی از بیان حال این بزرگان که سرمشق ما هستند، می‌لرزد.

مـرغشان[۳] را بـیضه‌ها[۴] زرّیـن بُـده‌ست نیم‌شب[۵] جانْشان سَحَرْگَهْ[۶]بین شده‌ست ۱۱۴۴

با روح پاک و خردی ناب در ظلمات همین عالم، صبح حقایق را دیده‌اند.

هرچه گویم من به جان، نیکویِ قوم نقص گفتم، گشته ناقصْ گـویِ قـوم ۱۱۴۵

هر قدر صمیمانه نیکی‌های انبیا را برشمارم باز هم کلام من ناقص خواهد بود.

مسجدِ اقـصی بسـازید ای کـرام[۷]! کـه سـلیمان[۸] بـاز آمـد، و السَّـلام ۱۱۴۶

ای کریمان، دل‌های خود را آباد کنید که انسانِ کامل هست.

ور از این، دیوان و پریان[۹] سرکشند جمله را اَملاک[۱۰] در چَنبر[۱۱] کَشند ۱۱۴۷

اگر حقیقتاً خواستار تهذیب باشی، نَفْس توسّط قوای روحانی خودت مهار می‌شود.

---

۱ - **نکال :** مجازات کردن، رد کردن. ۲ - **نُعاس :** چرت زدن، خواب.

۳ - **مرغ :** کنایهٔ از پرندهٔ روح است که در مورد انبیا تخم‌های طلایی می‌گذاشته است؛ یعنی تراوشات روح پاک آنان افکاری پاک و خردی برتر بوده است. ۴ - **بیضه‌ها :** تخم‌ها.

۵ - **نیم‌شب :** اینجا کنایه از تاریکی‌های زندگی مادّی و عالم محسوس است.

۶ - **سحرگه :** اینجا کنایه از نور حقیقت و صبح حقایق.

۷ - **کرام :** کریمان، اینجا مراد مؤمنان هستند که به آباد کردن و منوّر ساختن دل‌هایشان ترغیب می‌شوند.

۸ - **سلیمان :** اینجا مراد سلیمان‌صفتِ هر عصر یا ولیّ کامل است. خطاب به همهٔ مؤمنان است که بکوشند تا دل‌هایشان محلّ حضور و ظهور حق باشد و بدانند که سلیمان صفتان هر عصر در این امر آنان را یاری می‌کنند؛ بنابراین با رسیدن تعالی و کمال، دیگر انگیزه‌های آنان همانندِ عامِ خلق، زنجیری از «شهوت» و «حرص» نیست؛ بلکه به تبعیّتِ از انبیا و اولیا انگیزه‌هایی الهی است.

۹ - **دیوان و پریان :** شیطان‌ها و اجنّه، اینجا مراد وسوسه‌های نفسانی درون آدمی است که او را از راه حق دور می‌کند. ۱۰ - **املاک :** جمع ملک، فرشتگان، اینجا مراد قوای روحانی آدمی است.

۱۱ - **چنبر :** چنبره، بند و زنجیر.

۱۱۴۸ **دیو یک دم کژ رود از مکر و زرق[۱] تـازیانه آیـدش بـر سَـر چـو بـرق**

اگر نَفْس بخواهد با نیرنگ به راه ناصواب برود، قوای روحانی‌ات نمی‌گذارد.

۱۱۴۹ **چون سلیمان شو که تا دیوانِ تو[۲] سـنگ بُـرّند[۳] از پیِ ایـوانِ تـو[۴]**

قوایِ نَفْسانی سلیمان صفتان در خدمتِ قوای روحانی‌شان‌اند.

۱۱۵۰ **چون سلیمان باش بی‌وسواس[۵] و ریو[۶] تـا تـو را فـرمان بَـرَد جـنّی و دیـو**

پاک و صادق باش تا تمام قوایِ درونی‌ات در خدمت تو و در راه حق به کار بیفتند.

۱۱۵۱ **خاتم[۷] تو این دل است و هوش دار تـا نگـردد دیـو را خـاتم شکـار**

به هوش باش که دلت خاتم تو و حاکم وجود توست، نگذار نَفْس بر دلت تسلّط یابد.

۱۱۵۲ **پس سـلیمانی کـند بـر تـو مُـدام دیو بـا خـاتم، حـذر کـن والسَّـلام**

اگر نَفْس بر دلت مسلّط شود، شیطان بر تو سیطره می‌یابد. از آن حذر کن. والسّلام.

۱۱۵۳ **آن سلیمانی[۸]، دلا ! منسوخ نـیست در سر و سِرّت سـلیمانی کُـنی‌ست**

در «سَر و سِرّ» آدمی قابلیّت‌های بالقوّه‌ای هست که می‌تواند سلیمان وجودِ خویش باشد.

۱۱۵۴ **دیـــو هـــم وقـــتی سـلیمانی کـند لیک هر جولاهه[۹] اطلس کی تَنَد[۱۰] ؟**

گاه شیطان هم حکومت می‌کند؛ امّا نه مانند سلیمان(ع). هر بافنده حریر نمی‌بافد.

۱۱۵۵ **دست جـنبانَد چو دستِ او، ولیک در میانِ هر دوشان فرقی‌ست نیک[۱۱]**

دستِ بافنده هم تکان می‌خورد؛ ولی ظرافت و هنر حریرباف را ندارد.

---

۱ - **زَرْق** : حیله. ۲ - **دیوانِ تو** : قوایِ نفسانی‌ات.

۳ - **سنگ بُرّند** : اینجا مراد خدمت کردن و تحت سیطره بودن است.

۴ - **ایوانِ تو** : مراد کمال روحانی است. ۵ - **وسواس** : وسوسهٔ نفسانی. ۶ - **ریو** : حیله.

۷ - **خاتم** : در اینجا مولانا دل آدمی را که می‌تواند تجلّی‌گاه حق باشد به «خاتم سلیمان» مانند کرده است و اشاره می‌کند به قصّه‌ای که در این مورد آورده‌اند: ر.ک: ۲۶۲۰/۱.

۸ - اینجا مراد حکومت دلِ آدمی بر وجود خود اوست. ۹ - **جولاهه** : بافنده.

۱۰ - **اطلس تَنَد** : اطلس ببافد، تَنَد از تنیدن به معنی بافتن.

۱۱ - اشاره به اینکه میان حق و باطل تفاوتی عظیم است.

قصّهٔ شاعر و صِله دادنِ شاه، و مضاعف کردنِ آن وزیرِ بوالحسن نام

شاعری به امّید دریافت صله شعری ستایش‌آمیز در برابر شاه خواند و مقرّر گردید که هزار سکّهٔ طلا پاداش دریافت دارد؛ امّا به شفاعت وزیری حسن نام که خُلقی نیکو و طبعی بلند داشت صلهٔ شاعر ده برابر افزوده شد.

چند سال بعد شاعر که به فقر و تنگدستی مبتلا شده بود، به امّید احسان شهریار مدحی خواند. شاه مقرّر فرمود تا هزار سکّهٔ طلا به او بدهند؛ امّا به سعایت[1] وزیر جدید که بی‌رحم و لئیم و اتّفاقاً حسن نام بود، بیش از بیست و پنج سکّهٔ طلا به او ندادند. شاعر با کنکاش در ماجرا دریافت که علّت آن چیزی جز سرشت و طبع وزیران نبوده است و اندیشید:

گفت: یا رب نامِ آن و نامِ این   چون یکی آمد؟ دریغ ای ربِّ دین!

گفته شد که «دیو» نیز ممکن است مدّتی سلیمانی کند؛ امّا میان این دو سلیمان تفاوتی عظیم است که چشم بصیر به سرعت آن را در می‌یابد. اینک مولانا با شرحِ این قصّه، همان معنا را در قالبی دیگر بیان می‌کند که تشابه ظاهری الزاماً موجب تشابه باطنی نیست و برگزیدن چنین زشت سیرتی به عنوان مشاور و وزیر می‌تواند «شاه و مُلکش را ابد رسوا کند».

شاعری آورد شعری پیشِ شاه   بر اُمیدِ خلعت و اکرام و جاه ۱۱۵۶

شاعری، شعری در محضر شاه خواند و امیدوار بود که خلعت و موقعیّت و مقامی بیابد.

شاهْ مُکرِم[2] بود، فرمودش هزار   از زرِ سرخ[3] و کرامات و نثار[4] ۱۱۵۷

شاه بخشنده فرمان داد تا هزار سکّهٔ طلای سرخ و عطایای دیگری به او بدهند.

پس وزیرش گفت: کین اندک بُوَد   ده هزارش هدیه واده تا رَوَد ۱۱۵۸

وزیر گفت: این کم است. اجازه بفرمایید تا ده هزار سکّهٔ طلا به او بدهند.

از چُنو شاعرْ نُس[5]، از تو بحردست[6]   ده هزاری که بگفتم، اندک است ۱۱۵۹

برای شاعر سخن‌دانی همانند او و سلطانی بخشنده همانند تو ده هزار سکّه هم کم است.

---

۱ - **سعایت** : سخن‌چینی کردن.   ۲ - **مُکرِم** : اکرام کننده، احترام کننده.

۳ - **زر سرخ** : سکّهٔ زرّ، زرّ مسکوک و اشرفی.   ۴ - **نثار** : هدیه، افشاندنی و پاشیدنی.

۵ - **نُس** : پوز، پیرامون دهان، هوش و فراست، اینجا به معنی سخن‌دان و سخن‌سنج.

۶ - **بحردست** : بخشنده.

۱۱۶۰ **فقه گفت آن شاه را و فلسفه   تا بر آمد عُشرِ[۱] خرمن از کَفه[۲]**

وزیر بلند طبع دلایلی فقهی و مثال‌هایی حکمت‌آمیز گفت تا شاه ده هزار دینار پرداخت.

۱۱۶۱ **ده هزارش داد و خلعت در خورَش   خانهٔ شکر و ثنا گَشت آن سَرَش[۳]**

شاه ده هزار دینار و خلعتی بسزا داد که شاعر واقعاً شاکر و ثناگو شد.

۱۱۶۲ **پس تفحّص[۴] کرد کین سعیِ که بود؟   شاه را اهلیّتِ[۵] من که نمود؟**

شاعر جست و جو کرد تا بداند چه کسی شأن وی را در شاعری به اطّلاع شاه رسانیده است؟

۱۱۶۳ **پس بگفتندش: فلانُ آلدّین وزیر   آن حَسَن نام و حَسَن خُلق و ضمیر**

گفتند: فلان الدّین وزیر که نامش حسن است و مردی خوش خُلق و پاک سرشت است.

۱۱۶۴ **در ثنایِ او یکی شعری دراز   بر نبشت و سویِ خانه رفت باز**

شاعر در مدح او نیز قصیده‌ای بلند تقدیم کرد و به سوی خانه بازگشت.

۱۱۶۵ **بی زبان و لب[۶] همان نَعْمایِ[۷] شاه   مدحِ شه می‌کرد و خلعت‌های شاه**

این قصیده نیز به ظاهر در مدح وزیر؛ ولی در واقع مدح شاه بود.

---

۱ - **عُشر**: یک دهم از هر چیز، «عُشرِ خرمن» و «کَفه» به رسم خرمن‌کوبی اشاره دارد که به‌طور معمول پس از خرمن‌کوبی بخشی از دانه‌ها در خوشه‌ها باقی می‌ماند و با کوفتن مجدّد می‌توانند این دانه‌ها را نیز به دست آورند. به خوشهٔ نیم کوفته شده که هنوز در آن دانه هست «کَفه» می‌گویند.

۲ - بقیّهٔ مبلغی که وزیر پیشنهاد کرده بود از طریق «کَفه» که اینجا مراد «خزانهٔ شاه» است، حاصل شد.

۳ - **سَرَش**: در متن کهن مورد استفادهٔ این شرح «سَرَش» ضبط شده؛ امّا بعضی از شارحان و یا متون دیگر «سِرَش» قرائت کرده‌اند.   ۴ - **تفحّص**: جست‌وجو.

۵ - **اهلیّت**: اهل چیزی بودن، اینجا «اهلِ سخن‌دانی» و «اهل سخنوری»، شایستگی.

۶ - **بی زبان و لب**: مراد بدون لفظ و واژه است؛ یعنی به زبان بی‌زبانی، به زبان حال.

۷ - **نَعْماء**: نعمت‌ها و بخشش.

باز آمدنِ آن شاعر بعدِ چند سال به امید همان صله، و هزار دینار فرمودن بر قاعدهٔ خویش، و گفتنِ وزیر نو، هم حَسَن نام، شاه را که: این سخت بسیار است و ما را خرج‌هاست و خزینه خالی است، و من او را به ده یکِ آن خشنود کنم

بعدِ سالی چند بهرِ رزق و کَشت[1] شاعر از فقر و عَوَز[2] محتاج گشت ۱۱۶۶

چند سال بعد، شاعر به علّت فقر، نیازمند و محتاج شد.

گفت: وقتِ فقر و تنگیِ دو دست جُست و جویِ آزموده بهتر است ۱۱۶۷

شاعر با خود گفت: هنگام نیازمندی به سوی کسی می‌روم که قبلاً او را آزموده‌ام.

درگهی را کآزمودم در کَرَم حاجتِ نو را بدان جانب برم ۱۱۶۸

بنابراین درگاهی را که از نظر بخشندگی آزموده‌ام، بهترین جا برای عرض نیاز است.

معنیِ الله گفت آن سیبَوَیْه[3] یُؤلَهُونَ[4] فی الحَوایِجْ هُمْ لَدَیْه[5] ۱۱۶۹

سیبَوَیه پیشوای نحویان مکتب بصره در معنی لفظ «الله» گفته است[6]: کسی که مردم در نیازهای خود با شور به او روی می‌آورند و آن را از ریشهٔ «وَلَهْ» به معنی شور و شوق و حیرت دانسته است؛ بنابراین مولانا با اخذ این معنا در ابیاتی که در ادامه می‌آورد همان مفهوم را تکرار می‌کند که ما در نیازها با شور به سوی تو می‌آییم و آن را از تو می‌خواهیم و نزد تو می‌یابیم. البتّه در نقل آنچه که از سیبویه آمده است، مولانا همان‌گونه که روش اوست در نقل سخنان و روایات بیش از هر چیز به تأثیر در ارشاد مریدان توجّه دارد تا به درستی جزییات نقل و سابقهٔ اسناد آن.[7]

گفت: اَلِهْنا[8] فی حَوایِجْنا اِلَیْکَ وَالْتَمَسْناها، وَجَدْناها لَدَیْکْ ۱۱۷۰

سیبویه گفت: ما در نیازمندی به تو پناه می‌بریم، از تو می‌خواهیم و نزدِ تو می‌یابیم.

---

۱ - **بهر رزق و کشت**: برای تأمین خوراک روزانه و تأمین کشت و کار آینده. ۲ - **عَوَز**: نیاز و احتیاج.

۳ - **سیبَوَیه**: عمروبن عثمان بن قنبر از عالمان برجستهٔ علم نحو که «الکتاب» اثر اوست. کتابی که عُلمای سَلَف و خَلَف او از تألیفِ مانندِ آن عاجز آمدند. از مردم شیراز است و متوفّیٰ به سال ۱۷۷ هق.

۴ - **یُؤلَهُونَ**: پناه می‌جویند. ۵ - **لَدَیْه**: نزد او.

۶ - با استفاده از مثنوی به تصحیح دکتر استعلامی، ج ۴، ص ۲۶۰.

۷ - از سیبویه دو قول آورده‌اند: یکی آنکه اصل آن «الاله» بوده و همزه را به قاعدهٔ یَسَلُ حذف کرده‌اند و لام اولی را ساکن و در لام دوم ادغام کرده‌اند و «الله» شده، دیگر آنکه اصل «إلٰه» بوده است: دهخدا ذیل واژه «الله».

۸ - **أَلِهْنا**: پناه بردیم، اینجا ماضی در معنای مضارع به کار رفته است.

۱۱۷۱ **صد هزاران عاقل اندر وقتِ درد — جمله نالان پیشِ آن دیّانِ[1] فرد**

همهٔ خردمندان هنگام دردمندی به درگاه آن خداوند یکتا می‌نالند.

۱۱۷۲ **هیچ دیوانهٔ فلیوی[2] این کُند — بر بخیلی، عاجزی، کُدیه[3] تَنَد؟**

آیا هیچ دیوانهٔ احمقی نزد موجود خسیس درمانده‌ای می‌رود و از او چیزی می‌خواهد؟

۱۱۷۳ **گر ندیدندی هزاران بار بیش — عاقلان، کی جان کشیدندیش پیش؟**

اگر خردمندان احسان او را نمی‌دیدند، نه عرض نیاز می‌کردند و نه جانبازی.

۱۱۷۴ **بلکه جملهٔ ماهیان در موج‌ها — جملهٔ پرّندگان بر اوج‌ها**

نه تنها انسان‌ها، بلکه همهٔ هستی به او نیازمند است، ماهی‌ها در امواج و پرندگان در اوج آسمان‌ها.

۱۱۷۵ **پیل و گرگ و حیدرِ اِشکار[4] نیز — اژدهایِ زَفت و مور و مار نیز**

فیل، گرگ و شیر شکارگر یا اژدهای عظیم الجثّه یا مور و مار، همه نیازمندند.

۱۱۷۶ **بلکه خاک و باد و آب و هر شرار[5] — مایه زو یابند، هم دی هم بهار[6]**

حتّی خاک، باد، آب و هر جرقهٔ آتش نیز همواره از او حیات می‌یابند.

۱۱۷۷ **هر دَمش لابه کند این آسمان — که: فرو مگذارم ای حق یک زمان**

آسمان همواره می‌نالد که خدایا، لحظه‌ای مرا به حال خود مگذار.

۱۱۷۸ **اُسْتُنِ[7] من عصمت[8] و حفظِ تو است — جمله مَطْوِیّ[9] یمینِ آن دو دست[10]**

ستون نگاه‌دارندهٔ من تو هستی. همهٔ آسمان‌ها در اختیار قدرت تامّ توست.

---

۱ - **دیّان :** از اسامی حق تعالیٰ به معنی پاداش دهنده، دیّان فرد: خداوند یکتا. ۲ - **فَلیو :** نادان، احمق.

۳ - **کُدْیَه :** گدایی، کدیه تَنَد: گدایی کند. ۴ - **حیدرِ اِشکار :** شیر شکارکننده.

۵ - **شرار :** جرقهٔ آتش، اخگر. ۶ - **هم دی هم بهار :** مراد تمام فصول و همواره است.

۷ - **اُسْتُن :** ستون. ۸ - **عصمت :** حفظ و نگهداری.

۹ - **مَطْوی :** در هم پیچیده. اشارتی قرآنی؛ زُمَر : ۶۷/۳۹ : ...وَالسَّمٰواتُ مَطْوِیّاتٌ بِیَمینِهِ...: ...و آسمان به دست او در هم نَوَردیده می‌گردد.... [در روز قیامت]

۱۰ - «یمین» کنایه از قدرت مطلق و «دو دست» شاید اشاره به حدیث باشد: وَکِلتا یَدَیْهِ یَمینٌ: هر دو دست او دست راست و مبرا از کاستی است: شرح مثنوی مولوی، ج ۴، ص ۱۴۹۵.

۱۱۷۹ **وین زمین گوید که: دارم برقرار　　ای که بر آبم تو کردستی سوار**[1]

زمین می‌گوید: ای خدایی که مرا حفظ می‌کنی، برقرارم دار.

۱۱۸۰ **جملگان کیسه از او بردوختند**[2]　　**دادنِ حاجت از او آموختند**

تمام مخلوقات به او امید دارند و می‌دانند که حاجاتشان را بر می‌آوَرَد.

۱۱۸۱ **هر نبیّی زو برآورده برات**[3]　　**اِسْتَعینُوا مِنْهُ صَبْراً اَوْ صَلات**[4]

همهٔ پیامبران بنا بر فرمان الهی می‌گویند: با بردباری و نماز از پروردگار یاری بخواهید.

۱۱۸۲ **هین از او خواهید نه از غیرِ او　　آب در یَم**[5] **جو، مجو در خشکْ‌جو**

بدانید که از او یاری بخواهید، نه از غیرِ او. آب را از دریا بجویید، نه از جویبارِ خشک.

۱۱۸۳ **ور بخواهی از دگر، هم او دهد　　بر کفِ میلش سخا، هم او نهد**

اگر از دیگری بخواهی، او حاجتت را روا می‌کند و تمایل به بخشندگی را در دل شخص قرار می‌دهد.

۱۱۸۴ **آنکه مُعرِض**[6] **را ز زر قارون**[7] **کند　　رُو بدو آری به طاعت، چون کند؟**

بخشنده‌ای که به قارونِ منکر چنان گنجی می‌دهد، به مؤمن چه خواهد داد؟

۱۱۸۵ **بارِ دیگر شاعر از سودایِ داد**[8]　　**روی سویِ آن شهِ مُحسن نهاد**

شاعر بار دیگر به خیال عطای پیشین به سوی آن شاه بخشنده رفت.

۱۱۸۶ **هدیهٔ شاعر چه باشد؟ شعر نو　　پیشِ مُحسن آرَد و بِنْهَد گرو**

تحفهٔ شاعر چیست؟ شعر تازه‌ای که نزد احسان‌کننده‌ای عرضه می‌کند.

۱۱۸۷ **مُحسنان با صد عطا و جُود و بِر**[9]　　**زر نهاده، شاعران را منتظر**

صاحبان احسان در انتظار شاعران‌اند که بیایند و طلایی را که برای آنان است، دریافت کنند.

---

۱ - **بر آب سوار کردن :** کنایه از عدم استواری.　۲ - **کیسه بردوختن :** امیدوار بودن، امید داشتن.

۳ - **برات :** حوالهٔ کتبی، سند، نوشته‌ای که بر اساس آن می‌توان به حکم دولت از خزانه زر و یا وجه دریافت داشت، گویندگان فارسی زبان هر حواله یا «وارد معنوی» را «برات» اصطلاح کرده‌اند.

۴ - اشارتی قرآنی؛ بقره: ۱۵۳/۲ : یا أَیُّهَا الَّذِینَ آمَنوا اسْتَعِینُوا بِالصَّبْرِ وَالصَّلوٰةِ...: ای مؤمنان از صبر و نماز یاری بجویید.　۵ - **یم :** دریا.　۶ - **مُعْرِض :** اعراض کننده، کسی که روی می‌گرداند، بی‌ایمان و منکر.

۷ - **قارون :** ر.ک: ۸۶۹/۱　۸ - **از سودای داد :** به خیال عطا و بخشش، به امید عطا.

۹ - **بِر :** برّ به معنی نیکی.

۱۱۸۸ **پیششان شعری بِهْ از صد تَنگِ[1] شَعْر[2] خـاصه شـاعر کـو گـُهر آرَد ز قـعر**

نزد آنان شعر خوب ارزشمندتر از ابریشم فراوان است، به ویژه شعرِ نابِ پُرمعنا.

۱۱۸۹ **آدمـی اوّل حـریصِ نـان[3] بُـوَد زانکه قُوت و نان ستونِ جـان بُـوَد**

نیاز اوّلیّهٔ انسان برای زنده بودن، غذاست.

۱۱۹۰ **سویِ کسب[4] و سویِ غصب[5] و صد حِیَل جان نـهاده بـر کـف از حـرص و اَمَـل[6]**

«حرص» و «هوس» انگیزه‌های نیرومندِ به دست آوردنِ همین خواسته‌ها هستند.

۱۱۹۱ **چون به نادر[7] گشت مستغنی ز نان[8] عـاشقِ نـام است و مـدحِ شـاعران**

اگر ندرتاً کسی چشم و دلش سیر شود، شیفتهٔ شهرت و ستایش شاعران می‌گردد.

۱۱۹۲ **تا که اصل و فـصلِ[9] او را بـردهند در بـیـانِ فـضلِ او مِـنْبر نـهند**

تا شاعران هم اصل و نَسَب او را ستایش کنند و هم از فضایلش بگویند.

۱۱۹۳ **تـا کـه کـرّ و فـرّ و زربـخشیِّ او همچو عنبر بو دهد در گفت و گو[10]**

تا شوکتِ بخشش‌های او به گوش همه برسد.

۱۱۹۴ **خَلق، ما بر صورتِ[11] خود کـرد حـق وصفِ[12] ما، از وصفِ او گیرد سَبَق[13]**

چون انسان می‌تواند مظهر اسما و صفات الهی باشد؛ پس اوصاف ما تجلّی اوصاف حق است و از صفات او تأثیر می‌پذیرد.

---

۱ - **تَنْگ** : بار، بستهٔ کالا.

۲ - **شَعْر** : جامهٔ ابریشمین نازک اعلا، دیبای سرخ و نرم، احتمالاً مراد خودِ ابریشم است.

۳ - مراد از «نان»، طعام و غذاست؛ یعنی خوردنی‌های گوناگون. ۴ - **کسب** : به دست آوردن از راه مشروع.

۵ - **غصب** : به دست آوردن از راه نامشروع، از طریق حیله و نیرنگ و کلاهبرداری.

۶ - **اَمَل** : آرزوهای دور و دراز. ۷ - **به نادر** : ندرتاً. ۸ - حرصِ «نان» به حرصِ «نام» مبدّل می‌شود.

۹ - **اصل و فصل** : مراد آن است که هم «اصل و نَسَب» او را تحسین کنند و هم از «فضلِ او» به عنوان یک موجود مستقل تمجید کنند. ۱۰ - مصراع دوم: یعنی به گوش خلق برسد و همه بدانند.

۱۱ - در این اشارت مولانا ظاهراً «صورت» را در معنی «وصف» و «صفت» تلقّی می‌کند: ر.ک. سرّ نی، زرّین‌کوب، ج۲، ص ۶۰۹. همچنین اشاره است به این روایت: إِذَا ضَرَبَ اَحَدُکُمْ فَلْیَجْتَنِبِ الْوَجْهَ فَإِنَّ اللهَ خَلَقَ آدَمَ عَلَی صُورَتِهِ: در ضربه زدن به یک‌دیگر از آسیب رساندن به صورت اجتناب کنید؛ زیرا خداوند آدم را مانند صورت خود آفریده است: احادیث، ص ۳۶۵. ۱۲ - **وصف** : صفت. ۱۳ - **سَبَق** : پیشی گرفتن، اینجا تأثیر پذیرفتن.

چونکه آن خلاّقْ شُکر و حمدْجوست   آدمی را مدحْجویی نیز خوست ۱۱۹۵

چون خالق طالب شکر و سپاس ماست، انسان نیز ستایش را دوست دارد.

خاصه مردِ حق که در فضل است چُست   پُر شود زآن بادْ چون خیکِ[1] درست[2] ۱۱۹۶

مخصوصاً مرد خدا که در فضیلت نیز برتر و شایستهٔ ستایش است، با شنیدن مدح، رضایت خاطرش جلب می‌شود و درون منوّرش به قوّت آن غَلَیان می‌یابد و با اشتیاق بیشتری به امداد معنویِ طالبان می‌پردازد.

ور نباشد اهل[3]، زآن بادِ دروغ   خیکِ بدریده‌ست، کی گیرد فُروغ؟ ۱۱۹۷

و اگر شایستهٔ ستایش نباشد، از سخنان دروغ، درون تاریکش فروغی نمی‌یابد و تاریک‌تر هم می‌شود.

این مَثَل[4] از خود نگفتم ای رفیق   سرسری مشنو، چو اهلی و مُفیق[5] ۱۱۹۸

ای رفیق، این مثال را از پیش خود نگفتم. اگر هوشیاری در آن تعمّق کن.

این پیمبر گفت، چون بشنید قَدْح[6]   که: چرا فربه شود احمد به مَدح؟[7] ۱۱۹۹

این را پیامبر(ص) با شنیدنِ نکوهشِ منکران فرمود که می‌گفتند: چرا محمّد(ص) از مدح شاد می‌شود؟

رفت شاعر پیشِ آن شاه و ببُرد   شعر اندر شکرِ احسان، کآن نمُرد ۱۲۰۰

شاعر با خود گفت: «احسان» که نمی‌میرد و شعری در ستایش احسان پیش شاه برد.

مُحسنان مُردند و احسان‌ها بماند   ای خُنُک آن را که این مرکب براند[8] ۱۲۰۱

احسان کنندگان می‌میرند و «نیکی»شان می‌مانَد. خوشا به سعادت کسی که چنین می‌کند.

---

۱ - **خیک**: مشک، کیسهٔ چرمی برای نگهداری دوغ، ماست، آب.

۲ - مولانا قبلاً و در دفتر اوّل در ارتباط با همین معنا فرموده بود:

کوزهٔ سربسته اندر آبِ زَفْت   از دلِ پر باد فوق آب رفت
بادِ درویشی چو در باطن بُوَد   بر سر آب جهان ساکن بُوَد

۳ - **اهل**: اهلِ چیزی بودن؛ یعنی شایستگیِ آن را داشتن.

۴ - **این مَثَل**: تشبیه اشتیاق انسان به مدح به میل خداوند به آن.

۵ - **مفیق**: هوشیار، کسی که از خواب غفلت بیدار شده است. ۶ - **قَدْح**: نکوهش، طعنه زدن، عیب‌جویی.

۷ - اشاره است به مدح گوییِ شاعری به نام حَسّان بن ثابت که پیامبر(ص) از آن بسیار خشنود می‌شد. منکران این شادمانی را به ضعف انسانی نسبت می‌دادند و در نمی‌یافتند که حمد خلیفهٔ خدا حمد حق تعالی است که عارفان او را ممدوح حقیقیِ هر مدح می‌دانند: شرح مثنوی مولوی، ج ۴، ص ۱۴۹۶.

۸ - **مرکب احسان را راندن**: احسان کردن و به آن ادامه دادن.

۱۲۰۲ **ظالمان مُردند و ماند آن ظُلْم‌ها وایِ جانی کو کند مکر و دَها**[۱]

ظلم کنندگان هم می‌میرند و «ستم»شان می‌مانَد. وای بر کسی که رذیلانه مردم را بفریبد و در کسوت خیر، شرّ برساند.

۱۲۰۳ **گفت پیغمبر: خُنُک آن را که او شد ز دنیا، مانْد از او فعلِ نکو**

پیامبر(ص) فرمود:[۲] خوشا به حال آن کس که از دنیا برود و عمل نیک برجای بگذارد.

۱۲۰۴ **مُرد محسن، لیک احسانش نمرد نزدِ یزدان دین[۳] و احسان نیست خُرد**

احسان کننده می‌میرد؛ امّا احسانِ او می‌ماند؛ زیرا نزد خداوند «ایمان» و «احسان» ارزشمند است.

۱۲۰۵ **وایِ آنکو مُرد و عصیانش نمرد تا نپنداری به مرگ او جان بِبُرد**

وای بر کسی که مُرد و عصیانش ماند؛ زیرا با مردن از تَبَعاتِ بیدادگری رهایی نمی‌یابد.

۱۲۰۶ **این رها کن، زانکه شاعر برگذر[۴] وام‌دار است، و قوی[۵] محتاجِ زر**

این سخنان را رها کنیم؛ چون شاعر به شدّت مقروض است و نیازمند سیم و زرّ.

۱۲۰۷ **بُرد شاعر شعر سویِ شهریار بر امیدِ بخشش و احسانِ پار**

شاعر به امید دریافت صله و احسان پیشین شعر را به محضر شاه بُرد.

۱۲۰۸ **نازنین شعری[۶] پُر از دُرِّ دُرُست[۷] بر امید و بویِ اِکرام نُخُست**

شعر او سرشار از لطافت و واژه‌های پر مغز بود که به امید بخشش پیشین سروده شده بود.

۱۲۰۹ **شاه هم بر خویِ خود گفتش: هزار چون چنین بُد عادتِ آن شهریار**

شاه هم بنا بر عادت فرمان داد تا هزار سکّهٔ طلا به وی پاداش دهند.

۱۲۱۰ **لیک این بار آن وزیرِ پُر ز جود بر بُراقِ عِزّ[۸] ز دنیا رفته بود**

امّا این بار آن وزیر بخشنده دار فانی را وداع گفته بود.

---

۱ - **دَها** : حیله و نیرنگ، زیرکی. ۲ - حدیثی با این مضمون در احادیث و قصص مثنوی نیافتم.

۳ - **دین** : ایمانِ دین‌داران است که موجب احسان آنان می‌شود.

۴ - **بر گذر** : اینجا به معنیِ «در مسیر این داستان» است. ۵ - **قوی** : اینجا بسیار.

۶ - **نازنین شعر** : شعر لطیف و ارزشمند.

۷ - **دُرّ دُرُست** : مروارید سالم، اینجا مراد واژه‌های پر مغز و مناسب است.

۸ - **بُراقِ عِزّ** : مرکب عزّت، یعنی در نهایت اعزاز و احتشام.

بـــر مـــقامِ او وزیـــرِ نــو رئـیس   گشته، لیکن سخت بی‌رحم و خسیس ۱۲۱۱

در منصب آن وزیر نیک‌سیرت، وزیر جدیدی نشسته بود که بسیار بی‌رحم و لئیم بود.

گفت: ای شـه! خـرج‌ها داریـم مـا   شاعری را نَبْوَد ایـن بـخشش جـزا ۱۲۱۲

وزیر گفت: با وجودِ هزینه‌های سنگین، نباید به شاعری این همه پاداش بدهیم.

من به رُبعِ عُشـرِ[1] ایـن ای مُـغْتَنَم[2]   مردِ شاعر را خـوش و راضـی کـنم ۱۲۱۳

ای شاه کامروا، من با یک چهارمِ عُشر این پول، شاعر را راضی می‌کنم.

خلق گفتندش که: او از پیشْ دست   ده هزاران زیـن دلاور[3] بُـرده است ۱۲۱۴

درباریان گفتند: همین شاعر قبلاً ده هزار سکّهٔ طلا از این شاه سخاوتمند گرفته است.

بعدِ شکّر[4]، کِلک خایی[5] چون کند؟   بـعدِ سـلطانی گـدایـی چـون کـند؟ ۱۲۱۵

بعد از آن پاداش بزرگی که دریافت داشته است به مبلغ ناچیزی رضایت نمی‌دهد.

گــفت: بـفشارم ورا انـدر فشـار   تـــا شـــود زار و نـــزار از انـتظار ۱۲۱۶

وزیر لئیم گفت: چنان او را در انتظار و تحت فشار قرار می‌دهم تا زار و نالان شود.

آنگـه ار خـاکش دهـم از راهْ مـن[6]   در رُباید هـمچو گـلبرگ از چـمن[7] ۱۲۱۷

آنگاه اگر به او مبلغ ناچیزی هم بدهم، آن را با اشتیاق می‌پذیرد.

این به من بگذار که اُستادم در ایـن   گـر تـقاضاگـر[8] بُـوَد هـم آتشـین[9] ۱۲۱۸

این کار را به من بسپارید که استادم و آدمِ سرسخت را هم به زانو در می‌آورم.

---

۱ - **رُبعِ عُشْر** : یک چهارم از یک دهم یک چیزی، دو و نیم درصد.
۲ - **مُغْتَنَم** : کسی که صاحب غنیمت‌ها و یا بهره‌های بسیاری از زندگی است.
۳ - **دلاور** : دلیر، اینجا در مفهوم سخاوتمند به کار رفته است.
۴ - **شکّر** : شکّرخایی: جویدن شکر، به معنی شیرین کام و یا کامیاب شدن.
۵ - **کلک خایی** : جویدن نی، به معنی بهره‌مندیِ ناچیز در مقایسه با کامیابیِ پیشین.
۶ - **خاکِ راه را دادن** : کنایه از دادنِ مبلغ ناچیز.   ۷ - **گلبرگ را از چمن ربودن** : کنایه از میل و رغبت بسیار.
۸ - **تقاضاگر** : اینجا شاعر.   ۹ - **آتشین بودن** : اینجا سرسخت و یا سمج بودن.

۱۲۱۹ **از ثــریّا[1] گــر بِــپَرَّد تــا ثَــریٰ[2] نــرم گــردد چــون بــبیند او مــرا**

این شاعر هر کاری بکند در برابر من چاره‌ای جز تسلیم ندارد.

۱۲۲۰ **گفت سلطانش: برو فـرمان تـو راست لیک شادش کن، که نیکو گویِ[3] ماست**

شاه گفت: به تو اجازه می‌دهم؛ امّا رضایتش را جلب کن؛ زیرا ستایشگر ماست.

۱۲۲۱ **گفت: او را و دو صـد اومـیدْلیس[4] تو به من بگذار، این بر من نویس[5]**

وزیر گفت: او و همهٔ کسانی را که از دربار توقّعات نابه‌جایی دارند به من واگذار کن.

۱۲۲۲ **پس فکندش صاحب[6] اندر انـتظار شـد زمسـتان و دی و آمـد بـهار**

بنابراین، وزیر او را در انتظار گذاشت تا زمستان گذشت و بهار فرارسید.

۱۲۲۳ **شـاعر انـدر انـتظارش پـیر شـد پس زبـونِ ایـن غـم و تـدبیر شـد**

انتظارِ بسیار طولانی شاعر را فرسوده کرد و از فکر و غم و اندوه عاجز شد.

۱۲۲۴ **گفت: اگر زر نه، که دشـنامم دهـی تا رهد جـانم، تـو را بـاشم رهـی[7]**

شاعر گفت: اگر زر نمی‌دهی، دشنام بده تا از انتظار رهایی یابم و چاکرت شوم.

۱۲۲۵ **انــتظارم کُشت، بــاری گــو: بــرو تا رهد ایـن جـانِ مسکـین از گـرو**

انتظار مرا کشته است. لااقلّ مرا از خود بران تا جان ناتوانم از این رنج رهایی یابد.

۱۲۲۶ **بــعد از آنش داد رُبـعِ عُشـرِ آن مــاند شــاعر انــدر انـدیشهٔ گِـران**

بالاخره وزیر لئیم بیست و پنج سکّه به او داد. شاعر در اندیشه عمیقی فرو رفت.

۱۲۲۷ **کآن چنان نـقد و چـنان بسـیار بـود این که دیر اِشکُفت[8]، دستهٔ خار[9] بود**

شاعر با خود گفت: صلهٔ اوّل فوراً و فراوان بود؛ امّا این دومی دیر و بی‌ارزش بود.

---

۱ - **از ثریا تا ثریٰ**: از آسمان تا زمین، ثریا: ستارهٔ پروین. ثریٰ: خاک.

۲ - **از ثریا تا ثریٰ پریدن**: احتمالاً همان تعبیری است که امروزه به‌کار می‌بریم و می‌گوییم: اگر به آسمان برود و اگر به زمین بیاید؛ یعنی هرچه که بکند. ۳ - **نیکوگوی**: مدح کننده، ستایشگر.

۴ - **اومیدلیس**: کسی که «امید» را می‌لیسد؛ یعنی به چیزی امیدوار است.

۵ - **بر من نویس**: به من واگذار کن. ۶ - **صاحب**: وزیر. ۷ - **رهی**: بنده و غلام، چاکر.

۸ - **دیر اُشکُفت**: دیر به ثمر رسید، دیر داده شد.

۹ - **دستهٔ خار**: مراد آن است که همانند دسته‌ای از خار بی‌ارزش و آزار دهنده بود.

۱۲۲۸ **پس بگفتندش که: آن دستورِ[۱] راد[۲] رفت از دنـیا، خـدا مـزدت دهـاد**

درباریان گفتند: مزدت را خدا بدهد. وزیر سخاوتمند مدّتی است که دار فانی را وداع گفته است.

۱۲۲۹ **که مضاعف[۳] زو همی شد آن عـطا کـم هـمی افـتاد بـخشش را خـطا**

وزیری که طبع بلندش عطای سلطان را افزون می‌کرد و معمولاً بلافاصله هم می‌پرداخت.

۱۲۳۰ **این زمان او رفت و احسان را ببُرد او نمرد اَلْحق، بـلی احسـان بِـمُرد**

اینک او از دنیا رفته و نیکی را هم برده است. در واقع وزیر نمرد؛ بلکه «نیکی» و «سخا» مُرد.

۱۲۳۱ **رفت از مـا صـاحبِ[۴] راد و رشـید صاحبِ سلاّخِ[۵] درویشـان رسـید**

آن وزیر جوانمرد و رشید از دست ما رفت و جانشینِ او پوست نیازمندان را می‌کَنَد.

۱۲۳۲ **رو بگیر این را و زین‌جا شب گریز تا نگیرد با تو ایـن صـاحب سـتیز**

همین را که داده است بگیر و شبانه فرار کن. مبادا که با تو به دشمنی برخیزد!

۱۲۳۳ **ما به صد حیلت از او این هـدیه را بسـتدیم، ای بـی‌خبر از جـهدِ مـا**

نمی‌دانی که همین صلهٔ ناچیز را با چه حیله و نیرنگی برای تو گرفته‌ایم.

۱۲۳۴ **رُو به ایشان کرد و گفت: ای مشفقان از کجا آمد، بگویید، این عـوان[۶] ؟**

شاعر گفت: ای دوستان مهربان، بگویید که این آدم بدجنس از کجا آمده است؟

۱۲۳۵ **چیست نام این وزیرِ جامه کَـن[۷] ؟ قوم گفتندش که: نامش هـم حَـسَن**

نام این وزیر فرومایه که حقّ مردم را از آنان می‌گیرد، چیست؟ گفتند: نامش حسن است.

۱۲۳۶ **گـفت: یـا رَب نـامِ آن و نـامِ ایـن چون یکی آمد؟ دریغ ای ربِّ دین!**

شاعر گفت: پروردگارا، ای خداوند روز جزا، چگونه نام آن وزیر و این وزیر یکی است؟

۱۲۳۷ **آن حَسَن نامی کـه از یک کـلکِ او صد وزیر و صاحب آیـد جـودْخُو**

نام آن کسی که با یک حکم قلمش وزیران و بزرگان هم به بخشش امیدوار می‌شدند، حسن بود.

---

۱ - **دستور**: وزیر. ۲ - **راد**: بخشنده، جوانمرد. ۳ - **مضاعف**: دو برابر، اینجا «بسیار افزون شدن».
۴ - **صاحب**: مالک، وزیر، خداوند چیزی بودن، خلیفه.
۵ - **سلاّخ**: کسی که گوسفند را ذبح می‌کند و پوستش را می‌کَنَد، کَنَندهٔ پوست.
۶ - **عوان**: مأمور دولت، مأمور اجرا که در مثنوی معمولاً بدنهاد و سنگدل است. ۷ - **جامه کَن**: دزد.

۱۲۳۸ **این حَسَن، کز ریشِ زشتِ[1] ایـن حَسَـن　　مـی‌توان بـافید ای جـان صـد رَسَـن[2]**

نام این وزیر هم حسن است که از ریش زشتِ او طناب‌های بسیاری می‌توان بافت.

۱۲۳۹ **بر چنین صاحب چو شَه اِصغا[3] کند　　شـاه و مُـلکش را اَبَـد رُسوا کـند**

اگر شاه حرفِ چنین وزیری را بشنود، خود و سلطنتش را برای همیشه رسوا می‌کند.

مانِستنِ بد رأییِ این وزیرِ دون در افسادِ مروَّتِ[4] شاه به وزیرِ فرعون یعنی هامان، در افسادِ قابلیّتِ[5] فرعون

اینکه در «قصّهٔ شاعر و صله دادن شاه»، وزیری کریم در مقام مشاور، شاه را به کَرَمی افزون‌تر که در واقع چیزی جز از قوّه به فعل در آمدن سخاوتِ خودِ شاه نیست، وامی‌دارد و بعدها همین شاه با برگزیدن وزیری لئیم، به لئامت ترغیب می‌گردد، تداعی‌گر تقریر «قصّهٔ موسی و فرعون»[6] می‌شود. فرعون با برگزیدن «هامان» به عنوان وزیر، مردی کینه‌توز را مشاور خویش قرار داد که توانست تمام قابلیّت‌های فطری او را برای نیل به نیکی‌ها در وی زایل کند و تأثیر سخنان نیک موسی(ع) را در فرعون به‌کلّی محو سازد؛ بنابراین سرّ سخن در این قطعه آن است که آدمی برای «مجالست» و «مشاورت» باید افراد صالح را برگزینند وگرنه به عواقب شوم آن مبتلا خواهد شد.

۱۲۴۰ **چند آن فـرعون مـی‌شد نـرم و رام　　چون شنیدی او ز مـوسی آن کـلام**

فرعون با شنیدن سخنان موسی(ع) چندین بار تحت تأثیر قرار گرفت و نرم و رام شد.

۱۲۴۱ **آن کلامی کـه بـدادی سـنگ شـیر[7]　　از خــوشیِ آن کــلامِ بـی‌نظیر**

کلام موسی(ع) چنان نافذ و اثربخش بود که بر همهٔ دل‌ها اثر می‌کرد.

۱۲۴۲ **چون به هامان که وزیـرش بـود، او　　مشورت کردی، که کینش بـود خُـو**

هنگامی که فرعون با هامان که وزیر او و مردی کینه‌توز بود مشورت می‌کرد،

---

۱ - **ریش زشت**: احتمالاً وزیر ریش بسیار بلندی داشته است که زشت و انبوه و نشانهٔ جهلِ وی بوده است.
۲ - **رَسَن**: طناب، مراد آن است که ریش وزیر شبیه پشم است «حیوان صفت» و از آن می‌توان طناب بافت.
۳ - **اِصغا**: إصغاء: شنیدن.　۴ - **مروّت**: جوانمردی.　۵ - **قابلیّت**: استعداد.　۶ - ر.ک: ۲۴۵۷/۱.
۷ - **شیر دادن سنگ**: به معنی اثر کردن کلام بر دل‌هایِ سختِ همچون سنگ است که از آن «شیرِ معرفت» و یا «باورهای اعتقادی» جاری می‌شد، خلاصه اینکه سخن او بر همهٔ دل‌ها اثر می‌کرد.

پس بگفتی: تا کنون بودی خـدیو[۱] بنده گردی ژنده‌پوشی را به ریـو[۲]؟ ۱۲۴۳

هامان می‌گفت: تا امروز شاه بودی، آیا می‌خواهی فریب ژنده‌پوشی را بخوری و بندهٔ او بشوی؟

هـمچو سـنگِ مـنجنیقی[۳]، آمـدی آن سـخن، بـر شـیشه‌خانهٔ او زدی ۱۲۴۴

سخنان هامان، همانند سنگِ منجنیق، بر دل فرعون که بـه سـان شـیشه نـاپایدار بـود و آمادگی پذیرش آن را داشت، می‌خورد و تأثیر می‌کرد.

هر چه صد روز[۴] آن کلیم[۵] خوش خطاب سـاختی، در یک دم او کـردی خـراب ۱۲۴۵

نتیجهٔ تلاش طولانیِ آن کلیم خوش سخن را هامان در لحظه‌ای خراب می‌کرد.

عقلِ تو دُستور، و مغلوبِ هواست[۶] در وجـودت رَه‌زنِ راهِ خـداست ۱۲۴۶

عقلِ تو هم، مانندِ آن وزیر و مغلوبِ نَفْس است و نمی‌گذارد به «راهِ خدا» بروی.

نـاصحی[۷]، ربّـانیی، پـندت دهـد آن سخن را او به فن طـرحـی نـهد ۱۲۴۷

اگر مردی خدایی ارشادت کند، عقل جزوی‌ات با نیرنگ آن را بی‌اثر می‌کند.

کین نه بر جای است، هین! از جا مشو نیست چندان، با خـود آ، شـیدا مشـو ۱۲۴۸

و می‌گوید: سخن مرشد درست نیست. خود را نباز. این حرف آن‌قدر ارزشی ندارد، به خود بیا و شیفته نشو.

وای آن شه کـه وزیـرش ایـن بُـوَد جـایِ هـر دو دوزخ پُـرکین[۸] بُـوَد ۱۲۴۹

وای بر شاهی که چنین وزیری داشته باشد. جایِ هر دو دوزخ سوزان است.

شاد آن شاهی کـه او را دستْ گـیر باشد اندر کار، چون آصف[۹] وزیـر ۱۲۵۰

خوشا به شاهی که وزیری همانند آصف بن برخیا یاورش باشد.

شـاهِ عـادل چـون قـرینِ او شـود نـامِ آن نـورٌ عَـلیٰ نـور[۱۰] ایـن بُـوَد ۱۲۵۱

اگر شاه دادگر با وزیری آگاه قرین باشد، نور مضاعف و یا سعادت در سعادت است.

---

۱ - **خدیو**: شاه. ۲ - **ریو**: مکر و نیرنگ. ۳ - **منجنیق**: سنگ‌انداز.

۴ - **صد روز**: مراد زمان طولانی است. ۵ - **کلیم**: لقب موسی(ع) به سبب همکلامی با خداوند.

۶ - **هوا**: هوس، وسوسه‌های نفسانی. ۷ - **ناصح**: نصیحت کننده.

۸ - **پُر کین**: پر از کینه، مراد سوزان است. ۹ - **آصف بن برخیا**: ر.ک: ۹۰۴/۴.

۱۰ - **نورٌ عَلیٰ نورٍ**: مقتبس است از نور: ۳۵/۲۴، به معنی «نور در نور» است.

۱۲۵۲ **چون سلیمان شاه و چون آصف وزیر نور بر نور است و عنبر[۱] بر عبیر[۲]**

اگر سلیمان شاه باشد و آصف وزیر او، این همان نور در نور و سعادتِ مضاعف است.

۱۲۵۳ **شاهْ فرعون و چو هامانَش وزیر هر دو را نَبْوَد ز بدبختی گزیر[۳]**

اگر فرعون شاه باشد و هامان وزیر او، هیچ یک از بدبختی رهایی ندارند.

۱۲۵۴ **پس بُوَد ظلمات بعضی فوقِ بعض[۴] نه خِرَد یار و نه دولت، روزِ عَرْض[۵]**

پس «تاریکیِ مضاعف» و یا «تاریکی روی تاریکی» است و در روز رستاخیز نه عقل می‌تواند به آنان کمک کند و نه بخت.

۱۲۵۵ **من ندیدم جز شقاوت[۶] در لئام[۷] گر تو دیدستی، رَسان از من سلام[۸]**

هرگز در فرومایگان جز تیره‌بختی ندیده‌ام، اگر تو دیدی، سلام مرا برسان.

۱۲۵۶ **همچو جان باشد شه، و صاحب چو عقل عقلِ فاسد روح را آرَد به نَقل**

شاه، همانند «جان» و وزیرش مانند «عقل» اوست. عقلِ فاسد روح را تباه می‌کند.

۱۲۵۷ **آن فرشتهٔ عقل چون هاروت[۹] شد سِحْر آموزِ دو صد طاغوت[۱۰] شد**

«عقلِ خداجو» یا «عقلِ معاد» که فرشته صفت است، اگر تحتِ تأثیرِ نَفْس به «عقلِ معاش» مبدّل گردد، نفسانی می‌اندیشد و شیطانی عمل می‌کند. همان‌گونه که «هاروت و ماروت» کردند.

۱۲۵۸ **عقلِ جزوی[۱۱] را وزیر خود مگیر عقلِ کُل[۱۲] را ساز ای سلطان[۱۳]! وزیر**

ای انسان، «عقلِ معاش» مشاور خوبی نیست، باید از «عقلِ معاد» یاری خواست.

---

۱ - **عنبر** : مادّه‌ای خوشبو.

۲ - **عبیر** : مادّه‌ای معطّر و مرکّب از گلاب و مُشک و زعفران و صندل، از «عنبر بر عبیر» نیز همان مفهوم «سعادتِ مضاعف» و یا «نیکی مضاعف» مستفاد است. اشاره است به اقتران عقل‌های کامل.

۳ - اشاره است به اقتران نفس‌های ناقص.

۴ - مقتبس است از: نور: ۴۰/۲۴: ...ظُلُمَاتٌ بَعْضُهَا فَوْقَ بَعْضٍ...: تاریکی‌های تُو بر تُو.

۵ - **روز عَرْض** : روز رستاخیز. ۶ - **شقاوت** : تیره بختی. ۷ - **لئام** : جمع لئیم به معنی فرومایه، پست.

۸ - اگر دیدی سلام مرا برسان، یعنی ممکن نیست ببینی. ۹ - **هاروت و ماروت** : ر.ک: ۵۳۹/۱.

۱۰ - **طاغوت** : طاغی، سرکش، گمراه کننده. ۱۱ - **عقل جزوی** : ر.ک: ۲۱/۲.

۱۲ - **عقل کلّ** : ر.ک: ۱۱۱۷/۱ و ۱۸۱۷/۱.

۱۳ - **ای سلطان** : هر انسانی که می‌تواند شاهِ کشورِ وجودِ خویش باشد و به مقامِ بندگی حق تعالیٰ ارتقا یابد.

۱۲۵۹ **مـر هوا را تـو وزیـرِ خـود مسـاز   که بـر آیـد جـانِ پـاکت[۱] از نـماز**

پیروی از هوا و هوس جانِ پاکِ تو را به سوی ناپاکی می‌برد.

۱۲۶۰ **کین هوا پُر حرص و حالی‌بین[۲] بُوَد   عـقل را انـدیشه یـوم دیـن بُـوَد**

زیرا عقلِ نَفْسانی شده، حریصانه به فکر دنیاست؛ امّا عقلِ خداجو به پایان کار می‌اندیشد.

۱۲۶۱ **عـقل را دو دیـده در پـایانِ کـار   بهرِ آن گُل[۳] می‌کشد او رنجِ خـار[۴]**

«عقلِ معاد»، عاقبت‌بین است و برای تقرّب رنج طاعت و عبادت را بر خود هموار می‌کند.

۱۲۶۲ **کـه نـفرساید، نـریزد، در خـزان[۵]   باد هر خرطومِ[۶] اَخْشَـم[۷] دور از آن**

«عقلِ معاد»، همواره از «اهلِ دنیا» دوری می‌کند تا تقرّبِ خود را از دست ندهد.

نشستنِ دیو بر مقامِ سلیمان علیه السَّلام[۸]، و تشبّه کردنِ او به کارهایِ سلیمان علیه السَّلام، و فرقِ ظاهر میانِ هر دو سلیمان، و دیو خویشتن را سلیمان بنِ داوود نام کردن

در این قطعه به این نکتهٔ اساسی اشاره می‌شود که: همان قدر که مشورت با «اهلِ دنیا» هلاکت‌آور است، مشورت با «اهلِ معنا» و کسی که از «عقلِ معاد» و یا در مراتبی برتر از «عقلِ کامل» برخوردار است، می‌تواند نجات دهنده باشد و در بیانِ آن «قصّهٔ نشستنِ دیو بر مقامِ سلیمان(ع)» تداعی می‌شود و سرّ سخن آنکه: به یاریِ عقلی کامل نه تنها اجازه نمی‌دهی که «دیو» بر مملکتِ وجودت «سلیمانی» کند؛ بلکه می‌توانی «سلیمانی» کردن «دیـو» در کشور وجود دیگران را نیز به «فعل» و «سِرّ» دریابی.

---

۱ - مراد آن است که تو را از پاکی و طاعت و عبادت دور می‌کند.

۲ - **حالی بین:** فقط به همین دور و بر و دنیای محسوس توجّه دارد.

۳ - **گُل:** کنایه از قُرب حق تعالی و رضایت اوست.

۴ - **خار:** کنایه از رنج‌های ناشی از تهذیب و طاعات و عبادات است.

۵ - **خزان:** کنایه از دنیای محسوس است که در آن به سبب بی‌توجّه بودن‌ها و یا تأثیر مجالست با «اهـل دنیا»، احتمال آن هست که «گُلِ» رضایت حق و تقرّبی را که یافته‌ایم و برای آن زحمت بسیار کشیده‌ایم، از درخت وجودمان بریزد و پَرپَر شود.   ۶ - **خرطوم:** بینی.

۷ - **اَخْشَم:** کسی که حسّ بویایی ندارد و شامّه‌اش بیمار است، «بادِ خرطومِ اَخْشَم»، یعنی نَفَسِ آدم ناقص، تأثیر سخن و احوال کسی که نمی‌تواند حقایق را درک کند و همنشینی با او ممکن است آدمی را از راه خدا دور کند. در مصراع دوم، «باد» را اسم و مضاف به خرطوم قرائت کرده‌ایم، می‌توان آن را به صورت صیغهٔ دعا هم قرائت کرد؛ امّا به تصوّر نویسندهٔ این سطور «بادِ هر خرطومِ اَخْشَم» ضبط بهتری است.   ۸ - ر.ک: ۲۶۲۰/۱.

ورچه عقلت هست، با عقلِ دگر   یار باش و مشورت کن ای پدرا ۱۲۶۳

ای عزیز، «عقلِ معاد» هم نیازمند یاری و مشورت با عقلِ «پیر» است.

با دو عقل از بس بلاها وارهی   پایِ خود بر اوج گردون‌ها نهی ۱۲۶۴

با کمک عقلِ مرشد از بلاهای سلوک و جهل رها می‌شوی و به قلمروِ عالم معنا راه می‌یابی.

دیو گر خود را سلیمان نام کرد[1]   مُلک بُرد و مملکت را رام کرد ۱۲۶۵

هرچند که شیطان خود را سلیمان نامید، سلطنت را غصب کرد و مردم را به اطاعت واداشت،

صورتِ کارِ سلیمان دیده بود   صورتْ اندر سِرّ دیوی می‌نمود ۱۲۶۶

و از کارهایِ سلیمان(ع) تقلید کرد؛ امّا باطن شیطانی‌اش دیده می‌شد.

خلق گفتند: این سلیمان بی‌صفاست   از سلیمان تا سلیمان فرق‌هاست ۱۲۶۷

مردمِ بصیر می‌گفتند: میانِ این سلیمان بی‌صفا با آن سلیمان فرق زیادی هست.

او چو بیداری‌ست، این همچون وَسَن[2]   همچنان که آن حَسَن با این حَسَن[3] ۱۲۶۸

سلیمان(ع)، همانند «بیداری» و یا «آگاهی» و این، همانند «خواب» و یا «ناآگاهی» است.

دیو می‌گفتی که: حق بر شکلِ من   صورتی کرده‌ست خوش بر اهرمن ۱۲۶۹

شیطان به مردم می‌گفت: خداوند شیطانی زیبا به شکل من آفریده است.

دیو را حق صورتِ من داده است   تا نیندازد شما را او به شَست[4] ۱۲۷۰

آن شیطان شبیه من است. دقّت کنید که شما را فریب ندهد و به دام نیندازد.

گر پدید آید به دعوی، زینهار   صورتِ او را مدارید اعتبار ۱۲۷۱

آگاه باشید که اگر کسی با این مشخّصات بیاید و ادّعایی بکند، به سخن او اهمّیّتی ندهید.

دیوشان از مکر این می‌گفت، لیک   می‌نمود این عکس در دل‌هایِ نیک ۱۲۷۲

نادرستیِ سخنان مکّارانهٔ او را دل‌های پاک در می‌یافتند.

---

۱ - اشاره است به قصّهٔ صَخر جِنّی که خاتم سلیمان را ربود و بر جای سلیمان نشست و مدّتی مُلک راند و سلطنت کرد. تفصیل آن در قصص الانبیاء ثعلبی، ص ۲۷۳ مذکور است: احادیث، ص ۳۶۷.   ۲ - **وَسَن** : خواب.
۳ - اشاره است به تقابل حق و باطل.   ۴ - **شست** : قلّابِ ماهیگیری.

نیست بازی[۱] با ممیِّز[۲]، خاصه او — که بود تمییز و عقلش غیبْ‌گو ۱۲۷۳

هرگز نمی‌توان دلِ پاک عارف را فریب داد.

هیچ سِحْر و هیچ تلبیس[۳] و دَغَل[۴] — می‌نبندد پرده بر اهلِ دُوَل[۵] ۱۲۷۴

هیچ «جادو و مکر و نیرنگی» نمی‌تواند «اهل معنا» و «عارفان» را از ادراک حقایق باز دارد.

پس همی گفتند با خود در جواب — بازگونه می‌روی ای کژخطاب[۶] ! ۱۲۷۵

بنابراین مردم بصیر که از مکر شیطان باخبر بودند، در دل می‌گفتند: ای دروغگو، وارونه می‌روی.

بازگونه رفت خواهی همچنین — سویِ دوزخ، اسفل اندر سافلین[۷] ۱۲۷۶

به همین ترتیب وارونه تا بدترین دَرَکات جهنّم خواهی رفت.

او اگر معزول گشته‌ست و فقیر — هست در پیشانیَش بَدرِ مُنیر ۱۲۷۷

اگر او عزل شده و تهیدست مانده است؛ امّا در پیشانی‌اش نور اقبال و ضمیری تابناک می‌درخشد.

تو اگر انگشتری را برده‌ای — دوزخی، چون زَمْهَریر[۸] افسرده‌ای ۱۲۷۸

هرچند که تو انگشتر سلیمان(ع) را دزدیده‌ای؛ امّا تو جهنّمی هستی که گرما هم نداری.

ما به‌بَوْش[۹] وعارض[۱۰] وطاق وطُرُنب[۱۱] — سر کجا؟ که خود همی ننهیم سُنب[۱۲] ۱۲۷۹

ما در مقابل کرّ و فرّ ظاهری‌ات نه سر را فرود می‌آوریم و نه پا را خم می‌کنیم.

---

۱ - **بازی :** بازی دادن، گول زدن، فریب دادن.
۲ - **ممیِّز :** تمیز دهنده، مرد حق، کسی که می‌تواند حق و باطل را از هم تمیز دهد.
۳ - **تَلْبیس :** با ریاکاری نیرنگ خود را پنهان کردن. ۴ - **دَغَل :** نیرنگ.
۵ - **اهلِ دُوَل :** کسانی که از دولت و اقبالِ ورود به عالم معنا برخوردار هستند، اهل معنا.
۶ - **کژخطاب :** دروغگو.
۷ - مقتبس است از: تین : ۵/۹۵: ثُمَّ رَدَدْناهُ أَسْفَلَ سافِلِینَ : سپس او را به فرودین فرود باز گرداندیم.
گروهی از مفسّران «اسفل سافلین» را «فروتر از همهٔ فروتران»، یعنی ضعف و خرفتی و انحطاط قوای انسانی در دوران کهولت دانسته‌اند که در جای دیگری از قرآن به «اَرذل العُمُر» تعبیر شده است: نحل: ۷۰/۱۶ و حج: ۵/۲۲، بعضی نیز آن را طبقه‌ای از طبقات دوزخ به شمار آورده‌اند: قرآن کریم، ترجمهٔ خرّمشاهی، ذیل آیهٔ شریفه.
۸ - **زَمْهَریر :** سرمای سخت، واژهٔ قرآنی: انسان: ۱۳/۷۶. ۹ - **بَوْش :** کرّ و فرّ و شکوه ظاهری.
۱۰ - **عارض :** صورت و ظاهر. ۱۱ - **طاق و طُرُنب :** طمطراق، جاه و شوکت.
۱۲ - **سُنب :** سم، اینجا مراد «پا» است، مراد آنکه هیچ کاری نمی‌کنیم. اشاره به این است که «اهل معنا»، «مردان حق» و «عارفان» را می‌شناسند.

۱۲۸۰ **ور به غفلت ما نهیم او را جبین[۱] پنجه‌یی[۲] مانع بر آید از زمین**

اگر غفلت کنیم و در برابرش پیشانی بر خاک بگذاریم، پنجهٔ غیرت ما را بازمی‌دارد.

۱۲۸۱ **که: مَنِهْ آن سر مر این سرزیر[۳] را هین! مکن سجده مَر این ادبار[۴] را**

که در برابر این فرومایه خم نشو. آگاه باش و در برابر این بدبخت سجده نکن.

۱۲۸۲ **کردمی من شرحِ این بس جان‌فزا گر نبودی غیرت و رشکِ خدا**

اگر غیرت حق مانع افشای اسرار نمی‌شد، شرح این امر را بسی جان‌فزا می‌گفتم.

۱۲۸۳ **هم قناعت کن تو، بپذیر این قَدَر تا بگویم شرحِ این وقتی دگر**

تو هم فعلاً همین را بپذیر تا در فرصتی دیگر باز هم به شرح آن بپردازم.

۱۲۸۴ **نام خود کرده سلیمانِ نَبی[۵] روی پوشی می‌کند بر هر صَبی[۶]**

این فرومایه ریاکارانه خود را سلیمان پیامبر می‌نامد و کودک‌صفتان را می‌فریبد.

۱۲۸۵ **در گذر از صورت[۷] و از نامْ خیز[۸] از لقب وز نامْ در معنی گریز**

برای اینکه همانند کودک صفتان فریب نخوری، به باطن توجّه کن نه به ظاهر.

۱۲۸۶ **پس بپرس از حدِّ او وز فعلِ او در میانِ حدّ و فعل[۹] او را بجو**

آن‌گاه از حدّ و کار هرکس و هر چیز بپرس و در میان حدود و آثار، حقیقت نهانی‌اش را پیدا کن.

---

۱ - **جَبین**: پیشانی.

۲ - **پنجه**: مراد «غیرت حق» است که «اهل معنا» و «مردان حق» را با اشارات گوناگون از خطا و گمراهی می‌رهانَد.

۳ - **سرزیر**: کسی که سربلند نیست، پست و فرومایه. ۴ - **ادبار**: مراد «مُدْبر» است؛ یعنی بدبخت.

۵ - طعنه و ملامتی است بر مدّعیان ارشاد که بدونِ کمال روحانی و معنوی، مردم غافل را می‌فریبند.

۶ - **صَبی**: کودک. ۷ - **صورت**: مراد ظاهر است در تقابل با باطن.

۸ - **از نام خیز**: مراد آن است که ظواهر را رها کن. ۹ - **حدّ و فعل**: حدود و آثار هرچیز.

درآمدنِ سلیمان علیه السَّلام هر روز در مسجدِ اقصیٰ بعد از تمام شدن، جهتِ عبادت و ارشادِ عابدان و مُعتکفان، و رُستنِ عَقاقیر[1] در مسجد[2]

این قطعه، ادامهٔ «قصّهٔ مسجد اقصیٰ و خرّوب...» است که در بیت ۳۸۸ همین دفتر آغاز گردید و لابه‌لای قصّه‌های گوناگون قسمت‌هایی از آن آورده شد و اینک بخشی دیگر که در آن بنای مسجد اقصیٰ پایان یافته است و سلیمان(ع) به جهت عبادت و ارشاد عابدان به آنجا می‌رفت و هر روز صبح هنگامِ ورود به مسجد مشاهده می‌کرد که گیاهی تازه در آن روییده است و با پرسیدن نام و فواید یا مضارِ آن از خودِ گیاه، دیگران را رهنمون می‌شد تا به علم طبّ آگاهی یابند و به درمان مردم بپردازند؛ بنابراین مولانا با آوردن این تمثیل نتیجه می‌گیرد که حیطهٔ فعالیّت عقلِ جزویِ آدمی محدود است و راهی به ماورایِ حدّ خویش ندارد و اینکه انسان توانسته است در طیّ قرون و اعصار به علوم و فنون و صنایع گوناگون دست یابد، مبادی و اصول آن محصول اتّصالی بوده است که دلِ پاکِ انبیا و اولیا با منبع علم دارند و در پرتو این دانش، عقلِ جزوی توانسته با تفکّر و تعقّل چیزهایی را بر آن بیفزاید وگرنه مرتبهٔ این عقل چنان نیست که بتواند به «کشف» نایل آید؛ زیرا استخراجِ مبادی و اصولِ خاصِّ کاملان است.

همچنین روییدن‌گیاه در مسجد اقصیٰ که نمادی از دلِ پاک سالک نیز هست، تداعی‌گر این نکته است که با توجّه مرد حق هر روز در دل‌هایِ روندگانِ راهِ حق گیاهِ معرفت جدیدی می‌روید.

۱۲۸۷ **هر صباحی[3] چون سلیمان آمدی — خاضع اندر مسجدِ اقصیٰ شدی**

هر روز صبح که سلیمان(ع) در نهایت فروتنی وارد مسجد اقصیٰ می‌شد،

۱۲۸۸ **نوگیاهی رُسته دیدی اندر او — پس بگفتی: نام و نفعِ خود بگو**

گیاهی تازه‌روییده را می‌دید و به او می‌گفت: نام و خاصیّتت چیست؟

۱۲۸۹ **تو چه دارویی، چِی نامت چی است؟ — تو زیانِ کیِ و نفعت بر کیِ است؟**

تو چه نوع دارویی هستی؟ نامت چیست و سود و زیانت برای چه کسی است؟

۱۲۹۰ **پس بگفتی هر گیاهی فعل و نام — که من آن را جانم و این را حِمام[4]**

هر گیاه نام و خاصیّت خود را می‌گفت که برای آن یکی حیات‌بخش‌اَم و برای این موجب هلاک.

---

۱ - **عقاقیر** : گیاهان دارویی.
۲ - مأخذ آن روایتی است با همین مضمون و وقتی خرّوب رویید، سلیمان(ع) گفت: پس مرگ من هم فرارسید و اجازه داد بیت‌المقدّس را بازسازی کنند. قرار بود پدرش داوود آن را بازسازی کند؛ ولی وحی شد که سلیمان این مأموریت را انجام خواهد داد و مرگش پس از آن خواهد بود: احادیث، صص ۳۶۸-۳۶۷.
۳ - **صباح** : صبح.
۴ - **حِمام** : مرگ.

۱۲۹۱ **من مر این را زهرم و او را شکر   نامِ من این است بر لوح[۱] از قَدَر[۲]**

برای این یکی زهر هستم و برای آن دیگری شکر. نام من در لوح محفوظ فلان است.

۱۲۹۲ **پس طبیبان از سلیمان زآن گیا   عالم و دانا شدندی، مُقْتَدیٰ[۳]**

طبیبان از طریق سلیمان(ع) به خواصّ گیاهان پی می‌بردند و دیگران را راهنمایی می‌کردند.

۱۲۹۳ **تا کُتُب‌هایِ طبیبی ساختند   جسم را از رنج می‌پرداختند**

و به این ترتیب به تألیف کتاب‌های پزشکی پرداختند و جسم بیماران را از رنج رهاندند.

۱۲۹۴ **این نجوم و طبّْ وَحیِ انبیاست   عقل و حس را سویِ بی‌سو[۴] رَه کجاست؟[۵]**

علوم «رسمی و کسبی»، مثل «طب و نجوم» هم اصول و مبادی خود را از انبیا که «صاحب وحی» هستند، دریافت داشته‌اند؛ زیرا قلمرو «عقل جزوی» و «حواس ظاهری» فقط عالم مادّی است و به ماورای آن راهی ندارد و پس از اخذِ «اصول و مبانی» به توسعه و تکمیل آن می‌پردازد.

۱۲۹۵ **عقلِ جزوی عقلِ استخراج نیست   جز پذیرای فن و محتاج نیست**

عقلِ جزوی، «قابلیّت و توانایی» کشف را ندارد و نمی‌تواند «مجهول» را «معلوم» کند، فقط می‌تواند فنون را تعلیم بگیرد.

۱۲۹۶ **قابلِ تعلیم و فهم است این خرد   لیک صاحبْ وَحْی تعلیمش دهد**

این «عقلِ جزوی» استعداد آموزش و فهم را دارد که باید از طریق «صاحبِ وحی» باشد.

۱۲۹۷ **جمله حِرفت‌ها یقین از وَحْی بود   اوّلِ او، لیک عقل آن را فزود**

اصول و مبادی صنایع هم از «وحی» بوده و عقل چیزهایی را بدان افزوده است.

۱۲۹۸ **هیچ حِرفت را، ببین کین عقلِ ما   تانَد او آموختن بی‌اُوستا؟**

دقّت کن که عقل جزوی ما هیچ حرفه‌ای را نمی‌تواند بدون استاد بیاموزد.

---

۱ - **لوح**: لوح محفوظ: ر.ک: ۱۰۶۹/۱، به تعبیر عارفان دلِ منوّر به نور معرفت.

۲ - **قَدَر**: لوح قَدَر: ر.ک: ۱۷۴/۲.   ۳ - **مُقْتَدیٰ شدند**: راهنمای طبیبان دیگر شدند.

۴ - **بی‌سو**: عالم غیب.

۵ - در واقع مسلمانان آرای حُکمای یونان را هم از طریق لقمان و فیثاغورث مُلْهَم از تعالیم داوود نبی و مستفید از مشکاة نبوّت و اقوال انبیا می‌شمرده‌اند: با استفاده از سرّ نی، زرّین کوب، ج ۱، صص ۵۲۴-۵۲۳.

۱۲۹۹ گرچه اندر مکر مویِ‌اشکاف بُد — هیچ پیشه رامْ بی‌اُستا نشد

گرچه این عقل در حیله و تدبیر دقیق و توانا است؛ امّا به استاد نیاز دارد تا پیشه‌ها را فراگیرد.

۱۳۰۰ دانشِ پیشه از این عقل ار بُدی — پیشه‌یی، بی‌اوستا حاصل شدی

اگر این «عقلِ جزوی» اصل و مبدأ دانشِ پیشه‌ها بود، آدمی به استاد نیازی نداشت.

آموختنِ پیشهٔ گورکنی، قابیل از زاغ، پیش از آنکه در عالَم علمِ گورکنی و گور بُوَد[1]

قابیل برادر هابیل از فرزندان آدم(ع) و حوّا(س) بنا بر داستان‌های دینی به برادر خود هابیل رشک برد و او راکشت و سپس جنازهٔ او را برداشت و حیران به این سو و آن سو می‌کشانید و نمی‌دانست که با آن چه باید کرد تا آنکه به ناگاه دو کلاغ در برابر چشمان او به نزاع برخاستند و یکی از آن دو دیگری راکشت و با منقار خویش زمین راگود کرد و لاشهٔ کلاغ مرده را نهان داشت، قابیل از آنچه دید، درسی آموخت و به دفن برادر خود پرداخت.[2]

در باب علّت این رشک نوشته‌اند که چون آدم(ع) خواهر توأمان قابیل، اقلیما را به نامزدی هابیل در آورد و لیوذا را که خواهر توأمان هابیل بود به زوجیّت قابیل منسوب گردانید، قابیل سرپیچی کرد و خواستار خواهر همزاد خود بود که حسن و جمال بی‌مثال داشت. سرانجام آدم(ع) آنان را گفت که قربان کنند و قربانی هر یک مورد قبول افتد، اقلیما از آن او باشد و چون قربانی قابیل در محل قبول نیفتاد، خشمگین شد و برادر را با ضربهٔ سنگی کشت. علامت قبول قربانی این بود که آتشی از آسمان فرود می‌آمد و آن قربانی را می‌ربود یا پاک می‌سوخت.[3]

این قصّه در تقریر این نکته است که هیچ حرفه‌ای را بدون تعلیم و ارشاد نمی‌توان آموخت و در تأیید ابیات پیشین تداعی شده است که «این نجوم و طب وحی انبیاست» و به این معنا نظر دارد که عقل علی‌رغم قدرت و استعداد خاصّ خود در ادراک حقایق، در معرفت مصالح خویش به تعلیم صاحبان وحی نیازمند است و گورکنی که کمترین پیشه است، کاری است که قابیل آن را از زاغ می‌آموزد.

---

۱ - اصل قصّه برگرفته از قرآن است، مائده : ۳۱/۵ : آنگاه خداوند کلاغی بر انگیخت که زمین را [با چنگ و منقار] بکاود، تا بدین وسیله به او بنمایاند که چگونه جسد برادرش را پنهان کند، [قابیل که چنین دید] گفت: وای بر من! آیا عاجزم که مثل این کلاغ باشم تا جسد برادرم را پنهان کنم و بدین سان پشیمان شد؛ امّا نام هابیل و قابیل در آنجا نیست و از روایات اهل تفسیر و قصّاص اخذ شده است.

۲ - تاریخ حبیب السّیر، صص ۲۱ و ۲۳، نقل از دهخدا.

۳ - با استفاده از قرآن کریم، ترجمهٔ خرّمشاهی، ذیل آیهٔ ۲۷ از سورهٔ مائده، نقل از قصّه‌های قرآن مبتنی بر تفسیر ابوبکر عتیق نیشابوری.

کندنِ گوری که کمتر پیشه بود — کی ز فکر و حیله و اندیشه بود؟ ۱۳۰۱

حرفهٔ گورکنی از پست‌ترین حرفه‌هاست که آن هم از فکر و تدبیر انسان نبود.

گر بُدی این فهم مر قابیل را — کی نهادی بر سر او هابیل را؟ ۱۳۰۲

اگر قابیل این درک را داشت، جسدی را به این طرف و آن طرف می‌کشید؟

که:کجا غایب کنم این کشته را؟ — این به خون و خاک در آغشته را ۱۳۰۳

و با خود نمی‌گفت که این کشته و این جسد خونین و خاک‌آلود را کجا نهان کنم؟

دید زاغی زاغ مُرده در دهان[1] — بر گرفته تیز می‌آمد چنان ۱۳۰۴

در همان حال، قابیل زاغی را دید که زاغ مرده‌ای را به منقار گرفته بود و به شتاب می‌آمد.

از هوا زیر آمَد و شد او به فن — از پیِ تعلیم او را، گورکَن ۱۳۰۵

زاغ از هوا فرود آمد و به کَندن گور پرداخت تا قابیل از او این فنّ را بیاموزد.

پس به چنگال از زمین انگیخت گَرد — زود زاغ مُرده را در گور کرد ۱۳۰۶

زاغ با چنگال زمین را کَند و بلافاصله زاغ مرده را در گور نهاد.

دفن کردش، پس بپوشیدش به خاک — زاغْ از اِلهامِ حق بُد عِلْمناک ۱۳۰۷

زاغ مرده را دفن کرد و رویش را با خاک پوشانید. زاغ با الهام الهی از این علم برخوردار بود.

گفت قابیل: آه، شُهْ[2] بر عقلِ من — که بُوَد زاغی ز من افزون به فن ۱۳۰۸

قابیل با خود گفت: وای بر عقل من که زاغی کوچک در فنّ و هنر برتر از من است.

عقلِ کُل[3] را گفت: مٰا زاغَ البَصَر[4] — عقلِ جزوی می‌کند هر سو نظر ۱۳۰۹

خداوند دربارهٔ «عقل کلّ» فرمود: چشم او نلغزید؛ در حالی که «عقل جزوی» همواره در حال لغزش است؛ زیرا به هر سو و به «ماسِوَی الله» مشغول است و از حق غافل.

---

۱ - اشارتی قرآنی ؛ مائده : ۳۱/۵ : فَبَعَثَ اللهُ غُراباً یَبْحَثُ فِی ٱلْأَرْضِ لِیُرِیَهُ کَیْفَ یُوَارِی سَوْءَةَ أَخِیهِ... : آنگاه خداوند کلاغی را برانگیخت که زمین را [با چنگ و منقار] بکاود تا بدین وسیله به او بنمایاند که چگونه جسد برادرش را [در خاک] پنهان کند. ۲ - **شُه** : تُف، در بیان تحقیر و نفرت به کار می‌رود.

۳ - **عقل کُلّ** : مُراد پیامبر(ص) است.

۴ - اشارتی قرآنی؛ نجم: ۱۷/۵۳؛ ر.ک: ۳۹۶۴/۱ و ۳۷۶۴/۲. اشاره است به معراج پیامبر(ص) که در آن عقل وحیی به هیچ چیز جز آنچه که مطلوب اوست، توجّه نکرد.

۱۳۱۰ **عقلِ مازاغ[1] است نورِ خاصگان　　　عقلِ زاغ[2] أستادِ گورِ مُردگان**

عقلی که اشارت «مَا زَاغَ ٱلْبَصَرُ وَ مَا طَغیٰ» در بیان آن آمد، نوری از مشکات نبوّت یا «عقل وحیی» و مخصوص بندگان خاصّ پروردگار است؛ در حالی که «عقل حسّی» که زاغ در «قصّهٔ هابیل و قابیل»، نمادی از آن است جز به «گورکنی» که رمزی از امور پست است، ره نمی‌یابد.

۱۳۱۱ **جان که او دنبالهٔ زاغان پَرَد　　　زاغ[3] او را سوی گورستان بَرَد**

عقلی که تحت سیطرهٔ نَفْسِ امّاره باشد، بی‌شک جان آدمی را در گورِ تن مدفون می‌کند.

۱۳۱۲ **هین مَدو اندر پیِ نَفْسِ چو زاغ　　　کو به گورستان[4] بَرَد، نه سویِ باغ**

هوشیار باش و از نفس امّاره پیروی نکن که تو را به سوی عالم مادّی می‌برد، نه عالم معنا.

۱۳۱۳ **گر رَوی، رو در پیِ عنقایِ دل[5]　　　سویِ قاف[6] و مسجدِ اقصایِ[7] دل**

اگر پیروی می‌کنی از دلی پیروی کن که به عالم غیب متّصل باشد تا متعالی شوی و جزو صاحب دلان باشی.

۱۳۱۴ **نوگیاهی هر دم از سودایِ تو[8]　　　می‌دمد در مسجدِ اقصایِ تو**

هر لحظه «اندیشه» یا «خاطر» یا «نوگیاهی» در مسجد اقصای دلت می‌روید.

۱۳۱۵ **تو سلیمان‌وار دادِ او بِده[9]　　　پی بَبر از وی پایِ رد بر وی مَنِهْ**

تو هم ای سالک، مانند سلیمان(ع) به گیاهی که تازه رُسته است؛ یعنی «خاطری» که در دلت گذر می‌کند، توجّه کن و از آن رد نشو.

---

۱ - **عقلِ «ما زاغ» :** عقل وحیی، عقلی که به عقل کلّ پیوسته است. اشاره به این معناست که ورود به قلمروِ شهود و عیان جز از طریق «مشکات نبوّت» امکان‌پذیر نیست.　۲ - **عقلِ زاغ :** عقل حسّی یا عقل جزوی.

۳ - **زاغ :** نمادی از نفس امّاره است.　۴ - **گورستان :** در اینجا نمادی از «عالم محسوس» است.

۵ - **عنقای دل :** دل مرد خدا به سیمرغ تشبیه شده است.

۶ - **قاف :** اینجا مراد مقصد عالی و کمال روحانی و معنوی است.

۷ - **مسجد اقصیٰ :** اینجا مراد دلِ سالک راه خداست.

۸ - **سودایِ تو :** خیالات، اندیشه‌ها و خواطر. همانگونه که در مسجد اقصای سلیمان(ع) هر روز گیاهی با خاصیّتی ویژه می‌رویید، در دل سالک نیز هر لحظه «خاطر» یا «اندیشه»ای تازه گذر می‌کند که با تعمّق در آن می‌تواند به معرفت نفس خویش نایل آید.

۹ - در نظر مولانا هر خاطری که از دل عارف می‌گذرد، پیامی است الهی: «الخَواطِرُ رُسُلُ الحَقِّ فَاسْتَجِب لَهَا». این پیام چه نشانهٔ رحمت [جمال] باشد و چه غضب [جلال] راه معرفتِ نفس را نشان می‌دهد که معرفت حق تعالی است «مَنْ عَرَفَ نَفْسَهُ فَقَدْ عَرَفَ رَبَّهُ»: شرح مثنوی معنوی مولوی، ج ۴، ص ۱۵۰۲.

زانکه حالِ این زمینِ باثَبات[1] بازگوید با تو انواع نبات ۱۳۱۶

زیرا گیاهان هر زمینی بیان کنندهٔ خواصّ آن زمین هستند.

در زمین گر نیشکر ور خود نی است ترجمانِ هر زمین نَبْتِ[2] وی است ۱۳۱۷

اگر در زمینی نیشکر بروید یا نی، گیاهی که روییده بیان کنندهٔ خواصّ آن زمین است.

پس زمینِ دل که نَبْتَش فکر بود فکرها اسرارِ دل را وانمود ۱۳۱۸

پس دل آدمی را زمینی بدان که «اندیشه» گیاهِ آن است. اندیشه نشان می‌دهد که دلِ سالک در تصرّف حق است یا نفس.

گر سخن کَش[3] یابم اندر انجمن صد هزاران گُل برُویَم چون چمن ۱۳۱۹

اگر در مجلس، شنوندگان مستعدّی بیابم، اندیشه‌های تابناک از میان جانم فوران می‌کند.

ور سخن کُش[4] یابم آن دم، زن‌بمزد[5] می‌گریزد نکته‌ها از دل چو دُزد ۱۳۲۰

و اگر در میان شنوندگان افرادی نالایق باشند، نکات دقیق می‌گریزند و مطرح نمی‌شوند.

جنبشِ هر کس به سوی جاذب است جذب صادق، نه چو جذبِ کاذب است ۱۳۲۱

«اعمال و افعال» آدمی نتیجهٔ «نیرویی نهانی» است که او را جذب می‌کند و بدان کار وامی‌دارد. اگر انسان «صادق» باشد به سوی نیکی جذب می‌شود و اگر «کاذب» باشد به سوی بدی.

می‌روی گَهْ گُمره و گَهْ در رَشَد رشته پیدا نه و آن کِت[6] می‌کَشَد[7] ۱۳۲۲

گاه گمراهی و گاه در راه راست می‌روی و نمی‌دانی که «گمراهی و هدایت» هر دو نتیجهٔ آن نیروی نهانی است؛ زیرا چشم آدمی نه «نیروی جذب‌کننده» را می‌بیند و نه «جاذبِ حقیقی» را.

---

۱ - **زمین باثبات**: اشاره است به اعتقاد قُدما که زمین را ثابت و افلاک را درگردش می‌پنداشته‌اند.

۲ - **نَبْت**: گیاه، روییدنی.

۳ - **سخن کَش**: کسی که معانی و خواطر الهی را جذب و درک می‌کند. قبلاً گفته شد که اندیشه‌های ما گیاهان مسجد اقصای دل هستند؛ امّا برای روییدن اندیشه‌های تابناک هم، شنونده باید «سخن کَش» یا «جاذب معانی» باشد. سخن ناظر است به حاضران در مجلس تقریر مثنوی و تأثیر خواطر آنان.

۴ - **سخن کُش**: تباه کنندهٔ سخن. ۵ - **زن‌بمزد**: بی‌غیرت، اینجا نالایق. ۶ - **کِت**: که تو را.

۷ - حق تعالی در معنی هم هادی است و هم مضلّ، قرآن؛ بقره: ۲۶/۲، بنابراین چنان مقدّر داشته است که خواطر روحانی و نَفْسانی در خلق اثر بگذارند.

اشــترِ کــوری، مــهارِ تــو رهــین[1]　　تو کَشِش می‌بین، مـهارت را مـبین ۱۳۲۳

آدمی، مانند «شترِ کور» مهارش در دست دیگری است؛ یعنی اعمال و افعالش در نتیجهٔ «نیرویِ جذب‌کننده» و «جاذبِ» نهانی است؛ بنابراین باید به «جاذبِ» نهانی که همان «علّت‌العلل و مسبّبِ‌الاسباب» است توجّه کند، نه به «سبب» که همان «عوامل دنیایی» است.

گر شدی محسوسْ جَذّاب و مـهار　　پس نماندی این جهان دارُالْغِـرار[2] ۱۳۲۴

اگر خلق، «جاذب» و «نیرویِ جذب‌کننده» را می‌دیدند یا حس می‌کردند، ایـن دنـیا سـرای فریب نبود و کسی گول نمی‌خورد و به عالم محسوس دل نمی‌بست.

گبر دیـدی کـو پـیِ سگ[3] می‌رود　　ســـخرهٔ دیــو سِــتَنْبه[4] مــی‌شود ۱۳۲۵

اگر کافر می‌توانست ببیند که به دنبال سگِ نَفْس افتاده و مسخرهٔ شیطان شده است،

در پی او کی شدی مـانند حـیز[5]؟　　پـایِ خـود را واکشـیدی گـبر نـیز ۱۳۲۶

هرگز همانند افراد هوس‌باز به دنبال او نمی‌رفت و از شیطان پیروی نمی‌کرد.

گــاو گــر واقـف ز قـصّابان بُـدی　　کی پیِ ایشان بدآن دکّـان شـدی؟[6] ۱۳۲۷

اگر گاو از تصمیم قصّاب‌ها برای ذبح خویش باخبر بود، به دنبال آنان به دکّان نمی‌رفت.

یا بخوردی از کفِ ایشان سبوس[7]　　یـا بـدادی شـیرشان از چـاپلوس ۱۳۲۸

از دست قصّاب‌ها علف نمی‌خورد یا به سبب رسیدگی و مراقبت‌های آنان شیر نمی‌داد.

ور بخوردی کی علف هضمش شدی؟　　گــر ز مــقصودِ عـلف واقـف بُـدی ۱۳۲۹

اگر هم علف را می‌خورد و علّت آن را می‌دانست، برایش گوارا نبود.

پس ستونِ این جهان خـود غـفلت است　　چیست دولت؟کین دَوادَو[8] با لَت[9] است ۱۳۳۰

بنابراین «غفلت» ستونی است که جهان را نگهداشته و کسی کـه «دولت ایـن جـهانی» دارد، همواره در حال دویدن و ضربت خوردن است.

---

۱ - **رهین** : گرو نهاده شده، مرهون.　۲ - **دارُالغِرار** : خانهٔ فریب، کنایه از دنیاست.
۳ - **سگ** : مراد نفس امّاره است که به سگ مانند شده است.　۴ - **سِتَنْبه** : زشت و کریه.
۵ - **حیز** : نامرد، اینجا هوسباز.
۶ - در این تمثیل، کسی که از «هوا» و «هوس» و یا «شیطان» پیروی می‌کند به «گـاو» مـانند شـده که از تـصمیم «قصّاب» بی‌خبر است و کاردِ تیز را که برای هلاک او نهاده‌اند، نمی‌بیند.　۷ - **سبوس** : پوست گندم یا جو.
۸ - **دَوادَو** : دویدن، دوندگی.　۹ - **لَتْ** : سیلی، ضربه خوردن.

۱۳۳۱ اوّلش دَودَو، بـه آخـر لَتْ بـخَور جز در این ویرانه نَبْوَد مـرگِ خـر[۱]

برای رسیدن به «دولتِ این جهانی» یا «قدرت و توانمندیِ صوری» در آغاز دوندگی مـی‌کنی و سرانجام هم با ضربتی هولناک همه را می‌گذاری و می‌روی.

۱۳۳۲ تو به جِد، کاری که بگرفتی بـه دست عیبش این دم بر تو پوشیده شده‌ست

وقتی که با جدیّت مشغول به کاری هستی، عیب و زشتی‌اش را نمی‌بینی.

۱۳۳۳ زآن همی تـانی بـدادن تـن بـه کـار که بپوشید از تـو عـیبش کـردگار[۲]

خداوند عیب آن را از تو نهان داشته است که بتوانی با جدیّت به آن بپردازی.

۱۳۳۴ همچنین هر فکـر کـه گـرمی در آن عیب آن فکرت شده‌ست از تو نهان

همین‌طور هر «فکر و اندیشه‌ای» که تو را به خود مشغول داشته است، عیبی نهانی دارد.

۱۳۳۵ بر توگر پیدا شدی زو عیب و شَین[۳] زو رمـیدی جـانْت بُـعدَالْمَشْرِقَین[۴]

اگر عیبِ «فکر و اندیشه»‌ات را در می‌یافتی، جانت از آن به سویِ دیگرِ عالم می‌گریخت.

۱۳۳۶ حـال کاَخِـر زو پشـیمان مـی‌شوی گر بُوَد این حالت، اوّل کـی دَوی؟

اگر این پشیمانی را که در پایان داری، از آغاز می‌داشتی، آیا بدان می‌پرداختی؟

۱۳۳۷ پس بـپوشید اوّل آن بـر جـانِ مـا تـا کـنیم آن کـار بـر وَفـقِ قـضا[۵]

پس خداوند در آغاز زشتیِ آن را بر ما پوشاند تا بنا بر قضای الهی بدان بپردازیم.

۱۳۳۸ چون قضا آورد حکـم خـود پـدید چشمْ واشـد، تـا پشـیمانی رسـید

هنگامی که قضای الهی تحقّق یابد، چشم بصیرت آدمی گشوده و پشیمان می‌شود.

---

۱ - **مرگِ خر**: مرگ غافلانه و هولناک.

۲ - اقتضای مصلحت امور عالم چنان است که آدمی به کارهایی هم که «عیب و شرّ» محسوب می‌شوند، اشتغال جوید، بدون آنکه در آن لحظه به زشتی‌شان واقف باشد. در واقع عام خلق نیز جویای خیر و خوشی‌اند و اینکه به اموری که «عیب و شرّ»اند تن در می‌دهند از آن روست که به بویِ دروغین خیر و خوشیِ راستین بـه سـوی آن‌ها رفته‌اند. ۳ - **شَین**: زشتی، عیب.

۴ - **بُعْدُ الْمَشْرِقَین**: فاصلهٔ میان مشرق و مغرب. اشارتی قرآنی؛ زُخرُف: ۳۸/۴۳: ...یالَیْتَ بَیْنی وَ بَیْنَكَ بُعْدَ الْمَشْرِقَیْنِ فَبِئْسَ الْقَرینُ: [وقتی که کافر از دنیا به سوی ما آید، گوید]: ای کاش میان من و آن شیطان فاصله‌ای به دوریِ مشرق و مغرب بود، که او همنشینی بد بود.

۵ - انجام یک فعل و یا پرداختن به یک فکر، هر دو ناشی از قضای الهی است و بازگشتن از آن نیز.

۱۳۳۹ **این پشیمانی قضایِ دیگر است　　این پشیمانی بِهِل، حق را پرست**[1]

این پشیمان شدن هم قضای الهی دیگری است. پشیمانی را رها کن و با آگاهیِ حاصلِ از آن، دیگر به سوی «فعل» و یا «فکر» بد نرو و با پرستش خالصانهٔ خداوند از تیرگی‌ها دور شو.

۱۳۴۰ **ور کنی عادت، پشیمانْ‌خور شوی　　زین پشیمانی، پشیمان‌تر شوی**

اگر به «پشیمانی» عادت کنی، پشیمان‌تر می‌شوی؛ زیرا به پشیمانی مشغول هستی نه به حق.

۱۳۴۱ **نیم عمرت در پریشانی رود　　نیم دیگر در پشیمانی رود**

نیمی از عمرت در «پریشانی» و نیمی از آن در «پشیمانی» خواهد گذشت.

۱۳۴۲ **ترکِ این فکر و پریشانی بگو　　حال و یار و کار نیکوتر بجو**[2]

فکر و پشیمانی را رها کن و به جای آن مشغول حق و عوالم معنوی باش.

۱۳۴۳ **ور نداری کارِ نیکوتر به دست　　پس پشیمانیت بر فوتِ چه است؟**

اگر «کار نیکوتر»ی را نمی‌شناسی و سلوک روحانی نداری، پشیمانی‌ات برای از دست دادن چه چیزی است؟

۱۳۴۴ **گر همی دانی، رَهِ نیکو پَرَست　　ور ندانی، چون بدانی کین بد است؟**[3]

اگر راه خدا را که منشأ نیکی‌هاست، می‌شناسی، به راهت ادامه بده و اگر نمی‌شناسی، بدیِ فعلِ خود را از کجا فهمیدی؟

۱۳۴۵ **بد ندانی تا ندانی نیک را　　ضدّ را از ضد توان دید ای فتیٰ**[4] **!**

تا «نیک» را نشناسی «بد» را نمی‌شناسی. ای جوان، هر ضدّی با ضدّش شناخته می‌شود.

۱۳۴۶ **چون ز ترکِ فکرِ این عاجز شدی　　از گناه آنگاه هم عاجز بُدی**

تو که نمی‌توانی فکرِ «پشیمانی» را از خود دور کنی، بدان که در ارتکاب گناه هم همین قدر عاجز بوده‌ای.

---

۱ – اشاره به این نکته است که «پشیمانی» نیز به نوعی اشتغال به «امور دنیوی» و «غفلت از حق» محسوب می‌شود؛ پس باید بعد از پشیمان شدن آن را رها کرد و مخلصانه به سوی خدا بازگشت.

۲ – اشاره به این نکته: وجود «شرّ» در نظام خلقت متضمّن خیری باطنی است که به تحقّق آن «شرّ» وابسته است و اینک که به زشتی‌اش واقف شدی و عبرت گرفتی، باید رهایش کنی و به حق بپردازی.

۳ – مُراد آن است که: معیار تو برای سنجش «حُسن» و «قبح» چیست؟

۴ – **ای فتیٰ**: مراد مخاطب مبهم است و مشابه آن به کرّات در مثنوی و در کلام سایر عارفان و شاعران نیز یافت می‌شود. شاید اشاره‌ای ضمنی به کثرت «اهل فتوّت» در زمان حیات مولانا نیز باشد.

چون بُدی عاجز، پشیمانی ز چیست؟ عاجزی را بازجو کز جذب کیست؟[۱] ۱۳۴۷

پس اگر «عاجز» بودی، چرا پشیمانی؟ «عاجز» بودن ناشی از جذبه و قدرتی نهانی است که آدمی را به این سو و یا آن سو می‌بَرَد.

عاجزی بی‌قادری اندر جهان کس ندیده‌ست و نباشد، این بدان[۲] ۱۳۴۸

دنیا محلّ ظهور اضداد است. «عاجز» بدون «قادر» مفهوم ندارد.

همچنین هر آرزو که می‌بری تو ز عیبِ آن حجابی اندری ۱۳۴۹

و همین‌طور هر چیزی را که آرزو می‌کنی، از عیب و زشتی‌اش بی‌خبر هستی.

ور نمودی علّتِ آن آرزو خود رمیدی جانِ تو زآن جُست و جو ۱۳۵۰

اگر عیب و زشتی‌اش را می‌دیدی، یقیناً منزجر می‌شدی.

گر نمودی عیبِ آن کار، او تو را کس نبردی کَش کَشان آن سو تو را ۱۳۵۱

اگر عیب آن کار را می‌دانستی، کسی نمی‌توانست تو را کشان‌کشان برای انجام آن ببرد.

و آن دگر کاری، کز آن هستی نَفور[۳] **زآن بُوَد که عیبش آمد در ظهور** ۱۳۵۲

از کاری نفرت داری که عیب و زشتی‌اش را دیده‌ای.

ای خدایِ رازدانِ خوش سخُن عیب کار بد ز ما پنهان مکن[۴] ۱۳۵۳

ای خداوند رازدان که کلامی زیبا داری، عیب کار بد را از ما مپوشان.

عیبِ کارِ نیک را منما به ما تا نگردیم از روِش سرد و هَبا[۵] ۱۳۵۴

عیب کار نیک را هم به ما نشان نده تا از انجام آن دلسرد و ناامید نشویم.

---

۱ - اشاره است به «جبر مذموم» و آنان که از سر کاهلی هرگونه اختیار را از خود سلب می‌کنند و خطاب به ایشان می‌فرماید: علی‌رغم آنکه خداوند خالق فعل انسان است خالق اختیار او نیز هست و این اختیار در آن حدّ هست که جبر مذموم را نفی کند.

۲ - ملامتی است در حقّ معتقدان به «جبر مذموم» که قدرت لایتناهی حق را نمی‌بینند «جبر محمود»، و از سیطرهٔ حق فقط جبر مذموم را دریافته‌اند و آن را وسیله‌ای برای توجیه خطاها و گناهان خویش قرار می‌دهند. همچنین به‌طور ضمنی نیز گفته می‌شود که اگر واقعاً این جبر را یقین می‌دانی؛ پس نشان «مجبور بودن» که چیزی جز اظهار زاری و بیچارگی است، کو؟ ۳ - **نَفور**: رمنده، گریزنده.

۴ - مناجاتی است خالصانه که خلق بدانند بدون هدایت ویژهٔ الهی و عنایت او نمی‌توان حقیقت هیچ چیز را دریافت؛ زیرا در عالم محسوس هر پدیده ظاهری دارد و باطنی که معمولاً یکسان و همسو نیستند.

۵ - **هَبا**: هَباء به معنی گرد پراکنده، اینجا سست شدن است.

هم بر آن عادت سلیمانِ سَنی[1] — رفت در مسجد میانِ روشنی ۱۳۵۵

سلیمان(ع) بلندمرتبه، طبق عادت هر روز سپیده‌دم به مسجد رفت.

قاعدهٔ هر روز را، می‌جُست شاه — که ببیند مسجد اندر نوگیاه ۱۳۵۶

طبق عادت روزانه، همه جای مسجد را می‌جُست تا گیاه نورسته‌ای را ببیند.

دل ببیند[2] سِر[3] بدآن چشمِ صفی[4] — آن حشایش[5] که شد از عامه خَفی ۱۳۵۷

دل با چشم باطنی، گیاهانی را می‌بیند که از چشم عام خلق نهان است.

قصّهٔ صوفی که در میانِ گلستان سر به زانو مراقب بود، یارانش گفتند: سر برآوَر، تفرّج[6] کن بر گلستان و ریاحین و مرغان و آثارِ رحمةِ اللهِ تعالی[7]

یکی از صوفیان در گلستانی سر بر زانو نهاده و در حال مراقبه و استغراق بود. بوالفضولی اندیشید که او در خواب است و معترض شد که چه می‌خسبی؟ اینجا جای نظاره است. گل‌ها و درختان و آثار رحمت حق تعالیٰ را بنگر. صوفی پاسخ داد: آثار حق در دل است و آنچه در بیرون می‌بینی آثارِ آثار است و بس. باغ‌ها و میوه‌های علوم و معارف الهی در دل است و پرتوی از عکسِ آن بر این آب و گِل است.

این قصّه بیان احوال صوفیان راستین است که در مقام کمال و در عین استغراق، دل منوّر و تابناکشان جایگاه حق گشته است و با چشم دل به شهود حقایقی ناظرند که از معدن آن می‌رسد و ثابت و دایمی است و آنچه دیگران در بیرون می‌بینند آثارِ آثار است و بسان عکسی است از حقایق در آبی روان و از این‌رو دایم در تبدّل و دگرگونی است. عرصه‌ای که در آن مغروران و سرکشان دلبستهٔ این عکس شده‌اند و می‌پندارند: «کین بُوَد جنّت‌کده».

---

۱ - **سَنی**: بلندمرتبه. ۲ - **دل ببیند**: مراد چشم دل است. ۳ - **سِرّ**: نهانی، آنچه که پنهان است.
۴ - **چشم صفی**: اینجا چشمِ دل. ۵ - **حشایش**: جمع حشیش به معنی گیاه خشک، اینجا مطلق گیاه.
۶ - **تفرّج**: گردش.
۷ - مأخذ این لطیفه روایتی است که عطّار در شرح حال رابعه عَدویه «عارفهٔ نامدار قرن دوم هجری متوفیٰ به سال ۱۳۵ ق.» نقل می‌کند: در فصل بهار در خانه شد و سر فرود آورد. خادمه گفت: یا سیّده! بیرون آی تا صُنع بینی. گفت: باری تو درآی تا صانع بینی: «تذکرةالاولیاء، ج ۱، ص ۶۸.» و در مقالات شمس: صوفی را گفتند: سر برآر و به نشانه‌های رحمت خدا بنگر، گفت: آن آثارِ آثار اوست. گل‌ها و لاله‌ها در دل است: مقالات شمس، نسخهٔ کتابخانهٔ فاتح، ص ۱۰۲: نقل از احادیث، ص ۳۶۹.

صوفیی در باغ از بهرِ گشاد[۱] صوفیانه روی بر زانو نهاد[۲] ۱۳۵۸

شخصی صوفی در گلستانی به مراقبهٔ صوفیانه پرداخت.

پس فرو رفت او به خود اندر نُغول[۳] شد ملول از صورتِ خوابش فضول[۴] ۱۳۵۹

سپس عمیقاً در خود فرو رفت. یاوه‌گویی از ظاهر به خواب رفتهٔ او آزرده شد.

که چه خسبی؟ آخر اندر رَزْ[۵] نگر این درختان بین و آثار و خُضَر[۶] ۱۳۶۰

گفت: چرا خوابیده‌ای؟ درختان و گیاهان سرسبز را ببین.

امرِ حق بشنو که گفته‌ست: اُنْظُروا[۷] سویِ این آثارِ رحمت آر رُو ۱۳۶۱

حق فرموده است: تماشا کنید؛ پس تو هم به آثار رحمت الهی نگاه کن.

گفت: آثارش دل است ای بوآلهوس[۸]! آن برون، آثارِ آثار است و بس ۱۳۶۲

صوفی گفت: ای غافل، آثار رحمت الهی در دلِ صافی دیده می‌شود. هرچه که در بیرون است، آثارِ آثار و بازتابی از آثار رحمت است.

باغ‌ها و سبزه‌ها در عینِ جان بر بُرون عکسش چو در آبِ روان ۱۳۶۳

باغ‌ها و سبزه‌ها در جان است، تصویری از آن‌ها بیرون و بر آب روان منعکس شده است.

آن خیالِ باغ[۹] باشد اندر آب که کند از لطفِ آبْ آن اضطراب ۱۳۶۴

در آبِ زلال، تصویرِ «باغ» را می‌بینی که با حرکت آب دچار لرزش می‌شود.

باغ‌ها و میوه‌ها اندر دل است عکسِ لطفِ آن بر این آب و گِل است ۱۳۶۵

باغ‌ها و میوه‌های حقیقی در دل آدمی است که پرتوِ آن به عالم محسوس تابیده و باغ و بوستان را این چنین مصفّا کرده است.

---

۱ - **از بهر گشاد :** برای رسیدن به گشایش دل و اتّصال افزون‌تری به عوالم غیبی و ادراک اسرار حق.

۲ - **روی بر زانو نهاد :** روش مراقبهٔ صوفیان است که سر را به سوی پایین و به سمت دل خم می‌کنند وگاه بر زانو می‌نهند. ۳ - **نغول :** ژرف. ۴ - **فضول :** یاوه‌گو، اینجا مراد خادمه است.

۵ - **رز :** درخت انگور، اینجا مطلق درخت. ۶ - **خُضَر :** جمع خضرة به معنی سبزی، سبزی‌ها.

۷ - اقتباس لفظی از مضمون قرآنی: روم : ۵۰/۳۰: فَانْظُرْ إِلَىٰ آثَارِ رَحْمَتِ اللهِ كَيْفَ يُحْيِي الْأَرْضَ بَعْدَ مَوْتِهَا...: پس دیده باز کن و آثار رحمت بی‌منتهای الهی را مشاهده کن که چگونه زمین را پس از مرگ و دستبرد خزان زنده می‌گرداند.

۸ - **بوالهوس :** هوسران، اهل هوا و هوس، غافل، کسی که از حقایق بی‌خبر است.

۹ - **خیالِ باغ :** تصویرِ باغ، بازتابِ باغ.

۱۳۶۶ **گر نبودی عکسِ آن سروِ سُرور[1] پس نخواندی ایزدش دارُالغُرور[2]**

اگر «دنیا و باغ و بوستانِ آن و تمامِ خوشی‌هایش» چیزی بیش از بازتابِ عالمِ معنا بود، خداوند دنیا را «سرای فریب» نمی‌خواند.

۱۳۶۷ **این غرور آن است، یعنی: این خیال هست از عکسِ دل و جانِ رجال**

این «فریب»، یعنی «عالم محسوس»، چیزی جز پرتوِ بوستانِ حقیقیِ درون مردان حق نیست.

۱۳۶۸ **جمله مغروران بر این عکس آمده بر گمانی کین بُوَد جنّت‌کده**

فریب خوردگان می‌پندارند که این «بازتاب»، همان «عالم حقیقی» است و از اصل غافل می‌شوند.

۱۳۶۹ **می‌گریزند از اُصولِ باغ‌ها بر خیالی می‌کنند آن لاغ‌ها[3]**

غافلان از «باغ‌های اصلی» که «باغ علوم و معارف و هدایت» است، می‌گریزند و به خیالی دل می‌بندند.

۱۳۷۰ **چونکه خوابِ غفلت آیدشان به سَر راست بینند، و چه سود است آن نظر؟**

با فرارسیدن مرگ و پایان غفلت حقایق را می‌بینند؛ ولی چه سود؟

۱۳۷۱ **پس به گورستان غریو افتاد و آه تا قیامت زین غلط: واحسرتاه!**

از این غلط دیدن، فریاد و آه و حسرت تا قیامت درگورستان بلند است.

۱۳۷۲ **ای خُنُک آن راکه پیش از مرگ مُرد[4] یعنی او از اصلِ این رَز[5] بوی برد**

خوشا به کسی که قبل از مرگ از خودمحوری بمیرد و عالم معنا را درک کند.

قصّهٔ رُستنِ خَرّوب[6] درگوشهٔ مسجدِ اقصیٰ و غمگین شدنِ سلیمان علیه السَّلام از آن، چون به سخن آمد با او و خاصیّت و نام خود بگفت

۱۳۷۳ **پس سلیمان دید اندر گوشه‌یی نوگیاهی رُسته همچون خوشه‌یی**

سلیمان(ع) دید که درگوشه‌ای گیاهی تازه همانند خوشه‌ای روییده است.

---

۱ - **سروِ سرور**: درخت یا باغ عالم معنا، اینجا عالم معنا به درخت سروی مانند شده که منشأ تمام شادی‌هاست.

۲ - **دارُالغُرور**: سرای فریب، مراد دنیاست که در آن حقایق جز با چشم بصیرت دیده نمی‌شود. اقتباسی لفظی از آیهٔ شریفه؛ حدید: ۲۰/۵۷: ...وَ مَاالْحَیٰوةُ الدُّنْیَآ اِلاّ مَتٰاعُ الْغُرُورِ: و بدانید که دنیا جز متاع فریب و غرور چیزی نیست. ۳ - **لاغ**: هرزه، بیهوده، مسخره.

۴ - اشاره است به مضمون حدیث: مُوتُوا قَبْلَ أَنْ تَمُوتُوا: احادیث، ص ۳۶۹.

۵ - **اصل این رَز**: اصل این باغ، مراد عالم معنا و عالم غیب است.

۶ - **خَرّوب**: بوته‌ای خاردار که در هر بنایی بروید آنجا را ویران می‌کند.

۱۳۷۴ **دیـد بس نـادر گـیاهی سبز و تـر — می‌رُبود آن سبزیِ‌اَش نور از بـصر** [۱]

گیاهی سبز و باطراوت و کمیاب را دید که سرسبزی‌اش چشم را خیره می‌کرد.

۱۳۷۵ **پس سلامش کرد در حال آن حشیش** [۲] **— او جوابش گفت و بشکفت از خوشیش**

گیاه فوراً به سلیمان(ع) سلام کرد. سلیمان(ع) جواب داد و از زیبایی‌اش شادمان شد.

۱۳۷۶ **گفت: نامت چیست؟ برگو بی‌دهان — گفت: خَرّوب است ای شاهِ جهان!**

گفت: بگو که نامت چیست؟ گیاه گفت: ای سلطان جهان، نام من خرّوب است.

۱۳۷۷ **گفت: اندر تو چه خـاصیّت بُـوَد؟ — گفت: من رُستم مکان ویران شـود**

سلیمان(ع) گفت: خاصیّتِ تو چیست؟ گیاه گفت: هر جا برویم، آنجا ویران می‌شود.

۱۳۷۸ **مـن کـه خـرّوبم، خـرابِ مـنزلم — هـادِمِ بـنیادِ ایـن آب و گِـلم**

من موجب خرابی منازل و اماکن می‌شوم. بنیان این آب و گِل را ویران می‌کنم.

۱۳۷۹ **پس سلیمان آن زمـان دانست زود — که اجل آمـد، سـفر خـواهـد نـمود**

بنابراین بلافاصله سلیمان(ع) دریافت که باید به جهان باقی سفر کند.

۱۳۸۰ **گفت: تا من هستم، این مسجد یقین — در خـلل نـاید ز آفـاتِ زمـین**

سلیمان(ع) با خود گفت: به یقین تا من هستم، این مسجد از حوادث روزگار در امان است.

۱۳۸۱ **تا کـه مـن بـاشم، وجـودِ مـن بُـوَد — مسجدِ اقصیٰ مُخَلْخَلْ** [۳] **کی شـود؟**

تا من هستم، چگونه ممکن است مسجد اقصیٰ آسیبی ببیند؟

۱۳۸۲ **پس که هَـدمِ** [۴] **مسـجدِ مـا بی‌گمان — نَـبْوَد الاّ بـعدِ مـرگِ مـا، بـدان**

پس به یقین مسجدِ دل ما نیز ویران نمی‌شود، مگر بعد از مرگِ معنویِ ما.

۱۳۸۳ **مسجد است آن دل که جسمش ساجد** [۵] **است — یـارِ بـد خـرّوبِ هـر جـا مسجد است**

دل بندهٔ مؤمن مکان پاک و مقدّسی است که باید از همنشین بد «خرّوب» در امان بمانَد.

۱۳۸۴ **یارِ بد، چـون رُست در تـو مـهرِ او — هین! از او بگریز و کم کن گفت و گو**

از محبّتِ «اهل دنیا» بگریز که همنشینی با او، همانند خرّوب خطرناک است.

---

۱ - **نور از بَصَر ربودن**: چشم را خیره کردن. ۲ - **حشیش**: مطلق گیاه.

۳ - **مُخَلْخَلْ**: دارای رخنه و شکاف. ۴ - **هَدْم**: انهدام، ویران شدن.

۵ - **ساجد**: سجده کننده، اینجا کسی است که عارفانه و خالصانه به طاعات و عبادات قیام می‌کند.

۱۳۸۵ **برکَن از بیخش که گر سر برزند   مر تو را و مسجدت را برکَنَد**

این محبّت را از دلت ریشه‌کَن کُن که اگر بمانَد و رشد کند، تو را به هلاکت می‌کشاند.

۱۳۸۶ **عاشقا! خرّوبِ تو آمد کَژی   همچو طفلان سویِ کژ چون می‌غژی[۱]؟**

ای عاشق، «کژی» یا «ناراستی» نابودت می‌کند. چرا ناآگاهانه به سوی گمراهی می‌روی؟

۱۳۸۷ **خویش مُجرم دان و مُجرم‌گو، مترس   تا نَدزدد از تو آن استاد درس**

خود را گناهکار و مجرم بدان و اعتراف کن تا انصاف سبب تعلیم و هدایتت شود.

۱۳۸۸ **چون بگویی: جاهلم، تعلیم دِهْ   این چنین انصاف از ناموس[۲] بِهْ**

اگر به جهل خود معترف باشی، بهتر از آن است که بیهوده در پی تأیید خلق باشی.

۱۳۸۹ **از پدر[۳] آموز ای روشنْ جَبین[۴]!   رَبَّنا[۵] گفت و ظَلَمْنا پیش از این**

ای شنوندهٔ معانی، از پدر بیاموز که گفت: پروردگارا، ما به خود ستم کردیم.

۱۳۹۰ **نه بهانه کرد و نه تزویر ساخت   نه لوایِ مکر و حیلت برفراخت[۶]**

آدم(ع) به بهانه و حیله متوسّل نشد، پذیرفت که آنان به خود ستم کرده‌اند.

۱۳۹۱ **باز آن ابلیس، بحث آغاز کرد   که: بُدم من سرخ‌رو[۷]، کردیم زرد[۸]**

امّا ابلیس مجادله کرد و گفت: من از آتش آفریده شدم و او از خاک. فرمان دادی تا به او سجده کنم و مرا شرمنده و بی‌آبرو کردی.

۱۳۹۲ **رنگْ رنگِ توست، صبّاغم[۹] تُویی   اصلِ جُرم و آفت و داغم تُویی**

اگر با آبرو یا بی‌آبرو، هرچه هستم، خواست توست. داغِ چهرهٔ من از توست.

---

۱ - **غژ :** کسی که نشسته راه می‌رود همانند کودک.   ۲ - **ناموس :** آبرو، اینجا مورد تأیید خلق بودن است.

۳ - **پدر :** مراد آدم(ع) است.   ۴ - **جبین :** پیشانی، روشن جبین: کسی که چهره‌ای نورانی دارد.

۵ - اشارتی قرآنی؛ اعراف: ۲۳/۷.

۶ - **لوای مکر و حیلت برافراختن :** پرچم مکر و نیرنگ را برافراشتن، متوسّل به دلیل تراشی شدن. اشاره به «آدم(ع)» به عنوان نمونهٔ عالی انکسار و تواضع در برابر خداوند است.

۷ - **سرخ‌رو بودن :** اینجا کنایه از آبرومندی و اعتبار است.

۸ - **زردرو شدن :** اینجا کنایه از خوار و بی‌اعتبار شدن است. اشاره به «ابلیس» به عنوان بزرگ‌ترین نمونهٔ سرکشی و طغیان در برابر خداوند است که با احتجاج، گناه خویش را به حق نسبت می‌دهد و اختیار خود را ندیده می‌انگارد.

۹ - **صبّاغ :** رنگرز.

۱۳۹۳ **هین بخوان: رَبِّ بِما اَغْوَیْتَنی[۱]　　تا نگردی جبری و کژ کم تنی**

به خود بیا و این آیه را بخوان تا بدانی که از خود سلب مسئولیّت کردن و همانند «جبریان» کارها را به حق نسبت دادن کار شیطان است.

۱۳۹۴ **بر درختِ جبر تا کی برجهی؟　　اختیارِ خویش را یک سو نهی؟[۲]**

تا کی می‌خواهی اختیاری را که داری، ندیده بگیری؟

۱۳۹۵ **همچو آن ابلیس و ذرّیّاتِ[۳] او　　با خدا در جنگ و اندر گفت و گو**

و همانند ابلیس و گمراهان با خدا به جنگ و جرّ و بحث بپردازی؟

۱۳۹۶ **چون بُوَد اِکراه با چندان خوشی　　که تو در عصیان همی دامن کشی[۴]؟**

از هر عصیان و گناه شاد و راضی بودی، و آن را کاری درست می‌پنداشتی، شادی در چیزی که مجبور بودی و علاقه نداشتی، چه معنی دارد؟

۱۳۹۷ **آنچنان خوش، کس رود در مُکْرَهی[۵]؟　　کس چنان رقصان دَوَد در گمرهی؟**

آیا هیچ کس با شادی به سوی بدی می‌رود؟ یا رقص‌کنان به سوی گمراهی می‌دود؟

۱۳۹۸ **بیست مَرده[۶] جنگ می‌کردی در آن　　کِت[۷] همی دادند پند آن دیگران**

با تمام قوا با ناصحانِ خیرخواه می‌جنگیدی.

۱۳۹۹ **که: صواب این است و راه این است و بس　　کِی زند طعنه مرا؟ جز هیچ کس**

که کار درست همین است و بس و فقط آدم ناکس مرا ملامت می‌کند.

۱۴۰۰ **کِی چنین گوید کسی کو مُکْرَه[۸] است؟　　چون چنین جنگد کسی کو بی ره است؟[۹]**

آدم مجبور یا کسی که راه را گم کرده است، این طور با اطمینان حرف نمی‌زند.

---

۱ - اشارتی قرآنی؛ اعراف: ۱۶/۷: قالَ فَبِما أَغْوَیْتَنی...: [شیطان] گفت: چون تو مرا گمراه کردی...: ر.ک: ۱۴۸۵/۱.
۲ - اشاره به اینکه علی‌رغم آنکه همه چیز در دست قدرت الهی است، بندگان نسبت به افعال خویش مسئول‌اند.
۳ - **ذرّیّات ابلیس**: فرزندان ابلیس، مرادگمراهان و عصیانگران است.
۴ - **دامن کشی**: می‌خرامی، با تکبّر راه می‌روی.　۵ - **مُکْرَه**: اکراه، اجبار.
۶ - **بیست مرده**: بیست نفره، یعنی با تمام قوا.　۷ - **کِت**: که تو را.　۸ - **مُکره**: مجبور.
۹ - زمانی که به سوی عصیان و گناه می‌روی، بنا بر اختیاری که داری، آن را درست می‌پنداری و با خیرخواهان می‌جنگی و هنگامی که به مخمصه مبتلا می‌شوی، همهٔ گناهان را ناشی از ارادهٔ حق می‌دانی و خود را تبرئه می‌کنی.

هرچه نَفْست خواست، داری اختیار   هرچه عقلت خواست، آری اضطرار   ۱۴۰۱

در خواستهٔ نَفْس اختیار داری؛ امّا در مورد چیزی که عقل می‌خواهد، «اضطرار» را مطرح می‌کنی و می‌گویی که در اختیار من نیست.

داند او کو نیکبخت و مَحْرَم است   زیرکی¹ ز ابلیس، و عشق از آدم است   ۱۴۰۲

مُقْبِل و محرم اسرار می‌داند که زرنگیِ مزوّرانه از آنِ ابلیس است و عشق از آن آدم(ع).

زیرکی، سبّاحی² آمد در بِحار   کم رهد، غرق است او پایانِ کار   ۱۴۰۳

این نوع «زیرکی»ها و احتجاج با حق، همانند شنا کردن در دریا و غرق شدن است.

هِل³ سباحت را، رها کن کِبر و کین   نیست جیحون، نیست جو، دریاست این   ۱۴۰۴

«علم و آگاهی» و کبر و کینه را رها کن. اینجا رود یا جوی نیست، دریاست.

وآنگهان دریـایِ ژرفِ بـی‌پناه   در رُباید هـفت دریا⁴ را چـو کـاه   ۱۴۰۵

«عالم معنا»، دریای ژرفِ بیکرانی است که تمام دریاها در برابرش هیچ‌اند.

عشق چون کَشتی بُوَد بهرِ خواص   کم بُوَد آفت، بُوَد اغلب خلاص   ۱۴۰۶

«عشق» برای «خاصان حق»، همانند کشتی است که معمولاً سببِ نجات است.

زیرکی⁵ بفروش و حیرانی⁶ بخر   زیرکی ظَنّ⁷ است، و حیرانی نظر   ۱۴۰۷

زیرکی، یعنی «بحث و استدلال» ثمری ندارد، باید به تحیّر در حق رسید؛ زیرا علمی که به عین، یعنی «کشف و شهود» نرسد و دلیلی که مدلول را عیان نکند، معرفتی به بار نمی‌آورد.

عقل قربان کن به پیشِ مصطفی   حَسْبی اَللَّه⁸ گو که: اللهام کَفی   ۱۴۰۸

«عقل جزوی» را در برابر «عقلِ کامل» مرد خدا به دور بریز و بگو: خدا برای من کافی است.

---

۱ - **زیرکی** : در اینجا به معنی زرنگی و تدبیر در راه نادرست یا به قول مرحوم دکتر زرّین‌کوب در سِرّ نی، ج ۱، ص ۵۱۱، مفهوم زیرکی فیلسوفانه دارد که نمی‌تواند ناشی از عشق حقیقی باشد.

۲ - **سبّاح** : شناگر. انسان آگاه می‌کوشد تا پذیرای عشق الهی باشد و به امداد آن بتواند در دریای اسرار حق شناور شود.   ۳ - **هِل** : از هلیدن به معنی رها کردن، فرونهادن.   ۴ - **هفت دریا** : مراد همهٔ دریاهای عالم است.

۵ - **زیرکی** : اینجا «بحث و استدلال» و علمی است که از طریق برهان و دلیل در توجیه و شناخت دین می‌کوشد.

۶ - **حیرانی** : نزد مولانا و مشایخ به حُکم «مَنْ عَرَفَ نَفْسَه فَقَدْ عَرَفَ رَبَّه» به شناخت نَفْس مربوط است و با رهایی از خودی و فنای فی الله برای عارف معرفتِ ربوبی حاصل می‌آید و محصول آن حیرت و استغراق است در ساحت بی‌چون.   ۷ - **ظَنّ** : گمان، اینجا «علوم اهل ظاهر» است.   ۸ - **حَسْبی اَللَّه** : توبه، ۱۲۹/۹.

۱۴۰۹ **همچو کنعان[۱] سر ز کَشتی وامکش　　که غرورش داد، نَفْسِ زیرکَش**

کنعان فرزند نوح(ع) گول نفس را خورد و به اتّکای توانایی‌های ظاهریِ خود در کشتی ننشست و در توفان هلاک شد. تو مانند او نباش.

۱۴۱۰ **که: بر آیم بر سرِ کوهِ مَشید[۲]　　منّتِ نوحم چرا باید کشید؟**

نگو که بر قلّهٔ کوه بلندی می‌روم، چرا باید منّت نوح را بکشم؟

۱۴۱۱ **چون رَمی از مِنّتش ای بی رَشَد[۳] ؟　　که خدا هم منّتِ او می‌کشد**

ای گمراه، منّت او بر گردن تو هست؛ زیرا خداوند احسان او را در حقّ قوم می‌داند و از وی خشنود است.

۱۴۱۲ **چون نباشد منّتش بر جانِ ما؟　　چونکه شُکر و منّتش گوید خدا**

چرا منّت او بر ما نباشد؟ در حالی که خداوند با خشنودی از نیکی او سخن گفته است.

۱۴۱۳ **تو چه دانی ای غَرارهٔ[۴] پُر حسد!　　منّتِ او را خدا هم می‌کشد[۵]**

ای نادان حسود، تو از بزرگیِ او چه می‌دانی؟ خداوند «نیکی و احسان» او را ارج می‌نهد.

۱۴۱۴ **کاشکی او آشنا ناموختی　　تا طمع در نوح و کشتی دوختی[۶]**

کاش او شنا کردن را نیاموخته بود تا به نوح(ع) و کشتی نیازمند می‌شد.

۱۴۱۵ **کاش چون طفل از حِیَل جاهل بُدی　　تا چو طفلان چنگ در مادر زدی[۷]**

کاش کنعان همانند کودک چاره‌گری نمی‌دانست و پناهی جز آغوش مادر نداشت.

۱۴۱۶ **یا به علمِ نقل[۸] کم بودی مَلی[۹]　　علمِ وَحیِ دل رُبودی از ولی**

یا کاش حسِّ کاذبِ «عالِم بودن» و یا «دانستن» در او نبود تا به «خودبینی» گرفتار نمی‌شد و از مرد خدا علم باطنی را کسب می‌کرد.

---

۱ - ر.ک: ۱۳۰۸/۳.　۲ - **مَشید**: بلند و استوار.　۳ - **رَشَد**: هدایت.

۴ - **غَراره**: غفلت، اینجا به صورت صفت و در مقام موصوف به کار رفته است؛ یعنی ای نادان حسود یا ای مغرور حسود.　۵ - مراد آنکه: نیکی و احسان او را ارج می‌نهد.

۶ - اینجا «شنا کردن» نمادی است از علوم اهل ظاهر که از مرحلهٔ تقلید گامی فراتر ننهاده و به مرحلهٔ تحقیق نرسیده است. نوح(ع) و کشتیِ او هم نمادی از مردان حق و کشتیِ امنِ ارشادِ آنان است.

۷ - آدمی برای تقرّب به حق نیازمندِ بال و پرِ «عشق» و «صفا» است نه عقل و زیرکساری‌های آن.

۸ - **علم نقل**: علم اهل ظاهر، علم رسمی و کسبی که در تقابل با علم کشفی و علم «اهل حال» قرار دارد. دانشی که به‌طور معمول در تعبیرات مولانا، عُجب‌آفرین است و راهی به عالم معنا ندارد.　۹ - **مَلی**: پر.

۱۴۱۷ **با چنین نوری چو پیش آری کتاب[۱] — جانِ وحیْ آسایِ تو[۲]، آرَد عتاب[۳]**

اگر در برابر نور عظیم «علم وحی» با «علم ظاهر» اظهار فضل کنی، روحِ عالیِ تو عتابت می‌کند.

۱۴۱۸ **چون تیمّم با وجودِ آب دان — علمِ نقلی با دَمِ قطبِ زمان**

«علوم نقلی» در برابر «علوم کشفی» و کلامِ کاملِ واصل همانند تیمّم کردن با وجود آب است.

۱۴۱۹ **خویش ابله کن[۴]، تَبَع می‌رو سپس — رَستگی زین ابلهی یابی و بس**

به خود بقبولان که چیزی نمی‌دانی و دانشِ طوطی‌وارِ تو راهی به عالم معنا ندارد و پیروی از مردِ حق، راه رستگاری است و بس.

۱۴۲۰ **اَکْثَرُ اَهْلِ الْجَنَّةِ الْبُلْهُ ای پسر[۵]! — بهرِ این گفته است سلطانُ الْبَشَر[۶]**

ای پسر، از همین رو «حضرت ختمی مرتبت(ص)» فرموده است: اکثر اهل بهشت ابله‌اند.

۱۴۲۱ **زیرکی چون کبر و بادِ انگیزِ توست — ابلهی شو، تا بمانَد دل دُرُست**

چون «زیرکی»، یعنی «زرنگی‌های خاصّ دنیوی» یا «تدبیرهای عقل ابزاری» و یا «دانش طوطی‌وار و تقلیدی» موجب «کبر و غرور» است، آن‌ها را رها کن تا به خودبینی مبتلا نشوی.

۱۴۲۲ **ابلهی نه کو به مسخرگی دو تُوست[۷] — ابلهی کو واله و حیرانِ هوست**

می‌گویم «ابله شو»، نه اینکه مسخرگی کنی؛ یعنی واله و شیدای حق و تجلّیاتش باش و «عقل جزوی» و زیرکی‌هایش را کنار بگذار و در این تحیّر بمان.

۱۴۲۳ **ابلهان‌اند آن زنانِ دستْ بُر — از کفِ ابله، وز رخِ یوسف نُذُر[۸]**

زنانِ مجلس زلیخا با مشاهدهٔ جمال یوسف(ع) که تجلّی حق در آن هویدا بود، متحیّر و از خود بی‌خود شدند و دست‌ها را بریدند.[۹]

---

۱ - **کتاب پیش آوردن**: از علم ظاهر سخن گفتن. ۲ - **جان وحی آسایِ تو**: روحِ عالیِ عِلْویِ خودت.
۳ - **عِتاب آوردن**: خشم گرفتن و ملامت کردن.
۴ - **خویش ابله کن**: از علوم نقلی و رسمی درگذر، برای آنچه که می‌دانی شأنی قایل نشو.
۵ - **ای پسر**: این خطاب به سالک یا کسی است که تحت تعلیم مرشد روحانی است.
۶ - مولانا با استناد به این حدیث نبوی در واقع می‌فرماید: اکثر اهل بهشت کسانی‌اند که عقل و زیرکساری‌های آن را فرو نهاده‌اند و به تَبَع مردان حق گام برداشته و در برابر تجلّیات حق متحیّر گشته‌اند: حدیث نبوی: ر.ک. جامع‌الصغیر، ج ۱، ص ۵۳، نقل از احادیث ص ۳۳۸. ۷ - **دو تُو**: دو برابر، مضاعف.
۸ - **نُذُر**: جمع نذیر به معنی ترساننده یا آگاهی دهنده است.
۹ - اشاره است به مضمون آیات ۳۰ و ۳۱ سورهٔ یوسف.

۱۴۲۴ **عقل را قربان کن انـدر عشـقِ دوست عقل‌ها باری از آن سوی است کوست**

عقل جزوی یا «خردِ ابزاری» را قربانیِ «عشق حق» کن که عقل عارفان هم از همان جاست.

۱۴۲۵ **عـــقل‌ها آن ســو فــرستاده عــقول مانده این سو که نه معشوق است، گول**

صاحبان عقول حقیقی، توانایی‌های خود را متوجّه عالم معنا کردند؛ ولی آدمِ گول و نادان با عقل جزوی خود در عالم مادّه مانده است و راهی به معشوق حقیقی ندارد.

۱۴۲۶ **زین سَر از حیرت گر این عقلت رود هر سرِ مـویت سـر و عـقلی شـود**

اگر بر اثر شهود تجلّیات حق با حیرتی عارفانه، عقل جزوی‌ات زوال یابد، عقلی برتر به جای آن می‌نشیند.

۱۴۲۷ **نیست آن سو رنجِ فکرت[1] بر دِماغ[2] که دِماغ و عقل روید دشت و باغ[3]**

در عالم معنا و در تحیّر، ادراک حقایق سبب انبساط و آسایش است نه زحمت.

۱۴۲۸ **سویِ دشت[4]، از دشت نکته بشنوی سویِ باغ آیی، شـود نـخلت رَوی[5]**

حقایق را ادراک می‌کنی و درختِ وجودت خود به خود سیراب می‌گردد و قوای روحانی و باطنی‌ات که بالقوّه بوده است بالفعل می‌شود.

۱۴۲۹ **اندر این ره ترک کن طاق و طُرُنب[6] تا قـلاووزَت[7] نـجنبد، تـو مَـجُنب**

در راه حق، ادّعای بیهوده را رها کن و بدون دستور مرشد هیچ کاری نکن.

۱۴۳۰ **هر که او بی سـر[8] بـجُنبد، دُم بُـوَد جُنبِشش چون جـنبش کـژدُم بُـوَد**

بدون هدایت انسانِ کامل، حرکات و سَکَناتِ آدمی، نفسانی و همانند جنبش عقرب است.

۱۴۳۱ **کژرو[9] و شب‌کور[10] و زشت و زهرناک پــیشهٔ او خَـــستنِ اجسـام پـاک**

زیرا او با درونی زشت و خطرناک، به افراد صالح و پاک ضرر و زیان می‌رساند.

---

۱ - **رنج فکرت :** رنج اندیشیدن.   ۲ - **دماغ :** مغز.

۳ - **دشت و باغ :** اشاره به حقایق در عالم معنا، باغ نیز رمزی از مقام جامع و تقرّب به حق است: ترجمان الاشواق، ص ۱۱۲.   ۴ - **دشت :** اینجا مراد عالم معنا و حیرت است.

۵ - **شود نخلت رَوی :** درخت وجودت خود به خود سیراب می‌شود.

۶ - **طاق و طُرُنب :** شکوه ظاهری، اینجا ادّعای بیهوده، باورِ کاذبِ اینکه تو هم برای خودت کسی هستی.

۷ - **قلاووز :** پیشاهنگ، راهنما، اینجا پیر یا مرشد.   ۸ - **بی سر :** مراد بدون مرشد است، بدون استاد راهنما.

۹ - **کژرو :** کسی که در راه خیر نیست.

۱۰ - **شب کور :** مراد کسی است که از ادراک حقایق به کلّی محروم و با آن دشمن است و صرفاً حیاتی مادّی دارد.

سر بکوب آن را که سِرّش این بُوَد   خُلق و خُوی مُستمِرّش این بُوَد   ۱۴۳۲

باید این پلید را سرکوب کرد؛ زیرا خلق و خوی او گرایش به بدی‌هاست.

خود صلاح اوست آن سرکوفتن   تا رهد جان‌ریزه‌اش[1] زآن شوم تن   ۱۴۳۳

سرکوب کردن او به صلاح خودش نیز هست؛ زیرا روح ناتوانش از حیات مادّی می‌رهد.

واسِتان از دستِ دیوانه[2] سلاح[3]   تا ز تو راضی شود عدل و صلاح   ۱۴۳۴

اگر «ثروت و مقام» را از «ناهل» بگیری، عدل و صلاح از تو خشنود می‌شوند.

چون سلاحش هست و عقلش نه، بِبَند   دست او را، ورنه آرَد صد گزند   ۱۴۳۵

توانایی و قدرتی را که «ناهل» و جاهل دارد، باید گرفت وگرنه به دیگران آسیب
می‌رساند.

بیان آنکه حصولِ علم و مال و جاه بدگوهران را، فضیحتِ[4] اوست،
و چون شمشیری است که افتاده است به دستِ راه‌زن

اینجا در ادامهٔ قطعهٔ پیشین سرِ سخن در بیانِ این معناست که هرگونه توانایی اعمّ از «علم و توانایی‌های فکری» یا
«ثروت و یا توانایی‌های دنیوی» در دست دنیاپرستان و ناهلان، همانند شمشیری در دست «زنگی مست» است.

بدگُهر را علم و فن آموختن   دادنِ تیـــغی بـــه دستِ راه‌زن   ۱۴۳۶

«ناهل» از آموختن علم و هنر، همان استفاده‌ای را می‌کند که راهزن از شمشیر.

تیغ دادن در کفِ زنگیِ مست   بِهْ که آید، علم ناکس[5] را به دست   ۱۴۳۷

تعلیم به شخص گمراه از تیغ دادن به زنگی مست خطرناک‌تر است؛ زیرا این علم را در
مسیر ذهنیّات نادرست خود به کار می‌برد و حاصلی جز تباهی به بار نمی‌آورد.

---

۱ - جان‌ریزه : جانی که منوّر نشده و به سوی اسفل گراییده است.
۲ - دیوانه : اینجا مراد کسی است که تحت سیطرهٔ نفس امّاره است و جز به کسب لذّات و شهوات نمی‌اندیشد.
۳ - سلاح : اسلحه، اینجا مراد توانایی‌های اهل دنیاست مانند ثروت و مقام یا به عبارتی زر و زور.
۴ - فضیحت : رسوایی و بدنامی.   ۵ - ناکس : ناهل، مُنکر و معاند، کافر.

۱۴۳۸ **علم و مال و منصب و جاه و قِران[۱] فتنه آمد، در کفِ بدگوهران**

«دانش، ثروت و مقام» در دست افراد بدنهاد موجب فتنه و آشوب است.

۱۴۳۹ **پس غزا[۲] زین فرض شد بر مؤمنان تا سِتانند از کفِ مجنون سِنان[۳]**

جهاد برای مؤمنان واجب شده است تا نیزه را از دست دیوانه بگیرند.

۱۴۴۰ **جانِ او مجنون، تنش شمشیرِ او واستان شمشیر را زآن زشتْ‌خو**

جانِ آدمِ گمراه، جاهل و تنش شمشیرِ اوست، باید از این بدگوهر اسلحه را گرفت.

۱۴۴۱ **آنچه منصب می‌کند با جاهلان از فضیحت، کی کند صد ارسلان[۴]؟**

جاهلان هنگامِ احراز مقام، با خودبینی، رسوایی‌هایی به بار می‌آورند که صدها آدم قلدر نمی‌توانند.

۱۴۴۲ **عیبِ او مخفی‌ست، چون آلت بیافت مارش از سوراخ بر صحرا شتافت[۵]**

سرشت بدِ نهانی‌اش با رسیدن به مقام و منصب آشکار می‌شود.

۱۴۴۳ **جمله صحرا مار و کژدُم[۶] پُر شود چونکه جاهل، شاهِ حُکمِ مُر[۷] شود**

هنگامی که شخص نادان به فرمانروایی می‌رسد، قلمروِ حکومتش سرشار از شرّ و فساد می‌شود.

۱۴۴۴ **مال و منصب، ناکسی کآرد به دست طالبِ رسوایِی خویش او شده‌ست**

برای آدم ناصالح ثروت و مقام ابزاری برای رسوایی و بی‌آبرویی‌اند.

۱۴۴۵ **یا کند بخل و عطاها کم دهد یا سخا آرَد به ناموضع نهد**

«ناصالح» و یا «نااهل» ارزش‌ها را تشخیص نمی‌دهد و افراط و تفریط می‌کند.

۱۴۴۶ **شاه را در خانهٔ بَیْدَق[۸] نهد این چنین باشد عطا کاحمق دهد**

اگر رفتار «نااهل» را به بازی شطرنج تشبیه کنیم، باید بگوییم که «شاه» را در خانهٔ «پیاده» قرار می‌دهد و شأن و ارزش هیچ کس و هیچ چیز را نمی‌شناسد. بخشش احمق این چنین است.

---

۱ - **قِران:** اصطلاح نجومی است و به اجتماع زحل و مشتری گویند، اینجا به معنی طالع نیک یا بخت موافق آمده است. ۲ - **غزا:** جنگ در راه دین، جهاد. ۳ - **سِنان:** نوک نیزه، نیزه.

۴ - **ارسلان:** شیر، اسم ترکی است، اینجا کنایه از آدم زورمند و قلدر است.

۵ - **مار از سوراخ به صحرا شتافتن:** کنایه از آشکار شدن پلیدی‌های نهانی است به صورت شرّ و فساد.

۶ - **مار و کژدم:** حیوانات موذی، کنایه از شرّ، فساد، بدی.

۷ - **حُکمِ مُر:** حکمِ تلخ، اینجا کنایه از حکومت جابرانه است. ۸ - **بَیْدَق:** پیاده در شطرنج.

۱۴۴۷ **حکم چون در دستِ گمراهی فُتاد   جـاه[1] پـنداریـد، در چـاهی فُـتاد**

آدم گمراه با «جاه» به «چاه» می‌افتد؛ چون شایستگی و توانایی‌های لازم را ندارد.

۱۴۴۸ **ره نـمی‌دانـد، قـلاووزی کـند[2]   جـانِ زشتِ او جـهانْ‌سوزی کـند**

این آدم گمراه که بر مسندی نشسته همه را گمراه می‌کند و به آتش می‌کشاند.

۱۴۴۹ **طفلِ راهِ فقر[3] چون پـیری گـرفت[4]   پـی‌روان را غـولِ ادبـاری[5] گـرفت**

در امور معنوی هم اگر سالکِ ناقص مدّعی ارشاد باشد، پیروانش گمراه می‌شوند.

۱۴۵۰ **کـه: بـیا تـا مـاه بـنمایم تـو را   مـاه را هـرگز نـدید آن بـی‌صفا**

گمراه می‌گوید: بیایید تا حقیقت را به شما نشان بدهم، در حالی که خودِ او هرگز حقایق را ندیده است.

۱۴۵۱ **چون نمایی؟ چون ندیدستی به عُمر   عکس مَه در آبْ هم ای خامِ غُمر[6]**

ای نادان کودن، تو که مظاهر تجلّی حقایق را به درستی نمی‌بینی، چگونه به دیگران نشان می‌دهی؟

۱۴۵۲ **احـمقان سـرور شـدستند و ز بـیم   عـاقلان سـرها کشـیده در گـلیم**

زمانی که ابلهان به مقاماتی می‌رسند، به ناچار خردمندان در کنج خلوت می‌نشینند.

تفسیرِ یا ایُّهَا المُزَّمِّل[7]

در ابیات پایانی قطعهٔ پیشین، سخن در تقریر این معنا بود که اگر «قدرت و توانایی‌های دنیوی یا معنوی» به دست افراد «ناصالح» و یا «نااهل» بیفتد به خود و دیگران ضرر و زیان می‌رسانند و در چنین بحرانی برای خردمندان راهی جز آن نمی‌ماند که خلوت گزینند: «عاقلان سرها کشیده در گلیم». اینک در ادامهٔ همان معنا به تفسیر **«یاایُّهاالمُزَّمِّل»** می‌پردازد که در آن رسول خدا(ص) مورد خطاب قرار گرفته است و به عنوان عالی‌ترین نمونهٔ دارندگان «خرد ناب» و یا «عقل کامل» مورد بحث قرار می‌گیرد و بنا بر مضمون آیات اوّلیّهٔ این سوره و تفاسیر

---

۱ - **جاه:** مقام و منصب.   ۲ - **قلاووزی کردن:** پیشوایی و رهبری کردن.

۳ - **طفل راه فقر:** سالک مبتدی.   ۴ - **پیری گرفتن:** ادّعای ارشاد داشتن، مدّعی کمال بودن.

۵ - **غولِ ادباری:** غول بدبختی.   ۶ - **غُمر:** گول، احمق.

۷ - اشارتی قرآنی؛ مُزَّمِّل: ۷۳/۲-۱: یا أَیُّهَا الْمُزَّمِّل. قُمِ اللَّیْلَ إِلاَّ قَلیلاً: ای جامه به خود پیچیده! شب را جز کمی به پا خیز.

آن[1] از پیامبر(ص) که از آزار «نااهلان» دلتنگ بوده و در خانه سر در گلیمی کشیده و به خواب رفته بود، خواسته می‌شود تا برخیزد و خلق را بیاگاهانَد. مولانا با استفاده از این مضمون نتیجه می‌گیرد[2] که روح انسان کامل نیز یک چند از هرگونه تماسی با دنیا کناره‌گیری می‌کند تا با ذکر حق تعالیٰ نیروی تازه یابد و آن‌گاه به خلق بازگردد و به ارشاد خلق بپردازد.

خوانـد مُـزَّمِّل نَـبی را زیـن سـبب　　　که: برون آ از گـلیم ای بـوالهَـرَب! ۱۴۵۳

خداوند، پیامبر(ص) را «جامه برخود پیچیده» خواند و فرمود: ای گریزان از خلق، از گلیم بیرون بیا.

سـر مَکَش انـدر گـلیم و رو مـپوش　　　که جهان جسمی‌ست سرگردان، تو هوش ۱۴۵۴

سر را پنهان مکن؛ زیرا جهان جسمی سرگردان است و تو جانش هستی.

هـین مشـو پـنهان ز نـنگِ مـدّعی[3]　　　که تو داری شـمعِ وحـیِ شَـعْشَعی ۱۴۵۵

هان، از اهانتِ مُنکر آزرده و پنهان نباش؛ زیرا تو دارای نورِ درخشان وحی هستی.

هین! قُم اَللَّیْلَ، که شمعی ای هُمام[4]　　　شـمعْ انـدر شب بُـوَد انـدر قـیام ۱۴۵۶

هان، ای سرور، شبانه برخیز؛ زیرا شمع هنگام شب ایستاده و تابان است.

بی فروغت روزِ روشن هم شب است　　　بـی‌پناهت شیر اسیرِ اَرنَب[5] است ۱۴۵۷

بی پرتو هدایت و حمایتِ تو جهل جاهلان، مکّارانه «اهلِ دنیا» را در تنگنا قرار می‌دهد.

باش کشـتیبان در ایـن بـحرِ صـفا　　　کـه تـو نـوح ثـانیی ای مـصطفی! ۱۴۵۸

ای مصطفی(ص)، در دریای پر از صفای عالم معنا کشتیبان باش؛ زیرا نوح ثانی هستی.

ره شـناسی مـی‌باید بـا لُـباب[6]　　　هـر رهـی را، خـاصه انـدر راهِ آب ۱۴۵۹

برای طی کردن راه، به راهنمایی خردمند نیاز هست بخصوص راهِ «بحر صفا» یا عالم معنا.

خـیز، بـنگر کـاروانِ رهزده[7]　　　هر طرف غولی‌ست[8] کشتیبان شده ۱۴۶۰

برخیز و ببین که برای این قافلهٔ ستم‌زده، از هر طرف منکرِ گمراهی ادّعای هدایت دارد.

---

۱ - مثنوی، تصحیح دکتر استعلامی، ج ۴، ص ۲۷۶.　۲ - با استفاده از شرح مثنوی مولوی، ج ۴، ص ۱۵۱۳.
۳ - **ز ننگ مدّعی**: از اینکه کافری اسائهٔ ادب کرده است، دلتنگ نباش.　۴ - **هُمام**: بزرگ، سرور.
۵ - **اَرْنب**: خرگوش.　۶ - **لُباب**: جمع لُب به معنی عقل، اینجا جمع به جای مفرد به کار برده شده است.
۷ - **کاروان رهزده**: مراد مؤمنان‌اند که تحت ستم و آزار معاندان و منکران بودند.
۸ - **غول**: کنایه از شخص گمراه، معاند.

خِضر[1] وقتی، غوثِ[2] هر کشتی تویی — همچو رُوحُ اللّه مکن تنها رَوی[3] ۱۴۶۱

حیات روحانی خلق با توست. فریادرس همه تو هستی. همانند عیسی(ع) به خلوت نرو.

پیشِ این جمعی چو شمع آسمان[4] — انقطاع[5] و خلوتْ‌آری را بمان[6] ۱۴۶۲

خورشید این جمع هستی و به آنان نور و گرمای ایمان می‌دهی. از آن‌ها دوری نکن.

وقتِ خلوت نیست، اندر جمع آی — ای هُدیٰ چون کوهِ قاف[7] و تو هُمای[8] ۱۴۶۳

ای رسولی که هدایتت شامل حال خلق عالم است، اینک باید در میان مردم باشی.

بَدرْ بر صدرِ فلک شد شب روان — سیر را نگذارد از بانگِ سگان[9] ۱۴۶۴

ماه شب‌ها بر اوج آسمان حرکت می‌کند و از بانگ سگ‌ها متوقّف نمی‌شود.

طاعنان همچون سگان بر بدرِ تو — بانگ می‌دارند سوی صدرِ تو ۱۴۶۵

طعنه زنندگان سگ‌هایی هستند که به ماهِ وجود و مقام برجسته‌ات پارس می‌کنند.

این سگان کرّ اَند ز اَمرِ اَنْصِتُوا[10] — از سَفَه[11] وَعْوَع‌کنان بر بدرِ تو ۱۴۶۶

این‌ها فرمان «خاموش باشید» را نمی‌فهمند و از سر سَفاهت در برابر سخنان تو عوعو می‌کنند.

هین! بمگذار ای شفا رنجور را — تو ز خشمِ کرْ عصایِ کور[12] را ۱۴۶۷

ای شفابخش، خشمی که از منکران داری نباید تو را از هدایتِ نیازمندان باز دارد.

نه تو گفتی: قایدِ اعمی[13] به راه — صد ثواب و اَجْر یابد از اله؟ ۱۴۶۸

مگر نمی‌گفتی که راهنمایی نابینا پاداش عظیمی دارد؟

---

۱ - **خضر** : ر.ک: ۲۲۵/۱ و ۲۹۸۳/۱. ۲ - **غُوث** : فریادرس.
۳ - مسلمانان معتقدند که عیسی(ع) از آزار معاندان، از خلق دوری گزید و به آسمان چهارم رفت.
۴ - **شمع آسمان** : کنایه از خورشید است. ۵ - **انقطاع** : بریدن از خلق. ۶ - **بمان** : رهاکن.
۷ - **ای هُدیٰ چون کوه قاف** : رسالت و هدایت پیامبر(ص) اینجا به کوه قاف مانند شده که تمام عالم را در بر دارد.
۸ - **هُمای** : سیمرغ، کنایه از مرد حق. ۹ - **سگان** : سگ‌ها، کنایه از منکران.
۱۰ - اشارتی قرآنی؛ اعراف : ۲۰۴/۷ : و چون قرآن خوانند به آن گوش بسپارید و در [برابر آن] خاموش باشید، باشد که مشمول رحمت شوید: ر.ک: ۱۶۳۱/۱. ۱۱ - **سَفه** : سبُکی عقل و نادانی.
۱۲ - **عصای کور** : اینجا گروندگان و مؤمنان به نابینایی مانند شده‌اند که همچنان به هدایتی افزون‌تر «عصاکشی» نیازمندند. ۱۳ - **قاید اعمیٰ** : عصاکش کوران.

۱۴۶۹ هر که او چل گام کوری را کَشَد[۱] گشت آمرزیده و یابد رَشَد

مگر نگفتی که هر کس چهل گام نابینایی را راه بِبَرَد آمرزیده و هدایت شده است؟

۱۴۷۰ پس بِکش تو زین جهانِ بی‌قرار جُوقِ[۲] کوران را قطار اندر قطار[۳]

پس تو ای پیامبر، گروه گروه کوران را از این عالم بی‌ثبات به عالم معنا هدایت کن.

۱۴۷۱ کارِ هادی این بُوَد، تو هادیی ماتمِ آخرْ زمان[۴] را شادیی

تو راهنمایی و کارَت همین است. در ماتمِ گمراهی مردم، خلق را هدایت و شاد می‌کنی.

۱۴۷۲ هین! روان کن ای امامُ آلمُتّقین[۵] این خیال‌اندیشگان[۶] را تا یقین

ای پیشوای پرهیزکاران، این صاحبان علوم نقلی را هم هدایت کن تا به یقین برسند.

۱۴۷۳ هر که در مکرِ تو دارد دلْ گرو گردنش را من زنم، تو شاد رو

هر کسی را که در فکر نیرنگ باشد، هلاک می‌کنم. تو با آسایشِ خاطر به رسالت بپرداز.

۱۴۷۴ بر سرِ کوریش کوری‌ها نهم[۷] او شکر پندارد و زهرش دهم

آنان را در جهل مرکّب نگاه می‌دارم تا «زهر» را «شکر» بپندارند.

۱۴۷۵ عقل‌ها از نورِ من افروختند مکرها از مکرِ من آموختند[۸]

همان عقل جزوی‌شان از نور حق توانایی یافته است و مکر را هم در پرتوِ مکرِ من آموخته‌اند.

---

۱ - مقتبس از روایتی با همین مضمون: احادیث، ص ۳۷۱.   ۲ - **جوق** : گروه.

۳ - **قطار اندر قطار** : دسته دسته.

۴ - **آخر زمان** : قسمت واپسین از دوران که به قیامت پیوندد، دوران ظهور پیامبر(ص) به بعد، هزارهٔ هفتم از عمر نوع بشر.   ۵ - **امام المُتّقین** : پیشوای پرهیزکاران.

۶ - **خیال‌اندیشگان** : خیال پروران، مراد هر کسی است که از طریق عقل جزوی که محصولی جز ظنون و شکوک ندارد تصوّر کند که می‌تواند به حقایق ره یابد.

۷ - اشارت قرآنی؛ بقره : ۷/۲: خداوند بر دل‌ها و گوش‌هایشان مُهر نهاده است و بر دیدگانشان پرده‌ای است... .

۸ - اشارتی قرآنی؛ آل‌عمران : ۵۴/۳: وَ مَکَرُوا وَ مَکَرَ اللهُ وَاللهُ خَیْرُ الْمَاکِرِینَ : و [منکران] مکر ورزیدند و خداوند هم [در پاسخشان] مکر در میان آورد و خداوند بهترینِ مکرانگیزان است.

چیست خود آلاچُقِ[1] آن ترکمان[2] پیش ِ پایِ نرّه پیلانِ جهان[3] ؟ ۱۴۷۶

همان‌گونه که خیمهٔ ترکمن زیر دست و پای قدرتمند فیل‌های نر خُرد می‌شود، سراپرده و بارگاه منکران هم در برابر مردان حق فرو می‌ریزد.

آن چراغِ او به پیش ِ صَرصَرم[4] خود چه باشد ای مِهین[5] پیغمبرم؟ ۱۴۷۷

ای پیامبر بزرگ من، قدرت و مکر آنان در برابر تندبادِ حوادث چه می‌تواند بکند؟

خیز، دَردَم تو به صُورِ سهمناک تا هزاران مُرده بر رُوید ز خاک ۱۴۷۸

برخیز و به هدایتی بپرداز که مُرده‌دلان را از گورِ زندگیِ مادّی به عالمِ معنا می‌بَرَد.

چون تو اسرافیل وقتی، راست خیز رستخیزی ساز پیش از رستخیز ۱۴۷۹

چون تو اسرافیل روزگار خود هستی، برخیز و پیش از رستاخیز قیامتی برپاکن.

هر که گوید:کو قیامت؟ ای صنم[6] ! خویش بنما که: قیامت نَک منم[7] ۱۴۸۰

ای محبوب، هر کس که بپرسد: قیامت کو؟ خود را نشان بده و بگو: قیامت منم.[8]

در نگر ای سائلِ محنت زده زین قیامت صد جهان افزون شده ۱۴۸۱

ای سؤال کنندهٔ محنت‌زده، ببین که از بعثتِ من چه قیامت‌ها که برپا نشده است.

ور نباشد اهلِ این ذِکر و قُنوت[9] پس جوابُ‌الاحمق، ای سلطان[10] !سکوت ۱۴۸۲

و اگر قادر به درک این پاسخ عظیم نباشد؛ پس ای سلطان، جواب نادان خاموشی است.

---

۱ - **آلاچُق :** آلاچیق، خیمه، واژه‌ای ترکی، اینجا به معنی سراپرده و بارگاه است.

۲ - **ترکمان :** ترکمن، اینجا کنایه از افراد مهاجم و یا منکر است.

۳ - **نره پیلان جهان :** مراد مردان حق است. ۴ - **صَرصَر :** باد سرد و تند. ۵ - **مِهین :** بزرگ‌ترین.

۶ - **صنم :** بت، معشوق.

۷ - اشاره به مضمون روایتی که در آن پیامبر(ص) در پاسخ سائلی که از قیامت و زمان آن سؤال کرده است دو انگشت خویش را فراز کرده و خود و قیامت را پیوسته خوانده است: بُعِثتُ أنَا وَ السّاعَةُ کَهَاتین: با استفاده از احادیث، صص ۳۷۲-۳۷۱.

۸ - اشاره‌ای است به حشر روحانی که عارف از طریق مرگ قبل از مرگ آن را تجربه می‌کند و مُندَک شدن کوه هستی خویش را می‌بیند و ازگور تن به حیات تازه وارد می‌شود و در درون خود قیامت روحانی را مشاهده می‌کند و به همین مناسبت است که مولانا انبیا و اولیا را «اسرافیلِ وقت» می‌خوانَد و نفخ صور را عکسِ دم آنان می‌داند: با استفاده از سرّ نی، زرّین‌کوب، ج ۱، ص ۶۰۵.

۹ - **اهل این ذکر و قنوت بودن :** اهل ادراک معانی و معارف بودن. ۱۰ - **سلطان :** مراد پیامبر (ص) است.

ز آسمانِ حق سکوت آید جواب   چون بُوَد جانا دعا نامستجاب ۱۴۸۳

ای عزیز، هنگامی که دعا اجابت نمی‌شود، از آسمان پاسخی جز سکوت نمی‌رسد.

ای دریغا! وقتِ خرمنگاه[1] شد   لیک روز از بختِ ما بیگاه شد ۱۴۸۴

ای دریغ که هنگام نتیجه‌گیریِ سخنان فرارسیده؛ امّا از بخت ما دیر شده است.

وقتْ تنگ است و فراخی این کلام   تنگ می‌آید بر او عُمرِ دوام[2] ۱۴۸۵

وقت تنگ است و معانی چنان وسیع‌اند که عمر برای شرح و بسط آن‌ها کفایت نمی‌کند.

نیزه‌بازی[3] اندر این کوهایِ[4] تنگ   نیزه‌بازان[5] را همی آرَد به تنگ ۱۴۸۶

عمر چنان محدود است که مردان حق برای آگاه کردنِ خلق فرصت کافی ندارند و به ستوه می‌آیند.

وقت تنگ[6] و خاطر و فهمِ عوام   تنگ‌تر صد رَه ز وقت است ای غلام! ۱۴۸۷

ای جوان، وقت تنگ است؛ امّا درک محدود و فهم قلیلِ خلق بسی تنگ‌تر است.

چون جوابِ احمق آمد خامشی   این درازی در سخن چون می‌کشی؟ ۱۴۸۸

چون جواب احمق خاموشی است، چرا سخن را به درازا می‌کشی؟

از کمالِ رحمت و موجِ کَرَم   می‌دهد هر شوره را باران و نم[7] ۱۴۸۹

زیرا رحمت گستردهٔ الهی به شوره‌زارِ وجودِ عامِ خلق نیز به قدر استعدادشان معرفت عنایت می‌کند.

---

۱ - **وقتِ خرمنگاه:** هنگام برداشت محصول، اینجا هنگام نتیجه‌گیری از سخنانی که در طیِّ قطعه گفته شد رسیده است. ۲ - **عمر دوام:** یک عمرِ کامل، تمامِ عمر.

۳ - **نیزه‌بازی:** بیان حقایق که مانند نیزه از دهان مرد حق می‌جَهَد و بر صحنِ پاکِ دل و جانِ مستمعانِ مستعد می‌نشیند و آنان را آگاه می‌کند.

۴ - **کو:** کوی، مراد عُمر آدمی است که به سبب محدودیتش به کویِ تنگ مانند شده است. برخی از شارحان «کو» را «گَوْ» به معنی گودال ضبط و قرائت کرده‌اند. ۵ - **نیزه‌بازان:** کنایه از مردان حق.

۶ - **وقت تنگ است:** کنایه از کوتاهیِ عمر.

۷ - اشاره است به انسانِ کاملِ مکمل که به سبب متّصف شدن به اوصاف حق، هیچ کس را هر قدر هم که از استعداد کمی بهره‌مند باشد از فیض الهی که او واسطهٔ آن شده است، محروم نمی‌دارد.

در بیانِ آنکه : تَـرْکُ اَلجَـوابِ جَوابٌ، مُقَرِّرِ این سخن که جَوابُ اَلاحُمَـقِ سُـکوتٌ، شرح این هر دو در این قصّـه است که گفتـه می آید

بنا به حکم سلطان، حقوق و مستمری غلامی را که در انجام وظایف محوّله کوتاهی می‌کرد، کاستند تا اگر تأدیب نشد و به مجادله پرداخت، اخراجش کنند. غلام که حریص و کم‌عقل بود، از این حکم آشفته شد و به جای آنکه جویای جرم و خطای خویش باشد و در اصلاح آن بکوشد، نامه‌ای سراسر شکایت و سرشار از خودبینی و ستیزه‌جویی به سلطان نوشت؛ امّا در پاسخ نامه که بوی خشم و عدم رضایت از آن بر می‌خاست، جوابی دریافت نکرد و پنداشت که نامه را به سلطان نرسانده‌اند و نامهٔ دیگری نگاشت که باز هم علی‌رغم آنکه سلطان آن را خواند، بی‌جواب ماند و این کار پنج بار تکرار شد.

روزی حاجب بارگاه از سلطان استدعا کرد که آخر او بندهٔ شماست، سزاوار است پاسخی دریافت بدارد که این امر از شأن سلطنت شما نمی‌کاهد. سلطان جواب داد: این کار بسی سهل است و از پاسخ دادن به وی دریغی نیست؛ امّا او احمق است و جواب احمق خاموشی است.

سرّ سخن تأیید ابیات قطعهٔ پیشین «پس جواب الاحمق ای سلطان سکوت» و در تقریر همان معناست.

۱۴۹۰ **بـود شـاهی، بـود او را بـنده‌یی   مُـرده‌عقلی[۱] بـود و شـهوت‌زنده‌یی**

شاهی غلامی بی‌عقل و سرشار از شهوت و جهالت داشت.

۱۴۹۱ **خُـرده‌های خـدمتش بگـذاشـتی   بـد سگـالیدی[۲]، نکـو پـنداشـتی**

وظایف خود را دقیق انجام نمی‌داد. بداندیش بود و نمی‌دانست.

۱۴۹۲ **گفت شاهنشه: جِـراآش[۳] کم کُـنید   ور بجنگد، نامش از خط بـر زنـید**

شاه دستور داد: حقوقش را کم کنید و اگر ستیزه کرد اخراجش نمایید.

---

۱ - **مرده‌عقل** : عقلش مرده بود و کار نمی‌کرد، تحتِ سیطرهٔ نفس امّاره، عقلِ او نفسانی و شهوانی شده بود؛ یعنی ابزاری بود برای برآوردن خواسته‌های نفسانی‌اش.   ۲ - **سگالیدن** : اندیشه نمودن.

۳ - **جِراء** : مخفّف اجرا به معنی مقرّری و حقوق.

عقلِ او کم بود و حـرصِ او فـزون　　چون جِراکم دید، شد تُندو حَرون[1] ۱۴۹۳

این غلام کم عقل و حریص بود؛ بنابراین از کاهش حقوق عصبانی شد.

عقل بودی،[2] گِردِ خود کردی طواف[3]　　تا بدیدی جُـرم خـود، گشـتی مُـعاف ۱۴۹۴

اگر عاقل بود به رفتار خود توجّه می‌کرد و به تقصیر خویش پی می‌برد و بخشیده می‌شد.

چون خری پابسته، تُندَد[4] از خری　　هر دو پایش بسته گـردد بـرسری[5] ۱۴۹۵

غلامِ جاهل، همانند خرِ بسته‌پا بود که با جفتک دو پایش بسته‌تر شـود؛ یـعنی خـود را گرفتارتر کند و موجب آن را نداند.

پس بگوید خر که: یک بندم بس است　　خود مدان، کآن دو زفعلِ آن خَس است ۱۴۹۶

و اگر آن جاهل بگوید: یک بند بس بود، باور نکن؛ زیرا گرفتاری افزون‌تر نتیجهٔ اعمال خودِ آن نادان است.

در تفسیرِ این حدیثِ مصطفی علیه السّلام که: «اِنَّ اللهَ تَعالیٰ خَـلَقَ اَلمَلائکَةَ وَ رَکَّبَ فیهِم اَلعَقْلَ، وَ خَلَقَ اَلبَهائِمَ وَ رَکَّبَ فیهِم اَلشَّهوَةَ، وَ خَلَقَ بَنی آدَمَ وَ رَکَّبَ فیهِم اَلعَقْلَ وَاَلشَّهْوَةَ، فَمَنْ غَلَبَ عَقْلُهُ شَهْوَتَهُ فَهُوَ اَعْلیٰ مِنَ اَلمَلائِکَةِ وَ مَنْ غَلَبَ شَهْوَتُهُ عَقْلَهُ فَهُوَ اَدْنیٰ مِنَ اَلبَهائِمِ»

در تفسیر این حدیث مصطفی(ص) که: خدای تعالیٰ فرشتگان را آفرید و به آنان «عقل» داد و چهارپایان را آفرید و به آنان «شهوت» داد و فرزندان آدم را آفرید و به آنان «عقل و شهوت» داد. هر انسانی که عقلش بر شهوتش غلبه کند، برتر از فرشتگان است و هر کس که شهوتش بر عقلش غلبه کند، از چهارپایان پست‌تر است.

قصّهٔ غلامی که بی‌عقل و حریص بود، تداعی‌گر تفسیر این روایت می‌شود که ظاهراً مأخذ[6] آن فحوای سخنی منسوب به حضرت علی(ع) است، با این مضمون که خداوند فرشتگان را از عقل سرشت، بهایم را از شهوت و بنی آدم را از عقل و شهوت؛ بنابراین هرکس که عقلِ وی بر شهوتش غلبه کند بر فرشتگان برتر است و کسی که شهوتش بر عقلش استیلا یابد از بهایم پست‌تر.

---

۱ - **حرون :** سرکش.　　۲ - **عقل بودی :** اگر عقل داشت.

۳ - **گِردِ خود کردی طواف :** در خود جست‌وجو می‌کرد.

۴ - **تُنْدَد :** تندی کند، از مصدر تندیدن به معنی غرولند کردن، خشمگین شدن.

۵ - **برسَری :** علاوه بر آن، اضافه بر آن.　　۶ - احادیث، صص ۳۷۳-۳۷۲.

این قطعه متذکّر این نکته نیز می‌شود: انسان که فراخنای درونش عرصهٔ برخورد میان عقل و شهوت است همواره از این کشمکش درونی در عذاب به سر می‌برد. همچنین در یک تقسیم‌بندی کلّی، بنی آدم را در سه دستهٔ بزرگ جا می‌دهد: یک گروه که مستغرق مطلق هستند و به فرشتگان ملحق شده‌اند مانند عیسی(ع)، گروه دیگر اسیر خشم و شهوت‌اند و به بهایم ملحق گشته‌اند و گروه سوم نیمی عقل و نیمی شهوت‌اند و دایماً در چالش میان این دو درگیرند.

در حدیث[1] آمد که: یزدانِ مجید　　خَلقِ عالم را سه گونه آفرید ۱۴۹۷

در حدیث آمده است که خداوند بلندمرتبه مخلوقات را سه نوع آفریده است.

یک گُرُه را جمله عقل[2] و عِلم[3] و جود[4]　　آن فرشته‌ست، او نداند جز سجود[5] ۱۴۹۸

به «فرشتگان» عقل و دانش و جود عطا کرده است که فقط به طاعت و عبادت می‌پردازند.

نیست اندر عُنصرش حرص و هوا　　نورِ مطلق، زنده از عشق خدا ۱۴۹۹

در سرشت آنان طمع و هوس نیست. نور مطلق‌اند و به عشق الهی زنده.

یک گروه دیگر از دانش تهی　　همچو حیوان از علف در فربهی ۱۵۰۰

گروهی دیگر از دانش بی‌بهره و همانند حیوانات با علف پروار می‌شوند.

او نبیند جز که اِصطبل و عَلَف　　از شقاوت[6] غافل است و از شَرَف[7] ۱۵۰۱

حیوان به غیر از طویله و علف چیزی را نمی‌شناسد و از سعادت و شقاوت بی‌خبر است.

این سوم هست آدمی زاد و بَشَر　　نیمِ او زَ افرِشته[8] و نیمیش خر[9] ۱۵۰۲

گروه سوم بنی آدم است که وجودش نیمی فرشته و نیمی حیوان است.

نیمِ خر خود مایلِ سِفلی بُوَد　　نیمِ دیگر مایلِ عقلی بُوَد ۱۵۰۳

وجهِ نازلِ نفسِ آدمی به امورِ دنیوی، و وجهِ متعالی‌اش به کمالِ عقل تمایل دارد.

---

۱ – قولی که مولانا آن را حدیث می‌خواند، روایتی است از عبدالله سنان به نقل از امام جعفر صادق(ع)، کلام مذکور به علی(ع) نسبت داده شده است.　۲ – وجودشان از عقلِ حق‌جو سرشته شده است.

۳ – از علم و اسرار الهی تا حدّی که حق تعالی مصلحت دانسته است برخوردارند.

۴ – آنان دارای جود هستند؛ یعنی بخشش بدون درخواست پاداش، فرشتگان واسطهٔ فیض حق هستند.

۵ – **نداند جز سجود :** فرشتگان برای طاعت و عبادت جویای پاداشی نیستند.

۶ – **شقاوت :** گمراهی، بدبختی و بی‌ایمانی.　۷ – **شرف :** اینجا سعادت و داشتن ایمان است.

۸ – **افرشته :** فرشته، مراد وجه روحانی و متعالی نَفْسِ آدمی است.

۹ – **نیمیش خر :** مراد وجه نازل نفس آدمی است که صرفاً به شهوات و امور دنیوی گرایش دارد.

آن دو قوم آسوده از جنگ و حِراب وین بشر با دو مخالف در عذاب ۱۵۰۴

آن دو گروه در آسایش‌اند؛ امّا انسان با تنازع بین عقل و شهوت در کشمکشِ درونی و عذاب است.

وین بشر هم، ز امتحان قسمت شدند آدمی شکل‌اند و سه امّت شدند ۱۵۰۵

انسان‌ها هم به سبب مشیّت الهی به سه گروه تقسیم می‌شوند.

یک گُرُه مستغرقِ مطلق شده‌ست همچو عیسی با مَلَک مُلحَق شده‌ست ۱۵۰۶

گروهی مستغرق حق و همانند عیسی(ع) به فرشتگان پیوسته‌اند.

نقشْ آدم، لیک معنی جبرئیل رَسته از خشم و هوا و قال و قیل[1] ۱۵۰۷

به صورت انسان و در باطن جبرائیل‌اند؛ زیرا از خشم و شهوت و چون و چرا رهیده‌اند.

از ریاضت رَسته، وز زُهد و جهاد گوییا از آدمی او خود نزاد ۱۵۰۸

این گروه با سرشتی پاک نیازی به ریاضت، زهد و جهاد ندارند، گویی آدمی‌زاده نیستند.

قسم دیگر با خران مُلحَق شدند خشم محض و شهوتِ مطلق شدند ۱۵۰۹

گروه دیگر که اسیر خشم و شهوت مطلق هستند، به بهایم پیوسته‌اند.

وصفِ جِبْریلی[2] **در ایشان بود، رفت تنگ بود آن خانه**[3] **و آن وصفْ زَفت**[4] ۱۵۱۰

علوم و اسراری که در آن‌ها به ودیعه بود، از بین رفت؛ زیرا گنجایش آن اوصاف را نداشتند.

مُرده گردد شخص کو بی جان شود خر شود چون جانِ او بی‌آن شود ۱۵۱۱

«جسم» بدون «جان» مرده است. آدمی هم بدون درک معارف درازگوش است.

زانکه جانی، کآن ندارد، هست پست این سخن حقّ است و صوفی گفته است ۱۵۱۲

زیرا صوفی گفته است: جان بدون حیاتِ روحانی پست است.

او ز حیوان‌ها فزون‌تر جان کَنَد در جهان باریک‌کاری‌ها کند[5] ۱۵۱۳

او بیش از حیوانات رنج می‌کشد؛ زیرا با عقلِ مادّی کارهای دقیق و ظریفی انجام دهد که حیوانات نمی‌توانند.

---

۱ - **قال و قیل:** مراد چون و چرا و عدمِ تسلیم محض به خداوند است.
۲ - **وصف جبریلی:** اوصاف فرشتگان یا اوصاف جبرائیل که حامل علوم و اسرار الهی است.
۳ - **تنگ بود آن خانه:** وجود بی‌قابلیّت و بی‌استعدادی داشتند. ۴ - **زفت:** بزرگ، عظیم.
۵ - می‌تواند با ظاهری آراسته و خیرخواهانه به فساد و تباهی بپردازد و خلق را بفریبد.

۱۵۱۴ **مکـر و تـلبیسی کـه او دانـد تـنید   آن ز حـیوانِ دگـر نـاید پـدید**

حیله و نیرنگی که او به کار می‌برد، از هیچ حیوانی دیده نمی‌شود.

۱۵۱۵ **جـامه‌های زرکَشـی[1] را بـافتن   دُرّهـا از قـعرِ دریـا یـافتن**

می‌تواند لباس‌های زربفت ببافد و یا مرواریدها را از اعماق دریا صید کند.

۱۵۱۶ **خُـرده‌کـاری‌هایِ عـلم هـندسه[2]   یـا نُـجوم و عِـلم طبّ و فـلسفه**

ریزه‌کاری‌ها و جزییاتِ علم هندسه، نجوم، طب و یا فلسفه،

۱۵۱۷ **کـه تـعلّق بـا هـمین دنـیاستش   ره بـه هـفتم آسـمان[3] بَـر نـیستش**

که به همین جهان محسوس تعلّق دارند و نمی‌توانند به عالمِ معنا راهی بیابند،

۱۵۱۸ **این هـمه عـلم بـنایِ[4] آخُـر[5] است   که عِمادِ[6] بـودِ گـاو و اشـتر است[7]**

علومی‌اند که در پرتو آن می‌توان دنیا را آباد کرد و ستون زندگیِ دنیوی به شمار می‌آیند.

۱۵۱۹ **بـهرِ استبقایِ[8] حـیوان چـند روز   نـام آن کـردند ایـن گـیجان، رُمـوز**

این موجودات نادان برای آنکه چند روزی به حیات حیوانی افرادی، همانندِ خود بیفزایند، آن علوم را «رازهایِ هستی» نامیده‌اند.

۱۵۲۰ **عِـلم راهِ حـقّ و عِـلمِ مـنزلش   صـاحبِ دل دانـد آن را بـا دلش**

علم راه حق و منازل آن را صاحبدل از طریق دل در می‌یابد.

۱۵۲۱ **پس در این ترکیب، حیوانِ لطیف   آفـرید و کـرد بـا دانش اَلیـف[9]**

پس خداوند در وجود انسان، حیوانی لطیف آفریده و او را با علم مأنوس کرده است.

---

۱ - **جامه های زرکشی :** جامه‌ای که در آن تارهای زر وجود داشته باشد.

۲ - **خُرده‌کاری‌های علم هندسه :** مراد ظرایف و دقایق علوم گوناگون است. تقرّب به حق از طریق احوال قلوب است نه کسبِ علوم.   ۳ - **هفتم آسمان :** مراد عالم معنا و تقرّب به حق است.

۴ - **علم بنای آخُر :** مراد علم بحثی و علم جزوی است که در محدودهٔ محسوسات به کاوش می‌پردازد و از ورود به قلمروِ نامحسوس عاجز است و در تقابل با علم کشفی در نظر عارفان قدری ندارد.

۵ - **آخُر :** آخور: مراد دنیاست.   ۶ - **عماد :** ستون.

۷ - علومی که فقط به معیشت دنیا متعلّق‌اند و هیچگونه زیربنای روحانی برای حرکت‌های متعالی به سوی حق ندارند، از دیدگاه مولانا علم آخور محسوب می‌شوند؛ زیرا راهی به عالم نامحسوس ندارند.

۸ - **اِسْتِبْقاء :** طلب بقا.   ۹ - **الیف :** دوست، مونس.

۱۵۲۲ **نـــامْ کـــالانعام کـــرد آن قـــوم را　　　زانکه نسبت کُو به یَقْظه[۱] نَـومْ[۲] را؟**

خداوند آن گروه را «همانند چهارپایان»[۳] نامید؛ چـون «عـلم» و «جـهل» مـثل هـم نـیستند و «بیداری» شباهتی به «خواب» ندارد.

۱۵۲۳ **روحِ حـــیوانـــی نـــدارد غـــیرِ نـوم　　　حسّ‌هـــایِ مـــنعکس[۴] دارنـد قـوم**

«روح حیوانی» جز «غفلت» و «جهل» بهره‌ای ندارد و قادر به درک واقعیّت هیچ چیز نیست.

۱۵۲۴ **یـــقظه آمـــد، نَـوْم حـیوانـی نـماند　　　انعکاسِ حسّ ِ خود از لوح خواند**

با «بیداری» و «آگاهی»، آدمی در لوح دل خود می‌بیند که قبلاً احساساتی وارونه داشته است.

۱۵۲۵ **همچو حسّ ِ آنکه خواب او را ربود　　　چون شد او بـیدار عکسـیّت نـمود**

حالت آنان شبیه آدمِ خواب است که پس از بیدار شدن می‌فهمد آنچه را دیده در خواب بوده است نه بیداری.

۱۵۲۶ **لاجـــرم اســـفل بُـــوَد از سـافلین[۵]　　　تـــرکِ او کـــن، لاٰ اُحِبُّ الآفِـــلین[۶]**

جایگاه آنان «أسفل سافلین» است. موجودات «بی‌ارزش» را رهـا کـن؛ زیـرا فـناشوندگان را دوست ندارم.

---

۱ - **یقظه :** بیداری.　۲ - **نوم :** خواب.　۳ - اشارت قرآنی؛ اعراف : ۱۷۹/۷ : ر.ک: ۸۶۷/۱ و ۱۶۱۱/۲.

۴ - **حسّ‌های منعکس :** مراد حسّ معکوس یا وارونه است، ادراکِ ناصواب.

۵ - **اسفل بود از سافلین :** پست‌تر از پست؛ ر.ک: ۳۵۳۶/۱. اشارتی قرآنی ؛ تین : ۵/۹۵-۴ : لَقَدْ خَلَقْنَا ٱلْإِنسَانَ فِیٓ أَحْسَنِ تَقْوِیمٍ. ثُمَّ رَدَدْنَاهُ أَسْفَلَ سَافِلِینَ : به راستی که انسان را در بهترین قوام آفریدیم. سپس او را به فرودین فرود بازگرداندیم.

۶ - «لَآ أُحِبُّ ٱلْأَفِلِینَ» اشاره به سخن ابراهیم(ع) است در: انعام: ۷۶/۶، که گفت: «افول کنندگان را دوست ندارم» و در این مصراع اشاره به روح اهل دنیاست که از مقام خود تنزّل یافته و حیاتی صِرفاً مادّی و فناپذیر دارد: ر.ک: ۴۲۹/۱.

در تفسیرِ این آیت که: «وَ اَمَّا الّذینَ فی قُلُوبِهِمْ مَرَضٌ فَزادَتْهُمْ رِجْساً»[۱] وَ قَوْلُهُ: «یُضِلُّ بِهِ کَثیراً وَ یَهْدی بِهِ کَثیراً»

از آنجاکه در بیت پایانی قطعهٔ پیشین سخن از کسانی بود که جایگاهشان «أَسْفَلَ سَافِلِین» است، این قطعه با تفسیر آیهٔ شریفه‌ای که در مطلع آمده ناظر به این نکته است که این افراد چه کسانی هستند و چرا به پست‌ترینِ درجات تنزّل می‌یابند.

همچنین در مطلع این قطعه اشاره‌ای به بخشی از آیهٔ ۲۶ سورهٔ بقره است و بنابر مضمون آیهٔ شریفه: گروهی از مردم که قادر به درک مفاهیم والای قرآن نیستند با استنباطی ناصواب به جای آنکه از این حبل‌المتین برای خروج از چاهِ دنیادوستی و یا خودپرستی سود جویند، توسّط آن به درون چاه می‌روند و گمراه می‌شوند و مصداقِ حالشان چنین است:[۲]

مر رَسَن را نیست جرمی ای عَنود! چون تو را سودای سر بالا نبود

همچنین به این نکتهٔ مهم نیز اشاره می‌شود که جز عصیانگران و بداندیشان هیچ کس به گمراهی و کفر نمی‌رسد و این منکرانِ فاسق نیز با اعمال خود استعداد و قابلیّت‌های تعالی و تکامل را در خود به نابودی کشانده‌اند.

۱۵۲۷ زانکه استعدادِ تبدیل و نَبَرد بودش از پستی، و آن را فوت کرد

زیرا در وجود او قابلیّتِ تبدیل صفات و مبارزه با پستیِ نفس امّاره بود؛ امّا آن را به هدر داد.

۱۵۲۸ باز حیوان را چو استعداد نیست عُذرِ او اندر بهیمی روشنی‌ست

امّا در بهایم چنین استعدادی نیست و داشتن صفات حیوانی کاملاً طبیعی است.

۱۵۲۹ زو چو استعداد شد، کآن رهبر است هر غذایی کو خورَد، مغزِ خر است

هنگامی که استعداد و قابلیّتِ تکامل نیست، هرچه بکند، نمی‌تواند ادراک عقلی داشته باشد.

۱۵۳۰ گر بَلادُر[۳] خورد او، افیون شود سَکته و بی‌عقلی‌اَش افزون شود

عوامل گمراهی در وجودِ خود اوست؛ یعنی هدایتِ عصیانگران بر انکارشان می‌افزاید.

---

۱ – اشارتی قرآنی؛ توبه: ۱۲۵/۹: وَ أَمَّا ٱلَّذینَ فِی قُلُوبِهِمْ مَرَضٌ فَزادَتْهُمْ رِجْساً اِلیٰ رِجْسِهِمْ وَ مٰاتُوا وَ هُمْ کٰفِرُونَ: و اما بیماردلان را پلیدی بر پلیدی‌شان می‌افزاید و در حال کفر در می‌گذرند. ۲ – ر.ک: ۴۲۱۱/۳.

۳ – **بَلادُر**: بلاذُر، درخت یا درختچه‌ای خاصّ مناطق گرمسیری دارای میوه‌ای لوبیایی شکل. پوست این گیاه در درمان استفاده می‌شود. همچنین دارای صمغی است به نام صمغ آکاژو. طبع میوهٔ آن گرم و خشک است و مولانا آن را مقوّی ذهن و حافظه دانسته و در تقابل با افیون یا موادّ مخدّر قرار داده که مخرّب ذهن و حافظه‌اند، مراد «هدایت» است.

۱۵۳۱ **مـاند یک قسم دگر انـدر جـهاد   نـیمْ حـیوان، نـیمْ حَـیِّ بـا رشـاد**

گروه سوم که همواره در کشمکشِ میانِ وجه نفسانی و روحانی گرفتارند.

۱۵۳۲ **روز و شب در جنگ و اندر کش مکش   کـرده چـالیش[1] آخـرش بـا اوّلش[2]**

این دو وجه، همواره شب و روز در جنگ و ستیزند.

چالشِ عقل با نَفْس، همچون تنازعِ مجنون با ناقه، میلِ مجنون سوی حُرّه[3]، میلِ ناقه واپس سوی کُرّه، چنانکه گفت مجنون:[4]

هَوىٰ نٰاقَتی خَلْفی و قُدّامِیَ ٱلْهَوىٰ   وَ اِنّـی وَ اِیّـاهٰا لَـمُخْتَلِفٰانِ

خواستهٔ شترم پشت سراست و عشق من در روبرو. ما به دو سوی مخالف کشیده می‌شویم.

مجنون سوار بر شتر به سوی قبیلهٔ لیلی در حرکت بود و ماده شتر که نگران کرّهٔ خود بود، هرگاه که مجنون در احوال خویش غرق می‌شد، به سوی خانه باز می‌گشت و هرگاه به خود می‌آمد، شتر را به سوی لیلی می‌راند.

سرّ سخن آنکه: جانِ آدمی همواره عرصهٔ کشمکش بین عقل و نَفْسِ اوست. در این حکایت «لیلی» نمادی از «حق»، «مجنون» نمادی از «عقلِ جویای کمال»، «ناقه» نمادی از «نفس امّاره» و «کرّهٔ ناقه» نمادی از «گرایش‌های دنیوی و حظوظ نفسانی» است.

۱۵۳۳ **همچو مجنون‌اند و چون ناقه‌ش[5] یقین   می‌کَشد آن پیش و این واپس بـه کـین**

نبردِ «عقل» با «نفس» شبیه مجنون و ناقهٔ اوست که یکی مشتاق روبرو و دیگری متمایل به پشت سر است.

---

۱ - **چالیش :** چالش، جنگ و کشمکش.

۲ - **آخرش با اوّلش :** می‌توان «آخرش» را وجه مادّی و کاملاً نازلِ نفسِ آدمی دانست و «اوّلش» را وجه کاملاً روحانی و صِرفاً مجرّدِ جانِ آدمی، برعکسِ آن هم می‌توان تعبیر کرد؛ امّا به هر حال مراد آن است که این دو وجه دایماً در حال برخورد و جنگ و ستیزاند. ۳ - **حُرّه :** زن آزاده، مراد لیلی است.

۴ - مأخذ این حکایت ظاهراً همان بیتی است که در مطلع آمده است؛ ولی علی‌رغم آنکه این کلام سخنِ دلِ مجنون است، این شعر از مجنون نیست و مطابق تصریح ابوعلی قالی در کتاب النوادر، چاپ دارالکتب مصر، ص ۱۵۸ به بعد جزء قصیده‌ای است از عروة بن حزام مشتمل بر ۸۴ بیت. مولانا این حکایت را در کتاب فیه مافیه، ص ۱۶ و نیز در مکتوبات، ص ۷۰ آورده است: احادیث، ص ۳۷۳. ۵ - **ناقه :** شتر ماده.

میلِ مجنون پیش ِ آن لیلی روان — میلِ ناقه پس، پیِ کُرّه دوان ۱۵۳۴

مجنون مشتاق دیدار لیلی بود؛ ولی ناقه مایل بود که به نزد کرّه‌اش بازگردد.

یک دم ار مجنون ز خود غافل بُدی — ناقه گردیدی و واپس آمدی ۱۵۳۵

چون مجنون لحظه‌ای غافل می‌شد، شتر بازمی‌گشت و به عقب می‌رفت.

عشق و سودا چونکه پُر بودش بَدَن — می‌نبودش چاره از بی‌خود شدن ۱۵۳۶

چون عشق و سودای لیلی تمام وجود مجنون را پر کرده بود، خواه ناخواه بی‌خود می‌شد.

آنکه او باشد مراقب، عقل بود — عقل را سودایِ لیلی در رُبود ۱۵۳۷

عقل می‌توانست از مجنون مراقبت کند که عشقِ لیلی آن را ربوده بود.

لیک ناقه بس مراقب بود و چُست — چون بدیدی او مهارِ خویش سست ۱۵۳۸

امّا شتر ماده کاملاً مواظب بود، تا مهار را سست می‌دید،

فهم کردی زو[1] که غافل گشت و دنگ[2] — رُو سپس کردی به کُرّه بی‌درنگ ۱۵۳۹

در می‌یافت که مجنون در عوالم خود غرق شده است؛ پس بی‌درنگ برمی‌گشت.

چون به خود باز آمدی، دیدی ز جا — کو سپس رفته‌ست بس فرسنگ‌ها ۱۵۴۰

هنگامی که مجنون به خود می‌آمد، متوجّه می‌شد که فرسنگ‌ها به عقب بازگشته است.

در سه روزه رَه، بدین احوال‌ها — ماند مجنون در تردّد سال‌ها ۱۵۴۱

بدین ترتیب راهی را که می‌شد در سه روز طی کرد، مجنون سال‌ها در رفت و آمد بود.

گفت: ای ناقه! چو هر دو عاشقیم — ما دو ضِدّ پس همرهِ نالایقیم ۱۵۴۲

مجنون گفت: ای ناقه، ما هر دو عاشقیم و ضدّ یک‌دیگر؛ پس همراهانِ مناسبی نیستیم.

نیستت بر وَفقِ[3] من مِهر و مَهار[4] — کرد باید از تو صحبت اختیار[5] ۱۵۴۳

محبّت و ارادهٔ تو در جهت خواستهٔ من نیست؛ پس باید از یک‌دیگر جدا شویم.

---

۱ - **زو**: از او. ۲ - **دنگ**: بیهوش. ۳ - **وَفق**: موافقت.

۴ - **مهر و مهار**: عشق و افسار، مراد خواسته و مراد است.

۵ - **ازکسی صحبت اختیار کردن**: از صحبت روی گردانیدن و دوستی را بر هم زدن، مقابلِ «صحبت با کسی اختیار کردن» است.

۱۵۴۴ **این دو همره[1]، یکدگر را راهْزن — گمره آن جان کو فرو ناید ز تن[2]**

«عقل» و «نَفْس» ضدِّ هم‌اند. جانی که ارتقا نیابد و اسیر نَفْس باشد، گمراه است.

۱۵۴۵ **جان ز هجرِ عرش اندر فاقه‌یی[3] — تن ز عشقِ خاربُن چون ناقه‌یی[4]**

جانِ آدمی از دوریِ مبدأ در رنج است؛ امّا وجه نفسانیِ نازلش مشتاقِ حظوظ دنیاست.

۱۵۴۶ **جان گُشاید سویِ بالا بال‌ها — در زده تن در زمین چنگال‌ها**

جان برای رسیدن به عالم معنا بال می‌گشاید؛ امّا قالب مادّی او به زمین چسبیده است.

۱۵۴۷ **تا تو با من باشی ای مُردهٔ وطن[5] — پس ز لیلی دور مانَد جانِ من**

ای تن، چون دلبستهٔ دنیا هستی، اگر همراه من باشی، جانم از لیلی دور می‌مانَد.

۱۵۴۸ **روزگارم رفت زین گون حال‌ها — همچو تیه[6] و قومِ موسی[7]، سال‌ها**

سال‌هاست که روزگارم همین است، همانندِ قومِ موسی(ع) که سال‌ها سرگردان بودند.

۱۵۴۹ **خُطْوَتَینی[8] بود این رَه تا وصال — مانده‌ام در ره ز شَستَت[9] شصت سال[10]**

این راه تا رسیدن به محبوب دو گام بود؛ امّا من در این راه سال‌ها اسیر تو مانده‌ام.

۱۵۵۰ **راهْ نزدیک و بماندم سخت دیر — سیر گشتم زین سواری، سیر، سیر**

راه نزدیک است؛ امّا من خیلی تأخیر کرده‌ام. از این سواره رفتن بیزار شده‌ام، بیزارِ بیزار.

---

۱ - **این دو همره:** مراد «عقلِ جویایِ کمال» و «نفسِ نازل و جویایِ شهوات یا تمتّعاتِ دنیوی» است.

۲ - **فرود آمدن جان از تن:** اینکه جان برای تکامل از قیدِ وسوسه‌ها رها شود؛ یعنی تعالی یابد.

۳ - **فاقه:** فقر.

۴ - موارد دیگری هم در مثنوی «تن» به اُشتر و «شهوات و تمایلات دنیوی» به خار تشبیه شده‌اند: ۱۹۷۶/۱.

اشتر آمد این وجود خارخوار — مصطفی زادی بر این اشتر سوار

۵ - **مردهٔ وطن:** عاشقِ وطن، شیفتهٔ دنیای مادّی.

۶ - **تیه:** به بیابانی که مردم در آن سرگردان شوند «تیه» می‌گویند، حیرت و سرگردانی.

۷ - داستان زندگی قوم بنی اسرائیل؛ ر.ک: ۸۴۰/۳   ۸ - **خُطْوَتَین:** دوگام.   ۹ - **شست:** قلاّب ماهیگیری.

۱۰ - برای جوینده و پویندهٔ راه حق، این راه هنگامی که به وصال می‌انجامد، جز «دوگام» که به «خُطْوَتَین» تعبیر می‌شود، فاصله‌ای نیست. این تعبیر مأخوذ از عبارتی منسوب به شبلی است. گویند که از وی پرسیدند: میان بنده با خدا چند منزل راه است؟ گفت: خُطْوَتانِ إذا تجاوَزْتَ وَصَلْتَ: با استفاده از سرّ نی، زرّین‌کوب، ج ۱، ص ۴۷۷.

۱۵۵۱ **سرنگون خود را از اُشتر در فکند — گفت: سوزیدم ز غم تا چند؟ چند؟**

مجنون خود را از شتر به پایین افکند و گفت: از فراق سوختم. تو را تحمّل نمی‌کنم.

۱۵۵۲ **تنگ شد بر وی بیابانِ فراخ — خویشتن افکند اندر سنگلاخ**

بیابان بیکران به نظرش تنگ آمد و خود را به زمینِ سنگلاخ افکند.

۱۵۵۳ **آنچنان افکند خود را سخت زیر — که مُخَلْخَل[1] گشت جسم آن دلیر[2]**

خود را چنان با شدّت به زمین افکند که بدنش مجروح شد.

۱۵۵۴ **چون چنان افکند خود را سویِ پست — از قضا آن لحظه پایش هم شکست**

چون خود را با شدّت به زمین پرت کرده بود، اتّفاقاً در همان لحظه پایش هم شکست.

۱۵۵۵ **پای را بربست و گفتا: گُو شَوَم — در خَمِ چوگانش[3] غلطان می‌روم[4]**

مجنون پا را بست و گفت: همانند گوی با ضربات چوگانش می‌غلتم و پیش می‌روم.

۱۵۵۶ **زین کُنَد نفرین[5] حکیم خوش دهن[6] — بر سواری کو فرو ناید ز تن**

به همین مناسبت حکیم خوش سخن، روحی را که از قید تعلّقات نَرَهَد، نکوهش می‌کند.

۱۵۵۷ **عشق مولیٰ کِی کم از لیلی بُوَد؟ — گوی گشتن بهرِ او اَوْلیٰ[7] بُوَد**

عشقِ حق که از عشق لیلی کمتر نیست. گوی شدن برای او بسی سزاوارتر است.

۱۵۵۸ **گُوی شو، می‌گرد بر پهلویِ صِدق[8] — غلط غلطان در خمِ چوگانِ عشق[9]**

گوی باش و در خمِ چوگان عشقِ حق صادقانه غلتان شو؛ یعنی تسلیمِ محض باش.

---

۱ - **مُخلخل**: سوراخ سوراخ، اینجا مراد آن است که تنش زخمی شد.

۲ - **دلیر**: دلاور، اینجا «مجنون» نمادی از «سالکِ ثابت قدم» و یا بهتر بگوییم «مجذوبِ سالک» است که در هر شرایطی سعی می‌کند به «محبوب ازلی» تقرّب یابد.

۳ - **چوگان**: چوب بلندی که سرِ آن انحنا دارد و با آن به «گوی» ضربه می‌زنند.

۴ - این ابیات در توصیفِ حالِ سالکی است که پس از مدّتی سلوک در می‌یابد که جز با تسلیم محض و استهلاک اراده‌اش در ارادهٔ حق نمی‌تواند کمال بیابد؛ بنابراین می‌کوشد تا با ترک نفس به فنای فی الله برسد.

۵ - **نفرین**: دعای بد، تقبیح، نکوهش.

۶ - **حکیم خوش دهن**: برخی از شارحان اشاره به حکیم سنایی دانسته‌اند و برخی هر انسانِ کاملِ مکملی.

۷ - **اولیٰ**: سزاوار، شایسته. ۸ - **پهلوی صدق**: صادقانه.

۹ - مولانا قبلاً هم همین تعبیر را در مثنوی به کار برده است: ر.ک: ۲۴۷۶/۱.

پیشِ چوگان‌هایِ حُکمِ کُن فکان — می‌دویم اندر مکان و لامکان

۱۵۵۹ **کین سفر زین پس بُوَد جذبِ[1] خدا — و آن سفر بر ناقه، باشد سیرِ ما**

این سفر، «سفرِ روح» و محصولِ «جذبهٔ حق» است؛ ولی «سفر بر ناقه»، «سیرِ بنده» با «تمایلات و تعلّقات دنیوی» است که سالک می‌کوشد تا از قید آن‌ها رهایی یابد.

۱۵۶۰ **این چنین سیری‌ست مستثنیٰ ز جنس — کآن فزود از اجتهادِ جنّ و انس**

سیر با «جذبهٔ حق» بی‌نظیر است و عالی‌ترین مجاهدات انس و جنّ بدان نمی‌رسد.

۱۵۶۱ **این چنین جذبی‌ست نی هر جذبِ عام — که نهادش فضلِ احمد، وَالسَّلام[2]**

چنین سلوکی نتیجهٔ جذبهٔ خاصّی است که پیامبر(ص) آن را از همهٔ طاعات و عبادات برتر شمرده است.

نوشتن آن غلام قصّهٔ شکایتِ نقصانِ اِجری[3] سویِ پادشاه

۱۵۶۲ **قصّه کوته کن برای آن غلام — که سویِ شَه بر نوشته‌ست او پیام**

از شرح و بسط این معانی می‌گذریم تا به حکایت آن غلام که برای شاه نامه نوشت، بپردازیم.

۱۵۶۳ **قصّهٔ پُر جنگ[4] و پُر هستی[5] و کین — می‌فرستد پیش شاهِ نازنین[6]**

غلامِ جاهل نامه‌ای پر از ستیزه و خودخواهی و خشم برای آن شاه نازنین می‌فرستد.

۱۵۶۴ **کالبَد نامه‌ست، اندر وی نگر — هست لایق شاه را؟ آنگه ببَر**

تنِ تو، همانندِ نامه‌ای است برای شاه. اگر شایسته هست، آن را ببر.

---

۱ - **جذب**: ر.ک: ۱۷۷۱/۲.

۲ - اشاره به این جمله است: جَذْبَةٌ مِنْ جَذَبَاتِ ٱلْحَقِّ تَوَازی عَمَلَ ٱلثَّقَلَیْن: دست یافتن به یک جذبهٔ الهی با عبادت جنّ و انس برابری می‌کند: احادیث، ص ۳۷۴. این سخن را بعضی از مفسّران حدیث نبوی شمرده‌اند. غزّالی در احیاءالعلوم، ج ۴، ص ۵۶، بدون انتساب به قائلی آورده و جامی آن را به ابوالقاسم نصرآبادی نسبت داده است.

۳ - **اجری**: اجراء، حقوق، مقرّری. ۴ - **پُر جنگ**: پر از ستیزه و دعوی، یعنی عدم تسلیم.

۵ - **پُر هستی**: پر از خودبینی.

۶ - **شاهِ نازنین**: در این قصّه نیز همانگونه که تقریباً در تمام قصّه‌های مثنوی می‌بینیم، «شاه» نمادی از «حق» است.

۱۵۶۵ گوشه‌یی رو[1] نـامه را بگشـا، بـخوان[2] بین که حرفش هست در خوردِ شهان؟

در خلوت به نامهٔ درونت «دل و جان» بنگر و ببین که خواسته‌هایِ متعالی دارد یا تمایلاتِ دون؟

۱۵۶۶ گر نباشد در خور، آن را پـاره کـن نـامهٔ دیگـر نـویس و چـاره کـن

اگر شایسته نیست، باید روش زندگی و اهدافت را تغییر بدهی تا متعالی شوی.

۱۵۶۷ لیک فـتح نـامهٔ تـن[3] زَپ[4] مـدان ورنه هر کس سرِّ دل دیـدی عـیان

امّا گشودن نامهٔ تن و بررسی آن کار سهلی نیست و گرنه هر کس می‌توانست اسرار دل را ببیند.

۱۵۶۸ نامه بگشادن چه دشوار است و صعب کـارِ مـردان است، نـه طـفلانِ کَـعْب[5]

گشودن این نامه کار مردان است، نه کودکانی که قاپ بازی می‌کنند.

۱۵۶۹ جمله بر فهرست[6] قـانع گشـته‌ایـم زانکه در حرص و هـوا آغشـته‌ایـم

ما «خلاصه و کلیّاتی» از «احوال و افکار» خود می‌دانیم و حرصِ افزون طلبی‌ها و هوسِ بهره‌مندی‌های بیشتر نمی‌گذارد به جزییاتِ «احوال و افکار»مان توجّه کنیم و نیکی یا بديِ آن را از دیدگاهِ «عارفانه» بررسی نماییم.

۱۵۷۰ بـاشد آن فـهرست، دامی عـامه را تـا چـنان دانـند مـتنِ نـامه را

ما پنداری را که در مورد «احوال و افکار» خود داریم به صورت واقعیّاتی برای دیگران بازگو می‌کنیم و از خود تصویری می‌سازیم که صحّت ندارد.

۱۵۷۱ بازکـن سـر نـامه را، گـردن مـتاب زیـن سـخن، وَاللهُ اَعْـلَمْ بِـالصَّواب

برای گفتار و کردار هماهنگ باید نامهٔ تن خویش را بخوانی. سرپیچی نکن که راه دیگری وجود ندارد. خداوند حقیقت را بهتر می‌داند.

۱۵۷۲ هست آن عنوان[7] چـو اقـرارِ زبـان مـتنِ نـامهٔ سینه راکـن امـتحان

به درون خویش توجّه کن و ببین که «گفتار زبانی» با «یقین باطنی»ات هماهنگ هست یا نه؟

---

۱ - **گوشه یی رو :** به گوشه‌ای برو، خلوت کن. ۲ - **نامه را بگشا بخوان :** مراقبه کن: ر.ک: ۱۴۶۱/۱ و ۱۵۹/۲.

۳ - **فتح نامهٔ تن :** بررسی وضعیّت زندگی این جهانی که تأثیرش بر جانِ آدمی به صورتِ تکامل و یا تنزّل نمود می‌یابد. ۴ - **زَپ :** آسان.

۵ - **کَعْب :** استخوان غوزک پا که به آن تاس هم می‌گویند و با آن بازيِ خاصّی می‌کنند.

۶ - **فهرست :** صورت اجمالی موضوعات کتاب، اینجا صورت اجمالی احوال و افکار آدمی.

۷ - **عنوان :** مراد همان فهرست است و یا «اقرار زبان»، یعنی چیزی که ما در مورد خودمان می‌گوییم که معمولاً منطبق بر واقع نیست.

که موافق هست با اقرارِ تو تا منافق وار نَبْوَد کارِ تو ۱۵۷۳

اگر «اقرارِ زبانی» با «یقینِ باطنی»، یعنی ظاهر و باطن‌ات یکی باشد، ریاکار نیستی.

چون جوالی [1] بس گرانی می‌بَری زآن نباید کم [2]، که در وی بنگری ۱۵۷۴

این کیسهٔ سنگینی را که می‌بری، نباید درونش را ببینی؟

که چه داری در جوال از تلخ و خوش [3] گر همی ارزد کشیدن را، بِکَش ۱۵۷۵

نگاه کن که درون کیسه از خوب و بد چه داری، اگر ارزشش را دارد به دوش بکش.

ورنه خالی کن جوالت را ز سنگ [4] بازخِر خود را از این بیگار و ننگ ۱۵۷۶

و گرنه، سنگ را خالی کن و خود را از این کار بیهوده و شرم‌آور نجات بده.

در جوال آن کُن که می‌باید کشید سویِ سلطانان و شاهانِ رشید [5] ۱۵۷۷

جوال را از چیزی پر کن که شایستهٔ بردن به محضر شاهان بزرگوار عالم معنا باشد.

حکایتِ آن فقیه با دستارِ بزرگ، و آنکه بِرُبُود دستارش، و بانگ می‌زد که: باز کن ببین که چه می‌بری، آنگه ببَر [6]

فقیهی پارچه‌های ژنده را در عمامهٔ خویش پیچیده بود تا در انظار عظیم نماید. سارق کلاهبرداری به امید آنکه عمامه از پارچه‌ای گرانبها و بی‌بدیل است، آن را از سر او ربود و چون فقیه به اصرار از او خواست تا بنگرد که چه چیزی را می‌بَرَد، عمامه را گشود و در آن جز پارچه‌های کهنه و فرسوده نیافت.

---

۱ - **جوال :** کیسه‌ای برای حمل بار. ۲ - **زآن نباید کم :** از آن نباید کمتر باشد، لااقلّ، دستِ کم.

۳ - **تلخ و خوش :** خوب و بد، احوال یا افکار خوب یا بد.

۴ - **سنگ :** اینجا احوال و اندیشه‌های صِرفاً مادّی و بی‌قدر.

۵ - **رشید :** دارای رشد، هدایت کننده، مردان حق که سالک با امداد روحانی آنان می‌تواند «تن» خویش، یعنی «احوال و افکارش» را مهذّب کند و با جانی متعالی، قابلیّت دریافت جذبهٔ حق را داشته باشد.

۶ - مأخذی برای این حکایت نیافتم. احتمالاً از قصّه‌های رایج در افواه عام بوده است.

در این لطیفه، فقیه که می‌کوشد با ظاهری فریبنده جلوه‌گر شود، نمادی از دنیا و مکر اوست که در عین حال، علی‌رغم آنکه در فریب خلق می‌کوشد، به لسانِ حال فریب و نیرنگ خویش را آشکار می‌کند.

در قطعهٔ پیشین، جانِ کلام در لزومِ هماهنگی «درون» و «برون» یا «اقرار زبانی» و «یقین باطنی» بود و اینکه «ذهنیّات و احوال» آدمی، باری است که خواه ناخواه بر دوش اوست؛ پس بهتر نیست در آن تفحّص و تعمّق کند تا بداند که حاملِ چیست؟ این قصّه نیز به نوعی دیگر بیانِ همان معناست و در شرحِ این نکته که «ذهن و احوال» هر کس، دنیای اوست؛ پس نگذاریم که ذهن با باطنی «رسوا و زشت» و ظاهری چون «حلّهٔ بهشت» ما را بفریبد.

۱۵۷۸ **یک فقیهی ژنده‌ها در چیده بود — در عمامهٔ خویش در پیچیده بود**

فقیهی تکّه و پارچه‌های کهنه را جمع کرده و درون عمّامهٔ خود گذاشته بود.

۱۵۷۹ **تا شود زَفت و نماید آن عظیم — چون در آید سویِ محفل در حَطیم[1]**

تا هنگامی که به سوی مسجد و مردم می‌رود آن عمّامه بزرگ و معتبر جلوه کند.

۱۵۸۰ **ژنده‌ها از جامه‌ها پیراسته — ظاهرا دستار از آن آراسته**

پارچهٔ لباس‌های فرسوده را جمع آورده و ظاهرِ عمّامهٔ خود را با آن آراسته بود.

۱۵۸۱ **ظاهرِ دستار چون حلّهٔ[2] بهشت — چون منافق اندرون رسوا و زشت**

ظاهرِ عمّامه زیبا و برازنده بود؛ ولی درونی بسان منافقان زشت داشت.

۱۵۸۲ **پاره پاره دلق[3] و پنبه و پوستین — در درونِ آن عمامه بُد دفین**

پاره‌های کهنه و فرسودهٔ لباس، پنبه و پوست در درون عمّامه‌اش بود.

۱۵۸۳ **روی سویِ مدرسه کرده صَبُوح[4] — تا بدین ناموس[5] یابد او فُتوح[6]**

با این ظاهر آراسته، صبح زود به سوی مدرسه رفت تا نصیبی یابد.

۱۵۸۴ **در رهِ تاریک مردی جامه‌کَنْ[7] — منتظر اِستاده بود از بهرِ فن[8]**

هوا هنوز کاملاً روشن نشده بود. دزدی در تاریکی ایستاده بود و قصد سرقت داشت.

---

۱ - **حَطیم** : بین رکن و باب کعبه، اینجا مسجد، مدرسه یا محضر مردم. ۲ - **حُلّه** : جامهٔ نو.
۳ - **دَلق** : اینجا پارچهٔ فرسوده. ۴ - **صَبوح** : صبح، بامداد. ۵ - **ناموس** : آبرو، اینجا ظاهرِ موجّه.
۶ - **فُتوح** : گشایش، اینجا گشایشی در زندگیِ این فقیه، یعنی بهره‌مند شدن از امور دنیوی مثلاً احترام و ثروت.
۷ - **جامه کَنْ** : سارق، دزد. ۸ - **از بهرِ فن** : برای سرقت.

۱۵۸۵ **در ربود او از سرش دستار را   پس دوان شد تا بسازد کار را[1]**

عمّامه را از سر فقیه ربود و فرار کرد تا نیازهای خویش را برآورده کند.

۱۵۸۶ **پس فقیهش بانگ بر زد:کِای پسر!   باز کن دستار را آنگه بِبَر**

فقیه فریاد زد: ای پسر، اوّل عمّامه را باز کن، بعد ببر.

۱۵۸۷ **این چنین که چار پَرّه می‌پری[2]   باز کن آن هدیه را که می‌بَری**

تو که چنین با سرعت می‌دوی، بهتر نیست اوّل آن را باز کنی و ببینی چه چیز را می‌بری؟

۱۵۸۸ **باز کن آن را به دستِ خود بمال   آنگهان خواهی بِبَر، کردم حلال**

ابتدا آن را باز کن و با دست امتحان کن، بعد اگر مایل بودی ببر. حلالت کردم.

۱۵۸۹ **چونکه بازش کرد آن که می‌گریخت   صد هزاران ژنده[3] اندر ره بریخت**

هنگامی که دزد عمّامه را باز کرد، تعداد زیادی پارچهٔ تکّه و کهنه بر سر راه ریخت.

۱۵۹۰ **زآن عمامهٔ زَفتِ نابایستِ[4] او   ماند یک گز[5] کهنه‌یی در دستِ او**

از آن عمّامهٔ بزرگ و بی‌قدر تنها یک تکّه پارچهٔ کهنه در دست دزد بر جای ماند.

۱۵۹۱ **بر زمین زد خرقه را کِای بی‌عِیار[6]!   زین دغل ما را بر آوردی زکار**

سارق فریاد زد: ای دغلباز، با این نیرنگ ما را از کار باز داشتی؛ یعنی نگذاشتی دزدی بکنیم.

نصیحتِ دنیا اهلِ دنیا را به زبان حال، و بی‌وفایی خود را نمودن به وفا طمع دارندگان از او

دنیا هم همین گونه با آراستگی ظاهر در فریب خلق می‌کوشد؛ امّا به لسان حال نیرنگ خود را هویدا می‌کند و چون تباهی عالم کون و فساد امری آشکار است، این همان لسان حال و همان نصیحت دنیاست؛ پس نمی‌توان گفت که دنیا به نیرنگ آدمی را می‌فریبد.

---

۱ - **بسازد کار را:** نیاز خویش را برآورده کند. نیکلسون نوشته است: در مشرق زمین از دستار همانند همیانی برای حمل نقدینه و یا اشیای قیمتی استفاده می‌کرده‌اند؛ بنابراین طبیعی است که دزدان می‌کوشیدند تا دستارها را بربایند: نقل از شرح مثنوی معنوی مولوی، ج ۴، ص ۱۵۲۵.   ۲ - **چارْ پَرّه می‌پری:** با شتاب می‌دوی.

۳ - **ژنده:** پارچهٔ کهنه، پوسیده.   ۴ - **زفتِ نابایست:** بزرگ و بی‌قدر.

۵ - **گز:** واحد طول، امروزه معادل متر.   ۶ - **بی عیار:** اینجا بی‌ارزش، بی‌قدر.

در جهان دو بانگ طنین افکن است و هر کس بنابر استعداد و لیاقت به سوی بانگی انجذاب می‌یابد، یک بانگ اتقیا را به هوشیاری افزون‌تر فرا می‌خواند و دیگری اشقیا را به گمراهی؛ همان‌گونه که جانِ هامان جاذبِ قِبطی می‌شود و جانِ موسیٰ(ع) طالب سِبطی.

گفت: بنمودم دغل، لیکن تو را　　از نصیحت بازگفتم ماجرا ۱۵۹۲

فقیه گفت: من نیرنگ به کار بردم؛ امّا ناصحانه ماجرا را به تو گفتم.

همچنین دنیا اگرچه خوش شکفت [1]　　بانگ زد، هم بی‌وفایی خویش گفت ۱۵۹۳

دنیا نیز با ظاهری زیبا، بی‌وفایی خود را اعلام می‌کند.

اندر این کَون و فساد [2] ای اوستاد!　　آن دغل کَوْن و نصیحت آن فساد ۱۵۹۴

ای استاد، در این دنیایِ «کون و فساد»، یعنی ناپایدار، حیله «به وجود آمدن» است و نصیحت «نابود شدن».

کَوْن می‌گوید: بیا، من خوش‌پی‌اَم　　وآن فسادش گفته: رو، من لاشی‌اَم ۱۵۹۵

«کون» به موجودات می‌گوید: بیا، من فرخنده‌ام؛ امّا «فساد» می‌گوید: من هیچ‌اَم.

ای ز خوبیِ بهاران [3] لب گزان　　بنگر آن سردی و زردیِ خزان [4] ۱۵۹۶

ای کسی که، از زیباییِ بهار حیران می‌شوی، سردی و پژمردگی خزان را هم ببین.

روز دیدی طلعتِ خورشید خوب　　مرگ او را یاد کن وقتِ غروب ۱۵۹۷

هنگام روز با دیدن طلعت خورشید، زوالش را در غروب به یاد آور.

بَدْر [5] را دیدی بر این خوش چارْطاق [6]　　حسرتش را هم ببین اندر مُحاق [7] ۱۵۹۸

هنگامی که در آسمان ماه تابناک را می‌بینی، به یاد کاستی‌اش در محاق هم باش.

---

۱ - **شکفت**: خندید، شکفته شد، مجازاً شادان شدن.　۲ - **کون و فساد**: ر.ک: ۱۹۳۶/۱.
۳ - **بهاران**: هنگام فرارسیدن بهار.
۴ - «هستیِ امکانی» و «نیستی» دو روی سکّهٔ «زندگی این جهانی»اند، این بهار خزانی در پی دارد.
۵ - **بدر**: ماهِ تمام، ماه در شب چهاردهم.　۶ - **چارطاق**: مراد آسمان است.
۷ - **مُحاق**: سه شب آخر ماه که قمر در آن پنهان باشد. اشاره به اینکه در جهان محسوس هیچ اوجی بی‌فرود نیست.

۱۵۹۹ **کودکی از حُسن شد مولایِ خلق[1] بعدِ فردا شد خَرِف[2]، رُسوایِ خلق[3]**

به کودک زیبا همه توجّه می‌کنند؛ امّا بعد که پیر و خرف شد، از او روی می‌گردانند.

۱۶۰۰ **گر تن سیمین‌تنان کردت شکار بعدِ پیری بین تنی چون پنبه‌زار**

اگر شیفتهٔ اندامی بلورین شدی، بدان که همین بدن در کهولت شبیه پنبه‌زار می‌شود.

۱۶۰۱ **ای بدیده لوت‌هایِ[4] چرب، خیز فضلهٔ آن را ببین در آبریز[5]**

ای کسی که شهوت خوردن داری، برخیز و در مستراح سرنوشت آن‌ها را ببین.

۱۶۰۲ **مر خَبَث[6] را گو که: آن خوبیت کو؟ بر طَبَق آن ذوق و آن نغزی و بو؟**

از مدفوع بپرس که طعم و بوی خوشی که روی طَبَق غذا داشتی، کجا رفت؟

۱۶۰۳ **گوید او، آن دانه بُد، من دامِ آن چون شدی تو صید، شد دانه نهان**

او به زبان حال می‌گوید: خوبی دانه بود و من دامش؛ چون تو شکار شدی، دانه نهان شد و دام آشکار.

۱۶۰۴ **بس اَنامِل[7] رشکِ استادان شده در صناعت، عاقبت لرزان شده**

چه بسا انگشتان هنرمندی که مایهٔ حسرت اساتید فنّ می‌شدند؛ امّا سرانجام به رعشه افتادند.

۱۶۰۵ **نرگسِ چشم[8] خمارِ همچو جان[9] آخِر اَعْمَشْ[10] بین و آب از وی چکان**

به چشمِ خمارِ لطیف و نافذی توجّه کن که به آبریزش و ضعف بینایی مبتلا می‌شود.

۱۶۰۶ **حیدری کاندر صفِ شیران رود آخر او مغلوبِ موشی می‌شود**

دلاوری که به صف شیرمردان حمله می‌کند، عاقبت ضعیف و مغلوبِ هر ناتوانی می‌شود.

۱۶۰۷ **طبع[11] تیز[12] دُورْبینِ[13] مُحْتَرِف[14] چون خرِ پیرش ببین آخِر خَرِف**

طبعِ نکته سنج دقیقِ صاحب صنعت در کهولت فاقد لطف و ظرافت و کودن می‌شود.

---

۱ - **مولای خلق**: اینجا مورد توجّه مردم. ۲ - **خرف**: کاستی عقل در ایّام کهولت.
۳ - **رسوای خلق شدن**: اینجا روی‌گردان شدن و عدم توجّه خلق. ۴ - **لوت**: غذا. ۵ - **آبریز**: مستراح.
۶ - **خَبَث**: نجاست، مدفوع. ۷ - **اَنامِل**: جمع أَنْمُلَه به معنی سر انگشت و اینجا به معنی مطلق انگشت.
۸ - **نرگسِ چشم**: چشمی مانندِ نرگس، چشم خمار.
۹ - **همچو جان**: همانند جان لطیف، اینجا چشمی که نگاهش اثر می‌گذارد، نگاه لطیف و نافذی که دل آدمی را می‌برد. ۱۰ - **اَعْمَش**: چشمی که مبتلا به آبریزش و ضعف بینایی است. ۱۱ - **طبع**: طبیعت و سرشت.
۱۲ - **تیز**: چُست و چابک، اینجا نکته‌سنج. ۱۳ - **دوربین**: دقیق.
۱۴ - **محترف**: صاحب حرفه و صنعت.

۱۶۰۸ **زلفِ جعدِ مُشکبارِ عقل بَر[۱] آخِرا چون دُمّ زشتِ خِنگِ خر**

زلف مجعّد عطرآگینِ هوش‌ربا عاقبت همانند دم زشت الاغ می‌شود.

۱۶۰۹ **خوش ببین کَوْنش[۲] ز اوّل باگشاد[۳] وآخِرِ آن رسواییِ‌اش بین و فساد**

ابتدا به هستی‌های این جهانی و جلوه‌های آن دقّت کن و سپس به زوال آن.

۱۶۱۰ **زانکه او بنمود پیدا دام را پیش، تو بر کَند سَبْلت[۴] خام را[۵]**

زیرا دنیا از ابتدا دام را به تو نشان داد و در برابر چشمانت آدم‌های خام را رسوا کرد.

۱۶۱۱ **پس مگو: دنیا به تزویرم فریفت ورنه عقلِ من ز دامش می‌گریخت**

بنابراین نمی‌توانی بگویی که دنیا با نیرنگ مرا فریب داد و گرنه گول نمی‌خوردم.

۱۶۱۲ **طوقِ زرّین[۶] و حمایل[۷] بین، هله[۸]! غُلّ و زنجیری شده‌ست و سلسله**

تاریخ را ببین که چه بسا حمایل شاهان که تبدیل به غلّ و زنجیر شده است.

۱۶۱۳ **همچنین هر جزوِ عالم می‌شُمَر اوّل و آخر درآرش در نَظَر**

به همین ترتیب تمام اجزای عالم را مورد توجّه قرار بده و به آغاز و پایان آن بنگر.

۱۶۱۴ **هر که آخِربین‌تر[۹] او مسعودتر[۱۰] هر که آخُر[۱۱] بین‌تر او مطرودتر**

هر کس عاقبت‌بین‌تر، نیکبخت‌تر است و هر کس که فقط به دنیا توجّه کند، از سعادت دورتر می‌شود.

---

۱ - **عقل بَر** : چیزی که عقل آدمی را می‌رباید.
۲ - **کَوْن** : مراد عالم محسوس و همهٔ هستی‌های امکانی و زیبایی‌های ظاهری و موقّتی آن است.
۳ - **باگشاد** : با دقّت، با دیده‌ای وسیع به همه جا نگریستن؛ امّا به نظر می‌رسد اینجا «باگشاد» صفت «کَون» است؛ یعنی ظاهر آراسته و جلوه‌های خوب زندگی.
۴ - **سَبْلَت** : سبیل، کندن سبیل کنایه از مجازات کردن و رسوا شدن است.
۵ - چرا با دیدن عاقبت و سرنوشت دیگران عبرت نگرفتی؟ ۶ - **طوق زرّین** : گردن‌بند طلایی.
۷ - **حمایل** : جمع حِمالَه به معنی بند شمشیر و یا هر چیزی که به شانه و پهلو بیاویزند.
۸ - **هله** : هان، حرفی برای آگاه کردن. ۹ - **آخِرْبین** : عاقبت اندیش، کسی که به عالم معنا توجّه دارد.
۱۰ - **مسعود** : دارای سعادت، مُقْبِل، یعنی کسی که از اقبال برخوردار است و خدا به او روی آورده است.
۱۱ - **آخُر** : کنایه از دنیاست، آخُربین کنایه از اهل دنیاست.

۱۶۱۵ **رویِ هر یک چون مَهِ فاخر[1] ببین   چونکه اوّل دیده شد، آخِر ببین**

به اجزای عالم توجّه کن که مانند ماه تابناک دارای «بدر» و «محاق»اند؛ یعنی آغاز و انجامی دارند.

۱۶۱۶ **تا نباشی همچو ابلیس اَعوری[2]   نیم بیند، نیم نی، چون اَبتَری[3]**

تا همانند ابلیس با دیدگاهی ناقص نباشی و بتوانی هم ظاهر را ببینی، هم باطن را.

۱۶۱۷ **دید طینِ[4] آدم و دینش[5] ندید   این جهان[6] دید، آن جهان‌بینش[7] ندید**

ابلیس ظاهرِ خاکیِ آدم(ع) را دید، نه باطن او را. چشم او محسوسات را دید، نه ماورای آن را.

۱۶۱۸ **فضلِ مردان بر زنان ای بوشجاع[8]!   نیست بهر قوّت و کسب و ضِیاع[9]**

ای دلیر، رُحجان مردان بر زنان به سبب نیرو، کار و یا ملک و مال نیست.

۱۶۱۹ **ورنه شیر و پیل را بر آدمی   فضل بودی بهرِ قوّت ای عَمی[10]!**

ای کوردل، اگر جز این بود، هر موجودِ قدرتمندی، همانند شیر و فیل باید از انسان برتر باشد.

۱۶۲۰ **فضلِ مردان بر زن ای حالی پرست[11]   زآن بُوَد که مرد پایان‌بین‌تر است**

ای ظاهربین، برتری مردان بر زنان به سبب عاقبت‌اندیشیِ افزون‌تر است.

۱۶۲۱ **مرد کاندر عاقبت‌بینی خَم است   او ز اهلِ عاقبت چون زن کم است**

مردی که به پایان کار نمی‌نگرد، از عاقبت‌اندیشان مرتبه‌ای فروتر دارد.

۱۶۲۲ **از جهان دو بانگ می‌آید به ضدّ   تا کدامین را تو باشی مُستعدّ**

از جهان دو بانگ متضاد به‌گوش می‌رسد. تو قابلیّت دریافت کدام را داری؟

---

۱ - **فاخر** : باارزش، گرانمایه، با عظمت و شأن، اینجا درخشان.   ۲ - **اَعْوَر** : یک چشم.
۳ - **اَبْتَر** : دم بریده، ناقص.   ۴ - **طین** : خاک.   ۵ - **دینش** : مراد باطن و جانِ کامل آدم(ع) است.
۶ - **این جهان** : مراد قالبِ خاکیِ آدم(ع) است.   ۷ - **جهان بینش** : کنایه از چشمِ دل آدم(ع).
۸ - **بوشجاع** : دلیر، دلاور، مراد شخص خاصّی نیست.
۹ - **ضیاع** : جمع ضَیْعَه به معنی زمین مزروعی، ملک و مال.
۱۰ - **عَمی** : کور، کسی که حقایق را درک نمی‌کند.
۱۱ - **حالی پرست** : کسی که فقط به ظواهر توجّه دارد، اهل دنیا.

آن یکی بانگش نُشورِ[1] اَتقیا[2]　　و آن یکی بانگش فریبِ اشقیا[3] ۱۶۲۳

یکی از آن‌ها پرهیزکاران را به حیاتی روحانی زنده می‌کند و دیگری گُمراهان را با حیاتِ صرفاً مادّیِ دنیوی می‌فریبد.

من شکوفهٔ خارم، ای خوش گرم‌دار[4]　　گُل بریزد، من بمانم شاخِ خار ۱۶۲۴

بانگی می‌گوید: ای دوستدار، من شکوفهٔ خار هستم. عاقبت گل‌هایم می‌ریزند و به صورت یک شاخهٔ خار بر جای می‌مانم.

بانگ اشکوفه‌ش که: اینک گُل‌فروش　　بانگِ خارِ او که: سویِ ما مکوش ۱۶۲۵

بانگ شکوفه‌اش می‌گوید: اینجا گل می‌فروشند و بانگ خار می‌گوید: به سوی ما نیا.

این پذیرفتی بماندی زآن دگر　　که محبّ از ضدِّ محبوب است کَر ۱۶۲۶

هر بانگی را که بپذیری از دیگری باز می‌مانی؛ زیرا عاشق کلامی را بر ضدِّ معشوق نمی‌پذیرد.

آن یکی بانگ این که: اینک حاضرم　　بانگِ دیگر: بنگر اندر آخِرم ۱۶۲۷

«جلوهٔ دنیوی» می‌گوید: فعلاً هستم. «وجه عدمی دنیا» می‌گوید: به عاقبت امر بیندیش.

حاضری‌ام هست چون مکر و کمین　　نقشِ آخِر ز آینهٔ اوّل ببین[5] ۱۶۲۸

«وجه وجودی» دنیا به لسان حال می‌گوید: حضور من مثل دام است. «پایان» را در آینهٔ «آغاز» ببین.

چون یکی زین دو جوال[6] اندر شدی[7]　　آن دگر را ضِدّ و نا دَرْ خور شدی[8] ۱۶۲۹

هر یک از این دو وجه که تو را جذب کند، سنخیّتی با وجه دیگر نخواهی داشت.

---

۱ - **نُشور :** زنده شدن مردگان، اینجا آن است که روحِ اتقیا از گورِ تن به در آیند و به سیر در راهِ حق بپردازند.
۲ - **اتقیا :** پرهیزکاران.　　۳ - **اشقیا :** بدکاران.
۴ - **خوش گرم‌دار :** کسی که چیزی را با محبّت و گرمی مراقبت می‌کند.
۵ - دنیا و مخلوقات، فناپذیرند؛ پس عاقل کسی است که «فساد» را در آینهٔ «کَوْن» مشاهده کند و بدان دل نبندد.
۶ - **جوال :** کیسه‌ای که برای حمل بار استفاده می‌کنند، اینجا دو وجه وجودی و عدمی دنیا به جوال مانند شده‌اند.
۷ - **اندر شدی :** وارد شدی، توی جوال رفتی.
۸ - **نا در خور شدی :** در خورِ آن نیستی، در خور وجه دیگر نمی‌توانی باشی، دیگر با آن سنخیّتی نخواهی داشت.

۱۶۳۰ **ای خُنُک آن کو ز اوّل آن شنید　　　کِش عقول و مَسمَعِ[۱] مردان شنید**

خوشا به کسی که در آغاز همان بانگی را که عقل و گوش مردان حق شنیدند، شنید.

۱۶۳۱ **خانه[۲] خالی یافت و جا را او گرفت　　　غیرِ آنش کژ نماید یا شگفت**

آن بانگ با خانهٔ خالی چنان عجین شد که هر بانگ دیگری را غیر عادی یا غریب دید.

۱۶۳۲ **کوزهٔ[۳] نو، کو به خود بولی[۴] کشید　　　آن خَبَث[۵] را آب نتواند بُرید**

کوزهٔ نو که ادرار را جذب کرده باشد، هرگز با آب از نجاست پاک نخواهد شد.

۱۶۳۳ **در جهان هر چیز چیزی می‌کَشَد　　　کُفر کافر را و مُرشَد[۶] را رَشَد[۷]**

در دنیا هر چیزی همجنسِ خود را جذب می‌کند، مثلاً کفر کافر را و مُرید را مُراد.

۱۶۳۴ **کهرُبا[۸] هم هست و مقناطیس[۹] هست　　　تا تو آهن یا کهی آیی به شست[۱۰]**

در جهان هم کهرُبا هست و هم آهن‌ربا. چه آهن باشی، چه کاه، جذب می‌شوی.

۱۶۳۵ **بُرد مقناطیست، اَرْ تو آهنی　　　ور کَهی، بر کهرُبا بر می‌تنی**

اگر آهن باشی، آهن‌رُبا تو را جذب می‌کند و اگر کاه باشی کهرُبا.

۱۶۳۶ **آن یکی چون نیست با اَخیار[۱۱] یار　　　لاجرم شد پهلوی فُجّارْ[۱۲] جار[۱۳]**

کسی که با نیک مردان سنخیّتی ندارد، لاجرم به بدکاران نزدیک می‌شود.

---

۱ - **مَسْمَع :** گوش.　　۲ - **خانه :** کنایه از خانهٔ دل سالک و یا ضمیر اوست.

۳ - **کوزه :** کنایه از وجود آدمی که اگر با شهوات و لذایذ دنیا خو بگیرد، پاک شدنش غیرممکن است.

۴ - **بول :** ادرار، اینجا کنایه از شهوات و لذّات دنیوی.　　۵ - **خبث :** ناپاک.　　۶ - **مُرشَد :** مرید، سالک.

۷ - **رَشَد :** هدایت، اینجا هدایت کننده، مُراد.

۸ - **کهرُبا :** کنایه از جاذبه‌های دنیوی که اهل دنیا را می‌فریبد و جذب می‌کند.

۹ - **مقناطیس :** آهن‌رُبا، کنایه از جاذبه‌های معنوی که اهل معنا را جذب می‌کند.

۱۰ - **شست :** قلاّب ماهی‌گیری، دام.

آدمی در عین توانایی‌های بالقوّه‌ای که در وی به ودیعه نهاده شده، موجود ضعیفی است؛ زیرا قائم به ذات خویش نیست؛ پس بنا بر مشیّت الهی، در این جهان چاره‌ای جز آن ندارد که به یکی از این دو راه برود: یا جذب عالم محسوس شود و یا به عالم معنا روی آورد.　　۱۱ - **اخیار :** نیکان.　　۱۲ - **فجّار :** تباهکاران.

۱۳ - **جار :** همسایه.

هست موسی پیشِ قِبطی[1] بس ذَمیم[2]　　　هست هامان پیشِ سبطی[3] بس رجیم[4] ۱۶۳۷

موسیٰ(ع) نزد فرعونیان خوار بود، همان‌گونه که هامان نزد قوم بنی اسرائیل ملعون بود.

جانِ هامان جاذبِ قبطی شده　　　جانِ موسی طالبِ سبطی شده ۱۶۳۸

جانِ هامان قبطیان را به خود جذب می‌کرد و جان موسیٰ(ع) طالب سبطیان بود.

معدهٔ خر[5] کَهْ[6] کَشَد در اِجتذاب[7]　　　معدهٔ آدم جَذوب گندم، آب ۱۶۳۹

معدهٔ خر قابلیّت جذب کاه را دارد و معدهٔ آدمی خواستار گندم و آب است.

گر تو نشناسی کسی را از ظلام[8]　　　بنگر او را کوش سازیده‌ست امام ۱۶۴۰

اگر تو به سبب تاریکیِ دل، آدمِ نیک یا بد را تمییز نمی‌دهی، ببین پیرو چه کسی است؟

بیانِ آنکه عارف را غذایی است از نورِ حق که: «أَبِیتُ عِنْدَ رَبّی یُطْعِمُنی وَ یَسْقینی»[9]، وَ قَوْلُهُ: «اَلْجُوعُ طَعامُ اللهِ یُحْیِی بِهِ أَبْدانَ ٱلصِدّیقِینَ»،[10] اَیْ فِی ٱلجُوعِ یَصِلُ طَعامُ اللهِ[11]

در بیان آنکه عارف از غذای الهی یا «نور حق» بهره‌مند است که: «من نزد پروردگارم می‌مانم. او به من غذا می‌دهد و سیرابم می‌کند» و گفتهٔ او که: «گرسنگی غذای الهی است که با آن بدن‌های صدّیقان را زنده می‌کند»؛ یعنی طعام الهی در گرسنگی به انسان می‌رسد.

همان‌گونه که در قطعهٔ پیشین دیدیم، «دو بانگ» متضاد به تعبیر مولانا در جهان طنین‌افکن است، یکی بانگی که «نُشورِ اتقیا»ست و آن دیگر «فریبِ اشقیا»، و هرکس بنا بر «سنخیّت و جنسیّت» به یکی از این دو بانگ انجذاب می‌یابد. عارف که لسانِ حالِ «عالم کون و فساد» را دریافته و از «تباهی و بی‌ثباتی» آن به خوبی آگاه است، طبعاً بدان دل نمی‌بندد و از آفات آن مصونَ می‌مانَد.

---

۱ - **قبطی**: مراد فرعونیان است.　۲ - **ذَمیم**: زشت، نکوهیده.

۳ - **سبطی**: مراد قوم بنی اسرائیل و پیروان موسیٰ (ع) است.　۴ - **رجیم**: مطرود.

۵ - **معدهٔ خر**: استعداد و قابلیّت اهل دنیا و چیزی که برای آن‌ها گوارا و خوشایند است.

۶ - **کَهْ**: شهوات و تمتّعات دنیوی.　۷ - **اجتذاب**: به سوی خود جذب کردن.　۸ - **ظلام**: تاریکی.

۹ - من پیش پروردگار خود می‌مانم، او به من غذا می‌دهد و سیرابم می‌کند: اشاره به حدیث نبوی: ر.ک: ۳۷۵۴/۱.

۱۰ - گرسنگی غذای الهی است که توسّط آن بدن‌های صدّیقان را زنده می‌کند.

۱۱ - یعنی طعام الهی در گرسنگی تن به جان آدمی می‌رسد.

۱۶۴۱ **زانکه هر کُرّه پیِ مادر رود   تا بدان جنسیّتش پیدا شود**

اینکه هر کُرّه به دنبال مادر می‌رود، برای آن است تا بدان وسیله بگوید که از جنس کیست.

۱۶۴۲ **آدمی را شیر[1] از سینه[2] رسد   شیرِ خر از نیمِ زیرینه[3] رسد**

انسان از پستان مادر شیر می‌خورد؛ امّا درازگوش از نیمهٔ پایین بدنش شیر می‌دهد.

۱۶۴۳ **عدل قَسّام[4] است و قسمت کردنی‌ست   این عجب که جبر نی و ظلم نیست[5]**

عدل الهی همه چیز را تقسیم می‌کند و اعجاب‌انگیز آنکه در این تقسیم نه جبری است و نه ستمی.

۱۶۴۴ **جبر بودی، کی پشیمانی بُدی؟   ظلم بودی، کی نگهبانی بُدی؟**

اگر این کارها به جبر و ظلم بود، پشیمانی وجود نداشت و خداوند حافظ به شمار نمی‌آمد.

۱۶۴۵ **روزْ آخِر شد، سَبَق[6] فردا بُوَد   رازِ ما را روزْ کی گنجا بُوَد؟[7]**

روز به پایان رسید و ادامهٔ درس برای فردا ماند. راز ما در روز نمی‌گنجد.

۱۶۴۶ **ای بکرده اعتمادِ واثقی[8]   بر دَم و بر چاپلوسِ فاسقی**

ای کسی که، به کلام و چرب‌زبانی مدّعیان فریبکار اعتماد کرده‌ای،

۱۶۴۷ **قُبّه‌یی[9] بر ساختستی از حُباب   آخِر آن خیمه‌ست بس وٰاهی طناب**

بارگاهی از حباب ساخته‌ای که طناب‌های آن بسیار ناپایدار است.

۱۶۴۸ **زَرق[10] چون برق[11] است و اندر نورِ آن   راه نتوانند دیدن رَهروان**

نیرنگ همانند برق می‌درخشد و محو می‌شود و در پرتو آن نمی‌توانند راه را بیابند.

---

۱ - **شیر** : کنایه از علوم و معارف الهی.   ۲ - **سینه** : کنایه از باطن و دل و جان.

۳ - **نیم زیرینه** : کنایه از دیدگاهی شَهَوانی و مادّی.

۴ - **قسّام** : قسمت کننده، پروردگار، اشارتی قرآنی: زُخرُف: ۳۲/۴۳: ...نَحْنُ قَسَمْنَا بَيْنَهُمْ مَّعِيشَتَهُمْ فِى ٱلْحَيَوٰةِ ٱلدُّنيا...: ...ما زیست مایه‌شان را در حیات دنیا تقسیم می‌کنیم.

۵ - مراد آن است که در این تقسیم گروهی به معارف الهی و در واقع به تقرّب حق نایل می‌آیند و گروهی نه.

۶ - **سَبَق** : سَبْق: درس.

۷ - اشاره به این نکته است که این راز را فقط می‌توان از طریق تجربه دریافت. ادراک آن از طریق حال است نه قال.

۸ - **واثق** : محکم، استوار.   ۹ - **قبّه** : گنبد.   ۱۰ - **زرق** : تزویر.   ۱۱ - **برق** : صاعقه.

۱۶۴۹ **این جهان و اهلِ او[1] بی‌حاصل‌اند هر دو اندر بی‌وفایی یک‌دل‌اند**

این دنیا و اهل آن قابل اعتماد نیستند. هر دو بی‌وفا هستند.

۱۶۵۰ **زادهٔ دنیا چو دنیا بی‌وفاست گرچه رُو آرد به تو، آن رُو قَفاست**

«اهلِ دنیا»، همانند دنیاست. اگر به تو روی آوَرَد، اعتماد نکن که مهرش کین است.

۱۶۵۱ **اهلِ آن عالم، چو آن عالم ز بِرّ[2] تا ابد در عهد و پیمان مُستَمِرّ**

«اهلِ معنا»، همانندِ عالم معنا تا ابد در لطف و احسان یا عهد و پیمان خود پایدارند.

۱۶۵۲ **خود دو پیغمبر به هم کِی ضد شدند؟ معجزات از همدگر کی بستدند؟[3]**

هرگز دو پیامبر با یک‌دیگر دشمنی نکردند و معجزهٔ دیگری را از آنِ خود ندانستند.

۱۶۵۳ **کِی شود پژمرده میوهٔ آن جهان[4]؟ شادیِ عقلی[5] نگردد اندُهان**

محصول عالم معنا هرگز پژمرده نمی‌شود و شادی حقیقی به اندوه مبدّل نمی‌گردد.

۱۶۵۴ **نَفْس بی‌عهد[6] است، زآن رُو کُشتنی‌ست او دَنی[7] و قبله‌گاهِ او[8] دَنی‌ست**

چون «نفس امّاره» به پیمانی متعهّد نیست، باید نابود شود. او پست است و قبله‌اش هم.

۱۶۵۵ **نفس‌ها را لایق است این انجمن[9] مُرده را در خور بُوَد گور و کفن**

این دنیا شایستهٔ نَفْس‌های پست است، مثل گور و کفن برای مُرده.

۱۶۵۶ **نَفْس اگرچه زیرک است و خُرده‌دان قبله‌اش دنیاست، او را مُرده دان**

هرچند که نَفْس حیله‌گر و باریک‌بین است؛ امّا چون قبله‌اش دنیاست، مُرده‌ای بیش نیست.

۱۶۵۷ **آبِ وحیِ حق بدین مُرده رسید شد ز خاکِ مرده‌یی زنده پدید[10]**

هنگامی که «وحی حق» به این مرده رسید، از خاکِ مرده، زنده‌ای پدید آمد.

---

۱ - **اهل او :** مراد اهل دنیاست که عهد و پیمان و دوستی‌شان هم قابل اعتماد نیست و بر اساس منافع زودگذر دنیوی‌شان تغییر می‌کند. ۲ - **بِرّ :** نیکی. ۳ - اشاره به این نکته که: پیامبران تأیید کنندهٔ یک‌دیگرند.
۴ - **میوهٔ آن جهان :** محصول عالم معنا، چیزی که از سیرِ باطنی و ادراک عالم معنا حاصل می‌شود.
۵ - **شادیِ عقلی :** شادمانی راستینی که جان آدمی با ادراک معارف و تقرّب به حق بدان می‌رسد.
۶ - **عهد :** پیمان. ۷ - **دنی :** فرومایه. ۸ - **قبله گاه او :** مراد دنیاست.
۹ - **این انجمن :** کنایه از دنیاست.
۱۰ - اشاره است به انبیا و اولیا که «وحی حق» از آن‌ها زنده‌ای حقیقی پدید آورده است.

۱۶۵۸ **تا نیاید وحی، تو غرّه مباش   تو بدان گلگونه‌ای[۱]، طالَ بَقاش[۲]**

گول هیچ چیز را نخور تا نور الهام الهی به تو برسد. آدمی فقط می‌تواند از «عنایت و فضل الهی» که بقای آن دراز باد، شادمان باشد. هیچ چیز دیگری نمی‌تواند انسان را به شادی راستین برساند.

۱۶۵۹ **بانگ و صیتی[۳] جو که آن خامل[۴] نشد   تابِ خورشیدی که آن آفل[۵] نشد[۶]**

بانگ و آوازه‌ای را بجو که پایدار باشد و جویای نور خورشیدی باش که غروب نکند.

۱۶۶۰ **آن هنرهایِ دقیق[۷] و قال و قیل[۸]   قوم فرعون‌اند، اجل چون آبِ نیل**

دانش‌ها، حرفه‌ها، مناقشات کلامی و مباحث اهل نظر با فرارسیدن اجل محو می‌شوند؛ زیرا به این دنیا تعلّق دارند.

۱۶۶۱ **رونق و طاق و طُرُنب[۹] و سِحْرشان   گرچه خَلقان را کَشَد گردن کشان**

هرچند که آن‌ها بازارگرمی دارند و شکوهِ توخالی‌شان مردم را با تعجّب به سوی خود می‌کشد.

۱۶۶۲ **سِحرهایِ ساحران دان جمله را   مرگ، چوبی دان که آن گشت اژدها**

همهٔ آن‌ها را چیزی همانند سحرِ ساحران بدان که با فرارسیدن مرگ بلعیده می‌شوند.

۱۶۶۳ **جادوی‌ها را همه یک لُقمه کرد   یک جهان پر شب[۱۰] بُد آن را صبح[۱۱] خَورد**

مرگ تمام سحرها را بلعید و محو کرد، همان‌گونه که صبح تاریکیِ شب را زایل می‌کند.

---

۱ - **گلگونه** : مانند گل، سرخابی که زنان به‌گونهٔ خود می‌مالند، اینجا چیزی که موجب شادمانی می‌شود.

۲ - **طالَ بَقاش** : همان جملهٔ دعایی «طالَ بَقاءُهُ» است؛ یعنی دراز باد بقای او. مراد بقایِ نور الهامِ حق است.

۳ - **صیت** : آوازه، ذکر خیر.   ۴ - **خامل** : گمنام.   ۵ - **آفل** : غروب کننده، افول کننده.

۶ - در دنیا همه چیز ناپایدار است؛ حتّی اسم و شهرتِ این جهانی؛ پس باید طالب نور حقایق بود و خواهانِ نیک‌نامی در میان اهل معنا.   ۷ - **هنرهای دقیق** : هنرها و دانش‌های دنیوی که راهی به عالم معنا ندارد.

۸ - **قال و قیل** : مناقشات کلامی، مباحث اهل ظاهر. مولانا قبلاً در همین دفتر و در ارتباط با علوم رسمی و کسبی فرموده بود: ر.ک: ۱۵۲۰/۴-۱۵۱۶.

خرده‌کاری‌هایِ علم هندسه   یا نجوم و علمِ طبّ و فلسفه

که تعلّق با همین دنیاستش   ره به هفتم آسمان برنیستش

۹ - **طاق و طُرُنب** : شکوه و جلالِ توخالی و ظاهری، شهرت و یا آوازهٔ دنیوی.

۱۰ - **شب** : کنایه از جهل و گمراهی.   ۱۱ - **صبح** : کنایه از نور حقایق.

۱۶۶۴ **نور[1] از آن خوردن نشد افزون و بیش — بل همان سان است کو بوده‌ست پیش**

امّا نور حقایق با محو کردن آن جادوییِ‌ها افزون نمی‌شود، همان است که همیشه بوده.

۱۶۶۵ **در اثـر افـزون شـد و در ذاتْ نـی — ذات را افـزونی و آفـات نـی**

ذات حق با آفرینش به تغییر و آفات مبتلا نمی‌شود. «لاٰ یَتَغَیَّر است». افزایش در اثرهاست.

۱۶۶۶ **حـق ز ایـجادِ جـهان افـزون نشـد — آنـچه اوّل آن نـبود، اکـنون نشـد**

خداوند با آفرینش عالم چیزی را به خود نیفزود. آنچه که از آغاز نبود، اکنون هم نیست.

۱۶۶۷ **لیک افزون گشت اثر ز ایجادِ خلق — در میانِ این دو افزونی‌ست فـرق[2]**

امّا با آفریدن موجودات، «آثار» افزایش یافتند. افزون شدن «آثار» به معنی افزون شدن «مؤثّر حقیقی»، یعنی «ذات باری تعالی» نیست.

۱۶۶۸ **هست افـزونی اثـر، اظـهارِ او — تـا پـدید آیـد صفات و کـارِ او**

افزون شدنِ آثار، یعنی «تکثّر» نشانهٔ ظهور قدرت خداوند و پدیدار شدن صفات و افعال اوست.

۱۶۶۹ **هست افـزونیِ هـر ذاتـی دلیـل — کو بُوَد حادث[3]، به علّت‌ها علیل**

هر ذاتی که افزایش یابد، «حادث» است و وابسته به وجود «علّت»هایی است که موجب افزایش و یا کاستی‌اش می‌شوند.

---

۱ - حقیقت وجود که مقام «صِرافت هستی» است از جمیع قیود تنزّه دارد؛ بنابراین خلقِ ماهیات و یا محو آن‌ها که حدودی عدمیّه‌اند و به مراتب تنزّل وجود عارض شده‌اند، در ذات حق «کاستی» و یا «افزایشی» را حاصل نمی‌کنند. حق تعالی همواره همچنان است که بوده. [ماهیّات: وجود خارجی اشیا و موجودات را ماهیّات نامند: ر.ک. شرح مقدّمهٔ قیصری، ص ۱۲۹.]

۲ - ذات حق تعالی در اوّلین «تجلّی» با فیض اقدس در مقام «احدیّت» تنزّل می‌یابد که مقام «تجلّی علمی» است. در این جایگاه اوّلین تعیّنی که به وجود مطلق عارض می‌شود، تعیّن حق به اسم «المتکلّم» است، به کلام غیبی که همان تجلّی ظهور خود به ذات خود باشد که متضمّن علم و ظهور جمیع حقایق در این موطِن است که از آن به مطلع کتاب تعبیر شده است؛ پس آفرینش عبارت است از ظهور تجلیّات علمی در حقایق امکانیّه.

بنابراین هرچه در عالم مُلک و یا ملکوت هست و یا خواهد بود، نتیجهٔ ظهور ظِلّی و رَشحیِ «وجودی واحد» یا «حقیقتِ منبسط» در تعیّناتِ امکانی و ماهیّاتِ امکانیّه است : شرح مقدّمهٔ قیصری، صص ۱۳۵-۱۳۴، ۱۱۷، ۲۵۰، ۲۳۸ و ۱۵۳. ۳ - **حادث** : نو، تازه، مقابل قدیم.

تفسیرِ «اَوْجَسَ فی نَفْسِهِ خیفَةً موسیٰ، قُلْنا: لا تَخَفْ اِنَّكَ أَنْتَ ٱلأَعْلیٰ»[1]

تفسیرِ «موسیٰ در دل خود ترسی احساس کرد. گفتیم: مترس که تو برتری»

در ابیات پایانی قطعهٔ پیشین، ب ۱۶۵۹ به بعد، جان‌کلام در بیانِ این نکته بود: باید جویای نور حقایق بود و خواهان نیک‌نامی در میانِ «اهل معنا». همچنین به این موضوع نیز اشاره شد که «علومِ رسمی و کسبی»، «مناقشات کلامی» و «مباحث اهل ظاهر»، علی‌رغم رونق و طاق و طُرُنبی که دارند، متعلّق به این جهان هستند و در جهت کمالِ جان آدمی به‌کار نمی‌آیند؛ امّا در هر حال بازارِ گرم و شکوهِ توخالی‌شان، همانندِ سِحری مردم را با تعجّب به سوی خود می‌کشانَد و عامِ خلق همچون جادوشدگان، مسحور می‌مانند تا مرگ بسان عصایِ موسیٰ(ع) اژدهایی شود و در لحظه‌ای سحرها را محو کند.

اینک در این قطعه با تفسیر آیات شریفه، سرّ سخن در تقریر این معناست: هر چندکه در این جهان «حق» و «باطل» در کنار یک‌دیگر وجود دارند و «باطل»، همانندِ سحرِ ساحران خلق را افسون می‌کند؛ امّا راه رهایی از «سحر» نیز هست و آدمی برای تمییز حق از باطل باید در درونِ خویش محکی برای تشخیص سَره از ناسَره داشته باشد یا چنگ در دامان‌کسی بزندکه دارای محک هست.

۱۶۷۰ **گفت موسی: سِحْر هم حیران کُنی‌ست   چون کنم؟ کین خلق را تمییز نیست**

موسیٰ با خودگفت: جادو هم خلق را متحیّر می‌کند. مردم قدرت تشخیص ندارند، چه می‌توانم بکنم؟

۱۶۷۱ **گفت حق: تمییز را پیدا کنم   عقلِ بی‌تمییز را بینا کنم**

خداوند به موسیٰ فرمود: من به مردم قدرت تشخیص و بصیرت می‌دهم.

۱۶۷۲ **گرچه چون دریا بر آوردند کف   موسیا! تو غالب آیی، لا تَخَفْ**

هرچند که ساحران همانند دریا می‌خروشند تا با سحر که بسان کفِ روی امواج محو شدنی است، تو را مغلوب کنند؛ امّا نترس که غلبه می‌کنی.

۱۶۷۳ **بود اندر عهدِ خود سِحْر افتخار[2]   چون عصا شد مار، آن‌ها گشت عار**

در زمان موسی(ع) جادو موجب افتخار بود؛ امّا هنگامی که عصای موسی(ع) به ماری عظیم مبدّل شد، جادوی ساحران موجب ننگ و عار هم شد.

۱۶۷۴ **هر کسی را دعویِ حُسن و نمک   سنگِ مرگ، آمد نمک‌ها را مِحک**

«مرگ» بسان سنگِ محک ثابت می‌کند که «حُسن و نمک»، یعنی زیباییِ دنیوی پایدار نیست.

---

۱ - اشارتی قرآنی؛ طه: ۲۰/۶۸-۶۷: موسی(ع) و ساحران: ر.ک: ۱۶۲۴/۱.   ۲ - ر.ک: ۱۶۲۴/۱.

۱۶۷۵ **سِحر رفت و معجزهٔ موسی گذشت   هر دو را از بامِ بود[۱] افتاد طشت[۲]**

سحر ساحران و معجزهٔ موسیٰ(ع) پایان یافتند و از وجودِ ظاهری‌شان چیزی نماند.

۱۶۷۶ **بانگِ طشتِ سِحر جز لعنت چه ماند؟   بانگِ طشتِ دین بجز رفعت چه ماند؟**

از هیاهویِ «سحر» جز لعنت نماند؛ امّا از معجزهٔ دین عزّت و بزرگواری ماند.

۱۶۷۷ **چون محک پنهان شده‌ست از مرد و زن   در صف آ ای قلب[۳] و اکنون لاف زن**

ای مدّعی، چون در دنیا چشمِ بصیری که بتواند محکِ میانِ جانِ عارفان را ببیند، بسیار کم است؛ پس در صف مردان برایِ کوردلان به لاف و گزاف بپرداز.

۱۶۷۸ **وقتِ لاف اَستت، محک چون غایب‌است   می‌بَرَندت از عزیزی دست دست**

چون «محک» در میان نیست، لاف بزن که امروز عزیزی و تو را دست به دست می‌برند.

۱۶۷۹ **قلب می‌گوید ز نَخوت هر دَمم   ای زرِ خالص[۴]! من از تو کی کمم؟**

مدّعی لاف‌زن هر لحظه به لسان حال به مرد حق می‌گوید: من از تو چه چیزی کمتر دارم؟

۱۶۸۰ **زر همی گوید: بلی ای خواجه‌تاش[۵]!   لیک می‌آید محک، آماده باش**

مرد حق هم به لسان حال می‌گوید: آری رفیق، بدان که «سنگ محک» هم در راه است.

۱۶۸۱ **مرگِ تن هدیه‌ست بر اصحابِ راز[۶]   زرِّ خالص را چه نقصان است گاز[۷]؟**

مرگ برای «اهلِ معنا» هدیه‌ای خوشایند است که از سنگینیِ قالب جسمانی می‌رهند تا در صحرای بی‌چون به جولان بپردازند. طلای ناب از قطعه قطعه شدن بیمی ندارد؛ زیرا باز هم زرِّ خالص است.

---

۱ - **بام بود :** وجود صوری و ظاهری، وجود دنیوی.
۲ - **تشت از بام افتادن :** به‌طور معمول کنایه از «رسوا شدن» است؛ امّا اینجا «افتادن تشت از بامِ بود»؛ یعنی نابودی و زوالِ وجودِ ظاهری و این جهانی.   ۳ - **قلب :** زرّ تقلّبی، مراد مدّعیِ لاف‌زن است.
۴ - **زر خالص :** طلای ناب، مراد مرد حق است.
۵ - **خواجه‌تاش :** دو یا چند غلام که خواجه‌ای واحد دارند، اینجا به معنی «همتا» یا «هم‌قطار» و رفیق است. اشاره به مرشدان ناصالح و مشایخ ریاکار است.
۶ - اشاره به مضمون این حدیث است: تحفةُ ٱلْمُؤْمِنِ ٱلْمَوْتُ : مرگ برای مؤمن یک هدیه است: احادیث، صص ۳۷۷-۳۷۶.   ۷ - **گاز :** قیچی.

قلب اگر در خویش آخِربین[1] بُدی ... آن سیه کآخر شد او، اوّل شدی ۱۶۸۲

مدّعی اگر عاقبت‌بین بود، به جای سیه‌رویی و ادّعا، خواهان ارتقای جان می‌شد.

چون شدی اوّل سیه اندر لِقا ... دور بودی از نفاق و از شَقا[2] ۱۶۸۳

اگر او جانِ تاریک خود را می‌دید، ادّعا نمی‌کرد و از نفاق و سیه‌بختی دور می‌ماند.

کیمیایِ فضل را طالب بُدی ... عقلِ او بر زَرقِ او غالب بُدی ۱۶۸۴

اگر خواستار فضلِ الهی که کیمیایِ کمال‌است، می‌شد، عقلش در سیطرهٔ نفس امّاره قرارنمی‌گرفت.

چون شکسته دِل شدی از حالِ خویش ... جابِرِ[3] اشکستگان دیدی به پیش ۱۶۸۵

اگر از جهل و تاریکیِ خویش دل‌شکسته می‌شد، دستِ قدرت خداوند را می‌دید که هدایتش می‌کند.

عاقبت را دید و او اشکسته شد ... از شکسته‌بند در دم بسته شد ۱۶۸۶

اگر عاقبت‌بین بود و با انکسار به حق روی می‌آورد، از تاریکیِ درون می‌رهید.

فضل، مِس‌ها[4] را سویِ اکسیر[5] راند ... آن زراندود[6] از کَرَم محروم ماند ۱۶۸۷

فضل الهی مسِ وجودِ طالبان را به سوی اکسیرِ وجودِ مرشدان راستین هدایت می‌کند؛ امّا مدّعیِ لاف‌زن محروم می‌مانَد.

ای زراندوده! مکن دعوی، ببین ... که نمانَد مشتریت اَعمیٰ چنین ۱۶۸۸

ای مدّعی، دعوی بیهوده نکن. هوادارانت همواره کوردل نمی‌مانند.

نورِ محشر چشمشان بینا کند ... چشم‌بندیِ تو را رسوا کند ۱۶۸۹

نور باطنِ منوّرِ مردان حق چشم آنان را می‌گشاید و افسونگری‌های تو را بر ملا می‌کند.

بنگر آن‌ها را که آخِر دیده‌اند ... حسرتِ جان‌ها و رشکِ دیده‌اند ۱۶۹۰

به کسانی که «عاقبت اندیش» بوده‌اند، بنگر که حسرت جان‌ها و رشک دیدگان شده‌اند.

---

۱ - **آخربین :** عاقبت اندیش، کسی که باور کند حساب و کتابی در کار هست. ۲ - **شَقا :** بدبختی.

۳ - **جابر :** شکسته‌بند، «جابر اشکستگان» خداوند است که نقایص ظاهری و باطنی مخلوقات را برطرف می‌کند.

۴ - **مس :** اینجا کنایه از وجود کسی است که خواهان کمال است.

۵ - **اکسیر :** کنایه از باطن منوّر مرد حق است. ۶ - **زراندود :** کنایه از مدّعی دروغین است.

۱۶۹۱ **بنگر آن‌ها را کـه حـالی دیـده‌انـد[1] سِرِّ فاسد[2]، ز اصلْ سـر بُـبریده‌انـد**

به کسانی که فقط زندگیِ دنیوی را می‌بینند، توجّه کن که حیاتِ روحانی را از دست داده و با حیاتی صِرفاً مادّی زنده‌اند.

۱۶۹۲ **پیشِ حالی‌بین[3] که در جهل است و شک صبحِ صادق[4] صبحِ کاذب[5]، هـر دو یک**

در نظرِ «اهلِ دنیا»، که در جهل و تردید به سر می‌برد، «مرشد» و «مدّعیِ ارشاد» یکی است.

۱۶۹۳ **صبحِ کاذب صـد هـزاران کـاروان[6] داد بـر بـادِ هـلاکت ای جـوان!**

ای جوان، تاکنون مدّعیان ارشاد صدهاهزار کاروان را بر باد داده و به هلاکت رسانده‌اند.

۱۶۹۴ **نیست نقدی[7] کِش غلط‌انداز[8] نیست وایِ آن جان کِش مِحَکّ و گاز نیست**

هر سیم و زرّی مشابهی تقلّبی دارد. وای به کسی که در جانش محکی برای تشخیص «صادق» از «کاذب» نیست.

زجرِ[9] مدّعی از دعوی، و امر کردن او را به متابعت

۱۶۹۵ **بو مُسَیْلِم[10] گفت: خود من احمدم[11] دیـنِ احـمد را بـه فـن بـر هـم زدم**

ابومُسَیلِم گفت: من پیامبر هستم و دین احمد(ص) را با نیرنگ در هم ریختم.

۱۶۹۶ **بو مسـیلم را بگـو: کـم کـن بَـطَر[12] غَـــرّهٔ اوّل مشـــو، آخِـــر نگـــر**

به مُسیلمه بگو: خودبین نباش. فریب تأییدکنندگان را نخور، به پایان کار نگاه کن.

---

۱ - مصراع اوّل: به همین زندگیِ دنیایی توجّه دارند. ۲ - **سِرّ فاسد**: باطنی تباه و تاریک.
۳ - **حالی بین**: اهل دنیا. ۴ - **صبح صادق**: کنایه از مرد حق.
۵ - **صبح کاذب**: کنایه از مدّعی ارشاد که لاف‌زن است، سپیده‌ای که پس از سحر در مشرق پدیدار می‌شود و زمان آن بسیار کوتاه است و پس از آن سپیده‌ای پایدار در افق دیده می‌شود که آن را «صبح صادق» نامند.
۶ - **کاروان**: اشاره به قافلهٔ رهروان طریقت است که گاه اسیر دام مرشدان دروغین و مدّعیان لاف‌زن می‌شوند.
۷ - **نقد**: زرّ و سیم. ۸ - **غلط انداز**: مشابه، تقلّبی. ۹ - **زجر**: باز داشتن.
۱۰ - **بو مُسَیْلِم**: مُسَیْلِمهٔ کذّاب که ادّعای پیغمبری داشت و با مسلمانان جنگید و کشته شد (سال ۱۱ هجری). وی ملقّب به رحمن الیمامه بود که در آخر عهد حضرت محمّد(ص) مدّعی نبوّت شد و مردم یمامه را فریب داد و سرانجام در زمان خلافت ابوبکر در جنگ یمامه به قتل رسید: احادیث، ص ۳۷۷، نقل از تاریخ طبری، ج ۳، صص ۱۶۶ و ۲۴۳. ۱۱ - **من احمدم**: من پیامبر هستم. ۱۲ - **بَطَر**: غرور، تکبّر.

این قلاوُوزی[1] مکن از حرصِ جمع   پس‌رَوی کن، تا رود در پیش شمع[2] ۱۶۹۷

از حرص اینکه هوادارانت بیشتر شوند، به ادّعای دروغین ادامه نده. بگذار تا وجودی تابناک در پیشاپیش امّت حرکت کند.

شمعْ مقصد را نماید همچو ماه   کین طرف دانه‌ست یا خود دامگاه؟ ۱۶۹۸

در پرتوِ نورِ مردِ حق دانه یا دام را تشخیص می‌دهند، همان‌گونه که در پرتو نور ماه راه را از چاه می‌شناسند.

گر بخواهی ور نخواهی با چراغ[3]   دیده گردد نقش ِ باز[4] و نقش ِ زاغ[5] ۱۶۹۹

اگر چراغی راهِ آدمی را روشن کند، خواهی نخواهی باز از زاغ تشخیص داده می‌شود.

ورنه این زاغان دَغَل افروختند   بانگِ بازانِ سپید[6] آموختند ۱۷۰۰

جز به نور حقایق نمی‌توان حق را از باطل تمیز داد؛ زیرا مدّعیان سخنان عارفان را آموخته‌اند.

بانگِ هُدهُد گر بیاموزد فتیٰ[7]   رازِ هدهد[8] کو و پیغامِ سبا؟[9] ۱۷۰۱

اگر کودکی صدای هُدهُد را تقلید کند، هُدهُد نیست و از پیغام سبا چیزی نمی‌داند.

بانگِ برُسته[10] ز برَبسته[11] بدان   تاجِ شاهان[12] را ز تاجِ هدهدان[13] ۱۷۰۲

«کلام مرد حق» را از «سخنان مدّعی لاف‌زن» باز شناس، همان‌گونه که تاج موقّتیِ شاهان را از تاجِ هُدهُد می‌توان شناخت.

حرفِ درویشان و نکتهٔ عارفان   بسته‌اند این بی‌حیایان بر زبان ۱۷۰۳

این آدم‌های بی‌شرم سخنان درویشان و عارفان را آموخته‌اند و آن را بر زبان می‌رانند.

---

۱ - **قلاووز :** رهبر، راهنما، مرشد.   ۲ - **شمع :** کنایه از مرد حق.
۳ - **چراغ :** کنایه از انسان کامل، پیامبر یا ولیّ، نور حق.   ۴ - **نقشِ باز :** کنایه از مرد خدا، عارف.
۵ - **نقشِ زاغ :** کنایه از مدّعیِ لاف‌زن.   ۶ - **بازِ سپید :** باز شکاری، کنایه از مُرشدان راستین، کاملانِ مکمل.
۷ - **فتیٰ :** جوانمرد، اینجا جوان و یا کودک است. مدّعیانِ کودک صفت در تقابل با کاملان و پیران.
۸ - **رازِ هدهد :** جانِ متعالی و کامل مرد حق که از معارف و اسرار عالم معنا باخبر است.   ۹ - ر.ک: ۱۶۰۴/۲.
۱۰ - **برُسته :** روییدنی و کنایه از اصیل، حقیقی، علم تحقیقی که از میان جانِ کاملان می‌جوشد.
۱۱ - **بربسته :** متضادّ برُسته، غیر اصیل، علم تقلیدی.   ۱۲ - **شاهان :** اینجا نمادی از مدّعیان ارشاد هستند.
۱۳ - **هُدهُدان :** نمادی از مردان حق.

۱۷۰۴ **هــر هــلاکِ اُمَّتِ پـیشین کـه بـود　　زانکه چَندَل[۱] را گُمان بُردند عـود[۲]**

امّت‌های پیشین که هلاک شدند، برای آن بود که نتوانستند «حق» را از «باطل» بشناسند؛ یعنی انبیا را همانند افراد عادی می‌دانستند و تفاوت را نمی‌توانستند درک کنند.

۱۷۰۵ **بــودشان تـمییز، کآن مُـظْهَر[۳] کـند　　لیک، حـرص و آز کـور و کَـر کـند**

آنان استعداد لازم برای این تشخیص را داشتند؛ امّا حرص کور و کرشان کرده بود.

۱۷۰۶ **کوریِ کوران ز زحمت دور نـیست[۴]　　کوریِ حرص است کآن معذور نیست**

کوریِ ظاهری، رحمت الهی را شامل حال آدمی می‌کند؛ امّا کور باطنی را نمی‌پذیرند.

۱۷۰۷ **چـارمیخ[۵] شَـه ز رحـمت دور نـی　　چـــارمیخِ حـاسدی مـغفور نـی**

رنج و عذابِ تقدیر، رحمت را شامل حال آدمی می‌کند؛ امّا رنج و عـذابِ حسـادت، شامل مغفرت نمی‌شود.

۱۷۰۸ **ماهیا![۶] آخِر نگر، بـنگر بـه شست　　بـدگلویی[۷] چشـمِ آخِـربینْت بَست**

ای سالک، عاقبت‌اندیش باش. به قلاّب بنگر. حرصِ دنیا چشم بصیرتت را بسته است.

۱۷۰۹ **بـا دو دیـده[۸]، اوّل و آخِـر بـبین　　هین! مباش اَعور[۹] چو ابلیسِ لعین**

با دیدهٔ سَر و سِرّ[۱۰] به آغاز و انجام توجّه کن. آگاه باش تا همانند شیطان که فقط به ظاهر آدم(ع) نگریست و از باطن او غافل بود، نباشی.

۱۷۱۰ **اَعْوَر آن باشد که حالی[۱۱] دید و بس　　چـون بـهایم بی‌خبر از بـاز پس**

یک چشم کسی است که فقط به دنیای ظاهری توجّه می‌کند و مانند چهارپایان از دنیای ماورای حس و عاقبت کار بی‌خبر است.

---

۱ - **چَنْدَل**: صندل، چوبی محکم و مرغوب و معطّر که برای ساختن وسایل چوبی‌گران و تجمّلی به کار می‌رود.
۲ - **عود**: معانی مختلف دارد، اینجا به معنی چوب معمولی است.
۳ - **مُظْهَر**: اینجا اظهار کردن یا آشکار کردن.
۴ - اشارتی قرآنی؛ فتح: ۱۷/۴۸: لَیْسَ عَلَی ٱلأَعْمیٰ حَرَجٌ...: بر نابینا ایرادی نیست.
۵ - **چارمیخ**: چهار میخ، شکنجه، رنج و عذاب.
۶ - **ماهی**: کنایه از جویایِ حق، طالب حقایق، سالک راه حق.　۷ - **بدگلویی**: کنایه از حرص است.
۸ - **دو دیده**: مراد دیدهٔ ظاهر و دیدهٔ باطن است.　۹ - **اَعْوَر**: یک چشم.
۱۰ - **دیدهٔ سِرّ**: مراد چشم باطن و بصیرت است.
۱۱ - **حالی**: زمان حال، مراد همهٔ چیزهایی است که اینک می‌تواند ببیند، دنیای مادّی.

۱۷۱۱ **چون دو چشم گاو در جُرمِ تلف[1] همچو یک چشم است، کِش نَبْوَد شَرَف**

اینکه می‌گوییم اهلِ دنیا «اَعْوَر» و همانندِ بهایم از حقایق بی‌خبرند، با احکام فقهی هم مناسبت دارد؛ یعنی دیهٔ کور کردن دو چشم گاو برابر است با دیهٔ یک چشم انسان؛ زیرا حیوان شرف آدمی را ندارد.

۱۷۱۲ **نصفِ قیمت ارزد آن دو چشمِ او که دو چشمش راست مَسند[2] چشمِ تو**

دو چشم گاو را معادل نصف قیمتِ خود گاو تعیین کرده‌اند؛ زیرا به کمک چشم آدمی می‌تواند راه را از چاه باز شناسد.

۱۷۱۳ **ور کَنی یک چشمِ آدم زاده‌یی نصفِ قیمت لایق است از جاده‌یی[3]**

اگر چشم انسانی را کور کنی، دیهٔ آن معادل نصف دیهٔ قتل اوست.

۱۷۱۴ **زانکه چشمِ آدمی تنها به خَود بی دو چشمِ یار[4]، کاری می‌کند**

زیرا چشمِ انسان به خودی خود و بدون کمکِ چشمِ دیگر می‌تواند کاری را انجام دهد.

۱۷۱۵ **چشمِ خر چون اوّلش بی آخِر است گر دو چشمش هست، حکمش اَعوَر است**

چون خر «عاقبت‌اندیش نیست»؛ حتّی با دو چشم گویی یک چشم بیشتر ندارد.

۱۷۱۶ **این سخن پایان ندارد و آن خفیف[5] می‌نویسد رُقعه[6] در طَمْعِ رَغیف[7]**

شرحِ این نکات دقیق و ظریف را پایانی نیست. باز گردیم به قصّهٔ آن غلامِ تهی مغز که «به طمع پول و یا هرگونه منفعتی» نامه‌ای به شاه می‌نویسد.

بقیّهٔ نوشتنِ آن غلام رُقعه، به طلب اِجری

۱۷۱۷ **رفت پیش از نامه، پیشِ مطبخی[8] کِای بخیل از مطبخِ شاهِ سخی!**

غلام پیش از نوشتن نامه نزد آشپز رفت و گفت: ای آدم بخیل، که در آشپزخانهٔ شاهِ بخشنده کار می‌کنی.

---

۱ - به استناد کتب فقهی: دیهٔ کور کردن دو چشم حیوان برابر است با نصف قیمت آن حیوان و دیهٔ کور کردن یک چشم انسان برابر است با نیم مبلغی که از بابت دیهٔ قتل باید پرداخت شود؛ پس مطابق قانون شرع چشم انسان دو برابر چشم حیوان ارزش دارد. ۲ - **مَسند** : تکیه‌گاه. ۳ - **جاده** : شرع.

۴ - **دو چشمِ یار** : بدون چشم کمکی. ۵ - **خفیف** : سبک، اینجا سبک مغز. ۶ - **رُقعه** : نامه.

۷ - **رَغیف** : نان. ۸ - **مطبخی** : آشپز.

۱۷۱۸ **دُور از او وز همّتِ او کین قَدَر   از جِری‌اَم[1] آیدش اندر نظر**

من از شاه و همّت بلند او به دور می‌دانم که جیرهٔ ناچیز من در نظرش ارزشی داشته باشد.

۱۷۱۹ **گفت: بهرِ مصلحت فرموده است   نه برای بُخل[2] و نه تنگی دست**

آشپز گفت: این کار را بنا بر مصلحت انجام داده است، نه از روی بُخل و فقر.

۱۷۲۰ **گفت: دِهلیزی‌ست[3] وَاللّه این سخن   پیشِ شه خاک است هم زرِّ کهن**

غلام گفت: به خدا که این سخن از شاه نیست. نزد او طلای ناب هم مثل خاک بی‌قدر است.

۱۷۲۱ **مطبخی ده گونه حجّت برفراشت   او همه رد کرد از حرصی که داشت**

آشپز دلایل بسیاری آورد؛ ولی غلام که از حرص کور و کر بود، هیچ کدام را نپذیرفت.

۱۷۲۲ **چون جِری کم آمدش در وقتِ چاشت[4]   زد بسی تشنیعْ[5] او، سودی نداشت**

هنگام چاشت که جیرهٔ ناچیزی برایش آوردند شروع کرد به ناسزاگویی که هیچ اثری نداشت.

۱۷۲۳ **گفت: قاصد[6] می‌کنید این‌ها شما   گفت: نه، که بنده‌فرمانیم ما**

غلام گفت: این کارها از بدخواهیِ شما است. آشپز پاسخ داد: نه. ما مطیع اوامر شاه هستیم.

۱۷۲۴ **این مگیر از فرع، این از اصل گیر   بر کَمان کم زن، که از بازوست تیر**

این موضوع ارتباطی به کارکنان دربار ندارد، مربوط به خودِ شاه است. به کمان ایراد نگیر که تیر را بازو پرتاب کرده است.

۱۷۲۵ **ما رَمَیْتَ اِذ رَمَیْتَ[7] ابتلاست[8]   بر نَبی کم نِهْ گنه، کآن از خداست**

آیهٔ «آنگاه که تیر انداختی، تو تیر نینداختی»، برای آزمونِ معرفت خلق است که بدانند مشیّت الهی بر دست رسول(ص) جاری شده؛ پس فاعل حقیقی نیز حق تعالی بوده است.

---

۱ - **جِری** : مخفّف و مُمال إجراء به معنی حقوق و مستمری.   ۲ - **بُخل** : خسّت، تنگ‌نظری.
۳ - **دهلیز** : راهرو. مراد آن است که: غلام کاسته شدن حقوق خود را نتیجهٔ بخل و پیچ‌پیچ‌های اطرافیان شاه در راهروهای کاخ می‌داند و تصوّر می‌کند که شاه از این توطئه بی‌خبر است.   ۴ - **چاشت** : هنگام صبح.
۵ - **تشنیع** : سرزنش و بدگویی.   ۶ - **قاصد** : تعمّداً.
۷ - اشارتی قرآنی؛ انفال : ۱۷/۸، ر.ک: ۲۲۷/۱ و ۶۱۹/۱ و ۳۸۰۴/۱. مراد آن است که باید در هر امری به فاعل حقیقی که چیزی جز اراده و مشیّت الهی نیست، توجّه داشت و وجود یا عدم وجود علل و اسباب طبیعی را تحت سیطرهٔ قدرت و تقدیر خداوند دانست.   ۸ - **ابتلا** : امتحان، آزمایش.

۱۷۲۶ **آب از سر تیره است ای خیره چشم[۱]! پیشتر بنگر، یکی بگشای چشم**

ای بی‌شرم، آب از سرچشمه گِل‌آلود است. چشمت را بگشا و جلوتر را بنگر.

۱۷۲۷ **شد ز خشم و غم درونِ بُقعه‌یی[۲] سویِ شَهْ بنوشت خشمین رُقعه‌یی**

غلام خشمگین و غمگین به اتاقی رفت و نامه‌ای برای شاه نوشت.

۱۷۲۸ **اندر آن رُقعه، ثنایِ شاه گفت گوهرِ جُود و سخایِ شاه سُفت[۳]**

در آن نامه به ستایش شاه پرداخت و از بخشش و سخاوت او سخن راند.

۱۷۲۹ **کِای ز بحر و ابر افزون کفِّ تو در قضایِ حاجتِ حاجاتْ‌جو**

در نامه نوشت: ای کسی که دستِ بخشنده‌ات برای حاجتمندان از ابر و دریا برتر است.

۱۷۳۰ **زانکه ابر آنچه دهد، گریان دهد کفِّ تو خندان پیاپی خوان نهد[۴]**

زیرا ابر در حین بخشش گریان است، در حالی که دستِ سخای تو با شادمانی می‌بخشد.

۱۷۳۱ **ظاهرِ رُقعه اگر چه مدح بود بویِ خشم از مدح اثرها می‌نمود**

نامه ظاهراً ستایش‌آمیز بود؛ امّا اثر خشم در لابه‌لای جملات وی حس می‌شد.

۱۷۳۲ **زآن همه کارِ تو بی‌نور است و زشت که تو دوری دور از نورِ سرشت[۵]**

همهٔ کارهایت بی‌نور و زشت است؛ چون از نور فطرت الهیِ وجودت دور شده‌ای.

۱۷۳۳ **رونقِ کارِ خَسان[۶] کاسد شود همچو میوهٔ تازه، زُو[۷] فاسد شود**

بازارِ گرم انسانِ پست به سرعت کساد می‌شود، همان‌گونه که میوهٔ تازه زود فاسد می‌شود.

۱۷۳۴ **رونقِ دنیا بر آرَد زُو کَساد زانکه هست از عالمِ کَون و فساد**

بازارِ گرم کارهای دنیوی زود کساد می‌شود؛ زیرا اینجا عالم «کَون و فساد» است؛ یعنی پدید می‌آید و از هم می‌پاشد.

---

۱ - **خیره چشم**: بی‌حیا، بی‌شرم. ۲ - **بُقعه**: خانه، سرا.

۳ - **سُفتن گوهر**: سوراخ کردن جواهر، به کنایه در معنیِ سخنِ بکر و تازه است.

۴ - به احتمال زیاد این اشارت از گفتهٔ رشید وطواط اخذ شده است که در خطاب به ممدوح می‌گوید: تو را به ابر مانند نمی‌کنم، که: او همی بخشد و همی گرید تو همی بخشی و همی خندی

رشید وطواط هم این مضمون را از یک شاعر عربی‌گوی گرفته است: سرّ نی، ج ۱، ص ۲۴۹.

۵ - **نور سرشت**: نور فطرت الهی، نورِ جان، نورِ وجهِ روحانیِ نفسِ آدمی که همواره تابناک و شادمان است و از تنگناهای این عالم به دور. ۶ - **خسان**: جمع خَس، فرومایگان. ۷ - **زُو**: زود.

چــونکه در مــدّاحْ بــاشدکینهها	خوش نگـردد از مـدیحی سینهها ۱۷۳۵

اگر در وجودِ ستایش‌کننده کینه و نفرتی باشد، نمی‌تواند بر دل‌ها اثر خوشی بگذارد.

وآنگهان، اَلْحَمد¹ خوان، چالاک شو	ای دل از کین و کـراهت پـاک شو ۱۷۳۶

ای دل، ابتدا از کینه و زشتی پاک شو؛ آن‌گاه به ستایش باری تعالی بپرداز و خدمت کن.

از زبان تـلبیس² بـاشد یـا فسون	بـر زبــان اَلْـحَمْد و اِکـراهِ درون ۱۷۳۷

اگر حمد خداوند را بگویی و در دلت کینه و زشتی باشد، تضادّ برون و درون نیرنگ است.

مـن به ظاهر مـن به بـاطن نـاظرم³	وآنگـهان گـفته خـداکـه: نـنگرم ۱۷۳۸

به علاوه خداوند فرموده است: من به ظاهر توجّه نمی‌کنم به باطن می‌نگرم.

حکایتِ آن مدّاح که از جهتِ ناموس⁴ شُکرِ مـمدوح می‌کرد، و بوی اندوه و غم اندرونِ او و خلاقتِ⁵ دَلقِ⁶ ظاهرِ او می‌نمودکه آن شُـکرها لاف است و دروغ⁷

شاعری مدیحه‌سرا از عراق و بارگاه خلیفه بازگشت و در پاسخ یاران که از فراق یار و دیار پرسیدند، گفت: آری مفارقت بود؛ امّا سفری مبارک بود که خلیفه خلعت‌ها داد و بدین ترتیب مدح و ثنای بی‌حدّی در شکر الطاف خلیفه بر زبان راند. یاران که می‌دیدند مدّاح تن برهنه، سر برهنه و سوخته است، گفتند: احوالِ نژند، گواهِ دروغ توست. آیا در عطای آن سلطانِ جُود تو راکفشی و شلواری حاصل نشد؟

---

۱ ـ اَلْحَمد : مراد حمد و ثنای باری تعالی است به‌طور مطلق.   ۲ ـ تلبیس : نیرنگ.

۳ ـ ناظر به حدیثی با همین مضمون: ر.ک: ۱۷۶۱/۲.   ۴ ـ ناموس : آبرو، حفظ ظاهر و موقعیّت اجتماعی.

۵ ـ خلاقت : کهنگی.   ۶ ـ دلق : اینجا مطلقِ لباس نه جامهٔ درویشان، جامهٔ کهنه و کم‌ارزش.

۷ ـ ظاهراً مضمون این حکایت مأخوذ است از قطعه‌ای از بَشّار بن بُرد شاعر عرب‌گوی قرن دوم هجری که شاعر خطاب به ممدوح می‌گوید: در گفته‌هایم تو را ستایش می‌کنم؛ ولی زبانِ حالم خلاف آن را می‌گوید و همین مرا شرمندهٔ مردم کرده است.

گفته بودم: هرکس به ابوحفص روی آوَرد مورد احسان قرار می‌گیرد؛ امّا تهیدستی‌ام خلاف گفته‌ام را ثابت می‌کند: احادیث، صص ۳۷۸-۳۷۷.

بر زبان الحمد داری، اکراه از درون، «از زبان تلبیس باشد یا فسون». مدّاح که در برابر یاران مستأصل شده بود، گفت: خلعت و عطای خلیفه را بر یتیم و فقیر ایثار کرده است. یاران گفتند: نشان ایثار و عشق، رضاست که در تو با این رویِ تُرُش مشاهده نمی‌شود «بوی لاف کژ همی آید خَمُش».

این قصّه در بیانِ این معناست که احوال درون و کمال روحانی تأثیراتی در ظاهر آدمی دارد و مدّعیان لاف‌زن با دعوی مکاشفه و شهود، از این نکته غافل‌اند که مجرّدِ لفظ و دعوی در باب صفای دل اعتباری ندارد، همان‌گونه که مدّاح دعوی ثنای خلیفه را داشت؛ امّا دودِ درون نشان کین و کراهتِ سفر وی بود.

۱۷۳۹ **آن یکی با دَلق آمد از عراق — باز پرسیدند یاران از فراق**

شخصی با لباس فرسوده از عراق بازگشت. یاران پرسیدند: با فراق چگونه بودی؟

۱۷۴۰ **گفت: آری بُد فراق، الاّ سفر — بود بر من بس مبارک، مُژده‌وَر**

گفت: بله، البتّه دوری بود؛ امّا علی‌رغمِ آن سفری بس مبارک و نویدبخش هم بود.

۱۷۴۱ **که خلیفه داده دَه[1] خلعَت مرا — که قرینش باد صد مدح و ثنا**

زیرا که خلیفه مرا مورد تفقّد قرار داد و خلعت‌ها عطا کرد. سپاس فراوان نثار او باد.

۱۷۴۲ **شُکرها و حمدها بر می‌شمرد — تا که شُکر از حَدّ و اندازه بِبُرد**

شکر و ستایش بسیاری در مدح خلیفه گفت و سخن را از حدّ و اندازه گذراند.

۱۷۴۳ **پس بگفتندش که: احوالِ نژند[2] — بر دروغ تو گواهی می‌دهند**

شنوندگان به او گفتند: احوال زار و نزارت بهترین گواه بر سخنانِ دروغ توست.

۱۷۴۴ **تن برهنه، سر برهنه، سوخته — شُکر را دزدیده[3] یا آموخته[4]**

تو با تنی عریان و سری برهنه و سوخته، نشانی از شکر نداری، یا تظاهر می‌کنی یا تقلید.

۱۷۴۵ **کو نشانِ شکر و حمد میرِ[5] تو — بر سر و بر پایِ بی‌توفیرِ[6] تو؟**

آثار ثنایی که در حقّ ممدوحِ خود کردی، در کجای سر و پای عریان تو دیده می‌شود؟

---

۱ – **ده:** مراد قطعاً عدد خاصّی نیست، نشانهٔ کثرت است؛ زیرا شاعر در حال لاف و گزاف و پُز دادن است.
۲ – **نژند:** افسرده، غمگین، پژمرده، زار و نزار. ۳ – **شکر را دزدیده:** شکرِ ریاکارانه، شکرِ غیر حقیقی.
۴ – **آموخته:** تقلید کرده، مقلّدانه است، راستین نیست. ۵ – **میر:** مخفّف امیر.
۶ – **توفیر:** افزون، افزونی، «بی‌توفیر» یعنی بدون آنکه چیزی به تو افزوده شده باشد.

گر زبانت مدحِ آن شَه می‌تَنَد[1] هفت اندامت[2] شکایت می‌کند ۱۷۴۶

هرچند که زبانت مدحِ شاه را می‌گوید؛ امّا تمام وجودت شاکی است.

در سخایِ آن شه و سلطانِ جُود مر تو را کفشی و شلواری نبود؟ ۱۷۴۷

آیا از سخاوت آن شاه بخشنده به تو کفش و شلواری نرسید؟

گفت: من ایثار کردم آنچه داد میر تقصیری نکرد از افتقاد[3] ۱۷۴۸

شاعر گفت: هر چه او داد، من به دیگران بخشیدم و گرنه امیر در تفقّد هیچ کوتاهی نکرد.

بستَدَم جمله عطاها از امیر بخش کردم بر یتیم و بر فقیر ۱۷۴۹

آنچه را که امیر به من عطا کرد، گرفتم و میان یتیمان و فقیران تقسیم کردم.

مال دادم، بستَدَم عُمرِ دراز در جزا، زیرا که بودم پاکْباز ۱۷۵۰

مال را بخشیدم و با این صدقات، بلاها را دور کردم و عمر دراز یافتم؛ زیرا من پاک‌باخته‌ام.

پس بگفتندش: مبارک مال رفت چیست اندر باطنت این دودِ نفت؟[4] ۱۷۵۱

دوستان گفتند: اگر مال را بخشیده‌ای که موجب برکت هم می‌شود، دود آتش درونت از چیست؟

صد کراهت[5] در درونِ تو چو خار کی بُوَد اندُه نشانِ ابتشار[6]؟ ۱۷۵۲

این همه عدم رضایت که درونت را همانند خار می‌خَلَد، نشانهٔ شادی است؟

کو نشانِ عشق و ایثار و رضا؟ گر درست است آنچه گفتی ما مضیٰ[7] ۱۷۵۳

اگر آنچه که گفتی صحّت دارد، چرا علائم عشق و خشنودی در تو نیست؟

خود گرفتم مال گُم شد، میل کو؟ سیل اگر بگذشت، جایِ سیل کو؟ ۱۷۵۴

فرض کنیم که مال را بخشیده‌ای، خشنودیِ حاصل از این بخشش چه شد؟ هرجا سیل بیاید، آثاری بر جای می‌گذارد.

---

۱ - **می‌تَنَد:** می‌بافد، اینجا به معنی می‌گوید. ۲ - **هفت اندام:** تمام وجود.
۳ - **افتقاد:** تفقّد، دلجویی کردن. ۴ - یعنی معلوم است که عطایی دریافت نداشته‌ای.
۵ - **کراهت:** اینجا عدم رضایت. ۶ - **ابتشار:** خوشی و شادی.
۷ - **ما مضیٰ:** آنچه گذشت، ماجرایی که رخ داد.

۱۷۵۵ **چشمِ تو گر بُد سیاه و جانْفزا   گر نماند او جان‌فزا، ازرق چرا؟**[۱]

اگر تو چشمانی سیاه و جان‌افزا داشته‌ای، در طول سال‌ها دل‌انگیزی‌اش را از دست می‌دهد؛ امّا رنگ اصلی‌اش می‌مانَد و آبی نمی‌شود.

۱۷۵۶ **کو نشانِ پاکْبازی ای تُرُش**[۲] **؟   بویِ لاف**[۳] **کژ**[۴] **همی آید، خَمُش!**

ای مرد اخمو، نشانه‌های پاک باختگی‌ات کو؟ خاموش باش که بوی دروغِ تو به مشام می‌رسد.

۱۷۵۷ **صد نشان باشد درون ایثار را   صد علامت هست نیکوکار را**

«ایثار» در درون آدمی آثار بسیاری بر جای می‌گذارد و نیکیِ صادقانه چهرهٔ آدمی را منوّر می‌کند و به دل انسان آرامش و خشنودی می‌دهد.

۱۷۵۸ **مال در ایثار اگر گردد تلف   در درون صد زندگی آید خَلَف**[۵]

اگر مال در اثر «ایثار» از دست برود، به جای آن حیات معنوی و خشنودی حاصل می‌شود.

۱۷۵۹ **در زمینِ حق**[۶] **زراعت کردنی   تخم‌هایِ پاکْ آنگه دخل نی؟**

مگر می‌شود که در زمینی مساعد بذری مناسب بکاری و محصولی به دست نیاوری؟

۱۷۶۰ **گر نروید خوشه از روضاتِ**[۷] **هو   پس چه واسع باشد اَرضُ اللّه**[۸]**؟ بگو**

اگر بذر در «زمین‌های حق» نروید، چگونه می‌توان گفت: «زمین خداگسترده است»؟

۱۷۶۱ **چونکه این ارضِ فنا بی رَیْع**[۹] **نیست   چون بُوَد ارضُ اللّه؟ آن مُسْتَوسَعی‌ست**[۱۰]

محصولِ این «زمین فناپذیر» فراوان است؛ پس محصولِ «زمین حق» که گسترده است، چگونه می‌تواند باشد؟

---

۱ - مراد آنکه دلِ صادق از «پاک‌بازی» در راه حق خشنود می‌شود و همچنان راضی می‌مانَد؛ امّا تو چنین حالی نداری و معلوم است که لاف می‌زنی. ۲ - **ای تُرُش :** ای اخمو، کسی که شاد نیست.

۳ - **لاف :** دعوی و دروغ. ۴ - **کژ :** دروغین. ۵ - **خَلَف :** جانشین، به جای آن.

۶ - «زمین حق» دل انسان با ایمان است که بذر نیکی‌ها در آن محصول پرباری دارد و «حیات معنوی» و «طمأنینه» ارمغان آن است. ۷ - **رَوْضات :** جمع روضه به معنی باغ.

۸ - اشارت قرآنی؛ نساء : ۹۷/۴ : ر.ک: ۳۱۹۵/۱. ۹ - **رَیْع :** رشد و نموّ کردن.

۱۰ - **مُسْتَوْسَع :** وسیع، واسع، گسترده. «زمین حق» یا «دل مؤمن» از طریق «ایمان خالصانه» و «نیکی»ها و «طاعات و عبادات» منوّر می‌شود و به «عالم معنا» متّصل می‌گردد؛ در نتیجه «أَرْضُ اللّه واسِعَةٌ» است.

این زمین را رَیعِ او خود بی‌حد است   دانه‌یی راکمترین خود هفصد است[1] ۱۷۶۲

افزایش کشتِ این «زمین فناپذیر» دست‌کم هر بذری هفتصد دانه است، بیندیش که افزایش کشتِ «زمینِ حق» یا «دلِ مؤمن» چگونه می‌تواند باشد.

حمد گفتی، کو نشان حامدون[2] **؟   نه برونت هست اثر، نه اندرون** ۱۷۶۳

اگر حمد و ثنایت خالصانه است، چرا اثرِ آن در ظاهر و باطن تو نیست؟

حمدِ عارف مر خدا را راست است   که گواهِ حمدِ او شد پا و دست ۱۷۶۴

حمد عارف ثنایی راستین است؛ زیرا اعمال و گفتارش همه در یک جهت و خالصانه است.

از چَهِ تاریکِ جسمش برکشید   وز تکِ زندانِ دُنیااَش خرید ۱۷۶۵

ثنای خالصانهٔ عارف، او را از طبیعتِ بشری و از اعماقِ دنیایِ محسوس رهانیده است.

اطلسِ تقویٰ و نورِ مؤتَلِف[3] **آیتِ حمد است او را بر کَتِف**[4] ۱۷۶۶

نشانه‌های حمد و ثنای واقعی عارف، ردایی از تقوا و نور باطن است بر قامتش.

وارهیده از جهانِ عاریه   ساکنِ گُلزار و عَینِ جاریه[5] ۱۷۶۷

عارف از عالمِ فانی به عالم باقی وارد شده و در جانِ منوّرش دانش حق متجلّی گشته است.

بر سَریرِ[6] **سِرِّ**[7] **عالی همّتش   مجلس و جا و مقام و رُتبتش** ۱۷۶۸

مقامِ عارفِ صادق، سلطنت معنوی و سریرش دل بلند همّت اوست.

مَقعدِ صدقی[8] **که صدّیقان در او   جمله سر سبز اند و شاد و تازه‌رو** ۱۷۶۹

جایگاهِ عارف، مقام «صدق» و تقرّب توأم با طراوت و شهودِ خاصِ صدّیقان است.

---

۱ - مصراع دوم اشاره است به آیهٔ ۲۶۱ سورهٔ بقره که: انفاق در راه خدا همانند دانه‌ای است که بروید و هفت خوشه بیاورد که در هر خوشه صد دانه باشد.   ۲ - **حامدون :** لفظ «حامدون» در قرآن آمده است: سورهٔ توبه: ۱۱۲/۹.

۳ - **مؤتَلِف :** الفت جوینده، «نور مؤتلف» مراد نور باطن مؤمن و عارف است.   ۴ - **کَتِف :** دوش.

۵ - اشارتی قرآنی ؛ غاشیه : ۱۲/۸۸ : فيهَا عَيْنٌ جَارِيَةٌ : در آنجا چشمه‌ای روان باشد.   ۶ - **سَریر :** تخت.

۷ - **سِرّ :** ر.ک: ۱۷۷۴/۲، اینجا «سِرّ» به معنی «دل و جان» یا «باطن خداجویِ» عارف است.

۸ - **مقعدِ صدق :** جایگاه صداقت و راستی. به نظر می‌رسد که «مقعد» در این آیه به معنی «مقام و منزلت» است نه به معنی نشستن ظاهری: نقل از قرآن، ترجمه خرّمشاهی، ذیل آیهٔ شریفه. اشارتی قرآنی؛ قمر : ۵۵/۵۴ : فِی مَقْعَدِ صِدْقٍ عِنْدَ مَلِيكٍ مُقْتَدِرٍ.

۱۷۷۰ **حمدشان چون حمدِ گلشن از بهار صد نشانی دارد و صد گیر و دار**

حمد عارفان با تسلیم و خشنودی است و موجب طراوت آنان می‌گردد، مانندِ گلستان در بهار.

۱۷۷۱ **بر بهارش چشمه و نَخْل و گیاه و آن گلستان و نگارستان[۱] گواه**

جوشش چشمه‌ساران، سرسبزیِ درختان و گیاهان و گل‌ها شاهد فرارسیدن بهارند.

۱۷۷۲ **شاهدِ[۲] شاهد[۳] هزاران هر طرف در گواهی، همچو گوهر بر صدف**

همان‌گونه که گوهر گواهِ وجود صدف است، هزاران شاهد گواهِ وجودِ بهارِ خرّم درونِ عارفان‌اند.

۱۷۷۳ **بویِ سرِّ بد بیاید از دَمت وز سر و رُو تابد ای لافی! غمت**

ای مدّعی، بوی پلیدیِ درونت از نَفَسِ تو استشمام می‌شود و اندوه از سر و رویت آشکار است.

۱۷۷۴ **بو شناسان‌اند حاذق، در مصاف[۴] تو به جَلدی[۵]، های هو کم کن گزاف**

مردان خدا در تمییز «حق و باطل» استادند و بوی پاکی از ناپاکی را تشخیص می‌دهند. تو با زرنگیِ بیهوده هیاهو نکن.[۶]

۱۷۷۵ **تو ملاف از مُشک، کآن بویِ پیاز از دَمِ تو می‌کُند مکشوف راز**

از عِطر حقایقی که کشف نکرده‌ای، نگو؛ زیرا بویِ درون متعفّن، رازت را آشکار می‌کند.

۱۷۷۶ **گلشکر[۷] خوردم همی گویی و بوی می‌زند از سیر، که: یافه[۸] مگوی**

ادّعا می‌کنی که گلشکر خورده‌ای؛ امّا بوی سیر به زبان حال می‌گوید: یاوه نگو.

۱۷۷۷ **هست دل مانندهٔ خانهٔ کلان[۹] خانهٔ دل را نهان همسایگان[۱۰]**

دل آدمی، همانند خانهٔ بزرگی است که همسایگانی نهانی دارد و از آن‌ها بی‌خبر است.

---

۱ - **نگارستان**: نگارخانه، اینجا نگارخانهٔ طبیعت. ۲ - **شاهد**: گواه.

۳ - **شاهدِ شاهد**: زیباروی گواهی دهنده یا گواهی دهندهٔ زیباروی، اینجا مراد آن است که فعل و قولِ عارف نشان درونِ کاملاً منوّر اوست؛ یعنی ظاهر و باطنش مکمل و تأیید کنندهٔ یک‌دیگرند.

۴ - **مصاف**: محلّ صف کشیدن، عرصهٔ نبرد، مراد نبرد میان حق و باطل است در همین دنیا.

۵ - **جَلدی**: زرنگی. ۶ - عارفان بر ضمایر و بواطن اشراف دارند.

۷ - **گُلْشکر**: برگ گل سرخ و شکر یا قند را که با هم می‌سایند. ۸ - **یافه**: یاوه، بیهوده. ۹ - **کلان**: بزرگ.

۱۰ - این همسایگان که هر یک به نوعی از احوال «خانهٔ دل» باخبرند فقط انبیا و اولیا نیستند؛ بلکه شیطان و اعوان و انصارش نیز هستند.

از شکـــافِ روزن و دیـــوارهـــا   مـــطّلع گـــردند بـــر اســـرارهـــا ۱۷۷۸

از شکاف پنجره و دیوارها بر اسرار درون خانه آگاهی می‌یابند.

از شکـــافی کـــه نـدارد هـیچ وَهْـم   صاحبِ خانه، و ندارد هیچ سـهم[1] ۱۷۷۹

از شکافی که صاحب خانه خبر ندارد و هیچ از آن بیمناک نیست.

از نُبی برخـوان کـه دیـو و قـومِ او   می‌بَرَند از حالِ اِنسـی خُـفیه[2] **بـو**[3] ۱۷۸۰

قرآن را بخوان تا بدانی که شیطان و یارانش نهانی به احوال و اسرار آدمی پی می‌برند.

از رهـــی کـــه اِنس از آن آگـــاه نـــیست   زانکه زین محسوس و زین اَشباه[4] **نیست** ۱۷۸۱

از راهی نهان و غیر محسوس بر احوال آدمی آگاه می‌شوند.

در مـــیانِ نـــاقدان[5] **زرقـی**[6] **مَـتَن**[7]   **با مِحَک**[8] **ای قلبِ دون! لافی مـزن** ۱۷۸۲

ای ریاکار پست، با وجودِ مردان حق دعوی نکن؛ زیرا «نقد» را از «قلب» تشخیص می‌دهند.

مر محک را رَه بُوَد در نـقد و قـلب   که خدایش کرد امیرِ جسم و قـلب ۱۷۸۳

مرد خدا می‌تواند راست را از دروغ بشناسد؛ زیرا خداوند او را امیر جسم و جان کرده است.

چون شیاطین با غلیظی‌هایِ[9] **خویش   واقفـانـد از سـرِّ مـا و فکـر و کـیش** ۱۷۸۴

علی‌رغم آنکه شیاطین لطیف نیستند، از اسرار و افکار و عقاید ما خبر دارند،

مَسْـلَکی[10] **دارنـــد دزدیـــده درون   مـا ز دُزدی‌هـایِ ایشـان سـرنگون** ۱۷۸۵

دزدیده به درون ما راه می‌یابند و گمراهمان می‌کنند.

دم به دم خبط[11] **و زیـانی مـی‌کُنند   صاحبِ نقب**[12] **و شکافِ روزن‌اَند** ۱۷۸۶

هر لحظه به نوعی ما را فریب می‌دهند و زیان می‌رسانند؛ زیرا راه نفوذ به دل آدمی را می‌شناسند.

---

۱ - **سهم** : ترس، بیم.   ۲ - **خفیه** : نهانی.

۳ - اشارتی قرآنی؛ اعراف : ۲۷/۷ : ...إِنَّهُ يَرٰيكُمْ هُوَ وَ قَبِيلُهُ مِنْ حَيْثُ لاَ تَرَوْنَهُمْ...: او و همانندانش شما را از جایی که شما آنان را نمی‌بینید، می‌بینند.   ۴ - **اشباه** : جمع شَبَه به معنی مثل و مانند.

۵ - **ناقدان** : مردان حق، صرّافان عالم معنا.   ۶ - **زرق** : نیرنگ.   ۷ - **مَتَن** : نتاب، از تنیدن.

۸ - **محک** : سنگ محک، مراد مرد حق است.

۹ - **غلیظ** : دارای غلظت، مادّی بودن، مخالفِ لطیف یا غیر مادّی بودن.   ۱۰ - **مَسْلَک** : راه.

۱۱ - **خبط** : اشتباه.   ۱۲ - **نقب** : سوراخ عمیق و بزرگ نافذ.

۱۷۸۷ **پس چرا جان‌هایِ روشن در جهان   بی خبر باشند از حالِ نهان؟**

پس چرا باور نکنیم که مردان حق با جانی لطیف می‌توانند از احوالِ نهانی باخبر باشند؟

۱۷۸۸ **در سرایت کمتر از دیوان شدند   روح‌ها که خیمه بر گردون زدند؟**

آیا برای آگاهی بر اسرارِ دلِ تو، روح‌هایِ تابناکِ آسمانی از شیطان‌ها کمتر هستند؟

۱۷۸۹ **دیو دزدانه سویِ گردون رود   از شِهابِ مُحْرِق[1] او مطعون[2] شود**

شیطان مخفیانه به آسمان می‌رود تا اسرار را بداند؛ امّا او را با شهاب سوزان می‌رانند.

۱۷۹۰ **سرنگون از چرخ زیر افتد چنان   که شقی[3] در جنگ از زخمِ سِنان[4]**

همانگونه که کافر در نبرد با سرنیزه سرنگون می‌شود، شیطان نیز از آسمان فرو می‌افتد.

۱۷۹۱ **آن ز رَشکِ[5] روح‌هایِ دل‌پسند[6]   از فلکشان سرنگون می‌افکنند**

اینکه شیاطین را از آسمان سرنگون می‌کنند، از غیرت ارواح پاکِ مقبول است.

۱۷۹۲ **تو اگر شلّی و لنگ و کور و کر[7]   این گمان بر روح‌هایِ مِهْ[8] مَبَر**

اگر تو به سبب نقص عالم معنا را درک نمی‌کنی، تصوّر نکن که ارواح بزرگ هم چنین‌اند.

۱۷۹۳ **شرم دار و لاف کم زن جان مَکَن   که بسی جاسوس[9] هست آن سویِ تن**

شرم کن. یاوه نگو و تلاش مذبوحانه نکن؛ زیرا در ماورای این ظاهر مادّی، بسی مردان حق‌اند.

---

۱ - **شهاب مُحْرِق**: شهاب سوزان، ستارهٔ دنباله‌دار، ر.ک: ۴۵۳۴/۳.

۲ - **مَطْعون**: مورد طعنه و سرزنش واقع شده، ضربت خورده. ۳ - **شقی**: بدبخت. ۴ - **سِنان**: سرنیزه.

۵ - **رشک**: غیرت.

۶ - **روح‌های دل‌پسند**: روحی که دلِ پاک می‌پسندد و جذبش می‌شود، روح‌هایِ منوّرِ مردانِ حق که مقبول درگاه دوست هستند.

۷ - معنی مصراع اوّل: اگر تو پای سلوک و چشمی بینا و گوشی شنوا برای ادراک حقایق نداری، این امر نباید سبب بی‌اعتقادی‌ات نسبت به قدرت روحی مردان خدا بشود. ۸ - **روح‌های مِهْ**: روح‌های بزرگ و والا.

۹ - **جاسوس**: مراد مرد حق است.

دریافتنِ طبیبانِ الهی امراضِ دین و دل را در سیمایِ مُرید و بیگانه، و لَحْنِ گفتارِ او و رنگِ چشمِ او، و بی این همه نیز از راهِ دل که : اِنَّهُمْ جَواسیسُ اَلْقُلوبِ فَجالِسوهُمْ بِالصِّدق[1]

در بیان آنکه طبیبان الهی بیماری‌های دین و دل را از چهرهٔ مرید یا بیگانه، از لحن سخن و رنگ چشم او و بدون همهٔ این آثار به وسیلهٔ دل خویش احساس می‌کنند؛ زیرا که جاسوس دل‌اند، با آنان به صدق هم‌سخن شوید و مجالست کنید.

ایـن طـبیبانِ بـدن دانش‌وَرَنـد[2]   بـر سَـقامِ[3] تـو ز تـو واقف‌ترند ۱۷۹۴

طبیبان بدن با دانشی که آموخته‌اند، بهتر از تو بیماری‌ات را تشخیص می‌دهند.

تـا ز قـاروره[4] هـمی بـینند حـال   کـه نـدانـی تـو از آن رُو اعـتلال[5] ۱۷۹۵

آنان از ظاهرت می‌توانند احوال بدنت را بدانند؛ امّا خودت نمی‌توانی.

هم ز نبض و هم ز رنگ و هم ز دَم   بـو بَـرَند از تـو بـه هـر گـونه سَـقَم ۱۷۹۶

از طریق نبض، رنگ چهره و وضعِ تنفّس از هرگونه بیماری‌ات آگاه می‌شوند.

پس طـــبیبانِ الهـــی[6] در جـــهان   چون ندانند از تو بی گـفتِ دهـان؟ ۱۷۹۷

طبیبان دنیوی می‌توانند بیماری‌ات را بدانند، طبیبان الهی نمی‌توانند؟

هم ز نبضت، هم ز چشمت، هم ز رنگ[7]   صـد سَـقَم بـینند در تـو بی‌درنگ ۱۷۹۸

طبیبان الهی بی‌درنگ از علائم باطنی‌ات هرگونه بیماری را تشخیص می‌دهند.

ایـــن طـــبیبانِ نـــوآموزند خَـود   کـه بـدین آیـاتشان حـاجت بُـوَد ۱۷۹۹

طبیبان دنیوی که برای تشخیص بیماری به نشانه‌هایی نیازمندند، در دانش طبّ که شامل «طبِّ جسم» و «طبِّ جان» است، گام‌های نخستین را برداشته و نوآموزند.

---

۱ - این عبارت را برخی حدیث دانسته‌اند: ر.ک: ۱۴۸۱/۲، نیکلسون به نقل از فاتح به ابویعقوب سُوسَی نسبت داده است: شرح مثنوی مولوی، ج ۴، صص ۱۵۳۹، و آقای دکتر استعلامی در تعلیقات دفتر چهارم مثنوی، ص ۲۹۵ به احمد بن عاصم انطاکی منسوب دانسته است، در هر حال مضمون آن مورد تأیید همهٔ آگاهان است.

۲ - **دانش‌ور :** دانشمند.   ۳ - **سَقام :** بیماری.

۴ - **قاروره :** شیشه‌ای به شکل بالن که در آن ادرار می‌ریزند.   ۵ - **اعتلال :** بیماری.

۶ - **طبیبان الهی :** مردان حق.

۷ - **نبض و چشم و رنگ :** مراد علائم باطنی است که چشم بصیر و روشن‌بین مرد حق قادر به رؤیت آن‌هاست.

کاملان از دُور نامت بشنوند　　تا به قعرِ باد و بودت[۱] در دَوَند ۱۸۰۰

امّا طبیبان الهی، نیازمند ابزار نیستند و با شنیدن نامت از دور به عمق وجودت پی می‌برند.

بلکه پیش از زادنِ تو سال‌ها　　دیده باشندت، تو را با حال‌ها[۲] ۱۸۰۱

کاملان احوال تو را، حتّی پیش از تولّدت دیده‌اند و از آن باخبرند.

مژده دادنِ ابویزید[۳] از زادنِ ابوالحسن خَرَقانی[۴] قَدَّسَ اللهُ رُوحَهُما، پیش از سال‌ها، و نشانِ صورتِ او و سیرتِ او یک به یک، و نوشتنِ تاریخ‌نویسان آن را جهتِ[۵] رَصَد[۶]

قطعهٔ پیشین در تقریر این معنا بود که «طبیبان الهی» یا «کاملان» به سبب اتّصالی که با حق و با منبع علم دارند، نیازمندِ ابزار ظاهری نیستند و احوال آدمی را پیش از تولّد نیز دیده‌اند و از آن باخبرند. اینک در تأیید همان معنا و به عنوان یک نمونهٔ برجسته و بسیار مشهور، قصّهٔ «مژده دادن ابویزید از زادنِ ابوالحسن خرقانی» به تبیین می‌آید که در آن سرّ سخن «علمِ حاصل از تصفیه» است و می‌خوانیم که بایزید علی‌رغم آنکه ده‌ها سال پیش از ولادت ابوالحسن خرقانی می‌زیسته از وجود و مقام معنوی او آگاه بوده است.

آن شنیدی داستانِ بایزید　　که ز حالِ بوالحسن، پیشین چه دید؟ ۱۸۰۲

داستان بایزید را شنیده‌ای که قبل از تولّد شیخ ابوالحسن خرقانی از احوال او خبر داد؟

---

۱ - **قعر باد و بود :** عمق وجود، تمام وجود ظاهری و باطنی.

۲ - علم کامل به حقایق از اتّصال با مخزن علم حق حاصل می‌شود. انبیا و اولیا در نحوهٔ حصول این علم، اتباع و پیروان خود را به این طریق سوق می‌داده‌اند. به همین دلیل هم اهل نظر اذعان دارند که علم حاصل از تصفیه، که به «عین‌الیقین» و «حق‌الیقین» تعبیر کرده‌اند، کامل‌تر از علم برهان است؛ امّا معتقدند که حصول این علم فقط اختصاص به انبیا و اولیا دارد و برای دیگران بسیار مشکل و بلکه قریب به محال است، حال آنکه چنین نیست و طایفه‌ای این طریق را دنبال کردند و به مقاماتی رسیدند و شارع مقدّس اسلام همهٔ طالبان حقیقت را به تصفیهٔ باطن و به احدیّت وجود دعوت نموده است: شرح مقدّمهٔ قیصری، صص ۴۶ و ۴۷.　۳ - **بایزید :** ر.ک: ۲۲۸۵/۱.

۴ - **خرقانی :** شیخ ابوالحسن خرقانی اهل خَرَقان از قُراء بسطام و از صوفیان مشهور که صاحب کشف و کرامات بوده است (متوفیٰ به سال ۴۲۵ هق). برای اطّلاع از شرح حال وی به «نورالعلوم» مراجعه کنید که تألیف یکی از شاگردان شیخ است.　۵ - **رَصَد :** تحقیق.

۶ - مأخذ آن روایتی است که عطّار در تذکرةالاولیاء، ج ۲، ص ۲۰۱ آورده است: نقل است که شیخ بایزید هر سال یک نوبت به زیارت دهستان شدی. چون بر خرقان گذر کردی بایستادی و نَفَس برکشیدی. مریدان از وی سؤال کردند که شیخا، ما هیچ بوی نمی‌شنویم. گفت: آری، که از این دیه دزدان بوی مردی می‌شنوم. مردی بُوَد نام او علی و کُنیَت او ابوالحسن، به سه درجه از من بیش بُوَد. بار عیال کشد و کشت کند و درخت نشانَد.

روزی آن سلطانِ تقویٰ[1] می‌گذشت — با مُریدان جانبِ صحرا و دشت ۱۸۰۳

روزی بایزید با مریدان از دشت و صحرایی می‌گذشت.

بویِ خوش آمد مر او را ناگهان — در سوادِ[2] ری[3] ز سویِ خارقان[4] ۱۸۰۴

ناگهان در حوالی ری از سوی خرقان بوی خوشی به مشامش رسید.

هم بدانجا نالهٔ مشتاق کرد — بوی را از باد استنشاق کرد ۱۸۰۵

همان جا ناله‌ای از سر اشتیاق بر آورد و بوی خوشی را که باد می‌آورد، بویید.

بویِ خوش[5] را عاشقانه می‌کشید — جانِ او از بادْ باده می‌چشید ۱۸۰۶

آن عطر دل‌انگیز را عاشقانه استشمام می‌کرد و جانش از بوی خوشِ باد مست می‌شد.

کوزه‌یی کو از یَخآبه[6] پُر بُوَد — چون عرق بر ظاهرش پیدا شود ۱۸۰۷

کوزه‌ای که از آب و یخ پر شده، قطرات آب بر دیواره‌اش ظاهر می‌شود.

آن ز سردیِ هوا آبی شده‌ست — از درونِ کوزه نم بیرون نجَست ۱۸۰۸

قطراتِ آب دیوارهٔ کوزه از رطوبتِ هواست، از کوزه تراوش نکرده است.

بادِ بوی‌آور مر او را آب گشت — آب هم او را شرابِ ناب گشت ۱۸۰۹

وجود بایزید هم مانند کوزه‌ای پر از آب بود که «بوی خوش باد»[7] آن را به شراب ناب مبدّل کرد.

چون در او آثارِ مستی شد پدید — یک مُرید او را از آن دَم بَررسید[8] ۱۸۱۰

با بروز آثار مستی در بایزید، توجّه یکی از مریدان به این تغییر حالت جلب شد.

---

۱ - **سلطان تقویٰ** : بسیار متّقی، مُراد بایزید است. ۲ - **سواد** : سیاهی شهر که از دور دیده می‌شود.

۳ - روستای خَرَقان که قریه‌ای بزرگ و آباد است در دامنهٔ کوه‌های بسطام قرار دارد و در «حوالی ری» نیست؛ امّا در نظر مولانا که همواره به «سرّ سخن» توجّه می‌کند، این جزییّات که ارتباطی با «اصولِ اصولِ اصول» ندارد، چندان حایز اهمّیّت نیست. ۴ - **خارقان** : خَرَقان.

۵ - **بوی خوش** : عِطر جان‌پرور، آثار و جلوه‌های حق که در قلوب پرستندگان جای می‌گیرد.

۶ - **یخآبه** : یخ و آب.

۷ - **بویِ خوش باد** : مراد نفخهٔ ربّانی یا نَفَس رحمانی است که جانِ منوّر پاکان قادر به ادراک آن است و در اثر این ادراک به استغراق می‌رسد که آن را اصطلاحاً مستیِ الهی گویند. ۸ - **بررسید** : جست‌وجو کرد، سؤال کرد.

پس بپرسیلش که: این احوالِ خَوش   که برون است از حجابِ پنج و شش [۱] ۱۸۱۱

پس آن مرید پرسید: این احوالِ خوش ِ غیبی چیست؟

گـاه سـرخ و گـاه زرد و گـه سـپید   می‌شود رُویت چه حال است و نوید؟ ۱۸۱۲

چهره‌ات گاه سرخ، گاه زرد و گاهی سفید می‌شود. این چه حال و خبر خوشی است؟

می‌کَشی بوی و به ظـاهر نـیست گُـل   بی شک از غیب است و ازگُلزارِکُل [۲] ۱۸۱۳

عِطر خوشی را می‌بویی در حالی که گُلی نیست. بدون شک رایحهٔ عالم غیب است.

ای تو کامِ جـانِ هـر خـودکامه‌یی [۳]   هـر دم از غـیبت پـیام و نـامه‌یی ۱۸۱۴

مرید گفت: ای مطلوب جانِ عارفان، هر لحظه از غیب نامه و پیامی به تو می‌رسد.

هــر دمـی یـعقوب‌وار از یـوسفی [۴]   مـی‌رسد انـدر مشـامِ تـو شِـفا [۵] ۱۸۱۵

هر لحظه همانند یعقوب رایحهٔ دل‌انگیز و شفابخشی از یوسفی به مشامت می‌رسد.

قـطره‌یی بـر ریـزْ بـر مـا زآن سـبو   شـمّه‌یی زآن گـلْستان [۶] بـا مـا بگـو ۱۸۱۶

از سبوی وجود قطره‌ای بر ما نثار کن. اندکی هم از عالم معنا برای ما بگو.

خُو نداریـم [۷] ای جـمالِ مـهتری [۸]!   که لبِ ما خُشک و تو تنها خـوری ۱۸۱۷

ای وجود مقرّب، ما عادت نداریم تشنه بمانیم در حالی که تو سرمست هستی.

ای فلکْ پیمایِ [۹] چُستِ چُست خیز   زآنچه خوردی جرعه‌یی بر ما بریز ۱۸۱۸

ای انسانِ منوّر، که به اوج آسمان‌ها می‌روی، از جام جانت جرعه‌ای هم نثار ما کن.

---

۱ - **حجاب پنج و شش** : «حجاب پنج» مراد همان حواسّ پنجگانهٔ آدمی است که قدرت و توانایی‌های بسیار محدودی دارد و برای ورود به عالم ماورای مادّه حجاب محسوب می‌شود. «حجاب شش» هم همان جهات ششگانه است؛ پس «پنج و شش» اشاره به مادّه و «عوالم دنیوی» است در تقابل با «عوالم معنوی».

۲ - **گلزار کُلّ** : اشاره به مقام جمع و اتّحاد با محبوب ازلی است در تقرّب به حق.

۳ - **خودکامه** : به کام خود رسیده، سعید، خوشبخت. مراد عارف واصل است.

۴ - الهامات ربّانی به بوی پیراهن یوسف تشبیه شده است که شفابخش نابینایی یعقوب(ع) بود.

۵ - شِفا را به صورت مُمال «شِفی» بخوانید.   ۶ - **گلستان** : عالم معنا.   ۷ - **خو نداریم** : عادت نداریم.

۸ - **جمال مهتری** : جمال و وجودی که در آن بزرگی و تقرّب به حق کاملاً آشکار است.

۹ - **فلک پیما** : مصراع اوّل اشاره به روح منوّری که می‌تواند به اوج تقرّب برسد و در این کار چالاک است.

۱۸۱۹ **میرِ مجلس[1] نیست در دوران دگر   جز تو ای شه! در حریفان[2] در نگر**

ای سلطان، در این دوران جز تو امیری نیست؛ پس به حریفان هم نظری کن.

۱۸۲۰ **کِی توان نوشید این میْ زیردست[3]؟   میْ یقین مر مرد را رُسواگر است**

هرگز نمی‌توان این بادهٔ الهی را نهانی نوشید؛ زیرا قوّتِ آن در ظاهر آدمی نیز هویداست.

۱۸۲۱ **بوی را پوشیده و مکنون کند[4]   چشمِ مستِ[5] خویشتن را چون کند؟**

اگر عارف بتواند احوال عاشقانهٔ خود را پنهان کند، چشم مست خود را چه کند؟

۱۸۲۲ **خود نه آن بوی است این، کاندر جهان   صدهزاران[6] پرده‌اش دارد نهان**

این بو چنان نیست که بتوان آن را با هزاران پرده در جهان نهان کرد.

۱۸۲۳ **پُر شد از تیزیّ او صحرا و دشت   دشتِ چه؟ کز نُه فلک هم درگذشت**

بوی تند آن دشت و صحرا را پر کرده و حتّی از آسمان نهم هم گذشته است.

۱۸۲۴ **این سرِ خُم[7] را به کَهگِل[8] در مگیر   کین برهنه، نیست خود پوشش پذیر**

سر این خمره را با گِل نمی‌توانی بپوشانی؛ زیرا این بادهٔ عریان پوشش‌پذیر نیست.

۱۸۲۵ **لطف کن ای رازدانِ رازگو   آنچه بازت صید کردش، بازگو**

ای دانندهٔ رازها و ای گویندهٔ اسرار، لطف کن و بگو که الهامات ربّانیِ جانِ بلندپروازت چیست؟

۱۸۲۶ **گفت: بویِ بوالعجب آمد به من   همچنانکه مر نَبی را از یَمَن**

گفت: رایحهٔ دل‌انگیزی به مشامم رسید، مانندِ عطری که از یمن به پیامبر(ص) رسید.

۱۸۲۷ **که محمّد گفت: بر دستِ صبا[9]   از یمن[10] می‌آیدم بویِ خدا**

چنانکه پیامبر(ص) فرمود: بوی خدا به وسیلهٔ باد صبا از جانب یمن به مشامم می‌رسد.

---

۱ - **میر مجلس**: سلطان، مرشد.   ۲ - **حریف**: اینجا مراد مریدان است.   ۳ - **زیردست**: نهان، پنهان.
۴ - در مصراع اوّل، «بوی شراب» کنایه از احوال عاشقانه و آثار ظاهری آن است.
۵ - **چشم مست**: کنایه از آثار مستیِ جانِ عاشقِ مستغرق که در نگاه عارف واصل آشکار است.
۶ - **صدهَزاران**: نشانهٔ کثرت است نه عدد خاصّ.   ۷ - **خُم**: کنایه از خُم وجود مرد حق.
۸ - **کاهگل**: کنایه از «احوال عادی» که مرد حق به آن تظاهر می‌کند در عین مستی و استغراق.
۹ - **صبا**: باد صبا، به لسان عارفان کنایه از علوم گوناگونی است که از راه وحی و یا تجلّی حق در حالات مختلف فرود می‌آید.   ۱۰ - ر.ک: ۱۲۰۶/۲، اشاره است به حدیثی با همین مضمون.

بوی رامین می‌رسد از جانِ وَیْس ۱   بوی یزدان می‌رسد هـم از اُوَیس ۲   ۱۸۲۸

از جان ویس بوی رامین می‌آید و از جان اویس رایحهٔ خدا.

از اُوَیس و از قَـرَنْ ۳ بـوی عجب   مر نَبی را مست کـرد و پُر طرب   ۱۸۲۹

رایحهٔ دل‌انگیزی که از اویس و قَرَن می‌آمد، پیامبر(ص) را مست و مسرور کرد.

چون اُوَیس از خویش فانی گشته بود   آن زمــینی، آسمانی گشتـه بـود   ۱۸۳۰

چون اویس در حق فانی شد، انسانی زمینی بود که اوصاف الهی یافت.

آن هَـلیلۀ ۴ پـروریده در شکر   چـاشنیِ تـلخیّاَش نَـبْوَد دگر   ۱۸۳۱

مثال نازل آن هلیله است که اگر با شکر پرورده شود، مزهٔ تلخش باقی نمی‌ماند.

آن هَـلیلۀ رَستـه از مـا و منی   نـقش دارد از هـلیله، طَـعْم نی   ۱۸۳۲

هلیلهٔ پرورده در شکر، ظاهر خود را حفظ می‌کند؛ امّا طعم و مزه‌اش عوض نمی‌شود.

ایـن سخن پایان نـدارد، بـاز گرد   تا چه گفت از وَحْیِ غیب، آن شیر مرد   ۱۸۳۳

سخنان والا را پایانی نیست. بازگردیم و ببینیم که آن مرد خدا از الهامات چه گفت.

قولِ رسول ۵ صلَّی اللهُ علیه و سلَّم:

اِنّی لَأَجِدُ نَفَسَ الرَّحْمٰنِ مِنْ قِبَلِ الْیَمَنِ ۶

گفت: زین سو بوی یاری می‌رسد   کاندر این دِه شهریاری می‌رسد   ۱۸۳۴

بایزید گفت: بوی یاری به مشام جانم می‌رسد و نشان آن است که در این روستا سلطانی ظهور می‌کند.

---

۱ - ویس و رامین : ر.ک: ۲۲۸/۳.

۲ - آثار و نشانه‌های معشوق در عاشق هست؛ زیرا وجودش آیینۀ صفات و افعال اوست. اویس عاشق حق است؛ پس پیامبر(ص) هم بوی حق را از قَرَن که محلّ زندگی اویس بود، می‌یافت.   ۳ - قَرَن : مکانی در سرزمین یمن.

۴ - هلیله : از درختان مناطق گرمسیر که میوه‌اش مصرف طبّی دارد.

۵ - اشاره است به حدیث: ر.ک: ۱۲۰۶/۲.

۶ - این حدیث نبوی در ارتباط با «اویس قرنی» از تابعین و مشاهیر متصوّفه که معاصر با پیامبر(ص) بوده و با آن حضرت پیوند روحانی داشته است. وی در قَرَن که از روستاهای یمن بود، به شترچرانی روزگار می‌گذرانده است.

بعدِ چندین سال می‌زاید شهی   می‌زند بـر آسمان‌ها خرگهی ۱   ۱۸۳۵

سال‌ها بعد در اینجا شاهی پا به عرصهٔ وجود می‌گذارد که جانش در اوج جای دارد.

رویش از گُلزارِ حق گلگون بُوَد ۲   از مـن، او انـدر مقام افـزون بُوَد   ۱۸۳۶

صورتش از گلستان الهی گلگون خواهد بود و در مقام معنوی نیز از من برتر خواهد شد.

چیست نامش؟ گفت: نامش بوالحسن ۳   حِلیه‌اش ۴ واگفت زَابرو و ذَقَن ۵   ۱۸۳۷

پرسیدند: نامش چیست؟ گفت: ابوالحسن و ویژگی‌های ظاهريِ او را وصف کرد.

قـدِّ او و رنگِ او و شکـلِ او   یک به یک واگفت از گیسو و رُو   ۱۸۳۸

همچنین قد، رنگ، شکل، مو و چهره‌اش را یک به یک شرح داد.

حِـلیه‌هایِ روحِ ۶ او را هـم نـمود   از صفات و از طریقه و جا و بود   ۱۸۳۹

از ویژگی‌ها و صفات برجسته و شیوهٔ سلوک او نیز سخن گفت.

حِلیهٔ تن همچو تن عاریّت است   دل بر آن کم نِه، که آن یک ساعت است   ۱۸۴۰

مشخّصاتِ ظاهری همانند خود جسم، ناپایدار، موقّتی و عاریه است؛ پس به آن دل نبند.

حِلیهٔ روح طبیعی ۷ هم فناست   حِلیهٔ آن جان طلب، کآن بر سَماست   ۱۸۴۱

مشخّصات روح حیوانی هم فناپذیر است؛ بنابراین جویای اوصافِ جانِ باقی باش.

جسم او همچون چراغی بر زمین   نـورِ او بـالایِ سقفِ هـفتمین ۸   ۱۸۴۲

جسم او، همانند چراغی بر زمین است که نورِ جانش به آسمان هفتم می‌تابد.

---

۱ - خرگه : خیمه، خرگاه.
۲ - تجلّی حقایق الهی در وجود او بسیار درخشان و آشکار است و با «گلگون بودن رویش» از «گلزار حق» توصیف می‌شود.   ۳ - شیخ ابوالحسن خَرَقانی: ر.ک: ۱۸۰۲/۴.   ۴ - حلیه : ویژگی‌های ظاهریِ انسان.
۵ - ذَقَن : چانه.
۶ - حِلیه‌های روح : ویژگی‌های روحانی و صفات متعالیِ جانِ کاملِ شیخ ابوالحسن خَرَقانی.
۷ - روح طبیعی : مراد روح حیوانی است.
۸ - در این بیت و چند بیت بعد از آن سعی شده است که در قالب تشبیه‌ها و تمثیل‌های متفاوت، ارتباط میان روح تابناک انسانِ کامل با جسم پاک وی و چگونگی سیر و فعالیت روح در قلمرو ماورای حسّ و ماورای زمان و مکان توصیف گردد.

۱۸۴۳ آن شـعاع آفـتاب انــدر وثـاق ¹   قُرص ِ او انـدر چـهارم چـارطاق ²

همان‌گونه که خورشید در فلک چهارم است؛ امّا نورش به اتاق‌های خانه‌ها می‌تابد.

۱۸۴۴ نقشِ گُل در زیر بینی بهرِ لاغ ³   بوي گُل بـر سقف و ایوانِ دمـاغ

«صورتِ ظاهر» یا «جسم انسانِ کمال یافته» همانند «نقشِ گُل» است که برای تفنّن در زیر بینی قرار گرفته باشد، در حالی که بوی آن را در سقف و ایوان دماغ می‌توان یافت؛ بنابراین علی‌رغم آنکه جسم انسان منوّر بر زمین است، جانِ او در سقف و ایوان افلاک سیر می‌کند.

۱۸۴۵ مرد خُفته در عَدَن ⁴ دیده فَرَق ⁵   عکس ِ آن بر جسمْ افتاده عَرَق ⁶

آدمی که در خواب حادثهٔ بدی را در جایی دور مثلاً عَدَن می‌بیند و احساس خطر می‌کند، تأثیر آن در جسمش به شکل عرق ظاهر می‌شود.

۱۸۴۶ پیرهن ⁷ در مصر رَهنِ یک حریص ⁸   پُر شده کنعان ز بوي آن قَمیص ⁹

پیراهن یوسف(ع) در دست یهودا و در مصر بود؛ ولی بوی آن به یعقوب(ع) رسید و کنعان را پر کرد.

۱۸۴۷ بــر نـبشتند آن زمان تـاریخ را   از گَـباب آراسـتند آن سیـخ را ¹⁰

هنگامی که بایزید از ولادت خرقانی خبر داد، مریدان آن را نوشتند.

۱۸۴۸ چون رسید آن وقت و آن تاریخ راست   زاده شد آن شاه و نَردِ مُلک بـاخت

چون زمان پیشگویی فرارسید، آن شاه معنا پا به عرصهٔ وجود نهاد و سلطنت را آغاز کرد.

۱۸۴۹ از پس ِ آن سالها، آمـد پـدید   بــوالحسـن بـعدِ وفـاتِ بـایزید

شیخ ابوالحسن خرقانی، سال‌ها بعد از وفات بایزید بسطامی زاده شد.

---

۱ - وثاق: اتاق.   ۲ - چهارم چارطاق: فلک چهارم که به اعتقاد قُدَما خورشید در آن سیر می‌کند.

۳ - بهرِ لاغ: برای شوخی و سرگرمی.   ۴ - عَدَن: شهری در یَمَن، مراد جایی دور است.

۵ - فَرَق: ترس.   ۶ - اشاره است به سیر روح و تأثیری که در جسم آدمی دارد.

۷ - بوی پیراهن یوسف: ر.ک: ۲/۳۲۴۲، شرح زندگی یوسف(ع): ر.ک: ۳۱۶۹/۱.

۸ - یک حریص: کنایه از آورندهٔ پیراهن (یهودا) است که در گذشته آورندهٔ پیراهن خون‌آلود بود.

۹ - قَمیص: پیراهن. اشاره است به سیر روح یعقوب(ع) که به لحظه‌ای بشارت باد صبا را که همان نفخهٔ الهی است و قرار بود توسط بوی پیراهن یوسف به جان وی برسد، دریافت.

۱۰ - مصراع دوم، کنایه از آن است که صفحات تاریخ را با این پیشگویی آراستند. دکتر زرّین‌کوب در این مورد نوشته است: ضرورت قافیه‌پردازی مولانا را با این توجیه سست و عاری از الزام واداشته است: سرّ نی، ج ۱، ص ۲۶۳.

۱۸۵۰ جملهٔ خوهایِ او زِ اِمساک و جُود   آنچنان آمد که آن شَه گفته بود

تمام اوصاف او از قبیل امساک و یا جُود، همان گونه بود که بایزید گفته بود.

۱۸۵۱ لوحِ محفوظ[1] است او را پیشوا   از چه محفوظ است؟ محفوظ از خطا[2]

بایزید به سبب اتّصال به حق، حقایق را در لوح محفوظ که از خطا محفوظ است، می دید.

۱۸۵۲ نه نجوم است و نه رَمل[3] است و نه خواب   وحیِ حق، وَاللهُ اَعْلَمْ بِالصَّواب[4]

کاملان با «وحی دل» و صفای باطن به مخزن علم دسترسی دارند و این امر به تنجیم، رمل و یا خوابگزاری ارتباطی ندارد. خداوند حقیقت را بهتر می داند.

۱۸۵۳ از پیِ روپوشِ عامه در بیان   وحیِ دل گویند آن را صوفیان

صوفیان برای آنکه این معنایِ بلند از عوام نهان بماند، آن را «وحیِ دل» می نامند.

۱۸۵۴ وحیِ دل گیرش که منظرگاهِ اوست   چون خطا باشد چو دل آگاهِ اوست؟

تو هم می توانی آن را «وحیِ دل» بنامی؛ زیرا هنگامی که دل «یَنْظُرُ بِنُورِ الله» است از خطا و سهو ایمن می شود.

۱۸۵۵ مؤمنا! یَنْظُر بِنُورِ اللّه[5] شدی   از خطا و سهو ایمن آمدی

ای مؤمن، تو با نور الهی می بینی؛ پس از لغزش و اشتباه مصون هستی.

---

۱ - **لوح محفوظ** : ر.ک: ۱۰۶۹/۱.

۲ - علوم انبیا و اولیا از آن جهت عاری از اشتباه و سهو و نسیان است که محلّ آنها منزّه از نشئآت نفسانی است و به همین جهت قرآن کریم تقوا را شرط تعلیم الهی می داند. تخلیهٔ نفس از رذایل و تحلیهٔ آن به فضایل و تحقّق به اخلاق الله، علّت فنای سالک در حق می شود و با فنای در توحید محلّ ظهور و تجلّی انوار الهیّه می گردد: شرح مقدّمهٔ قیصری، ص ۴۵.

۳ - **رَمل** : علمی است که در آن از اشکال شانزده گانه بحث می شود و نتیجهٔ آن استعلام از مجهولات احوال عالَم است.

۴ - عارف مؤمن در پرتو نور دل آنچه را که در لوح محفوظ است، می بیند و این فراست ناشی از نیل به مرتبهٔ «یَنْظُرُ بنورِ الله» است؛ پس قول وی در آنچه از «وحی دل» به بیان می آوَرَد از خطا و سهو ایمن است. این بزرگان چون از اوصاف خود صافی گشته اند، بی واسطهٔ تعلیم و تلقین علوم انبیا را در دل خویش می یابند: سرّ نی، ج ۱، ص ۴۱۷.

۵ - اشاره است به حدیث: از تیزبینی و فراست مؤمن بپرهیزید؛ زیرا با نور خدا می بینند: ر.ک: ۱۳۳۶/۱.

نقصانِ اِجرایِ[1] جان و دلِ صوفی از طعامُ الله[2]

در بیت ۱۴۹۰ همین دفتر قصّهٔ غلامی آغاز شد که به سبب کوتاهی در انجام وظایفِ محوّله از مستمری‌اش کاستند؛ امّا شرح آن حکایت ناتمام ماند و اینک بازگشتی بدان است. در این قطعه همان‌گونه که در «قصّهٔ غلام» مستمریِ او راکاهش دادند تا تأدیب شود و جویای جرم و خطای خویش باشد، در سیر و سلوک إلی الله نیزگاه به مصلحت الهی از مستمریِ ظاهری و باطنیِ «صوفی» یا «سالک» می‌کاهند و او را در فقر و سختی قرار می‌دهند تا نفسِ اوکمال یابد.

۱۸۵۶ **صوفیی از فقر چون در غم شود — عینِ فقرش دایه و مَطْعَم[3] شود**

اگر صوفی به سبب «فقر و فاقه» غمگین شود، همان «فقر و فاقه» دایه و طعام او می‌شود.

۱۸۵۷ **زانکه جنّت از مَکاره[4] رُسته است — رحمْ، قسمِ عاجزی اِشکسته است[5]**

زیرا بهشت با پذیرفتن رنج‌ها و سختی‌ها حاصل می‌شود و ترحّم مخصوصِ ناتوانِ شکسته است؛ یعنی رحمت الهی شامل انسانِ متواضع است.

۱۸۵۸ **آنکه سرها بشکند او از عُلو[6] — رحمِ حقّ و خلق ناید سویِ او**

آدم مغروری که به مردم صدمه می‌زند، بی‌شک رحمتِ حق و خلق شامل حالش نمی‌شود.

۱۸۵۹ **این سخن آخر ندارد و آن جوان — از کمی اجرایِ نان شد ناتوان**

بیان معانی والا را پایانی نیست. آری، آن غلام ازکمبود جیرهٔ نان ناراحت شد.

۱۸۶۰ **شاد آن صوفی که رزقش کم شود — آن شَبَه‌ش[7] دُر گردد و او یَمْ[8] شود**

خوشا به آن صوفی که حکمتِ کاهش رزق دنیوی‌اش را بداند و با رنجِ ناشی از آن، هستی‌اش به هستی حقیقی مبدّل گردد.

---

۱ - **اجرا**: حقوق و مستمری.

۲ - **طعام الله**: توجّه و عنایت حق به بنده که موجب ادراک روحانی و معرفت نفس می‌شود.

۳ - **مَطْعَمْ**: طعام، غذا، خوردنی. فقر و ناداری سبب رنج و سختی است که با وجود «رنج و سختی» نَفْسِ سالک صیقلی می‌شود و در نتیجه ارتقا و کمال می‌یابد؛ بنابراین کمبودِ «رزقِ دنیایی» همانند دایه‌ای او را می‌پروراند و به «رزقِ روحانی» می‌رساند.

۴ - **مَکاره**: جمع مَکْرَهَه به معنی هر چیزی که برای آدمی ناگوار و ناخوشایند باشد، سختی.

۵ - اشاره است به حدیثی با همین مضمون: ر.ک: ۱۸۳۹/۲.

۶ - **عُلُو**: عُلُوّ به معنی بزرگی، اینجا به معنی کبر و غرور.

۷ - **شَبَه**: سنگی سیاه که در جواهرسازی به کار می‌رود، مراد «هستیِ موهومی» است.

۸ - **یَم**: دریا، مراد دریای وحدانیّت حق است.

زآن جِرایِ خاص هر کآگاه شد او سزایِ قرب و اِجریٰ گاه[1] شد ۱۸۶۱

هر کسی که از «جیرهٔ خاص» که همان «طعام الله» یا «توجّه حق» است، باخبر باشد، جویای آن می‌شود و به قرب معنوی می‌رسد و منبع فیض الهی می‌گردد.

زآن جِرایِ روح چون نقصان شود جانش از نقصانِ آن لرزان شود ۱۸۶۲

اگر از «جیرهٔ خاص» کاسته شود، جانِ صوفی مضطرب و پریشان می‌شود.

پس بداند که خطایی رفته است که سمن‌زارِ[2] رضا آشفته است ۱۸۶۳

پس متوجّه می‌شود که مرتکب خطایی شده و حق از او خشنود نیست.

همچنان کآن شخص از نقصانِ کِشت[3] رُقعه[4] سویِ صاحبِ خرمن[5] نبشت ۱۸۶۴

همان‌گونه که غلام متوجّه شد و برای شاه نامه نوشت؛ امّا علّت آن را نفهمید.

رقعه‌اش بُردند پیشِ میرِ داد خواند او رُقعه، جوابی وانداد ۱۸۶۵

نامه را نزد امیر دادگر بردند. نامه را خواند؛ امّا جوابی نداد.

گفت: او را نیست الاّ دردِ لوت پس جوابِ احمق اَوْلیتَر سُکوت ۱۸۶۶

شاه گفت: غلام فقط به فکر پول است و پاسخ احمق سکوت.

نیستش دردِ فراق و وصلْ هیچ بندِ فرع است او، نجوید اصلْ هیچ ۱۸۶۷

او دردِ «هجران» و «وصل» را نمی‌شناسد. جویایِ فرع است نه اصل.

احمق است و مُردهٔ ما و مَنی کز غمِ فرعش فراغِ اصل نی ۱۸۶۸

او ابلهی است که به «فرع»، یعنی منافعِ حقیرِ خود می‌اندیشد و از «اصل» که تقرّب به ماست، غافل است.

---

۱ - **اِجریٰ گاه:** اینجا پیشگاه حق و منبع فیض الهی. ۲ - **سَمَنْزار:** باغ یاسَمَن، اینجا رضایت حق.
۳ - **نقصان کشت:** اینجا کاهش مستمری غلام. ۴ - **رُقعه:** نامه. ۵ - **صاحب خرمن:** اینجا شاه.

آسمان‌ها و زمین[۱] یک سیب دان کز درختِ قدرتِ حق شد عیان ۱۸۶۹

آسمان‌ها و زمین را همانند سیب تصوّر کن که از درخت قدرت حق آشکار شده‌اند.

تو چو کِرمی در میانِ سیب در وز درخت و باغبانی بی‌خبر ۱۸۷۰

ای آدمی، کرم در سیب محبوس است و تو در عالم حس.

آن یکی کرمی دگر در سیب هم لیک جانش از برون صاحبْ عَلَم[۲] ۱۸۷۱

بعضی از کرم‌ها خود را با تکاپو از تنگنا می‌رهانند و از ماورا آگاه می‌شوند.

جُنبش او واشکافد سیب را بر نتابد سیبْ آن آسیب را ۱۸۷۲

جهد او پردهٔ ظواهر را می‌دَرَد؛ زیرا آن‌ها نمی‌توانند در برابر تلاشِ او مقاومت کنند.

بر دریده جنبش او پرده‌ها صورتش کِرم است و معنی اژدها ۱۸۷۳

تلاشِ موجودی کوچک با باطنی عظیم تمام حجاب‌ها را به کنار می‌زند.

آتشی کاوّل ز آهن می‌جهد او قدم بس سُست بیرون می‌نهد ۱۸۷۴

جانِ مشتاقِ حقایق در آغاز شبیه جرقّه‌ای ناچیز است.

دایه‌اش پنبه‌ست اوّل، لیک اخیر می‌رساند شعله‌ها او تا اثیر[۳] ۱۸۷۵

این جرقّه نیازمندِ مادّهٔ قابل اشتعالی[۴] است که توسط آن شعله‌هایش را به آسمان برساند.

مَردْ اوّل بستهٔ خواب و خور است[۵] آخِرُالامر از ملایک برتر است ۱۸۷۶

حیات آدمی در آغاز مادّی است؛ امّا می‌تواند برتر از فرشته و غیر مادّی باشد.

---

۱ - **آسمان‌ها و زمین**: در این تمثیل عالم به سیبی مانند شده که آدمی همانند کرم است در درون آن، همان‌گونه که کرم از وجودِ درخت و باغ و باغبان که خارج از عالم اوست، تصوّری ندارد، جانِ آن‌کس که محبوس در محسوسات است، نیز از ماورای عالم حس بی‌خبر است؛ امّا جانی که در قید محسوسات باقی نمی‌ماند، با تکاپو خود را از تنگنای محفظه‌ای که در آن محبوس است، می‌رهاند و در حدّ قابلیّت و استعداد خود از عالم نامحسوس آگاهی می‌یابد. ۲ - مراد عارف و سالک است که در قید محسوسات باقی نمی‌مانند.

۳ - **اثیر**: ر.ک: ۱۲۱/۱ و ۴۲۲۳/۳، اینجا مطلق آسمان.

۴ - **پنبه یا مادّهٔ قابل اشتعال**: کنایه از امدادِ روحانی و عوامل یاری دهندهٔ رشد معنوی.

۵ - مراد آنکه حیات او وابسته به خواب و خوراک، یعنی امور دنیوی و واکنش‌های جسمانی است.

۱۸۷۷ **در پـــناهِ پـــنبه و کـــبریت‌ها[1]		شعله و نـورش بـر آیـد بـر سُـها[2]**

روح نازلهٔ[3] آدمی به امدادِ روحانی مرد خدا ارتقا می‌یابد تا حدّی که نورش به عوالم برتر می‌رسد.

۱۸۷۸ **عـــالم تـاریک روشــن مــی‌کند		کُـندهٔ آهــن بــه سـوزن مـی‌کَنَد[4]**

در پرتوِ نورِ روحِ تابناک، تاریکیِ جهل زدوده می‌شود و کارِ دشوار سهل می‌گردد.

۱۸۷۹ **گرچه، آتش نیز هـم جسـمانی است		نه ز روح است و نه از روحانی است[5]**

«روحِ حیوانی» یا «نَفْسِ امّارهٔ» مادّی‌است و همانند روح عالی فارغ از قیود عالم جسمانی نیست.

۱۸۸۰ **جسـم را نَـبْوَد از آن عِـز[6] بـهره‌یی		جسم پیشِ بحرِ جان چون قطره‌یی**

مادّه هر قدر هم که کمال یابد، در تقابل با عالم معنا بسیار ناچیز است.

۱۸۸۱ **جسـم از جـان روزافـزون می‌شود		چون رود جان، جسم بین چون می‌شود**

وجودِ تن و بالندگیِ آن مرهونِ تعلّق یافتنِ جان به جسم است و حیاتِ آن با خروجِ جان پایان می‌یابد.

۱۸۸۲ **حَدِّ جسمت یک دوگز[7] خود بیش نیست		جـانِ تـو تـا آسـمان جـولان[8] کُـنی‌ست**

تن آدمی بسیار محدود است؛ امّا جانِ او محدود نیست و می‌تواند تا اوج آسمان سیر کند.

۱۸۸۳ **تا به بغداد و سـمرقند ای هُـمام[9] !		روح را انـــدر تــصوّر نــیم گــام**

ای مرد بزرگ، مسافت برای عالم مادّی مفهوم دارد و در عالم معنا بُعد زمـان و مکـان نیست، روح به هر جا که توجّه کند، همان جاست.

۱۸۸۴ **دو درم‌سنگ[10] است پیهِ چشـمتان		نـورِ روحش تـا عَـنانِ آسـمان[11]**

چشم آدمی از یک تکّه پیه ساخته شده است؛ امّا با نورِ جان می‌تواند پهنهٔ آسمان را ببیند.

---

۱ - **پنبه و کبریت‌ها :** مراد امداد روحانی مرشد و تمام عواملی است که موجب ارتقا و تعالیِ جانِ آدمی می‌شود.
۲ - **سُها :** ستارهٔ سُها: ر.ک: ۱۶۲۷/۲، یعنی بر فراز آسمان.	۳ - مراد روح حیوانی است.
۴ - **کُندهٔ آهن به سوزن کندن :** کنایه از سهولتِ کارهای صعب است.
۵ - نَفْس در اوّلین مراحل وجود، مادّی و عنصری است و بعد از استکمال به مقام تجرّد می‌رسد؛ زیرا نفس به اعتبار وجود نفسی و تعلّق به بدن و اتّحاد با مادّه در صمیم ذاتش نار معنوی است؛ پس عین مواد جسمانی است: شرح مقدّمهٔ قیصری، ص ۸۱۳.	۶ - از عزّتِ روحانی بودن و مقام تجرّد.
۷ - **گز :** واحد طول، تقریباً معادل یک متر، اینجا مراد محدود و کوچک بودن است.
۸ - **جولان :** گردش کردن، سیرکردن.	۹ - **هُمام :** بلند مرتبه، بزرگ.
۱۰ - **درم‌سنگ :** هم‌وزن درم، مثقال، ظاهراً باید وزنی بسیار ناچیز باشد.
۱۱ - **عنان آسمان :** سقف آسمان، پهنهٔ آسمان.

۱۸۸۵ **نور، بی این چشم، می‌بیند به خواب   چشم بی این نور چه بُوَد جز خراب؟**

جانِ انسان بدون این تکّه پیه هم قادر به رؤیت هست، کما اینکه در خواب می‌تواند ببیند؛ امّا چشم بدون نورِ جان فاسد است.

۱۸۸۶ **جان ز ریش و سبلتِ تن[1] فارغ است   لیک تن بی جان بُوَد مُردار و پست**

«جان» برای حیات به جسم نیازی ندارد، در حالی که تن برای حیات به جان نیاز دارد.

۱۸۸۷ **بازْنامهٔ[2] روحِ حیوانی‌ست[3] این   پیشتر رو، روحِ انسانی[4] ببین**

آنچه گفتیم در مورد نازل‌ترین مرتبهٔ جان، یعنی «روحِ حیوانی» است؛ بنابراین تصوّر کن که «روح انسانی» از چه شأنی برخوردار است.

۱۸۸۸ **بگذر از انسان هم و از قال و قیل   تا لبِ دریایِ جانِ جبرئیل**

اگر از مرتبهٔ «روح انسانی» که مرحلهٔ «قیل و قال» و «مباحث لفظی و کلامی» است، بگذری به مرتبهٔ «جان جبرئیل» یا «روح ملایک» می‌رسی.

۱۸۸۹ **بعد از آنت جانِ احمد لب گَزَد[5]   جبرئیل از بیمِ تو واپس خزَد**

بعد از آن، انسان کاملِ محمّدی(ص) تو را به سکوت فرا می‌خوانَد و جبرائیل[6] که در اصطلاح اهل توحید، به روح و یا عقل اوّل اطلاق شده است، در مرتبه‌ای فرودست‌تر از تو قرار می‌گیرد؛ زیرا مقام انسان کامل محمّدی(ص) «تعیّن اوّل» است.[7]

۱۸۹۰ **گوید ار آیم به قدرِ یک کَمان[8]   من به سویِ تو، بسوزم در زمان**

جبرئیل می‌گوید: اگر به اندازهٔ کمانی به تو نزدیک‌تر شوم، فوراً می‌سوزم.

---

۱ - **ریش و سبلتِ تن :** حیات جسمانی، وجه جسمانیِ حیاتِ آدمی.

۲ - **بارنامه :** تفاخر، مدح و ثنا، رسم و قاعده و قانون.   ۳ - **روح حیوانی :** نازل‌ترین مرتبهٔ جان آدمی.

۴ - **روح انسانی :** روحِ جویای کمال.

۵ - **لب گزد :** به سکوت فرا می‌خوانَد، به معنی بوسیدن لب محبوب نیز می‌تواند باشد.

۶ - با استفاده از شرح مقدّمهٔ قیصری، ص ۲۱۶ و ۲۱۷.

۷ - عقل اوّل حَسَنه‌ای از حَسَنات حقیقت محمّدیّه(ص) است و انسان کامل محمّدی(ص) به اعتبار فنا در احدیّت، منشأ جمیع تعیّنات موجود در احدیّت است و به اعتبار آنکه اسم الله از تعیّنات کلّیّهٔ محمّدیّه(ص) است که در اسماء متجلّی می‌گردد، مبدأ تعیّنات اعیان ثابتهٔ ممکنات است و اعیان ثابته صورت ظاهر و باطن انسان‌اند: با استفاده از شرح مقدّمهٔ قیصری، ص ۲۲۳.   ۸ - اشاره به معراج پیامبر (ص): ر.ک: ۱۰۷۲/۱ و ۱۵۸۹/۱.

آشفتنِ آن غلام از نارسیدنِ جوابِ رُقعه از قِبَلِ پادشاه

این بیابان[۱] خود ندارد پا و سر　　　بی جوابِ نامه خسته‌ست آن پسر ۱۸۹۱

شرحِ معانی را حدّی نیست. باز گردیم که غلام جوابی دریافت نکرده و ناراحت است.

کِای عجب! چونم نداد آن شه جواب؟　　　یا خیانت کرد رُقعه بَرْ ز تاب[۲] ۱۸۹۲

غلام می‌اندیشد: چرا شاه جواب نامه‌ام را نداد؟ آیا نامه‌رسان حسد ورزید و خیانت کرد؟

رُقعه پنهان کرد و ننمود آن به شاه　　　کو منافق بود و آبی زیرِ کاه ۱۸۹۳

شاید نامه را به شاه نرسانده است. به نظر می‌آمد که منافق و حیله‌گر است.

رقعهٔ دیگر نویسم ز آزمون　　　دیگری جویم رسولِ ذوفنون[۳] ۱۸۹۴

برای امتحان بهتر است نامهٔ دیگری بنویسم و پیکِ خردمندی را بیابم.

بر امیر و مطبخی و نامه بر　　　عیب بنهاده ز جهل آن بی خبر[۴] ۱۸۹۵

آن غلام غافل از سر جهل از امیر و آشپز و نامه‌رسان ایراد می‌گرفت.

هیچ گِردِ خود نمی‌گردد که من　　　کژرَوی کردم چو اندر دین شَمَن[۵] ۱۸۹۶

هرگز در خویش جست‌وجویی نمی‌کرد که عیب و گمراهیِ خود را بداند.

کژوزیدنِ باد بر سلیمان[۶] علیه السَّلام به سبب زَلَّتِ[۷] او[۸]

وزش باد تاج سلیمان(ع) را کج کرد و در پاسخ او که خواسته بود، کج نَوَزَد، گفت: ای سلیمان، کج مرو «ور رَوی کژ، از کژم خشمین مشو».

---

۱ - **این بیابان:** مراد معانیِ بلند و معارف الهی است.　۲ - **ز تاب:** خشم ناشی از حسد.
۳ - **ذوفنون:** هنرمند، خردمند، اینجا عاقل.　۴ - **بی خبر:** اینجا جاهل و غافل.　۵ - **شَمَن:** بت‌پرست.
۶ - زندگی سلیمان(ع): ر.ک: ۲۶۱۶/۱ و ۵۶۳/۴.
۷ - **زَلَّت:** لغزش و لغزیدن، خطا، به طریقِ ادب استفاده می‌کنند چنانکه زلّت انبیا.
۸ - مأخذ آن حکایتی است در الهی نامهٔ عطّار، ص ۲۸۶، که در آن به سبب اندیشه‌ای که لحظه‌ای از خاطر سلیمان(ع) گذر کرد و خود را برترین شاه عالم دانست، وزش باد گوشه‌ای از شادُروانِ وی را فرو ریخت. همچنین مأخذ آن را روایتی در قصص الانبیاء ثعلبی، ص ۲۷۴ و تفسیر ابوالفتوح، ج ۴، ص ۴۶۹ دانسته‌اند که مضمونی مشابه دارد و در آن انگشتر سلیمان(ع) که نشانهٔ دوام حکومتش بود، در دست وی قرار نمی‌گرفت و بارها می‌افتاد و آصف برخیا علّت آن را فتنه‌ای ناشی از گناه دانست و از او خواست تا توبه کند و بالاخره پس از چهارده روز انگشتر در انگشتش قرار یافت: احادیث، صص ۳۸۰ و ۳۸۱.

سرّ سخن: هر کس نتیجهٔ اعمال خویش را می‌بیند، همان گونه که غلام دید و در این امر هیچ کس، حتّی سلیمان(ع) نیز علی‌رغم حشمت و شوکتی که دارد، از نتیجهٔ کج‌رویِ خویش مصون نیست.

۱۸۹۷ **بـاد بـر تـختِ سـلیمان رفت کـژ[1] پس سلیمان گفت: بادا! کـژ مَـغَژ[2]**

باد که مطیعِ سلیمان(ع) بود، بر تخت او کج وزید. سلیمان(ع) گفت: ای باد، کج‌روی نکن.

۱۸۹۸ **باد هم گفت: ای سلیمان! کـژ مـرو ور رَوی کژ، از کژَم خشـمین مشـو**

باد پاسخ داد: ای سلیمان، تو کج نرو و اگر رفتی، از کج‌روی من خشمگین نشو.

۱۸۹۹ **ایـن تـرازو[3] بـهرِ ایـن بِـنْهاد حـق تـا رود انـصافْ مـا را در سَـبَق[4]**

خداوند از ازل این قوانین الهی را وضع کرده است تا ما منصفانه رفتار کنیم.

۱۹۰۰ **از تـرازو کـم کـنی، مـن کـم کـنم تا تو با مـن روشـنی، مـن روشـنم**

اگر از عدل و انصاف عدول کنی و صادق نباشی، من نیز همان‌طور رفتار می‌کنم.

۱۹۰۱ **هـمچنین تـاج سـلیمان مـیل کـرد روزِ روشن را بر او چون لیـل کـرد**

همچنین تاجِ سلیمان(ع) کج شد و او را بسیار غمگین و نگران کرد.

۱۹۰۲ **گفت: تاجا! کژ مشو بـر فـرقِ مـن آفـتابا[5]! کـم مشـو از شـرقِ مـن[6]**

سلیمان گفت: ای تاج، بر سر من کج نشو. ای آفتاب، بر من بتاب.

۱۹۰۳ **راست می‌کرد او به دست آن تاج را باز کژ مـی‌شد بـر او تـاج ای فـتیٰ**

ای جوان، او با دست تاج را راست می‌کرد؛ امّا بار دیگر کج می شد.

۱۹۰۴ **هشت بارش راست کرد و گشت کژ گفت، تاجا! چیست آخِر؟ کژ مغژ**

هشت بار تاج را راست کرد و باز کج شد. گفت: ای تاج، چه شده است؟ کج نشو.

---

۱ - **کژ**: کج، اینجا به معنی عاری از لطف وزیدن، تند وزیدن یا توفانی شدن است.
۲ - **مَغَژ**: از غژیدن به معنی خزیدن، سُر خوردن، لیز خوردن.
۳ - **ترازو**: وسیله‌ای برای توزین، اینجا مراد قوانین الهیِ حاکم بر عالم امکان است.
۴ - **سَبَق**: پیشی گرفتن، درس، نیکلسون «در سَبَق» را «در زمان‌های گذشته» و دکتر استعلامی «در ازل» و قیدی برای فعل «بنهاد» دانسته است. ۵ - **آفتاب**: کنایه از نور نبوّت است. ۶ - **شرق من**: وجود من.

۱۹۰۵ **گفت :اگر صد رَه کنی تو راست، من کژ شوم چون کژ روی، ای مؤتمن[۱] !**

تاج گفت: ای قابل اعتماد، هر چه مرا راست کنی، اگر کج باشی، کج می‌شوم.

۱۹۰۶ **پس سلیمان اندرونه[۲] راست کرد دل بر آن شهوت[۳] که بودش، کرد سرد**

پس سلیمان(ع) به اصلاح درون پرداخت و به تعلّقاتی که در دلش ریشه دوانده بود، توجّه کرد.

۱۹۰۷ **بعد از آن تاجش همان دَم راست شد آنچنانکه تاج را می‌خواست، شد**

بلافاصله تاج همان‌گونه که او می‌خواست راست شد.

۱۹۰۸ **بعد از آنَش کژ همی کرد او به قصد تاج او می‌گشت تارَکْ‌جُو به قصد**

بعد از آن تعمّداً تاج را کج می‌کرد؛ ولی تاج بر فرق سرش راست قرار می‌گرفت.

۱۹۰۹ **هشت کرّت کژ بکرد آن مهترش راست می‌شد تاج بر فرقِ سرش**

آن مرد بزرگ هشت بار تاج را کج کرد؛ ولی تاج بر سرش راست شد.

۱۹۱۰ **تاج ناطق گشت کِای شه! ناز کُن چون فشاندی پر زگِل پرواز کن**

تاج به سخن آمد و گفت: ای شاه، مفتخر باش که جانت را از تعلّقات دنیوی رهانیدی. باز هم در اوجِ عالم معنا پرواز کن.

۱۹۱۱ **نیست دستوری کزین من بگذرم پرده‌هایِ غیبِ این بر هم دَرَم[۴]**

من اجازه ندارم که بیش از این شرح دهم و اسرار را برملا کنم.

۱۹۱۲ **بر دهانم نِهْ تو دستِ خود، ببند[۵] مر دهانم را، زِ گفتِ ناپسند**

دستت را بر دهانم بگذار و مرا از گفتن آنچه که مصلحت نیست باز دار.

۱۹۱۳ **پس تو را هر غم که پیش آید، ز دَرد بر کسی تُهمت مَنِه، بر خویش گَرد**

پس هرگاه غم و دردی رسید، نتیجهٔ اعمال خودِ توست، دیگران را متّهم نکن، در درون خویش به جست‌وجو بپرداز.

---

۱ - **مؤتَمَن :** کسی که مورد اعتماد است. ۲ - **اندرونه :** درون، باطن.

۳ - **آن شهوت :** اینجا تمایل و یا تعلّق دنیوی .

۴ - این سخنان مولاناست که همانند موارد متعدّد دیگر از افشایِ بیشترِ اسرار خودداری می‌کند.

۵ - احتمالاً مخاطب این بیت حُسام‌الدّین است.

۱۹۱۴ **ظن مبر بر دیگری ای دوستکام[۱] ! آن مکن کـه مـی‌سگالید[۲] آن غـلام**

ای انسان سعادتمند، به دیگران بدگمان نشو و خود را به پندارهای آن غلام مبتلا نکن.

۱۹۱۵ **گاه جـنگش بـا رسـول و مَـطبخی گـاه خشـمش بـا شـهنشاهِ سـخی**

غلام، گاه با نامه‌رسان و آشپز درگیر می‌شد و گاه از شاه جوانمرد خشمگین بود.

۱۹۱۶ **همچو فرعونی[۳] که موسی هِشته بود طـفلکانِ خـلق را سـر مـی‌ربود**

همانند فرعون که موسی(ع) را در خانه می‌پرورد و سرِ کودکانِ دیگر را می‌بُرید.

۱۹۱۷ **آن عـدو در خـانهٔ آن کـوژدل[۴] او شـده اطـفال را گـردن گُسِـل**

دشمن اصلی در خانهٔ آن نادان بود؛ امّا او گردن اطفال را می‌بُرید.

۱۹۱۸ **تو هـم از بـیرون بـدی بـا دیگـران واندرون خوش گشته با نفسِ گران**

تو هم با دشمن بیرونی می‌جنگی و با دشمن درونی به خوشی رفتار می‌کنی.

۱۹۱۹ **خود عدوّت اوست، قندش می‌دهی وز برون تُهمت به هر کس مـی‌نهی**

دشمن تو نَفْس است کـه هـمواره خـواسته‌های پستش را بـر مـی‌آوری و دیگـران را متّهم می‌کنی.

۱۹۲۰ **همچو فرعونی تـو، کـوژ و کـوژدل با عدو خوش، بـی‌گناهان را مُـذِل[۵]**

تو همانند فـرعون کـور و جـاهل هسـتی کـه دشـمن را عـزیز مـی‌داری و بـی‌گناهان را آزار می‌رسانی.

۱۹۲۱ **چـند فـرعونا ! کُشـی بـی‌جُرم را؟ مـی‌نوازی مـر تـنِ پـر غُـرم[۶] را؟[۷]**

ای فرعون، تا کی بی‌گناهان را می‌کشی و این تنِ پرگناه را می‌نوازی؟

۱۹۲۲ **عـقلِ او بـر عـقلِ شـاهان مـی‌فزود حکمِ حق بی‌عقل و کورَش کرده بود**

فرعون از شاهانِ دیگر عاقل‌تر بود؛ امّا قضای الهی او را بی‌خرد و بی‌بصیرت کرده بود.

---

۱ - **دوستکام**: یار مهربان و خیرخواه، کامکار، خوشبخت. ۲ - **می‌سگالید**: می‌اندیشید.

۳ - قصّهٔ فرعون و موسی(ع) : ر.ک: ۹۲۵/۱ و ۸۴۰/۳ ۴ - **کوردل**: نادان، جاهل، نفهم.

۵ - **مُذِلّ**: خوارکننده، اینجا مراد آزار و اذیّتی است که توسط فرعون به قوم بنی اسرائیل می‌رسید.

۶ - **غُرم**: غرامت، تاوان، تنِ پر غُرم یعنی تاوانی که باید تن ما به سبب وجودِ وجوه نفسانی و گناه‌آلودِ خود بدهد.

۷ - خطاب به همهٔ غافلان است.

۱۹۲۳ **مُهرِ حق بر چشم و بر گوش[1] خِرَد   گر فلاطون[2] است، حیوانَش کند[3]**

قهر الهی، عقلِ آدمی را زایل می‌کند و از ادراک حقایق محروم می‌دارد.

۱۹۲۴ **حکمِ حق بر لوح[4] می‌آید پدید[5]   آنچنانکه حکمِ غیبِ بایزید**

حکمِ حق که در لوح ازل است بر لوح دلِ پاک آشکار می‌شود، همان‌طور که زاده شدن ابوالحسن خرقانی بر دلِ پاک بایزید بسطامی آشکار شد.

شنیدنِ شیخ ابوالحسن رَضِیَ اللّٰهُ عَنْهُ خبر دادنِ ابویزید را و بودِ او و احوالِ او

قصّهٔ «مژده دادن ابویزید از زادن ابوالحسن خَرَقانی» که در آن جانِ‌کلام در شرفِ «علمِ حاصل از تصفیه» است در بیت ۱۸۰۲ همین دفتر آغاز شده بود و اینک ادامهٔ آن را می‌خوانیم.

۱۹۲۵ **همچنان آمد که او فرموده بود   بوالحسن از مردمان آن را شنود**

شیخ خَرَقانی همان‌طور که بایزید فرموده بود، متولّد شد و پیشگویی را شنید.

۱۹۲۶ **که حَسَن باشد مُرید و اُمّتم   درس گیرد هر صباح[6] از تُربتم**

که بایزید فرموده است: ابوالحسن از مریدانِ من است و هر روز بر مزارم تعلیم خواهد گرفت.

۱۹۲۷ **گفت: من هم نیز خوابش دیده‌ام   وز روانِ شیخ این بشنیده‌ام**

ابوالحسن گفت: من هم در خواب بایزید را دیده‌ام و از وی همین مطلب را شنیده‌ام.

---

۱ – اشارت قرآنی؛ بقره: ۷/۲؛ ر.ک: ۴۰۹/۱، ۶۸۱/۲ و ۱۱۰۹/۳.
۲ – **فلاطون**: افلاطون الهی، ر.ک: ۱۱۳۸/۱، مراد مظهر خرد و دانایی است.
۳ – مراد آن است که عقل و خرد او تحت سیطرهٔ نفس امّاره قرار می‌گیرد.
۴ – **لوح**: لوح محفوظ ۱۰۶۹/۱، لوح قَدَر ۱۷۴/۲.
۵ – مراد آن است که: احکام الهی در لوح قَدَر که محلّ ظهور کلمات موجود در عقل اوّل است، ظاهر است که آن را نَفْس کلّی و کتاب مبین هم دانسته‌اند و به اعتبار آنکه خزینهٔ ادراکات نفوس جزیی است، آن را لوح محفوظ هم گویند، در مقابل نَفْسی که مُنْطَبِع در جسم کلّی است به لوح محو و اثبات تعبیر می‌گردد: شرح مقدّمهٔ قیصری، ص ۲۱۶.
۶ – **صباح**: صبح، چنانکه در ۱۸۰۲/۴ نیز آوردیم، عطّار در تذکرةالاولیاء نقل کرده که خَرَقانی شب‌ها بر سر مزار بایزید می‌رفته است؛ امّا مولانا به سرّ سخن توجّه دارد و جزییّات ظاهری برای وی شأنی ندارد.

هر صباحی رُو نهادی سویِ گور — ایستادی تا ضُحیٰ[1] اندر حضور[2] ۱۹۲۸

هر سپیده‌دم بر سر مزار بایزید می‌رفت و تا طلوع آفتاب آنجا می‌ایستاد.

یا مثالِ شیخ پیشش آمدی — یا که بی‌گفتی شِکالش حل شدی ۱۹۲۹

یا تمثال بایزید در برابرش آشکار می‌شد و یا باطناً مشکلش حل می‌شد.

تا یکی روزی بیامد با سُعود[3] — گورها را برفِ نو پوشیده بود ۱۹۳۰

تا اینکه روزی با امیدواری بر سر تربت رفت؛ امّا برف مزارها را پوشانده بود.

تُوی بر تُو برف‌ها همچون عَلَم — قُبّه قُبّه دید و شد جانش به غم ۱۹۳۱

برف‌ها روی هم انباشته بود. او با دیدن توده‌های عظیم برف غمگین شد.

بانگش آمد از حَظیرهٔ[4] شیخِ حَیّ: — هٰا اَنَا اَدْعُوکَ، کَیْ تَسْعیٰ اِلَیّ ۱۹۳۲

از مزار بایزید صدایی رسید که می‌گفت: هان، من می‌خواهم که به سویم بیایی.

هین بیا این سو، بر آوازم شتاب — عالم ار برف است، روی از من متاب[5] ۱۹۳۳

به این طرف بیا و به سخنانم گوش بده. اگر دنیا را برف بپوشانَد، از من روی مگردان.

حالِ او زآن روز شد خوب و بدید — آن عجایب را که اوّل می‌شنید[6] ۱۹۳۴

از آن روز احوال شیخ بهتر شد و شگفتی‌هایی را که شنیده بود به چشم دید.

رُقعهٔ دیگر نوشتنِ آن غلام پیشِ شاه، چون جوابِ آن رُقعهٔ اوّل نیافت

نامهٔ دیگر نوشت آن بدگُمان — پُر ز تشنیع[7] و نفیر و پُر فغان ۱۹۳۵

غلامِ اسیرِ پندار، نامه‌ای دیگر به شاه نوشت که سرشار از بدگویی و ناله و فغان بود.

---

۱ - **ضُحیٰ**: طلوع آفتاب. ۲ - **اندر حضور**: بر سر مزار با حضور قلب و با احترام ظاهری و باطنی.
۳ - **سُعود**: فرخندگی، مبارکی، همایون شدن، اینجا با امید برخورداری از سعادتِ ادراک حقایق.
۴ - **حَظیره**: محوطه‌ای که با چوب محصور شده است، گور، قبر.
۵ - مراد آن است که به هیچ دلیل از طلب روی نگردان. ۶ - از مرحلهٔ علم الیقین به عین الیقین رسید.
۷ - **تشنیع**: بدگویی، دشنام.

که: یکی رقعه نبشتم پیشِ شه — ای عجب! آنجا رسید و یافت ره؟ ۱۹۳۶

و نوشت: نامهٔ دیگری نوشته بودم، آیا به شما رسیده است؟

آن دگر را خواند هم آن خوبْخَد[1] — هم نداد او را جواب و تن بزد[2] ۱۹۳۷

آن شاه صاحب جمال نامه را خواند و پاسخی نداد.

خشک می‌آورد[3] او را شهریار — او مکرّر کرد رُقعه پنج بار ۱۹۳۸

شاه از پاسخ دادن خودداری می‌کرد و غلام پنج بار نامه نوشت.

گفت حاجب: آخر او بندهٔ شماست — گر جوابش بر نویسی، هم رواست ۱۹۳۹

حاجب به شاه گفت: آخر او از غلامان شماست، شایسته است به او پاسخی بدهید.

از شهیِ تو چه کم گردد؟ اگر — بر غلام و بنده اندازی نظر ۱۹۴۰

اگر به غلام خود توجّهی کنی از مقام بلندت کاسته نمی‌شود.

گفت: این سهل است، امّا احمق است — مردِ احمق، زشت و مردودِ حق است ۱۹۴۱

شاه گفت: نامه نوشتن کار سختی نیست؛ امّا او احمق و مردود درگاه حق است.

گرچه آمُرزم گناه و زَلّتش[4] — هم کُند بر من سرایت علّتش ۱۹۴۲

اگر خطا و حماقت او را ندیده بگیرم، کم‌کم حماقتش در من اثر می‌کند.

صد کس از گَرگین[5] همه گَرگین شوند — خاصه این گَرّ خبیثِ ناپسند ۱۹۴۳

همان‌طور که آدمِ گر گروهی را مبتلا می‌کند، حماقتِ این غلامِ پلید مطرود نیز مسری است.

گَرِّ کم عقلی مبادا گبر را — شُومِ او بی آب دارد ابر را[6] ۱۹۴۴

خدا نکند که حتّی کافر به حماقت مبتلا شود؛ زیرا حماقت شوم و زایل کنندهٔ رحمت است.

نَم نبارد ابر از شومی او — شهر شد ویرانه از بومیِ[7] او ۱۹۴۵

ابر به سبب شومیِ احمق قطره‌ای نمی‌بارد و شهر از بدیُمنی‌اش ویران می‌شود.

---

۱ - **خَد**: رخسار. ۲ - **تن بزد**: به روی خود نمی‌آورد، سکوت می‌کرد.
۳ - **خشک می‌آورد**: کنایه از خاموش ماندن و سکوت کردن است. ۴ - **زَلّت**: لغزش.
۵ - **گَرْگین**: مبتلا به گر یا کچلی. ۶ - **بی‌آب دارد ابر را**: از بین برندهٔ خوبی‌ها و رحمت است.
۷ - **بومی**: بوم بودن، جغد بودن، بدشگونی و بدیُمنی.

۱۹۴۶ **از گَـرِ آن احـمقان طـوفانِ نـوح — کرد ویـران عـالمی را در فُـضوح[۱]**

از حماقت قوم نوح آن توفان عظیم جهانی را ویران کرد.

۱۹۴۷ **گفت پیغمبر که: احمق هر که هست — او عدوّ ماست[۲] و غولِ رَهزن است**

پیامبر(ص) گفت: احمق دشمن ماست و با حماقتش دیگران را از راه راست باز می‌دارد.

۱۹۴۸ **هر که او عاقل بُوَد او جانِ ماست — روح او و ریحِ او ریـحانِ مـاست[۳]**

عاقل، عزیزِ ماست. روح و رایحه‌اش برای ما همانند گل و ریحان، عطرآگین و موجب انبساط خاطر است.

۱۹۴۹ **عقل دشـنامم[۴] دهـد مـن راضـی‌اَم — زانکـه فـیضی دارد از فـیّاضی‌اَم[۵]**

سرزنشِ عقل را به جان می‌پذیرم؛ زیرا «عقلِ معاد» یا «عقلِ جویایِ کمال» از فیضِ «عقلِ کُل» بهره‌مند است؛ پس می‌توان ملامتِ او را ملامتِ «عقلِ کُل» دانست.

۱۹۵۰ **نَـبْوَد آن دشـنامِ او بـی‌فایده — نَـبْوَد آن مـهمانِیَش بـی‌مایده[۶]**

ملامت عقل بیهوده نیست. خوانی که می‌گسترد خالی نیست.

۱۹۵۱ **احـمق ار حـلوا نـهد انـدر لَـبَم — مـن از آن حـلوایِ او انـدر تَـبَم**

آدمِ احمق دوستی و محبّتش هم خطرناک و زیان‌آور است.

۱۹۵۲ **این یقین دان گر لطـیف و روشـنی — نیست بوسهٔ کونِ خـر را چـاشنی[۷]**

اگر انسان روشنی هستی باید بدانی که بوسیدن ماتحت درازگوش لطفی نـدارد؛ یـعنی دوستی با آدم احمق هم همین قدر ناخوشایند است.

---

۱ - **فُضوح**: رسوایی.

۲ - اشاره است به این جمله: أَلْاَحْمَقُ عَدُوّی وَالْعَاقِلُ صَدیقی: احمق دشمن من و عاقل دوست من است: احادیث، ص ۳۸۱، استاد زرّین کوب در سرّ نی، ج ۱، ص ۴۲۷، احتمال داده است که این جمله از امثال و حکم منسوب به دیگران باشد. از امام رضا(ع) هم جمله‌ای تقریباً با همین مضمون روایت کرده‌اند: «دوست هرکس عقل اوست و دشمنش نادانیِ او». ۳ - مراد وجه روحانی و معنوی اوست که به عِطر معارف معطّر شده است.

۴ - **دشنام دادن**: فحش دادن، عیب کسی را گفتن، ناسزا، ملامت و سرزنش، سَقَط گفتن.

۵ - عقل اوّل، اوّلین تجلّی حق است و علّت و واسطه در فیض و در واقع اوّلین صورت وجود مطلق و حضرت الهیّه است که وجود خارجی پیداکرده است؛ پس فعلاً و کمالاً عین حقایق است: شرح مقدّمهٔ قیصری، صص ۴۷۳-۴۷۱.

۶ - **مایده**: طعام. ۷ - **چاشنی**: مزه.

۱۹۵۳ **سبلَتَت گَنده کُند[۱] بی‌فایده[۲] جامه از دیگش سیه،[۳] بی‌مایده[۴]**

به سبب حماقتش تو را بی‌آبرو و خوار می‌کند، بی‌آنکه از او بهره‌ای برده باشی.

۱۹۵۴ **مایده، عقل است، نی نان و شِوا[۵] نورِ عقل است ای پسر جان را غِذا**

خوانِ راستین «نورِ عقل و خِرد و بصیرت» است که «غذای جان» است، نه نان و کباب.

۱۹۵۵ **نیست غیرِ نور، آدم را خورش از جُزِ آن، جان نیابد پرورش**

غذایی که موجب ارتقا و پرورشِ جان است، چیزی جز نور نیست.

۱۹۵۶ **زین خورش‌ها اندک اندک باز بُر کین غذایِ خر بُوَد نه آنِ حُر[۶]**

سعی کن آرام آرام خود را از غذاهای مادّی که خاصّ زندگی حیوانی است، بِرَهانی.

۱۹۵۷ **تا غذایِ اصل را قابل شوی لقمه‌های نور را آکِل[۷] شوی**

با امساک در غذا و توجّه به عالم معنا، بیشتر می‌توانی انوار حق را جذب کنی.

۱۹۵۸ **عکسِ آن نور است، کین نانْ نان‌شده‌ست فیضِ آن جان‌است، کین جانْ جان‌شده‌ست**

در پرتو نورِ حق نان قابل جذب شده و «جان» قابلیّت ارتقا یافته است.

۱۹۵۹ **چون خوری یک بار از مأکولِ نور خاک ریزی بر سرِ نان و تنور[۸]**

اگر تجربهٔ جذب نور حق را داشته باشی، لذّت‌های این جهانی را خوار می‌بینی.

۱۹۶۰ **عقلْ دو عقل است: اوّل مَکْسَبی[۹] که در آموزی چو در مکتب صَبی[۱۰]**

عقل دو گونه است: یکی «عقلِ اکتسابی» است که از طریق آموزش حاصل می‌شود.

۱۹۶۱ **از کتاب و اوستاد و فکر و ذِکر از معانی وز علومِ خوب و بکر**

«عقل اکتسابی» با کتاب، تعلیم، اندیشیدن، حفظ کردن معانی و دانشِ مفید و نو به دست می‌آید.

---

۱ - **سِبلَتَت گَنده کُند :** کنایه از منفور و بی‌آبرو کردن کسی است.
۲ - **بی فایده :** اینجا یعنی بدون آنکه تو تقصیری داشته باشی.
۳ - **جامه از دیگش سیه بی‌مایده :** یعنی بدون آنکه هیچ بهره‌ای برده باشی، خوارت می‌کند.
۴ - **بی مایده :** بدون طعام، اینجا یعنی بدونِ هیچ حاصل و فایده‌ای. ۵ - **شِوا :** شِواء: گوشت بریان، کباب.
۶ - **حُر :** آزاده، کسی که بتواند به دنیای ماورای حس راهی داشته باشد، انسان کمال طلب.
۷ - **آکِل :** خورنده. ۸ - مراد آن است که لذّت‌ها و تمتّعات دنیوی در نظرت بی‌قدر می‌شود.
۹ - **مَکْسَبی :** آنچه که از کسب به دست می‌آید. ۱۰ - **صَبی :** کودک.

عقل[1] تو افزون شود بر دیگران — لیک تو باشی ز حفظِ آن گِران ۱۹۶۲

بدین ترتیب «عقل اکتسابی»ات افزون می شود؛ امّا حفظِ آن همانند حمل بار خسته کننده است.

لوحِ حافظ باشی اندر دور و گشت — لوح[2] محفوظ اوست کو زین درگذشت ۱۹۶۳

با تعلیم و تعلّم، حافظه‌ات همانند لوحی محفوظاتی را ضبط می‌کند که «علمِ بحثی» است و از نقص و خطا ایمن نیست، در حالی که عارف دارایِ «علمِ کشفی» است که از «عقلِ ایمانی»[3] نشأت یافته و به منبع علم متّصل است؛ بنابراین از نقص و خطا ایمنی دارد.

عقلِ دیگر بخشش یزدان بُوَد — چشمهٔ آن در میانِ جان بُوَد ۱۹۶۴

علاوه بر «عقلِ جزوی» یا «عقلِ اکتسابی»، که در محدودهٔ حس فعالیّت می‌کند، عقل دیگری نیز هست که به آن «عقلِ ایمانی» یا «عقلِ وَهْبی» می‌گویند و «موهبتی الهی» است که منشأ «ادراک معارف و علومِ غیبی» است. این عقل، همانند چشمه‌ای در میان جان عارف می‌جوشد و از نقص و فساد مبرّاست.

چون ز سینه آبِ دانش جوش کرد — نه شود گَنده، نه دیرینه، نه زرد ۱۹۶۵

اگر «علمِ تحقیقی» از باطن انسان بجوشد، هرگز جریانِ آن دچار عیب و نقص نمی‌شود.

ور رهِ نَبْعش[4] بُوَد بسته، چه غم؟ — کو همی جوشَد ز خانه دم به دم ۱۹۶۶

اگر مجرایِ چشمه بسته شود، باکی نیست؛ زیرا منشأ آن همواره جوشان است.

عقلِ تحصیلی مثالِ جوی‌ها — کآن رود در خانه‌یی از کوی‌ها ۱۹۶۷

«عقلِ اکتسابی»، همانند آبی است که از طریق جوی به خانه وارد می‌شود.

راهِ آبش بسته شد، شد بی‌نوا — از درونِ خویشتن جو چشمه را ۱۹۶۸

اگر راه آب به هر دلیلی بسته شود، دچار نقص می‌شود. باید چشمه را در جانِ خود جست.

---

۱ - در واقع «عقلِ اکتسابی» همان «عقلِ جزوی» است که تحت تعلیم در محدودهٔ «سواد و حرف» قرار گرفته و به آن «عقلِ بحثی» هم می‌گویند. دانش حاصل از آن مبتنی بر خطا و نقصان است؛ زیرا به منبع علم اتّصال ندارد و برخلاف علم عارف که ناشی از صفایِ دل و توجّهِ به حق است، متضمّن رهایی از خودبینی و نجات نیست و همواره با تکیه بر «بُرهان و قیاس» که آلت و ابزار فکر است، در حیطهٔ عالم حس باقی می‌ماند و به ماورای آن که جز با دل و پَرِ عشق نمی‌توان پرواز کرد راهی ندارد. ۲ - **الواح** : ر.ک: ۲۶۶۰/۱.

۳ - **عقل ایمانی** : هرگاه عقل جزوی کمال یابد، به آن «عقلِ ایمانی» گویند که مولانا آن را به «عقلِ تحقیقی» هم تعبیر می‌کند. ۴ - **نَبْع** : جوشیدن آب از چشمه.

قصّهٔ آن که کسی به کسی مشورت می‌کرد، گفتش: مشورت با دیگری کن، که من عدویِ تُوأم

شخصی برای چاره‌جویی در مشکلی با کسی مشورت می‌کرد. مشاور گفت: برای مشورت باید دوستی را بیابی که خیرخواه تو باشد من عدوی تو محسوب می‌شوم. هیچ کس از رأی عدو به پیروزی دست نیافته است. مشورت جوینده که مردی زیرک و اهل معنا بود، در پاسخ گفت: می‌دانم تو دشمن دیرینهٔ منی؛ امّا مردی عاقل و اهل معنا هستی، عقل تو بر نَفْس‌ات چیره است و مانند شِحنه‌ای است که دزدِ نَفْس را تأدیب می‌کند؛ پس به رأی صوابی که در مشورت خواهی داد، اعتماد دارم.

سرّ قصّه ناظر است به این معنا که اعتبارِ اصلی با «عقل و خردِ ایمانی» است که مشورت در امور را می‌توان از آن متوقّع بود؛ حتّی اگر نزد به ظاهر عدو باشد. همچنین بیان تقابلی است میان عقل ایمانی و نَفْس.

۱۹۶۹ مشورت می‌کرد شخصی با کسی ‌‌ کز تردّد وارهد وز مَحْبَسی[1]

شخصی با کسی مشورت می‌کرد تا از تردید و دودلی رهایی یابد.

۱۹۷۰ گفت: ای خوش نام غیرِ من بجو ‌‌ ماجرایِ مشورت با او بگو

خردمند گفت: ای مرد سنجیده، برای مشورت کس دیگری را انتخاب کن.

۱۹۷۱ من عدوّم مر تو را، با من مپیچ ‌‌ نَبْوَد از رایِ عدو پیروز هیچ

من دشمن تو هستم. به من متوسّل نشو. در مشورت با دشمن خیری نیست.

۱۹۷۲ رو کسی جو که تو را او هست دوست ‌‌ دوست بهرِ دوست، لاشک خیرجوست

برو و دوستی را پیدا کن که خیرخواهِ تو باشد.

۱۹۷۳ من عَدُوَّم، چاره نَبْوَد کز منی ‌‌ کژ رَوَم، با تو نمایم دشمنی

من با تو دشمن هستم، طبیعی است که با خودخواهی و به طریقی دشمنی‌ام بروز خواهد کرد.

۱۹۷۴ حارسی[2] از گُرگ جُستن، شرط نیست ‌‌ جُستن از غیرِ محل ناجُستنی‌ست

گرگ نمی‌تواند نگهبانی کند. هر چیز را باید از منبع و محلّ خودش جُست.

---

۱ - مَحْبَس: زندان، اینجا تردید به زندان مانند شده است. ۲ - حارِسی: نگهبانی.

۱۹۷۵ من تـو را بـی هـیچ شکّی دشـمنم مــن تـو را کـی ره نـمایم؟ ره زنـم

من بدون تردید دشمنت هستم و راه خیر را نشان نمی‌دهم و گمراهت می‌کنم.

۱۹۷۶ هــر کــه بـاشد هـمنشینِ دوسـتان هست در گـلخن[1]، مـیانِ بـوستان

مجالست با دوستان بوستان است؛ حتّی در بدترین جا.

۱۹۷۷ هر که بـا دشـمن نشـیند در زَمَـن[2] هست او در بـوستان در گـولخن

همنشینی با دشمنان عذاب است؛ حتّی در بوستان.

۱۹۷۸ دوست را مآزار[3] از مـــا و مَـنَت تا نگردد دوست خصم و دشـمنت

با خودبینی و من و ما گفتن، دوست را نیازار تا دشمن نشود.

۱۹۷۹ خــیر کــن بـا خـلق بهرِ ایـزدت یـا بـرای راحتِ جـانِ خـودت

یا برای رضای خدا به خلق نیکی کن یا برای آسایشِ خودت.

۱۹۸۰ تــا هــماره دوست بـینی در نـظر در دلت ناید زکین، ناخوش صُـوَر

تا چشمت همواره همه کس را دوست و همه چیز را خوشایند ببیند.

۱۹۸۱ چونکه کردی دشـمنی، پـرهیز کـن مشـورت بـا یـارِ مِـهرانگیز[4] کـن

اگر با کسی دشمنی کردی از او پرهیز کن. فقط دوست می‌تواند مشاور خوبی باشد.

۱۹۸۲ گفت: می‌دانم تو را ای بـوالحسـن! کــه تـویی دیـرینه دشـمنْدارِ مـن

مرد گفت: ای انسان نیک، تو را می‌شناسم و می‌دانم که دشمن دیرینهٔ من هستی.

۱۹۸۳ لیک مــردِ عـــاقلی و مــعنوی عــقلِ تـو نگـذاردت کـه کـژ روی

امّا تو خردمند و اهل معنا هستی. عقلت اجازه نمی‌دهد که مرتکب خطا بشوی.

۱۹۸۴ طبعْ خواهد تا کَشَد از خـصمْ کـین عــقل بـر نَـفْس است بـندِ آهـنین

سرشت آدمی می‌خواهد از دشمن انتقام بگیرد؛ امّا عقل همانند زنجیر «نَفْس» را مهار می‌کند.

---

۱ - **گلخن**: تون حمّام، کنایه از جای بد و سخت.   ۲ - **زَمَن**: زمین، مراد در زندگی است.

۳ - **مآزار**: مخفّف میازار.   ۴ - **یار مهرانگیز**: دوست مهربان.

۱۹۸۵ **عقل چون شِحنه‌ست[2] در نیک و بَدَش   آیـد و منعش کـند، وادارَدَش[1]**

عقل، نَفْس را مهار و از بدی منع می‌کند و همانند قاضی، داورِ نیک و بدِ نَفْس است.

۱۹۸۶ **عقلِ ایمانی چو شِحنهٔ عادل است   پاسبان و حاکمِ شهرِ دل است**

عقلِ ایمانی، همانند داروغهٔ عادل، قابل اعتماد است و دل را از وسوسه‌ها حفظ می‌کند.

۱۹۸۷ **همچو گربه باشد او بیدارْهوش[3]   دزد[4] در سوراخ مانَد همچو موش**

او، همانند گربهٔ باهوشی است که «نَفْس» از ترسِ او مثل موش پنهان می‌شود.

۱۹۸۸ **در هر آنجا که بر آرَد موش دست   نیست گربه، یا که نقشِ گربه است**

هرجا که نَفْس ترکتازی می‌کند، عقل ایمانی نیست، اگر هم باشد، شبیه آن است.

۱۹۸۹ **گربهٔ چه؟ شیرِ[5] شیرافکن بُوَد   عقلِ ایمانی که اندر تن بُوَد**

مثال گربه مناسب نیست؛ زیرا اگر عقل، عقل ایمانی باشد، هیچ نَفْسِ نیرومندی در برابر آن یارای مقاومت ندارد.

۱۹۹۰ **غُرّهٔ او[6] حاکمِ درّندگان   نعرهٔ او مانعِ چرّندگان**

«عقلِ ایمانی» حاکمِ «قوایِ نفسانی» است و در پرتو انوارش صفاتِ پست محو می‌شود.

۱۹۹۱ **شهر پُر دزد است و پُر جامه‌کَنی   خواه شِحنه[7] باش گو و خواه نی**

اگر شهر پر از دزد و جیب‌بر باشد، وجود داروغه در میان این همه خطاکار ثمری ندارد.

---

۱ - **وادادرش**: باز می‌داردش، منعش می‌کند.   ۲ - **شِحْنَه**: داروغه، کسی که می‌تواند داوری و قضاوت کند.
۳ - **گربهٔ بیدارهوش**: مراد عقل ایمانی است.   ۴ - **دزد**: کنایه از نفس امّاره است.
۵ - در اینجا هم عقل ایمانی و هم قوای نفسانی به شیر مانند شده‌اند.   ۶ - **غرّهٔ او**: حضور او.
۷ - اگر دلی سرشار از وسوسه‌های نفسانی باشد قطعاً عقل از مرتبهٔ خود تنزّل کرده و نفسانی شده است؛ پس دیگر شحنه‌ای در کار نیست.

امیر کردنِ رسول علیه السّلام جوانِ هُذَیلی[۱] را بر سَریّه‌یی[۲] که در آن پیران و جنگ آزمودگان بودند[۳]

حضرت رسول(ص) برای جنگ با کافران و دفع شرّ ایشان لشکری را بسیج کرد و علی‌رغم حضور پیران و جنگ‌آزمودگان، جوانی از قبیلهٔ هُذَیل را برای فرماندهی سپاه برگزید و در پاسخ بوالفضولی که از سر حسد معترض شد و عَلَم مخالفت برافراشت، فرمود: هرچند که انبیا حلیم و صبورند و اینک به تو مجال سخنوری داده شده است؛ امّا بدان که اظهار نظرِ تو در برابر بینایی که اسرار نهان را می‌داند، خطاست. عقل او را بارها آزموده‌ام و خردمندی‌اش را بارها دیده‌ام. پیر بودن به پختگی و کمالِ عقل است، نه به سفیدیِ ریش و مو **«پیر، پیرعقل باشد ای پسر!»**

یک سَریّه می‌فرستادش رسول — بهرِ جنگِ کافر و دفعِ فضول ۱۹۹۲

رسول اکرم(ص) لشکری را برای جنگ با کافران و دفع آنان گسیل می‌داشت.

یک جوانی را گزید او از هُذَیل[۴] — میرِ لشکر کردش و سالارِ خَیْل ۱۹۹۳

جوانی از قبیلهٔ هُذَیل را انتخاب کرد و به فرماندهی لشکر برگزید.

اصلِ لشکر بی‌گمان سَروَر بُوَد — قومِ بی سَروَر تنِ بی سر بُوَد ۱۹۹۴

ستون اصلی لشکر فرمانده آن است. قوم بی فرمانده، همانند تن بی سر است.

---

۱ - **جوان هُذَیلی** : مراد اُسامة بن زید بن حارثة بن شراحیل کَلْبی است که پدرش زید بردهٔ خدیجه(س) بود که رسول(ص) از خدیجه(س) خواست که وی را به حضرت ببخشد و او چنان کرد و پیامبر(ص) زید را آزاد کرد. اُسامه هنگام رحلت رسول اکرم(ص) نوزده یا بیست ساله بود. نقل از نهایة‌الارب، ج ۳، ص ۲۰۴. **هُذَیلی** : وابسته به هُذَیل که قبیله‌ای است بزرگ منسوب به ابن مدرکة بن الیاس بن مضر.

۲ - **سَریّه** : پاره‌ای از لشکر، گروه یا سپاهی که مرکّب از پنج نفر تا چهارصد نفر باشد. در اصطلاح اهل حدیث به لشکری گفته می‌شد که حضرت رسالت پناه خود به ذات مقدّس در آن نباشد و به سرکردگی یکی از اَصحاب فرستاده باشند، مقابل غزو.

۳ - همانگونه که در منابع اسلامی آمده است این آخرین سَریّه‌ای است که رسول خدا(ص) مقدّمات آن را فراهم فرمود و پیش از گسیل داشتن آن رحلت کرده است. این سپاه به فرمان پیامبر(ص) عازم شام بود تا در برابر تهدید امپراتور روم شرقی مقابله کند. پس از درگذشت پیامبر(ص)، ابوبکر هم حکم فرماندهی اسامه را تأیید و تنفیذ کرد: نهایة الارب، ج ۲، ص ۳۳۰ و همچنین به نقل از دهخدا، ذیل اسامة.

۴ - **هُذَیل** : همانطور که قبلاً هم گفته شد، اینجا اشتباهی رخ داده است و مولانا این جوان را که از قبیلهٔ «بنی کَلْب» بود، به قبیلهٔ «هُذَیل» منسوب دانسته است.

ایـن هـمه که مُرده و پژمرده‌ای   زان بُوَد که تـرکِ سـرور[1] کـرده‌ای ۱۹۹۵

به خودت نگاه کن، اگر دل مُرده و افسرده‌ای، برای آن است که مرشد خود را ترک کرده‌ای.

از کَسَـل[2] وز بُـخل وز مـا و مـنی   می‌کَشی سر، خویش را سر می‌کنی ۱۹۹۶

از سرِ سستی و تنگ نظری و خودبینی از مرشد سرپیچی می‌کنی که خود را مطرح کنی.

همچو اُسـتوری کـه بگـریزد ز بـار   او سـرِ خـود گـیرد انـدر کـوهسار ۱۹۹۷

حالِ تو همانند چهارپایی است که از زیر بار فرار می‌کند و سر به کوه و دشت می‌گذارد.

صاحبش در پی دوان کِای خیره سر[3]   هر طرف گرگی‌ست[4] اندر قصدِ خر[5] ۱۹۹۸

صاحبش می‌دَوَد و می‌گوید: ای چموش گستاخ، گرگ‌ها برای دریدنِ خری چون تو در کمین‌اند.

گر ز چشمم این زمان غایب شوی[6]   پیشت آیـد هـر طـرف گـرگِ قـوی ۱۹۹۹

اگر از نظرم دور شوی از همه سو گرگ نیرومندی به سراغت خواهد آمد.

استخوانت را بخاید[7] چـون شکـر   کـه نـبینی زنـدگانی را دگـر[8] ۲۰۰۰

گرگ چنان استخوانت را با لذّت می‌جَوَد که دیگر زنده نمانی.

آن مگـیر، آخـر بـمانی از عـلف   آتش از بـی‌هیزمی گـردد تـلف ۲۰۰۱

فرض کنیم که اسیر شیطان نشوی؛ ولی از امداد که محروم می‌مانی.

هـین بـمگریز از تـصرّف کـردنم   وز گـرانـی بـار، کـه جـانت مـنم ۲۰۰۲

آگاه باش و هرگز از حمایت مرشد فرار نکن؛ حتّی اگر بارِ تکالیف سنگین باشد؛ زیرا جانِ تو از جانِ من به کمال می‌رسد.

تو ستوری هم که نَفْست غالب است   حکمْ غالب را بُوَد ای خودپرست[9]! ۲۰۰۳

ای خودپرست، نَفْس امّاره که بر چهارپایان سیطره دارد، بر تو هم غالب است.[10]

---

۱ - **سَروَر**: مراد استاد و مُرشد کامل است.   ۲ - **کَسَل**: کسالت، سستی.   ۳ - **خیره سر**: چموش، گستاخ.
۴ - **گرگ**: کنایه از شیطان، وسوسه‌ها.   ۵ - **خر**: کنایه از سالکِ نادان و چموش.
۶ - اگر نظر عنایت مرد حق و چتر حمایت و هدایتش از سالکی برگرفته شود.   ۷ - **بخاید**: بجَوَد.
۸ - مراد آن است که به هلاکت روحانی می‌رسی؛ یعنی دلت را سیاه و جانت را تباه می‌کند.
۹ - این خطاب متضمّن صنعت ایهام است؛ زیرا هم به این معنی است که حکم تو حکم ستور است که غالب وجودت از جنس اوست و هم می‌تواند به این معنی باشد که چون نَفْس بر تو غلبه دارد، حکم متعلّق به اوست که غالب بر توست: سرّ نی، ج ۱، ص ۲۵۹. همچنین با استفاده از: مثنوی به تصحیح دکتر استعلامی، ج ۴، ص ۳۰۷.
۱۰ - اشارت قرآنی؛ اعراف: ۱۷۹/۷؛ ر.ک: ۸۶۷/۱ و ۱۶۱۱/۲.

۲۰۰۴ **خر نخواندت، اسب خواندت ذوالجلال   اسبِ تازی را عرب گوید: تَعال[۱]**

خداوند تو را «خر» نخوانده؛ بلکه «اسب» خوانده است؛ زیرا در زبان عرب به «اسب تازی» که «قابلیّت و استعداد» تربیت شدن را دارد، «تعال» می‌گویند؛ یعنی بیا.

۲۰۰۵ **میرِ آخُر[۲] بود حق را مصطفی   بهرِ اُستورانِ[۳] نَفْس پُر جَفا**

پیامبر(ص) برای هدایت امّت که نَفْسشان همانند ستور از تهذیب می‌گریزد، «میرِ آخور» است.

۲۰۰۶ **قُلْ تَعالَوا گفت از جذبِ کَرَم   تا ریاضتْتان[۴] دهم، من رایضم[۵]**

خداوند بنا بر نظام کریمانه فرمود: «بگو: بیایید» تا شما را «تربیت» کنم؛ زیرا من تربیت کننده‌ام.

۲۰۰۷ **نَفْس‌ها را تا مُرَوَّض[۶] کرده‌ام   زین ستوران بس لگدها خورده‌ام**

برای تربیت و تهذیبِ نفس‌هایِ ناآرامِ سرکش، آزارهای بسیار دیده‌ام.

۲۰۰۸ **هر کجا باشد ریاضت باره‌یی[۷]   از لگدهااَش نباشد چاره‌یی**

همواره و در هر عصری رسولان این اذیّت و آزارها را از مردم دیده‌اند.

۲۰۰۹ **لاجرم اغلب بلا بر انبیاست   که ریاضت دادنِ خامان بلاست**

ناگزیر بیشترین رنج را انبیا متحمّل می‌شوند؛ زیرا تربیتِ انسانِ خام محنت است.

۲۰۱۰ **سُکسُکان‌اید[۸]، از دَمَم[۹] یُرغا[۱۰] رَوید   تا یَواش[۱۱] و مرکبِ سلطان[۱۲] شوید**

شما در راهِ حق ناهموار می‌روید. با هدایتِ من رهوار بروید تا روح‌تان بر مرکبِ تن و نَفْس‌تان در خدمت بندهٔ حق باشد.

۲۰۱۱ **قُلْ تَعالَوا، قُل تَعالَوا، گفت رب   ای ستورانِ رمیده از ادب**

ای کسانی که نَفْس‌تان از تربیت گریزان است، خداوند فرموده است: بگو: بیایید، بیایید.

---

۱ - **تَعال** : بیا، فعل امر از تعالی، یعنی کسی در بالا باشد و کسی را که در پایین است، بخواند و گوید: بیا بالا، یعنی «ارتقا» و «کمال» بیاب.   ۲ - **میر آخُر** : سرپرست اصطبل.

۳ - **اُستوران** : نَفْسِ هواپرستان و دنیا دوستان که از حق و حقایق گریزان‌اند، به ستوران مانند شده است، ستورانی که سرکش‌اند و به سهولت رام نمی‌شوند.   ۴ - **ریاضت** : تربیت چهارپایان، اینجا تربیتِ نَفْس.

۵ - **رایض** : تربیت‌کنندهٔ چهارپایان.   ۶ - **مُرَوَّض** : اسب یا ستور تربیت شده.

۷ - **ریاضت باره** : کسی که مشتاق تربیت و تهذیبِ نَفْس مردم است.   ۸ - **سُکْسُک** : اسبی که رهوار نباشد.

۹ - **دَمَم** : با نَفَسم، یعنی با ارشاد و هدایت من.

۱۰ - **یُرغا** : راهوار و تیزرو، واژهٔ ترکی است، نرم‌تر و زیباتر از یورتمه رفتن است.   ۱۱ - **یواش** : آرام و ملایم.

۱۲ - **سلطان** : مراد حق است.

گر نیایند، ای نبی! غمگین مشو   زآن دو بی‌تمکین[1] تو پُر از کین مشو ۲۰۱۲

ای پیامبر، اگر نیایند، اندوهگین نباش. از چند سرکش مکدّر نشو.

گوش بعضی زین تعالوها کَر است   هر ستوری را صِطَبلی دیگر است[2] ۲۰۱۳

گوش بعضی از آنان بانگِ «بیایید» را نمی‌شنود. هر چهارپایی طویلهٔ مخصوصی دارد.

منهزم[3] گردند بعضی زین ندا[4]   هست هر اسبی طویلهٔ او جدا ۲۰۱۴

بعضی از آن‌ها با شنیدن این ندا می‌رمند؛ زیرا در مرتبه‌ای نازل‌تر از درکِ این کلام‌اند.

منقبض[5] گردند بعضی زین قَصَص[6]   زانکه هر مرغی جدا دارد قفص ۲۰۱۵

گروهی نیز از بانگ آگاهاننده ناراحت می‌شوند؛ زیرا جانِشان در مرتبهٔ دیگری است.

خود ملایک نیز ناهمتا بُدند   زین سبب بر آسمان صف صف شدند[7] ۲۰۱۶

فرشتگان نیز مراتب متفاوتی دارند و هر یک بنا بر مرتبهٔ خود در صفی قرار می‌گیرند.

کودکان گرچه به یک مکتب دَرَند   در سَبَق[8] هر یک ز یک بالاترند[9] ۲۰۱۷

کودکانِ یک مکتب نیز استعداد و قابلیّت مشابهی ندارند.

مشرقی و مغربی[10] را حسّ‌هاست   منصبِ دیدارْ حسِّ چشمْ راست ۲۰۱۸

مردم دنیا از حواسّ پنجگانه برخوردارَند؛ امّا در این حواس فقط چشم قادر به رؤیت است.

صد هزاران گوش‌ها گر صف زنند   جمله محتاجانِ چشم روشن‌اند ۲۰۱۹

اگر تمام گوش‌ها جمع شوند، نمی‌توانند ببینند؛ زیرا گوش قادر به شنیدن است نه دیدن.

---

۱ - **بی‌تمکین** : سرکش.

۲ - انسان‌ها درجات روحانی متعدّدی دارند و هر یک در مرتبهٔ خاصّی قرار می‌گیرند. گروهی چنان در سطح نازل‌اند که قادر به ادراک حقایق نیستند؛ پس گوششان این بانگ‌ها را نمی‌شنود. ۳ - **مُنْهَزِم** : گریزان.

۴ - مولانا در پایان دفتر دوم در ارتباط با کسانی که علی‌رغم دیدن حقایق همچنان منکر آن‌اند و «ناپذیرا و ترش و خام» باقی می‌مانند می‌فرماید: ر.ک: ۳۸۲۲/۲.

قومِ دیگر ناپذیرا تُرش و خام   ناقصان سرمدی تَمَّ الکَلام

۵ - **مُنْقَبِض** : دچار قبض و گرفتگی.

۶ - **قَصَص** : مفرد است به معنی قصّه، آگاهانیدن، قِصَص جمع قصّه است.

۷ - مستفاد است از مضمون: صافات: ۳۷/۱۶۵-۱۶۴. ۸ - **سَبَق** : درس.

۹ - مراد آن است که وجودِ مراتبِ متفاوت در تمام امور هست.

۱۰ - **مشرقی و مغربی** : اهل شرق و اهل غرب، یعنی همهٔ مردم دنیا.

بـاز صـفِ گـوش‌ها را مـنصبی　　　در سـماعِ جـان[1] و اخـبار و نُـبی ۲۰۲۰

گوش‌ها نیز مراتبی دارند، بعضی جویایِ کلام غیبی و اخبار انبیا و اولیا و کلام حق‌اند.

صد هزاران چشم را آن راه نیست　　　هیچ چشمی از سماع آگـاه نـیست ۲۰۲۱

تمام چشم‌ها هم اگر جمع بشوند، هرگز قادر به شنیدن نخواهند بود.

همچنین هر حسّ یک یک می‌شُمَر　　　هـر یکـی مـعزول از آن کـارِ دگـر ۲۰۲۲

هر یک از حواسّ ما فقط می‌تواند کار خاصّی را انجام دهد.

پـنج حسّ ِ ظـاهر و پـنج انـدرون　　　ده صفـانـد انـدر قـیامِ الصّـافُّون[2] ۲۰۲۳

پنج حسّ ِ ظاهری و پنج حسّ باطنی، همانند فرشتگان در پیشگاهِ روحِ عالیِ عِلویِ ما ایستاده و منتظرند تا جان به کمال برسد و از این حواس در راه حق بهره جوید.

هر کسی کو از صفِ دین سرکش است　　　می‌رود سویِ صفی کآن واپس است ۲۰۲۴

هر کس که از صف مؤمنان بگریزد، به سوی صفِ نازل رانده می‌شود.

تـو زگـفتارِ تَـعالَوا[3] کـم مکـن　　　کیمیایِ بس شگرف است این سخُن ۲۰۲۵

تو کلام حق را ابلاغ کن؛ زیرا دعوتت که می‌گوید: «بیایید»، کیمیای عجیبی است.

گر مِسـی[4] گـردد زگـفتارت نـفیر[5]　　　کـیمیا را هـیچ از وی وامگـیر ۲۰۲۶

اگر آدمِ سرکشی از دعوتت منزجر شد، او را از هدایت محروم نکن.

این زمان گر بَست نَفْس ِ سـاحرش　　　گفتِ تـو سـودش کـند در آخِـرش ۲۰۲۷

اگر اینک نَفْس ِ وی، همانند جادوگری ماهر گوش ِ او را بسته است، سرانجام اثر می‌کند.

قُـلْ تـعالوا قُـلْ تـعالوا ای غـلام!　　　هـین! کـه اِنَّ اللهَ یَـدْعُوْ لِـلسَّلام[6] ۲۰۲۸

ای بنده، بگو: بیایید، بیایید که خداوند همه را به سوی امن و سلامت فرا می‌خواند.

---

۱ - **سماعِ جان :** شنیدن با گوش جان و ادراک روحانی.

۲ - **الصّـافُّون :** صف در صف: صافّات: ۱۶۵/۳۷ : وَ إِنّا لَنَحْنُ ٱلصّافّونَ.　۳ - **تَعالَوا :** ر.ک: ۲۰۰۴/۴.

۴ - **مس :** اینجا کنایه از شخصِ سرکش و طاغی است.　۵ - **نفیر :** بیزار، گریزان.

۶ - اشارتی قرآنی: یونس: ۲۵/۱۰؛ ر.ک: ۷۲۳/۴.

خواجه[1] باز آ از منی و از سَری[2]   سروری جو، کم طلب کن سروری ۲۰۲۹

ای بوالفضول، از خودبینی و خیالِ سروری دست بردار و جویای رهبر و سرور باش.

اعتراض کردنِ معترضی بر رسول علیه السَّلام، بر امیر کردنِ آن هُذَیلی[3]

چون پیمبر سروری کرد از هُذَیل   از برای لشکرِ منصورْخَیل[4] ۲۰۳۰

هنگامی که پیامبر(ص) برای لشکر فرماندهٔ جوانی را از قبیلهٔ هذیل انتخاب کرد،

بوالفضولی از حسد طاقت نداشت   اعتراض و لا نُسَلِّم[5] برفراشت ۲۰۳۱

شخص یاوه‌گویی از سر حسد طاقت نیاورد و معترض شد و گفت: ما نمی‌پذیریم.

خلق را بنگر که چون ظلمانی‌اند؟   در متاعِ فانیی چون فانی‌اند؟ ۲۰۳۲

مردم را ببین که در ظلمات جهل غوطه‌ورند و برای بهره‌مندی از این دنیایِ فانی چگونه خود را هلاک می‌کنند؟

از تکبّر جمله اندر تفرقه   مُرده از جان، زنده‌اند از مَخْرقه[6] ۲۰۳۳

همه با خودبینی غرقِ در «ما» و «منی»اند و از هم دور. «حیاتِ روحانی» ندارند و با همین «هستیِ موهومی» دل‌خوش‌اند.

این عجب که جان به زندان اندر است   وآنگهی مفتاحِ زندانش به دست ۲۰۳۴

عجیب این است که آدمی در زندان است و کلید در دست اوست.

---

۱ - **خواجه**: لقب‌گونه‌ای است مثل «آقا» که به جهت احترام به اوّل نام اشخاص اضافه می‌شود و یا واژهٔ «خان» که به انتهای نام اشخاص؛ امّا در اینجا خطاب به بوالفضولی است که به رسول(ص) ایرادگرفت؛ پس حالت تخفیف هم می‌تواند داشته باشد.   ۲ - **سَری**: سروری.

۳ - **هُذَیلی**: بعد از بیت ۱۹۹۱/۴ و همچنین در بیت ۱۹۹۳/۴، توضیح داده شد که آن امیرِ جوان، هُذَیلی نبود و مقصود اُسامة بن زید است.   ۴ - **منصورْخیل**: سپاه سرافراز و پیروز.

۵ - **لا نُسَلِّم**: تسلیم نمی‌شویم، نمی‌پذیریم.   ۶ - **مَخْرقه**: دروغگویی، تیرگی.

۲۰۳۵ **پای تا سر غرقِ سرگین آن جوان[۱] — مـی‌زند بـر دامـنش جـویِ روان**

سراپایِ آن جوان آلوده است و جریان زلالِ روحِ مرد حق که زدایندهٔ تیرگی‌هاست، در کنار اوست و نمی‌بیند.

۲۰۳۶ **دایـما پـهلو بـه پـهلو بـی‌قرار — پـهلویِ آرامگـاه و پُشتْ‌دار[۲]**

همواره نگران است، در حالی که امنیّت در وجودِ او و یاری دهنده در کنارِ اوست.

۲۰۳۷ **نورْ پنهان است و جُست و جُوگواه — کـز گـزافـه دل نـمی‌جوید پـناه**

نورِ حقیقت نهان و جست‌وجوی ما نشانِ وجود آن است؛ یعنی دل جویای چیزی آشناست وگرنه نمی‌توانست خواستار چیزی باشد که اصلاً نمی‌داند چیست.

۲۰۳۸ **گـر نـبودی حـبس دنـیا[۳] را مَـناص[۴] — نه بُدی وحشت، نه دل جُستی خلاص**

اگر در آدمی استعداد و قابلیّت رهایی از قلمرو حس نبود، هرگز به بیم و وحشت مبتلا نمی‌شد، حس نمی‌کرد اینجا غریب است و تلاشی برای رهایی از قید مادّه نداشت.

۲۰۳۹ **وحشتت همچون مُوَکّـل[۵] مـی‌کشد — که: بجو ای ضال[۶] مِنهاج[۷] ! رَشَد[۸]**

«نگرانی و وحشت»، همانند مأمور مجبورت می‌کند که: ای گمراه، جویای راهِ هدایت و کمال باش.

۲۰۴۰ **هست مِنهاج، و نهان در مَکمن[۹] است — یـافتش رهـنِ گـزافـه جُـستن است**

این راه هست؛ ولی آشکار نیست. طالبِ حقیقی بالاخره روزی راه نجات را می‌یابد.

۲۰۴۱ **تفرقه[۱۰]،جویانِ‌جمع[۱۱]،اندرکمین[۱۲] — تو در این طالب، رخِ مطلوب بـین**

«روح انسانی»ات جویایِ اتّصال به حق است و در این روحِ مشتاق می‌توانی جمال مطلوبش را ببینی و بدانی که کشش از جانب اوست که تو را طالبِ حق کرده است.

---

۱ - **آن جوان** : می‌تواند اشاره به یک سالکِ جوان باشد و یا هر انسانِ دیگری که در ادراکِ معانی خام است و «جوی روان» را که کنایه از ارشاد مرشدان یا تعالیم بزرگان است، نمی‌بیند و به آن توجّه نمی‌کند.

۲ - اشاره به مرشد کامل. ۳ - **حبسِ دنیا** : دنیا به زندان تشبیه شده است.

۴ - **مَناص** : پناه، پناهگاه، اینجا رهایی است. ۵ - **مُوَکّل** : وکیل گردانیده شده، مأمور، مأمور نهانی.

۶ - **ضال** : گمراه. ۷ - **منهاج** : راه. ۸ - **رَشَد** : هدایت. ۹ - **مَکمَن** : جای پنهان شدن، کمین‌گاه.

۱۰ - **تفرقه** : مباینت، دویی، اینجا مُراد روحِ سالک یا طالب است که به حق اتّصال نیافته و هنوز در تفرقه است؛ امّا خواستارِ این اتّصال هست و مشتاقِ فنایِ در حق است.

۱۱ - **جمع** : برخاستن مباینت و دوگانگی، اتّصال و پیوند روحِ سالک با حق و فانی شدن در او.

۱۲ - **اندرکمین** : مخفیانه، یعنی در میانِ وجودت در تلاش و تکاپوست.

۲۰۴۲ **مُـردگانِ بـاغ، بـرجَسـته ز بُـن — کآن دهـندهٔ زنـدگی را فـهم کـن**

همهٔ مظاهر این جهانی، گواهِ وجودِ «هستی بخش»اند؛ حتّی گیاهان که فاقد حیات حقیقی‌اند.

۲۰۴۳ **چشمِ این زندانـیان هـر دم بـه در[1] — کی بُدی؟ گـر نـیستی کس مـژده‌ور**

چشم زندانیان هر لحظه به در دوخته شده است که کسی مژدهٔ رهایی را بیاورد.

۲۰۴۴ **صـد هـزار آلودگـانِ آبْ جـو — کی بُـدندی؟ گـر نـبودی آبِ جـو[2]**

آلودگان به آب متوسّل می‌شوند. اگر آبی نبود هرگز جویایِ آن نبودند.

۲۰۴۵ **بـر زمـین پـهلوت را آرام نـیست — دان که در خانه لحاف و بستری‌ست**

اگر رویِ زمینِ خشک راحت نیستی، برای آن است که در خانه بستر نرمی هست.

۲۰۴۶ **بـی مَـقَرگاهی نـباشد بـی‌قرار — بی خمارْ اِشکن[3] نباشد این خمار[4]**

اگر قرارگاهی نباشد، کسی بی‌قراری نمی‌کند و اگر خمارشکنی نباشد، این خمار نیست.

۲۰۴۷ **گفت: نه نـه یـا رسـولَ اللّٰـه! مکُـن — سـرورِ لشکـر، مگـر شـیخ کُـهُن**

بوالفضول گفت: نه، نه، یا رسول الله، برای فرماندهیِ لشکر پیشکسوت را برگزین.

۲۰۴۸ **یا رسـول اللّٰـه! جـوان ار شـیرْزاد[5] — غـیرِ مـردِ پـیرْ سـرلشکر مـباد[6]**

یا رسول الله، اگر جوان بی‌نظیر هم باشد، باید برای فرماندهی پیشکسوت را برگزید.

۲۰۴۹ **هـم تـو گـفتستی، و گـفتِ تـو گـوا — پـیر بـاید پـیر بـاید، پـیشوا**

این سخن را تو فرموده‌ای و کلامت گواه است که پیشوا باید سالخورده باشد.

۲۰۵۰ **یا رسول اللّٰـه! در ایـن لشکـر نگـر — هست چندین پیر و از وی پیشتر**

یا رسول الله، لشکر را ببین که تعداد پیشکسوتان چقدر زیاد هستند.

---

۱ - اگر رهاییِ نبود، امیدی هم نبود؛ پس امیدِ انسان به رهـایی از قـلمروِ حس، بـهترین گـواهِ آن است کـه روزی امدادش می‌کنند. ۲ - طلبِ آدمی در جست‌وجوی چیزی است که هست. «نور پنهان است و جست‌وجوگواه».

۳ - **خُمارْ اِشکن**: چیزی که خماری را از بین ببرد، مانند انواع شربت‌ها.

۴ - **خُمار**: حالتی از سنگینی سر و سردرد که پس از شُربِ خَمْر و پیش از هضم آن حاصل می‌شود. روحِ انسان قبل از هبوط سرمست بوده و اینک در این خاکدان خُمار و جویای همان خُمارشکن است.

۵ - **شیرزاد**: بچهٔ شیر، بسیار جنگاور.

۶ - اشاره به مضمون این حدیث است: کَبِّروا الْکُبَرَ: پیر را بزرگ دارید: احادیث، ص ۳۸۴.

۲۰۵۱ **زین درختْ آن برگِ زردش [1] را مبین　　سـیب‌هایِ پـختهٔ [2] او را بـچین**

به آثار کهولت و سستی آنان توجّه نکن، به تجارب گرانقدر و پختگی‌شان توجّه کن.

۲۰۵۲ **برگ‌هایِ زردِ او خود کی تهی‌ست؟　　ایـن نشـانِ پـختگی و کـاملی‌ست**

نشانه‌های پیری که بیهوده نیست، نشان گذشت سال‌ها و پختگی و کمال است.

۲۰۵۳ **بـرگِ زردِ ریش و آن مـویِ سـپید　　بـهرِ عـقلِ پُـخته مـی‌آرَد نـوید**

وجود موهایِ سپید در کهنسالان نویدبخشِ وجودِ عقلی پخته و سنجیده است.

۲۰۵۴ **بـرگ‌هایِ نـورسیدهٔ سـبزفام　　شد نشانِ آنکـه آن مـیوه‌ست خـام**

برگ‌های تازه‌روییدهٔ سبزرنگ همواره نشانهٔ خام بودن میوه است.

۲۰۵۵ **برگِ بی بـرگی [3] نشـانِ عـارفی‌ست　　زردی زر سرخ رویی صارفی‌ست [4]**

طلای ناب صرّاف را شاد می‌کند و غنایِ درونیِ عارف هم موجب نشاط اوست.

۲۰۵۶ **آنکه او گل‌عارض [5] است، ار نوخط [6] است　　او بـه مکـتبگاهِ مَـخْبَر [7] نـوخط [8] است**

طبیعی است که نوجوان در ادراک معارف و علوم غیبی طفلِ نوآموزی بیش نیست.

۲۰۵۷ **حـرف‌هایِ خـطِّ او کـژمژ [9] بُـوَد　　مُزمنِ [10] عقل است، اگر تن می‌دود**

چون تجربه ندارد، روشِ او صحیح نیست؛ زیرا عقلی خام و بدنی نیرومند دارد.

۲۰۵۸ **پایِ پیر از سرعت ارچه بـاز مـاند　　یافت عقلِ او دو پَـر، بـر اوج رانـد**

شخص کهنسال نیروی جسمانی ندارد؛ امّا عقلش به کمال و اوج رسیده است.

---

۱ - درخت خزان زده: مراد مرد کهنسال است.
۲ - **سیب‌های پخته** : کنایه از تجارب و آگاهی‌های فرد سالخورده است.
۳ - **برگِ بی برگی** : غنایِ درونی که از کمالِ روحِ عارف ناشی می‌شود و نشان بیرونی آن بی‌نیازی از لذّت‌ها و تمتّعات و ارزش‌های جهان مادّی است.
۴ - **صارفی** : صرّاف، کسی که می‌تواند زرّ و سیم سره را از ناسره تمیز دهد.　۵ - **عارض** : رخساره، چهره.
۶ - **نوخط** : نوجوانی که موی صورتش به تازگی رُسته است.
۷ - **مَخْبَر** : محلّ خبر و آگاهی، مراد مکتب معرفت و ادراک علوم و اسرار غیبی است.
۸ - **نوخط** : طفلِ نوآموز.　۹ - **کژمژ** : کج و غیرمستقیم.
۱۰ - **مزمن** : بیمای کهنه و دیرینه، علیل، اینجا کسی که عقلش کمال نیافته و دچار نقصان است؛ یعنی عقل جزوی دارد.

گر مَثَل خواهی، به جعفر[1] در نگر　　　داد حق بر جایِ دست و پاش پَر ۲۰۵۹

اگر مثالی می‌خواهی، به جعفر طیّار بنگر که خداوند به جای دست به او دو بال عطا فرمود.

بگذر از زر، کین سخن شد مُحتَجِب[2]　　　همچو سیماب[3] این دلم شد مُضطرب ۲۰۶۰

از اینکه «برگِ بی برگی» عارفان را به «زردیِ زر» تشبیه کردم، دلم می‌لرزد؛ زیرا تمثیل مناسبی نبود و با تقریر آن از حقایق دور شدیم.

ز اندرونم صد خموش ِ خوش نَفَس[4]　　　دست بر لب می‌زند، یعنی که: بس ۲۰۶۱

صدها خاموش خوش نَفَس از اندرونم دست بر لب می‌نهند که سکوت کن.

خامشی بحر است، وگفتن همچو جُو　　　بحر می‌جوید تو را، جُو را مَجُو ۲۰۶۲

«خاموشی»، همانند دریاست و «سخن» در تقابل با آن جویی حقیر؛ پس اینک که منادیان حق ما را به خاموشی و «غِنای درونیِ عارفان» فرا می‌خوانند، باید سکوت کنیم.

از اشارت‌هایِ دریا سر متاب　　　ختم کن، وَاللهُ اَعْلَمْ بِالصَّواب[5] ۲۰۶۳

از ندای درونی متابعت می‌کنیم که خداوند به راستی و درستی داناتر است.

همچنین پیوسته کرد آن بی‌ادب　　　پیش ِ پیغمبر سخن زآن سردْلب[6] ۲۰۶۴

به این منوال، آن مرد بی‌ادب در حضور پیامبر(ص) پیوسته اعتراض می‌کرد.

دست می‌دادش سخن، او بی‌خبر　　　که خبر[7] هرزه بُوَد پیش ِ نظر[8][9] ۲۰۶۵

فرصتی یافته بود و نمی‌دانست که در حضور برترین بینش، اظهار نظر بیهوده است.

این خبرها از نظر خود نایب است　　　بهرِ حاضر[10] نیست، بهرِ غایب[11] است ۲۰۶۶

بیان اخبار و سخنان گذشتگان برای کسی که حقایق را می‌بیند، نیست، برای غایبان است.

---

۱ - **جعفر طیّار**: برادر حضرت علی(ع) که در سال هشتم هجری قمری در شام درفش مسلمانان را در دست داشت و هر دو دستش را قطع کردند. گویند خداوند به جای دو دست در بهشت به او دو بال داد. [رمزی از اهل تحقیق و معرفت]: ر.ک: ۳۵۷۷/۲.　۲ - **محتجب**: در پرده شده، پنهان شده.　۳ - **سیماب**: جیوه.

۴ - **خموش ِ خوش نَفَس**: منادی حق یا حقیقت درونیِ خودِ مولانا.

۵ - به این ترتیب مولانا به ادامهٔ داستان باز می‌گردد.　۶ - **سردْلب**: سرددَمْ، دهانِ خنک.

۷ - **خبر**: اینجا به معنی سخن‌گفتن و اظهار نظرکردن است.　۸ - **نظر**: بینش، بصیرت و ادراک روحانی.

۹ - اشاره به این خبر است: لَيْسَ الْخَبَرُ كَالْمُعَايَنَةِ: شنیدن کی بُوَد مانند دیدن: احادیث، ص ۳۴۸.

۱۰ - **حاضر**: کسی که دل و جانش در محضر حق باشد، اینجا مراد پیامبر (ص) است.

۱۱ - **غایب**: کسی که قادر به شهود حقایق نیست در تقابل با حاضر.

۲۰۶۷ **هر که او انـدر نـظر مـوصول[1] شـد　　　این خبرها پـیشِ او مـعزول[2] شـد**

صاحب نظرِ بصیر نیازی به «خبر» و «دانشِ سمعی» که از «عین و عیان» دور است، ندارد.

۲۰۶۸ **چونکه با معشوق گشتی هـمنشین[3]　　　دفـع کـن دلّالگـان[4] را بـعد از ایـن**

جانِ منوّرِ واصل به «خبر» و «دلیل و برهان» نیازی ندارد.

۲۰۶۹ **هر که از طفلی گذشت و مرد شـد[5]　　　نـامه و دلّاله بـر وی سـرد شـد**

هر کس که به بلوغ و کمالِ معنوی برسد، این واسطه‌ها را بی‌اعتبار می‌یابد.

۲۰۷۰ **نـامه خـوانَـد از پـیِ تـعلیم را　　　حـرف گـوید از پـیِ تـفهیم را**

مرد حق اگر از «مباحثِ نظری» و یا «علومِ سمعی» سخنی بگوید، برای تفهیم معانی به طالبان است.

۲۰۷۱ **پیشِ بینایان خبر گفتن خـطاست　　　کآن دلیلِ غفلت و نـقصانِ مـاست**

در محضر کاملان اظهار فضل اشتباه و دلیلِ غفلت ما از کمالِ او و نشانِ نقصِ ماست.

۲۰۷۲ **پیشِ بینا شـد خـموشی نـفعِ تـو　　　بـهرِ ایـن آمـد خـطابِ اَنْـصِتُوا[6]**

سکوت در محضرِ «عارف» به سود توست. خطاب «خاموش باشید» برای همین است.

۲۰۷۳ **گر بفرماید: بگو، بـر گـوی خـوش　　　لیک انـدک گـو، دراز انـدر مکش**

اگر مرد حق اجازهٔ سخن گفتن بدهد، بگو؛ امّا در نهایت خوشی و ادب و کوتاه.

۲۰۷۴ **ور بـفرماید کـه: انـدر کش دراز　　　همچنان شرمین[7] بگو، با امرْ ساز[8]**

اگر بفرماید که مفصّل سخن بگو، اطاعت کن؛ امّا همچنان در نهایت ادب و شرم.

۲۰۷۵ **همچنین که من در این زیبافسون[9]　　　با ضیاءالحق حُسام‌الدّین کـنون**

همانگونه که من به خواستهٔ حُسام‌الدّین در مثنوی عمل کرده‌ام. هرجا اراده کرده است، سخن گفته‌ام و هرگاه که نخواسته، نگفته‌ام. اشاره به فترت دو سالهٔ بین دفتر اوّل و دوم.

---

۱ - **موصول**: وصل شده، چیزی که به چیز دیگری متّصل شده باشد.　۲ - **معزول**: عزل شده، اینجا بی‌قدر.
۳ - **همنشینی با معشوق**: مراد اتّصال به حق است.
۴ - **دلّالگان**: واسطه‌ها، اینجا مراد «قیل و قال»، اخبار و یا نقل کنندگان این اخبار، ادلّه و براهین عقلی و سمعی که همگی و در هر حال محدود به عالم محسوس است و به «عین الیقین» نمی‌انجامد.　۵ - **مرد شد**: کمال یافت.
۶ - اشارت قرآنی؛ اعراف: ۲۰۴/۷؛ ر.ک: ۱۶۳۱/۱.　۷ - **شرمین**: شرمناک.
۸ - **با امر ساز**: امرِ مُراد را رعایت کن.　۹ - **زیبافسون**: مراد مثنوی است.

۲۰۷۶ **چونکه کوته می‌کنم من از رَشَد   او به صد نوعم به گفتن می‌کَشَد**

هنگامی که می‌کوشم تا از معانیِ بلندِ خارج از قصّه‌ها بکاهم، او مرا به هر وسیله‌ای به سخن گفتن وادار می‌کند.

۲۰۷۷ **ای حُسام‌الدّین! ضیاءِ ذوالجلال   چونکه می‌بینی، چه می‌جویی مقال؟**

ای حُسام‌الدّین که نور ذوالجلالی، تو که همه چیز را می‌بینی و می‌دانی، چرا مشتاق سخن من هستی؟

۲۰۷۸ **این مگر باشد ز حُبِّ مُشْتهیٰ[۱]   اَسْقِنی خَمْراً وَ قُلْ لی اِنَّها[۲]**

شاید این امر به سبب شدّت علاقه‌ات به حقایق باشد، چنانکه شاعری گفته است: به من شراب بده و بگو که این شراب است و تو نیز با آنکه معانی را می‌دانی، می‌خواهی الفاظ را هم بشنوی.

۲۰۷۹ **بر دهانِ توست این دم جامِ او   گوش می‌گوید که: قِسم گوش کو؟**

جام علوم و اسرار حق بر لبان توست؛ امّا گوش هم می‌خواهد الفاظ را بشنود.

۲۰۸۰ **قِسم تو گرمی‌ست، نک گرمی و مست   گفت: حرصِ من از این افزون‌تر است[۳]**

ای گوش، سهم تو گرمی و مستی است. گوش گفت: اشتیاق من بیش از این است.

جواب گفتن مصطفی علیه السَّلام اعتراض کننده را

۲۰۸۱ **در حضورِ مصطفایِ قندخو[۴]   چون ز حد بُرد آن عرب از گفت و گو**

چون آن بوالفضول در حضور پیامبرِ مهربان(ص) بیش از حد معترضانه سخن گفت،

۲۰۸۲ **آن شهِ وَالنَّجْم[۵] و سلطانِ عَبَس[۶]   لب گَزید آن سَرْدَم را گفت: بس**

آن شاه که «سوره‌های **نَجْم** و **عَبَس**» در ارتباط با اوست، اشاره کرد بس است.

---

۱ - **مُشْتَهیٰ**: اشتها.

۲ - این مصراع نقل قولی است از شعر مشهور اَبو نُواس شاعر معروف عرب‌گوی (قرن دوم هق) که او را ایرانی الاصل و متولّد اهواز دانسته‌اند: با استفاده از شرح مثنوی مولوی، ج ۴، ص ۱۵۶۴.

۳ - اشاره به اشتیاق حُسام‌الدّین برای افشایِ اسرار و معارف.   ۴ - **قندخو**: مهربان و ملایم، خوش‌خو.

۵ - **شه وَالنَّجْم**: مراد پیامبر(ص) است که سورهٔ **نَجْم** در ارتباط با حضرتش(ص) و معراج است تا آیهٔ هجدهم.

۶ - **سلطانِ عَبَس**: اشاره به پیامبر(ص): ر.ک: ۲۰۶۸/۲.

۲۰۸۳ **دست می‌زد بهرِ منعش بر دهان   چند گویی پیشِ دانایِ نهان؟**

پیامبر(ص) دست را بر لب گذاشت و گفت: تا کی نزدِ اسراردان سخن می‌گویی؟

۲۰۸۴ **پیشِ بینا برده‌ای سرگینِ خشک[1]   که: بخر این را، به جایِ نافِ مُشک[2]**

فضلهٔ خشکیده را نزد انسانی آگاه برده‌ای که به جای مُشکِ ناب بخرد.

۲۰۸۵ **بَعْر[3] را ای گَنده‌مغزِ گَنده‌مُخ   زیرِ بینی بِنْهی و گویی که: اُخ[4]**

ای ابلهِ بی‌شعور، سرگین شتر را می‌بویی و به‌به می‌کنی!

۲۰۸۶ **اُخ اُخی برداشتی ای گیجِ[5] گاج[6]!   تا که کالایِ بَدَت یابد رواج**

ای احمقِ کودن، این همه به‌به می‌کنی که متاعِ زشتت خریداری بیابد.

۲۰۸۷ **تا فریبی آن مشامِ پاک را   آن چریدهٔ گلشنِ افلاک[7] را**

می‌خواهی مشامِ پاکی را که در اوجِ آسمانِ معارف عِطرِ حقایق را دریافته فریب دهی.

۲۰۸۸ **حلمِ او خود را اگر چه گول[8] ساخت   خویشتن را اندکی باید شناخت**

او با بردباری به یاوه‌گویی‌هایت گوش می‌دهد؛ امّا تو باید حدّ خود را بدانی.

۲۰۸۹ **دیگ را گر باز مانْد امشب دهن   گربه را هم شرم باید داشتن**

اگر دَرِ دیگ امشب باز ماند، گربه نباید حیا داشته باشد؟

۲۰۹۰ **خویشتن گر خفته کرد آن خوب‌فر[9]   سخت بیدار[10] است، دستارش مَبَر[11]**

اگر پیامبر(ص) تغافل می‌کند، غافل نیست. هرگز نمی‌توانی او را فریب دهی.

۲۰۹۱ **چند گویی ای لجوجِ بی‌صفا   این فسونِ دیو، پیشِ مصطفی[12]؟**

ای لجبازِ بی‌صفا، تا کی این القائات شیطانی را نزد مصطفی(ص) بر زبان می‌آوری؟

---

۱ - **سرگین خشک**: مدفوع خشک، مراد عقاید و افکار کسانی است که به انتخاب پیامبر (ص) اعتراض کردند.
۲ - **نافِ مُشک**: کیسهٔ مُشک، مراد شهود و بصیرت والای پیامبر (ص) است. ۳ - **بَعر**: فضله یا سرگین شتر.
۴ - **اُخ**: از اصواتی که برای اظهار خوشی است. ۵ - **گیج**: احمق. ۶ - **گاج**: گیج، کودن.
۷ - **گلشن افلاک**: اینجا مراد برترین مرتبهٔ شهود و ادراک حقایق است.
۸ - **گول**: احمق، اینجا سکوت کردن و خود را ناآگاه جلوه دادن.
۹ - **خوب‌فر**: کسی که دارای شکوه و جلال بسیار است، پیامبر(ص). ۱۰ - **بیدار**: آگاه.
۱۱ - **دستارش مبر**: دستارش را ندزد؛ یعنی نمی‌توانی چیزی را از او بربایی، نمی‌توانی آگاهی‌اش را بربایی و گولش بزنی. ۱۲ - **مصطفی**: برگزیده، اینجا مراد هر انسان برگزیده است، نبی یا ولیّ.

۲۰۹۲ **صد هزاران حلم دارند این گروه[1] — هر یکی حلمی از آن‌ها صد چو کوه**

انبیا و اولیا بیش از حدّ تصوّر و درکِ انسان حلیم و صبورند.

۲۰۹۳ **حلمشان بیدار را ابله کند — زیرکِ صد چشم[2] را گمره کند**

تغافل و بردباری‌شان افراد آگاه را گول می‌زند و زیرک را گمراه می‌کند.

۲۰۹۴ **حلمشان همچون شرابِ خوبِ نغز — نَغز نَغزَک[3] بر رَوَد بالایِ مغز**

بردباری آنان، همانند شراب ناب لطیفی است که به آرامی در مغز اثر می‌کند.

۲۰۹۵ **مست را بین زآن شرابِ پُرشِگفت[4] — همچو فرزینْ[5] مست، کژ رفتن گرفت**

آدمی از شراب قوی مست می‌شود و همانند مهرهٔ فرزین کج راه می‌رود.

۲۰۹۶ **مردِ بُرنا[6] زآن شرابِ زودگیر[7] — در میانِ راه می‌افتد چو پیر**

حتّی جوانِ نیرومند هم تحت تأثیر آن شرابِ سریع‌التأثیر، همانند پیران در راه می‌افتد.

۲۰۹۷ **خاصه این باده که از خُمّ بَلیٰ‌ست[8] — نه میی که مستیِ او یک شبی‌ست**

بخصوص این شراب که از «خمِ بلیٰ» است، نه از شرابی که اثرش بیش از یک شب نیست.

۲۰۹۸ **آنکه آن اصحابِ کهف[9] از نُقل و نَقل[10] — سیصد و نُه سال گم کردند عقل**

همان شراب مستی‌آوری که اصحاب کهف را سیصد و نه سال مدهوش کرد.

۲۰۹۹ **زآن زنانِ مصر جامی[11] خورده‌اند — دست‌ها را شرحه شرحه کرده‌اند**

همان شرابی که زنان مصری با دیدار یوسف(ع) از آن سرمست شدند و دست‌ها را بریدند.

---

۱ - **این گروه**: انبیا و اولیا. ۲ - **صد چشم**: کسی که بر بسیاری از حقایق وقوف دارد.

۳ - **نغز نغزک**: آرام آرام. صبر و شکیبایی مردان حق در برابر معاندان همان «استدراج» یا دام ناپیدای حق است.

۴ - **پرشِگفت**: اینجا بسیار قوی.

۵ - **فرزین**: در شطرنج مهرهٔ وزیر است که می‌تواند در طول و عرض خانه و همچنین مؤرب حرکت کند.

۶ - **بُرنا**: جوان. ۷ - **زودگیر**: سریع‌التأثیر.

۸ - **خمّ بَلیٰ**: روز اوّل در عهد ازل، روز میثاق، اشارت قرآنی؛ اعراف: ۱۷۲/۷، که در آن خداوند از ذریّهٔ بنی آدم پرسید: آیا من پروردگار شما نیستم؟ گفتند: آری، هستی. پس در واقع اشاره‌ای است به توحید فطری در اعماق وجود آدمی و اذعان به ربوبیّت خداوند. ۹ - **اصحاب کهف**: ر.ک: ۳۰۱۹/۱ و ۳۷/۲.

۱۰ - **نُقل و نقل**: نُقل به معنی نوعی شیرینی است و اینجا چیزی که جان را شیرین می‌کند که همان بادهٔ حق است و موجب ارتقای جان آدمی می‌شود. «نقل»: شنیدن در موردِ آن. ۱۱ - زندگانی یوسف(ع): ر.ک: ۳۱۶۹/۱.

۲۱۰۰ **ساحران هم سُکرِ موسی[1] داشتند — دار را دلدار مـی‌انگاشتند**

شرابی که ساحران با دیدنِ سحر الهی موسی(ع) از آن مست شدند و به سوی دار رفتند.

۲۱۰۱ **جعفرِ طیّار[2] زآن مِی بود مست — زآن گرو می‌کرد بی‌خود پا و دست**

جعفر طیّار هم از همان می مست بود که در حالِ بیخودی دست و پای را گروِ راه حق می‌کرد.

قصّهٔ «سُبْحانی ما اَعْظَمَ شَأنی»[3] گفتنِ ابویزید[4] قَدَّسَ اللهُ سِرَّهُ، و اعتراضِ مریدان، و جوابِ این مر ایشان را، نه به طریقِ گفتِ زبان، بلکه از راهِ عیان[5]

«بایزید» که صوفی محتشمی بود، در حضور مریدان ادّعای خدایی کرد و در پاسخ به اعتراض اصحاب از آنان خواست که اگر این دعوی تکرار شد، کارد بزنید و مرا بکشید.

بار دیگر بایزید در حال استغراق و سرمستی همان را گفت که اوّل گفته بود، مریدان خشمگین شدند و بر وی کارد زدند؛ امّا ضربات بر بدن خودِ آنان فرود آمد و بایزید صدمه‌ای ندید.

سرّسخن در تقریر این قصّه، اشارتی است به مستیِ مِیِ الهی که موجب استغراقِ در حق و «فنایِ فی‌الله» است و این قول را مبنی بر آن دانسته‌اند که وی در آن حال، آنچه را که حق در وصف خویش می‌گوید به زبان آورده و بایزیدی در میان نبوده است.[6]

۲۱۰۲ **بـا مـریدان آن فـقیرِ مُـحْتشم — بـایزید آمـد که نک یزدان منم**

بایزید، آن صوفی با احتشام، به مریدان گفت: اینک من خدا هستم.

---

۱ - ر.ک: ۱۶۲۴/۱. ۲ - **جعفر طیّار**: ر.ک: ۲۰۵۹/۴.

۳ - **سُبْحانی ما أَعْظَمَ شَأنی**: منزّهم، چه مقام والایی دارم. ۴ - **بایزید**: ر.ک: ۲۲۸۵/۱.

۵ - مأخذ آن روایتی است که قبل از مثنوی در بعضی از منابع اهل تصوّف آمده و احتمالاً مولانا آن را از عطّار اخذ کرده است و مضمون روایت آن با آنچه که در مثنوی می‌خوانیم، مختصر تفاوتی دارد؛ ولی جانِ کلام همان است: تذکرةالاولیاء، ج ۱، ص ۱۴۰. تلبیس ابلیس، صص ۳۴۴ و ۳۴۵. فتوحات مکّی، ج ۱، ص ۳۵۴: نقل از احادیث، ص ۳۸۵. ۶ - با استفاده از سرّ نی، ج ۱، صص ۳۱۳ و ۳۱۴.

گفت مستانه، عیان آن ذوفنون[۱] لا اِلٰـه اِلاّ اَنَـا هٰـا ! فَـاعْبُدون[۲] ۲۱۰۳

آن عارفِ کامل در حال سرمستی و استغراق گفت: خدایی جز من نیست، مرا عبادت کنید.

چون گذشت آن حال، گفتندش صباح تو چـنین گـفتی و ایـن نَـبْوَد صـلاح ۲۱۰۴

چون آن حال سپری شد، بامداد مریدان گفتند: تو چنین ادّعایی کرده‌ای و مصلحت نیست.

گفت: این بار ارکـنم مـن مَشـغله[۳] کـاردها بـر مـن زنـید آن دم هَـله[۴] ۲۱۰۵

بایزید گفت: اگر بار دیگر چنین هیاهویی برپا کردم، بلافاصله مرا با کارد بزنید.

حـق مـنزّه[۵] از تـن، و مـن بـا تـنم چـون چـنین گـویم، بـباید کُشـتنم ۲۱۰۶

خداوند از جسم منزّه است و من جسم دارم؛ پس اگر چنین بگویم، کشتنم واجب است.

چـون وصـیّت کـرد آن آزاد مـرد هـر مُـریدی کـاردی آمـاده کـرد ۲۱۰۷

چون آن انسان آزاده چنین سفارشی به مریدان کرد، هر یک از آنان کاردی را فراهم ساخت.

مست گشت او باز از آن سَغراقِ[۶] زَفت آن وصـیّت‌هاش از خـاطر بـرفت ۲۱۰۸

هنگامی که بار دیگر به استغراق رسید، آنچه را که به مریدان گفته بود، فراموش کرد.

نُـقل[۷] آمـد عـقلِ او آواره شـد صـبح آمـد شـمع او بـیچاره شـد ۲۱۰۹

با تجلیّات حق، عقلِ او محو شد؛ یعنی وجود انسانی‌اَش مانندِ شمع در برابر خورشید فانی گردید.

عقل[۸] چون شِحنه است، چون سلطان[۹] رسید شِـحنهٔ بـیچاره در کُـنجی خـزید ۲۱۱۰

عقلِ متعالی در برابر تجلیّات حق، همانند شحنهٔ بیچاره‌ای است در تقابل با سلطان.

عقل سایهٔ حـق بُـوَد، حـق آفـتاب سـایه را بـا آفـتابِ او چـه تـاب؟ ۲۱۱۱

«عقل» در برابر «عشق»، «سایه» است. در آفتاب حقیقت به یقین «سایه» محو می‌شود.

---

۱ - **ذوفنون :** صاحب هنر، اینجا دارای کمال.

۲ - اشارتی قرآنی؛ انبیاء : ۲۵/۲۱ : ...لاَ إِلٰهَ إِلاَّ أَنَا فَاعْبُدونِ : خدایی جز من نیست، پس مرا بپرستید.

۳ - **مَشغله :** هیاهو و فریاد کردن. ۴ - **هَله :** آگاه باشید.

۵ - تنزیه الهی بدان معناست که حق تعالیٰ مقیّد به قیود عالم امکان نیست، این قیود خاصّ مخلوقات است.

۶ - **سَغراق :** واژهٔ ترکی به معنی کوزهٔ لوله‌دار و یا کاسه، پیالهٔ می، می.

۷ - **نُقل :** مراد مستی می الهی است در اثر تجلیّات حق. ۸ - **عقل :** مراد عقل جویای کمال است.

۹ - **سلطان :** شاه، اینجا مراد سلطانِ حقایق و شهودِ تجلیّاتِ الهی و عشقِ حق است.

۲۱۱۲ **چون پَری غالب شود بر آدمی[۱] گم شود از مرد وصفِ مردمی**

اگر جنّ به کسی تسلّط یابد، احوال وی تغییر می‌کند؛ یعنی «فعل» و «قول» او ناشی از نیرویِ سلطه‌گر است.

۲۱۱۳ **هرچه گوید، آن پَری گفته بُوَد زین سری زآن آن سری گفته بُوَد[۲]**

هرچه را که «جنّ زده» بگوید، ناشی از تأثیر «جنّ» و گفته‌های آن پری است.

۲۱۱۴ **چون پَری را این دَم[۳] و قانون[۴] بُوَد کِردگارِ آن پری خود چون بُوَد؟**

هنگامی که مخلوقی حقیر چنین تسلّطی می‌یابد، تسلّطِ خالق چگونه می‌تواند باشد؟

۲۱۱۵ **اویِ او رفته، پری خود او شده[۵] تُرک بی الهام تازی‌گو شده[۶]**

خودیِ «جنّ زده» از بین رفته و «پری» خودِ او شده، گویی که آدمِ ترکی بدون الهام بتواند عربی سخن بگوید.

۲۱۱۶ **چون به خود آید، نداند یک لغت چون پری را هست این ذات و صفت**

هنگامی که او به خود آید، از آنچه که گفته است؛ کلمه‌ای را هم نمی‌داند؛ زیرا آن «فعل» و «قول» متعلّق به پری بوده است.

۲۱۱۷ **پس خداوند[۷] پری و آدمی از پری کِی باشدش آخر کمی؟**

پس خالقِ «انس و جنّ» از مخلوقِ خود کمتر است؟

---

۱ - قُدَما معتقد بودند که اجنّه و یا شیاطین می‌توانند به جسم آدمی وارد شوند و احوال او را تحت سیطرهٔ خود تغییر دهند. این اعتقاد از دیرباز در قبایل بَدَوی هم بوده است و جادوگر قبیله که نقش حکیم و طبیب را هم داشته با روش‌های خاصّی به درمان جنّ زدگان می‌پرداخته است.

۲ - این تمثیل که به اذهان عام بسیار نزدیک است از آن رو به تقریر آمده که سیطره و تسلّط حق و «فنای فی الله» را برای خلق قابل درک سازد، تا بتوانند دریابند که کلام بایزید یا سخن حلاّج در حال بی‌خودی و «فنا» بوده است و در برابر عظمت تجلّیات، بایزید و عقل محو می‌شوند.   ۳ - دَم: نَفَس.

۴ - **دم و قانون**: اینجا کنایه از قدرت و سیطره است.

۵ - در قصیدهٔ «تائیهٔ ابن فارض» همین معنا دیده می‌شود: ر.ک. شرح مثنوی معنوی مولوی، ج ۴، ص ۱۵۶۵.

۶ - اشاره است به سخن «ابوالوفاء بغدادی» که کُردی امّی بود و در مناجاتی خالصانه، پیامبر (ص) دانش و فیضی به او اعطا کردند: ر.ک. مثنوی، مقدّمهٔ دفتر اوّل، در کلام مولانا و اهل تصوّف نشانهٔ تحوّل و انقلاب روحانی در شخص است در اثر فیوضات ربّانی.

۷ - مراد آنکه سیطرهٔ حق، خودیِ عارف را محو می‌کند و عقل و اراده‌اش در تجلّیات الهی زایل و تعطیل می‌شوند؛ بنابراین در آن لحظه بایزید هویّت فردی ندارد که بگوید: «سُبحانی...».

۲۱۱۸ **شیرگیر[۱] ار خونِ نَرّه شیر خَورد تو بگویی او نکرد آن باده کرد**

اگر مرد شجاعی تحت تأثیر باده شیر نری را گرفت، می‌گویی: آن کار را «باده» کرد، نه او.

۲۱۱۹ **ور سخن پردازد از زرِّ کهن تو بگویی: باده گفته‌ست آن سخن**

و اگر آدمِ مست سخنان ارزشمندی بگوید، تو می‌گویی: آن حرف‌ها را «باده» زده است، نه او.

۲۱۲۰ **باده‌یی را می‌بُوَد این شرّ و شور نور حق را نیست آن فرهنگ و زور[۲]؟[۳]**

چون «باده» می‌تواند چنین شوری به پا کند، «میِ الهی» نمی‌تواند «بینش و کمالی» به ما بدهد؟

۲۱۲۱ **که تو را از تو به کُل خالی کند تو شوی پست، او سخن عالی کند**

که تو را از خودی یا «انانیّت» به کلّی پاک کند و سخنِ او بر زبانت جاری شود.

۲۱۲۲ **گرچه قرآن از لبِ پیغمبر است هر که گوید: حق نگفت، او کافر است**

کامل‌ترین نمونهٔ این «خالی شدن از خود» و «پر شدن از حق» در مورد پیامبر(ص) بود که کلامِ حق «قرآن» بر زبان بندهٔ برگزیده‌اش جاری شد؛ پس هرچند که قرآن از دهان رسول خدا(ص) شنیده شد؛ امّا هرکس بپندارد که کلام خدا نیست، کافر است.

۲۱۲۳ **چون هُمایِ بی خودی پرواز کرد[۴] آن سخن را بایزید آغاز کرد**

هنگامی که دوباره آن حالت پیش آمد، بایزید همان سخن را تکرار کرد.

۲۱۲۴ **عقل را سیلِ تحیّر[۵] در ربود زآن قوی‌تر گفت کاوّل گفته بود**

عقل او در برابر تجلیّات حق محو شد و سخنانی تندتر و شدیدتر از بار اوّل گفت.

---

۱ - **شیرگیر** : شجاع، در توضیح آن نوشته‌اند: چون یکی از غلامان بهرام‌گور در اثر افراط در شراب‌خواری مُرد، بهرام باده را منع کرد تا اینکه روزی شیری از قفس گریخت و چند تن را پاره پاره کرد. یکی از نزدیکان بهرام که نهانی شراب می‌خورد، بر اثر جسارتی که از باده یافته بود، توانست گردهٔ شیر را بگیرد و او را به درون قفس ببرد. بعد از آن به آدم مست به کنایه «شیرگیر» هم می‌گویند: ر.ک. نثر و شرح مثنوی شریف، گولپینارلی، ج ۴، ص ۶۶۵.

۲ - **فرهنگ و زور** : اینجا به معنی بینش و ارتقای روحانی، بصیرت و کمال روحی.

۳ - جان کلام در این ابیات آن است که «جنّ» می‌تواند آدمی را تسخیر کند و او را تغییر دهد، «باده» می‌تواند در او اثر کند و موجب تغییر احوال، افکار و احساس شود؛ پس طبیعی است که «نور حق» در انسان منشأ تحوّلات عظیم‌تری است که موجب محو عارف در حق می‌گردد، در نتیجه، در آن لحظه، حق به زبان بنده سخن می‌گوید و خود را می‌ستاید، چنانکه بایزید «سُبحانی...» گفت.

۴ - **هُمای بی‌خودی پرواز کرد** : «انانیّت» محو شد، استغراق حاصل شد.

۵ - **تحیّر** : بی‌خویشی، محو شدن در حق.

نیست اندر جُبّه‌ام[1] الاّ خدا — چند جویی بر زمین و بر سَما[2]؟ ۲۱۲۵

بایزید گفت: درون جبّه‌ام جز خدا نیست؛ چرا او را در زمین و آسمان می‌جویی؟

آن مُریدان جمله دیوانه شدند — کاردها در جسمِ پاکش می‌زدند ۲۱۲۶

مریدان دیوانه‌وار به او حمله کردند و با کارد بر تن پاکش ضربه زدند.

هر یکی چون مُلْحِدان[3] گِرده‌کوه[4] — کارد می‌زد پیرِ خود را بی‌ستوه[5] ۲۱۲۷

هر یک از مریدان بی‌پروا، همانند مُلحدانِ گِردکوه به پیر خود کارد می‌زد.

هر که اندر شیخ تیغی می‌خَلید — بازگونه از تنِ خود می‌درید ۲۱۲۸

هر کس به پندار خود بر تن بایزید ضربه‌ای می‌زد، تن خود را پاره می‌کرد.

یک اثر نه بر تنِ آن ذوفنون — و آن مریدان خسته[6] و غرقابِ خون ۲۱۲۹

کوچک‌ترین اثری از ضربات بر تن آن عارف نبود؛ در حالی که مریدان غرقه در خون بودند.

هر که او سویِ گلویش زخم بُرد — حلقِ خود بُبریده دید و زار مُرد ۲۱۳۰

هر کسی که به گلوی او ضربه زد، گلوی خود را برید و به هلاکت رسید.

وانکه او را زخم اندر سینه زد — سینه‌اش بشکافت و شد مردهٔ ابد ۲۱۳۱

و کسی که به سینهٔ او زخم زده بود، سینهٔ خود را شکافت و مردهٔ ابدی شد.

وانکه آگه بود از آن صاحبْ قران[7] — دل ندادش که زند زخمِ گران ۲۱۳۲

کسی که مختصر معرفتی از احوال آن انسان کامل داشت، دلش نیامد که ضربهٔ محکمی بزنند.

نیمْ دانِش، دستِ او را بسته کرد — جان بِبُرد، الاّ که خود را خسته کرد ۲۱۳۳

آن معرفت ناچیز دست او را بست و جان سالم به در برد؛ امّا خود را زخمی کرد.

---

۱ - **جُبّه** : لباس بلند و گشادی که بر روی البسهٔ دیگر می‌پوشیدند. اشاره به «لَیْسَ فی جُبَّتی سِوَی الله» که به ابوسعید ابی‌الخیر «اسرارالتوحید» نیز منسوب است. ۲ - **سَما** : آسمان. ۳ - **مُلْحِد** : کافر.

۴ - **گِرْده‌کوه** : کوهی در نزدیکی دامغان که بر بالای آن قلعه‌ای از قُلاعِ مُلاحده بوده است. پیروان حسن صباح را در این مرکز برای عملیّات خاصّ تعلیم می‌دادند. ۵ - **بی ستوه** : بی‌آنکه به ستوه آیند، بی‌مُحابا.

۶ - **خسته** : مجروح، زخمی.

۷ - **قِران** : ر.ک: ۲۲۷۷/۱، کسی که در قِران زحل و مشتری به دنیا آمده است، کنایه از نیک‌بخت بودن، اینجا انسان سعادتمندی که به فنای در حق رسیده است.

۲۱۳۴ **روز گشت و آن مریدان کاسته   نوحه‌ها از خانه‌شان برخاسته**

هنگامی که روز شد، بعضی از مریدان مُرده بودند و از خانه‌ها صدای شیون به گوش می‌رسید.

۲۱۳۵ **پیش او آمد هزاران مرد و زن   کِای دو عالم دَرج در یک پیرهن[1]**

گروه کثیری نزد او آمدند و گفتند: ای انسان بزرگی که هر دو عالم در توست،

۲۱۳۶ **این تنِ تو گر تنِ مردم بُدی   چون تنِ مردم ز خنجر گُم شدی**

اگر بدنِ تو هم مانند دیگران بود، در اثر ضربات کاردها از بین می‌رفت.

۲۱۳۷ **باخودی[2] با بی‌خودی[3] دوچار زد[4]   با خود اندر دیدهٔ خود خار زد[5]**

هنگامی که انسانِ ناقص با انسان کامل مقابله کند، به خود صدمه می‌زند.

۲۱۳۸ **ای زده بر بی‌خودان[6] تو ذوالفقار[7]   بر تنِ خود می‌زنی آن، هوش‌دار**

ای کسی که به آزار مردان حق می‌پردازی، آگاه باش که به خودت صدمه می‌زنی.

۲۱۳۹ **زآنکه بی‌خود فانی است و آمِن است   تا ابد در آمِنی او ساکن است**

زیرا کسی که از «انانیّت» رهیده و فانی شده تا ابد در حصن الهی است.

۲۱۴۰ **نقشِ او فانی و او شد آینه   غیرِ نقشِ رویِ غیر، آن جای نه**

«هویّت فردی» یا «هستی موهومی» او فنا یافته و وجودش آینه‌ای است که تصویر این و آن را نشان می‌دهد.

۲۱۴۱ **گر کنی تُف، سوی رویِ خود کنی   ور زنی بر آینه، بر خود زنی**

اگر به آینه تف کنی به خود تف کرده‌ای و اگر آن را بزنی در واقع خود را زده‌ای.

۲۱۴۲ **ور ببینی رویِ زشت آن هم توی   ور ببینی عیسی و مریم[8] توی**

اگر در «آینه» صورتِ زشتی ببینی، از خود توست و اگر زیبایی ببینی، آن هم از توست.

---

۱ - مراد انسان کامل واصلی است که به سبب اتّصال با حق به جهان هستی اتّصال یافته است.

۲ - **باخود :** کسی که از هویّت فردی و هستیِ موهومیِ خود نرهیده است.

۳ - **بی‌خود :** کسی که از «انانیّت» رهیده و در حق محو و فانی شده است.   ۴ - **دوچار زدن :** مقابله کردن.

۵ - مراد آنکه مختصر بصیرتی را که دارد، از دست می‌دهد؛ یعنی به خود صدمه می‌زند.

۶ - **بی‌خودان :** مردان حق.   ۷ - **ذوالفقار :** ر.ک: ۲۳۰۵/۲، اینجا مراد ضربه و ایذاء است.

۸ - **عیسی (ع) و مریم (س) :** اینجا نمادی از پاکی و زیبایی‌اند، در تقابل با زشتی.

او نه این است و نه آن، او ساده[1] است — نقشِ تو در پیشِ تو بنهاده است ۲۱۴۳

او هیچ یک از این‌ها نیست، آینه‌ای است که واقعیّت را نشان می‌دهد و می‌توانی در آن خود را ببینی.

چون رسید اینجا سخن، لب در بِبَست — چون رسید اینجا قلم، در هم شکست ۲۱۴۴

چون سخن به شرح این نکتهٔ ظریف و دقیق رسید، لب از گفتار فرو ماند و قلم شکست.

لب ببند ارچه فصاحت دست داد — دم مزن، وَاللهُ اَعْلَمْ بِالرَّشاد ۲۱۴۵

هرچند که می‌توانی ظرایف را شرح دهی، سکوت کن؛ زیرا خداوند به هدایت داناتر است.

بر کنار بامی ای مستِ مدام[2] ! — پست بنشین[3] یا فرود آ، والسَّلام[4] ۲۱۴۶

ای سالکِ سرمست، کنار بام ایستاده‌ای و احتمال سقوط هست، یا عقب برو، یا پایین بیا، والسّلام.

هر زمانی که شدی تو کامران — آن دمِ خوش را کنارِ بام دان ۲۱۴۷

هرگاه که حالِ خوش روحانی یافتی، بدان که در همان لحظه در خطر هستی.

بر زمانِ خوش هراسان باش تو — همچو گنجش خُفیه کن، نه فاش تو ۲۱۴۸

از لحظات خوش روحانی بیمناک باش و آن را از خلق نهان کن تا گزندی به تو نرسد.

تا نیاید بر وَلا[5] ناگه بلا — ترس ترسان رو در آن مکمن[6] هلا[7] ۲۱۴۹

تا به احوالِ روحانی‌ات که نتیجهٔ تقرّب است، صدمه‌ای وارد نشود، احتیاط کن.

ترسِ جان در وقتِ شادی از زوال — زآن کنار بامِ غیب است ارتحال[8] ۲۱۵۰

اگر آدمی در حالی روحانی از زوال آن بیمناک باشد، «بیم» به منزلهٔ پاپس‌گذاشتن از کنار بام است.[9]

---

۱ - **ساده :** اینجا بدون نقش و بی تعیّن. انسان کامل آینهٔ بی‌رنگی عاری از تعیّن است که صُوَرِ حقیقی را منعکس می‌کند.

۲ - **مُدام :** شراب، «مست مُدام» اشاره به عارفِ سرمستی است که از فنای در حق، سُکری روحانی دارد.

۳ - مراد آنکه ادراک ظرایف و دقایقِ معارفِ الهی و اسرار آن نیازمند استعداد و قابلیّت‌های خاصّی است که عام خلق از آن برخوردار نیستند؛ پس بیانِ آن می‌تواند با خطر سقوط یا کج‌فهمی شنوندگان همراه باشد؛ بنابراین همان‌گونه که در ابیات بعدی هم می‌آید، باید از آن پرهیز کرد.

۴ - سالک متعالی وضعی مخاطره‌آمیز دارد و اگر «پست ننشیند» و احوال وجدآمیز خود را نهان ندارد، سرّ میان خود و محبوب را افشا می‌کند و به عواقب ناشی از آن که «بُعد از حق» است مبتلا می‌گردد. ۵ - **وَلا :** دوستی.

۶ - **مَکْمَن :** کمینگاه، اینجا مراد احوال روحانی است. ۷ - **هلا :** آگاه باش، واژه‌ای برای آگاه کردن.

۸ - **ارتحال :** رحلت کردن، کوچ کردن، اینجا کنار رفتن.

۹ - خطر سقوط چیزی جز خودبینی سالک و یا محسود دیگران واقع شدن نیست.

۲۱۵۱ **گــــر نــــمی‌بینی کــنارِ بــامِ راز　　روح مـی‌بیند کـه هستش اهـتزاز[1]**

اگر تو به سبب حالِ روحانی، متوجّه نمی‌شوی که «حالِ خوش»، ایستادن کنارِ بامِ اسرار است، روح می‌بیند و بر خود می‌لرزد.

۲۱۵۲ **هر نَکالی[2] نـاگـهان کآن آمـده‌ست　　بـر کـنارِ کـنگرهٔ شـادی بُـده‌ست[3]**

هر کیفر و یا عذابی که به ناگاه بر قومی فرود آمده، در اوج شادمانی بوده است.

۲۱۵۳ **جز کـنارِ بـام، خـود نَـبْوَد سـقوط　　اعــتبار[4] از قـوم نـوح و قـومِ لوط**

سقوط جز در لبهٔ بام رخ نمی‌دهد، از قوم نوح و لوط عبرت بگیر.

بیانِ سببِ فصاحت و بسیارگوییِ آن فضول
به خدمت رسول علیه السَّلام

۲۱۵۴ **پـــرتوِ مســتی بــی حــدِّ نَــبی　　چون بزد، هم مست و خوش گشت آن غبی[5]**

پرتو انوار باطنی پیامبر(ص) بر او تابید و آن تهی مغز نیز مست و شاد شد.

۲۱۵۵ **لاجــرم بســیارگو شــد از نَشـاط　　مست ادب بگذاشت، آمد در خُباط[6]**

ناگزیر از شادی به پرگویی پرداخت و فراموش کرد که در محضر پیامبر(ص) باید خاموش باشد.

۲۱۵۶ **نه همه جـا بـی‌خودی شـر مـی‌کند　　بی ادب را مِیْ چـنان تَـر مـی‌کند**

البتّه همواره «بی‌خودی» منشأ شرّ نیست، در مورد کسی که درونی غیر متعالی یـا «بی ادب» دارد، اثرِ شراب چنان است که گویی او را برهنه می‌کند و حجاب‌های اخلاقی و اجتماعی را که بر روی منِ واقعی خود کشیده است، به کنار می‌زند و بی‌ادبی‌اش را عریان و نمایان می‌کند.

۲۱۵۷ **گـر بُـوَد عـاقل، نکـوفر مـی‌شود　　ور بُـوَد بـد خـوی، بَـتَّر مـی‌شود**

اگر شخص عاقل باشد، بر متانت‌اش می‌افزاید و اگر بدخوی باشد، بدتر می‌شود.

---

۱ - **اهتزاز:** تکان خوردن، اینجا ترسیدن و لرزیدن.　۲ - **نکال:** مجازات شدید، عذاب.
۳ - در واقع این قطعه اندرزی است به سالکان که واقف باشند و احوال خوشِ روحانی، جذبه و وجدِ خود را از عام و حتّی‌الامکان از خاصّ نیز نهان دارند.　۴ - **اعتبار:** عبرت گرفتن.　۵ - **غَبیّ:** کودن، تهی مغز.
۶ - **خُباط:** حالتی است چون حیرت و سرگشتگی، مرضی شبیه دیوانگی.

۲۱۵۸ **لیک اغلب چون بَدند و ناپسند　　بر همه مِیْ را مُحَرَّم کرده‌اند**[1]

امّا چون اکثر مردم به تهذیبِ نَفْس نمی‌اندیشند و فقط به ظواهر رفتار که برخاسته از همان «حجاب‌های اخلاقی و اجتماعی» است، توجّه دارند؛ پس «منِ واقعی»شان «بد و ناپسند» است؛ بنابراین شراب را بر همه حرام کرده‌اند.

بیانِ رسول علیه السَّلام سببِ تفضیلِ و اختیارکردنِ او آن هُذَیلی را به امیری و سرلشکری بر پیران و کاردیدگان

۲۱۵۹ **حکمْ اغلب راست، چون غالب بَدَند　　تیغ را از دستِ رَه‌زن بستدند**

احکام و قوانین برای رعایت مصالح عمومی‌اند و چون اکثر خلق توجّهی به تهذیب نفس ندارند و به جهت زندگی اجتماعی‌شان حجاب‌هایی بر نفس امّاره‌شان می‌کشند، شمشیر را از دست راهزن گرفتند و حکم تحریم خمر صادر شد.

۲۱۶۰ **گفت پیغمبر که: ای ظاهرنگر!　　تو مبین او را جوان و بی‌هنر**

پیامبر(ص) گفت: ای ظاهربین، او را جوان و بی‌تجربه نبین.

۲۱۶۱ **ای بسا ریشِ سیاه و مَردْ پیر　　ای بسا ریشِ سپید و دل چو قیر**

چه بسا کسانی که به ظاهر پیر نیستند؛ امّا پخته و باتجربه‌اند و چه بسا پیران که دلِ سیاهِ قیرگون دارند و اسیرِ نَفْسِ امّاره‌اند.

۲۱۶۲ **عقلِ او را آزمودم بارها　　کرد پیری آن جوان در کارها**

من بارها عقل و خرد او را آزموده‌ام و دیده‌ام که خردمند و بصیر است.

---

۱ – مفسّران بر این اعتقادند که دربارهٔ شراب چهار آیه در مکّه نازل شده است: ابتدا: نحل: ۶۷/۱۶: و از میوه‌های خرما و انگور هم [شراب] مستی‌آور و هم خوراک نیکو به دست می‌آورید. سپس بقره: ۲۱۹/۲: بگو در آن‌ها گناهی بزرگ و نیز سودهایی برای مردم هست؛ ولی زیان آن‌ها بر سودشان می‌چربد. بعد از آن در نساء: ۴۳/۴: در حال مستی به نماز نزدیک نشوید. و آخرین آیات دربارهٔ خَمْر: مائده: ۹۱/۵–۹۰: ای مؤمنان شراب و قمار و انصاب و ازلام پلید و شیطانی است، از آن پرهیز کنید باشد که رستگار شوید. همانا شیطان می‌خواهد در پرداختن به شراب و قمار، بین شما کینه و دشمنی بیندازد، و شما را از یاد خداوند و از نماز باز دارد، آیا دست‌بردار هستید؟
نقل از قرآن کریم، ترجمهٔ بهاءالدّین خرّمشاهی، ذیل آیهٔ ۹۰ سورهٔ مائده.

۲۱۶۳ **پیرْ پیرِ عقل باشد ای پسر! نه سپیدی موی اندر ریش و سر**

ای پسر، پیر راستین خردمند و بصیر است، نه کسی که موی ریش و سرش سپید است.

۲۱۶۴ **از بلیس او پیرتر خود کی بُوَد[1] ؟ چونکه عقلش نیست، او لاشَی[2] بُوَد**

چه کسی از ابلیس کهنسال‌تر است؟ امّا چون عقل ندارد، هیچ است.

۲۱۶۵ **طفل گیرش، چون بُوَد عیسی نَفَس پاک باشد از غُرور و از هوس[3]**

تو می‌توانی او را جوانی خام بدانی؛ امّا با دم مسیحایی از غرور و هوس منزّه است.

۲۱۶۶ **آن سپیدی مو، دلیلِ پُختگی‌ست پیشِ چشمِ بسته،کِش کوته تگی‌ست[4]**

در نظر افراد ظاهربینِ بی‌بصیرت، موی سپید نشان کمال پختگی است.

۲۱۶۷ **آن مقلّد چون نداند جز دلیل در علامت جوید او دایم سَبیل[5]**

آن مقلّد ظاهربین، چون ادراک روحانی ندارد، با نشانه‌های ظاهری راه را می‌جوید.

۲۱۶۸ **بهرِ او گفتیم که: تدبیر را چونکه خواهی کرد، بگزین پیر را**

به سببِ او بود که گفتیم: برای بررسی و سنجش هر چیز با پیر مشورت کن.

۲۱۶۹ **آنکه او از پردهٔ تقلید جَست او به نورِ حق ببیند آنچه هست**

زیرا کسی که به ادراک روحانی و بصیرت رسیده است، به نور حق همه چیز را می‌بیند.

۲۱۷۰ **نورِ پاکش بی‌دلیل و بی‌بیان پوست بشکافد، در آید در میان**

نور پاک او بدون نیاز به دلیل و سخن این و آن می‌تواند از وراءِ ظاهر «پوست یا پوستهٔ هر چیز»، واقعیّتِ آن را ببیند.

۲۱۷۱ **پیشِ ظاهربین چه قلب و چه سَره[6] او چه داند چیست اندر قَوْصَرَه[7] ؟**

در نظر ظاهربین «حق» و «باطل» یکی است؛ زیرا هرگز نمی‌داند در باطن آدمی چه می‌گذرد؟

---

۱ - روایات اسلامی گفته‌اند که ابلیس قبل از نافرمانی ششصدهزار سال به عبادت حق تعالی پرداخته بود: ر.ک: ۱۰۱۹/۱. ۲ - **لا شَیْ** : هیچ، معدوم. ۳ - اشاره به جوان هذیلی است.

۴ - **کوته تگی** : کم عمقی، عدم بصیرت و بینش.

۵ - معیار او در سنجش امور دنیوی و معنوی یکسان و بر اساس ظواهر است.

۶ - **قلب و سَره** : طلای خالص و ناخالص، اینجا مراد کمال روحانی در تقابل با نقصان آن است.

۷ - **قَوصَرَه** : زنبیل خرما یا زنبیلی که از لیف خرما می‌سازند، اینجا پیکر آدمی که جان متعالی یا غیر متعالی در آن نهان است.

۲۱۷۲ **ای بسا زرِّ سیه کرده به دود   تا رهد از دستِ هر دُزدیِ حسود[۱]**

چه بسا که طلا را با دوده سیاه می‌کنند تا از دست هر دزد حسودی در امان باشد.

۲۱۷۳ **ای بسا مِسِّ زر اندوده به زر   تا فروشد آن به عقلِ مختصر[۲]**

چه بسا که مس را با آب طلا می‌پوشانند تا به عنوان زرّ خالص به بی‌خردان بفروشند.

۲۱۷۴ **ما که باطن‌بینِ جمله کشوریم   دل ببینیم و به ظاهر ننگریم[۳]**

ما که در عالم از همه باطن‌بین‌تریم و به حقایق وقوف داریم، نظاره‌گر دل‌ها هستیم، نه ظاهرها.

۲۱۷۵ **قاضیانی که به ظاهر می‌تَنَند   حکم بر اَشکالِ ظاهر می‌کنند[۴]**

قاضیانی که فقط به ظاهر امور می‌نگرند، صدور حکمشان نیز مبتنی بر ظاهر است.

۲۱۷۶ **چون شهادت گفت و ایمانی نمود   حکمِ او مؤمن کنند این قوم زود**

این افراد، شهادتِ زبانی و ایمان ظاهری را می‌پذیرند و حکمی مبنی بر مؤمن بودن آنان صادر می‌کنند.

۲۱۷۷ **بس منافق کاندر این ظاهر گریخت   خونِ صد مؤمن به پنهانی بریخت**

چه بسا منافقانی که با تظاهر به ایمان توانستند صدها مؤمن راستین را به هلاکت برسانند.

۲۱۷۸ **جهد کن تا پیرِ عقل و دین[۵] شوی   تا چو عقلِ کُلّ تو باطن‌بین شوی**

بکوش تا باطنت متعالی شود و در پرتو اتّصال با عقل کلّ حقایق را دریابی.

---

۱ - این بیت در توصیف عارفی با باطنی متعالی است که ظاهر خود را به صلاح نمی‌آراید «ملامتی» : دسته‌ای از صوفیان را ملامتیان می‌گفتند که به جهت رعایت کمال اخلاص، نیکی خود را از خلق نهان می‌کردند و بدی خود را پنهان نمی‌داشتند. آنان پیروان ابوصالح حمدون بن احمد قصّارند. عرفا همواره صدق آنان را پسندیده‌اند؛ امّا روش ایشان را تأیید نکرده‌اند.

۲ - این بیت در توصیف مدّعی است که با باطنی غیر متعالی، ظاهر خود را به صلاح می‌آراید و ساده‌دلان را می‌فریبد.

۳ - مولانا از زبانِ حق سخن می‌گوید که نه تنها برکشورِ وجودِ آدم‌ها، بلکه بر سراسر هستی آگاه است.

۴ - اشاره به کسانی که فاقد چشم باطنی و ادراک روحانی و معنوی‌اند.

۵ - مولانا از مفهوم انسان کامل که حقیقت محمّدیّه(ص)، مظهر اتمّ آن محسوب می‌شود، تعبیر عقل کُلّ را استخراج می‌کند؛ زیرا ولیّ حق از خود فانی و به حق باقی است؛ پس عقل فردیِ او در پرتو تابش عقل کلّ و در اتّصال با آن است: با استفاده از سرّ نی، ج ۲، ص ۶۱۳.

از عدم چون عقلِ زیبا^۱ رُو گشاد   خِلعتش داد و هـزارش نـام داد^۲ ۲۱۷۹

هنگامی که عقل کلّ از عدم به مرتبهٔ وجود متجلّی شد، حق تعالیٰ به او خلعت هستی
بخشید و به نامهای بی‌شماری خوانده شد، مثل: نور محمّدی(ص)، قلم اعلیٰ، لوح محفوظ،
روح قدسی.

کمترین ز آن نامهای خوش نَفَس^۳ این که نَبْوَد هیچ او مـحتاج کس^۴ ۲۱۸۰

کمترین نام از نامهای عقل کلّ مبارک دم این است که به هیچ کس نیاز ندارد.

گر به صورت وانماید عقل رُو   تیره بـاشد روز پیـش نـور او^۵ ۲۱۸۱

اگر «عقل» صورتِ خود را در عالم صُوَر نشان دهد، نور روز در مقابلش تیره است.

ور مـثالِ احـمقی پـیدا شـود   ظلمتِ شب پیشِ او روشن بـود   ۲۱۸۲

اگر «حماقت» صورتِ خود را در عالم صُوَر نشان دهد، تاریکی شب در مقابلش روشن است.

کو ز شب مـظلم‌تر و تـاری‌تر است   لیک خفّاشِ شقی^۶ ظلمت‌خَر است^۷ ۲۱۸۳

زیرا «حماقت» از شب تیره تارتر است؛ امّا خفّاش بدبخت طالبِ ظلمت است.

---

۱ - **عقل زیبا**: عقل کلّ: ر.ک: ۱۱۱۷/۱ و ۱۸۱۷/۱.

۲ - عقل اوّل، اوّلین صورت وجود مطلق است که وجود خارجی یافته، از این‌رو دارای فعلیّات و کمالات جمیع اشیا
است، لذا به حسب ذات، کلّ اشیا است و به حکم «بسیط الحقیقة کلّ الاشیاء الوجودیه» فعلاً و کمالاً عین حقایق
است. آدم حقیقی همان عقل اوّل است. از حضرت ختمی مرتبت(ص) وارد است: اوّل ما خَلَقَ الله نوری. نیز وارد است
که: اوّل ما خَلَقَ الله العقل؛ پس به همین مناسبت است که رسول اکرم(ص) را که به سبب ظهور خلقی عین عقل اوّل
است، آدم حقیقی نامند، هرچند که از اولاد آدم صفی است؛ زیرا به حسب حقیقت، جدّ حقیقی اوست و جمیع
انبیا(ع) و اولیا از ظهورات و تجلّیات آن نیّر اعظم به شمار می‌روند: شرح مقدّمهٔ قیصری، ص ۴۷۳.

۳ - **خوش نَفَس**: مبارک نَفَس، نامهای خوش نفس، یعنی توصیف‌های خوشایند که در شنونده اثر نیک می‌گذارد.

۴ - حقایق خارجی متجلّی از مشکاة عقل اوّل و از ظهورات و تجلیّات آن‌اند.

۵ - دکتر زرّین‌کوب، این بیت را ناظر بر «عقل ایمانی» که منشأ معرفت الهی است دانسته و اشارتی از افلاطون:
«خرد را اگر صورتی بود که به چشم می‌آمد، جمالش هوش از سر می‌برد»، را به عنوان نظیر آن آورده است. «عقل
ایمانی» نیز مرتبه‌ای از مراتب «عقل کلّ» است: با استفاده از سِرّ نی، ج ۲، ص ۶۱۴ و شرح مثنوی مولوی، ج ۴،
ص ۱۵۶۹.

۶ - **خفّاشِ شقی**: مراد آدم بدبختی است که «ظلمتِ» گمراهی و دوری از حق را می‌پسندد؛ زیرا چشم او به «نور
حقایق» آشنا نیست؛ پس ترجیح می دهد که روزها هم در ظلمت شب بماند.

۷ - اشاره به کسانی است که «علم رسمی» یا «علم کسبی»شان، آنان را به سوی «ظلماتِ ظنّ و شک» یا «چون و
چرا» برده و در واقع مانعی برای رسیدن آنها به «عقل ایمانی» یا «نور ایمان» شده است.
مراد آن که «نور ایمان» را از طریق علوم بحثی نمی‌توان یافت، به دل و احوال آن ارتباط دارد.

۲۱۸۴ **اندک اندک خُوی کن با نورِ روز[۱] ورنه خُفّاشی بمانی بی‌فروز**

آرام آرام به نورِ روز عادت کن و گرنه همانند خفّاش از روشنی محروم می‌مانی.

۲۱۸۵ **عاشقِ هر جا شِکال[۲] و مُشکلی‌ست دشمنِ هر جا چراغِ مُقبلی‌ست**

کسی که از «عقل ایمانی» یا «نور ایمان» بی‌بهره مانده است، عاشقانه به ظلمتِ «چون و چرا» و اشکال‌هایی که در «علمِ بحثی و رسمی» مطرح است، پناه می‌بَرَد و با این‌گونه بحث‌ها خود را همچنان در تاریکیِ شک و اعتراض مشغول می‌کند و با هر چراغی از هدایت که صاحب‌دلی نیک‌بخت افروخته است، به دشمنی می‌پردازد.

۲۱۸۶ **ظلمتِ اِشکال زآن جوید دلش تا که افزون‌تر نماید حاصلش**

او خواهان «عقده‌گشایی‌هایِ علمِ بحثی» است؛ چون می‌خواهد دانش خود را مهم جلوه دهد.

۲۱۸۷ **تا تو را مشغول آن مشکل کند وز نهادِ زشتِ خود غافل کند**

تا شنونده تمام فکر و حواسش معطوف به «گره زدن و گره‌گشودن»های علم بحثی باشد و فرصتی نیابد تا درون زشت او را که «اهلِ قیل و قال» است، بشناسد، در نتیجه اعتبارش نزد خلق مصون بماند.

علامت عاقلِ تمام و نیمْ‌عاقل، و مردِ تمام و نیمْ‌مرد، و علامتِ شقیِ مغرورِ لاشَی

۲۱۸۸ **عاقل آن باشد که او با مَشعله[۳]ست او دلیل و پیشوایِ قافله‌ست**

«عاقل» کسی است که عقل فردی‌اش به سبب اتّصال با عقل کلّ منوّر شده. چنین خردمندی شایستگی آن را دارد که راهنما و پیشوای قافلهٔ سالکان طریقت و طالبان حقیقت باشد.

---

۱ - با توجّه به دل و احوال درون در واقع نفس مهذّب می‌شود و نور ایمان به دل و جان آدمی می‌تابد.

۲ - **شِکال** : اشکال، مراد اشکال‌هایی است که در علم بحثی و رسمی مطرح می‌شود که در واقع از دیدگاه عارفانِ‌بالله اعتراض‌های سوفسطایی‌وار و بی‌حاصلی است که مانع دریافت نور ایمان و مایهٔ وبال جان است: با استفاده از سرّ نی، ج ۱، ص ۵۲۵. ۳ - **مَشْعَله** : مشعل، اینجا مراد همان «نور عقل» است.

۲۱۸۹ **پیرو نورِ خود است آن پیشرو تابعِ خویش است آن بی‌خویش‌رو[۱]**

آن پیشوا در پی نورِ درونِ خود و به تبعیّت از حقیقتِ متجلّی در دل و جانِ خویش ره می‌سپارد.

۲۱۹۰ **مؤمنِ خویش است و ایمان آورید هم بدآن نوری که جانش زو چرید**

او به هویّتِ جدید خود که در اثر فَیَضان انوار الهی حاصل شده ایمان دارد؛ پس شما هم به نوری که جانش را به کمال رسانیده است، ایمان بیاورید.

۲۱۹۱ **دیگری که نیم‌عاقل[۲] آمد او عاقلی[۳] را دیدهٔ خود[۴] داند او**

کسی که کاملاً عاقل نیست؛ امّا «نیم عقلی» دارد، عاقلی را بر می‌گزینند و از او تبعیّت می‌کند.

۲۱۹۲ **دست در وی زد چو کور اندر دلیل[۵] تا بدو بینا شد و چُست و جلیل[۶]**

همان‌گونه که نابینا دست راهنما را می‌گیرد، سالک نیز دست از دامان هدایت مُرشد خردمند بر نمی‌دارد تا به امداد او جانش ارتقا یابد.

۲۱۹۳ **و آن خری[۷] کز عقلْ جوسنگی[۸] نداشت خود نبودش عقل و عاقل را گذاشت**

نادانی که ذرّه‌ای عقل ندارد، عاقل را رها می‌کند و از عقلِ او بهره‌ای نمی‌برد.

۲۱۹۴ **رَه ندانَد، نه کثیر و نه قلیل[۹] ننگش آید آمدن خَلفِ دلیل[۱۰]**

با آنکه راه را نمی‌شناسد، پیروی از راهنما را ننگ و عار می‌داند.

۲۱۹۵ **می‌رود اندر بیابانِ دراز گاه لنگانْ آیس[۱۱] و گاهی به تاز**

در بیابان بیکران گاه لنگ لنگان و با ناامیدی و گاه به سرعت پیش می‌رود.

۲۱۹۶ **شمع[۱۲] نه، تا پیشوایِ خود کند نیم شمعی[۱۳] نه، که نوری کَد کند[۱۴]**

نه راهنمایی را برگزیده و نه از سالک راه‌رفته‌ای کمک می‌گیرد تا راه را از چاه بشناسد.

---

۱ - **بی‌خویش رو :** کسی که با فنای در حق هویّت فردی خود را از دست داده و در سلوک و ارشاد دیگران بی‌خویش است. ۲ - **نیم عاقل :** مراد سالک است. ۳ - **عاقل :** مراد مرشد و پیر است.
۴ - **دیدهٔ خود :** به منزلهٔ چشم خود. ۵ - **دلیل :** راهنما.
۶ - **جلیل :** شکوهمند، اینجا به معنی ارتقا و کمال یافتن است.
۷ - **خر :** مراد کسی است که از تربیت و هدایت معنوی و روحانی می‌گریزد، اهل دنیا.
۸ - **جوسنگ :** به مقدار یک جو، مقدار بسیار جزیی. ۹ - **نه کثیر و نه قلیل :** نه کم و نه زیاد، ابداً.
۱۰ - **آمدن خلفِ دلیل :** پیروی کردن از مرشد روحانی. ۱۱ - **آیس :** ناامید، مأیوس.
۱۲ - **شمع :** مراد مرشد و یا پیر است. ۱۳ - **نیم شمع :** مراد سالک راه رفته که هنوز به کمال نرسیده است.
۱۴ - **کَد کردن :** گدایی کردن، به دست آوردن ذلیلانه.

۲۱۹۷ **نیست عقلش، تا دَم زنده زند[۱]   نیم‌عقلی نه، که خود مُرده کُند**

عقلی ندارد تا مانند عاقلان زندگی کند و نه نیمه عقلی که همانندِ مُرده‌ای، تسلیم عاقلی شود.

۲۱۹۸ **مُردهٔ آن عاقل آید، او تمام   تا برآید از نشیبِ خود به بام**

کسی که در برابر «عاقل» می‌میرد؛ یعنی اراده و اختیار خود را تسلیم می‌کند، به کلّی نجات می‌یابد؛ زیرا مُرشد او را از پستیِ جهل به اوجِ معرفت می‌رساند.

۲۱۹۹ **عقلِ کامل نیست، خود را مُرده کُن   در پناهِ عاقلی زنده‌سخُن**

اگر عقل کامل نداری، خود را همانندِ مُرده‌ای به دست عاقلی بسپار.

۲۲۰۰ **زنده نی، تا همدمِ عیسی بُوَد   مُرده نی، تا دَمْگهِ عیسیٰ شود**

آدم نادان نه دلِ زنده‌ای دارد تا همدم عیسی نَفَسان شود و نه حاضر است از اختیار و ارادهٔ جاهلانهٔ خود دست بردارد و خویش را به عیسی نَفَسی بسپارد تا زندگیِ صرفاً غافلانه‌اش را به زندگیِ عارفانه بَدَل کند.

۲۲۰۱ **جانِ کورَش گام هر سو می‌نهد   عاقبت نَجْهَد، ولی بر می‌جَهَد**

جانِ نابینای او کورکورانه به هر سو می‌رود؛ ولی نجات نمی‌یابد و به هلاکت معنوی می‌رسد.

قصّهٔ آن آبگیر و صیّادان، و آن سه ماهی، یکی عاقل و یکی نیم‌عاقل و آن دیگر مغرور و ابلهِ مغفَّلِ[۲] لاشَیْ، و عاقبتِ هر سه[۳]

آبگیری سه ماهی داشت که از آن‌ها دو ماهی عاقبت‌اندیش بودند و یکی نبود. چند صیّاد از آنجا گذر کردند و ماهیان را دیدند. به شتاب رفتند تا دام بیاورند و هر سه را بگیرند. ماهیان سخن صیّادان را شنیدند و آن یک که «عاقل» بود، به سرعتی تمام از آن سو که آب می‌آمد، خارج شد. در همین اثنا صیّادان با دام رسیدند. از آن دو ماهی که در آب مانده بودند، آن یک که «نیم‌عاقل» بود، حیله‌ای اندیشید و خویشتن مُرده ساخت و بر روی آب «سِتان» می‌رفت.

---

۱ - مانند زنده دلان به آسودگی نفس بکشد و راه را طی کند.   ۲ - مُغَفَّل: نادان.

۳ - مأخذ آن حکایتی است مذکور در کلیله و دمنه، باب الاسد و الثّور، ص ۸۴، که روایت مثنوی به قول مولانا «مغز» قصّه‌ای است که «قشر» آن در کلیله آمده است: احادیث، صص ۳۸۶ و ۳۸۷.

صیّاد او را مُرده پنداشت و بینداخت تا توانست به نیرنگی خود را در جویی بیفکند و بِرَهد و بدین ترتیب از آن سه ماهی، تنها آن که «احمق» بود، در دام گرفتار آمد.

در طیِ قطعه‌ای که بیت ۱۹۹۲ آغازگر آن است، شاهد بودیم که داستان امیر گردانیدن جوان هُذَیلی توسط رسول اکرم(ص) و اعتراض بوالفضولان، مطرح شد و اشکال انگیزی‌های اهل شک به تقریر آمد. اینک تفسیر آن تداعی‌گر قصّهٔ آبگیر و صیّادان می‌شود تا در طیِ آن به بیانِ این معنا بپردازد که خلق هم سه گروه‌اند: «عاقل» کسی است که به نورِ دل راه نجات را بیابد. «نیم‌عاقل» آن است که عاقلی را دیدهٔ خویش می‌سازد و به تبعیّت از او رهایی می‌یابد و احمق کسی است که خود عقلی ندارد و از عاقل هم پیروی نمی‌کند.

۲۲۰۲ **قصّهٔ آن آبگیر است ای عَنود[1] ! — که در او سه ماهیِ اِشْگَرف[2] بود**

ای ستیزه‌جو، آنچه را که گفتیم، همانند قصّهٔ آن برکه است که در آن سه ماهی بزرگ بود.

۲۲۰۳ **در کلیله خوانده باشی، لیک آن — قِشرِ قصّه باشد، و این مغزِ جان**

شاید این قصّه را در کلیله خوانده باشی؛ امّا آنجا ظاهرِ حکایت آمده است و اینجا مغزِ آن.

۲۲۰۴ **چند صیّادی سویِ آن آبگیر — برگذشتند و بدیدند آن ضمیر[3]**

چند ماهیگیر از کنار آن برکه می‌گذشتند و ماهیان را دیدند.

۲۲۰۵ **پس شتابیدند تا دام آورند — ماهیان واقف شدند و هوشمند**

پس به شتاب رفتند تا دام بیاورند. ماهی‌ها متوجّه شدند که خطری هست.

۲۲۰۶ **آنکه عاقل بود عزمِ راه کرد — عزمِ راهِ مشکلِ ناخواه[4] کرد**

ماهیِ عاقل با سرعت به راه افتاد و علی‌رغم خواسته‌اش راه دشواری را پیش گرفت.

۲۲۰۷ **گفت: با این‌ها ندارم مشورت — که یقین سُستم کنند از مَقْدِرَت[5]**

ماهی عاقل اندیشید: با ماهی‌های دیگر مشورت نمی‌کنم؛ زیرا رأی مرا سست می‌کنند.

۲۲۰۸ **مِهرِ زاد و بود بر جانشان تَنَد[6] — کاهلی و جهلشان بر من زند**

محبّتِ برکه که مسکن آن‌هاست، نمی‌گذارد اینجا را رها کنند، سستی و جهل آنان در من اثر می‌کند.

---

۱ - **عَنود :** معاند، ستیزه‌گر. ۲ - **اشگرف :** شِگرف، بزرگ، خوب. ۳ - **ضمیر :** مراد درون آب برکه است.
۴ - **ناخواه :** ناخواسته. خروج ماهی از آبگیر به یقین همانند راه سیر و سلوک راهی سخت بوده است.
۵ - **مَقْدِرَت :** قدرت و توانایی. ۶ - **تَنَد :** از تنیدن به معنی بافتن، درپیچیدن.

۲۲۰۹ **مشـــورت را زنـــده‌یی بـــاید نکـــو   که تو را زنده کند، و آن زنـده کـو؟**

برای مشورت باید مشاوری زنده‌دل یافت تا دل را زنده کند؛ امّا آن «زنده دل» کجاست؟

۲۲۱۰ **ای مســـافر[۱] ! بـا مسـافر[۲] رای زن   زانکـــه پـــایت لنگ دارد رایِ زن[۳]**

ای سالک با پیر مشورت کن. کسی که عقل کاملی ندارد، تو را از راه باز می‌دارد.

۲۲۱۱ **از دَمِ حُبِّ آلوطـــن بگـذر، مـه‌ایست   که وطن آن سوست، جان این سوی نیست**

از «حُبِ آلوطن» مگو و بگذر؛ زیرا وطن حقیقی اینجا نیست، آن سوست.

۲۲۱۲ **گر وطن خواهی گذر آن سویِ شط[۴]   این حدیثِ راست را کم خوان غلط**

اگر خواستار موطن هستی، باید راهی به دریای حق بیابی. این سخنِ راست را درست بفهم.

سِرِّ خواندنِ وضوکننده اورادِ وضو را

۲۲۱۳ **در وضو هـر عـضو را وِردی جـدا   آمـده‌ست انـدر خـبر، بـهرِ دعـا[۵]**

در حدیث برای شست‌وشوی هر عضو در هنگام وضو دعایی جداگانه آمده است.

۲۲۱۴ **چـونکه اسـتنشاقِ[۶] بینی مـی‌کنی   بـویِ جـنّت خـواه از رَبِّ غـنی**

هنگامی که در وضو استنشاق می‌کنی، از پروردگار بی‌نیاز خواستار بوی بهشت باش.

۲۲۱۵ **تا تو را آن بـو کشـد سـویِ جِـنان   بـویِ گُـل بـاشد دلیـلِ گُـلْبُنان[۷]**

تا آن بو تو را به سوی بهشت جذب کند؛ زیرا بویِ گل دلیلِ وجودِ گلستان است.

---

۱ - **مسافر :** مراد سالک راه حق است.

۲ - **مسافر :** اینجا سالکی که مراحل سلوک را تا کمال الهی به پایان رسانیده است، پیر، به قول حافظ:

به می سجّاده رنگین کن گرت پیر مغان گوید   که سالک بی‌خبر نَبْوَد ز راه و رسم منزل‌ها

۳ - **زن :** اینجا مُراد کسی که اسیر نفسانیّات است، اهل دنیا، اشاره است به قول: شاورهنّ و خالفوهنّ. در بیت بعد نیز اشاره به : «حُبّ الوطن مِنَ الایمان» است که بعضی از علمای حدیث هر دو را بی‌اساس دانسته‌اند: نقل از سرّ نی، ج ۱، ص ۴۱۰.   ۴ - **شط :** رود.

۵ - مراجعه شود به کُتُب شرعی که آداب وضو و اذکار مربوط بدان را آنجا می‌توان یافت و به عنوان مثال: غزالی نیز در احیاء علوم‌الدّین، ج ۱، ص ۱۳۲، اوراد مقرّر در هر قسمت وضو را برشمرده است: نقل از شرح مثنوی مولوی، ج ۴، ص ۱۵۷۱.   ۶ - **اِستنشاق :** بوکردن چیزی، مایعی یا چیزی را به بینی کشیدن.   ۷ - **گُلبنان :** بوتهٔ گل.

این بُوَد: یا رَب ! تو زینَم پاک کن	چونکه اِستنجا¹ کنی، وِرد و سخُن

۲۲۱۶

هنگامی که خود را از پلیدی می‌شویی، باید بگویی: خدایا مرا از آلودگی پاک کن.

دستم اندر شُستنِ جان است سُست	دستِ من اینجا رسید، این را بشُست

۲۲۱۷

خدایا، دست من نجاست برون را شست؛ امّا از شستن پلیدی درونم ناتوان است.

دستِ فضل توست، در جان‌ها رسان	ای ز توکس گشته جانِ ناکسان

۲۲۱۸

ای خدایی که جانِ بی‌مایگان از تو پر مایه شده است، تنها دست فضل تو می‌تواند جان و دل را از آلودگی پاک کند.

زآن سویِ حَدّ³ رانِقی⁴ کن ای کریم!	حَدِّ من² این بود، کردم مِن لئیم

۲۲۱۹

خدایا، من فرومایه ظاهر خود را پاک کردم. ای کریم، آلودگی‌های درونم را تو پاک کن.

از حوادث⁶ تو بشُو این دوست را	از حَدَث⁵ شُستم خدایا پوست را

۲۲۲۰

خدایا، من ظاهر خود را پاک کردم تو باطنم را پاک کن.

شخصی به وقت استنجا می‌گفت: «اَللّٰهُمَّ اَرِحنی رایحةَ اَلجَنَّةِ» به جای آنکـه «اَللّٰهُمَّ اجعَلنی مِنَ التَّوابینَ وَاجعَلنی مِنَ المُتَطَهّرینَ» که وِردِ استنجاست، و وِردِ استنجا را به وقتِ استنشاق می‌گفت. عزیزی بشنید و این را طاقت نداشت⁷

شخصی هنگام شستن نجاست می‌گفت: خدایا، «بوی بهشت را به من برسان»، به جای آنکه وِردِ مخصوص استنجا را بگوید و بخواهد: «خدایا، مرا از توبه‌کاران و پاکان قرار ده»، و وِردِ استنجا را هنگامی که وضو می‌گرفت، می‌خواند، زمانی که باید سه بار آب را به دهان ببرد و به کام و بینی درکشد. عزیزی دعای او را شنید و طاقت نیاورد که رایحهٔ بهشت را از بینی احساس

---

۱ – اِستنجا: پاک کردن خویش بعد از قضای حاجت.   ۲ – حَدِّ من: حدود توانایی من.

۳ – زآن سویِ حد: آنچه راکه از توانم خارج است.   ۴ – نَقی: پاک و پاکیزه.

۵ – حَدَث: پلیدی، مدفوع، نجاست.

۶ – حوادث: وقایعی که می‌تواند موجب غفلت آدمی و بُعد او از حق‌گردد، هرچیز غافل کننده و جهل‌آور.

۷ – مأخذ آن حکایتی است به طریق اشارت در مقالات شمس، نسخهٔ کتابخانهٔ فاتح، ص ۳۸.

می‌کنند، از آنجا که اینک بدان مشغولی بوی گُل و ریحان نمی‌آید. «جای آن بو نیست این سوراخ زیر»، و به طنز گفت: خوب وِرْد آورده‌ای، «لیک سوراخ دعا گم کرده‌ای».

سرّ این قصّه در تقریر این معناست که هر سخن را جایی است و هر مقام را حالی، چنانکه تواضع نزد خسان ابلهی است و تکبّر نزد شهان نیز، دریافتن وقت عین زندگی است.

۲۲۲۱ **آن یکی در وقتِ استنجا بگفت — که: مرا با بوی جنّت دار جفت**

شخصی هنگام شستن پلیدی می‌گفت: خدایا، مرا قرینِ رایحهٔ بهشت بدار.

۲۲۲۲ **گفت شخصی: خوب وِرد آورده‌ای — لیک سوراخِ دعا گم کرده‌ای**

کسی که دعای او را شنید، گفت: دعای خوبی می‌خوانی؛ امّا سوراخ دعا را گم کرده‌ای.

۲۲۲۳ **این دعا چون وِردِ بینی بُود، چون — وِردِ بینی را تو آوردی به کون؟**

این دعا را هنگام استنشاق می‌خوانند، نه هنگام استنجا.

۲۲۲۴ **رایحهٔ جنّت ز بینی یافت حُر[1] — رایحهٔ جَنّت کی آید از دُبُر[2]؟**

آدم آزاده رایحهٔ بهشت را از راه بینی دریافت می‌کند، نه از مقعد.

۲۲۲۵ **ای تواضع بُرده پیشِ ابلهان[3] — وی تکبّر بُرده تو پیشِ[4] شهان[5]**

ای کسی که در برابر جاهلان متواضع و در برابر عاقلان متکبّر هستی.

۲۲۲۶ **آن تکبّر بر خَسان[6] خوب است و چُست[7] — هین مرو معکوس، عکسش بندِ توست**

تکبّر با فرومایگان بجاست. آگاه باش و وارونه رفتار نکن که راه نجات بسته می‌شود.

۲۲۲۷ **از پیِ سوراخِ بینی رُست گُل — بو وظیفهٔ بینی آمد ای عُتُل[8]!**

ای بدخویِ خشن، وجودِ گُل برای بینی است؛ زیرا بوییدن وظیفهٔ حسّ شامّه است.

۲۲۲۸ **بویِ گُل بهرِ مشام[9] است ای دلیر — جایِ آن بو نیست این سوراخِ زیر**

ای آدم شجاع، رایحهٔ گل برای شامّه است نه سوراخ زیر.

---

۱ - **حُر**: حُرّ به معنی آزاده، کسی که از قید نفسانیّات و تعلّقات آزاد باشد. ۲ - **دُبُر**: سرین، نشیمن، مقعد.
۳ - **ابلهان**: مراد اهل زرّ و زور دنیاست. ۴ - **شهان**: مراد عاقلان و کاملان، پیران و مرشدان روحانی است.
۵ - اشاره به کسانی که استعداد تشخیص «حق» را از «باطل» ندارند یا مریدانی که گول مدّعیان لاف‌زن را می‌خورند. ۶ - **خَسان**: جمع خَس به معنی بی‌قدر، اهل هوا و هوس.
۷ - **چُست**: چابک، اینجا به معنی شایسته. ۸ - **عُتُل**: درشت‌گویِ سخت‌آزار، بداخلاقِ خشن.
۹ - **مشام**: محلّ قوّهٔ شامّه، بینی.

۲۲۲۹ **کِی از اینجا بویِ خلد آید تو را؟ بو ز موضع جو، اگر باید تو را**[۱]
بوی بهشت را از سوراخ زیرین نمی‌یابی. آن را از محلّ اصلی‌اش بجو.

۲۲۳۰ **همچنین حبّ الوطن باشد درست تو وطن بشناس،**[۲] **ای خواجه! نخست**
به همین ترتیب حدیث «حبّ الوطن» هم درست است؛ امّا ای خواجه، ابتدا وطن را بشناس.

۲۲۳۱ **گفت آن ماهیِ**[۳] **زیرک: رَه کُنم دل ز رای و مشورتْشان بَر کَنم**
ماهی زیرک گفت: باید به راه بیفتم و از مشورت با ماهیان دیگر منصرف شوم.

۲۲۳۲ **نیست وقتِ مشورت، هین! راه کن چون علی تو آه اندر چاه کن**[۴]
وقتِ مشورت نیست. آگاه باش و به راه بیفت. همانند علی(ع) دردِ دل را به چاه بگو.

۲۲۳۳ **محرمِ آن آه کم‌یاب است بس شب رو و پنهان‌رَوی کن چون عَسَس**[۵]
محرم آن آه بسیار کمیاب است. شبانه برو و همانند داروغه مخفیانه حرکت کن.

۲۲۳۴ **سویِ دریا عزم کن زین آبْ‌گیر بحر جو و ترکِ این گرداب**[۶] **گیر**
از این برکه بگذر و خود را به دریا برسان. جویای دریا باش، این گرداب را رها کن.

۲۲۳۵ **سینه را پا ساخت،**[۷] **می‌رفت آن حَذُور**[۸] **از مقامِ با خطر**[۹] **تا بحرِ نور**
ماهیِ عاقبت‌اندیش به سرعت از آن محلّ خطرناک به سوی دریای نور حرکت کرد.

---

۱ - جویای هر چیز از منبع اصلی آن باش، راه حق را از کاملان مکمل بخواه.

۲ - حقیقت انسان جسم او نیست، جان اوست که از عالم برین آمده است؛ پس وطن حقیقی‌اش این خاکدان نیست.

۳ - اینک مولانا به ادامهٔ قصّه بازگشته است. ماهی زیرک نمادی از سالک آگاه است که می‌خواهد با هر سختی و مشقّتی که باشد خود را به دریا که نمادی از دریای وحدت یا توحید است، برسانَد و در این امر از مشورت با ناآگاهان که همان «اهل دنیا» هستند پرهیز می‌کند.

۴ - مأخذ آن قطعه‌ای است از عطّار در منطق الطّیر با این مضمون: به فرمان پیامبر(ص) مردی برای آوردن آب از چاه می‌رود و چاه را بی‌آب؛ امّا پرخون می‌یابد:

گفت: پنداری ز دردِ کارِ خویش	مرتضی در چاه گفت اسرار خویش
چاه چون بشنید آن تابَش نماند	لاجرم پرخون شد و آبش نماند

: احادیث، ص ۳۸۹.

۵ - مراد از مصراع دوم آن است که: لزومی ندارد در ارتباط با سلوک و راهی که می‌روی صحبت کنی، فقط می‌توان با اهل معارف و مرشد کامل در این باب سخن گفت.

۶ - **گرداب**: جایی که آدمی را به هلاکت می‌رساند، مراد دنیا و جذب شدن به تمتّعات آن است.

۷ - **سینه را پا ساخت**: با سینه بر آب لغزید و به شتاب رفت. ۸ - **حَذور**: بسیار حَذَرکننده.

۹ - **مقامِ باخطر**: مراد دنیاست که خطر آن غفلت از حق و گمراهی است که موجب هلاکت جان آدمی می‌شود.

هـمچو آهـو کـز پـیِ او سگ بُـوَد   مـی‌دَوَد تـا در تـنش یک رگ بُـوَد ۲۲۳۶

آن ماهی چنان شتابان می‌رفت که آهو از بیم سگ تا رمقی دارد، می‌دَوَد.

خوابِ‌خرگوش[1] و سگ اندر پی خطاست   خواب، خود در چشمِ ترسنده کـجاست؟ ۲۲۳۷

خواب خرگوشی با سگی در پی خطاست. کسی که از عاقبت بترسد، خواب ندارد.

رفت آن مـاهی رهِ دریـا گـرفت   راهِ دور و پـهنهٔ پـهنا گـرفت[2] ۲۲۳۸

آن ماهی به راه افتاد و به سوی دریا حرکت کرد، راهی را که بس دور و بیکران بود.

رنـج‌ها بسـیار دیـد و عـاقبت   رفت آخـر سـویِ امـن و عـافیت[3] ۲۲۳۹

هرچند که رنج بسیاری را متحمّل شد؛ امّا عاقبت به عافیت و امنیّت رسید.

خـویشتن افکـند در دریـایِ ژرف   کـه نـیابد حـدِّ آن را هـیچ طَـرْف[4] ۲۲۴۰

خود را همانند قطره‌ای به دریای ژرفی افکند که هیچ چشمی کرانه‌ای برای آن نمی‌یافت.

پس چـو صـیّادان بـیاوردند دام   نـیم‌عاقل را از آن شـد تـلخْ کـام ۲۲۴۱

ماهیگیران دام را آوردند. ماهیِ نیمه‌عاقل بسیار ناراحت شد؛ زیرا فرصت گریز نبود.

گفت: آه! من فوت کردم فُـرصه[5] را   چـون نگشـتم هـمرهِ آن رهـنما؟ ۲۲۴۲

گفت: ای وای! فرصت را از دست دادم. چرا با آن راهنما همراه نشدم؟

ناگهان رفت او و لیکن چونکه رفت   می‌ببایستم شدن در پـی بـه تـفت[6] ۲۲۴۳

او ناگهان رفت؛ ولی هنگامی که رفت باید به سرعت در پی‌اش می‌رفتم.

بر گذشته حسرت آوردن خطاست   بـاز نـاید رفـته، یـادِ آن هَـباست[7] ۲۲۴۴

حسرت گذشته را خوردن خطاست. گذشته گذشته و به یاد آوردن آن بیهوده است.

---

۱ - خواب خرگوشی نمادی از زندگی غافلانه است. شخص عاقبت اندیش باید هوشیار و آگاه باشد.

۲ - مراد از مصراع دوم آن است که به سوی پهنهٔ پهناور، یعنی بیکرانِ عالم معنا به راه افتاد.

۳ - **امن و عافیت**: نجات یافت، به آرامش و طمأنینهٔ درونی رسید، رستگار شد. ۴ - **طَرْف**: چشم.

۵ - **فُرصه**: فرصت، بهره. ۶ - **تَفت**: شتاب. ۷ - **هَبا**: تباه و ضایع، اینجا بیهوده.

قصّهٔ آن مرغِ گرفته که وصیّت کرد که: برگذشته پشیمانی مخور، تدارکِ وقت اندیش، و روزگار مَبَر در پشیمانی[1]

مرغی که در دام صیّادی گرفتار آمده بود، به او گفت: از جثّهٔ نحیف من سیر نمی‌شوی. مرا رها کن تا تو را سه پند بیاموزم. اوّلین را تا در دست تو هستم، می‌گویم و دومین را بر بام کاهگل خانه‌ات و سومین را چون بر فراز درخت نشینم و تو را از این سه پند نیک‌بختی حاصل آید. نخستین آن است که سخن محال را از هیچ کس نپذیر، رویِ بام که نشست، گفت: برگذشته هیچ غم نخور و چون بر فراز درختی نشست، قبل از آنکه پند سوم را بگوید، اظهار داشت: در شکم من درّی است گران به وزن ده دِرم‌سنگ، گویی روزی تو نبوده است. صیّاد ناله‌ای دردناک از سر حسرت بر آورد. مرغ گفت: مگر تو را پند ندادم که سخن محال را باور نکن؟ من که تمام جثّه‌ام سه درم‌سنگ نیست، چگونه دُرّی به وزن ده درم‌سنگ در اندرون داشته باشم؟ صیّاد به خود آمد و خواهان سومین پندِ مرغ شد؛ امّا مرغ گفت: به آن دو پند خوش عمل کردی که پند سوم را هم رایگان در اختیارت قرار دهم؟

اصل قصّه در روایت یوذاسِف و بلوهر در باب «جهالت عامّه» است و یک روایت قدیم فرانسوی هم از این قصّه باقی است که به داستان «مرغک» مشهور است و صورت مسیحی آن در اروپای قرون وسطیٰ شهرت داشته است.[2]

سرّ سخن آنکه: پندگفتن با جاهلِ غافل چیزی جز تخم افکندن در خاک شوره‌زار نیست.

اینکه در قصّهٔ پیشین، «ماهیِ نیمه‌عاقل» فرصت گریز را از دست داده بود، تداعی‌گر این حکایت است که شخصِ عاقبت‌اندیش فرصت‌ها را از دست نمی‌دهد و به امید آینده‌ای نامعلوم نمی‌نشیند.

آن یکی مرغی گرفت از مکر و دام * مرغ او را گفت: ای خواجهٔ هُمام[3]!** ۲۲۴۵

شخصی دامی گسترد و پرنده‌ای را شکار کرد. پرنده گفت: ای خواجهٔ بزرگ،

تو بسی گاوان و میشان خورده‌ای * تو بسی اُشتر به قربان کرده‌ای** ۲۲۴۶

تو گاوها و میش‌های فراوانی خورده‌ای و شتران بسیاری را ذبح کرده‌ای.

---

۱ - مأخذ آن داستان یوذاسف و بلوهر است که مولانا ممکن است از طریق الهی نامهٔ عطّار یا کیمیای سعادت غزّالی اخذکرده باشد: بحر درکوزه، ص ۱۸۳؛ امّا در هر حال از حکایات و مواعظ عامیانه تأثیر پذیرفته است. همچنین در عقدالفرید، ج ۳، ص ۶۰ و اکمال الدینِ صدوق، ص ۳۳۹ و جوامع الحکایات عوفی باب ۱۳ از قسم چهارم نیز آمده و در حلیة الاولیاء، ج ۴، ص ۳۱۶ و احیاء العلوم، ج ۳، ص ۱۶۶ و الاذکیاء ابن جوزی، ص ۱۵۶ هم نقل شده است: احادیث، ص ۳۹۰. ۲ - بحر درکوزه، ص ۱۸۳. ۳ - **هُمام**: بزرگوار، ارباب، سرور.

۲۲۴۷ **تو نگشتی سیر ز آن‌ها در زَمَن[1] هم نگردی سیر از اجزایِ من**

با خوردن آن‌ها سیر نشدی؛ پس با خوردن من نیز سیر نخواهی شد.

۲۲۴۸ **هِل مرا، تا که سه پندت بر دَهَم تا بدانی زیرکم یا ابلهم**

مرا رها کن تا به تو سه پند بدهم که بدانی من زیرکم یا ابله.

۲۲۴۹ **اوّلِ آن پند هم در دستِ تو ثانی‌اش بر بامِ کهگِلْ بَستِ تو**

اوّلین پند را هنگامی می‌دهم که هنوز در دستت اسیرم، دومین را وقتی که بر بام کاهگلی‌ات بنشینم.

۲۲۵۰ **و آن سِوُم پندت دهم من بر درخت که از این سه پند گردی نیکبخت**

سومین پند را هنگامی که بر درخت بنشینم، می‌گویم تا از آن‌ها سعادتمند شوی.

۲۲۵۱ **آنچه بر دست است، این است آن سخن که: مُحالی را زکس باور مکُن**

پند اوّل این است که هرگز سخنِ غیر ممکن را از هیچ کس باور نکن.

۲۲۵۲ **بر کَفَش چون گفت اوّل پندِ زفت گشت آزاد، و بر آن دیوار رفت**

چون آن نصیحت گران‌بها را در دستِ او گفت، آزاد شد و بالای دیوار نشست.

۲۲۵۳ **گفت دیگر: بر گذشته غم مَخَور چون ز تو بگذشت، زآن حسرت مَبَر**

گفت: پند دیگر آن که افسوس گذشته را نخور. گذشته گذشته و حسرتی ندارد.

۲۲۵۴ **بعد از آن گفتش که: در جسمم کَتیم[2] ده دِرَمْسَنگ[3] است یک دُرِّ یتیم[4]**

سپس گفت: در درون من مرواریدی بی‌نظیر به وزن ده درم نهان است.

۲۲۵۵ **دولتِ تو، بختِ فرزندانِ تو بود آن گوهر، به حقِّ جانِ تو**

به جان تو که آن مروارید می‌توانست تو و فرزندانت را خوشبخت کند.

۲۲۵۶ **فوت کردی دُر، که روزیِ‌اَت نبود که نباشد مثلِ آن دُر در وجود**

مرواریدی را که در جهان بی‌نظیر بود، از دست دادی؛ زیرا قسمتِ تو نبود.

---

۱ - **زَمَن**: زمان، ایّام و روزگار. ۲ - **کَتیم**: مکتوم، نهان شده.

۳ - **دِرَمْسَنگ**: سنگی به وزن درم که برای توزین به کار می‌رفت. ۴ - **دُرّ یتیم**: مروارید بی‌نظیر.

آنــــچنانکه وقتِ زادن حـــامله　　　نـاله دارد خـواجـه شـد در غـلغله ۲۲۵۷

همان‌گونه که هنگامِ وضع حمل زن ناله می‌کند، خواجه به فریاد آمد.

مرغ گفتش: نـی نـصیحت کـردمت　　　که مـبادا بـر گـذشتهٔ دی[1] غـمت؟ ۲۲۵۸

پرنده گفت: مگر به تو اندرز ندادم که بر گذشته افسوس نخور؟

چون گذشت و رفت، غم چون می‌خوری؟　　　یـــا نکــردی فــهم پــندم، یــا کَــری ۲۲۵۹

چون گذشته و سپری شده است، چرا غصّه می‌خوری؟ اندرز مرا نفهمیده‌ای یا کر هستی.

و آن دوم پندت بگـفتم کـز ضَـلال　　　هــیچ تـو بـاور مکـن قـولِ مُـحال ۲۲۶۰

و در اندرز دومین به تو گفتم: از روی نادانی سخن غیر ممکن را باور نکن.

من نِیَم خود سه درمسنگ ای اسد!　　　دَه درمســنگ انـدرونم چـون بُـوَد؟ ۲۲۶۱

ای شیرمرد، تمامِ هیکل من سه درم نیست، چگونه در درونم ده درم نهان باشد؟

خواجه باز آمد به خود، گفتا که هین!　　　بــازگو آن پــندِ خــوبِ سِــیّومین ۲۲۶۲

آن مرد با شنیدن این سخن به خود آمد و گفت: پند خوب سوم را بگو.

گفت: آری! خوش عمل کردی بدآن　　　تــا بگــویم پــندِ ثـالث رایگـان؟ ۲۲۶۳

پرنده گفت: به دو پند قبلی خوب عمل کردی تا پند سوم را هم به سهولت بگویم؟

پــند گـفتن بـا جَـهولِ خـوابـناک　　　تخم افکندن بُـوَد در شـوره خـاک ۲۲۶۴

اندرز دادن به نادانِ غافل، همانند بذرافشانی در شوره‌زار است.

چاکِ حُـمق و جـهل نـپذیرد رَفـو　　　تخمِ حکمت کـم دِهَـش ای پـندگو! ۲۲۶۵

حماقت و نادانی غیر قابل درمان و مانند پارگیِ رفوناپذیر است. ای ناصح، بذر معارف را در شوره‌زار نیفشان.

[1] - دی: دیروز.

چاره اندیشیدنِ آن ماهیِ نیم‌عاقل و خود را مُرده کردن

۲۲۶۶ **گفت ماهیِ دگر وقتِ بلا   چونکه ماند از سایهٔ عاقل جدا**

ماهیِ نیمه عاقل که هنگام گرفتاری از مصاحبت با ماهیِ عاقل جدا ماند، با خود گفت:

۲۲۶۷ **کو سویِ دریا شد و از غم عَتیق[۱]   فوت شد از من چنان نیکو رفیق**

او به سوی دریا رفت و از غم رهایی یافت. حیف که دوست خوبی را از دست دادم.

۲۲۶۸ **لیک زآن نندیشم و بر خود زنم[۲]   خویشتن را این زمان مُرده کنم**

دیگر به او نمی‌اندیشم و باید به فکر چاره باشم. بهتر است خود را به مُردن بزنم.

۲۲۶۹ **پس برآرم اِشکمِ خود بر زَبَر   پشتْ زیر، و می‌روم بر آبْ بر**

باید خود را وارونه کنم و شکمم را به بالا و پشتم را زیر آب ببرم و بی‌حرکت باشم.

۲۲۷۰ **می‌روم بر وی چنان که خَس رَوَد   نی به سبّاحی[۳] چنان که کس رَوَد**

همانندِ خس و خاشاک با جریان آب می‌روم، نه چنانکه شناگران حرکت می‌کنند.

۲۲۷۱ **مُرده گردم، خویش بسپارم به آب   مرگْ پیش از مرگ،[۴] امن است از عذاب[۵]**

مثل مُردگان خود را به آب می‌سپارم؛ زیرا مرگ پیش از مرگ رهایی از عذاب است.

۲۲۷۲ **مرگْ پیش از مرگ امن است ای فتیٰ   این چنین فرمود ما را مصطفی[۶]**

ای جوان، پیامبر(ص) فرموده است: مُردن قبل از مرگ موجب ایمنی است.

۲۲۷۳ **گفت: مُوتُوا کُلُّکُمْ مِنْ قَبْلِ اَنْ   یَأتِیَ اَلْمَوْتُ تَمُوتُوا بِالْفِتَنْ**

پیامبر(ص) فرمود: قبل از مرگ جسمانی و پیش‌آمدهای ناگوار جملگی بمیرید.

---

۱ - **عتیق**: آزاد شده.   ۲ - **بر خود زنم**: خودم شخصاً فکر می‌کنم و چاره می‌اندیشم.

۳ - **سبّاحی**: شناگری.

۴ - **مرگ پیش از مرگ**: اشاره است به مضمون حدیث: مُوتُوا قَبْلَ أَنْ تَمُوتُوا. که بعضی آن را حدیث نمی‌دانند: احادیث، ص ۳۷۰.

۵ - مراد رهیدن از هستی موهومی و تعلّقات دنیوی است؛ یعنی محو هستیِ فردی در هستیِ حق.

۶ - حدیث: حاسِبوا أَعْمالَکُمْ قَبْلَ أَنْ تُحاسَبُوا، وَ زِنُوا أَنْفُسَکُمْ قَبْلَ أَنْ تُوزَنُوا وَ مُوتُوا قَبْلَ أَنْ تَمُوتُوا: قبل از آنکه به حسابتان رسند اعمال خود را محاسبه کنید. و قبل از آنکه عملتان ارزیابی شود نفستان را ارزیابی کنید و قبل از آنکه مرگ به سراغتان آید بمیرید: احادیث، ص ۳۷۰.

همچنان مُرد و شکم بالا فکند　　آب می‌بُردش نِشیب و گهْ بلند ۲۲۷۴
ماهی خود را مُرده ساخت و شکم را به سمت بالا گرفت. آب او را می‌برد گاه به پایین و گاه به بالا.

هر یکی زآن قاصدان بس غصّه بُرد　　که: دریغا ! ماهیِ بهتر بِمُرد ۲۲۷۵
ماهیگیران خیلی غصّه خوردند که حیف شد، بهترین ماهی مُرد.

شاد می‌شد او کز آن گفتِ دریغ　　پیش رفت این بازیَم، رَستَم ز تیغ ۲۲۷۶
ماهی از دریغ آنان خوشحال می‌شد که حیله‌ام مفید بود و از مرگ رهایی یافتم.

پس گرفتش یک صیادِ ارجمند[1]　　پس بر او تُف کرد و بر خاکش فکند ۲۲۷۷
یک ماهیگیرِ ماهر او را گرفت و با تحقیر به رویش تف انداخت و او را بر زمین افکند.

غَلْط غلطان رفت پنهان اندر آب　　ماند آن احمق، همی کرد اضطراب ۲۲۷۸
ماهی غلتید و خود را به آب انداخت. ماهیِ احمق با پریشانی به این سو و آن سو می‌رفت.

از چپ و از راست می‌جَست آن سلیم[2]　　تا به جهدِ خویش بِرْهانَد گلیم[3] ۲۲۷۹
آن ماهیِ ساده دل به چپ و راست می‌رفت تا شاید با تلاش بتواند خود را برَهانَد.

دام افکندند و اندر دام ماند　　احمقی او را در آن آتش نشاند ۲۲۸۰
ماهیگیران دام را گستردند و او در دام افتاد. حماقتش او را به آتش هلاکت کشانید.

بر سرِ آتش، به پُشتِ تابه‌یی　　با حماقت گشت او همخوابه‌یی ۲۲۸۱
گویی حماقتش او را در میان آتش بر روی تابه‌ای قرار داده است.

او همی جوشید از تَفِّ سعیر[4]　　عقل می‌گفتش: اَلَمْ یَأتِکَ نذیر؟[5] ۲۲۸۲
آتش او را می‌سوزاند. عقلش می‌گفت: آیا هشدار دهنده‌ای به سویت نیامد؟

او همی گفت از شکنجه وز بلا　　همچو جانِ کافران قالُوا بَلیٰ[6] ۲۲۸۳
او از عذابی که بدان گرفتار شده بود، همانندِ جان کافران که می‌گفتند: آری، می‌گفت: آری آمد.

---

۱ - **ارجمند** : باارزش، اینجا ماهر.　　۲ - **سلیم** : ساده دل.
۳ - **بِرْهانَد گلیم** : گلیم خود را بِرَهانَد؛ یعنی خود را نجات بدهد.　　۴ - **سَعیر** : آتش.
۵ - اشارتی قرآنی؛ مُلک : ۸/۶۷ : ...أَلَمْ يَأْتِكُمْ نَذِيرٌ : ...آیا هشدار دهنده‌ای نزد شما نیامد؟ در ارتباط است با افکنده شدن کافران به جهنّم و پرسش خازنانِ دوزخ.
۶ - اشارتی قرآنی؛ مُلک : ۹/۶۷ : قَالُوا بَلىٰ قَدْ جَاءَنَا نَذِيرٌ فَكَذَّبْنَا... : گویند: چرا، هشداردهنده‌ای نزد ما آمد، آنگاه [او را] تکذیب کردیم.

باز می‌گفت او که: گر این بار من وارَهَم زین مِحنتِ گردن شکن ۲۲۸۴

ماهی با خود می‌گفت: اگر این دفعه از این بلای هلاکت‌آور رهایی یابم،

مـن نسـازم جُـز بـه دریـایی وطن آبگـیری را نسـازم مـن سَکَـن ۱ ۲۲۸۵

دریا را وطن می‌سازم و هرگز در برکه‌ای حقیر زندگی نخواهم کرد.

آبِ بـی حـد جـویم و آمِن شـوم تـا ابـد در امن و صِحّت مـی‌روم ۲۲۸۶

جویای آب بیکران و امن و سلامتی خواهم بود.

بیانِ آنکه عهد کردنِ احمق وقتِ گرفتاری و نَدَم، هیچ وفایی ندارد،[۲] که «لَوْ رُدُّوا لَعادُوا لِما نُهُوا عَنْهُ وَ اِنَّهُمْ لَکاذِبُونَ»[۳] صبح کاذب وفا ندارد

جانِ کلام آن است که: به عهد و پیمان جاهلان اعتمادی نیست؛ زیرا ماهیِ نادانِ قصّهٔ «آبگیر و صیّادان» نمادی از حماقتِ «سالکِ نادان» یا «طالبِ جاهل» است و اگر به او فرصتی دوباره داده شود، باز هم همان حماقت‌هایِ پیشین را تکرار می‌کند و در تأیید این سخن، اشارت قرآنی آن که دارای همین مضمون است به تبیین می‌آید.

عقل[۴] می‌گفتنش: حماقت با تو است بـا حماقت عقل را آیـد شِکست ۲۲۸۷

عقل به او می‌گفت: تو احمقی. با وجودِ حماقت، عقل شکست می‌خورد.

عـقـل را بـاشد وفـای عـهـدها تـو نـداری عقل، رو ای خربها[۵] ۲۲۸۸

با وجود عقل می‌توان به پیمان خود متعهّد بود. ای نادان، برو که عقل نداری.

عـقـل را یاد آید از پیمانِ خَـود پـردهٔ نسیان[۶] بِـدَرّانَـد خِـرَد ۲۲۸۹

عقل پیمان خود را به یاد می‌آوَرَد و پردهٔ فراموشی را پاره می‌کند.

---

۱ - سَکَن : ساکن شدن.

۲ - بیان آنکه پیمان احمق به هنگام بلا و پشیمانی هرگز پایدار نیست؛ زیرا «اگر آنان را به این دنیا بازگردانند، باز هم به سوی همان کارهایی می‌روند که از آن منعشان کرده بودند». صبح کاذب پایدار نیست.

۳ - اشارت قرآنی؛ انعام : ۲۸/۶ : «...وَ لَوْ رُدُّوا لَعادُوا لِما نُهُوا عَنْهُ وَ اِنَّهُمْ لَکاذِبُونَ : و اگر بازگردانده می‌شدند، بی‌شک به همانچه که از آن نهی شده بودند، بر می‌گشتند و آنان دروغگو هستند.

۴ - عقل : مراد عقلِ معاد یا عقلِ کمال طلب ماهیِ خودِ جاهل است که تحت تأثیر غفلت‌ها پوشیده می‌شود.

۵ - خربها : کسی که هم‌شأن خر است؛ یعنی نادان و غافل است. ۶ - نسیان : فراموشی.

چونکه عقلت نیست، نسیانِ میرِ توست   دشــمن و بــاطِلْ‌کــنِ تــدبیرِ تــوست   ۲۲۹۰

چون فاقد عقل هستی، دچار فراموشی‌های همیشگی می‌شوی که تدبیرت را باطل می‌کند.

از کــمیِّ عقل، پــروانهٔ خَــسیس[1]   یاد نارَد ز آتش و سوز و حَسیس[2]   ۲۲۹۱

پروانه هم به سبب کم‌عقلی از آتش و سوزش و صدای آن چیزی را به یاد نمی‌آوَرَد.

چونکه پَرّش سوخت توبه می‌کند   آز و نســیانَش بــر آتش مــی‌زند   ۲۲۹۲

پرِ پروانه می‌سوزد و توبه می‌کند؛ امّا حرص و فراموشی دوباره او را به آتش می‌اندازد.

ضبط[3] و درک و حافظی و یادداشت   عقل را باشد، که عقل آن را فراشت   ۲۲۹۳

انتظامِ امور و در حافظه نگه داشتنِ موضوعاتِ متفاوت از فرایندهای عقل‌اند.

چونکه گوهر[4] نیست، تابش چون بُوَد؟   چون مذکِّر نیست، اِیابَش[5] چون بُوَد؟   ۲۲۹۴

بدون گوهر درخششی نیست و بدون تذکّر دهنده نیست کسی هم به عهد خود باز نمی‌گردد.

این تمنّی هم ز بی عقلیِ اوست   که نبیندکآن حماقت را چه خُوست   ۲۲۹۵

آرزوی بازگشت به راه راست هم از بی‌عقلیِ اوست که نمی‌فهمد «حماقت» چه ویژگی هایی دارد.

آن نــدامت از نــتیجهٔ رنــج بــود   نه ز عقلِ روشن چون گنج بود   ۲۲۹۶

آدم احمق، پشیمانی‌اش به سبب رنج است نه به سبب عقلِ تابناک.

چونکه شد رنج، آن ندامت شد عدم   مــی‌نیرزد خــاک، آن تــوبه و نَــدَم[6]   ۲۲۹۷

با پایان یافتنِ رنج، پشیمانی‌اش هم پایان می‌یابد. چنین ندامتی هیچ نمی‌ارزد.

آن نَدَم از ظلمتِ غم بست بار[7]   پس کَـلامُ اللَّـیْلِ یَمْحُوهُ النَّهار[8]   ۲۲۹۸

آن ندامت محصول رنج بود. فرارسیدن روز، سخنی را که شب گفته شده است، محو می‌کند.

---

۱ – خَسیس : حقیر، بی‌مقدار، اینجاکم عقل یا بی‌عقل.

۲ – حَسیس : صدای نرم گذشتن چیزی که دیده نشود، صدای آتش.

۳ – ضبط : ضبط و ربط، جمع‌بندی و نتیجه‌گیری ذهنی از امور متفاوت.

۴ – گوهر : جواهر، اینجا مراد گوهر درخشانِ عقل است که با وجود آن هماهنگی میانِ حواس حاصل می‌شود و آدمی به فراموشی مبتلا نمی‌شود.   ۵ – اِیاب : بازگشت.   ۶ – نَدَم : ندامت، پشیمانی.

۷ – بست بار : بستن بار به معنی حاصل شدن.

۸ – سخنی منسوب به هارون‌الرّشید: نقل از مثنوی، دکتر استعلامی، ج ۴، ص ۳۲۴.

۲۲۹۹ چون برفت آن ظلمتِ غم، گشت خَوش   هــم رود از دل نـــتیجه و زاده‌اش

هنگامی که غم تمام شود و احمق شاد گردد، محصول آن غم که ندامت بود، از بین می‌رود.

۲۳۰۰ مـــی‌کند او تـــوبه و پـیر خِـرَد   بـانگِ لَـوْ رُدّوا لَـعادُوا[۱] مـی‌زند

در برابر توبهٔ احمق، عقل می‌گوید: اگر مهلت بیابی، باز هم همان کار را می‌کنی.

در بیانِ آنکه وَهْمْ قلبِ عقل است و ستیزهٔ اوست[۲]، بدو مانَد و او نیست، و قصّهٔ مُجاوِباتِ[۳] موسی علیه السّلام که صاحب عقل بود، با فرعون که صاحب وَهْم بود

این قطعه در ارتباط است با ارشاد فرعون و به توحید فراخوانده شدن او توسط موسی(ع)، در حقیقت تقابلی است میان «عقل» و «وهم».

مجاوبات و مباحثاتی که میان «عقلِ جان‌افروز» موسی(ع) با «وهم عالم‌سوز» فرعون است. عقلِ کاملی که در پرتو هدایت آن جان پیروان از انوار الهی بهره می‌برد و وهمی که در چنبرهٔ تاریک آن، جان در جهت گمراهی و ضلالت هرچه بیشتر و هلاکت ابدی گرفتار می‌آید. عقلی که بانگِ او، ندای حق است و وهمی که به پنداری باطل، خودپرستی و شهوات را تعقّل و تفکّر می‌نامد و بانگ او، صدای نَفْس امّارهٔ خودکامه است.[۴]

از دیدگاه عارف راستین، عقلی را می‌توان عقل نامید که به کمال رسیده و یا جویای کمال باشد. عقلی که تعقّل و تفکّرش همه برخاسته از نفس امّاره و در جهت دنیادوستی است عقل نیست و «ضدِّ عقل» یا «وهم» است.

۲۳۰۱ عقل ضدِّ شهوت است ای پهلوان!   آنکه شهوت[۵] می‌تَنَد، عقلش مخوان

ای پهلوان، عقل، ضدّ شهوت است. آن قوای ذهنی که چاره‌اندیشی‌اش در پی دنیادوستی و لذّات دنیاست، عقل نیست.

۲۳۰۲ وَهْمْ خوانَش آنکه شهوت راگداست   وَهْــمْ قـلبِ نـقدِ زرِّ عـقل‌هاست

قوایی که در پی لذّات و منافع است، «وهم» نام دارد که در تقابل با عقل در تمثیل «سکّهٔ طلا»، «سکّهٔ تقلّبی» به شمار می‌آید.

---

۱ - توضیح آن در ۲۲۸۷/۴.   ۲ - **ستیزهٔ اوست** : برعکس اوست، ضدّ اوست.

۳ - **مجاوبات** : جمع مجاوبه به معنی پاسخ کسی را دادن، با کسی سخن گفتن.

۴ - قصّهٔ موسی(ع) و فرعون: ر.ک: ۸۴۰/۳.

۵ - **شهوت** : میل و رغبت و اشتیاق نفس در حصول لذّت و منفعت.

۲۳۰۳ **بی محک پیدا نگردد وَهْم و عقل هر دو را سوی محک کن زود نقل**

بدون محک نمی‌توان «عقل» و «وهم» را از هم بازشناخت. آن‌ها را به سوی محک ببر.

۲۳۰۴ **این محک قرآن و حالِ انبیا چون محک، مر قلب را گوید: بیا**

این محک، قرآن و احوال پیامبران است که به سکّهٔ تقلّبی می‌گوید: بیا.

۲۳۰۵ **تا ببینی خویش را، ز آسیبِ من[1] که نه‌ای اهلِ فراز و شیبِ[2] من**

بیا، تا در برخورد با من دریابی که اهلِ تحمّل سختی‌هایِ راه خدا نیستی.

۲۳۰۶ **عقل را گر ارّه‌یی سازد دو نیم[3] همچو زر باشد در آتش او بَسیم[4]**

عقلِ حق‌جو در فشارها و مصایب هم شاداب است، همانند زرّ در کورهٔ زرگر.

۲۳۰۷ **وَهْمْ مر فرعونِ عالَمْسوز[5] را عقلْ مر موسیِّ جانْافروز[6] را**

قوای ذهنیِ فرعونِ عالم‌سوز «وهم» و قوای ذهنیِ موسیِ جان‌افروز «عقل» نامیده می‌شود.

۲۳۰۸ **رفت موسی بر طریقِ نیستی[7] گفت فرعونش، بگو تو کیستی؟**

موسیٰ(ع) محوِ در حق به سویِ فرعون رفت. فرعون گفت: بگو تو کیستی؟

۲۳۰۹ **گفت: من عقلم،[8] رسولِ ذوالجلال حُجّةُاللهَم، امانم از ضلال**

موسی(ع) گفت: من عقل و پیامبر خداوندِ ذوالجلال، برهان الهی و رهاننده از گمراهی‌ام.

۲۳۱۰ **گفت: نی، خامش، رهاکن های و هو نسبت و نامِ قدیمت را بگو[9]**

فرعون گفت: خاموش باش و قیل و قال را رها کن. نام و نَسَب پیشینت را بگو.

---

۱ - **ز آسیب من**: در برخورد با من.

۲ - **فراز و شیب**: دشواری‌ها و سختی‌های طاعات و عبادات و تهذیب نفس.

۳ - معنی مصراع اول: اگر عقلِ انسانِ کمال‌جو تحت شدیدترین فشارها هم قرار بگیرد. ۴ - **بَسیم**: خندان.

۵ - **عالم سوز**: کسی که با سرکشی جهانی را به آتش هلاکت می‌کشد.

۶ - **جان افروز**: کسی که جان‌ها را هدایت می‌کند و روشنایی می‌بخشد.

۷ - **بر طریق نیستی**: راه محو و فنا، راهی که بنده هویّت فردی‌اش را در هستیِ حق محو و فانی می‌کند.

۸ - همان‌گونه که قبلاً هم بارها یادآور شده‌ایم، از پیامبر(ص) وارد است: (اوّل ما خلق الله العقل) و یا (اوّل ما خلق الله نوری) که اوّلین صورتِ وجود مطلق است که وجود خارجی پیدا نموده؛ پس آدم حقیقی همان عقل اوّل است. مراد آن که جمیع انبیا از ظهورات و تجلیّات عقل اوّل هستند، یا جلوهٔ کامل عقلِ کمال‌طلب‌اند: شرح مقدّمهٔ قیصری، ص ۴۷۳. ۹ - مراد آن است که موسی(ع) بگوید که نامش موسیٰ و فرزند عمران است.

۲۳۱۱ **گفت که: نسبت مرا از خاکدانْش　　نامِ اصلم کمترینِ بندگانْش**

موسی(ع) گفت: نَسَب من به این دنیایِ خاکی می‌رسد و نامِ من کمترین بندهٔ خداست.

۲۳۱۲ **بنده زادهٔ آن خداوندِ وحید[1]　　زاده از پُشتِ جَواری[2] و عَبید[3]**

پسرِ یکی از بندگان خدا هستم. از زهدان یکی از کنیزکان و صُلب یکی از غلامان او به دنیا آمده‌ام.

۲۳۱۳ **نسبتِ اصلم ز خاک و آب و گِل　　آب و گِل را داد یزدان جان و دل**

نَسَب اصلی‌ام از خاک و آب است که خداوند به آن جان و دل عطا کرده.

۲۳۱۴ **مَرجعِ این جسمِ خاکم هم به خاک　　مَرجعِ تو هم به خاک ای سهمناک[4]!**

جسم خاکی‌ام دوباره به خاک باز می‌گردد. ای طغیانگر، بازگشت تو هم به خاک است.

۲۳۱۵ **اصلِ ما و اصلِ جمله سرکشان　　هست از خاکی، و آن را صد نشان**

اصلِ ما و اصلِ همهٔ طغیانگران از خاک است و این موضوع دلایل فراوانی دارد.

۲۳۱۶ **که مدد از خاک می‌گیرد تنت　　از غذایِ خاک پیچد گردنت**

جسم تو از خاک قوّت می‌یابد و با غذایی که از خاک حاصل می‌شود، گردنت توانایی پیچش دارد.

۲۳۱۷ **چون رود جان، می‌شود او باز خاک　　اندر آن گورِ مخوفِ سهمناک**

هنگامی که جان از بدن خارج می‌شود، جسمِ آدمی در گورِ ترسناک به خاک تبدیل می‌شود.

۲۳۱۸ **هم تو و هم ما و هم اَشباهِ تو[5]　　خاک گردند و نمانَد جاهِ تو**

هم تو، هم ما و هم دیگران به خاک مبدّل می‌شویم و این مقام دنیوی نمی‌مانَد.

۲۳۱۹ **گفت: غیر این نَسَبْ نامیت هست　　مر تو را آن نامْ خود اَوْلیتَرست**

فرعون گفت: به غیر از این نَسَب نام دیگری هم داری که آن برایت شایسته‌تر است.

۲۳۲۰ **بندهٔ فرعون و بندهٔ بندگانْش[6]　　که از او پرورد اوّل جسم و جانْش**

نام تو بندهٔ فرعون و بندهٔ بندگان اوست که جسم و جانت در بارگاه او پرورده شده است.

---

۱ - وحید: یگانه.　۲ - **جَواری**: جمع جاریه به معنی کنیز.

۳ - **عبید**: جمع عَبْد به معنی بنده، جواری و عبید اشاره است به اجداد موسیٰ(ع).

۴ - **سهمناک**: مراد طغیانگری فرعون است که از او وجودی وحشتناک ساخته که عاقبتی سهمناک را در پی دارد.

۵ - **اشباهِ تو**: کسانی که مانند تواَند.

۶ - فرعون اشاره می‌کند که موسی(ع) فرزند عمران و خادم‌زاده است؛ پس به خود ننازد و مدّعی نشود که جلوه‌ای از تجلیّاتِ «عقلِ کُل» است.

زین وطن بگریخته از فعلِ شُوم ۲	بـنـدهٔ یـــاغـی طـاغـی ظَــلـوم ۱

۲۳۲۱

بندهٔ سرکشِ طغیانگرِ ظالمی که به سبب انجام عملی شوم ناچار شد از اینجا بگریزد.

هم بر این اوصافِ خود می‌کن قیاس	خونی ۳ و غدّاری ۴ و حق ناشناس ۵

۲۳۲۲

بندهٔ آدمکشِ عهدشکنِ حق ناشناس، پس با این اوصاف که گفتم که خود را بشناس.

کـه نـدانستی سپاسِ مـا و حـق	در غریبی خوار و درویش و خَلَق ۶

۲۳۲۳

چون سپاسگزار نبودی و حقّ و نعمت را ندانستی، غریب، فقیر و ژنده‌پوش شده‌ای.

در خداوندی کسی دیگر شریک	گفت: حاشا که بُوَد بـا آن مَلیک ۷

۲۳۲۴

موسی(ع)گفت: حاشا که حق تعالیٰ در خداوندی شریکی داشته باشد.

بـنـدگانش را جـز او سـالازنـی	واحـد اندر مُلک ۸ او را یازنی

۲۳۲۵

او خداوندی یکتاست که بندگانش کسی را جز او به سروری نمی‌پذیرند.

شرکتش دعوی کند جز هـالکی ۹ ؟	نیست خَلقش را دگر کس مـالکی

۲۳۲۶

هیچ کس جز او مالکِ مخلوقات نیست. فقط مُرده‌دل با او دعوی شراکت می‌کند.

غیر اگر دعوی کند، او ظلم‌جوست ۱۰	نقشْ او کرده‌ست و نقّاشِ من اوست

۲۳۲۷

او خالق من است. اگر دیگری دعوی خدایی کند، به یقین ظالم است.

چون توانی جانِ من بشناختن؟	تـو نـتـوانـی ابرویِ مـن ساختن

۲۳۲۸

تو که نمی‌توانی ابروی مرا خلق کنی، چگونه می‌توانی جان مرا بشناسی؟

---

۱ - ظلوم : ظالم، ستمکار.

۲ - فعل شوم : اشاره به حادثه‌ای که در طیّ آن در اثر مشتِ موسی(ع) یکی از قبطیان کشته شد: ر.ک: ۸۴۰/۳؛
قصص: ۱۹/۲۸.   ۳ - خونی : قاتل.   ۴ - غدّار: عهدشکن.

۵ - حق ناشناس : فرعون او را حق ناشناس می‌خواند؛ زیرا در دربار پرورده شده و حقّ و ولی‌نعمت را به جای
نیاورده است.

۶ - خَلَق : کهنه، ژنده، پاره، اینجا اشاره به جامهٔ موسی(ع) و برادرش هارون است که پشمینه بود.

۷ - ملیک : صاحب مُلک، پروردگار.   ۸ - واحد اندر مُلک : در سلطنت یگانه.

۹ - هالک : مرده و هلاک شده، اینجا کسی که حیات روحانی‌اش را از دست داده است.

۱۰ - ظلم‌جو : ظالم.

۲۳۲۹ **بلکه آن غدّار[1] و آن طاغی تویی[2] — که کنی با حقّ، دعویِ دویی[3]**

در واقع تو خیانتکارِ طغیانگر هستی که دعوی شراکت با خداوند را داری.

۲۳۳۰ **گر بکُشتم من عَوانی[4] را به سهو — نه برای نَفْس کشتم، نه به لَهو[5]**

اگر من به سهو سبب مرگِ ستمگری شدم، برای منافع و قدرت نمایی نبود.

۲۳۳۱ **من زَدَم مُشتی و ناگاه اوفتاد — آنکه جانش خود نَبُد، جانی بداد**

من مشتی زدم و او افتاد. آن که حیات روحانی نداشت، حیات جسمانی‌اش را هم از دست داد.

۲۳۳۲ **من سگی کُشتم، تو مُرْسَل زادگان[6] — صد هزاران طفلِ بی‌جرم و زیان[7]**

من شخص پلیدی را کشتم و تو فرزندان انبیا و هزاران طفل بی‌گناه را به هلاکت رسانده‌ای.

۲۳۳۳ **کُشته‌ای و خونشان در گردنت — تا چه آید بر تو زین خون خوردنت**

گروه کثیری را کشته‌ای و خونشان به گردنِ توست. خدا می‌داند کیفرت چیست؟

۲۳۳۴ **کُشته‌ای ذُرّیّتِ[8] یعقوب را — بر امیدِ قتلِ من مطلوب را**

به امید آنکه مرا بکشی، نسل یعقوب(ع) را کشتی.

۲۳۳۵ **کوریِ تو، حق مرا خود برگزید — سرنگون شد[9] آنچه نَفْست می‌پزید**

به کوری چشم تو خداوند مرا برگزید و سودای نفسانی‌ات بی‌ثمر شد.

۲۳۳۶ **گفت: این‌ها را بِهِل، بی هیچ شک — این بُوَد حقِّ من و نان و نمک؟**

فرعون گفت: این سخنان را رها کن. حقّ نان و نمکی که بر گردنت دارم، همین است؟

۲۳۳۷ **که مرا پیشِ حَشَر[10] خواری کنی — روزِ روشن بر دلم تاری کنی؟**

که مرا نزد مردم خوار کنی و روز روشن را برایم تیره و تار بکنی؟

---

۱ - **غدّار**: پیمان شکن، خیانتکار، خائن. ۲ - **توی**: تویی، تو هستی.
۳ - **دویی**: اینجا به معنی شراکت در خدایی خداوند. ۴ - **عوان**: مأمور حکومت، کنایه از آدم ظالم.
۵ - **لهو**: بیهوده، اینجا قدرت نمایی یا کار بیهوده. اشاره به: قصص: ۱۵/۲۸، مراد آن که این کار برای دفاع از مظلومی بوده است. ۶ - **مُرْسَل زادگان**: اینجا قوم بنی‌اسراییل که فرزندان و فرزندزادگان یعقوب(ع) اند.
۷ - **بی جُرم و زیان**: بی‌گناه و بی‌آزار. ۸ - **ذرّیّت**: نسل، پشتِ فرزندان.
۹ - **سرنگون شد**: واژگون شد، بی‌حاصل شد. ۱۰ - **حَشَر**: دسته و گروه، اینجا مردم.

۲۳۳۸ **گفت: خواریِ قیامت صعب‌تر گر نداری پاس، من در خیر و شر**

موسی(ع) گفت: اگر به سخن من توجّه نکنی، باید خواری سخت‌تری را در قیامت تحمّل کنی.

۲۳۳۹ **زخمِ کیکی را نمی‌توانی کشید زخمِ ماری را تو چون خواهی چشید؟**

تو که قادر به تحمّل نیش ککی نیستی، چگونه نیشِ مار را می‌توانی تحمّل کنی؟

۲۳۴۰ **ظاهرا کارِ تو ویران می‌کنم لیک خاری را گلستان می‌کنم**

ای فرعون، پندارِ عظمتت را نابود می‌کنم؛ امّا در واقع خاری را به گلستان مبدّل می‌کنم.

بیانِ آنکه عمارت در ویرانی‌است، و جمعیّت در پراکندگی‌است، و درستی در شکستگی‌است، و مُراد در بی‌مرادی‌است، و وجود در عدم است، و عَلیٰ هٰذا بَقیَّةِ اَلاَضْدادِ وَ اَلاَزواج [1]

در قطعهٔ پیشین موسیٰ(ع) خطاب به فرعون گفت: ظاهراً در پی خراب کردن کار تو هستم؛ ولی در واقع به آباد کردن آن مشغولم. عنوان این قطعه شرح و تفصیلی بر همان معناست. جان کلام در تقریر این نکته است که برای رسیدن به حقیقتی که در دل آدمی و جان او نهان است، چاره‌ای جز «تغییرات بنیادین» و نشاندنِ «ارزش‌های حقیقی و اصیل» به جای «ارزش‌های قراردادی» نداریم؛ پس تا زمانی که «لذّت‌های این جهانی» در کامِ جان ما شیرین است، از «لذّت‌های روحانی و معنوی» بی‌بهره می مانیم، تا آن محو نشود، این یک آشکار نمی‌شود.

۲۳۴۱ **آن یکی آمد زمین را می‌شکافت ابلهی فریاد کرد و بر نتافت [2]**

شخصی زمین را می‌کَند. آدم احمقی نتوانست تحمّل کند و فریاد کشید:

۲۳۴۲ **کین زمین را از چه ویران می‌کنی؟ می‌شکافی و پریشان می‌کنی**

چرا زمین را خراب می‌کنی؟ چرا می‌کَنی و زیر و رو می‌کنی؟

۲۳۴۳ **گفت: ای ابله! برو، بر من مَران [3] تو عمارت از خرابی باز دان**

آن شخص گفت: ای نادان، برو و کاری نداشته باش. «آبادانی» را از «خرابی» بشناس.

---

۱ - مأخذ این تمثیل در مقالات شمس، نسخهٔ کتابخانهٔ فاتح، ورق ۱۶، می‌توان یافت به طریق ذیل: این زمین را یکی می‌شکافد. یکی آمده است که این زمین سلامت را چرا خراب می‌کنی؟ او خود عمارت را از خراب نمی‌داند. اگر خراب نکردی زمین خراب شدی. نه در آن خرابی عمارت‌هاست؟ : احادیث، ص ۳۹۲.

۲ - **برنتافت :** تحمّل نکرد. ۳ - **بر من مران :** به من کاری نداشته باش و مخالفت نکن.

کــی شــود گُـلزار و گـندمزار ایـن	تـا نگـردد زشت و ویـران ¹ این زمین؟ ۲۳۴۴

چگونه اینجا گلستان یا کشتزارِ گندم شود تا زمین را بیل نزنیم و ویران نکنیم؟

کی شود بُستان و کشت و بـرگ و بَـر ²	تـا نگـردد نـظم او زیـر و زبـر؟ ۲۳۴۵

اگر نظمِ فعلیِ آن به هم نخورد و زیر و زبر نشود، چگونه به بوستان و مزرعه تبدیل شود؟

تا بنشکافی به نشترِ ریشِ ³ چَغز ⁴	کی شود نـیکو و کـی گـردید نـغز؟ ۲۳۴۶

تا با نیشتر دُمَلِ چرکین را از عفونت خالی نکنی، چگونه خوب شود؟

تـا نشُـوید خـلطهـاَت ⁵ از دوا	کی رود شورِش ⁶ کجا آید شِفا؟ ⁷ ۲۳۴۷

تا خلطهای فاسد با دوا از بین نرود، چگونه به‌هم ریختگیِ دستگاهِ گوارش‌ات شفا یابد؟

پـاره پـاره کرده دَرزی جـامه را	کس زنـد آن درزیِ عـلاّمه ⁸ را؟ ۲۳۴۸

اگر خیّاط برای دوختن لباس، پارچه‌ای را تکّه کند، آیا کسی آن خیّاط ماهر را می‌زند؟

کــه چـرا این اطلسِ بُگزیده را	بر دریدی؟ چه کنم بِـدریده را؟ ۲۳۴۹

که چرا این حریر ممتاز را پاره کردی؟ حالا با این پارچهٔ پاره چه کنم؟

هـر بـنایِ کـهنه کآبـادان کـنند	نـه که اوّل کـهنه را ویـران کنند؟ ۲۳۵۰

برای بازسازیِ هر بنای قدیمی، آیا ابتدا آن را ویران نمی‌کنند؟

همچنین نجّار و حدّاد⁹ و قصاب ¹⁰	هستشان پیش از عمارت‌ها خراب ۲۳۵۱

این قانون در موردِ حرفه‌های مختلف هم مصداق دارد. نجّار، آهنگر و قصّاب نیز ابتدا خراب می‌کنند؛ سپس به آبادانی می‌پردازند.

---

۱ - **زشت و ویران** : مراد شخم زدن یا بیل زدن زمین است.   ۲ - **برگ و بر** : مراد محصول و ثمر است.
۳ - **ریش** : زخم.   ۴ - **چَغز** : جراحت سربستهٔ چرکین، دمل.
۵ - **خلطهاات** : خلطها، مراد چهار مزاج مردم است: بلغم، خون، صفرا و سودا. قُدَما معتقد بودند که خلط بدک
لزج و فاسد است در معده جمع می‌شود و بیماری و تب تولید می‌کند.
۶ - **شورش** : اینجا به هم خوردن و بی‌نظمی دستگاهِ گوارش.
۷ - این تمثیل‌ها برای تقریر این نکته است: در هر آبادانی، خرابی، شرط اوّل است.
۸ - **درزیِ علاّمه** : خیّاط ماهر.   ۹ - **حدّاد** : آهنگر.
۱۰ - **قصاب** : قصّاب، به ضرورت وزن باید بی تشدید نوشته و خوانده شود.

آن هلیله و آن بَلیله[1] کوفتن زآن تلف[2]، گردند معموریِّ تن ۲۳۵۲

هلیله و بلیله را ابتدا می‌کوبند تا نرم شوند و به عنوان دارو برای تن آدمی به کار آیند.

تا نکوبی گندم اندر آسیا کی شود آراسته زآن خوانِ ما؟ ۲۳۵۳

تا گندم را در آسیا نکوبی، چگونه سفرهٔ ما با نان آراسته شود؟

آن تقاضا کرد آن نان و نمک که زِ شَستت[3] وارهانم ای سَمَک[4]! ۲۳۵۴

ای فرعون، حقّ نان و نمک مرا وامی‌دارد که تو را از دام نجات بدهم.

گر پذیری پندِ موسی، وارهی از چنین شستِ بدِ نامنتهی ۲۳۵۵

اگر اندرز موسیٰ را بپذیری از این دامِ بدعاقبت نجات می‌یابی.

بس که خود را کرده‌ای بندهٔ هوا کِرمکی[5] را کرده‌ای تو اژدها ۲۳۵۶

از بس به دنبال هوا و هوس رفتی، نَفْست که کرمِ کوچکی بود، به اژدها مبدّل شده است.

اژدها را اژدها آورده‌ام تا به اصلاح آورم من دم به دم ۲۳۵۷

برای اژدهایِ تو اژدهایی آورده‌ام تا با دمِ آتشینِ آن، اژدهای درونیِ تو اصلاح شود.

تا دَمِ آن از دَمِ این بشکند مارِ من[6] آن اژدها را بر کَند ۲۳۵۸

تا آتش نفسانیِ تو در مقابل این دمِ آتشین فرو نشیند و اژدهایِ من اژدهایِ تو را شکست دهد.

گر رضا دادی، رهیدی از دو مار ورنه از جانت بر آرَد آن دَمار[7] ۲۳۵۹

اگر بپذیری از اژدهایِ نفسِ خودت و اژدهایِ عصایِ من رهایی می‌یابی و گرنه هلاک می‌شوی.

گفت: اَلحق سخت اُستا جادوی که در افکندی به مکر اینجا دوی ۲۳۶۰

فرعون گفت: جادوگر ماهری هستی که با نیرنگ میان ما تفرقه افکنده‌ای.

---

۱ - **هلیله و بلیله**: میوه‌های درختان مناطق گرمسیری که برای درمان اسهال به کار می‌رفته‌اند.

۲ - **تلف**: اینجا کوبیدن و نرم کردن. ۳ - **شست**: قلاّب ماهیگیری.

۴ - **سَمَک**: ماهی، کنایه از فرعون است که اینک در قلاّب ماهیگیر افتاده است «مراد دام نهانی حق است که خودبینان بدان گرفتار می‌شوند». مولانا به قصّهٔ «موسیٰ(ع) و فرعون» باز می‌گردد.

۵ - **کرمک**: کنایه از نفسِ فرعون است که از آغاز کرم کوچکی بوده و با پیروی از هوا و هوس، اینک به اژدها مبدّل شده و فرعون را درکام خود کشیده است.

۶ - **مار من**: اشاره به عصای موسیٰ(ع) که به اژدها مبدّل شد و توانست مارهای ساحرانِ فرعون را ببلعد.

۷ - **دَمار از جان بر آوردن**: به هلاکت رسیدن.

۲۳۶۱ **خلقِ یک دل را تو کردی دو گروه　　جادویی رَخنه کند در سنگ و کوه**

مردم یکپارچهٔ ما دو گروهِ موافق و مخالف شده‌اند؛ زیرا جادو اثرها دارد.

۲۳۶۲ **گفت: هستم غرقِ پیغامِ خدا　　جادویی که دید با نامِ خدا؟**

موسیٰ(ع) گفت: وجودِ من در پیامِ خدا غرق است. هرگز جادو با نام خدا همراه نبوده است.

۲۳۶۳ **غفلت و کفر است مایهٔ جادوی　　مشعلهٔ[1] دین است جانِ موسوی**

جادو ناشی از غفلت و کفر است؛ ولی جان موسیٰ غافل و کافر نیست و مشعلِ هدایت هم هست.

۲۳۶۴ **من به جادویان چه مانم ای وقیح؟　　کز دَمَم پُر رَشک می‌گردد مسیح[2]**

ای بی‌شرم، من که مسیح به دمِ حقّانی‌ام رشک می‌برد، چه شباهتی به ساحران دارم؟

۲۳۶۵ **من به جادویان چه مانم ای جُنُب[3]؟　　که ز جانم نور می‌گیرد کُتُب**

ای ناپاک، من که در پرتوِ نورِ جانم کتاب‌ها می‌نویسند، چه شباهتی به جادوگران دارم؟

۲۳۶۶ **چون تو با پَرِّ هوا بر می‌پَری　　لاجرم بر من گمان آن می‌بَری**

چون تو نَفْسانی می‌اندیشی، در مورد من چنین پندارِ وهم‌آلودی داری.

۲۳۶۷ **هر که را افعالِ دام و دَدْ بُوَد　　بر کریمانش گمانِ بَد بُوَد**

هر که حیاتی جسمانی داشته باشد از درک رفتار کریمان عاجز و به آنان بدگمان است.

۲۳۶۸ **چون تو جزوِ عالمی، هر چون بُوِی　　کُلّ را بر وصفِ خود، بینی سَوی[4]**

چون تو جزیی از جهان هستی، هر طور که باشی، دنیا را همان‌طور می‌بینی.

۲۳۶۹ **گر تو برگردی و برگردد سَرت　　خانه را گردنده بیند مَنظرت**

اگر به دور خودت بچرخی، سرت دَوَران می‌یابد و می‌پنداری که خانه می‌چرخد.

---

۱ - **مشعله** : مشعل.

۲ - هرچند که مولانا عارف کامل واصل زمان خود بوده است و واصلان در «لازمانی» زندگی می‌کنند و برای آنان گذشته، حال و آینده یکی است؛ امّا در تقریر قصّه فراموش شده است که موسیٰ(ع) قرن‌ها پیش از عیسی(ع) می‌زیسته است. در هر حال به خوبی می‌دانیم که در مثنوی همواره سرّ سخن مورد توجّه مولاناست و وقایع تاریخی گاه در هم آمیخته می‌شوند.　　۳ - **جُنُب** : کسی که غسل جنابت بر او واجب است، ناپاک.

۴ - کُلّ را متناسب با جزوی بودنِ خودت جزئی می‌بینی. «**سَوی**» : سَویّ: راست و درست.

ور تو در کشتی رَوی بر یَم¹ روان   ساحلِ یَم را هـمی بینی دوان   ۲۳۷۰

اگر با کشتی روی دریا حرکت کنی، ساحلِ ساکن را در حال حرکت می‌بینی.

گر تو بـاشی تـنگ دل از مَلْحَمه²   تـنگ بـینی جـمله دنیا را هـمه   ۲۳۷۱

اگر از اتّفاقی ناگوار دلتنگ باشی، دنیا در نظرت تنگ و ملال‌آور خواهد بود.

ور تو خوش باشی به کام دوستان   این جهان بنمایَدَت چـون گُلْستان   ۲۳۷۲

اگر در کنار دوستان و خوشدل باشی، دنیا در نظرت همانند گلستان خوشایند است.

ای بساکس رفته تـا شام و عراق   او نـدیده هـیچ جـز کُـفر و نفاق   ۲۳۷۳

کسانی که درون تاریکی دارند، به هر جا که بروند «شام و عراق»، فقط زشتی‌ها را می‌بینند.

وی بساکس رفته تـا هِـند و هَری   او نـدیده جـز مگر بـیع و شِری³   ۲۳۷۴

بسا کسانی که تا هندوستان و هرات رفته‌اند و جز خرید و فروش کالا چیز دیگری را ندیده‌اند.

وی بـسا کـس رفته ترکستان و چین   او نـدیده هـیچ جـز مکر و کـمین   ۲۳۷۵

و ای بسا کسانی که به ترکستان و چین رفته‌اند و چیزی جز نیرنگ توجّهشان را جلب نکرده است.

چون ندارد مُدْرَکی⁴ جـز رنگ و بو   جـمله اقـلیم‌ها را، گـو بـجو   ۲۳۷۶

چون جز ظواهر چیزی را نمی‌بینند، اگر دنیا را بگردند، فقط ظاهر را خواهند دید.

گـاو در بـغداد آیـد نـاگـهان   بگذرد او زین سران تـا آن سران   ۲۳۷۷

اگر گاوی به ناگاه وارد بغداد شود و سراسر شهر را طی کند،

از هـمه عیش و خوشی‌ها و مَزه   او نـبیند جـز کـه قشرِ خربزه   ۲۳۷۸

از همهٔ خوشی و خوبی و لذّت، چیزی جز پوست خربزه توجّهش را جلب نمی‌کند.

کـه بُـوَد افتاده بـر رَه، یـا حشیش   لایـقِ سَیْرانِ⁵گـاوی یـا خریش⁶   ۲۳۷۹

زیرا پوست خربزه و یا علفی که بر راه افتاده، مایهٔ لذّت چهارپایانی همانند گاو و خر است.

---

۱ – یَم : دریا.   ۲ – مَلْحَمه : حادثه ناگوار.

۳ – بیع و شری : خرید و فروش، مراد آنکه: هیچ توجّهی به تمدّن و فرهنگ و دیگر ارزش‌های آنجا نداشته‌اند.

۴ – مُدْرَک : ادراک شده، اینجا مراد ادراک ظاهری یا دیدگاه ظاهربینانهٔ اهل دنیاست.

۵ – سَیْران : سیر وگردش.

۶ – در این تمثیل «اهلِ دنیا» یا «دنیادوست» به چهارپایی مانند شده است که در تمام طول عمرش جز به لذّت‌های حقیر دنیوی «قشر خربزه یا علف» نمی‌اندیشد و جز آن چیز دیگری را نمی‌شناسد.

۲۳۸۰ **خشک بر میخِ طبیعت چون قدید[۱]   بستهٔ اسبابْ جانش، لایَزید[۲]**

جانِ بی‌طراوت و خشکیدهٔ آدمِ حیوان صفت، محبوسِ طبیعت و اسباب و علل است، بدون آنکه از نظر معنوی رشد کند.

۲۳۸۱ **و آن فضایِ خَرْقِ اسباب و عِلَل   هست اَرْضُ الله[۳]، ای صدرِ اَجَل[۴] !**

ای سرور اعظم، فقط در عالم غیب، «اسباب و علل» مادّی از میان می‌روند.

۲۳۸۲ **هر زمان مُبْدَل شود[۵] چون نقشِ جان   نو به نو بیند جهانی در عیان[۶]**

عالم غیب همواره نو و شاداب است و عارف هر لحظه جهان تازه‌ای را آشکارا می‌بیند.

۲۳۸۳ **گر بُوَد فردوس و اَنهارِ بهشت   چون فسردهٔ یک صفت شد[۷] گشت زشت**

اگر بهشت و جوی‌های آن هم همواره در یک حالت ثابت باشند، ملالت‌آورند.

بیانِ آنکه هر حسِّ مُدرِکی را از آدمی، نیز مُدرَکاتی دیگر است که از مُدرَکات آن حسِّ دگر بی‌خبراست، چنانکه هر پیشه‌ورِ استاد، اعجمیِ[۸] کارِ آن استادِ دگرِ پیشه‌ور است، و بی‌خبری او، از آنکه وظیفهٔ او نیست، دلیل نکند که آن مُدرَکات نیست، اگرچه به حکم حال[۹] منکِر بُوَد آن را، امّا از مُنکِریِ او اینجا، جز بی‌خبری نمی‌خواهیم در این مقام

در بیان آنکه هر حسّ انسان چیزی را احساس می‌کند که حواسّ دیگر از آن بی‌خبرند؛ همان‌گونه که هر صنعتگرِ استاد از صنعت استاد دیگر آگاهی ندارد. بی‌خبر بودن حسّ از وظیفهٔ حسّ دیگر دلیلِ نبودن آن حسّ نیست، هرچندکه به حکم حال چنین به نظر می‌رسد که هر حسّ کار حسّ دیگر را منکر است؛ امّا مراد ما از واژهٔ «انکار» در اینجا بیان این است که می‌خواهیم بگوییم که «انکار» جز بی‌خبری نیست.

---

۱ - **قدید** : گوشت خشک نمک زده.   ۲ - **لایزید** : افزون نمی‌شود.

۳ - **اَرْض الله** : «سرزمین خدا»، مراد عالم غیب است: قرآن کریم: عنکبوت: ۵۶/۲۹.

۴ - **صدر اجل** : سرور اعظم، وزیر اعظم، بزرگمرد گرامی، صدرنشین اعظم.

۵ - **هر زمان مُبْدَل شود** : یعنی عالم غیب هرگز خسته کننده نیست، همواره در حال تغییر است، همان‌گونه که نقش‌های جان عارف همواره در حال تغییرند؛ زیرا در اتّصال با عالم غیب‌اند و از آن اثر می‌پذیرند.

۶ - **عیان** : آشکارا و بی‌واسطه.

۷ - **فسردهٔ یک صفت شدن** : به یک صفتِ ثابت وابسته شدن، در یک حالت ماندن و تغییر نکردن.

۸ - **اعجمی** : بی‌اطّلاع.   ۹ - **به حکم حال** : بنا بر وضعیّت و قابلیّتی که دارد.

این قطعه در واقع ادامهٔ قطعهٔ پیشین است که در آن سخن از «عالم غیب» یا «عالم جان» بود و سیری که جانِ عارفان در آن دارد. اینک در استمرار همان معنا این نکته بیان می‌شود که ادراک عارفانهٔ عالمِ جان از حیطهٔ توانایی حسّ ظاهر که فقط قادر به درکِ صورتِ هر چیز هست و از مجرّدات و معانی هیچ نمی‌داند، خارج است و سالک تا از قید حسّ ظاهری نَرَهد و با پاک شدن از آلایش مادّه، از طریقِ حواسّ باطنی با «عالم جان» مرتبط نشود، از درکِ لطایفِ عالمِ مجرّدات بی‌بهره می‌مانَد و البتّه اگر حسّ آدمی نتواند ماورای آن را دریابد، توجیهی برای انکارِ «عالم جان» نیست. همچنین در شرحِ این نکته نیز هست که با فعّال شدن حواسّ باطنی، سالک در می‌یابد که اتّصال و ارتباطی خاص میان آن‌هاست که در حواسّ ظاهری نیست؛ یعنی هر حسّی بالقوّه قابلیّت و توانایی ادراک حواسّ دیگر را نیز داراست.

پیوستگی این ابیات با قطعهٔ پیشین چنان است که گویی سخنان موسی(ع) است خطاب به فرعون.

چَنبرهٔ[1] دیدِ جهان، ادراکِ توست　　　پردهٔ پاکان، حسِ ناپاکِ توست ۲۳۸۴

جهان‌بینیِ تو در محدودهٔ ادراکِ مادّی توست که همانند پرده نمی‌گذارد پاکان را بشناسی.

مدّتی حس را بشُو ز آبِ عیان[2]　　　این چنین دان جامه‌شویِ صوفیان[3] ۲۳۸۵

بکوش تا با فعّال کردن حواسِّ باطنی، از بینش و بصیرتِ صوفیان راستین برخوردار شوی.

چون شدی تو پاک، پرده برکَنَد　　　جانِ پاکانْ خویش بر تو می‌زند ۲۳۸۶

هنگامی که پاک شوی، پرده برداشته می‌شود و نورِ جان پاکان به وجودت می‌تابد.

جمله عالم گر بُوَد نور و صُوَر　　　چشم را باشد از آن خوبی خبر ۲۳۸۷

اگر تمام عالم غرقِ نور و زیبایی باشد، فقط چشم می‌تواند آن را ببیند.

چشم بستی، گوش می‌آری به پیش　　　تا نمایی زلف و رخسارهٔ بُتی‌ش ۲۳۸۸

اگر چشمت را ببندی و بخواهی زلف و رخسارهٔ زیبارویی را به گوش‌ات نشان دهی،

گوش گوید من به صورت نگروم[4]　　　صورت ار بانگی زند، من بشنوم ۲۳۸۹

گوش می‌گوید: من صورت را نمی‌توانم درک کنم؛ امّا بانگش را می‌توانم بشنوم.

---

۱ - **چنبره**: دایره، حلقه، محدوده.

۲ - **آبِ عیان**: آب بینش و بصیرت، آبِ شهود و ادراک روحانی، مراد آنکه حواسّ باطنی که بالقوّه است بالفعل شود؛ یعنی رسیدن به ادراک روحانی.

۳ - **جامه‌شویِ صوفیان**: مراد پاکیِ دل و جان صوفیان است از آلایشِ تعلّقات.

۴ - **به صورت نگروم**: به صورت‌گرایشی ندارم، کار من نیست.

۲۳۹۰ **عالِمم[1] من، لیک اندر فنِّ خویش — فنِّ من جز حرف و صوتی نیست بیش[2]**

من توانایی و قابلیّت دارم؛ امّا در فنِّ خاصّی. کار من شنیدن حرف و صوت است.

۲۳۹۱ **هین بیا بینی! ببین این خوب را — نیست در خور، بینی این مطلوب را**

اگر به بینی بگویی: این خوب‌روی را ببین، خواسته‌ات متناسب با قابلیّت و کارِ بینی نیست.

۲۳۹۲ **گر بُوَد مُشک و گُلابی، بو بَرَم — فنِّ من این است و عِلم و مَخبَرَم[3]**

بینی می‌گوید: بویِ مُشک یا گلاب را می‌توانم حس کنم. توانایی من این است.

۲۳۹۳ **کِی ببینم من رُخِ آن سیم‌ساق[4]؟ — هین مکن تکلیفِ ما لَیْسَ یُطاق[5]**

من نمی‌توانم چهرهٔ آن زنِ سپیداندام را ببینم. کاری فراتر از توانایی‌ام از من نخواه.

۲۳۹۴ **باز حسِّ کژ، نبیند غیر کژ — خواه کژ غَژ[6] پیشِ او یا راست غَژ**

به همین ترتیب در برابرِ «حسِّ ناپاک»، خواه «حق» باشی، خواه «باطل»، او «باطل» را می‌بیند.

۲۳۹۵ **چشمِ اَحْوَل[7] از یکی دیدن یقین — دانکه معزول است ای خواجهٔ مُعین[8]!**

ای خواجهٔ معین، بدان چشمی که دوبین است، نمی‌تواند یکی را ببیند.

۲۳۹۶ **تو که فرعونی، همه مَکری و زَرق[9] — مر مرا از خود نمی‌دانی تو فرق**

تو که سرشار از خودبینی و نیرنگِ «حسِّ ناپاک» هستی، تفاوت مرا با خودت نمی‌دانی.

۲۳۹۷ **منگر از خود در من، ای کژباز[10] تو — تا یکی تُو[11] را نبینی تو دو تُو**

ای کج‌بین، با نگاهی خودمحور به من نگاه نکن تا «یکی» را «دو» نبینی.

---

۱ - **عالمم** : دانشمندم، دانا هستم، اینجا مراد توانایی و قابلیّت است.

۲ - مثال‌هایی از حواسّ ظاهری و قابلیّت و استعداد آن‌هاکه در ابیات بعدی در تقابل با حواسّ باطنی و قابلیّت‌شان قرار می‌گیرند تا تفاوت میان ادراک ظاهری و باطنی مشخّص گردد. ۳ - **مَخْبَر** : خبر، آگاهی.

۴ - **سیم ساق** : سفیداندام. ۵ - **ما لَیْسَ یُطاق** : چیزی فراتر از طاقت و توان.

۶ - **غژ** : از غژیدن به معنای خزیدن.

۷ - **اَحْوَل** : دوبین، کسی که یک چیز را دو می‌بیند، کنایه از اهل دنیاکه نمی‌توانند «وحدت» را در عین «کثرت» دریابند.

۸ - **خواجهٔ معین** : بعضی از شارحان آن را اشاره به معین‌الدّین پروانه، وزیر سلطان علاءالدّین کیقباد که از مریدان و ارادتمندان مولانا بوده است دانسته‌اند؛ ولی به احتمال زیاد مُراد مخاطب عام است.

۹ - **زَرق** : مکر و حیله. ۱۰ - **کژباز** : کج‌بین، گمراه.

۱۱ - **یکی تُو** : یک لایه، اینجا اشاره به اتّصال و وحدتی که موسی(ع) با حق دارد.

بنگر اندر من ز من، یک ساعتی تا ورایِ کَوْن[۱] بینی ساحتی[۲] ۲۳۹۸

با «چشمِ حق‌بین» به من بنگر تا در ماورایِ عالم محسوس، عالم نامحسوس را ببینی.

وارهی از تنگی[۳] و از ننگ و نام[۴] عشق اندر عشق بینی، وَالسَّلام ۲۳۹۹

تا از دیدگاه مادّی رهایی یابی و بتوانی حقایق را که «عشق اندر عشق» است ببینی، والسَّلام.

پس بدانی چونکه رَستی از بدن گوش و بینی، چشم می‌دانَد شدن[۵] ۲۴۰۰

از مادّه که بِرَهی، می‌فهمی که حواسّ باطنی به هم تبدیل می‌شوند؛ زیرا آنجا عالم وحدت است.

راست گفته است آن شَهِ شیرین زبان[۶] چشم گردد مو به مویِ عارفان ۲۴۰۱

آن عارفِ خوش سخن راست گفته است که هر تارِ مویِ عارفان به چشمی مبدّل می‌شود.

چشم را چشمی نبود اوّل یقین در رَحِم بود او، جنینِ گوشتین ۲۴۰۲

چشم هم در آغاز توانایی دیدن را نداشت و تمامِ بدن تکّه گوشتی در زهدان مادر بود.

علّتِ دیدن، مدان پیه[۷] ای پسر! ورنه خواب اندر، ندیدی کس صُوَر[۸] ۲۴۰۳

ای پسر، بینایی چندان ربطی به ساختمان مادّی چشم ندارد، وگرنه کسی در خواب چیزی را نمی‌دید.

آن پَری و دیو می‌بیند شبیه نیست اندر دیدگاهِ هر دو پیه ۲۴۰۴

فرشته و دیو نیز می‌بینند؛ امّا تواناییِ دیدن آن‌ها وابسته به ترکیب مادّی چشم نیست.

نور را با پیهْ خود نسبت نبود نسبتش بخشید خلّاقِ وَدود[۹] ۲۴۰۵

قابلیّت دیدن مربوط به ساختمان مادّی چشم نیست، خداوند این نسبت را بین آن‌ها برقرار کرده است.

---

۱ - **ورای کَوْن :** ماورای عالم محسوس. ۲ - **ساحت :** عرصه، پهنه، اینجا کنایه از عالم غیب است.
۳ - **تنگی :** مراد دیدگاه حقیر نفسانی و دنیوی است. ۴ - **ننگ و نام :** معیارهای این جهانی.
۵ - مصراع دوم: یعنی گوش و بینی می‌توانند بینایی هم داشته باشند؛ یعنی حواسّ باطنی بر خلاف حواسّ ظاهری از یک‌دیگر منفصل نیستند؛ بلکه متّصل‌اند.
۶ - **شه شیرین زبان :** اشاره به بایزید بسطامی است که این سخن را به او نسبت داده‌اند: هیچ مردی عارف نمی‌شود تا هر مویی از او چشم بینایی نشود. نقل از شرح مثنوی مولوی، ج ۴، ص ۱۵۸۲.
۷ - **پیه :** قُدَما ساختمان چشم را پیه می‌دانستند.
۸ - مراد آن است که ادراک و توانایی حواسّ ظاهری ارتباطی به ساختمان مادّی‌شان ندارد و خداوند این ترکیب مادّی را وسیله‌ای برای این کار قرار داده است. ۹ - **وَدود :** مهربان.

آدم است از خاک، کِی مانَد به خاک؟ — جِنّی[1] است از نار، بی هیچ اشتراک ۲۴۰۶

آدمِ خاکی چه شباهتی به خاک دارد؟ جنّ که از آتش است، وجه اشتراکی با آتش ندارد.

نیست مانَنْدایِ آتش آن پری — گرچه اصلش اوست، چون می‌بنگری ۲۴۰۷

هرچند که جنّ از آتش آفریده شده است؛ امّا هیچ شبیه به آتش نیست.

مرغ از باد است،[2] و کِی مانَد به باد؟ — نامناسب را خدا نسبت بداد[3] ۲۴۰۸

پرنده از باد است و شباهتی به باد ندارد، خداوند میان آن‌ها نسبتی برقرار کرده است.

نسبتِ این فرع‌ها با اصل‌ها — هست بی‌چون، ارچه دادَش وصل‌ها ۲۴۰۹

ارتباطِ این اصل‌ها و فرع‌ها کیفیّت‌پذیر نیست و دانش از توصیف آن عاجز است.

آدمی چون زادهٔ خاکِ هَباست[4] — این پسر را با پدر، نسبت کجاست؟ ۲۴۱۰

انسان که از خاکِ بی‌قدر آفریده شده است، چه نسبتی با خاک دارد؟

نسبتی گر هست، مخفی از خِرَد — هست بی‌چون، و خرد کی پی بَرَد؟ ۲۴۱۱

اگر نسبتی هم دارد، از درک عقل این جهانی خارج است؛ یعنی کیفیّت‌پذیر نیست.

باد را بی‌چشم اگر بینش نداد — فرق چون می‌کرد اندر قومِ عاد[5]؟ ۲۴۱۲

اگر خداوند به باد بینش نمی‌داد، چگونه میان قوم عاد و مؤمنان فرق می‌گذاشت؟

چون همی دانست مؤمن از عدو؟ — چون همی دانست مِیْ را از کدو[6]؟ ۲۴۱۳

چگونه توانست مؤمن را از دشمن بشناسد؟ چگونه توانست حق را از باطل تمییز دهد؟

آتشِ نمرود را گر چشم نیست — با خلیلش چون تَجَشُّم[7] کردنی‌ست؟ ۲۴۱۴

اگر آتش نمرود بینش نداشت، چرا ابراهیم(ع) را بر خلافِ طبیعتِ خود نسوزاند؟

---

۱ - **جنّ** : ر.ک: ۱۹۳۲/۱.

۲ - اشاره است به عقیدهٔ قدما که گمان می‌کردند تولید بعضی از پرندگان از طریق نَفَس پرندهٔ نر است: ر.ک: ۴۶۹۱/۳.

۳ - در شرح این نکته است که ارادهٔ باری تعالیٰ میان چیزهای نامتناسب تناسب و تجانس به وجود آورده است.

۴ - **هَبا** : گرد و غبار، ناچیز و خوار. ۵ - **قوم عاد** : ر.ک: ۸۵۸/۱

۶ - **می و کدو** : کنایه از حق و باطل است.

۷ - **تَجَشُّم** : به تکلّف کاری را کردن و رنج آن را کشیدن، اینجا خلاف طبیعتِ خود عمل کردن یا مراعات کردن.

۲۴۱۵ **گر نبودی نیل را آن نور و دید از چه قبطی را ز سِبْطی می‌گُزید؟**[1]

اگر رود نیل بینایی و بینش نداشت، چگونه فرعونیان را از بنی‌اسراییل می‌شناخت؟

۲۴۱۶ **گرنه کوه و سنگ با دیدار شد پس چرا داوود**[2] **را او یار شد؟**

اگر کوه و سنگ فاقد بینایی هستند، چگونه توانستند با داوود(ع) همنوا باشند؟

۲۴۱۷ **این زمین را گر نبودی چشمِ جان از چه قارون**[3] **را فرو خورد آنچنان؟**[4]

اگر زمین چشم بصیرت نداشت، چگونه توانست قارون را بدان وضع ببلعد؟

۲۴۱۸ **گر نبودی چشمِ دل حَنّانه**[5] **را چون بدیدی هَجْرِ آن فرزانه را**[6]

اگر ستونِ حنّانه چشمِ بصیرت نداشت، چگونه هجران پیامبر(ص) را درک کرد؟

۲۴۱۹ **سنگْ‌ریزه گر نبودی دیده‌ور چون گواهی دادی اندر مُشت دَر**[7]**؟**

اگر سنگ‌ریزه فاقد درک و بینایی است، چگونه در میان مشت گواهی داد؟

۲۴۲۰ **ای خرد برکَش تو پرّ و بال‌ها سوره برخوان: زُلْزِلَتْ زِلزالَها**[8]

ای عقل، با بال و پرِ معرفت و بصیرت سورهٔ زلزله را بخوان و در آن تعمّق کن.

---

۱ – این قطعه ادامهٔ سخنان موسی(ع) با فرعون در مقام انذار اوست؛ امّا اشارهٔ موسی(ع) به قبطی و سبطی و ماجرای رود نیل که بعد از این مجاوبات رخ خواهد داد، نشان استغراق مولانا در معانی و توجّه او به سرّ سخن است که وی را از امعان نظر به تقدّم و تأخّر رویدادهای تاریخی باز داشته است.

۲ – **داوود**(ع) : اشاره به داوود(ع) و همنوایی کوه‌ها با او نیز از همان مقوله‌ای است که در بیت پیشین بدان اشاره رفت؛ زیرا اشارهٔ موسی(ع) به داوود(ع) که چند سده بعد از وی به دنیا می‌آید و به سلطنت و پیامبری مبعوث می‌شود از باب استغراق در سرّ سخن است: ر.ک: ۴۹۵/۲ و ۱۴۵۱/۳.   ۳ – **قارون** : ر.ک: ۸۶۹/۱.

۴ – قبلاً در دفتر اوّل و در طیّ ابیات ۸۷۰–۸۵۸ نیز همین مثال‌ها آمده است.

۵ – **حنّانه** : ستون حنّانه، ر.ک: ۲۱۲۲/۱.

۶ – همان‌گونه که قبلاً گفته شده است : وجود در مراتبِ مختلف تجلّی می‌کند و به صورت اشیا و ماهیّات و حقایق اعیان در موطن علم و خارج ظاهر می‌شود. به اعتبار تجلّی علمی «عین ثابت» و به اعتبار وجود خارجی «ماهیّت» نامیده می‌شود؛ پس ماهیّات حدود عدمیه‌ای‌اند که به مراتب نازل وجود عارض می‌شوند؛ امّا از وجود بی‌بهره نیستند و حق تعالیٰ بلاواسطه با هر موجودی رابطهٔ خاصّی دارد: شرح مقدّمهٔ قیصری، صص ۱۲۹ و ۲۳۱.

۷ – ر.ک: ۲۱۶۴/۱. به روایت مثنوی سنگ‌ریزه در دست ابوجهل بوده است؛ امّا در بعضی منابع اسلامی آمده که در دست پیامبر(ص) قرار داشته است؛ در هر حال جان کلام در معیّتِ «حق تعالی» با اشیا است.

۸ – اشارت قرآنی؛ زلزله: ۱/۹۹: ۳۲۹۰/۱.

۲۴۲۱ **در قیامت این زمین بر نیک و بد　　کِی ز نادیده گواهی‌ها دهد؟**

اگر زمین فاقد بصیرت و تمییزِ نیک و بد باشد، چگونه در قیامت خبرها را بیان می‌کند؟

۲۴۲۲ **که: تُحَدِّثُ حالَها وَ اَخْبارَها　　تُظْهِرُ الأرْضُ لَنا اَسْرارَها**

زمین احوال و خبرهای نگفته را بیان می‌کند و اسرارش را افشا می‌سازد.

۲۴۲۳ **این فرستادن مرا پیشِ تو میر　　هست برهانی که بُد مُرسِلْ[1] خبیر[2]**

اینکه خداوند مرا به سوی طغیانگری همانند تو فرستاده نشانِ آگاهیِ فرستنده است.

۲۴۲۴ **کین چنین دارو[3] چنین ناسور[4] را　　هست در خور از پیِ مَیْسُور را[5]**

که چنین دارویی برای چنین زخم غیر قابل درمانی ضروری است.

۲۴۲۵ **واقعاتی[6] دیده بودی پیش از این　　که: خدا خواهد مرا کردن گُزین**

پیش از این رؤیاهایی دیده بودی که خداوند مرا به پیامبری انتخاب خواهد کرد.

۲۴۲۶ **من عصا و نور بگرفته به دست　　شاخِ گستاخ تو را خواهم شکست**

من با دستی نورانی عصایی برمی‌گیرم و شاخ گستاخی تو را در هم می‌شکنم.

۲۴۲۷ **واقعاتِ سهمگین، از بهرِ این　　گونه گونه می‌نمودت ربِّ دین**

خداوندِ روز جزا، به همین مناسبت رویاهای ترسناکِ گوناگونی به تو نشان داد.

۲۴۲۸ **در خورِ سِرِّ بد و طغیانِ تو　　تا بدانی کوست در خوردانِ[7] تو**

آن خواب‌های بد شایستهٔ باطنِ طغیانگر تو بود که بدانی بدی‌ها در خورِ توست.

۲۴۲۹ **تا بدانی کو حکیم است و خبیر　　مُصلحِ امراضِ درمان ناپذیر**

تا بدانی که خداوند دانا و آگاه است و درمان‌کنندهٔ بیماری‌های علاج‌ناپذیر.

---

۱ - **مُرسِل :** ارسال کننده، فرستنده، مراد خداوند است.　　۲ - **خبیر :** آگاه.

۳ - **دارو :** کنایه از ارشاد و انذار و تخویف فرعون است توسّط موسی(ع) که باید عفونتِ باطنی فرعون را محو کند؛ پس فرعون چاره‌ای جز آن ندارد که یا به هدایت برسد یا به هلاکت.　　۴ - **ناسور :** زخم عفونی.

۵ - **از پی میسور را :** برای میّسر شدن درمان.

۶ - **واقعات :** جمع واقعه، چیزی که سالک در خواب و یا بیداری می‌بیند.

۷ - **در خوردان :** در خور، مناسب، از ترکیب‌هایی که مولانا ساخته است.

۲۴۳۰ **تو به تأویلات[1] می‌گشتی از آن کور و کر، کین هست از خواب گران**

تو بر اثر تعبیر و تأویلِ خواب‌گزاران غافل می‌شدی که این رؤیاها از خواب سنگین است.

۲۴۳۱ **و آن طبیب و آن منجّم[2] در لُمَع[3] دید تعبیرش، بپوشید از طمع**

آن منجّم دارایِ دانش ِ تعبیر بود و فهمید؛ امّا نگفت؛ زیرا حرص ِ پول و مقام داشت.

۲۴۳۲ **گفت: دُور از دولت و از شاهی‌اَت که در آید غُصّه در آگاهی‌اَت**

با چاپلوسی گفت: از دولت و سلطنتِ تو دور باد که اندوهی به خاطرت راه یابد.

۲۴۳۳ **از غذایِ مختلف یا از طعام طبعِ شوریده همی بیند مَنام[4]**

توضیح داد که از غذاهایِ ناسازگار مزاج آدمی به هم می‌خورد و رؤیاهایی می‌بیند.

۲۴۳۴ **زآنکه دید او که نصیحت‌جُو نه‌ای[5] تُند و خون‌خواری و مسکین‌خُو[6] نه‌ای**

زیرا او دریافته بود که تو تندخو و خونخواری، پندپذیر نیستی و تواضع نداری.

۲۴۳۵ **پادشاهان خون کنند از مصلحت لیک رحمتشان فزون است از عَنَت[7]**

پادشاهان گاه برای مصالح عمومی خونی را می‌ریزند؛ امّا منشأ رحمت‌اند، نه زحمت.

۲۴۳۶ **شاه را باید که باشد خُویِ رَب رحمت او سَبْق دارد بر غَضَب[8]**

شاه باید خوی پروردگار را داشته باشد که رحمت او بر غضبش پیشی دارد.

۲۴۳۷ **نه غَضَب غالب بُوَد مانندِ دیو بی‌ضرورت خون کند از بهرِ ریو[9]**

نه اینکه همانند شیطان پر از خشم و کینه باشد و بی‌دلیل با نیرنگ خون خلق را بریزد.

۲۴۳۸ **نه حلیمیِ مخنّث‌وار[10] نیز که شود زن روسپی زآن و کنیز[11]**

صبوریِ اشخاص بی‌غیرت نیز زیبنده نیست؛ زیرا سبب تباهیِ زنان دربار می‌شود.

۲۴۳۹ **دیوْ خانه کرده بودی سینه را قبله‌یی سازیده بودی کینه را**

تو دلت را خانهٔ شیطان کرده بودی و به قوم بنی‌اسرائیل کینه می‌ورزیدی.

---

۱ - **تأویل** : شرح، تفسیر. ۲ - **مُنجّم** : اهل نجوم که ستارگان را رصد می‌کند.
۳ - **لُمَع** : جمع لُمْعَة به معنی پرتو، نور. ۴ - **مَنام** : خواب. ۵ - **نه ای** : نیستی.
۶ - **مسکین‌خو** : افتاده و متواضع. ۷ - **عَنَت** : هلاک شدن، تباهی ورزیدن، گناه و آزار.
۸ - اشاره است به حدیث: ر.ک: ۲۶۸۴/۱. ۹ - **ریو** : حیله، مکر. ۱۰ - **مخنّث** : بی‌غیرت.
۱۱ - **زن و کنیز** : مراد زنان دربار است.

۲۴۴۰ **شاخ تیزت[۱] بس جگرها را که خَست[۲] — نک عصاام شاخِ شوخت[۳] را شکست**

خشم و قدرتت جگرها را خون کرد. عصای من شاخِ گستاخی‌ات را شکست.

حمله بردنِ این جهانیان[۴] بر آن جهانیان[۵]، و تاخت بردن تا سینورِ[۶] ذُرّ و نسل[۷] که سرحدِّ غیب است، و غفلتِ ایشان از کمین، که چون غازی[۸] به غزا نرود، کافر تاختن آوَرَد

تاختن مردمِ این جهان بر مردمِ آن جهان و حمله کردن تا مرز ذریّه و نسل آنان که سرحدّ عالم غیب است و غافل بودن آنان از کمین که اگر جنگاور به جنگ نرود، کافر حمله می‌کند.

این قطعه در واقع توضیحی است بر این نکتهٔ مهم که: همواره «اهل دنیا» با تکیه بر زر و زور به «اهل معنا» حمله می‌برند تا حدّی که می‌خواهند نسل آنان را براندازند، «مانند فرعون که نوزادان پسر قومِ بنی اسرائیل را می‌کشت تا موسی(ع) به دنیا نیاید» و پدید آمدن چنین خودکامگی‌ها زمانی است که مردان حق که جنگاوران و سپاه روح‌اند، به جنگ با نفسِ کافر نمی‌پردازند و البتّه این امر دیری نخواهد پایید.

۲۴۴۱ **حمله بُردند اِسپَهِ جسمانیان[۹] — جانبِ قلعه و دِز[۱۰] روحانیان[۱۱]**

«اهلِ دنیا» به قلعهٔ «اهلِ معنا» که در «حِصنِ الهی» است، حمله کردند.

۲۴۴۲ **تا فرو گیرند بر دَرْبندِ غیب[۱۲] — تا کسی ناید از آن سو پاکْ جَیب**

تا گذرگاه عالم غیب را بگیرند و نگذارند که هیچ پاک‌دلی از آن جهان به این جهان بیاید.

---

۱ - **شاخ تیزت**: مراد قدرت و غضب فرعون است.
۲ - **خَست**: زخمی کرد، اینجا کنایه از خون کردن و آزار رسانیدن. ۳ - **شوخ**: گستاخ.
۴ - **این جهانیان**: اهل دنیا، دنیاپرستان. ۵ - **آن جهانیان**: اهل معنا، مردان حق.
۶ - **سینور**: مرز، به صورت «سنور» نیز نوشته می‌شود. ماوراء، آن‌سو.
۷ - **تا سینور ذُرّ و نسل**: تا مرز ذریّه و نسل.
۸ - **غازی**: جنگاور، اینجا کسانی که در راه حق مبارزه و مجاهده می‌کنند؛ یعنی انبیا و اولیا و مردان حق.
۹ - **جسمانیان**: اهل دنیا. ۱۰ - **دِز**: دِژ، قلعه.
۱۱ - **روحانیان**: اهل معنا. جانِ اهل معنا در قلعه یا حصار محکمی در حصنِ الهی است که کسی نمی‌تواند بدان آسیبی برساند. ۱۲ - **دَربندِ غیب**: سرحدّ غیب که تحت سیطرهٔ تامّ حق است.

۲۴۴۳ **غازیان حملهٔ غـزا چـون کـم بَـرَند — کـافران بـر عکسْ حـمله آورنـد**

اگر جنگاورانِ راه حق همواره به نفس، کافران حمله نکنند، کافران حمله می‌کنند.

۲۴۴۴ **غازیانِ غیب چون از حلمِ خویش — حمله ناوردند بر تـو زشتْ کـیش[1]**

ای زشت آیین، چون جنگاورانِ عالمِ غیب به سبب بردباری به تو حمله نکردند،

۲۴۴۵ **حمله بُردی سویِ دَرْبـندانِ[2] غـیب — تا نیایند ایـن طـرفْ مـردانِ غـیب**

به مرزهای عالم غیب یورش بردی تا مردان حق به دنیا نیایند.

۲۴۴۶ **چنگ در صُلب[3] و رَحِم‌ها در زدی — تا کـه شـارع[4] را بگـیری، از بـدی**

به پشت پدران و زهدان مادران دست دراز کردی تا راه را بر آنان ببندی.

۲۴۴۷ **چون بگیری شَهْرهی که ذوالجـلال — بر گشـاده‌ست از بـرای اِنـتسال[5] ؟**

چگونه می‌توانی شاهراهی را که خداوند برای پدید آمدن نسل گشوده است، ببندی؟

۲۴۴۸ **سـد شـدی دربـندها را ای لجـوج! — کوریِ تو کـرد سـرهنگی[6] خُـروج**

ای ستیزه‌گر، به تصوّر خودت مرزها را بستی؛ امّا به کوریِ چشم تو «بزرگی» ظهور کرد.

۲۴۴۹ **نک منم سرهنگ، هنگت[7] بشکـنم — نَک به نامش نام و ننگت[8] بشکـنم**

اینک آن پیامبری که با نام او و قدرتش شکوه تو را در هم می‌شکند، منم.

۲۴۵۰ **تـو هـلا دربـندها را سـخت بَـند — چندگاهی بـر سِـبالِ خـود بـخند[9]**

هان! برو و باز هم گذرگاه‌ها را محکم ببند و مدّتی خود را مورد تمسخر قرار بده.

۲۴۵۱ **سَبلتت را بر کَـنَد[10] یک یک قَـدَر — تا بـدانـی کـالقَدَرْ یُعْمِی الحَـذَر[11]**

تقدیر الهی خوارت می‌کند تا بدانی که در برابر تقدیر، تدبیر بی‌ثمر است.

---

۱ - **زشت کیش** : بد آیین. ۲ - **دَربَندان** : جمعِ دَربند به معنی دروازه، گذرگاه، قلعه، مرز.
۳ - **صُلب** : مراد محلّ ساخته شدن نطفه است. ۴ - **شارع** : راه.
۵ - **انتسال** : پدید آمدن نسل، توالد و تناسل.
۶ - **سرهنگ** : پهلوان، سردار، مراد سردار سپاه حق است، یعنی بزرگی از بزرگان، پیامبر.
۷ - **هنگ** : شکوه و جلال. ۸ - **ننگ** : شهرت، رسوایی، آبرو و حرمت.
۹ - **بر سِبالِ خود بخند** : بر سبیل خود خندیدن، یعنی خود را مسخره کردن، سبال جمع سبلت، «سبیل».
۱۰ - **برکندن سبلت** : کنایه از خوار کردن. ۱۱ - **کالقَدَر یُعْمِی الحَذَر** : تقدیر چشم تحذیر را کور می‌کند.

۲۴۵۲ **سَبلتِ تو تیزتر[۱] یا آنِ عاد[۲]؟ که همی لرزید از دَمشان بِلاد**
قدرت و شوکت تو بیشتر است یا قوم عاد که اقوام دیگر از نَفَسشان برخود می‌لرزیدند؟

۲۴۵۳ **تو ستیزه‌رُوتری یا آن ثمود[۳]؟ که نیامد مثلِ ایشان در وجود**
تو لجوج‌تری یا قوم ثمود که تاکنون همانندشان به وجود نیامده است؟

۲۴۵۴ **صد از این‌ها گر بگویم، تو کری بشنوی، و ناشنوده آوری**
اگر صدها نمونه هم بگویم، نمی‌پذیری. می‌شنوی و به روی خود نمی‌آوری.

۲۴۵۵ **توبه کردم از سخن کانگیختم بی سخن من دارُویَت آمیختم[۴]**
از سخنی که گفتم پشیمانم، بعد از این تو را بدون نصیحت درمان می‌کنم.

۲۴۵۶ **که نَهَم بر ریشِ خامت[۵] تا پَزَد[۶] یا بسوزد ریش[۷] و ریشت[۸] تا اَبَد**
دارویی بر زخم درمان نشدنی‌ات می‌گذارم که یا بهبود یابد و یا به کلّی از بین برود.

۲۴۵۷ **تا بدانی که خبیر[۹] است ای عدو می‌دهد هر چیز را در خوردْ او**
تا بدانی ای دشمن، که خداوند آگاه است و عطایِ او در حدّ قابلیّت هر چیز است.

۲۴۵۸ **کِی کژی کردی و کِی کردی تو شَر که ندیدی لایقش در پی اثر؟[۱۰]**
کِی کجروی کرده‌ای و شرّی برانگیخته‌ای که سزایش را ندیده‌ای؟

۲۴۵۹ **کِی فرستادی دَمی بر آسمان نیکیی، کز پی نیامد مثلِ آن؟**
کِی برای لحظه‌ای کار نیکی کردی و پاسخ نیک آن را ندیدی؟

۲۴۶۰ **گر مراقب باشی و بیدارْ تو بینی هر دم پاسخِ کردارْ تو**
اگر مراقب و هوشیار باشی می‌بینی که در هر لحظه پاسخ کردارت را دریافت می‌کنی.

---

۱ - مصراع اوّل؛ تیزتر بودن سبیل به معنی پرپشت بودن آن و کنایه‌ای از قدرت و حشمت است.
۲ - **عاد** : ر.ک: ۸۵۸/۱ ۳ - **ثمود** : ر.ک: ۲۵۱۹/۱.
۴ - **دارو آمیختن** : دارو ساختن، اینجا نشان دادن قدرت حق است از طریق معجزات موسیٰ(ع)، درمان کردن فرعون، یعنی مرعوب و منکوب کردن او و نهایتاً به هلاکت رسیدن وی.
۵ - **ریش خام** : زخمی که آثار بهبود در آن دیده نمی‌شود، مراد غرور و خودبینی فرعون است.
۶ - **پزد** : کنایه از بهبود یافتن است.
۷ - **بسوزد ریش** : سوختن ریش کنایه از هلاکت فرعون است که جانش از تکبّر متعفّن شده است.
۸ - ریشِ بار دوم احتمالاً کنایه از اعتبار و حرمت است. ۹ - **خبیر** : آگاه.
۱۰ - از این بیت به بعد هرچند که ظاهراً در ادامهٔ مجاوبات موسیٰ(ع) با فرعون است؛ امّا سخنان مولاناست.

۲۴۶۱ **چون مراقب[۱] باشی و گیری رَسَن[۲]   حاجتت ناید قیامت آمدن[۳]**

اگر ارتباط با حق را که «همواره به یاد خداوند بودن است»، نگهداری، نباید تا قیامت صبر کنی.

۲۴۶۲ **آنکه رمزی را بداند او صحیح   حاجتش ناید که گویندش صریح**

با کسی که رموز و نکته‌های ظریف را می‌داند، صریح و بی‌پرده سخن نمی‌گویند.

۲۴۶۳ **این بلا از کودنی آید تو را   که نکردی فهمْ نکته و رمزها[۴]**

این بلا نتیجهٔ حماقتِ توست که حاضر نشدی ظرایف و رموز را بفهمی.

۲۴۶۴ **از بدی چون دل سیاه و تیره شد   فهم کن، اینجا نشاید خیره شد[۵]**

هنگامی که با ارتکاب کارهای زشت، دل تاریک و سیاه شد، بفهم که در وضعِ خطرناکی هستی و نباید به خودسری و گستاخی ادامه دهی.

۲۴۶۵ **ورنه خود تیری شود آن تیرگی[۶]   در رسد در تو جزایِ خیرگی**

وگرنه آن تیرگی به تیری مبدّل می‌شود و جزای خودسری‌ات را می‌دهد.

۲۴۶۶ **ور نیاید تیر از بخشایش است   نه پیِ نادیدنِ آلایش است**

اگر تیرِ بلا نیاید، از رحمت است که باز مهلتی داده، نه اینکه بدی‌ها را ندیده است.

۲۴۶۷ **هین مراقب باش گر دل بایَدَت[۷]   کز پیِ هر فعلْ چیزی زایَدَت**

اگر می‌خواهی که دلت تیره نشود، بدان که هر عمل آثاری دارد و اثرش به سویت باز می‌گردد.

۲۴۶۸ **ور از این افزون تو را همّت[۸] بُوَد   از مراقب کارْ بالاتر رَوَد**

اگر از همّت بیشتری برخوردار باشی از مرتبهٔ «مراقبه» به مرتبهٔ «ادراک برتر» یا «ادراکِ معانیِ غیبی» می‌رسی.

---

۱ - **مراقب :** مراد مراقبت از نفس است که ذهن و حسّ و رفتار آدمی را تحت سیطرهٔ خویش دارد.

۲ - **رَسَن :** طناب، مراد حَبْل الله است.

۳ - در همین دنیا هم حسابرسی دقیق و کیفر و پاداش هست؛ امّا اگر مراقب و هوشیار نباشی، نمی‌توانی آن را درک کنی.   ۴ - ظاهراً خطاب به فرعون است؛ امّا شامل تمام فرعون‌صفتان است.

۵ - **خیره شدن :** گستاخ شدن، متمرّد شدن، خودسر شدن.

۶ - **تیرگی :** مراد تیرگی درون و کفر و طغیان است.

۷ - **گر دل بایدت :** اگر به ادراکِ دل نیاز داری، اگر از طریق دل و صفای آن می‌خواهی حق و باطل را از هم تمییز دهی.   ۸ - **همّت :** قدرتِ روحانی و باطنی.

بیانِ آنکه تنِ خاکیِ آدمی همچون آهنِ نیکوجوهر[1] قابلِ آینه شدن است، تا در او هم در دنیا، بهشت و دوزخ و قیامت و غیرِ آن معاینه بنماید[2]، نه بر طریقِ خیال

جان‌کلام در بیانِ این معناست: علی‌رغم آنکه آدمی از خاک آفریده شده و جسمش همچون آهن تیره است؛ ولی قابلیّت و استعدادِ «صیقلی شدن» و «زنگارزدایی» را دارد و با مصفّا شدن دل، می‌توان در آن حقایق را دید.

۲۴۶۹ **پس چو آهن گر چه تیره‌هیکلی　　صیقلی[3]کن، صیقلی کن، صیقلی**

هرچند جسمت، همانند آهن تیره است؛ امّا تو آن را مصفّا و زنگارزدایی و درخشان کن.

۲۴۷۰ **تا دلت آیینه گردد[4]، پر صُوَر　　اندر او هر سو ملیحی سیم‌بَر[5]**

با زدودن زنگارها، دلت آیینه‌ای صاف می‌شود که در آن تصاویر غیبی و تجلیّات حق را می‌بینی.

۲۴۷۱ **آهن ارچه تیره و بی‌نور بود　　صیقلی آن تیرگی از وی زدود**

هرچند که آهن تیره و بدون نور است؛ امّا صیقل تیرگی‌اش را از بین می‌بَرَد.

۲۴۷۲ **صیقلی دید آهن و خوش کرد رُو　　تا که صورت‌ها توان دید اندر او**

آهن صیقلی، مصفّا و درخشان گردید که می‌توان در آن تصاویر را دید.

۲۴۷۳ **گر تنِ خاکی غلیظ و تیره است　　صیقلش کن، زانکه صیقل‌گیره[6] است**

با وجود آنکه قالب خاکی‌ات تیره است، آن را صیقل کن که قابلیّت صیقلی شدن را دارد.

۲۴۷۴ **تا در او اَشکالِ غیبی[7] رُو دهد　　عکسِ حوری و مَلَک در وی جَهَد**

تا صورت‌های غیبی، تجلیّات حق، تصویر حُوری و مَلَک در آن دیده شود.

---

۱ - **آهن نیکوجوهر** : آهنِ خوب و مرغوب.
۲ - **معاینه بنماید** : آشکارا نشان دهد؛ یعنی آدمی بتواند حقایق را در آن با چشم دل ببیند و بفهمد نه اینکه از آن تصوّری داشته باشد.
۳ - **صیقلی کردن** : درخشان‌کردن، در کلام مولانا به معنی مصفّاکردن و زنگارزدایی است.
۴ - **تا دلت آیینه گردد** : درگذشته با صیقل زدن لوح آهنین، صفحاتی درخشان می‌ساختند که تصاویر را منعکس می‌کرد. ۵ - **ملیحی سیم‌بَر** : سیمین‌تنِ بانمکی، حوری یا ملک، می‌تواند تجلیّات حق نیز باشد.
۶ - **صیقل‌گیره** : صیقل‌پذیر، دارای قابلیّت صیقلی شدن.
۷ - **اشکال غیبی** : صورت‌های غیبی، تجلیّات حق، مراد ادراکِ عالم غیب است که شامل همهٔ حقایق، یعنی «حوری و مَلَک» هم می‌شود.

۲۴۷۵ **صیقلِ عقلت [۱] بدآن داده‌ست حق [۲] — که بدو روشن شود دل را ورق**

خداوند به انسان عقل داده است تا به کمک آن بتوان صفحهٔ دل را روشن و تابناک کرد.

۲۴۷۶ **صیقلی را بسته‌ای ای بی‌نماز [۳] ! — و آن هوا را کرده‌ای دو دَست باز [۴]**

ای بی‌نماز، دست عقل را بسته و دو دست هوا و هوس را باز گذاشته‌ای.

۲۴۷۷ **گر هوا را بند بنهاده شود — صیقلی را دست بگشاده شود**

اگر دست هوا و هوس را ببندی، دستِ عقل گشوده می‌شود.

۲۴۷۸ **آهنی کآیینهٔ غیبی بُدی — جمله صورت‌ها در او مُرسَل [۵] شدی**

در آهنی که آیینهٔ غیب‌نما بشود، می‌توان «اشکالِ غیبی» و حقایق عالم هستی را دید.

۲۴۷۹ **تیره کردی، زنگ دادی در نهاد — این بُوَد یَسْعَوْنَ فِی ٱلاَرْضِ ٱلْفَساد [۶]**

«آیینهٔ غیب‌نمایِ درونی»ات را تیره کردی و مصداقِ «کسانی که در زمین به فساد می‌کوشند» شده‌ای.

۲۴۸۰ **تا کنون کردی چنین، اکنون مکن — تیره کردی آب [۷] را، افزون مکن**

تا کنون این کارها را کردی، دیگر نکن. باطن خود را تیره کردی؛ بیش از این نکن.

۲۴۸۱ **بَر مَشوران [۸]، تا شود این آبْ صاف — واندر او بین ماه و اختر در طواف**

اجازه نده هیچ چیز صفای درونت را از بین ببرد و در آن ماه و ستاره را ببین، یعنی حقایق را.

۲۴۸۲ **زانکه مردم هست همچون آبِ جو [۹] — چون شود تیره نبینی قعرِ او**

زیرا درون انسان شبیه آب جویبار است، اگر گِل‌آلود شود، عمق آن دیده نمی‌شود.

۲۴۸۳ **قعرِ جو پُر گوهر است و پُر زِ دُرّ — هین مکن تیره، که هست او صافِ حُرّ**

در عمقِ «جانِ متعالی» قابلیّتِ درکِ حقایق هست، هوشیار باش و این زلال را تیره نکن.

---

۱ - **عقل :** مراد عقلِ معاد یا عقلِ حق‌جو و حق‌خواه است یا عقلِ معرفت‌یاب.

۲ - «عقلِ معاد» یا «عقلِ معرفت‌یاب» که آدمی را به سوی حقایق می‌کشانند.

۳ - **نماز :** صلوة، خدمت و بندگی، پرستش.

۴ - به همین دلیل دلت مصفّا نیست و ادراکی از عوالم غیبی نداری. ۵ - **مُرْسَل :** ارسال شده، فرستاده.

۶ - اشارتی قرآنی؛ مائده : ۳۳/۵ : ...وَ یَسْعَوْنَ فِی ٱلْأَرْضِ فَسَاداً...: و در زمین به فتنه و فساد می‌کوشند. مُراد آنکه تا فساد درونی نباشد، فساد بیرونی نیست. ۷ - **آب :** «آبِ روح» یا «جان» و «باطن».

۸ - **برمشوران :** آب را به هم نزن؛ اینجا یعنی به هوا و هوس اجازهٔ ترکتازی نده و مراقبِ احوال درونی‌ات باش.

۹ - **زانکه مردم هست همچون آبِ جو :** جریان روح انسانی در درون آدمی به آب جویبار مانند شده است.

۲۴۸۴ **جانِ مردم هست مانندِ هوا — چون به گَرد[1] آمیخت، شد پردهٔ سَما**

جانِ آدمی را می‌توان به «هوا» مانند کرد که اگر غبارآلود باشد، حجاب آسمان می‌شود.

۲۴۸۵ **مانع آید او ز دیدِ آفتاب — چونکه گَردَش رفت، شد صافی و ناب**

غبار مانع دیدن آفتاب است و اگر زایل شود، هوا صاف و پاک می‌شود.

۲۴۸۶ **با کمالِ تیرگی، حق واقعات — می‌نمودت، تا رَوی راهِ نجات**

ای فرعون، علی‌رغم تیرگیِ درونت رؤیاهایی را دیدی، شاید راهِ نجات را انتخاب کنی.

باز گفتنِ موسی علیه السّلام اسرارِ فرعون را و واقعاتِ او را ظَهْرَ ٱلغیب[2]، تا به خبیریِ حق ایمان آوَرَد یا گمان بَرَد[3]

این قطعه، بیان حال سرکشان طغیانگر است که به رؤیاها و واقعاتی که می‌بینند، وقعی نمی‌نهند، موسی(ع) اسرار نهانی فرعون و رؤیاهای او را بر می‌شمارَد، باشد که از استمرار در کُفر و عصیان بازگردد و با پندار واهیِ اینکه «خدای برتر» است، خود را به هلاکت نیفکند؛ امّا فرعون که مظهرِ پندار و وهم به شمار می‌آید، با وهمی که در آن گرفتار گشته، اسیر زنجیر تقدیر است.

۲۴۸۷ **ز آهنِ تیره به قدرت می‌نمود — واقعاتی[4] که در آخر خواست بود**

قدرتِ خداوند در آهنِ تیرهٔ درونت، سرانجامِ کارت را به صورت رؤیاهایی به تو نشان می‌داد.

۲۴۸۸ **تا کُنی کمتر تو آن ظلم و بدی — آن همی دیدی و بَتَّر می‌شدی**

تا کمتر ظلم و ستم کنی؛ امّا تو می‌دیدی و بدتر می‌شدی.

۲۴۸۹ **نقش‌هایِ زشت، خوابت می‌نمود — می‌رمیدی زآن، و آنْ نقش ِ تو بود**

صورت‌های زشتی را که می‌دیدی و متنفّر می‌شدی، صورت واقعیِ خودت بود.

---

۱ - **گَرد**: گَرد و غبار تعلّقات و دنیا دوستی. ۲ - **ظَهْرَ ٱلغیب**: پشت پردهٔ غیب.
۳ - **یا گمان بَرَد**: یا ایمان نیاوَرَد و همچنان در همان پندارهای خود باقی بماند.
۴ - **واقعات**: جمع واقعه، مراد خواب‌هایی است که فرعون دیده بود.

همچو آن زنگی که در آیینه دید　　رویِ خود را زشت، و بر آیینه رید ۲۴۹۰

همانند آن سیاه زنگی که با دیدن چهرهٔ کریه خود در آیینه، به آیینه رید.

که: چه زشتی! لایق اینی و بس　　زشتی‌اَم آنِ تو است ای کورِ خس! ۲۴۹۱

به آیینه گفت: زشتی و لایق همین هستی. آیینه به زبانِ حال گفت: ای کور، این زشتیِ خودِ توست.

این حَدَث بر رویِ زشتت می‌کنی　　نیست بر من، زانکه هستم روشنی ۲۴۹۲

این پلیدی را روی صورتِ زشت خود می‌ریزی؛ زیرا من درخشان و تابان هستم.

گاه می‌دیدی لباست سوخته　　گه دهان و چشم تو بردوخته[1] ۲۴۹۳

گاه در رؤیاها، لباست را سوخته و گاه دهان و چشمت را دوخته می‌دیدی.

گاه حیوان قاصدِ خونت شده　　گه سرِ خود را به دندانِ دده ۲۴۹۴

گاه می‌دیدی که حیوانی می‌خواهد تو را بکشد و سر خود را در دندان جانور درنده می‌دیدی.

گه نگون اندر میانِ آبریز　　گه غریقِ سیلِ خون‌آمیزِ تیز ۲۴۹۵

گاه خود را سرنگون در آبریز و گاه غرق در سیلابِ تندِ خون‌آلود می‌دیدی.

گه ندات آمد از این چرخِ نَقی[2] **　　که: شقیّی**[3] **و شقیّی و شقی** ۲۴۹۶

گاهی از این آسمان پاک ندایی به گوش‌ات می‌رسید که گمراهی و بسیاربدبختی.

گه ندات آمد صریحا از جِبال　　که: برو، هستی ز اصحاب الشِّمال[4] ۲۴۹۷

گاه به وضوح از کوه‌ها ندایی می‌آمد که برو، تو از دوزخیان هستی.

گه ندا می‌آمدت از هر جماد　　تا ابد فرعون در دوزخ فُتاد ۲۴۹۸

گاهی از همهٔ جمادات ندایی به تو می‌رسید که فرعون تا ابد در دوزخ افتاد.

زین بَتَرها که نمی‌گویم ز شرم　　تا نگردد طبعِ معکوس،[5] **تو گَرم**[6] ۲۴۹۹

چیزهای بدتری را هم دیدی که من از شرم نمی‌گویم تا خوی زشتت غضبناک نشود.

---

۱ - در منابع مورد استفادهٔ این شرح اشاره‌ای به چنین خواب‌هایی نیست؛ امّا خوانندهٔ گرامی به خوبی آگاه است که مولانا به سرّ سخن توجّه دارد و در این مورد هم مراد آنکه خداوند به او هشدارهای فراوانی داد.

۲ - **نَقی:** پاک.　　۳ - **شقیی:** شقی هستی، به معنی گمراه و بدبخت.

۴ - **اصحابُ الشّمال:** تعبیری قرآنی؛ واقعه: ۹/۵۶، مراد گناهکاران و دوزخیان است.

۵ - **طبع معکوس:** خوی وارونه.　　۶ - **گرم:** مراد تند و غضبناک شدن است.

اندکی گفتم به تو ای ناپذیرا! ز اندکی دانی که هستم من خبیر ۲۵۰۰

ای پند ناپذیر، اندکی از آن‌ها را گفتم تا بدانی که من از همه چیز آگاه هستم.

خویشتن را کور می‌کردی و مات تا نیندیشی ز خواب و واقعات ۲۵۰۱

برای آنکه به خواب‌ها و رؤیاهایی که دیده بودی نیندیشی، خود را به ندیدن و گیجی می‌زدی؛ یعنی به روی خودت نمی‌آوردی.

چند بگریزی؟ نک آمد پیشِ تو[1] کوریِ ادراکِ مکراندیشِ تو[2] ۲۵۰۲

تا کی می‌خواهی از حقایق بگریزی؟ اینک فهمیدی که ادراکِ تو کور و حیله‌گر است.

بیانِ آنکه دَرِ توبه باز است

هین[3] مکن، زین پس فراگیر احتراز که ز بخشایش دَرِ توبه‌ست باز ۲۵۰۳

آگاه باش و از طغیان در برابر حق احتراز کن؛ زیرا به لطفِ حق در توبه باز است.

توبه را از جانبِ مغرب دَری[4] باز باشد تا قیامت، بر وَری[5] ۲۵۰۴

«توبه» از جانب مغرب دری دارد که تا روز رستاخیز به روی خلق باز است.

تا ز مغرب بر زند سر آفتاب باز باشد آن در، از وی رُو متاب ۲۵۰۵

تا روزی که خورشید از مغرب طلوع کند، آن در باز است؛ پس از آن روی گردان نباش.

هست جنّت را ز رحمت هشت در[6] یک درِ توبه‌ست زآن هشت، ای پسر! ۲۵۰۶

ای پسر، از رحمت خداوند بهشت هشت در دارد که یکی از آن‌ها «درِ توبه» است.

---

۱ - **نک آمد پیش تو:** به تو اثبات شد.

۲ - **کوری ادراک مکراندیش تو:** ادراکی که از درک حقایق عاجز و کور است و به همین مناسبت از قدرت حق نمی‌اندیشد و در برابر تقدیر به تدبیر و مکر متوسّل می‌شود. ۳ - **هین:** واژهٔ تنبیه، هان، آگاه بودن.

۴ - اشاره است به حدیث: أَنَّ بِالْمَغْرِبِ بَاباً مَفْتُوحاً لِلتَّوْبَةِ مَسِيرَتُهُ سَبْعُونَ سَنَةً لاَ يُغْلَقُ حَتّٰى تَطْلَعَ الشَّمْسُ مِنْ نَحْوِهِ: درِ توبه با وسعتی معادل هفتاد سال راه، به روی مردم باز است. این در در مغرب است و تا خورشید از آنجا طلوع نکند، بسته نخواهد شد: احادیث، ص ۳۹۳. ۵ - **وَری:** امالهٔ وَریٰ به معنی مخلوقات.

۶ - مبتنی است بر این خبر: لِلْجَنَّةِ ثَمَانِيَةُ أَبْوَابٍ سَبْعَةٌ مُغْلَقَةٌ وَ بَابٌ مَفْتُوحٌ لِلتَّوْبَةِ حَتّٰى تَطْلَعَ الشَّمْسُ مِنْ نَحْوِهِ: بهشت، هشت در دارد. هفت در فعلاً بسته است و هشتمین در، یعنی درِ توبه باز است و تا خورشید از مغرب طلوع کند این در بسته نمی‌شود: احادیث، صص ۳۹۴-۳۹۳.

آن همه، گه باز باشد گه فراز　　و آن درِ توبه، نباشد جز که باز ۲۵۰۷

درهای دیگر گاه باز و گاه بسته‌اند؛ امّا در توبه همواره باز است.

هین غنیمت دار، در باز است، زود　　رَخت آنجا کَش[1]، به کوریِ حسود ۲۵۰۸

به هوش باش و غنیمت شمار که «درِ توبه» باز است. به کوری چشم حسود، آنجا برو.

گفتنِ موسی علیه السَّلام فرعون را که:
از من یک پند قبول کن و چهار فضیلت عوض بستان[2]

در این قطعه موسی(ع) می‌کوشد تا فرعون را که نمادی از کمال سرکشی و طغیان است به توحید فراخوانَد؛ ولی کلامِ او که در عین حال مشحون است از وعده و وعید و انذار در دلِ چون سنگِ فرعون اثری ندارد و تقدیر الهی چنان که باید به ظهور می‌رسد.

این ابیات در پی قطعه‌ای آمده است که در طیّ آن آمده که «درِ توبه» و بازگشت به سوی حق همواره باز است. و این قطعه در بیان این معناست که بازگشت به سوی خداوند برای سرکش‌ترین و ستمکارترین انسان‌ها نیز امکان‌پذیر است اگر خود با اعمال خویش راه بازگشت را نبسته باشند.

هین ز من بپذیر یک چیز و بیار　　پس ز من بِستان عِوَض آن را چهار ۲۵۰۹

موسی(ع) گفت: به‌هوش باش و از من سخنی را بپذیر و در عوض آن چهار چیز بگیر.

گفت: ای موسی! کدام است آن یکی؟　　شرح کن با من از آن یک، اندکی ۲۵۱۰

فرعون گفت: آن اندرز چیست؟ کمی در مورد آن توضیح بده.

گفت: آن یک که بگویی آشکار　　که خدایی نیست غیرِ کردگار ۲۵۱۱

موسی(ع) گفت: آنکه آشکارا بگویی که خدایی جز خدای یکتا نیست.

خالقِ افلاک و انجُم بر عُلا[3]　　مردم و دیو و پری و مرغ را ۲۵۱۲

خدایی که آفرینندهٔ افلاک، ستارگان، آدمیان، دیوان، پریان و پرندگان است.

---

۱ - **رخت جایی کشیدن:** به جایی نقل مکان کردن، اینجا توجّه و میل قلبی داشتن.

۲ - مأخذ آن قصص الانبیاء ثعلبی، ص ۱۵۵ و احیاءالعلوم، ج ۴، ص ۷۵ و همچنین تفسیر ابوالفتوح، ج ۲، ص ۴۳۸ است با این مضمون که: به موسی(ع) وحی شد که به فرعون بگوید: اگر ایمان بیاوری دو نعمت به تو می‌دهم: حفظ سلطنت و بازگشت جوانی و شادابی‌ات؛ امّا هامان رأی او را زد.

۳ - **عُلا:** رفعت و بلندمرتبه بودن.

خالقِ دریـا و دشت و کـوه و تـیه[1] مُـلْکَتِ او بـی‌حد و او بـی‌شبیه ۲۵۱۳

آفرینندهٔ دریا، صحرا، کوه و بیابان است. سلطنتی بیکران دارد و بی‌نظیر است.

گفت: ای موسی! کدام است آن چهار؟ کـه عـوض بـدهی مـرا، بـرگو، بـیار ۲۵۱۴

فرعون گفت: ای موسی، آن چهار چیزی که در عوض به من می‌دهی، چیست؟ بگو.

تا بُـوَد کـز لطـفِ آن وعـدهٔ حَسَـن سُست گردد چـار مـیخِ[2] کـفرِ مـن ۲۵۱۵

بگو که شاید به لطف آن وعدهٔ نیک، انکار شدید من سست شود.

بوکه[3] زآن خوش‌وعده‌هایِ مـغتَنَم[4] بـر گشـایـد قـفلِ[5] کُـفرِ صـدمَنَم[6] ۲۵۱۶

شاید که به سبب آن وعده‌های نیکو، قفل گران کفر من گشوده شود.

بـوکه از تأثـیرِ جـویِ انگـبین[7] شهد گردد در تـنم ایـن زهـرِ کـین ۲۵۱۷

شاید در اثر آن وعده‌های خوبِ شیرین، زهر کینه در وجودم به شهد مبدّل شود.

یا ز عکسِ[8] جویِ آن پـاکـیزه‌شیر پـرورش یـابد دمـی عـقلِ اسـیر ۲۵۱۸

یا شاید به سبب جویِ پاکیزهٔ شیر، لحظه‌ای عقل من کمال یابد.

یا بُوَد کز عکسِ آن جوهایِ خَـمر مست گـردم، بـو بَـرَم از ذوقِ امـر ۲۵۱۹

یا شاید به سبب تأثیر باطنی جریان جوهای شراب، مست شوم و فرمان حق را بپذیرم.

یـا بُـوَد کـز لطـفِ آن جـوهایِ آب تـازگی یـابد تـنِ شـورهٔ خـراب ۲۵۲۰

یا شاید به لطف جوهای آب زلال، این وجود مادّی‌ام معنوی شود.

---

۱ - **تیه** : بیابان. ۲ - **چار میخ** : شکنجه، کنایه از یک چیز بسیار محکم. ۳ - **بوکه** : باشد که.

۴ - **مغتَنَم** : غنیمت شمرده شده. ۵ - **قفل صدمن** : قفل گران، قفل بسیار سنگین.

۶ - قطعه‌ای که به سبب بیت بعد آغاز می‌شود، همان‌گونه که در شرح مثنوی مولوی و بعضی از شروح دیگر آمده است در تقریر این «تفکّر توحیدی» است که «بهشت و دوزخ»، «خیر و شرّ»، «فضایل و رذایل» و همهٔ صُوَر «نیک و بد»، چیزی جز انعکاس «صفات الهی» نیست؛ یعنی تمام این‌ها ظواهری است که خداوند خود را در آن‌ها بر دل ما نمایان می‌سازد. «اهل معنا» محلّ تجلّی صفات جمال و «اهل دنیا» محلّ تجلّی صفات جلال‌اند.

۷ - اشاره است به مضمون آیهٔ ۱۵ سورهٔ محمّد که در آن سخن از چهار جوی بهشت است: جوی آب زلال، جوی شیر، جوی شراب و جوی عسل که در حُکم بهشتی است: ر.ک: ۱۵۹۲/۱ و ۳۵۷۴/۱. کنایه است از تجلّی صفات جمالی حق در بندهٔ مؤمن که به صورت فضایل در وی مشهود است. ۸ - **عکس** : انعکاس، بازتاب، پرتو.

۲۵۲۱ **شـــوره‌ام را ســـبزه‌یی پـــیدا شـــود   خـــارزارم جَـنّتِ مأوىٰ[۱] شـــود**
در شوره‌زارِ وجودم گیاه معرفت و ایمان بروید و این خارستان به گلستان مبدّل گردد.

۲۵۲۲ **بو که از عکسِ بهشت و چـارجـو   جان، شود از یـاریِ حـق یـارجـو**
شاید در پرتو وجود بهشت و جوی‌های آن، جان من به امداد حق جویای حق شود.

۲۵۲۳ **آنـچنان کـز عکسِ دوزخ گشـته‌ام   آتش، و در قـــهرِ حـــقّ آغشـته‌ام[۲]**
همان‌طور که به سبب تأثیر دوزخ به آتش مبدّل شده‌ام و در خشم الهی غرق گشته‌ام.

۲۵۲۴ **گه ز عکسِ مارِ دوزخ[۳]، همچو مار   گشته‌ام بـر اهـلِ جـنّت[۴] زهـرْبار[۵]**
گاه به سبب تأثیر رذایل درونی‌ام، همانند ماری زهرآگین به قوم بنی‌اسرائیل حمله می‌کنم.

۲۵۲۵ **گه ز عکسِ جوششِ آب حَـمیم[۶]   آبِ ظـلمم کـرده خَـلقان را رَمـیم[۷]**
گاه در اثر غضبی که در درونم می‌جوشد، به خلق ستم می‌کنم و آنان را آزار می‌دهم.

۲۵۲۶ **مـــن ز عکسِ زمـهریرمْ زَمـهریر[۸]   یا ز عکسِ آن سَعیرم[۹] چون سَعیر**
سردی من از سردیِ درون و خشمِ من از دوزخِ درون است.

۲۵۲۷ **دوزخِ درویش و مـــظلومم کـــنون   وایِ آنکـــه یـــابَمَش نـــاگـه زبـون**
اینک برای بینوایان و ستمدیدگان دوزخ‌ام. وای به حال کسی که درمانده‌اش بیابم.

---

۱ - **جنّتِ مأویٰ**: جَنَّةُ‌الْمأویٰ: به معنی بهشت، مأخوذ از قرآن: نازعات: ۴۱/۷۹.
۲ - همان‌گونه که قبلاً هم گفته شد، این ابیات در تبیین این «تفکّر توحیدی» است که «دوزخ» تجلّی قهر حق است و هرجا که قهر هست، دوزخ نیز متجلّی است.   ۳ - **مارِ دوزخ**: مراد صفات رذیله است، رذایل.
۴ - **اهلِ جنّت**: اینجا مراد قوم بنی اسرائیل‌اند.
۵ - **زهربار**: زهر می‌ریزم، مراد انواع مصایب و آزارها و شکنجه‌هایی است که به فرمان فرعون به قوم بنی‌اسرائیل وارد آمد.   ۶ - **حَمیم**: آب جوشان که دوزخیان می‌نوشند.   ۷ - **رَمیم**: پوسیده، اینجا آزرده.
۸ - **زَمهریر**: سرمای سخت که موجب عذاب کافران است.
۹ - **سَعیر**: از نام‌های دوزخ، آتش فروزان، واژه‌ای قرآنی مثلاً در سورهٔ فرقان.

شرح کردنِ موسی علیه السَّلام آن چهار فضیلت را، جهتِ پایْ مُزدِ[۱] ایمانِ فرعون

گفت موسی: کاوّلینِ آن چهار[۲]　　صحّتی باشد تنت را پایدار ۲۵۲۸

موسی(ع) گفت: اوّلین آن چهار وعده این است که تنت همیشه سالم می‌مانَد.

این علل‌هایی که در طب گفته‌اند　　دور باشد از تنت، ای ارجمند! ۲۵۲۹

ای مرد گرامی، این بیماری‌هایِ علم طبّ از وجودت دور خواهد بود.

ثانیا باشد تو را عمرِ دراز　　که اجل دارد ز عمرت احتراز ۲۵۳۰

دوّمین وعده آن است که عمری دراز می‌یابی، چنانکه اجل از تو دوری می‌کند.

وین نباشد بعدِ عُمرِ مُستَوی[۳]　　که به ناکام از جهان بیرون روی ۲۵۳۱

این طور نیست که پس از عمری آسوده، ناکام بمیری.

بلکه خواهانِ اجل، چون طفلْ شیر　　نه ز رنجی که تو را دارد اسیر ۲۵۳۲

بلکه مشتاقِ اجل می‌شوی، همان‌طور که طفل شیرخوار خواهان شیر است.

مرگ‌جو باشی ولی نه از عجزِ رنج　　بلکه بینی در خرابِ خانه گنج ۲۵۳۳

جویایِ مرگ می‌شوی برایِ گنجِ معرفت نه از رنج؛ زیرا می‌بینی که آگاهی در پیِ محوِ وجه مادّیِ نَفْس حصول می‌یابد.

پس به دست خویش گیری تیشه‌یی　　می‌زنی بر خانه بی‌اندیشه‌یی ۲۵۳۴

پس تیشه‌ای به دست می‌گیری و بدون هیچ تأمّلی خانه را ویران می‌کنی.[۴]

که حجاب گنج[۵] بینی خانه را　　مانعِ صد خرمن این یک دانه[۶] را ۲۵۳۵

زیرا می‌فهمی که این خانه گنج را نهان کرده است و دانه‌ای خرمن را.

---

۱ - **پایْ مُزد:** حقّ پا، اینجا به معنی «عوض» یا «اجر» است.

۲ - مناسب است با مضمون روایتی که در آن «حیات جاوید»، «سلامتی»، «جوانی» و «تنعّم» در بهشت به مؤمنان وعده داده شده است: احادیث، صص ۳۹۵-۳۹۴.

۳ - **مُسْتَوی:** برابر، مستقیم، کامل، عمر مستوی یعنی عمر طبیعی.

۴ - ویران کردن خانهٔ تن به معنی آن است که شأن حقیقی را برای «جان» قائل می‌شوی و تکامل آن برایت اهمّیّت می‌یابد، نه لذایذ دنیوی و راحت‌طلبی‌ها.　۵ - **حجاب گنج:** هر چیزی که مانع ارتقا و تکامل جان آدمی شود.

۶ - **دانه:** کنایه است از ارزشِ «زندگی این جهانی» و ارزشِ «تمتّعات و لذّت‌های ناپایدار آن» در تقابل با زندگی آن جهانی و پایداری آن.

۲۵۳۶ **پس در آتش اَفکنی این دانه را … پیش گیری پیشهٔ مردانه[۱] را**

پس این دانه را در آتش می‌افکنی و راهی را پیش می‌گیری که مردان راستین پیش گرفتند.

۲۵۳۷ **ای به یک برگی[۲] ز باغی[۳] مانده … همچو کِرمی برگش از رَز[۴] رانده**

ای کسی که به برگی قانع شده و از باغ باز مانده‌ای، تو همانند کرمی به برگی چسبیده و از درخت غافل شده‌ای.

۲۵۳۸ **چون کَرَمْ این کِرم[۵] را بیدار کرد … اژدهایِ جهل را این کِرم خَورد**

چون لطف حق این موجود حقیر را آگاه کند، اژدهای جهل را می‌بلعد و نابود می‌کند.

۲۵۳۹ **کِرمْ کَرْمی[۶] شد پر از میوه و درخت … این چنین تبدیل گردد نیکبخت**

«موجودی کوچک» با «فنای در حق» و «بقای به حق» به «هستی حقیقی» می‌رسد و وجودش به باغی سرشار از معارف و فضایل مبدّل می‌شود. انسان نیک‌بخت این گونه تبدیل می‌یابد.

تفسیرِ[۷] کُنْتُ کَنْزاً مَخْفِیّاً فَاَحْبَبْتُ اَنْ اُعْرَفْ[۸]

تفسیر: «من گنجینه‌ای پنهان بودم، می‌خواستم که شناخته شوم.»

۲۵۴۰ **خانه برکَن[۹]، کز عقیقِ این یَمَن[۱۰] … صدهزاران خانه شاید ساختن[۱۱]**

این خانه را ویران کن تا با ویرانیِ آن به گنج برسی و صدهاهزار خانه بسازی.

۲۵۴۱ **گنج زیرِ خانه است و چاره نیست … از خرابی خانه مندیش و مه‌ایست**

گنج زیر خانه است و چاره‌ای جز آن نیست که بی‌تأمّل به تخریب خانه بپردازی.

۱ - **پیشهٔ مردانه :** راه مردان حق. ۲ - **برگ :** کنایه از دنیا و تمتّعات آن است.
۳ - **باغ :** کنایه از هستی حقیقی است. ۴ - **رَز :** تاک، درخت انگور، اینجا مطلقاً درخت.
۵ - **کِرم :** کنایه از «اهل دنیا». ۶ - **کَرْم :** باغ انگور، توسّعاً مطلق باغ. ۷ - حدیث قدسی؛ ر.ک: ۲۸۷۵/۱.
۸ - **فَاَحْبَبْتُ اَنْ اُعْرَف :** عارفان از این عبارت نتیجه گرفته‌اند که بنای «معرفت» بر «محبّت» است.
۹ - **خانه بر کَن :** ارزش‌هایت را تغییر بده. اصلی‌ترین ارزش، تکامل روح آدمی است.
۱۰ - **عقیق یَمَن :** عقیق یمانی یا عقیق یمنی، عقیقی مشهور و خوب، مرغوب‌ترین نوع آن را زرد و شفّاف می‌دانند، اینجا «یمن» کنایه از عالم معناست و «عقیق» کنایه از معارف الهی و علوم و اسرار است.
۱۱ - اگر به کمال الهی برسی «گنج را بیابی»، می‌توانی دل‌های فراوانی را آباد کنی.

۲۵۴۲ **که هـزاران خـانه از یک نـقدِ گـنج   توان عمارت کرد، بی‌تکلیف و رنج**

زیرا با این گنجینه می‌توان بدون هیچ زحمت و رنجی هزاران خانه را معمور کرد.

۲۵۴۳ **عاقبت این خانه خود ویران شـود   گنج از زیرش یـقین عُـریان شـود**

سرانجام این خانه خواه ناخواه ویران می‌شود و گنجینه آشکار خواهد شد.

۲۵۴۴ **لیک آنِ تـو نـباشد، زانکـه روح   مُزدِ ویران کردن اَستش آن فُـتوح[1]**

امّا آن وقت مالِ تو نیست؛ زیرا «گنج» مزد رنجِ درک حقایق است.

۲۵۴۵ **چون نکرد آن کار، مُزدش هست؟ لا   لَـیْسَ للاِنْسـانِ اِلاّ مـا سَـعیٰ[2]**

کسی که کاری نمی‌کند، مزدی ندارد. پاداش نتیجهٔ کار است.

۲۵۴۶ **دست خایی[3] بعد از آن تو، کِای دریغ!   این چنین ماهی بُد اندر زیـرِ مـیغ[4]؟**

بعد از مرگ افسوس می‌خوری که: دریغا چنین ماهی در زیر ابر بود و من نفهمیدم؟

۲۵۴۷ **مـن نکـردم آنـچه گـفتند از بِـهی   گـنج رفت و خـانه، و دستم تـهی**

کارهای خوبی را که گفتند، نکردم. اینک گنج و خانه رفت و دستم خالی ماند.

۲۵۴۸ **خـانهٔ اُجـرت گـرفتی[5] و کِـرِیٖ[6]   نیست مِلکِ تو به بیعی[7] یا شِـرِیٖ[8]**

تو خانه را اجاره و کرایه کردی، آن را نخریده‌ای که مِلکات محسوب شود.

۲۵۴۹ **ایـن کِـرِیٖ را، مـدّتِ او تـا اجـل   تا در این مدّت کُنی در وی عـمل[9]**

زمان این اجاره تا فرارسیدن مرگ است که در این مدّت در آن به کاری بپردازی.

---

۱ - **فتوح** : معرفت حق، معرفت نفس: ر.ک: ۱۴۴۷/۱.

۲ - اشارتی قرآنی؛ نجم : ۳۹/۵۳: وَ أَنْ لَيْسَ لِلْإِنْسانِ إِلاَّ مَا سَعىٰ... : و اینکه برای انسان هیچ چیز نیست، مگر آنچه کوشیده است.   ۳ - **دست خایی** : دست را از سر افسوس و حسرت به دندان گزیدن، افسوس خوردن.

۴ - **میغ** : ابر، کنایه از تن.

۵ - **خانهٔ اُجرت گرفتی** : خانه‌ای را اجاره کردی. مراد خانهٔ تن است که روح آدمی در آن زندگی دنیوی برای مدّتی محدود در آن استقرار می‌یابد.   ۶ - **کِرِیٖ** : کرایه.

۷ - **بیع** : فروختن، خریدن، از اضداد است؛ امّا بیشتر به معنی فروختن.

۸ - **شِرِیٖ** : خریدن، فروختن، بیشتر به معنی خریدن.

۹ - مراد از «عمل»، در مسیر اهداف خلقت بودن است، چنانکه می‌فرماید: قرآن؛ ذاریات: ۵۶/۵۱: وَ مَا خَلَقْتُ الْجِنَّ وَ الْإِنْسَ إِلاَّ لِيَعْبُدُونِ : و جنّ و انس را جز برای آنکه مرا بپرستند، نیافریده‌ام.

۲۵۵۰ **پاره‌دوزی [۱] می‌کنی اندر دکان [۲] — زیرِ این دکّانِ تو مدفون دو کان [۳]**

در دکّان به حقیرترین کارها پرداخته‌ای، در حالی که در زیرِ آن دو گنج هست.

۲۵۵۱ **هست این دکّان کِرایی، زود باش — تیشه بستان و تَکَش [۴] را می‌تراش**

این «زندگیِ دنیوی» موقّتی است، زودباش با تیشهٔ «مجاهده و ریاضت»، ظواهر را کنار بزن و به عمق آن برس؛ یعنی بفهم که هدف از خلقت تو چیست و چه وظایفی داری؟

۲۵۵۲ **تا که تیشه ناگهان بر کان نهی — از دکان و پاره‌دوزی وارهی**

شاید با جهدِ مؤثّر ناگهان به «گنجِ حقیقت» برسی و از زندگیِ صرفاً مادّی رهایی یابی.

۲۵۵۳ **پاره‌دوزی چیست؟ خوردِ آب و نان — می‌زنی این پاره بر دلقِ گران [۵]**

«پاره‌دوزی» در واقع خوردن «آب و نان» است که با این وصله‌ها می‌کوشی تا این «دلق گران»، یعنی «تن» را نگه داری.

۲۵۵۴ **هر زمان می‌دَرَّد این دلقِ تَنَت — پاره بر وی می‌زنی زین خوردنت**

در هر لحظه و به دلیلی خرقهٔ کهنهٔ تنت می‌شکافد و تو با خوردنِ غذا و دارو، آن را وصله می‌کنی.

۲۵۵۵ **ای ز نسلِ پادشاهِ کامیار [۶]! — با خود آ، زین پاره‌دوزی ننگ دار**

ای خلیفه‌زاده، به خود بیا و از این پاره‌دوزی شرم کن.

۲۵۵۶ **پاره‌یی برکَن از این قعرِ دکان — تا بر آرَد سر به پیشِ تو دو کان [۷]**

قسمتی از کفِ این دکّان را بردار تا گنج‌های زیر آن را آشکارا ببینی.

۲۵۵۷ **پیش از آن کین مهلتِ خانه‌کِری — آخر آید، تو نخورده زو بَری [۸]**

قبل از آنکه مهلتِ اجاره پایان یابد و بی‌بهره بمانی، به این کار بپرداز.

---

۱ – **پاره‌دوزی :** پینه‌دوزی، کنایه از کار حقیر.

۲ – **دکان :** مراد زندگی دنیوی است. در این تمثیل، «زندگی دنیوی» و مهلتی که به آدمی داده شده به «دکّان» مانند گشته است تا در این دکّان کار کند.

۳ – **دو کان :** دو معدن یا دوگنج، مراد زندگی این جهانی و آن جهانی است که با ادراک حقایق و نَفْسی مطمئن، می‌توان زندگی دنیوی بدون خُوف و با امنیّت خاطر داشت و در آن جهان زندگی سرمدی.

۴ – **تک :** ته، قعر، عمق، کف.

۵ – **دلق گران :** دلق سنگین، دلق یا خرقه، جامهٔ رویین دراویش یا ردا : ر.ک: ۶۹۰/۱ ، کنایه از تن.

۶ – **پادشاه کامیار :** کنایه از خلیفة‌الله است، اینجا آدم ابوالبشر(ع). ۷ – ر.ک: ۲۵۵۰/۴. ۸ – **بَر :** بهره، میوه.

۲۵۵۸ پس تو را بیرون کند صاحب دکان[۱] وین دکـان را بـر کَـنَد از رویِ کـان

وگرنه بعد از آن صاحب دکّان تو را بیرون می‌کند و با ویران کردن، گنج را بر می‌دارد.

۲۵۵۹ تو ز حسرت، گـاه بـر سـر مـی‌زنی گاه ریش ِ خامِ خـود بـر مـی‌کَنی[۲]

تو گاهی از روی حسرت بر سر خود می‌زنی و گاه خود را سرزنش می‌کنی.

۲۵۶۰ کِای دریغا ! آنِ من بود ایـن دکـان کور بودم، بر نـخوردم زیـن مکـان

و با خود می‌گویی: دریغا ! این دکّان مالِ من بود، کور بودم و بهره‌ای نبردم.

۲۵۶۱ ای دریــغا ! بــودِ مــا را بُـرد بـاد تـا ابـد یـا حسـرتا شـد لِلْعِباد[۳]

دریغا که هر چه داشتیم بر باد رفت و نصیب ما تا ابد حسرت شد.

غَرّه شدنِ آدمی به ذکاوت[۴] و تصویراتِ طبع[۵] خویشتن و طلب ناکردنِ علمِ غیب، که علمِ انبیاست

آدمی با تکیه بر هوش و ادراک و دانش خود، غرّه می‌شود و آن‌ها را برای کشف حقایق کافی می‌شمارد و خود را از «علمِ انبیا» که همان «علمِ حق» است بی‌نیاز می‌یابد، حال آنکه «محدود» را به «نامحدود» راهی نیست.

۲۵۶۲ دیدم اندر خانه من نـقش و نگـار[۶] بــودم انــدر عشقِ خـانه بی‌قرار

من در خانهٔ تن نقش و نگاری زیبا دیدم و عاشق بیقرارش شدم.

۲۵۶۳ بــــودم از گـــنج نــهانی بــی‌خبر ورنــه دَسْـتَنْبویِ[۷] مـن بـودی تَـبَر

از گنج نهانی بی‌خبر بودم و گرنه به جای بی‌توجّهی به مجاهده و تهذیب می‌پرداختم.

---

۱ - **صاحب دکان :** خداوند. ۲ - **ریش خام خود برکندن :** خود را سرزنش کردن.
۳ - اشارتی قرآنی؛ یس: ۳۰/۳۶: ای دریغ بر بندگان، هیچ پیامبری برای آنان نیامد مگر آنکه او را ریشخند کردند.
۴ - **ذکاوت :** هوش. ۵ - **تصویراتِ طبع :** ادراک. ۶ - **نقش و نگار :** کنایه از ظواهر زندگی.
۷ - **دستنبو :** میوه‌ای کوچک و خوشبو شبیه گرمک، گلوله‌ای مرکّب از مواد خوشبو که به دست می‌گرفتند و می‌بوییدند، اینجا کنایه از آسودگی و بی‌توجّهی است.

۲۵۶۴ **آه ! گــر دادِ تَــبَر را دادمــی[۱]   ایــن زمــان غــم را تــبرّا[۲] دادمی**

آه ! اگر به طاعت و مجاهده پرداخته بودم، اینک غمی نداشتم.

۲۵۶۵ **چشــم را بــر نـقش مـی‌انـداخـتم   هـمچو طـفلان عشـق‌ها مـی‌باختم**

چشمِ خود را به ظواهر می‌دوختم و همانند کودکان به آن‌ها عشق می‌ورزیدم.

۲۵۶۶ **پس نکو گـفت آن حکـیمِ کـامیار[۳]   که: تو طفلی، خانه پُر نقش و نگار**

پس حکیم سنایی نیکو گفته است که تو کودکی و ظواهر زندگی بس فریبنده است.

۲۵۶۷ **در الهــی نــامه[۴] بس انــدرز کـرد   که: برآر از دودمـانِ خـویش گَـرد[۵]**

در الهی نامه اندرز داده است: هستی مجازی‌ات را ویران کن و خاک آن را بر باد ده.

۲۵۶۸ **بس کن ای موسی! بگو وعدهٔ سِوُم   که دل من ز اضطرابش گَشت گُـم[۶]**

ای موسی، بس است، وعدهٔ سوم را بگو که دل من از اضطرابِ شنیدنِ آن آب شده است.

۲۵۶۹ **گفت موسی: آن سِوُم مُلکِ دوتُـو[۷]   دو جهانی، خالص از خصم و عَدو[۸]**

موسیٰ(ع) گفت: وعدهٔ سوم آنکه سلطنت این جهان و آن جهان در نهایت آرامش نصیبت می‌شود.

۲۵۷۰ **بیشتر زآن مُـلک کـاکـنون داشـتی   کآن بُد اندر جنگ، و این در آشتی**

بیشتر از آنچه که اکنون داری؛ ولی به صلحِ با حق نه با جنگ.

۲۵۷۱ **آنکه در جنگت چنان مُـلکی دهـد   بنگر اندر صلح، خوانَت چون نهد[۹]**

کسی که در جنگ چنان سلطنتی را به تو داده است، ببین در صلح چه خواهد کرد.

---

۱ - **دادِ تَبَر را دادن :** حقّ تبر راگزاردن، کنایه از پرداختن به مجاهده و ریاضت.   ۲ - **تبرّا :** دوری جستن.

۳ - **حکیم کامیار :** مراد حکیم غزنوی سنایی است که در حدیقة الحقیقه می‌گوید:

همه اندرز مـن بـه تـو ایـن است   که تو طفلی و خانه رنگین است

۴ - **الهی نامه :** مراد حدیقة الحقیقه است.

۵ - **از دودمان خویش گَرد برآوردن :** مراد وُجوه نَفْسانیِ آدمی و مراتب نازلهٔ آن است که باید کمال یابد.

۶ - مولانا مجدداً به مجاوبات موسیٰ و فرعون باز می‌گردد.

۷ - **مُلک دوتُو :** سلطنت مضاعف، سلطنت این جهان و آن جهان.

۸ - مصراع دوم یعنی بدون دشمن و در امنیّت و آرامش.

۹ - **خوانَت چون نهد :** چه سفره‌ای می‌گسترد و چه داد و دِهِشی خواهد داشت.

۲۵۷۲ **آن کَرَم کاندر جفا آنهات داد — در وفا بنگر چه باشد افتقاد**[۱]

آن کریمی که در طغیان آن‌ها را داد، بنگر که در وفا و طاعت چه می‌کند؟

۲۵۷۳ **گفت: ای موسی! چهارم چیست؟ زود — بازگو، صبرم شُد و حرصم فزود**

فرعون گفت: ای موسی، وعدهٔ چهارم چیست؟ بگو که بی‌صبر و حریصم.

۲۵۷۴ **گفت: چارم آنکه مانی تو جوان — مویْ همچون قیر، و رخْ چون ارغوان**[۲]

موسیٰ(ع) گفت: وعدهٔ چهارم آنکه جوان می‌مانی با مویی سیاه و چهره‌ای سرخ.

۲۵۷۵ **رنگ و بو در پیشِ ما بس کاسد**[۳] **است — لیک تو پستی**[۴]**، سخن کردیم پَست**

ظواهر در نظر ما شأنی ندارد، امّا چون تو فقط همین‌ها را می‌بینی، ما هم به ناچار از ظواهر سخن می‌گوییم.

۲۵۷۶ **افتخار از رنگ و بو**[۵] **و از مکان**[۶] **— هست شادی و فریبِ کودکان**

تنها کودکان‌اند که به ظواهر و مقامات دنیوی مفتخر و شادند و فریب می‌خورند.

بیانِ این خبر که: کَلِّمُوا النّاسَ عَلیٰ قَدَرِ عُقولِهِمْ، لا عَلیٰ قَدَرِ عُقولِکُمْ، حَتّیٰ لا یُکَذَّبَ اللهُ وَ رَسُولُهُ[۷]

در قطعهٔ پیشین شاهد بودیم که موسیٰ(ع) کلام خویش را تنزّل داد تا برای فرعون که جز ظواهر زندگی دنیوی چیز دیگری را نمی‌شناخت، قابل درک باشد. اینک در تأیید همان معنا، اشاره به حدیثی است که شرح آن در بیت ۸۵۱ به بعد همین دفتر آمده و در بیانِ این نکته‌است که اگر خلق سخن حق را نفهمند، به پیامبر نمی‌گروند و خدا و رسولش را تکذیب می‌کنند؛ پس در ادامهٔ مجاوبات[۸] موسیٰ(ع) با فرعون، آن حضرت به فرعون توضیح می‌دهد که چون تو علی‌رغم ظاهرِ کمال یافته، جانی ناکامل و کودک‌صفت داری، چاره‌ای جز آن نیست که با تو زبان کودکانه‌ای داشته باشم.

۱ - **افتقاد**: مهربانی کردن. ۲ - **چون ارغوان**: یعنی به رنگ سرخ، مراد شادابی است.
۳ - **کاسد**: کساد، بی‌ارزش. ۴ - **پست**: در مرتبهٔ درک نازلی قرار داشتن، ادراک معنوی نداشتن.
۵ - **رنگ و بو**: کنایه از ظواهر زندگی دنیوی. ۶ - **مکان**: کنایه از مقام دنیوی.
۷ - بیان این خبر که: با مردم به اندازهٔ عقل آنان سخن بگویید، نه به اندازهٔ عقل خود تا خدا و پیامبرش مورد تکذیب قرار نگیرند. ۸ - **مجاوبات**: یکدیگر را جواب دادن.

چونکه با کودک سر و کارم فُتاد هم زبان کودکان باید گُشاد ۲۵۷۷

چون با کودکان روبرو شده‌ام؛ پس باید به زبان آنان سخن بگویم.

که: برو کُتّاب[۱]، تا مُرغت خَرَم یا مویز و جوز و فُسْتُق[۲] آورم[۳] ۲۵۷۸

به مکتب برو تا برایت پرنده‌ای بخرم و یا کشمش، گردو و پسته بیاورم.

جز شبابِ تن نمی‌دانی، بگیر این جوانی را، بگیر ای خر! شَعیر[۴] ۲۵۷۹

تو جز شادابیِ تن چیزی را نمی‌شناسی؛ پس جوانی را می‌دهیم، همان‌گونه که به خر جو می‌دهند.

هیچ آژنگی[۵] نیفتد بر رُخت تازه ماند آن شبابِ فَرُّخت[۶] ۲۵۸۰

صورتت دارای چین و چروک نخواهد شد و آن جوانیِ خوشایندت پایدار می‌ماند.

نه نِژندِ[۷] پیری‌اَت آید به رو نه قدِ چون سروِ تو گردد دوتُو ۲۵۸۱

نه چهره‌ات پژمرده و پیر می‌شود و نه قامت افراشته‌ات خمیده می‌گردد.

نه شود زورِ جوانی از تو کم نه به دندان‌ها خَلَل‌ها یا اَلَم ۲۵۸۲

نه نیروی جوانی‌ات کم می‌شود و نه دندان‌هایت دچار آسیب و درد می‌گردد.

نه کمی در شهوت و طَمْث و بِعال[۸] که زنان را آید از ضعفت ملال ۲۵۸۳

میل نفسانی و قدرت جنسی‌ات کاسته نمی‌شود که زنان از ناتوانی‌ات ملول شوند.

آنچنان بگشایدت فَرِّ شَباب که گشود آن مژدهٔ عُکّاشه[۹] باب ۲۵۸۴

شکوه جوانی بر تو گشوده می‌شود، همان‌طور که مژدهٔ پیامبر(ص) بهشت را به روی عُکّاشه گشود.

---

۱ - **کُتّاب:** مکتب. ۲ - **فُستُق:** معرّب پسته. ۳ - کودک جز به وعدهٔ دلخواه و نازل به مکتب نمی‌رود.
۴ - **شَعیر:** جُو. ۵ - **آژنگ:** چین و چروک صورت. ۶ - **فرّخ:** خجسته، خوش، خوشایند.
۷ - **نژند:** افسرده، پژمرده. ۸ - **طَمْث و بِعال:** هر دو به معنی همخوابگی و جماع کردن است.
۹ - اشاره به روایت: به طُرُق مختلف از پیامبر(ص) نقل شده است که فرمود: هفتاد هزار نفر از امّت من، بدون رسیدگی به اعمالشان وارد بهشت می‌شوند. عُکّاشَة بن مِحْصَن که یکی از صحابه گفت: ای رسول خدا از پروردگار بخواه مرا جزو این عدّه قرار دهد. پیامبر(ص) برای برآورده شدن درخواستش دعا کرد: احادیث، صص ۳۹۶-۳۹۵.

قولُه، علیه السَّلام: مَنْ بَشَّرَنی بِخُروجِ صَفَرٍ بَشَّرْتُهُ بِالجَنَّةِ[۱]

عنوان این قطعه اشاره به حدیثی است که علما آن را معتبر نمی‌دانند و آنچه مربوط به عُکّاشه است، همان روایتی است که در بیت پیشین بدان اشاره شد. بی‌گمان از اختلاط حدیث مذکور با این روایت در ذهن مولانا این داستان پدید آمده است.

نیکلسون در مورد آن می‌نویسد:[۲] به پیامبر(ص) جبرئیل خبر داده بود که در ماه ربیع اوّل از دنیا می‌رود و او که آرزوی رهایی از این جهان را داشت، در ماه صفر و پیش از فوت خود گفت: مَنْ بَشَّرَنی بِخُرُوجِ صَفَرٍ... و عُکّاشه اوّلین کسی بود که چنین مژده‌ای داد و وعدهٔ ورود بی‌قید و شرط به بهشت را گرفت.

مولانا با نقل این خبر خاطرنشان می‌کند که رحلت پیامبر(ص) در ماه ربیع الاوّل رخ داد و شوق او به پایان یافتن ماه صفر ناشی از اشتیاق به رحلت و انتقال خویش بود و در واقع توصیف حال مرد حق است که مرگ را چیزی جز پیوستن به حق نمی‌داند.

البتّه بر اساس روایات شیعه[۳] رحلت رسول اکرم(ص) در ۲۸ صفر سال یازدهم هجرت و مطابق روایات اهل سنّت[۴] در سوم یا دوازدهم ربیع‌الاوّل همان سال رخ داده است.

در هر حال این روایت و امثال آن که متضمّن اشارت به سیرت رسول(ص) است، در مثنوی می‌آید تا به کمک آن احوال اولیای طریقت و صوفیّه برای اذهان عام قابل درک باشد.

این قطعه که در میان مجاوبات موسیٰ(ع) و فرعون است، در واقع ارتباطی به آن گفت‌وگوها ندارد و در دو بیت آخر آن مولانا به قصّه باز می‌گردد.

احمدِ آخر زمان را انتقال　　در ربیعِ اوّل آید بی‌جدال[۵] ۲۵۸۵

رحلت احمد، پیامبر آخر الزّمان(ص)، بدون تردید در ماه ربیع‌الاوّل بود.

چون خبر یابد دلش زین وقتِ نقل[۶]　　**عاشقِ آن وقت گردد او، به عقل** ۲۵۸۶

چون از زمان رحلت آگاهی یافت، عاشق و شیفتهٔ آن وقت شد.

چون صفر آید، شود شاد از صفر　　که پسِ این ماه می‌سازم سفر ۲۵۸۷

هنگامی که ماه صفر فرا رسید، شاد شد که بعد از این ماه به سرای باقی سفر خواهم کرد.

---

۱ - کسی که مرا به پایان یافتن ماه صفر مژده دهد، بهشتی شدنش را مژده می‌دهم. [این حدیث را جزو احادیث موضوعه و نامعتبر دانسته‌اند.]: احادیث، ص ۳۹۷.　۲ - شرح مثنوی مولوی، ج ۴، ص ۱۵۹۵.

۳ - مآخذ قصص و تمثیلات مثنوی، استاد فروزانفر، ص ۱۴۷.　۴ - با استفاده از سرّ نی، ج ۱، ص ۳۹۶.

۵ - **بی جدال :** بدون تردید، در ارتباط با تاریخ مورد نظر یا مولانا از روایات شیعه بی‌خبر بوده و یا اگر اطّلاع داشته روایت اهل سنّت را پذیرفته است. در هر حال ۲۸ صفر نیز از روزهای پایانی ماه است که پس از آن ربیع‌الاوّل فرا می‌رسد.　۶ - **نقل :** انتقال، انتقال از این دنیا به آن دنیا.

۲۵۸۸ **هر شبی تا روز زین شوقِ هُدیٰ[1] «ای رفیقِ راهِ اعلی[2]» می‌زدی[3]**

پیامبر(ص) از شدّت اشتیاق این وصل هر شب تا صبح همواره می‌گفت: ای رفیق راه اعلیٰ!

۲۵۸۹ **گفت: هر کس که مرا مژده دهد چون صفر پای از جهان بیرون نهد**

پیامبر(ص) گفت: هنگامی که ماه صفر تمام شود، هرکس به من مژده دهد،

۲۵۹۰ **که صفر بگذشت و شد ماهِ ربیع مژده‌وَر باشم مر او را و شفیع**

ماه صفر پایان یافت و ربیع‌الاوّل فرارسید، من هم به او مژدهٔ بهشت را می‌دهم و شفیع او هستم.

۲۵۹۱ **گفت عُکّاشه: صفر بگذشت و رفت گفت که: جنّت تو را ای شیرِ زَفت[4]!**

عُکّاشه گفت: ماه صفر تمام شد. پیامبر(ص) فرمود: ای شیر بزرگ، بهشت از آن توست.

۲۵۹۲ **دیگری آمد که: بگذشت آن صفر گفت: عُکّاشه بِبُرد از مژده بَر[5]**

دیگری هم آمد و گفت: صفر تمام شد؛ امّا پیامبر(ص) فرمود: نصیبِ عُکّاشه شد.

۲۵۹۳ **پس رِجال از نقلِ عالم شادمان وز بقااَش شادمانْ این کودکان**

بنابراین مردان حق از رفتن شادمان‌اند و کودک صفتان از بودن.

۲۵۹۴ **چونکه آبِ خوش ندید آن مرغِ کور[6] پیشِ او کوثر[7] نماید آبِ شور**

چون آن مرغ نابینا آب شیرین ندیده، آب شور در نظرش بی‌نظیر است.

۲۵۹۵ **همچنین موسی کرامت می‌شمرد که نگردد صافِ[8] اقبالِ تو دُرد[9]**

موسیٰ(ع) همچنین توضیح می‌داد که اگر ایمان بیاوری هرگز نیکبختی‌ات زوال نمی‌یابد.

۲۵۹۶ **گفت: اَحْسَنت، و نکو گفتی، و لیک تا کنم من مشورت با یارِ نیک[10]**

فرعون گفت: آفرین، خوب گفتی؛ امّا من باید در این مورد با دوست خوبم مشورت کنم.

---

۱ - **هُدیٰ:** هدایت. ۲ - **رفیق اعلیٰ:** خداوند.

۳ - اشاره به این روایت است: اَللّهُمَّ اغْفِرْلی وَ ارْحَمْنی وَ اَلْحِقْنی بِالرَّفیقِ الْاَعلیٰ: پروردگارا، مرا بیامرز و بر من رحمت آور و به رفیق اَعلیٰ ملحق فرما: احادیث مثنوی، ص ۱۳۰.

۴ - **شیر زفت:** شیر بزرگ، کنایه از مرد حق است. ۵ - **بَر:** میوه، بهره، نتیجه.

۶ - در این تمثیل، «اهل دنیا» به «مرغ کور» مانند شده است که توانایی دیدن و درک «عالم معنا» را که «کوثر» نمادی از آن است ندارد. ۷ - **کوثر:** حوض کوثر، اینجا مراد عالی‌ترین آب است.

۸ - **صاف:** شراب زلال، اینجا کنایه از سعادت و اقبال.

۹ - **دُرْد:** رسوب خُم شراب، اینجا کنایه از عدم سعادت و اقبال.

۱۰ - **یارِ نیک:** مراد از دوست خوب آسیه همسر فرعون است.

مشورت کردنِ فرعون با ایسیَه در ایمان آوردن به موسی علیه السّلام

در طیّ این قطعه فرعون با همسرش آسیه که علی‌رغم حضور در خلوتخانهٔ او زنی بزرگوار و آزاده و مؤمن است، در ایمان آوردن به موسی(ع) مشورت می‌کند و آسیه که از آلودگی‌های دربار به دور است، او را بر این امر تشویق می‌کند و همسری با فرعون را هیچ می‌شمارد و به دعا از خداوند می‌خواهد تا او را از فرعون و کارهایش و این گروه ستمکار برهانَد، تحریم: ۶۶/۱۱، و این همان زنی است که موسی(ع) را هنگام نوزادی از آب گرفته و خواسته بود تا او را به فرزندی بگیرند، قصص: ۲۸/۹، بنابر حدیثی شریف پیامبر(ص) فرموده است: بهترین زنان چهارند: مریم دختر عمران، آسیه همسر فرعون، خدیجه دختر خویلد و فاطمه دختر محمّد(ص).

این بانوی بزرگوار نام عربی‌اش آسیه و نام مصری‌اش «ایسه» یا «ایسی» یا «ایسه‌نِفره» است.

۲۵۹۷ **بـازگـفت او ایـن سـخن بـا ایسـیه — گفت: جان افشان بر این ای دل سیه!**

فرعون این سخن را با آسیه در میان گذاشت. او گفت: ای سیاه دل، از جان و دل بپذیر.

۲۵۹۸ **بس عنایت‌هاست مَتْنِ این مـقال[۱] — زود دریاب ای شهِ نیکو خـصال![۲]**

در سخنان او الطاف فراوانی نهان است. ای شاه نیک‌خو، زود از آن استقبال کن.

۲۵۹۹ **وقت کَشت آمد، زهی پرسود کَشت — این بگفت و گریه کرد و گرم گشت**

هنگام کشتِ پرسودی است. آسیه این سخنان را گفت و با هیجان گریست.

۲۶۰۰ **بر جهید از جـا و گـفتا : بَخٍ لَک[۳] — آفـتابی تـاج گشـتت ای کَـلَک[۴] !**

آسیه از جا جهید و گفت: خوشا به سعادتت که تاجِ ایمان بر سر پر از عیبِ تو قرار می‌گیرد.

۲۶۰۱ **عـیبِ کَـل را خـود بـپوشاند کـلاه — خاصه چون باشد کُلَه خورشید و ماه**

کلاه عیبِ آدم کچل را می‌پوشاند بخصوص که آن کلاه منوّر و تابناک باشد.

۲۶۰۲ **هم در آن مجلس که بشنیدی تو این — چـون نگـفتی آری و صـد آفـرین؟**

چرا در همان مجلسی که این سخنان را شنیدی، پاسخ مثبت ندادی و تحسین نکردی؟

---

۱ - **متن این مقال :** در معنی و مفهوم سخنان موسی(ع).

۲ - آسیه در بیت پیشین فرعون را «سیه دل» خطاب می‌کند و به احتمال زیاد این خطاب در حالتی است که تردیدها و بی‌ایمانیِ فرعون، آسیه را به حدّی آزرده کرده که احساس واقعی‌اش را نسبت به همسر بیان داشته است و بلافاصله در بیت بعد به جهت تشویق و ترغیب وی را «شه نیکو خصال» می‌خوانَد. ۳ - **بَخٍّ لَک :** خوش به حالت.

۴ - **کَلَک :** کچلک، کَل به معنی کچل + کاف تصغیر، کچلِ حقیر، اینجا مراد عیب و نقص روحانیِ فرعون است و ظلم و ستم فراوانش.

۲۶۰۳ **این سخن درگوشِ خورشید ار شدی　　سرنگون بر بویِ این[1] زیر آمدی**

اگر این وعده را به خورشید می‌دادند با سر به زمین می‌آمد؛ یعنی بلافاصله می‌پذیرفت.

۲۶۰۴ **هیچ می‌دانی چه وعده‌ست و چه داد؟　　می‌کند ابلیس را حقّ اِفتقاد[2]**

می‌دانی این‌ها چه عطایی است؟ همانند آن که خداوند به ابلیس مهربانی کند.

۲۶۰۵ **چون بدین لطف آن کریمت باز خواند　　ای عجب! چون زَهره‌ات بر جای ماند؟**

وقتی آن کریم با لطف تو را فراخوانده، چگونه زهره‌ات نترکیده است.

۲۶۰۶ **زَهره‌ات نَدرید، تا زآن زَهره‌ات　　بودی اندر هر دو عالم بهره‌ات**

زهره‌ترک نشدی تا همان حال تو را در هر دو جهان به نیکبختی برسانَد.

۲۶۰۷ **زهره‌یی کز بهرهٔ حق بر دَرَد　　چون شهیدان از دو عالم بر خورد**

کسی که از هیبت حق زهره‌ترک شود، همانند شهیدان از دو جهان برخوردار می‌شود.

۲۶۰۸ **غافلی[3] هم حکمت است و این عَمیٰ[4]　　تا بمانَد لیک تا این حد، چرا؟**

ندیدن حقایق هم حکمت الهی است تا این جهان پایدار بماند؛ امّا چرا این قدر زیاد؟

۲۶۰۹ **غافلی هم حکمت است و نعمت است　　تا نپرّد زود سرمایه[5] ز دست**

غفلت هم حکمت و هم نعمت است که آدمی بتواند به زندگی خود ادامه دهد.

۲۶۱۰ **لیک نی چندانکه ناسوری[6] شود　　زَهرِ جان و عقلِ رنجوری[7] شود**

امّا نه این قدر زیاد که درمان‌ناپذیر باشد و جان و عقل آدمی را زهرآگین کند.

۲۶۱۱ **خود که یابد این چنین بازار را؟　　که به یک گُل[8] می‌خری گلزار را؟**

چه کسی چنین تجارتی داشته است؟ یک گل می‌دهی و گلستان را می‌خری.

---

۱ - **بر بویِ این**: به امیدِ این.　۲ - **افتقاد**: مهربانی کردن، تفقّد، گمشده را بازیافتن.
۳ - **غافلی**: غافل بودن، غفلت.　۴ - **عَمیٰ**: کوری، اینجا کوردلی.
۵ - **سرمایه**: مراد عمر آدمی است که در طیّ آن می‌تواند به اعمالی بپردازد که موجب ارتقای جان او شود.
۶ - **ناسور**: زخم غیر قابل علاج و یا سخت علاج.　۷ - **رنجور**: بیمار، اینجا آدم غافل.
۸ - **یک گل**: مراد اعلام اطاعت و بندگیِ حق است.

۲۶۱۲ **دانه‌یی را صـد درخـتستان عـوض　　حبّه‌یی را آمدت صدکـان عـوض**[۱]

در ازای یک دانه درختزارها و در عوض یک حبّه معادن فراوانی به دست می‌آوری.

۲۶۱۳ **کـانَ لِـلّٰه، دادنِ آن حَـبّه است　　تـا کـه کـانَ اللهُ لَـهُ**[۲] **آیـد بـه دست**

«زیستن برای خدا» یا «خدامحوری»، حبّه‌ای‌است که می‌دهی و «خدا برای اوست» را به دست‌می‌آوری.

۲۶۱۴ **زآنکه این هُـوِیِ**[۳] **ضـعیفِ بـی‌قرار　　هست شـد زآن هُـوِیِ ربِّ پـایدار**

زیرا این وجود ناتوانِ ناپایدار از آن وجودِ توانایِ پایدار پدیدار شده است.

۲۶۱۵ **هُوِیِ فانی، چونکه خود فا**[۴] **او سپرد　　گشت بـاقی دایـم و هـرگز نـمرد**

هنگامی که «وجودِ فانی» خود را به «وجودِ باقی» بسپارد و محو شود، بقا می‌یابد.

۲۶۱۶ **همچو قطرهٔ خایف از باد و ز خاک　　که فنا گـردد بـدین هـر دو هـلاک**

وجودِ آدمی، همانند قطرهٔ آب در اثر وزش بادِ «هوایِ نَفْس» یا خاکِ «تعلّقات» زوال می‌یابد.

۲۶۱۷ **چون به اصلِ خود که دریا**[۵] **بود، جَست　　از تَفِ خورشید و باد و خـاک**[۶] **رَست**

هنگامی که به اصلِ خود که دریاست بپیوندد، از عوامل هلاکت‌آور رهایی می‌یابد.

۲۶۱۸ **ظاهرش گم گشت در دریـا، و لیک　　ذاتِ او معصوم و پابرجـا و نـیک**[۷]

هرچند که ظاهرِ قطره با محو شدن در دریا ناپدید می‌شود؛ امّا ذاتش محفوظ می‌ماند.

۲۶۱۹ **هین! بده ای قطره! خود را بی نَدَم**[۸] **　　تـا بـیابی در بـهایِ قـطره، یَـم**[۹]

ای قطره، به‌هوش باش و با کمال رضایت خود را به دریا بسپار تا دریا شوی.

۲۶۲۰ **هین! بده ای قطره! خود را این شرف　　درکـفِ دریـا شـو آمِـن از تـلف**

ای قطره، به خود بیا و در پرتوِ امان یافتن در دریا به خود شرف هستی بده.

---

۱ - **دانه و حبّه**: همان «یک گل» است؛ یعنی بندگی حق و اطاعت.

۲ - اشاره به حدیث: ر.ک: ۱۹۴۸/۱: هرکس که برای خدا باشد، خدا برای اوست.

۳ - **هو**: مخفّفِ هُوَ به معنی هویّت یا وجود.　۴ - **فا**: به.　۵ - **دریا**: مراد دریای وحدانیّت است.

۶ - مراد عوامل این جهانی است. این ابیات برای تفهیم «فنای فی الله» و «بقای بالله» است.

۷ - عارفِ واصل، «هویّت فردی» یا «هستی ناپایدار»ش در «هویّت حق» محو می‌شود.

۸ - **نَدَم**: ندامت، پشیمانی.　۹ - **یَم**: دریا، کنایه از هستیِ حقیقی.

خود که را آید چنین دولت به دست؟ قطره را بحری تقاضاگر شده‌ست ۲۶۲۱

چنین بخت بلندی نصیب چه کسی می‌شود که دریایی خواهان قطره‌ای باشد؟

اَللّه اَللّه[1]، زود بفروش و بِخَر قطره‌یی دِه، بحرِ پُر گوهر بِبَر ۲۶۲۲

تو را به خدا، این قطره را بفروش و دریایی پر از گوهر به دست آور.

اَللّه اَللّه، هیچ تأخیری مکن که ز بحرِ لطف آمد این سخُن ۲۶۲۳

تو را به خدا، هیچ درنگ نکن که این سخن از دریای کرم آمده است.

لطف، اندر لطفِ این گم می‌شود کَاسفلی[2] بر چرخِ هفتم می‌شود[3] ۲۶۲۴

واژهٔ «لطف» در قبال لطفِ حق به تو هیچ است که وجودی نازل به اوج آسمان برود.

هین! که یک بازی فُتادت بوالعجب[4] هیچ طالب این نیابد در طلب ۲۶۲۵

به خود بیا که اقبالی غیر منتظره است که هیچ طالبی با طلب نمی‌تواند بدان دست یابد.

گفت: با هامان[5] بگویم ای سَتیر[6] شاه را لازم بُوَد رایِ وزیر ۲۶۲۶

فرعون گفت: ای زن، باید این را به هامان هم بگویم؛ زیرا شاه لازم است با وزیر مشورت کند.

گفت: با هامان مگو این راز را کورِ[7] کمپیری چه داند باز را؟ ۲۶۲۷

آسیه گفت: به هامان نگو؛ زیرا او همانند پیرزنی نادان نمی‌داند با بازِ شکاری چه کند؟

قصّهٔ بازِ پادشاه و کمپیرزن[8]

در بیت پیشین شاهد بودیم که از زبان آسیه همسر فرعون، هامانِ وزیر به پیرزنِ نادانی مانند شد که از شأن و اعتبار بازِ شکاری بی‌خبر است و در حقّش بسی جفا روا می‌دارد. مضمون این قصّه که قبلاً در دفتر دوم[9] هم آمده بیان حال بازِ شکاریِ دست‌آموزِ شاه است که از قضا گرفتارِ پیرزنی جاهل می‌شود و هزار بلا می‌بیند. نتیجه‌ای که از این داستان

---

۱ - الله الله: خدا را، خدا را، زودباش، یاالله. ۲ - اَسْفَل: پست‌تر، مقابل اعلیٰ به معنی برتر.
۳ - بر چرخِ هفتم رفتن: به حق رسیدن.
۴ - بازی فُتادت بوالعجب: کار یا بخت غیر منتظره. تقرّب فقط به فضل الهی ممکن است؛ البتّه به‌طور معمول طلبِ طالب هم شرطِ لازم آن است؛ ولی کافی نیست. ۵ - هامان: وزیر فرعون.
۶ - سَتیر: مستور، پوشیده، زن. ۷ - کور: نابینا، اینجا کسی که حقیقت را نمی‌بیند، جاهل، نادان.
۸ - کمپیرزن: پیرزن. ۹ - ر.ک: ۳۲۴/۲.

در دفتر دوم گرفته می‌شود، آن است که «حکمتِ دینی» نزدِ نااهل نمی‌پاید و به سوی اهل خود باز می‌گردد؛ زیرا نااهل نه شأن آن را می‌داند و نه کاربرد آن را؛ امّا نتیجه‌ای که اینک از این قصّه گرفته می‌شود، در بیانِ این معناست که «سرّ حق» را به «نااهل» نباید گفت.

۲۶۲۸ **بـاز اسـپیدی بـه کـمپیری دَهـی　　او بِـبُرَّد نـاخنش بـهرِ بِـهی**

اگر باز شکاریِ سپیدی را به پیرزنی با عقلِ ناقص بدهی، به قصد نیکی ناخن‌های او را می‌چیند.

۲۶۲۹ **ناخنی که اصلِ کار است و شکار　　کـورِ کـمپیری بِـبرَّد کـوروار**[1]

پیرزن نادان جاهلانه چنگال باز شکاری را که وسیلهٔ اصلی کار و شکار اوست، می‌بُرَد.

۲۶۳۰ **که کـجا بـوده‌ست مـادر کـه تـو را　　ناخنان زین سان دراز است ای کیا!**

و می‌گوید: ای باز بزرگ، مادرت کجا بوده که ناخن‌هایت چنین دراز شده است؟

۲۶۳۱ **نـاخن و مـنقار و پـرّش را بُـرید　　وقتِ مِـهر ایـن مـی‌کُند زالِ پـلید**[2]

پیرزن ناخن و منقار و پرهای باز را می‌بُرَد. محبّت آدمِ جاهلِ پلید همین است.

۲۶۳۲ **چونکه تُتماجش**[3] **دهد، او کَم خورَد**[4]**　　خشـم گـیرد، مِـهرها را بـر دَرَد**

آشِ پیرزن را مناسب نمی‌یابد و نمی‌خورد. پیرزن عصبانی می‌شود و محبّت را کنار می‌گذارد.

۲۶۳۳ **کـه چـنین تُـتماج پُـختم بـهرِ تـو　　تـو تکـبّر مـی‌نمایی و عُـتُو**[5]**؟**

که من چنین تُتماجی برایت پخته‌ام؛ ولی تو متکبّرانه آن را بی‌قدر می‌دانی؟

۲۶۳۴ **تـو سـزایـی در هـمان رنـج و بـلا　　نـعمت و اقـبال کـی سـازد تـو را؟**

تو سزاوار همان رنج و محنت هستی، نه این ناز و نعمت.

۲۶۳۵ **آب تُـتماجش دهـد، کـین را بگـیر　　گر نمی‌خواهی که نوشی زآن فَطیر**[6]

و به او می‌گوید: اگر نمی‌خواهی از آن خمیر و حبوبات بخوری، از آب آش بخور.

---

۱ - در این قصّه «باز سپید» نمادی از «سرّ حق» است که اگر به دست «کمپیر» که نمادی از «اهل دنیا و غافلان» است بیفتد موانعی در کارایی‌اش به وجود می‌آید.　۲ - **زالِ پلید** : پیر کثیف یا گَنده پیر، کنایه از هر آدمِ جاهل پلید.

۳ - **تتماج** : نوعی آش که با خمیر می‌پزند، ترکی است.

۴ - «آش» نمادی است از «زندگی دنیوی و علمِ تقلیدی» که تناسبی با زندگی عارف که «باز شکاری» نمادی از آن است ندارد.　۵ - **عُتُو** : عُتُوّ، بی‌اعتنایی کردن، بزرگ‌منشی کردن، سرکشی کردن.

۶ - **فَطیر** : نانی که خمیر آن را مایه نزده باشند، اینجا مراد حبوبات یا آردی است که در آش به صورت خمیر در آمده است.

آبِ تُتماجش نگیرد طبعِ باز   زال بِتْرُنْجَد[1]، شود خشمش دراز ۲۶۳۶

آبِ آش هم مناسبِ طبعِ باز نیست؛ پس پیرزن اخم می‌کند و خشمگین می‌شود.

از غضب شُربایِ[2] سوزان بر سرش   زن فرو ریزد، شود کَل مِغْفَرَش[3] ۲۶۳۷

از خشم آش داغ را بر سرش می‌ریزد و سرِ «باز» را می‌سوزاند و کچل می‌کند.

اشک از آن چشمش فرو ریزد ز سوز   یاد آرَد لطفِ شاهِ دلفروز[4] ۲۶۳۸

اشک به سببِ سوزش از چشمِ «باز» فرو می‌ریزد و به یادِ لطفِ شاهِ دل‌افروز می‌افتد.

زآن دو چشمِ نازنینِ با دَلال[5]   که ز چهرهٔ شاه دارد صد کمال[6] ۲۶۳۹

از آن دو چشم پر از نازِ خوشایند که در پرتوِ جمال شاه کمال یافته است، اشک می‌ریزد.

چشمِ مازاغش[7] شده پُر زخمِ زاغ[8]   چشمِ نیک از چشمِ بد با درد و داغ ۲۶۴۰

چشمی «حق بین» زخم شد. همیشه «چشمِ حق‌بین» از شوریِ چشمِ بدخواه رنج کشیده است.

چشمِ دریابَسطَتی[9] کز بسطِ او   هر دو عالم می‌نماید تارِ مو ۲۶۴۱

چشمِ دریاصفتی که در قبالِ دیدگاهش دو عالم بیش از تار مویی نبود؛ یعنی جلوه‌ای نداشت.

گر هزاران چرخ در چشمش رود   همچو چشمه پیشِ قُلزُم[10] گم شود ۲۶۴۲

چشمی که «هزاران چرخِ گردون» در برابر شهودِ او، بیش از چشمه‌ای در قِبال دریا نیست.

چشمِ بگذشته از این محسوس‌ها   یافته از غیبْ‌بینی بوس‌ها[11] ۲۶۴۳

چشمی که از این عالم فراتر رفته است و می‌تواند در ماورا حقایق را ببیند.

---

۱ - **تُرُنْجیدن**: چین در صورت افکندن، درشت شدن، اخمو و عصبانی شدن.

۲ - **شُربا**: شوربا، آش و یا آش شور.   ۳ - **مِغفَر**: خود و کلاه آهنین.

۴ - **دلفروز**: کسی که توجه‌اش دل آدمی را روشنی می‌بخشد، اینجا کنایه از حق.

۵ - **دلال**: ناز و کرشمه، اینجا دوست داشتنی و خوشایند.

۶ - از این بیت به بعد «باز» نمادی از «عارف واصل» یا «انسان کامل و متعالی» است.

۷ - اشاره به: نجم: ۱۷/۵۳: مَا زاغَ الْبَصَرُ وَ مَا طَغیٰ: چشم او هرگز منحرف نشد و طغیان نکرد. اشاره به معراج پیامبر(ص)، مراد آنکه چشمِ دلِ رسولِ خدا(ص) در این شهود به غیر حق نیفتاد. اینجا چشمِ حق‌بینِ مردِ حق که به تبعیّت از آن حضرت جز حق نمی‌بیند و نمی‌خواهد.

۸ - **زاغ**: پرنده‌ای شبیه کلاغ؛ ولی کوچک‌تر و با منقار سرخ، اینجا مراد اهل دنیا و یا نااهل است که شأن مرد حق را در نمی‌یابد.   ۹ - **بسطَت**: وسعت.   ۱۰ - **قُلزم**: معمولاً در مثنوی به معنیِ مطلق دریاست.

۱۱ - از دیدار حقایق بوس‌ها یافته، یعنی برخوردار شده.

۲۶۴۴ **خود نمی‌یابم یکی گوشی کـه مـن نکته‌یی گویم از آن چشمِ حَسَن**[1]

گوشِ لایقی را نمی‌یابم که در مورد آن «چشمِ حق‌بین» نکته‌ای را که می‌خواهم بگویم.

۲۶۴۵ **می‌چکید آن آبِ محمودِ جلیل**[2] **مـی‌ربودی قـطره‌اش را جـبرئیل**

چشمی که قطرهٔ اشک‌اش را، جبرائیل می‌ربود.

۲۶۴۶ **تـا بـمالد در پـر و مـنقارِ خـویش گر دهد دستوری‌اَش آن خوبْ‌کیش**[3]

تا اگر آن پاک‌آیین اجازه دهد، قطرهٔ اشک را به پر و بال خویش بمالد.

۲۶۴۷ **باز گوید: خشمِ کـمپیر ار فـروخت فرّ و نور و علم و صبرم را نسوخت**[4]

باز شکاری به خود می‌گوید: آتش خشم پیرزن نتوانست بردباری و صبر مرا زایل کند.

۲۶۴۸ **بازِ جـانم بـاز صـد صـورت تَـنَد**[5] **زخم بر نـاقه**[6] **نـه بـر صـالح**[7] **زنـد**

«بازِ تیزپروازِ جانم» از متجلّی کردن صفات حق باز نمی‌ماند. آسیب به تن است نه به جان.

۲۶۴۹ **صالح از یکـدم**[8] **کـه آرَد بـا شکـوه صد چنان نـاقه بـزایـد مَتْنِ کـوه**[9]

از نَفَس با شکوهِ صالح «روح کمال یافته»، صدها ناقه از دل کوه پدید می‌آید.

۲۶۵۰ **دل همی گوید: خموش و هوش دار ورنه دَرّانـید غـیرت پـود و تـار**[10]

دل من می‌گوید: خاموش باش و حدّ را نگه دار که با افشاي اسرار، غیرت حق تار و پودت را از هم نَدَرَد.

---

۱ - **چشم حَسَن** : مراد چشم دل است.

۲ - **آبِ محمودِ جلیل** : برخی از شارحان آن را علم لَدُنّی دانسته‌اند. اشک چشم عاشق دل‌سوخته نزد خداوند بسی عزیز است.

۳ - اشاره است به مقام «انسان کامل». جبرائیل علی‌رغم آن مقام لاهوتی، واسطهٔ ایصال فیض وحی و یا واسطهٔ خروج نَفْسِ نَبی از قوّه به فعلیّت بود وگرنه به حسب باطنِ ولایت، ثمره‌ای از ثمرات و حَسَنه‌ای از حَسَناتِ اصلِ کُلّی مقام ولایت محمّدی(ص) است: شرح مقدّمهٔ، ص ۷۹۵.

احـمد ار بگشـاید آن پَـرّ جـلیل تـا ابـد مـدهوش مـاند جـبرئیل

۴ - بلاهای دنیوی و حوادث روزمره گاه توجّه عارف و سالک را به خود جلب می‌کنند؛ امّا نمی‌توانند موجب غفلت او از حقیقت باشند. ۵ - **صد صورت تَنَد** : تجلیّات بی‌تکرارِ حق را همواره دریافت می‌دارد.

۶ - **ناقه** : شتر ماده، کنایه از تن. ۷ - **صالح** : پیامبر قوم ثمود، کنایه از جان، ر.ک: ۲۵۱۹/۱.

۸ - **یک دم** : دعای صالح(ع) یا نفوذ روحانیّت او.

۹ - مراد آن است که «روح کمال یافته» به سبب اتّصال با حق از قدرتی برخوردار است که می‌تواند در هستی تصرّف کند؛ امّا معمولاً این کار را نمی‌کند و جز خواست حق چیزی را نمی‌خواهد.

۱۰ - مراد افشای حدّ بی‌حدّ اتّصال انسان کامل به حق تعالیٰ است.

۲۶۵۱ **غیرتش را هست صد حلمِ[1] نهان ورنه سوزیدی به یک دَم صد جهان[2]**

غیرت او را حلمِ نهانش باز می‌دارد، وگرنه به لحظه‌ای عالم هستی را می‌سوزاند و محو می‌کرد.

۲۶۵۲ **نَخوتِ شاهی گرفتش جایِ پند تا دلِ خود را زِ بندِ پند کَند[3]**

کبرِ سلطنت محلّی برای پذیرشِ پند نگذاشته بود؛ در نتیجه خود را از قید اندرزِ موسیٰ رهانید.

۲۶۵۳ **که: کنم با رایِ هامان مشورت کوست پُشتِ مُلک و قطبِ[4] مَقْدُرت[5]**

فرعون گفت: با هامان مشورت می‌کنم؛ زیرا او پشتیبان سلطنت و محور قدرت است.

۲۶۵۴ **مصطفی را رایْ‌زن صدّیقِ[6] رَب رایْ‌زن بوجهل[7] را شد بولَهَب[8]**

مشاور پیامبر(ص) «صدّیق» است و مشاور ابوجهل، «ابولهب» است.[9]

۲۶۵۵ **عِرقِ[10] جنسیّت چنانَش جذب کرد[11] کآن نصیحت‌ها به پیشش گشت سرد**

جاذبهٔ «جنسیّت» با هامان، چنان او را جلب کرد که جاذبهٔ اندرزهای موسیٰ(ع) محو شد.

۲۶۵۶ **جنس سویِ جنس صد پَرّه پَرَد[12] بر خیالش بندها را بر دَرَد**

هرکس می‌کوشد که به همجنس خود برسد و با امیدِ رسیدنِ به او موانع را از میان بر می‌دارد.

---

۱ - **حلم** : بردباری.
۲ - بسیاری از عارفان و عاشقان حق اسرار الهی را فاش کردند؛ امّا حق تعالیٰ از آنان درگذشت، مثل بایزید بسطامی. ۳ - مولانا به قصّهٔ فرعون و مشورت با آسیه بازگشته است. ۴ - **قطب** : محور، مدار.
۵ - **مَقْدُرت** : مَقْدِرت: مَقْدَرت: قدرت، توانایی. ۶ - **صدّیق** : مراد ابوبکر خلیفهٔ اوّل است: ر.ک: ۲۷۰۰/۱.
۷ - **ابوجهل** : ر.ک: ۲۶۷۳/۲. ۸ - **بولهب** : همان.
۹ - آدمی برحسب سنخیّت مشاور خویش را بر می‌گزیند. ۱۰ - **عِرق** : رگ، خو، میل و انگیزه، کشش.
۱۱ - بر اساس قانونِ جذب، مثبت مثبت را جذب می‌کند و منفی منفی را.
۱۲ - **صد پَره پَرَد** : با صدها بال و پر می‌رود؛ یعنی با جهد فراوان.

قصّهٔ آن زن که طفلِ او، بر سرِ ناودان غیژید[1]، و خطرِ افتادن بود، و از علی، کَرَّمَ اللهُ وَجْهَهُ، چاره جُست[2]

زنی به محضر علی(ع) رفت و گفت: طفلِ کوچکم بـر سـر نـاودان رفته است و حـاضر بـه بازگشت نیست. امیر مؤمنان علی(ع) فرمود: کودک دیگری را با خود به بام ببر تا کودک تو به سوی او بازگردد و نجات یابد.

این قصّه در تأثیرِ «تناسبِ روحی» و «تجانس‌هایِ باطنی» و اثر این مناسبت‌ها در نزدیکی افراد به یک‌دیگر است.

۲۶۵۷ **یک زنی آمد به پیشِ مرتضیٰ ... گفت: شد بر ناودان طفلی مرا**

زنی به محضرِ علی مرتضی(ع) آمد و گفت: طفلم بر سرِ ناودان نشسته است.

۲۶۵۸ **گَرْش می‌خوانم نمی‌آید به دست ... ور هِلَم[3] ترسم که افتد او به پَست**

صدایش می‌کنم، نمی‌آید و اگر او را به حال خود رها کنم، می‌ترسم سقوط کند.

۲۶۵۹ **نیست عاقل تا که دریابد چو ما ... گر بگویم کز خطر سویِ من آ**

کودکم مثل ما بزرگ نیست که اگر بگویم از خطر بگریز و به سوی ما بیا، بفهمد.

۲۶۶۰ **هم اشارت را نمی‌داند به دست ... ور بدانَد نشنود، این هم بد است**

اشارهٔ با دست را نمی‌فهمد و بدی در این است که اگر هم متوجّه بشود، به روی خودش نمی‌آورد.

۲۶۶۱ **بس نمودم شیر و پستان را بدو ... او همی گردانْد از من چشم و رو**

بارها شیر و پستانم را به او نشان دادم؛ امّا او روی خود را بر می‌گرداند و نگاه نمی‌کند.

۲۶۶۲ **از برای حق شمایید ای مهان[4]! ... دستگیرِ این جهان و آن جهان**

ای بزرگان، برای رضای خدا، شما در دنیا و آخرت دستگیر مردم هستید.

---

۱ - **غیژید**: خزید.

۲ - مأخذ آن روایتی است با همین مضمون در اَللّآلی المصنوعَه، ج ۱، ص ۹۹؛ امّا در آن روایت مردی به محضر پیامبر(ص) می‌رود و برای نجات کودکش امداد می‌خواهد: احادیث، صص ۴۰۰-۳۹۹. ۳ - **هِلَم**: ترک کنم.

۴ - **مهان**: جمع مِه به معنی بزرگ.

۲۶۶۳ **زود درمـــان کـــن کـه مـی‌لرزد دلم　　　کـه بـه درد از مـیوهٔ دل بِسْکُـلم[۱]**

دردِ مرا درمان کن که دلم می‌لرزد و نگرانم که مبادا طفلم را از دست بدهم.

۲۶۶۴ **گفت: طفلی را بـر آور هـم بـه بـام　　　تا ببیند جنسِ خـود[۲] را آن غُـلام**

علی(ع) گفت: کودکی را به پشت بام ببر تا کودکت آن بچّه را ببیند.

۲۶۶۵ **سویِ جنس آیـد سَبُک زآن نـاودان　　　جنس بر جنس است عاشق، جاودان**

با دیدن بچّهٔ دیگر، به سرعت به سوی او می‌آید. همواره «جنسیّت» سبب جذب است.

۲۶۶۶ **زن چنان کرد و چـو دیـد آن طـفلِ او　　　جنسِ خود، خوش خوش بدو آورد رو**

زن همان کار را کرد و بچّه‌اش با دیدن بچّهٔ دیگر با شادی رو به سوی او نهاد.

۲۶۶۷ **سـویِ بـام آمـد ز مَـتْنِ نـاودان　　　جاذبِ هر جنس را هم جـنس دان**

طفل از سرِ ناودان به سوی بام آمد. هر جنس همجنس خود را جذب می‌کند.

۲۶۶۸ **غِژغِژان آمد به سـوی طـفل، طـفل　　　وارهـید او از فُـتادن سـویِ سِـفل**

بچّه چهار دست و پا خزید و به سوی طفلِ دیگر آمد و از سقوط نجات یافت.

۲۶۶۹ **زآن بُـوَد جـنس بشـر پـیغمبران　　　تـا بـه جـنسیّت رهـند از نـاودان**

پیامبران هم از جنس انسان‌ها انتخاب شدند تا با سنخیّتِ ظاهری خلق را از سقوط بِرَهانند.

۲۶۷۰ **پس بشر فـرمود خـود را، مِـثْلُکُم[۳]　　　تا به جنس آیـید و کـم گـردید گُـم**

به همین دلیل پیامبر اکرم(ص) خود را بشری همانند شما خواند تا به سویِ او بروید و گمراه نشوید.

۲۶۷۱ **زانکه جـنسیّت عـجایب جـاذِبی‌ست　　　جاذبش جنس است، هر جا طالبی‌ست**

زیرا قانون جاذبهٔ «تناسبات روحی» شگفت‌انگیز است. «جوینده» توسط همجنسِ خود جذب می‌شود.

---

۱ - **بِسْکُلم** : جدا شوم از مصدر سِکُلیدن.

۲ - **جنس خود** : همجنس خود، کسی که با او از نظر جسمی و روحی متناسب است.

۳ - اشارتی قرآنی؛ کهف: ۱۱۰/۱۸؛ ر.ک: ۳۶۷۳/۱.

۲۶۷۲ **عیسی و ادریس[1] بر گردون شدند   با ملایک چونکه هم جنس آمدند**

همان‌طور که عیسی و ادریس(ع) به آسمان‌ها رفتند؛ زیرا با فرشتگان سنخیّت داشتند.

۲۶۷۳ **باز آن هاروت و ماروت[2] از بلند   جنسِ تن بودند، زآن زیر آمدند**

امّا هاروت و ماروت که با عالم مادّه سنخیّت داشتند، از آسمان به زمین فرود آمدند و تنزّل کردند.

۲۶۷۴ **کافران هم‌جنسِ شیطان آمده   جانشان شاگردِ شیطانان شده**

کافران که جانشان در «پست‌ترین سطحِ نفسانی»، یا «نارِ معنوی»[3] است، به سوی همجنس خود «شیطان» می‌روند.

۲۶۷۵ **صد هزاران خویِ بد آموخته   دیده‌هایِ عقل و دل بردوخته**

از شیاطین هزاران خوی زشت و پلید را می‌آموزند و چشم بینش و بصیرت خود را می‌بندند.

۲۶۷۶ **کمترین خُوشان به زشتی، آن حسد   آن حسد که گردنِ ابلیس زد[4]**

ناچیزترین خصلتی که از شیاطین آموخته‌اند، «حسد» است که موجب سیاه بختی ابلیس شد.

۲۶۷۷ **زآن سگان آموخته حِقْد[5] و حسد   که نخواهد خلق را مُلْکِ ابد[6]**

کافران «کینه و حسد» را از شیاطینِ سگ‌صفت آموخته‌اند که نمی‌خواهند آدم(ع) و ذریّه‌اش به حق اتّصال یابند.

۲۶۷۸ **هر که را دید او کمال، از چپّ و راست   از حسد قولنجش آمد، درد خاست**

شیطان هر جا که انسان کمال یافته‌ای را ببیند، از شدّت حسادت به خود می‌پیچد.

۲۶۷۹ **زانکه هر بدبختِ خرمن سوخته[7]   می‌نخواهد شمعِ کس افروخته**

زیرا هیچ موجود بخت برگشتهٔ نامه سیاهی خواهان سعادت دیگران نیست.

---

۱ – اشاره است به اعتقادی که می‌گوید: عیسی و ادریس(ع) در آسمان چهارم زندهٔ جاودان‌اند. ادریس همان «اَخْنُوخ»، جدّ پدر نوح(ع)، پیامبری پیش از بنی اسرائیل که به سبب درس گفتن بسیار بدین نام خوانده شده است. قُدَما او را هِرمِس هم نامیده‌اند. نام وی دو بار در قرآن کریم آمده است در سورهٔ مریم و سورهٔ انبیاء، مریم: ۵۷/۱۹: وَ رَفَعْناهُ مَکاناً عَلِیّاً: و او را بلندمرتبه گردانیدیم: نقل از قرآن، ترجمهٔ خرّمشاهی و دهخدا.

۲ – **هاروت و ماروت**: ر.ک: ۵۳۹/۱.   ۳ – ر.ک: ۹۱۱/۲.

۴ – **گردن ابلیس زد**: موجب هلاکش شد، عامل سیاه بختی و رانده شدنش.   ۵ – **حِقد**: کینه‌ورزی.

۶ – **مُلْکِ ابد**: سلطنت جاودان، کنایه از بقایِ بالله است.

۷ – **خرمن سوخته**: کنایه از بیچارگی و نامه سیاهی، خرمن عبادات عزازیل را که ششصد هزار سال دانسته‌اند با حسد به آدم(ع) و عدم اطاعت از فرمان پروردگار، سوخت. ر.ک: ۸۷۹/۱ و ۲۶۷۱/۱.

هین! کمالی دست آور تا تو هم   از کمالِ دیگران نَفْتی[1] به غم ۲۶۸۰

به‌هوش باش تا تو نیز «کمال» یابی و از کمالِ دیگران اندوهگین نشوی.

از خدا می‌خواه دفعِ این حسد   تا خدایت وارهانَد از جَسَد ۲۶۸۱

همواره از خداوند دفعِ «حَسَد» را بخواه تا بتوانی از «طبایعِ بشری» و «تعلّقات» نجات یابی.

مر تو را مشغولیی بخشد درون   که نپردازی از آن، سویِ برون ۲۶۸۲

به لطف الهی می‌توانی مشغول درون و «ذکر و فکر» باشی که به عالم بیرون نپردازی.

جرعهٔ مِیْ را خدا آن می‌دهد   که بدو، مست از دو عالَم می‌رهد[2] ۲۶۸۳

خداوند در یک جرعهٔ «مِیْ» خاصیّتی نهاده است که آدم از قید دو جهان می‌رَهَد.

خاصیت بنهاده در کفِ حشیش   کو زمانی می‌رهانَد از خودیش ۲۶۸۴

در حشیش هم خاصیّتی قرار داده است که شخص را برای مدّتی از خود بیخود می‌کند.

خواب را یزدان بدآن سان می‌کند   کز دو عالم فکر را بر می‌کَنَد ۲۶۸۵

خداوند به خواب کیفیّتی داده است که انسان در آن حال فکر نکند و بیاساید.

کرد مجنون را زِ عشقِ پوستی   کو بنشناسد عدو از دوستی[3] ۲۶۸۶

حق تعالیٰ، مجنون را از «عشقِ مجازی» چنان از خود بیخود کرد که فقط به لیلی می‌اندیشید.

صد هزاران این چنین مِیْ[4] دارد او   که بر اِدراکاتِ تو بُگْمارَد او[5] ۲۶۸۷

خداوند به همین ترتیب از صدها هزار راه می‌تواند بر ادراکات تو اثر بگذارد.

هست مِیْ‌هایِ شقاوت[6] نَفْس را   که زِ رَه بیرون برد آن نحس[7] را ۲۶۸۸

برای نَفْسِ اهل دنیا «مِیِ شقاوت» یا «شرابِ گمراهی» هست که او را در گمراهی ثابت‌قدم‌تر می‌کند.

---

۱ - **نَفْتی** : نیفتی.

۲ - مولانا با آوردن مثال‌های گوناگون از چیزهایی که آدمی را به‌طور موقّت از خلق و دو دنیا می‌رهانند، مثل: می، مواد مخدّر، خواب و یا عشق‌های مجازی، در واقع بیت پیشین را تأیید می‌کند و نتیجه می‌گیرد که ای کاش چنان به تهذیب درون مشغول باشیم که به چند و چون بیرون کاری نداشته باشیم.

۳ - مصراع دوم: کنایه از عدم توجّه و رها کردن همه چیز، یعنی به هیچ چیز جز «لیلی» نمی‌اندیشید.

۴ - **می** : کنایه از تأثیر حق بر ادراک آدمی است.

۵ - اشاره است به تجلیّات حق که به دو دستهٔ کلّی «جمالی و جلالی» تقسیم می‌شوند. تجلیّات جمالی سبب جذب آدمی به سوی حق و ادراک عالم غیب است و تجلیّات جلالی سبب بُعد از حق و گمراهیِ افزون‌تر است.

۶ - **مِیْ‌هایِ شَقاوت** : کنایه از تجلیّات جلالی حق است بر نفوسی که با تبه‌کاری نحس شده‌اند و استعداد گمراهیِ افزون‌تری را کسب کرده‌اند.   ۷ - **نحس** : شوم.

۲۶۸۹ **هست مِیْ‌هایِ سعادت[۱] عقل را　　　که بیابد منزلِ بی‌نقل[۲] را**

برای نَفْسِ «اهلِ معنا» نیز «مِیِ سعادت» یا «شرابِ ادراکِ معانی و معارف» هست که با آن به بهشت برسد.

۲۶۹۰ **خیمهٔ گردون[۳] ز سر مستیِ خویش　　　بر کَنَد، زآن سو بگیرد راهْ پیش**

عقلی که «مِیِ سعادت» را چشیده باشد، با شوق از این عالم می‌گذرد و به عالم غیب راه می‌یابد.

۲۶۹۱ **هین! به هر مستی، دلا! غَرّه مشو　　　هست عیسی مستِ حق، خر مستِ جو[۴]**

امّا ای دل، به‌هوش باش و فریب سرمستیِ «هوای نَفْس» را نخور. عیسی مست حق بود و خرش مستِ جو.

۲۶۹۲ **این چنین مِیْ را بجو زین خُنب‌ها[۵]　　　مستی‌اش نَبْوَد ز کوته‌دُنب‌ها[۶]**

«شرابِ حقیقت» یا «مِیِ سعادت» را از کسی بخواه که سرشار از آن است و مستی‌اش نفسانی نیست.

۲۶۹۳ **زانکه هر معشوق چون خُنبی‌ست پُر　　　آن یکی دُرد[۷] و دگر صافی چو دُر**

هر «معشوق» برای «عاشق» خمرهٔ مِیْ است. «مطلوبِ دنیوی»، شرابی دُردآلود و «مطلوبِ معنوی»، شرابی صافی است.

۲۶۹۴ **مِیْ‌شناسا! هین بچش با احتیاط　　　تا مِیی یابی منزّه ز اختلاط[۸]**

ای مِیْ‌شناس، به‌هوش باش و با احتیاط آن را بچش تا صاف و بی‌دُردش را بیابی.

۲۶۹۵ **هر دو مستی می‌دهندت، لیک این　　　مستی‌ات، آرَد کَشان تا ربِّ دین**

هر دو مستی آورند؛ امّا مستیِ این یکی تو را به پیشگاهِ پروردگار می‌آوَرَد.

۲۶۹۶ **تا رهی از فکر و وسواس و حِیَل[۹]　　　بی عِقالْ[۱۰] این عقلْ در رقصُ الجَمَل[۱۱]**

این مستی تو را از «فکر و وسوسه و حیله‌گری‌ها» می‌رهانَد، و عقل را به جوش و خروش می‌آوَرَد.

---

۱ - **می‌های سعادت :** کنایه از تجلیّات جمالی که موجب قرب به حق و ادراک معارف و اسرار است.

۲ - **منزل بی‌نقل :** کنایه از بهشت که هر کس بدان در آید جاودان در آن می‌ماند.

۳ - **خیمهٔ گردون :** خیمهٔ آسمان، کنایه از اوج عالم محسوس.　　۴ - ر.ک: ۱۸۵۲/۲.

۵ - **خُنب :** خُم، ظرف سفالی بزرگ، کنایه از خُم وجود مرد حق.　　۶ - **کُوته‌دنب :** سریع‌الزّوال.

۷ - **دُرد :** رسوب خُم.　　۸ - هشدار به طالبان حقیقت که گول مرشدان لاف‌زن را نخورند.

۹ - **حِیَل :** حیله‌ها، تدبیرهای عقل جزوی را در قبالِ تقدیر، حیله‌گری نامند، مراد تسلیم شدن است؛ ما اختیار خویش را تسلیم عشق کردیم.　　۱۰ - **عِقال :** پای‌بند شتر.

۱۱ - **رقصُ الجَمَل :** رقص شتر، تعبیری که گاه مولانا به کار می‌برد و مراد وجد، شور و حالِ ناشی از عشق حق است.

۲۶۹۷ **انبیا چون جنسِ روح‌اند[۱] و مَلَک[۲]   مر مَلَک را جذب کردند از فلک**

چون پیامبران از جنس نورند، فرشتگان را از آسمان به سوی خود جذب کردند.

۲۶۹۸ **بادْ جنسِ آتش است و یارِ او   که بُوَد آهنگِ هر دو بر عُلُو[۳]**

دو عنصر «باد» و «آتش» با هم سنخیّت دارند و متمایل‌اند که از «آب» و «خاک» بالاتر باشند.

۲۶۹۹ **چون ببندی تو سرِ کوزهٔ تهی   در میانِ حوض یا جویی نهی**

اگر دهانهٔ کوزهٔ خالی را ببندی و آن را در درون حوض یا جویی قرار دهی،

۲۷۰۰ **تا قیامت آن فرو ناید به پست   که دلش خالی‌ست و در وی باد هست[۴]**

آن کوزه هرگز در آب[۵] فرو نمی‌رود؛ زیرا درونش چیزی جز باد نیست.

۲۷۰۱ **میلِ بادش چون سوی بالا بُوَد   ظرفِ خود را هم سوی بالا کَشَد**

چون بادِ درونِ کوزه به سمت بالا گرایش دارد، ظرفِ خود را هم به سوی بالا می‌کشاند.

۲۷۰۲ **باز آن جان‌ها که جنسِ انبیاست   سویِ ایشان کَش کَشان چون سایه‌هاست**

همین‌طور، جان‌هایی که با انبیا سنخیّت دارند، مانندِ سایه در پی آنان روان‌اند.

۲۷۰۳ **زانکه عقلش غالب است و بی ز شک   عقلْ[۶] جنس آمد به خلقت با مَلَک**

زیرا در «مؤمن» عقل بر نَفْس غلبه دارد و بدون تردید غیر مادّی است.

۲۷۰۴ **و آن هوایِ نفسْ غالب بر عَدُو[۷]   نَفْس جنسِ اسفل[۸] آمد، شد بدو**

در «کافر»، نَفْس بر عقل غلبه دارد و چون «نَفْس» او پست است، مُنکر به پستی می‌گراید.

---

۱ - **روح**: مراد جبرئیل است. ۲ - **مَلَک**: فرشته. ۳ - **عُلُو**: مخفّف عُلُوّ به معنی بلندی مرتبه.

۴ - در این تمثیل، تنِ انسانِ متعالی به «کوزه» مانند شده که در درونش «روحی عاری از تعلّقات این جهانی» که به «باد» تمثیل شده است، قرار دارد. مولانا این تعبیر را قبلاً به کار برده است:

باد درویشی چو در باطن بُوَد   بر سر آب جهان ساکن بُوَد

۵ - اینجا مراد از «آب»، وجوه مادّی زندگی این جهانی است؛ یعنی تنِ انسانِ کمال یافته هم مثل «روحِ او» در جهت حق و کمالِ افزون‌تر زندگی می‌کند. ۶ - **عقل**: مراد عقل معاد یا عقل کمال‌طلب است.

۷ - **عدو**: دشمن، مراد کافران و دشمنان انبیاست. ۸ - **اسفل**: پایین‌تر، پست‌تر.

۲۷۰۵ **بود قِبْطی[1] جنسِ فرعونِ ذَمیم[2] — بود سِبْطی[3] جنسِ موسیِ کلیم[4]**

قبطی همجنسِ فرعونِ پست بود؛ ولی سبطی همجنس موسیٰ کلیم الله بود.

۲۷۰۶ **بود هامان جنس‌تر فرعون را — برگزیدش بُرد بر صدرِ سرا**

در میان قبطیان «هامان» با «فرعون» بیشترین تناسبِ روحی را داشت و فرعون به او بالاترین مسند را داد.

۲۷۰۷ **لاجرم از صدر تا قعرش کَشید — که ز جنسِ دوزخ‌اند آن دو پلید**

در نتیجه، او فرعون را از صدر به قعر کشید؛ زیرا از جنس دوزخ و نار معنوی[5] بودند.

۲۷۰۸ **هر دو سوزنده چو دوزخ، ضدِّ نور — هر دو چون دوزخ ز نورِ دل نَفور**

هر دو، همانند دوزخ سوزان و ضدّ نور بودند و از «نورِ دل» نفرت داشتند.

۲۷۰۹ **زانکه دوزخ گوید: ای مؤمن![6] تو زود — برگذر که نورت آتش را رُبود**

در «رستاخیز» که مؤمن از پل صراط می‌گذرد، دوزخ می‌گوید: زود بگذر که نورت نار مرا خاموش کرد.

۲۷۱۰ **بگذر ای مؤمن! که نورت می‌کُشد — آتشم را، چونکه دامن می‌کَشد[7]**

ای مؤمن، بگذر؛ زیرا هنگامی که نورت گسترده می‌شود، نار مرا می‌کُشد.

۲۷۱۱ **می‌رمد آن دوزخی از نور هم — زانکه طبع دوزخ اَستش، ای صنم!**

اهل دوزخ هم از نور می‌گریزد؛ زیرا که عزیز من، سرشت او دوزخی است.

۲۷۱۲ **دوزخ از مؤمن گریزد آنچنان — که گریزد مؤمن از دوزخ به جان**

همان‌گونه که دوزخ از مؤمن می‌گریزد، مؤمن هم از دوزخ گریزان است.

۲۷۱۳ **زانکه جنسِ نار نَبْوَد نورِ او — ضدِّ نار آمد حقیقت نورْ جو**

زیرا «نورِ» مؤمن از جنس «نار» نیست و در واقع هرکس که ضدّ نار باشد، جویای نور است.

---

۱ - **قِبطی:** فرعونیان، مصریان که طرفدار فرعون بودند. ۲ - **ذمیم:** مذموم، پست، زشت.
۳ - **سِبطی:** قوم بنی‌اسرائیل، طرفداران موسیٰ(ع): ر.ک: ۸۴۰/۳ ۴ - مثال‌هایی از سنخیّت‌های باطنی.
۵ - **نارِ معنوی:** ر.ک: ۹۱۱/۲. ۶ - اشاره به حدیثی با همین مضمون: ر.ک: ۱۲۵۲/۲.
۷ - **دامن کشیدن:** دامن گستردن، گسترده شدن.

در حدیث آمد[1] کـه مـؤمن در دعـا   چون امان خواهد ز دوزخ از خـدا ۲۷۱۴

در حدیث آمده است: هنگامی که مؤمن از خدا می‌خواهد که او را از آتش دوزخ در امان بدارد،

دوزخ از وی هم امان خواهد به جان[2]   کـه: خـدایـا دور دارم از فـلان ۲۷۱۵

دوزخ هم از مؤمن امان می‌خواهد و می‌گوید: خدایا! مرا از فلان کس دور دار.

جاذبهٔ جنسیّت است، اکنون ببین   که تو جنسِ کیستی از کفر و دین؟ ۲۷۱۶

این «جاذبهٔ جنسیّت» است، اکنون توجّه کن که تو به چه چیزی تمایل داری «نار» یا «نور»؟

گـر بـه هـامان مـایلی، هـامانیی   ور بـه مـوسی مـایلی، سُـبحانیی[3] ۲۷۱۷

اگر به امثالِ هامان تمایل داری «اهلِ نار» و اگر به موسیٰ صفتان تمایل داری «اهلِ نور» هستی.

ور بـه هـر دو مـایلی انگـیخته   نـفس و عـقلی، هـر دوان آمـیخته ۲۷۱۸

اگر به هر دو تمایل داری، در وجودت «نفس» و «عقل» در هم آمیخته است.

هر دو در جنگ‌اند، هان و هان بکوش   تـا شـود غـالب مـعانی[4] بـر نـقوش ۲۷۱۹

«عقل» و «نفس» در وجودت در جنگ‌اند. به‌هوش باش و بکوش تا «عقل» بر «نفس» غلبه یابد.

در جهانِ جنگ، شادی این بس است[5]   کـه بـبینی بـر عـدو هـر دَم شکست ۲۷۲۰

در صحنهٔ نبرد بزرگ‌ترین شادی این است که شاهد شکست لحظه به لحظهٔ دشمن باشی.

آن سـتیزه‌رُو بـه سـختی عـاقبت   گـفت بـا هـامان بـرای مشـورت ۲۷۲۱

عاقبت، فرعونِ لجباز سخنان موسیٰ(ع) را برای هامان نقل کرد تا با او مشورت کند.

وعـــدهایِ آن کـــلیم الله را   گفت و مَحْرم ساخت آن گُمراه را ۲۷۲۲

فرعون وعده‌های موسیٰ(ع) را به او گفت و آن گمراه را در دانستن اسرار حق محرم دانست.

---

۱ - اشاره است به روایتی با همین مضمون: إِذَا قَالَ الْمُؤمِنُ أَللّٰهُمَّ أَجِرْنِی مِنَ النَّارِ تَقُولُ النَّارُ اللّٰهُمَّ أَجِرْنِی مِنْهُ: احادیث، ص ۴۰۰. ۲ - **به جان** : از جان و دل. ۳ - **سبحانیی** : پاک هستی، پاک از کفر، مؤمن.

۴ - **معانی** : عالم معنا، مراد آن است که عقلِ جویای حق بتواند بر «نقوش»، یعنی ظواهر و جاذبه‌های زندگیِ دنیوی «وسوسه‌های نفسانی» غلبه یابد.

۵ - **شادی این بس است** : همین شادی کافی است؛ یعنی این شادی بزرگ‌ترین شادمانی است.

مشورت کردنِ فرعون با وزیرش هامان در ایمان آوردن به موسی علیه السّلام

آنچه میان موسیٰ(ع) و فرعون رخ داد[1]، معجزات آسمانی و بلایایی که نشان قهر حق بود: خشکسالی، گرسنگی، آفات آسمانی و زمینی، توفان ملخ، انبوه پشه و مگس، زمین که سرشار از سوسک و شپش و وزغ بود، روزگار سیاهی را برای فرعون و درباریان و همهٔ مردم به ارمغان آورده بود و پیامد این بلاهای گوناگون چنان‌که در این قطعه به تقریر آمده است، فرعون با وزیرش به مشورت می‌نشیند و هامان او را در ضلال و طغیان خویش باقی می‌گذارد و بدین ترتیب توفیق ایمان نصیب او نمی‌شود و این مقدّر الهی است، چنان‌که مولانا در فیه مافیه[2] هم بدان اشارتی دارد که حق تعالیٰ فرعون را چهارصد سال عمر و مُلک و پادشاهی و کامروایی داد، جمله حجاب بود که او را از حق دور می‌داشت. یک روزش بی‌مُرادی و دردسر نداد تا مبادا حق را یاد آرَد.

آنچه که در این قطعه مجال تقریر می‌یابد، تقابل میان عقل موسیٰ(ع) و وهم فرعون است که جز خود خدایی برای مردم نمی‌شناسد و از هامان می‌خواهد تا برای وی برجی آسمان‌سای بسازد تا باشد که به خدای موسیٰ ره یابد؛ زیرا او را از دروغگویان می‌پندارد، قصص: ۳۸/۲۸ و نیز غافر: ۳۶/۴۰. اینک بسیار بجاست که به بررسی ادّعای خدایی فرعون که گفت: منم خدای برتر شما، نازعات: ۲۴/۷۹، بپردازیم.

به گواهی تاریخ مصر، بنیادگذار نخستین سلسلهٔ فرمانروایان مصر، ۳۲۰۰ سال پیش از میلاد توانست در آن سرزمین حکومت مرکزی مقتدری پدید آوَرَد. حکومتی شاه‌محور که شاه در آن پایگاهی بسی فراتر از یک فرمانروا داشت. بنا به باورهای دینی و ریشه‌دار مردم، روحی بود که کالبد دولت و مملکت به او زنده بود. از این رو در چشم زیردستان معبودی به شکل انسان بود که در حقوق خدایی با دیگر خدایان یکسان به شمار می‌آمد و چون در میان مردم و مرتبط با آنان بود و چهرهٔ انسانی داشت، نزد مردم بیش از خدایان دیگر شایستهٔ تقدیس و بزرگداشت بود و فرعون‌ها بر این باور مردم پای می‌فشردند تا خود را از درجهٔ بشری به پایگاه دسترسی ناپذیر خدایی برسانند و در همان مرتبه بمانند. البتّه لازم به تذکّر است که خداخوانی فرعون به معنی آن نبوده است که او آفرینندهٔ جهان هستی و قادر مطلق است، بلکه او ادّعای خدایی بر ملّتش را داشته و خود را حاکم بر سرنوشت آنان می‌دانسته است. مردم هرگز فرعون را به گونه‌ای که خدایان را بندگی و عبادت می‌کردند، مورد عبادت قرار نمی‌داده‌اند و درکنار فرعون که فرمانروای آنان بود، خدایانی داشتند و آن‌ها را می‌پرستیدند چنان‌که خود فرعون نیز خدایانی داشت و آن‌ها را می‌پرستید که اشارت قرآنی آن، اعراف: ۱۲۷/۷، به این امر نظر دارد.[3]

گفت با هامان چو تنهااَش بدید   جَست هامان و گریبان را درید ۲۷۲۳

فرعون هامان را تنها یافت و سخنان موسیٰ را به او گفت. هامان جست و گریبان را چاک کرد.

---

۱ - ر.ک: ۸۴۰/۳   ۲ - فیه ما فیه، ص ۲۳۳.

۳ - بررسی تاریخی قصص قرآن، ج ۲، صص ۲۱۵-۲۱۰، با تلخیص و تصرّف.

بانگ‌ها زد گریه‌ها کرد آن لعین — کوفت دستار و کُلَه را بر زمین ۲۷۲۴

آن ملعون فریادها کشید و گریه‌ها کرد و کلاه و دستارش را به زمین کوبید.

که: چگونه گفت اندر رویِ شاه — این چنین گستاخ، آن حرفِ تباه؟ ۲۷۲۵

که موسیٰ با چه جرأتی چنین گستاخانه این سخنان بی‌ربط را در حضور شاه گفته است؟

جمله عالم را مُسَخَّر کرده تو — کار را با بخت[1] چون زرکرده تو[2] ۲۷۲۶

دنیا در تصرّف توست و با اقبالِ بلندت کارها به بهترین وجه در جریان است.

از مَشارق وز مَغاربْ بی لَجاج — سویِ تو آرند سلطانان خراج[3] ۲۷۲۷

پادشاهان بدون هیچ مخالفتی از شرق و غرب عالم به سوی تو مالیات می‌آورند.

پادشاهان لب همی مالند شاد — بر ستانهٔ خاکِ تو، ای کیقباد[4]! ۲۷۲۸

ای پادشاه بزرگ، همهٔ شاهان با شادی و افتخار بر خاک درگاهت بوسه می‌زنند.

اسبِ یاغی[5] چون ببیند اسبِ ما — رو بگرداند، گریزد بی عَصا[6] ۲۷۲۹

اسب دشمن با دیدن اسب ما بدون هیچ تهدید باز می‌گردد و می‌گریزد.

تا کنون معبود و مسجودِ جهان — بوده‌ای، گردی کمینهٔ بندگان؟ ۲۷۳۰

تاکنون مورد پرستش و تعظیمِ خلق بوده‌ای، می‌خواهی با پذیرفتن این سخنان در ردیف کمترین بندگان قرار گیری؟[7]

در هزار آتش شدن، زین خوشتر است — که خداوندی شود بنده‌پرست ۲۷۳۱

هزاران بار در آتش رفتن بهتر از این است که شاه تحت امر بنده و بردهٔ خود قرار گیرد.

نه، بکُش اوّل مرا ای شاهِ چین[8]! — تا نبیند چشم من بر شاهْ این ۲۷۳۲

ای شاه بزرگ، ابتدا مرا بکش تا چشمِ من نبیند که تو به چنین حالی افتاده‌ای.

---

۱ - **بخت**: اقبالِ بلند. ۲ - **چون زر کرده‌ای تو**: به بهترین وجه انجام می‌دهی.

۳ - **خراج**: باج، مالیات. ۴ - **کیقباد**: شاهِ بزرگ، اشاره به شخص خاصّی نیست.

۵ - **اسب یاغی**: اسب دشمن، یاغی صفت نیست. ۶ - **بی عصا**: بدون چوب، بدون تهدید.

۷ - یعنی زیردست قوم بنی اسرائیل که همه جزو بردگان و بندگان ناچیز تو بوده‌اند، باشی.

۸ - **شاه چین**: مراد شاه بزرگ است، اینکه هامان فرعون را شاهِ چین می‌خوانَد، می‌توان آن را چاپلوسیِ اهل دربار دانست؛ امّا آنچه که به تاریخ مربوط است از مواردی است که به خوبی نشان می‌دهد که مثنوی و دنیای اندیشهٔ مولانا در ماورای تاریخ سیر می‌کند و این گونه مغایرتِ با تاریخ را مهم نمی‌شمارد. نقل از سرّ نی، ج ۱، ص ۲۹۵.

خسروا ! اوّل مرا گردن بزن — تا نبیند این مذلّت چشمِ من ۲۷۳۳

ای پادشاه، ابتدا مرا گردن بزن تا این خواری را نبینم.

خود نبوده‌ست و مبادا این چنین — که زمین گردون شود، گردون زمین[1] ۲۷۳۴

تاکنون چنین چیزی رخ نداده و مبادا بشود که زمین، آسمان و آسمان زمین شود.

بندگان‌مان خواجه‌تاشِ ما شوند — بی‌دلان‌مان[2] دلخراشِ ما شوند[3] ۲۷۳۵

بندگان ما در ردیف خودمان قرار گیرند و بر ما سلطه یابند.

چشم‌روشن[4] دشمنان، و دوستْ کور[5] — گشت ما را پس گلستان قعرِ گور ۲۷۳۶

دشمنان شاد و دوستان غمگین باشند؛ پس مُردن برای ما گلستان می‌شود.

تزییف[6] سخنِ هامان، علیه اللّعنة

دوست از دشمن همی نشناخت او — نرد را کورانه[7] کَژ می‌باخت[8] او ۲۷۳۷

هامان دوست را از دشمن نمی‌شناخت و با کوردلی روش غلطی را انتخاب کرده بود.

دشمنِ تو جز تو نَبْوَد ای لعین! — بی‌گناهان را مگو دشمن به کین ۲۷۳۸

ای ملعون، دشمنِ تو هیچ کس جز خودت نیست. با کینه‌توزی بیگناهان را دشمن مخوان.

پیشِ تو این حالتِ بد[9] دولت[10] است — که دَوادَو[11] اوّل، و آخِر لَت[12] است ۲۷۳۹

به تصوّر تو این حالت، «دولت» است که ابتدا تلاش کنی و سرانجام آسیب ببینی.

---

۱ - مراد آن است که جایگاه شاه و بنده عوض شود.

۲ - **بی‌دلان :** کسانی که از هیبت ما می‌ترسیده‌اند و دل و جرأت را از دست می‌داده‌اند؛ یعنی قوم بنی‌اسرائیل.

۳ - **دلخراش ما شوند :** بر ما سیطره یابند و ما را آزار بدهند. ۴ - **چشم روشن :** کنایه از شادی.

۵ - **کور شدن :** کنایه از غم و اندوه و سیاه‌بختی. ۶ - **تزییف :** تحقیر، نادرستی چیزی را نشان دادن.

۷ - **کورانه :** کور باطنی، کوردلی.

۸ - **نرد را کژ باختن :** نرد را غلط بازی کردن، اینجا روش غلطی را انتخاب کردن.

۹ - **حالت بد :** حکومت فعلی، حکومت ظالمانهٔ فرعون. ۱۰ - **دولت :** اقبال، بخت.

۱۱ - **دوادو :** دویدن. ۱۲ - **لَت :** سیلی خوردن، کوفته شدن با لگد، صدمه دیدن.

گر از این دولت نتازی خَزخَزان[۱]   این بهارت را همی آید خزان   ۲۷۴۰

اگر آرام آرام از این اقبال دنیوی نگریزی، بهارت خزان می‌شود.

مشرق و مغرب چو تو بس دیده‌اند   که سرِ ایشان ز تن بُبْریده‌اند   ۲۷۴۱

مثلِ تو در شرق و غربِ عالم بسیار بوده‌اند کسانی که عاقبت سر را از تنشان جدا کرده‌اند.

مشرق و مغرب که نَبْوَد برقرار[۲]   چون کنند آخر کسی را پایدار؟   ۲۷۴۲

چون زندگی دنیوی پایدار نیست، چگونه می‌تواند کسی را بر مسندی پایدار بنشاند؟

تو بدان فخر آوری کز ترس و بند   چاپلوست گشت مردم، روزِ چند   ۲۷۴۳

افتخارت به این است که مردم چند روزی از ترس و بیم زندان تملّقِ تو را می‌گویند.

هر که را مردم سجودی[۳] می‌کنند   زَهْرْ اندر جانِ او می‌آگنند   ۲۷۴۴

هر کس را که مردم مورد تملّق قرار می‌دهند، در واقع او را فاسد می‌کنند و می‌کشند.

چونکه بر گردد از او آن ساجدش   داند او کآن زهر بود و مُوبِدش[۴]   ۲۷۴۵

با روی گردانِ شدنِ متملّق، در می‌یابد که چاپلوسی‌ها چه زهر کشنده‌ای بوده است.

ای خُنُک آن را که ذَلَّتْ نَفْسُهُ[۵]   وای آن کز سرکشی شد چون کُهْ او[۶]   ۲۷۴۶

خوشا به کسی که نَفْسَش خوار شده و وای به کسی که با سرکشی نَفْس، همانند کوه شده است.

این تکبّر زَهْرِ قاتل دان که هست   از میِ پُر زهر شد آن گیج[۷] مست   ۲۷۴۷

تکبّر، مانندِ زهر آدمی را به هلاکت معنوی می‌رساند. آن ابله از این شرابِ زهرآلود سرمست بود.

چون میِ پُر زهر نوشد مُدبِری[۸]   از طرب یکدم بجنباند سری   ۲۷۴۸

اگر آدم بدبختی شرابِ زهرآلودی را بنوشد، لحظه‌ای از شادی سری می‌جنباند.

---

۱ - خَزخَزان: خزیدن.   ۲ - مشرق و مغرب که نَبْوَد برقرار: کنایه از ناپایدار بودن زندگی و جاهِ دنیوی.
۳ - سجود: تعظیم، اینجا بزرگداشتِ ریاکارانه، یعنی تملّق و چاپلوسی.
۴ - موبد: راهنما، در لغتنامهٔ دهخدا با آوردن همین بیت مثنوی، «مُوبِد» را راهنما معنی کرده‌اند. دکتر استعلامی
آن را اسم فاعل از «اَوْبَدَ» دانسته است به معنی رفیق نیمه‌راه یا تنها گذارنده.
۵ - اشاره به حدیثی که: طُوبی لِمَنْ ذَلَّ نَفْسُهُ...: خوشا به حالِ کسی که هوس خود را رام کرده... آن را از
موضوعات شمرده‌اند. احادیث، ص ۳۲۳.   ۶ - کُهْ: کوه.   ۷ - گیج: احمق، ابله.   ۸ - مُدبِر: بدبخت.

۲۷۴۹ **بعدِ یک دم زهر بر جانش فُتَد   زهر در جانش کُند داد و سِتد**[۱]

امّا لحظه‌ای بعد زهر در جانش تأثیر می‌گذارد و به فعالیّت می‌پردازد.

۲۷۵۰ **گر نداری زهری‌اش را اعتقاد   کو چه زهر آمد، نگر در قومِ عاد**[۲]

اگر زهرآگین بودن تکبّر را باور نداری، قوم عاد را ببین که طغیان با آنان چه کرد.

۲۷۵۱ **چونکه شاهی دست یابد بر شهی   بُکْشَدَش، یا باز دارد در چَهی**[۳]

اگر شاهی بر شاه دیگری غلبه یابد، او را می‌کشد و یا در سیاه‌چال زندانی می‌کند.

۲۷۵۲ **ور بیابد خستهٔ افتاده را   مرهمش سازد شَه و بِدْهد عطا**

امّا اگر شخصِ درمانده‌ای را بیابد، مرهمی می‌نهد و به او نیکی می‌کند.

۲۷۵۳ **گر نه زهر است آن تکبّر، پس چرا   کُشت شه را بی‌گناه و بی‌خطا؟**

اگر «تکبّر» زهر نیست؛ پس چرا آن شاه را بدون جرم و گناه هلاک کرد؟

۲۷۵۴ **وین دگر را بی ز خدمت چون نواخت؟   زین دو جنبش زَهْر را شاید شناخت**

و چرا این دیگری را بدون خدمت مورد محبّت قرار داد؟ از این دو فعل متضادّ باید «زهر» بودن «تکبّر» را شناخت.

۲۷۵۵ **راه‌زن هرگز گدایی را نزد   گرگ، گرگ مُرده را هرگز گَزَد؟**

راهزن هرگز به گدا حمله نمی‌کند و هرگز گرگی، گرگ مرده‌ای را نمی‌دَرَد یا زخمی نمی‌کند.

۲۷۵۶ **خضر**[۴] **کشتی را برای آن شِکست   تا تواند کشتی از فُجّار**[۵] **رَست**

خضر(ع) کشتی را سوراخ کرد تا از دست بدکاران نجات یابد.

۲۷۵۷ **چون شکسته**[۶] **می‌رَهَد، اِشکسته شو   امن در فقر**[۷] **است، اندر فقر رو**

چون «شکسته» و «افتاده» نجات می‌یابد؛ پس «متواضع» باش. امنیّت در «نیستی» است، نیست باش.

---

۱ - **داد و ستد:** تأثیر و تأثّر، شروع به فعالیّت می‌کند.   ۲ - **قوم عاد:** ر.ک: ۸۵۸/۱.

۳ - این بیت و چند بیت بعد از آن در تقریر این معناست که «تکبّر» هلاکت‌آور است و هرکس که به قدرت دنیوی دست می‌یابد، اگر به کمال نرسیده باشد، بدان مبتلا می‌شود و همواره در این جهان قدرتی برتر و تکبّری افزون‌تر هست که آدمی را از سریرِ خویش به زیر بکشد؛ پس باید به حق پناه برد و آسود.

۴ - قصّهٔ موسی(ع) و خضر: ر.ک: ۲۲۵/۱.   ۵ - **فُجّار:** تباهکاران.   ۶ - **شکسته:** افتاده و متواضع.

۷ - **فقر:** ر.ک: ۱۹۱۸/۱ و ۲۳۵۲/۱.

آن کُهی کو داشت از کان نقدِ چند　　گشت پاره پاره از زخمِ کُلَند[۱] ۲۷۵۸

کوهی که در درونش طلا باشد، در اثر ضربات کلنگ سوراخ سوراخ می‌شود.

تیغ بهرِ اوست کو را گردنی‌ست　　سایه[۲] کافکنده‌ست، بر وی زخم نیست ۲۷۵۹

شمشیر را برایِ گردنکش به کار می‌برند، نه برایِ افتادهٔ متواضع.

مهتری نَفْط[۳] است و آتش، ای غَوی[۴]!　　ای برادرا! چون بر آذر می‌روی؟ ۲۷۶۰

ای گمراه، برتری طلبی خطرناک است. ای برادر، چرا خود را در آتش می‌افکنی؟

هرچه او هموار باشد با زمین　　تیرها را کی هدف گردد؟ ببین ۲۷۶۱

دقّت کن چیزی که همسطح زمین است، هدف تیرها قرار می‌گیرد؟

سر بر آرَد از زمین، آنگاه او　　چون هدف‌ها زخم یابد بی رَفو[۵] ۲۷۶۲

اگر سر را از زمین بلند کند، همانند هدف‌های دیگر مورد اصابت تیرهای درمان‌ناپذیر قرار می‌گیرد.

نردبانِ خلق این ما و منی‌ست[۶]　　عاقبت زین نردبان افتادنی‌ست ۲۷۶۳

«خودبینی» یا «خود محوری» نردبانِ جاهلان است و نمی‌دانند که سرانجام آن سقوط است.

هر که بالاتر رود ابله‌تر است　　کاستخوان او بَتَر خواهد شکست[۷] ۲۷۶۴

هر کس بالاتر برود نادان‌تر است؛ زیرا هنگام سقوط صدمهٔ شدیدتری می‌بیند.

این فروع است و اصولش آن بُوَد　　که تَرَفّع[۸] شرکتِ یزدان بُوَد[۹] ۲۷۶۵

زیانی را که برای «تکبّر» و یا «خودبینی» بر شمردیم، ضررهای فرعی است. اصل موضوع این است که «برتری طلبی» یا «خود را بزرگ دیدن»، شراکت در کار حق و به نوعی کبریاست.

---

۱ - **کُلند** : کلنگ. تمثیلی است از انسانی که به «علم و جاه» یا «زرّ و زور» دنیوی خود می‌نازد و نمی‌داند که این‌ها موجب هلاک است، نه نجات.　۲ - **سایه** : اینجا کنایه از فرد متواضع و افتاده.　۳ - **نفط** : نفت.

۴ - **غَوی** : گمراه.　۵ - **رَفو** : بخیه و ترمیم.　۶ - **ما و منی** : خودبینی.

۷ - مصراع دوم: استخوانش شدیدتر می‌شکند؛ یعنی صدمهٔ بیشتری می‌بیند.

۸ - **تَرَفّع** : برتری جویی، خود را بزرگ دانستن.

۹ - اشاره است به این خبر: قَالَ اللهُ عَزَّ وَ جَلَّ اَلْكِبْرِيَاءُ رِدَائی وَالْعِزَّةُ إِزَارِی فَمَنْ نَازَعَنِی وَاحِداً مِنْهُمَا أُلْقِيهِ فِی النَّارِ: خداوند عزّوجلّ فرمود: کبریایی و عزّت ردا و جامه‌ای است که بر قامت من دوخته شده است. هرکس در یکی از این دو با من به ستیزه برخیزد در آتش جهنّمش خواهم انداخت: احادیث، ص ۴۰۰.

۲۷۶۶ **چـون نَـمُردی و نگشـتی زنـده زو　　　یاغیی باشی به شـرکت مُـلکْ جـو**

چون در حق فنا نشده و به او بقا نیافته‌ای، «برتری طلبی»ات عـصیانگری و شـراکت در سلطنتِ حق است.

۲۷۶۷ **چون بدو زنده شدی، آن خود وی است　　　وحدت محض است آن، شرکت کِی است؟**

اگر به بقای او باقی شدی، از حق جدا نیستی و در وحدت، مشارکت وجود ندارد.

۲۷۶۸ **شـرح ایـن در آیـنهٔ اعـمال جـو　　　کـه نـیابی فـهمِ آن از گـفت و گـو**

شرح این موضوع را در آینهٔ اعمال و کردارت بیاب. درک آن از راه قیل و قال ممکن نیست.

۲۷۶۹ **گـر بگـویم آنـچه دارم در درون　　　بس جگرها گردد اندر حـال خـون**

اگر آنچه را که در دل دارم بگویم، هم‌اکنون بسیاری از جگرها خون می‌شود.

۲۷۷۰ **بس کنم، خود زیرَکان را این بس است　　　بانگِ دُو[1] کردم اگـر در دِه کس است[2]**

سکوت می‌کنم، همین برای هوشمندان کافی است. مختصری گفتم اگر گوشِ شنوایی باشد.

۲۷۷۱ **حاصل، آن هامان بـدآن گـفتارِ بـد　　　این چنین راهی بر آن فـرعون زد[3]**

خلاصهٔ کلام اینکه، هامان با سخنان ناروا، فرعون را گول زد.

۲۷۷۲ **لقـمهٔ دولت رسـیده تـا دهـان　　　او گـلوی او بُـریده نـاگـهان**

نیکبختی و اقبال، همانند لقمه به دهان فرعون رسید که هامان ناگهان حلق او را برید.

۲۷۷۳ **خـرمنِ فـرعون را داد او بـه بـاد　　　هیچ شه را این چنین صاحب[4] مباد**

خرمنِ هستی فرعون را هامان به باد داد. هیچ شاهی را چنین وزیری مباد.

---

۱ - **بانگ دُو**: دو بانگ، دو ندا، کنایه از مختصری شرح دادن.

۲ - ضرب المثل معروف: در خانه اگر کس است یک حرف بس است.

۳ - مصراع دوم: رهزن فرعون شد، راهِ ایمان و حقیقت را به رویِ او بست.　　۴ - **صاحب**: وزیر.

نومید شدنِ موسی علیه السَّلام از ایمانِ فرعون، به تأثیر کردنِ سخنِ هامان در دلِ فرعون

۲۷۷۴ **گفت موسی: لطف بنمودیم و جُود　　خود خداوندیت را روزی[1] نبود**

موسی(ع) گفت: ما در حقّ تو لطف و احسانِ بسیار کردیم؛ امّا ارزشش را نداشتی.

۲۷۷۵ **آن خداوندی[2]، که نَبْوَد راستین[3]　　مر وَرا نه دست دان، نه آستین[4]**

سلطنتی که حقیقی نباشد، نه قدرتی دارد و نه تسلّطی.

۲۷۷۶ **آن خداوندی، که دزدیده بُوَد　　بی دل و بی جان و بی دیده بُوَد**

سلطنت غصبی، مثل کالبد بی جان فاقد دل و جان و بصیرت است.

۲۷۷۷ **آن خداوندی، که دادندت عوام　　باز بِسْتانند از تو، همچو وام**

سلطنتی که عوام به تو داده‌اند، می‌توانند مثل قرض از تو پس بگیرند.

۲۷۷۸ **دِه خداوندیِ عاریّت به حق[5]　　تا خداوندیت بخشد مُتّفق[6]**

سلطنت موقّتی و عاریه را به خداوند بده، تا او به تو سلطنت ظاهری و باطنی بدهد.

مُنازعتِ امیرانِ عرب[7] با مصطفی علیه السَّلام که: مُلک را مُقاسمت کن با ما، تا نزاعی نباشد، و جواب فرمودنِ مصطفی علیه السَّلام، که: من مأمورم در این امارت، و بحثِ ایشان از طرفین[8]

در ابیات پایانی قطعهٔ پیشین شاهد بودیم که سخن از سلطنت و قدرت راستین بود که با تأیید حق همراه است. اینک در استمرار همان معنا قصّه‌ای به تقریر می‌آید که در آن رؤسای قریش با شیوخ عرب که قدرت و اقتدار خود را در

---

۱ - **روزی**: نصیب، قسمت، اینجا تقدیر.

۲ - **خداوندی**: سلطنت. مراد آن است که تا سلطنت تو مورد تأیید حق نباشد، غصبی است و مردم وسیله‌ای از جانب حق که می‌توانند آن را باز ستانند.　۳ - **راستین**: سلطنت راستین؛ سلطنت بر دل‌هاست نه بر تن‌ها.

۴ - **دست و آستین**: کنایه از قدرت و سلطه است.

۵ - مراد از مصراع اوّل آن است که بندگی حق را بپذیر و ایمان بیاور.

۶ - **مُتّفق**: مقبول و پذیرفته شدهٔ همگان.

۷ - **امیران عرب**: رؤسای قبایل یا بزرگان قریش که اسلام نیاورده‌اند.

۸ - در روایات ذکری از چنین منازعه‌ای نیست. متضمّن عبرت و موعظه است.

خطر می‌دیده‌اند، به محضر پیامبر(ص) می‌روند و از وی می‌خواهند تا امارت و قدرت آنان راکه به نوعی تقدیر الهی است، به رسمیّت بشناسد و به آنان کاری نداشته باشد. رسول خدا(ص) در پاسخ می‌گوید: سلطنت و امارتی که حق به من عطاکرده، حقیقی و دائمی است؛ امّا از آن شما عاریه و موقّتی. در این حال بارانی سیل‌آسا شروع به باریدن می‌کند و به ارادهٔ پیامبر(ص) مسیر سیل که همه را به هراس افکنده بود تغییر می‌یابد و به شهر آسیبی نمی‌رسد. امیران با دیدن عجز خویش و حقّانیّت رسول خدا(ص) به الهی بودن رسالت و اقتدار وی معترف می‌شوند.[1]

آن امیرانِ عرب گِرد آمدند نزدِ پیغمبر مُنازع می‌شدند ۲۷۷۹

امیران عرب دسته‌جمعی برای طرح دعوایی به نزد پیامبر(ص) رفتند.

که: تو میری، هر یک از ما هم امیر بخش کن این مُلک و بخشِ خود بگیر ۲۷۸۰

امیران گفتند: تو و ما همه امیر هستیم. حکومت را تقسیم کن و به سهمِ خود قانع باش.

هر یکی در بخشِ خود انصاف جو تو ز بخشِ ما دو دستِ خود بشُو ۲۷۸۱

هر کس به سهم خود رضایت بدهد و تو نیز به سهم ما کاری نداشته باش.

گفت: میری، مر مرا حق داده است سَروَری و امرِ مطلق داده است ۲۷۸۲

پیامبر(ص) گفت: این فرمانروایی مطلق را حق به من داده است.

کین قِران[2] احمد است و دور[3] او هین! بگیرید امر او را، اِتَّقُوا ۲۷۸۳

حق فرموده: اکنون دوران اقبال احمد(ص) است. دستور او را بپذیرید و از نافرمانی بپرهیزید.

قوم گفتندش که: ما هم زآن قضا[4] حاکمیم و داد امیری‌مان خدا ۲۷۸۴

امیران گفتند: امارت ما هم بنا بر مشیّت و تقدیر الهی است.

گفت: لیکن مر مرا حق مُلک داد مر شما را عاریه، از بهرِ زاد[5] ۲۷۸۵

پیامبر(ص) گفت: سلطنتِ من حقیقی است؛ ولی امارت شما موقّتی است، برای زندگی دنیوی.

میری من تا قیامت باقی است میریِ عاریّتی خواهد شکست ۲۷۸۶

امارت من تا قیامت بر دوام است؛ امّا امارت عاریه دوامی ندارد.

---

۱ - این قصّه که در مجاوبات میان موسیٰ(ع) و فرعون مجال تقریر می‌یابد و در واقع گویی از زبان موسیٰ(ع) برای انذار فرعون آمده است، از مقولهٔ «مغایرت با تاریخ» محسوب است. غور در معنا تقدّم و تأخّر زمانیِ حوادث را از یاد مولانا برده و مثنوی را در بی‌زمانی سیر داده است.

۲ - **قِران:** طالع نیک، تقارن زحل و مشتری: ر.ک: ۲۲۷۷/۱. ۳ - **دور:** عصر، دوران.

۴ - **قضا:** تقدیر الهی، مشیّت حق. ۵ - **بهرِ زاد:** برای زندگی دنیوی.

۲۷۸۷ **قوم گفتند: ای امیرا افزون مگو چیست حجّت بر فزون جوییِ تو؟**

امیران گفتند: ای امیر، بیش از این سخن مگو. دلیلِ برتریِ تو چیست؟

۲۷۸۸ **در زمان ابری بر آمد ز امرِ مُر[1] سیل آمد، گشت آن اطراف پُر**

همان موقع ابری از قهر در آسمان ظاهر شد و با بارانی سیل‌آسا، آب همه جا را گرفت.

۲۷۸۹ **رُو به شهر آورد سیلِ بس مَهیب اهلِ شهر افغان کنان جمله رَعیب[2]**

سیل هولناکی به سوی شهر جاری شد و اهالی را وحشت‌زده به فغان واداشت.

۲۷۹۰ **گفت پیغمبر که: وقتِ امتحان آمد اکنون، تا گُمان گردد عیان**

پیامبر(ص) گفت: هنگام آزمون فرارسیده است تا تردید شما برطرف شود.

۲۷۹۱ **هر امیری نیزهٔ خود در فکند تا شود در امتحان آن سیلْ بَند**

هر امیری نیزهٔ خود را در آب افکند تا شاید به قوّت باطنی‌اش سیل متوقّف شود.

۲۷۹۲ **پس قَضیب[3] انداخت در وی مصطفی آن قضیبِ معجزِ فرمان‌روا**

پیامبر(ص) هم چوب دستیِ معجزه‌گر خود را در آب افکند.

۲۷۹۳ **نیزه‌ها را همچو خاشاکی ربود آبِ تیزِ سیلِ پرجوشِ عَنود[4]**

سیل تند خروشان و سرکش، نیزه‌های امیران را چون خاشاکی با خود برد.

۲۷۹۴ **نیزه‌ها گم گشت جمله، و آن قضیب بر سرِ آب ایستاده چون رقیب[5]**

نیزه‌ها در سیل خروشان گم شد و آن عصا روی آب مراقب همه چیز بود.

۲۷۹۵ **زاهتمامِ[6] آن قضیبْ آن سیلِ زفت رو بگردانید و آن سیلاب رفت**

در اثر وجودِ آن عصا، سیل عظیم و خروشان تغییر مسیر داد و به سوی شهر نرفت.

۲۷۹۶ **چون بدیدند از وی آن امرِ عظیم پس مُقِرّ گشتند آن میران ز بیم[7]**

چون امیران آن کار عظیم را دیدند از ترس به برتری پیامبر(ص) اعتراف کردند.

---

۱ - **امر مُر**: حکم تلخ، اینجا قهر الهی. ۲ - **رَعیب**: دچار رعب و وحشت، مرعوب، وحشت‌زده.
۳ - **قضیب**: چوب دستی، شمشیر لطیف، تیغ برّان. ۴ - **عنود**: سرکش.
۵ - **رقیب**: نگهبان، ناظر، مراقب. ۶ - **اهتمام**: همّت گماردن. ۷ - **ز بیم**: از ترس نه از ایمان.

جز سه کس که حِقْدِ[۱] ایشان چیره بود ساحرش گفتند و کاهن[۲] از جُحود[۳] ۲۷۹۷

جز سه تن از آنان که کینه بر وجودشان غلبه داشت و از روی انکار او را ساحر خواندند.

مُلکِ بربَسته[۴] چنان باشد ضعیف ملک برُسته[۵] چنین باشد شریف[۶] ۲۷۹۸

سلطنت غیر واقعی آن چنان ناتوان و سلطنت حقیقی این چنین قدرتمند است.

نیزه‌ها را گر ندیدی[۷] با قضیب نامشان بین، نامِ او بین، ای نجیب[۸]! ۲۷۹۹

ای انسان شریف، اگر این ماجرا را باور نداری به تاریخ مراجعه کن و ببین کدام یک شهرت و عظمت دارند، آنان یا پیامبر(ص).

نامشان را سیلِ تیزِ مرگ بُرد نامِ او و دولتِ تیزش[۹] نَمُرد ۲۸۰۰

نام آن‌ها با مرگ فراموش شد؛ امّا نام رسول خدا(ص) و اقتدار سرمدی‌اش، جاودان ماند.

پنجْ نوبت[۱۰] می‌زنندش بر دَوام همچنین هر روز تا روزِ قیام ۲۸۰۱

همواره و هر روز تا قیامت پنج بار به نامش بر طبل اقتدار می‌کوبند.

گر تو را عقل است کردم لطف‌ها ور خری آورده‌ام خر را عصا[۱۱] ۲۸۰۲

اگر عقل داری، بفهم که به تو لطف فراوانی کرده‌ام و اگر نداری، چوبی آورده‌ام تا ادب شوی.

آنچنان زین آخُرت[۱۲] بیرون کنم کز عصا گوش و سرت پر خون کنم ۲۸۰۳

چنان تو را از این آخور بیرون می‌کنم که با ضربات عصا سر و گوش‌ات پر از خون شود.

اندر این آخُر[۱۳] خران و مردمان[۱۴] می‌نیابند از جفایِ تو امان ۲۸۰۴

اینجا هیچ کس از ستمگری‌ات در امان نیست.

---

۱ - **حِقد :** کینه. ۲ - **ساحر وکاهن :** اینجا جادوگر. ۳ - **جُحود :** انکار.

۴ - **بربسته :** غیر واقعی، چیزی که آدم به خودش ببندد و مال او نباشد. ۵ - **برُسته :** واقعی.

۶ - **شریف :** ارجمند. ۷ - اگر ندیدی و نمی‌توانی باور کنی. ۸ - **نجیب :** شریف.

۹ - **دولت تیز :** حکومت مقتدر.

۱۰ - **پنج نوبت :** مراد بانگ اذان است، قدیم به نشان قدرت و شوکت سلاطین بر درِ سرای آنان کوس و نقاره می‌زدند. ۱۱ - سخنان موسی(ع) به فرعون است.

۱۲ - **آخُر :** آخور، کنایه از حکومت و قدرت و به‌طور کلّی دنیا. ۱۳ - **اندرین آخُر :** مراد کشور مصر است.

۱۴ - **خران و مردمان :** فرعونیان و قوم بنی اسرائیل؛ یعنی حتّی طرفدارانت هم از جفایِ تو در امان نیستند.

نَک عـــصا آورده‌ام بـــهرِ ادب　　　هر خری را کـو نـباشد مُسْتَحَب[۱] ۲۸۰۵

اینک عصایی برای تأدیب خرهای جفتک‌انداز آورده‌ام.

اژدهـــایی مـــی‌شود در قـــهرِ تـو[۲]　　　**کاژدهایی گشـته‌ای در فِعل و خُـو** ۲۸۰۶

این عصا برای مقهور کردن تو که در فعل و خصلت اژدها شده‌ای، اژدها می‌شود.

اژدهـــایِ کـــوهیی[۳] **تـــو بـی امـان　　　لیک بـــنگر اژدهـــایِ آســـمان** ۲۸۰۷

تو اژدهای زمینی هستی که به کسی امان نمی‌دهی، حالا اژدهای آسمانی را ببین.

این عـصا از دوزخ آمـد چـاشنی[۴]　　　**کـه: هـلا ! بگـریز انـدر روشـنی** ۲۸۰۸

این عصا نمونه‌ای از دوزخ است و به تو می‌گوید: آگاه باش و ایمان بیاور.

ورنه، درمـانی تـو، در دنـدانِ مـن[۵]　　　**مَـخْلَصت**[۶] **نَـبْوَد ز دربـندانِ**[۷] **مـن** ۲۸۰۹

وگرنه در لابه‌لای دندان‌های من گیر می‌کنی و از این محبس خلاصی نداری.

این عصایی بود، این دَمْ اژدهاست　　　تا نگـویی دوزخِ یـزدان کـجاست؟ ۲۸۱۰

عصا اژدها شد تا ببینی که حق دوزخِ درونت را به این شکل تجسّم بخشیده است و منکرِ دوزخ نباشی.

در بیانِ آنکه شناسایِ قدرتِ حق نپرسد که: بهشت و دوزخ کجاست؟

هر کجا خـواهـد، خـدا دوزخ کـند　　　اوج را بـر مـرغ دام و فَـخْ[۸]**کـند** ۲۸۱۱

خداوند همه جا را می‌تواند دوزخ کند، مثلاً اوج آسمان برای پرنده دام و تله می‌شود.[۹]

هـم ز دنـدانَت بـرآیـد دردهـا　　　تـا بگـویی دوزخ است و اژدهـا ۲۸۱۲

می‌تواند به چنان دندان‌دردی مبتلایت کند تا بگویی: این درد دوزخ و اژدهاست.

---

۱ - **مستَحَب :** دوست داشته شده، اینجا پسندیده و مؤدّب.　۲ - **در قهرِ تو :** برای مقهور کردن تو.
۳ - **اژدهای کوهی :** مراد اژدهای زمینی است؛ یعنی قدرت دنیایی که با تأیید حق همراه نیست.
۴ - **چاشنی :** نمونه‌ای از چیزی، مزه.　۵ - **درمانی تو در دندان من :** در برابر قدرت حق نابود می‌شوی.
۶ - **مَخْلَص :** خلاصی و راه‌گریز.　۷ - **دربندان :** در محاصره ماندن، در محبس و تنگنا ماندن.
۸ - **فخ :** دام، تله.　۹ - به چنگ پرنده‌ای دیگر اسیر شود یا به اصابت تیری.

یا کُند آبِ دهانت را عَسَل — که بگویی که: بهشت است و حُلَل[1] ۲۸۱۳

یا می‌تواند آب دهانت را چنان شیرین کند که بگویی: در بهشت با لباس بهشتیان هستم.

از بُنِ دندان[2] **برویاند شَکَر — تا بدانی قوّتِ حکمِ قَدَر**[3] ۲۸۱۴

خداوند می‌تواند چنان زندگی‌ات را خوشایند کند که قدرتِ فرمان الهی را دریابی.

پس به دندان بی‌گناهان را مَگز — فکر کن از ضربتِ نامُحتَرَز[4] ۲۸۱۵

پس از قدرتت برای صدمه زدن به بی‌گناهان استفاده نکن. به کیفرِ حتمی آن بیندیش.

نیل را بر قبطیان، حق خون کند — سبطیان را از بلا مَحْصون[5] **کند** ۲۸۱۶

نیل را برای فرعونیان خون می‌کند و قوم بنی اسرائیل را در امان می‌دارد.

تا بدانی پیشِ حق تمییز هست — در میانِ هوشیارِ راه[6] **و مست**[7] ۲۸۱۷

تا متوجّه بشوی که خداوند بین حق و باطل فرق می‌گذارد.

نیلْ[8] **تمییز از خدا آموخته‌ست — که گشاد آن را و این را سخت بَست** ۲۸۱۸

خداوند به رود «نیل» قدرت تشخیص داد که راه را برای قومی گشود و بر گروهی بست.

لطفِ او عاقل کند مر نیل را — قهرِ او ابله کند قابیل را[9] ۲۸۱۹

لطف حق به نیل «قدرت تشخیص» می‌دهد و قهر او «قدرت تشخیص» را از قابیل می‌گیرد.

---

۱ - **حلل :** جمع حُلّه به معنی جامهٔ ابریشم.

۲ - **از بن دندان :** از بیخ دندان، معمولاً «از بن دندان» به معنی از صمیم قلب است، اینجا می‌تواند به معنی وجود فرعون و یا قدرت و حکومت او باشد.

۳ - حق تعالیٰ از سر لطف به تو احساس «خوب یا بد»، «خوشی یا درد» می‌دهد تا بهشت و دوزخ را باور کنی.

۴ - **ضربتِ نامحترز :** ضربه‌ای که احتراز یا پرهیز از آن ممکن نیست، کیفر الهی.

۵ - **محصون :** در حصن بودن، در پناه، محفوظ.

۶ - **هوشیار راه :** کسی که راهِ حق را می‌شناسد، نمادی از حق و حق‌طلبی.

۷ - **مست :** اینجا غافل، ستمکار، کسی که از بادهٔ غرور مست است، نمادی از باطل.

۸ - اشاره به غرق شدن فرعون و سپاه او.

۹ - قابیل ابله شد و قدرت تشخیص نیک را از بد از دست داد که مرتکب قتل برادرش شد.

در جـمادات[1] از کَـرَم عـقل آفـرید — عقل از عـاقل بـه قـهرِ خـود بُـرید ۲۸۲۰

خداوند از «لطف» به «جمادات که در پایین‌ترین مرتبه از مراتب خلقت»اند، عقل داد؛ امّا عقل و درک را از «انسان عاقلی» که قهر الهی شامل حالش شده بود، گرفت.

در جماد از لطف، عقلی شد پـدید — وز نَکـال[2]، از عـاقلان دانش رَمـید ۲۸۲۱

به لطف او جماد عاقل می‌شود و با قهر او عاقل جاهل می‌شود.

عقلْ چون باران به امر آنجا بـریخت — عقلْ این سو خشمِ حق دید و گریخت ۲۸۲۲

به فرمان خداوند «عقل»، همانند باران بر جمادات بارید و چون قـهرِ حـق را نسـبت بـه عاقلان دید، گریخت.[3]

ابر و خـورشید و مـه و نَـجْمِ بـلند — جـمله بـر تـرتیب آیـند و رَوَنـد ۲۸۲۳

عالم نظام دقیقی دارد. ابر، خورشید، ماه و ستارگان بنا بر نظم می‌آیند و می‌روند.

هر یکی نایَد مگر در وقتِ خویش — که نه پس مانَد ز هنگام و نه پـیش ۲۸۲۴

هر یک از آن‌ها در وقت معیّن طلوع می‌کند، نه دیرتر و نه زودتر.

چـون نکـردی فـهمِ ایـن را زَانـبیا — دانش آوردنـد در سـنگ و عـصا[4] ۲۸۲۵

چون علی‌رغم سخنان انبیا، سیطرهٔ تامّ حق را بر عالم منکر بودی، معجزاتی آوردند.[5]

تـا جـماداتِ دگـر را بـی‌لباس[6] — چون عصا و سنگ داری از قـیاس ۲۸۲۶

تا با دیدن این معجزات متوجّه شوی که تمام جمادات، همانند عصا و سنگ تحت سیطرهٔ خداوندند.

طاعتِ سنگ و عـصا ظـاهر شـود — وز جـماداتِ دگـر مُـخبِر شـود ۲۸۲۷

مطیع بودن سنگ و عصا نشان آن است که جمادات دیگر هم همین‌طور هستند.

---

۱ - احاطهٔ حقیقت به اشیا «احاطهٔ قیّومی» و احاطهٔ این فعل بر اشیا «احاطه و ظهور سَرَیانی» است؛ پس حق تعالیٰ به تمام جهات خدایی از اشیا خارج نیست و به تمام جهات خدایی هم داخل در اشیا نیست. اشیا مقام تفصیل و ظهور و مُجلای همان حقیقت‌اند: شرح مقدّمهٔ قیصری، ص ۱۲۳. ۲ - **نَکال**: کیفر، اینجا قهر الهی.

۳ - مراد آن است که قهر حق، عقلِ عاقلان را زایل می‌کند.

۴ - مصراع دوم اشاره است به معجزهٔ پیامبر(ص) که سنگریزه‌ها در دست ابوجهل به نبوّت رسول خدا(ص) شهادت دادند: ر.ک: ۲۱۶۴/۱، عصا نیز اشاره به معجزات موسی(ع) است.

۵ - معجزات برای منکران است، مؤمنان نیازی به معجزه ندارند.

۶ - مصراع اوّل: مراد آن است که نیازی نباشد تا بر تن تمام جمادات لباسِ معجزه پوشانده شود تا باور کنی که از درک برخوردارند و مطیع حق‌اند.

۲۸۲۸ **کـه ز یـزدان آگـهیم و طـایعیم   مـا هـمه، نـی اتّـفاقی ضایعیم**

جمادات می‌گویند: ما خدا را می‌شناسیم و مطیع او هستیم. آفرینش ما تصادفی و بیهوده نیست.

۲۸۲۹ **هـمچو آبِ نـیل دانـی وقتِ غـرق   کـو میانِ هـر دو امّت کـرد فـرق**

همانند آبِ رودِ نیل که هنگام غرق کردن فرعونیان، آنان را از قوم بنی اسرائیل تمییز داد.

۲۸۳۰ **چون زمین دانی‌ش، دانا وقتِ خَسف[1]   در حقِ قارون، که قهرش کرد و نَسف[2]**

همانندِ زمین که می‌دانی هنگام فروبردن قارون، او را شناخت و نابودش کرد.

۲۸۳۱ **چون قمر[3] که امر بشـنید و شـتافت   پس دو نیمه گشت بر چرخ و شکافت**

همانند ماه که با شنیدن فرمان خداوند، به شتاب بر فراز آسمان رفت و شکافته شد.

۲۸۳۲ **چون درخت و سنگ[4] کاندر هر مقام   مـصطفی را کـرده ظـاهر السَّـلام**

همانندِ درخت و سنگ که آشکارا و همه جا به پیامبر(ص) سلام می‌کردند.

جوابِ دهری[5] که منکرِ اُلوهیّت است و عالَم را قدیم می‌گوید[6]

در این قطعه سؤال و جوابی در بابِ «حُدوث عالم» بین «سنّی مؤمن» و «فلسفی دهری مذهب» مطرح است که در طیِّ آن سنّی مؤمن عالم را حادث می‌داند و فلسفی بنا بر مذهب دهری که بدان معتقد است، تصوّر حدوث را نفی می‌کند و از سنّی می‌پرسد: حادث بودن عالم را از کجا دانسته‌ای؟ به عنوان مثال باران از کجا می‌داند که ابر حادث است یا نیست و آن کرمک حقیر که در سرگین است، چگونه در می‌یابد که آغاز و انجام زمین چیست؟ و خاطرنشان می‌کند که آنچه را در باب حدوث عالم می‌گویی بر برهانی مبتنی نیست و بر اساس قولی است که از پدران و آبا شنیده‌ای و چیزی جز تقلید نیست.

سنّی مؤمن در پاسخ به فلسفی دهری ماجرایی را که خود شاهد آن بوده است، نقل می‌کند و می‌گوید: چندی پیش شاهد مناظره‌ای در همین باب بودم و دیدم که آن کسی که به حدوث و فنای عالم ایمان و یقین داشت به مدّعی

---

۱ - **خَسف** : فروکشیدن.

۲ - **نَسف** : از بیخ برکندن بنا، هموار کردن کوه و پراکندن خاک، اینجا به معنی نابود کردن.

۳ - اشاره به شقّ القمر: قمر: ۱/۵۴: ر.ک: ۱۰۸۲/۱.   ۴ - ر.ک: ۲۱۶۴/۱.

۵ - **دهری** : کسی که به خدا اعتقادی ندارد و می‌پندارد که هستی از آغاز بوده و کسی آن را نیافریده است.

۶ - مأخذ آن را حکایتی در ارتباط با مناظرهٔ مالک بن اَنَس با دهری دانسته‌اند که همین مضمون را دارد و در طیِّ آن دست هر دو را می‌بندند و در آتش می‌نهند و نمی‌سوزد. مالک به حق می‌نالد که عمری قدم در راه ایمان نهاده‌ام تا با دهری برابر گردم؟ ندایی می‌رسد: اگر دست تو در دست دهری نبود، می‌دیدی که آتش با او چه می‌کرد؟ نظیر آن را در کرامات حسن بَصْری هم آورده‌اند: احادیث، ص ۴۰۱.

منکر گفت: در معارضهٔ بین «نقد و قلب»، آتش می‌تواند میان آن‌ها حکم کند و برای اثبات حقانیّت ادّعای خود از مدّعی منکر خواست که هر دو با هم به میان آتش بروند و در پایان همه مشاهده کردند که مدّعی منکر سوخت و دیگری رهایی یافت.

بدین ترتیب سنّی مؤمن در پاسخ به سؤال عقلیِ فلسفیِ دهری که خواهان منشأ علم به حدوث است، با ذکر کرامتی که خود شاهد آن بوده است، دلیلی نقلی عرضه می‌دارد و ارائهٔ همین دلیل نقلی را که شیوهٔ پاکان اهل دل است کافی می‌یابد.

جان کلام آنکه: تمام جمادات و تمام اشیا مقام تفصیل و ظهور و مجلایِ یک حقیقت واحد و در مراتب گونه‌گون‌اند؛ پس گواهی دادن جمادات به وجود حق به اعتبار آنچه که در بالا گفته شد در عرفان نظری و عملی مورد تأیید جمیع عارفان و صاحبدلان است. اینک در این قصّه در معارضهٔ بین نقد و قلب، آتش تکلیف «حق» و «باطل» را روشن می‌کند.

دی یکی می‌گفت: عالم حادث است   فانی است این چرخ و حقّش وارث است[1] ۲۸۳۳

دیروز شخصی می‌گفت: عالم حادث است. چرخ گردون فنا می‌پذیرد و خداوند وارث آن است.

فلسفیی[2] گفت: چون دانی حُدوث؟   حادثِ ابر چون داند غُیوث[3]؟ ۲۸۳۴

فیلسوفی گفت: از کجا می‌دانی که عالم حادث است؟ قطرهٔ باران از کجا می‌داند که ابر حادث است یا از ازل بوده؟

ذرّه‌یی خود نیستی از اِنقلاب[4]   تو چه می‌دانی حُدوثِ آفتاب؟ ۲۸۳۵

تو در عالمی که همواره در حال تغییر و تحوّل است؛ حتّی ذرّه‌ای نیستی، از کجا حدوث آفتاب را می‌فهمی؟

کِرمکی کاندر حَدَث[5] باشد دفین[6]   کی بداند آخر و بَدْوِ زمین؟ ۲۸۳۶

کرم کوچکِ میانِ سرگین از کجا می‌تواند از انجام و آغاز زمین باخبر باشد؟

این به تقلید از پدر بشنیده‌ای   از حماقت اندر این پیچیده‌ای ۲۸۳۷

این را مقلّدانه از پدرت شنیده‌ای و احمقانه به آن چسبیده‌ای و تکرار می‌کنی.

چیست بُرهان بر حدوثِ این؟ بگو   ورنه خامُش کن، فزونْ‌گویی مجو ۲۸۳۸

برای حدوث عالم چه دلیلی داری؟ بگو وگرنه سکوت کن و حرف زیادی نزن.

---

۱ - اشارتی قرآنی؛ آل‌عمران: ۱۸۰/۳: ...وَ لِلّهِ میراثُ السَّمٰواتِ وَ الأَرْضِ...: و میراث آسمان‌ها و زمین از آن خداوند است. ۲ - **فلسفی**: مراد همان منکر یا دهری است. ۳ - **غیوث**: جمع غَیْث به معنی باران.
۴ - **انقلاب**: مراد دنیای در حالِ تغییر و تحوّل است. ۵ - **حَدَث**: مدفوع، سرگین. ۶ - **دَفین**: مدفون.

گفت: دیدم اندر این بحثِ عمیق[۱] بحث می‌کردند روزی دو فریق[۲] ۲۸۳۹

آن شخص گفت: روزی به دو نفر برخوردم که دربارهٔ «حدوث و قِدَم» بحث می‌کردند.

در جِدال و در خِصام[۳] و در سُتوه[۴] گشت هنگامه[۵] بر آن دو کس گروه ۲۸۴۰

آن دو نفر در حال مجادله و درگیری بودند که عدّه‌ای آنجا جمع شدند.

من به سوی جمعِ هنگامه شدم اطّلاع از حالِ ایشان بِسْتَدَم[۶] ۲۸۴۱

من هم به سوی جمع رفتم تا ببینم موضوع بحث و جدل چیست.

آن یکی می‌گفت: گردون[۷] فانی است بی‌گمانی، این بنا را بانی[۸] است ۲۸۴۲

یکی می‌گفت: عالم فناپذیر است و بدون تردید خالقی دارد.

وآن دگر گفت: این قدیم و بی کِی[۹] است نیستش بانی، و یا بانی وی است ۲۸۴۳

آن دیگری می‌گفت: عالم قدیم و ازلی است. خالقی ندارد و اگر دارد، خود اوست.

گفت: مُنکِرِ گشته‌ای خلّاق[۱۰] را روز و شب آرنده و رزّاق[۱۱] را ۲۸۴۴

اوّلی گفت: با این حرف، خالقِ روز و شب و روزی دهندهٔ موجودات را انکار کرده‌ای.

گفت: بی بُرهان نخواهم من شنید آنچه گولی[۱۲] آن به تقلیدی گُزید[۱۳] ۲۸۴۵

دومی گفت: من بدون دلیل قانع‌کننده، سخنانِ مقلّدانهٔ آدم احمق را نمی‌پذیرم.

هین! بیاور حجّت و برهان، که من نشنوم بی حجّت این را در زَمَن ۲۸۴۶

هان، با دلیل و برهان حرف بزن که من سخن بی دلیل را نمی‌شنوم و نمی‌پذیرم.

گفت: حجّت در درونِ جانم است در درونِ جانْ نهان بُرهانم است[۱۴] ۲۸۴۷

اوّلی گفت: دلیل و برهان من در میان جانم نهان است.

---

۱ - **بحثِ عمیق**: مراد بحثِ «حدوث و قِدَم» است. ۲ - **فَریق**: گروه، دوگروه مخالف، دو شخص مخالف.
۳ - **خِصام**: مخاصمه و جدال. ۴ - **سُتوه**: به تنگ آمدن. ۵ - **هنگامه**: مجمع و جمعیت مردم.
۶ - **بِسْتَدَم**: گرفتم. ۷ - **گردون**: عالم. ۸ - **بانی**: سازنده، خالق.
۹ - **بی کی**: بدون زمان، مسبوق به زمان نیست، ازلی. ۱۰ - **خلّاق**: آفریننده.
۱۱ - **رزّاق**: روزی دهنده. ۱۲ - **گول**: احمق، ابله.
۱۳ - **به تقلیدی گزید**: فقط از راه شنیدن باورکرده و خود در مورد آن فکر نکرده و تعمّقی نداشته است.
۱۴ - اشاره است به درک باطنی سالکان راه حق که در میان جان است و قابل به بیان نیست، به دلیل و برهان هم نیازی ندارد.

تو نمی‌بینی هلال از ضعفِ چشم   من همی بینم، مکن بر من تو خشم ۲۸۴۸

اگر چشمِ ضعیفِ تو هلال ماه را نمی‌بیند، من می‌بینم. به من خشم مگیر.

گفت و گو بسیار گشت و خلقْ گیج   در سر و پایان[1] این چرخ بَسیج[2] ۲۸۴۹

بحث به درازا کشید و مردم حیران ماندند که بالاخره حدوث است یا قِدَم؟

گفت: یارا در درونم حجّتی‌ست   بر حدوثِ آسمانم آیتی‌ست ۲۸۵۰

اوّلی گفت: ای دوست، نوری در درونم گواهِ حُدوث عالم است.

من یقین[3] دارم، نشانَش آن بُوَد   مر یقین‌دان را، که در آتش رَوَد ۲۸۵۱

من «ایمان و یقین» دارم و به اتّکای حق به میان آتش می‌روم و می‌دانم که اگر خدا نخواهد، آتش مرا نمی‌سوزاند.

در زبان می‌نایَد آن حجّت، بدان   همچو حالِ سرِّ عشقِ عاشقان ۲۸۵۲

دلیل من حس کردنی است، همان گونه که حال درونی عاشقان در زبان و کلام نمی‌گنجد.

نیست پیدا سرِّ گفت و گویِ من   جز که زردی و نزاری رویِ من ۲۸۵۳

سخنانی را که از نور درون و عشق گفتم، نشان ظاهریِ دیگری جز چهرهٔ زرد و ناتوانم ندارد.

اشک و خون بر رخ روانه می‌دَوَد   حجّتِ حُسن و جمالش می‌شود ۲۸۵۴

اشک خونینی که بر رخسارهٔ من جاری است، دلیل زیبایی و جمال معشوق است.

گفت: من این‌ها ندانم، حجّتی   که بُوَد در پیشِ عامه آیتی ۲۸۵۵

دومی گفت: من این‌ها را که برای عوام دلیل است، دلیل نمی‌دانم.

گفت: چون قلبی و نقدی[4] دم زنند[5]   که: تو قلبی، من نِکویم، ارجمند ۲۸۵۶

اوّلی گفت: اگر «حق» و «باطل» در برابر هم قرار گیرند و حق بگوید: من حقم و تو باطلی،

---

۱ - **سر و پایان:** حدوث و قِدَم، آغاز و انجام.   ۲ - **بسیج:** تدارک، مهیّا، اینجا به معنی سامان داده شده.

۳ - **یقین:** نوری در دل و جان که موجب آگاهی سالک می‌گردد چنان که نه به دلیل و برهانی نیاز دارد و نه ظنّ و شکّی در وی راه می‌یابد: مراتب یقین: ر.ک: ۸۶۳/۲

۴ - **قلب و نقد:** زرّ تقلّبی و زرّ حقیقی، کنایه از باطل و حق، کافر و مؤمن.

۵ - **دم زنند:** برابری کنند، در برابر هم قرار گیرند.

هست آتش امتحانِ[1] آخِرین کاندر آتش در فُتَند این دو قرین[2] ۲۸۵۷

در این مورد، نتیجهٔ نهایی را آتش معلوم می‌کند که هر دو باید در میان آتش قرار گیرند.

عام و خاص از حالِشان عالِم شوند از گمان و شک سویِ ایقان[3] روند ۲۸۵۸

تا عام و خاصّ از وضعِ آن دو آگاه شوند و از تردید به یقین برسند.

آب و آتش آمد ای جان! امتحان نقد و قلبی را که آن باشد نهان ۲۸۵۹

عزیز من، توسط «آب» و «آتش» می‌توان «نقد» و «قلب» را شناخت.

تا من و تو هر دو در آتش رویم حجّتِ باقیِ[4] حیرانان شویم ۲۸۶۰

بیا تا من و تو به درون آتش برویم و دلیلی جاودان باشیم برای همهٔ کسانی که در بحث «حدوث و قِدَم» متحیّرند.

تا من و تو هر دو در بحر اوفتیم که من و تو این گُرُه را آیتیم ۲۸۶۱

اگر ما حاضر شویم به درون آتش برویم، می‌توانیم دلیلی قاطع برای متحیّران باشیم.

همچنان کردند و در آتش شدند هر دو خود را بر تَفِ آتش زدند ۲۸۶۲

همان کار را کردند و وارد آتش شدند و خود را به شراره‌های سرکش آن سپردند.

آن خدا گوینده مردِ مدّعی رَست، و سوزید اندر آتش آن دَعی[5] ۲۸۶۳

مدّعیِ وجود خدا از آتش رهایی یافت و آن حرام‌زاده سوخت.

از مؤذن بشنو این اِعلام[6] را کوریِ افزون‌روانِ[7] خام[8] را ۲۸۶۴

به کوریِ چشم آدم‌های افراطیِ جاهل، مؤذّن قرن‌هاست که وحدانیّت حق تعالیٰ را اعلام می‌کند.

که نسوزیده‌ست این نام از اَجَل[9] کِش مُسَمّیٰ[10] صدربوده‌ست واَجَل[11] ۲۸۶۵

که این نام همیشگی است و صاحبش در صدرِ هستی و منزّه از مادّه و عظیم‌تر از درکِ ماست.

---

۱ - **امتحان با آتش** : در اسطوره‌های آریایی: سیاوش در شاهنامه که از آتش به سلامت عبور کرد.
۲ - **این دو قرین** : این دو نوع. ۳ - **ایقان** : یقین. ۴ - **حجّت باقی** : دلیلی جاودان.
۵ - **دَعی** : کسی که نَسَبش مشکوک است، ولدالزّنا. ۶ - **اعلام** : مراد اذان است.
۷ - **افزون‌روان** : جمع افزون‌رو، کسی که پا را از گلیمش درازتر می‌کند و حدّ خود را نمی‌داند، کسی که حدّ عقل جزوی را که محدود است و به نامحدود راه نمی‌بَرَد، نمی‌داند. ۸ - **خام** : جاهل. ۹ - **اجل** : مرگ.
۱۰ - **مُسَمّیٰ** : صاحب نام. ۱۱ - **اَجَلّ** : اعظم، عظیم القدرتر.

صدهزاران زین رِهان[۱] اندر قِران[۲]   بـر دریـده پـردههای مُـنکِران[۳] ۲۸۶۶

همواره با بحث و شرطبندی در مقابلهٔ «مؤمن» و «منکر»، آبروی گروه کثیری رفته است.

چون گرو بستند، غالب شد صواب   در دوام و مـعجزات و در جـواب ۲۸۶۷

در شرطبندی حقیقت غلبه کرد تا بگوید که خرق عادت و کرامت در استمرار معجزات پابرجاست.

فـهم کـردم کـانکه دم زد از سَـبَق[۴]   وز حدوثِ چرخ پیروز است و حق ۲۸۶۸

من[۵] متوجّه شدم که حق با مؤمنی است که از ازلی بودن خالق و حدوث عالم سخن میگفت.

حـــجّتِ مُــنکِر هــماره زردْرو[۶]   یک نشان بر صـدقِ آن انکـارْ کـو؟ ۲۸۶۹

دلیل منکر همیشه بیاساس است. نشانِ موجّهی بر صحّت انکارِ او هست؟

یک مِــناره در ثـنایِ مُـنکِران   کو در این عالم که تا باشد نشـان؟ ۲۸۷۰

در عالمی با این همه عظمت، حتّی یک منبر و مناره از منکران تجلیل میکند؟

مِـنبری کـو کـه بـر آنجا مُخبِری   یــاد آرَد روزگــارِ مُــنکِری؟ ۲۸۷۱

آیا سخنوری بر منبری از دوران جاهلیّت به نیکی یاد کرده و آن را ستوده است؟

رویِ دیــنار و دِرَم از نــامشان[۷]   تا قیامت میدهد زیـن حـق نشـان ۲۸۷۲

نامِ پرچمدارانِ حق بر سکّههای طلا و نقره تا قیامت نشان حقّانیّت آنهاست.

سکّـهٔ شـاهان هـمی گـردد دگـر   سکّـهٔ احـمد بـبین تـا مُـستقر ۲۸۷۳

سکّهٔ سلاطین پس از سقوط تغییر میکند؛ امّا سکّهٔ احمد(ص) پایدار است.

---

۱ - **رِهان:** گرو بستن و شرطبندی.   ۲ - **اندر قِران:** در مقارنه، یعنی در مقابله.

۳ - مصراع دوم: پردهٔ ناموسشان دریده شده، یعنی آبرویشان بر باد رفته است.

۴ - **سَبَق:** بعضی از شارحان آن را به جای سَبْق و به معنی عدم سابق بر آفرینش، یعنی ازلی نبودن دانستهاند [نیکلسون]؛ امّا راقم این سطور میاندیشد که سَبَق یا «سَبْق» را به معنی سبقت گرفتن و پیشی گرفتن بدانیم که در این صورت مراد وجود ازلی خداوند است.   ۵ - **من:** یکی از ناظران بحث.

۶ - **زردرو:** ناتوان، اینجا بیاساس.

۷ - مراد سکّههایی است که یک روی آن «محمّد رسول الله» را حک میکردهاند و از قرن دوم هجری به بعد رایج بوده است، کنایه از سکّهٔ دل مؤمنان نیز هست. نیکلسون این اشارت را متوجّه عموم پیامبران دانسته است با این توجیه که: نام احمد نام جمله انبیاست: ر.ک: مولوی، ج ۴، ص ۱۶۱۰.

۲۸۷۴ **بـــر رخِ نـــقره و یـــا رویِ زری   وانـــما بـــر سکّـــه نـــامِ مُـــنکِری**

بر روی یک سکّهٔ نقره و یا طلا نام یک منکر را نشان بده.

۲۸۷۵ **خود مگیر این معجزِ چون آفـتاب   صد زبان[1] بین نـامِ او اُمُّ الکـتاب[2]**

حتّی اگر «اذان» و یا «سکّه»ها را که قرن‌ها بر دوام است، معجزه ندانی، به این معجزهٔ بزرگ به نام «قرآن» توجّه کن.

۲۸۷۶ **زَهره نی کس را که یک حرفی از آن   یـــا بـــدزدد یـــا فـــزایـد در بـیان[3]**

هیچ کس جرأت ندارد که حرفی از آن را بکاهد یا بر آن بیفزاید.

۲۸۷۷ **یارِ غالب[4] شو که تـا غـالب شـوی   یارِ مغلوبان مشو، هین ای غَـوی[5]!**

یارِ مؤمنان باش تا در پرتوِ ایمان آنان ایمان یابی. ای گمراه، یارِ منکران نباش.

۲۸۷۸ **حجّتِ مُـنکِر هـمین آمـد کـه مـن   غـــیر ایـــن ظـاهر نـمی‌بینم وطـن**

دلیل مُنکر این است که می‌گوید: من جز همین عالم محسوس چیز دیگری را نمی‌بینم.

۲۸۷۹ **هیچ نندیشد که هر جـا ظـاهری‌ست   آن ز حکمت‌هایِ پنهان مُخبِری‌ست**

هرگز نمی‌اندیشد که هر «صورت» دارای «سیرت و باطنی» است که حقیقتِ اوست.

۲۸۸۰ **فایدهٔ هر ظاهری خود بـاطن است   همچو نفع اندر دواها کـامِن[6] است**

فایدهٔ هر ظاهری در درون آن است، همان‌طور که خواصّ داروها در درون آن‌هاست.

---

۱ - **صد زبان:** مراد صدها دلیل است.

۲ - **امّ الکتاب:** قرآن کریم: آل‌عمران: ۷/۳، رعد: ۳۹/۱۳، زخرف: ۴/۴۳.

۳ - فصّلت: ۴۲/۴۱: لَا يَأْتِيهِ الْبَاطِلُ مِن بَيْنِ يَدَيْهِ وَ لَا مِنْ خَلْفِهِ...: که در اکنون یا آینده‌اش، باطل در آن راه نمی‌یابد. حِجْر: ۹/۱۵: إِنَّا نَحْنُ نَزَّلْنَا الذِّكْرَ وَ إِنَّا لَهُ لَحَافِظُونَ: همانا ما قرآن را نازل کردیم و ما خود نگهبان آنیم.

۴ - **غالب:** حق غالب است و مؤمنان نیز غلبهٔ معنوی و روحانی دارند. ۵ - **غَوی:** گمراه.

۶ - **کامِن:** نهان، پنهان، نهفته.

تفسیرِ این آیت[1] که: «و مَا خَلَقْنَا السَّمٰواتِ وَ الأرضَ وَ ما بَیْنَهُما اِلاّ بِالحَقِّ» نیافریدمشان بهرِ همین که شما می‌بینید، بلکـه بهرِ معنی و حکمـتِ باقیه که شما نمی‌بینـید آن را

در تأیید ابیات پیشین و با تفسیر قسمتی از **آیهٔ سوم سورهٔ احقاف**، سرّ سخن[2] در بیانِ این معناست: منکران که جز عالمِ ظاهر چیز دیگری را نمی‌بینند و حس نمی‌کنند، اگر به همین عالم ظاهر به چشم تأمّل بنگرند، در می‌یابند هر چیزی که در عالم ظاهر است، غایتِ وجودِ خویش نیست. تصوّر اینکه نقّاش، کوزه‌گر و یا خیّاط آنچه را که می‌سازند، برای خودِ آن چیز باشد و هیچ غایتی در ایجاد آن‌ها نباشد، متضمّن لغو است و فعل بی‌غایت معنی ندارد؛ پس در ورای عالم ظاهر باطنی هست و عالم حس غایت حدّ درک آدمی نیست.

این مثال‌ها در توضیح این نکته است که علّت غایی آفرینش شناختن آفرینندهٔ آن است.

۲۸۸۱ **هـیچ نـقّاشی نگـارد زَیْـن[3] نـقش　　بـی امیدِ نـفع، بـهرِ عـینِ نـقش؟**

آیا نقّاش نقش را بدون انگیزهٔ حصول منفعت و فقط به خاطرِ خودِنقش می‌کشد؟

۲۸۸۲ **بـلکه بـهر مـیهمانان و کِـهان[4]　　که بـه فـرجـه[5] وارَهَـند از اَنـدُهان**

بلکه آن را می‌کشد تا میهمانان و کودکان با تماشای آن از اندوه رهایی یابند.

۲۸۸۳ **شـادیِ بَـچْگان و یـادِ دوستان　　دوسـتانِ رفـته را از نـقش ِ آن**

تا بچّه‌ها شاد شوند و دوستان با نگریستن به آن، یارانِ گذشته را به یاد آورند.

۲۸۸۴ **هـیچ کـوزه‌گـر کُـند کـوزه شـتاب[6]　　بهرِ عـینِ کـوزه، نـه بـر بـویِ آب؟**

آیا هیچ کوزه‌گری کوزه را فقط برای خودِکوزه می‌سازد و به استفادهٔ آن که برداشتن آب است، توجّه ندارد؟

۲۸۸۵ **هـیچ کـاسه‌گـر کـند کـاسه تـمام　　بـهرِ عـینِ کـاسه، نـه بـهرِ طـعام؟**

آیا هیچ کاسه‌گر کاسه را فقط برای خود کاسه و نه برای غذا خوردن، می‌سازد؟

۲۸۸۶ **هیچ خطّاطی نـویسد خـط بـه فـن　　بهرِ عینِ خـط، نـه بـهرِ خـوانـدن؟**

آیا هیچ خطّاطی خطّی زیبا و هنرمندانه را فقط برای خود آن خط و نه برای خواندن، می‌نویسد؟

---

۱ - اشارتی قرآنی: احقاف: ۳/۴۶: آسمان‌ها و زمین و آنچه در میان آن‌هاست، جز به حق نیافریده‌ایم...

۲ - با استفاده از سرّ نی، ج ۱، ص ۵۳۵.　۳ - **زَین**: زینت دادن، آراستن.

۴ - **کِهان**: جمع کِه به معنی کوچک.　۵ - **فُرجه**: تفرّج و سرگرمی.　۶ - **شتاب**: شتابان.

۲۸۸۷ **نقشِ ظاهر بهرِ نقشِ غایب است — و آن برای غایبِ دیگر بِبَست[۱]**

ظاهر هر چیز برای باطنِ آن است و آن باطن نیز در خود باطنی دارد.

۲۸۸۸ **تا سوم، چارم، دَهُم بر می‌شُمَر — این فواید را به مقدارِ نَظَر[۲]**

این فواید را در حدّ درک و بینش خود تا مرتبهٔ سوم، چهارم و یا دهم می‌توانی بشماری.

۲۸۸۹ **همچو بازی‌هایِ شطرنج ای پسر ! — فایدهٔ هر لعب در تالی[۳] نگر[۴]**

ای پسر، اثرِ «علّت و معلول»هایِ «نظامِ هستی» را در بازی شطرنج ببین که تأثیرِ حرکت هر مهره در حرکت بعدی معلوم می‌شود.

۲۸۹۰ **این نهادند بهرِ آن لعبِ نهان — و آن برای آن، و آن بهرِ فلان**

حرکت هر مهره برای هدفِ خاصّی است و آن هدفِ خاصّ، اهدافِ دیگری در پی دارد.

۲۸۹۱ **همچنین دیده جهات اندر جهات — در پیِ هم، تا رسی در بُرد و مات**

برای بردن و مات کردن، باید جوانب را بسنجی و تمام حرکات احتمالی را بدانی.

۲۸۹۲ **اوّل از بهرِ دُوُم، باشد چنان — که شدن بر پایه‌هایِ نردبان**

اوّلین حرکت برای رسیدن به حرکت دوم است، همانند بالا رفتن از پلّه‌هایِ نردبان.

۲۸۹۳ **و آن دوم بهرِ سوم، می‌دان تمام — تا رسی تو پایه پایه تا به بام**

و پلّهٔ دوم را برای رسیدن به پلّهٔ سوم بدان تا پایه پایه به بام برسی.

۲۸۹۴ **شهوتِ خوردن ز بهرِ آن مَنی — آن مَنی از بهرِ نسل و روشنی**

تمایل به تغذیه برای استمرارِ «حیاتِ ظاهری» و تولید نسل است که کسانی‌به نور معرفت برسند.

---

۱ - **بِبَست** : صورت بست یا شکل گرفت.

۲ - تبیین رابطهٔ علّت و معلول در نظام هستی، علّت غایی خلقت را در ذاریات: ۵۶/۵۱، می‌یابیم: ر.ک: ۵۷۹/۱ و ۹۴۰/۱. ۳ - **تالی** : بعدی.

۴ - در این تمثیل، «درک انسان» و «عرصهٔ زندگی»اش به بازی شطرنج مانند شده است که در آن بازیگر ماهر که نمادی از «انسان آگاه» است با «غایت‌اندیشی» کلیّهٔ جوانب را می‌سنجد و هدف از فعل و انفعالات این عرصه را می‌داند و در آن مسیر می‌کوشد.

کُندْ بینش[1] می‌نبیند غیرِ این   عقلِ او بی سیر چون نَبتِ[2] زمین ۲۸۹۵

«غافل»، جز ظاهر را نمی‌بیند و از «خوردن» و یا «تولید منی»، چیزی جز شهوت نمی‌شناسد. «عقلِ» او مادّی و مثل گیاهی است که ریشه در خاک دارد.

نبْت را چه خوانده چه ناخوانده   هست پایِ او به گِل درمانده[3] ۲۸۹۶

اگر گیاه را به سوی خود بخوانی و یا نخوانی، ریشه‌اش در گِل است و قادر به حرکت نیست.

گر سرش جنبد، به سیرِ باد رو   تو به سر جنبانی‌اَش غرّه مشو[4] ۲۸۹۷

اگر سرِ گیاه به سبب وزش باد جنبید، گول این حرکت را نخور.

آن سرش گوید: سَمِعْنا[5] ای صبا!   پایِ او گوید: عَصَیْنا[6] خَلِّنا[7] ۲۸۹۸

سرِ گیاه می‌گوید: ای صبا، پیامت را شنیدیم؛ امّا پا می‌گوید: سرکشی کردیم، ما را رها کن.[8]

چون ندارد سیر، می‌راند چو عام   بر توکّل[9]، می‌نهد چون کور گام ۲۸۹۹

چون تحرّکات معنوی ندارد، کورکورانه تکانی به خود می‌دهد و برای مخفی کردنِ نفهمیِ خود از توکّل حرف می‌زند.

بر توکّل تا چه آید در نبرد[10]   چون توکّل کردنِ اصحابِ نرد[11] ۲۹۰۰

این «توکّلِ زبانی» مثلِ توکّلِ نردبازی است که بازی را نداند و بگوید: با توکّل به خدا.

و آن نظرهایی[12] که آن افسرده[13] نیست   جز رونده و جز درندهٔ پرده نیست ۲۹۰۱

درک و بینشِ پوینده جلو می‌رود و حجاب‌ها را می‌دَرَد و به عوالم غیبی نفوذ می‌کند.

---

۱ - **کُند بینش :** کم بصیرت، اینجا آدم ظاهربین، اهل دنیا یا بی‌بصیرت.   ۲ - **نَبت :** گیاه.

۳ - تمثیلی از «اهل دنیا» که جز دنیا و تمتّعاتش چیزی را نمی‌فهمد و دعوت به حق در وی اثری ندارد.

۴ - کلیّهٔ تحرّکات و فعل و انفعالاتی که از اهل دنیا دیده می‌شود، بر اساس غرایز و پندارهای اوست و هیچ معرفتی را در پی ندارد.   ۵ - **سَمِعنا :** شنیدیم.   ۶ - **عَصَیْنا :** سرکشی کردیم.

۷ - **خَلِّنا :** ما را رها کن و به حال خود بگذار.

۸ - اشاره به مضمون: بقره: ۹۳/۲، که مربوط است به گوساله‌پرستان قوم بنی‌اسرائیل.

۹ - **توکّل :** اینجا در مفهوم عارفانهٔ آن نیست، لق‌لق زبان است برای مخفی کردن ضعف‌ها و یا کسب منافع دنیوی.

۱۰ - **نبرد :** در عرصهٔ زندگی.

۱۱ - نیکلسون در این بیت، توکّل را که در این قبیل افراد فقط به زبان است، تقریباً معادل عقل معاش دانسته که تکیه بر آن موجب سیه‌روزیِ معنوی و پوشاندنِ ضعف است.   ۱۲ - **نظر :** اینجا درک باطنی.

۱۳ - **افسرده :** پژمرده، منجمد، راکد.

آنچه در ده سال خواهد آمدن　　　این زمان بیند به چشمِ خویشتن ۲۹۰۲

انسان متعالی می‌تواند در ماورای عالم حس حوادث سال‌های آینده را با چشم خویش ببیند.

همچنین هر کس به اندازهٔ نَظَر　　　غیب و مستقبل ببیند خیر و شر ۲۹۰۳

هر کس به اندازهٔ درکِ باطنیِ خود از «خیر و شرّ» نهانی که در آینده رخ می‌دهد، خبر دارد.

چونکه سدِّ پیش و سدِّ پس نماند　　　شدگذاره[1] چشم، و لوحِ غیب خواند ۲۹۰۴

برای «انسانِ کامل» از هیچ سو مانعی نیست و چشمِ باطنش عالم غیب را می‌بیند.

چون نظر پس کرد، تا بَدْوِ[2] وُجود　　　ماجرا و آغازِ هستی[3] رُو نُمود ۲۹۰۵

چون به گذشته بنگرد، از آغاز هستی تاکنون هرچه راکه رخ داده است، می‌تواند ببیند.

بَحْثِ اَملاکِ[4] زمین[5] با کبریا　　　در خلیفه کردنِ بابایِ ما ۲۹۰۶

«عارفِ کامل» می‌تواند بحثِ «فرشتگانِ زمینی» را با «ذاتِ کبریا» در خلافتِ آدم(ع) ببیند و بشنود.

چون نظر در پیش افکند او، بدید　　　آنچه خواهد بود تا محشر پدید ۲۹۰۷

چون عارف کامل به آینده بنگرد، هر چیزی راکه تا روز رستاخیز باید پدید آید، می‌بیند.

پس، ز پس می‌بیند او تا اصلِ اصل[6]　　　پیش می‌بیند عیان تا روزِ فصل[7] ۲۹۰۸

پس او از آغاز هستی تا روز رستاخیز را آشکارا می‌بیند.

هر کسی اندازهٔ روشن‌دلی　　　غیب را بیند به قدر صیقلی ۲۹۰۹

هر کس به اندازهٔ نور دل و زنگارزدایی‌اش می‌تواند عوالم غیب را ببیند.

هر که صیقل بیش کرد، او بیش دید　　　بیشتر آمد بر او صورت[8] پدید ۲۹۱۰

هر کس که آینهٔ دلش را بیشتر صیقلی کرده باشد، قادر به رؤیت حقایق بیشتری است.

---

۱ - **گذاره:** گذرنده، نافذ.　۲ - **بَدْو:** آغاز.

۳ - آغاز هستی؛ مقام «تجلّی علمی» در «احدیّت» که اوّل تعیّنی است که عارض بر وجود مطلق می‌شود: ر.ک. شرح مقدّمهٔ قیصری، ص ۲۵۰.　۴ - **املاک:** جمع مَلَک به معنی فرشته.

۵ - **املاک زمین:** اشاره به فرشتگانی است که قبل از آفرینش آدم(ع) به فرماندهی عزازیل به زمین آمدند تا اینجا را که جنّیان در آن سکونت داشتند، به نظم آوَرَند. آنان نخست با حق تعالیٰ چون و چرا کردند؛ امّا بعد بر آدم(ع) سجده بردند: ر.ک: ۲۶۷۱/۱.　۶ - **اصلِ اصل:** آغاز هستی.　۷ - **روزِ فصل:** روز قیامت.

۸ - **صورت:** صُوَر غیبی، حقایق غیبی.

گر تو گویی کآن صفا فضلِ خداست   نیز این توفیقِ صیقل ز آن عطاست ۲۹۱۱

اگر بگویی که صفایِ دل و پاک شدنش از تعلّقات فضل خداست و این توفیق هم عطای حق است،

قدرِ همّت باشد آن جهد و دعا   لَیْسَ[1] لِلاِنْسانِ اِلاّ ما سَعیٰ[2] ۲۹۱۲

«جهد و طلبِ» هرکس به قدر همّت اوست. «و اینکه برای انسان هیچ چیز نیست، مگر آنچه کوشیده است.»

واهبِ[3] همّت خداوند است و بس   همّتِ شاهی[4] ندارد هیچ خس[5] ۲۹۱۳

بخشندهٔ همّت فقط خداوند است. هیچ انسانِ ناقصی همّت انسان کامل را ندارد.

نیست تخصیص خدا کس را به کار   مانعِ طوع[6] و مُراد و اختیار ۲۹۱۴

در اینکه «توفیق» و «همّت» از سوی حق می‌رسد، شک نیست؛ امّا این‌ها منافاتی با اختیار و ارادهٔ بنده ندارد، او باید بکوشد.

لیک چون رنجی دهد بدبخت[7] را   او گریزاند به کُفران رخت را[8] ۲۹۱۵

امّا اگر خداوند به بدبختی، رنج و دردی برساند، به جای توسّل به حق به سوی کفر می‌رود.

نیکبختی را چو حق رنجی دهد   رخت را نزدیک‌تر وا می‌نهد ۲۹۱۶

اگر خداوند به شخص نیکبختی، رنج و دردی برساند، او به حق نزدیک‌تر می‌شود.

بَدْدلان[9] از بیم جان در کارزار   کرده اسبابِ هزیمت[10] اختیار ۲۹۱۷

افراد ترسو در صحنهٔ جنگ به فرار متوسّل می‌شوند.

پُردلان[11] در جنگ هم از بیمِ جان   حمله کرده سویِ صفِّ دشمنان ۲۹۱۸

افراد شجاع هم در صحنهٔ نبرد بر جانِ خود بیمناک‌اند؛ امّا به صف دشمن حمله می‌کنند.

---

۱ - اشارت قرآنی؛ نجم: ۳۹/۵۳؛ ر.ک: ۲۵۴۶/۴، این آیهٔ شریفه به کرّات در مثنوی از قرآن کریم اخذ گردیده است و در این مورد ضرورت وزن موجب شده تا تصرّفی جزئی روا دارد، از ابتدای آیهٔ شریفه «وَ أن» نیامده است.

۲ - تا آدمی نکوشد، توفیق نمی‌یابد.   ۳ - **واهب**: بخشنده.   ۴ - **همّت شاهی**: همّت انسان کامل.

۵ - **خَس**: اینجا انسانِ ناقص، کسی که به کمال نرسیده است.   ۶ - **طوع**: فرمانبرداری، اطاعت.

۷ - **بدبخت**: کسی که «توفیق و همّت» حق با او نباشد، کسی که از حقایق درکی ندارد.

۸ - **رخت را به کفران گریزاندن**: به سوی کفر رفتن، سخنان کفرآمیز گفتن.

۹ - **بد دل**: ترسو، اینجا بی‌ایمان که در صحنهٔ آزمون حق، به نبرد با رنج‌ها و مصایب نمی‌پردازد و می‌گریزد.

۱۰ - **هزیمت**: گریز به هنگام شکست، فرار.

۱۱ - مراد از «شجاع» و «ترسو»، «مؤمن» و «کافر» است که در صحنهٔ نبرد زندگی، مصایب و بلایا، مؤمن را به حق نزدیک‌تر می‌کند.

رُستمان[1] را ترس و غم واپیش بُرد — هم ز ترس آن بَدْدل اندر خویش مُرد ۲۹۱۹

«سالکان» در رویارویی با «ترس و غم» بیشتر به حق نزدیک می‌شوند؛ امّا فردِ «بی‌ایمان» از ترس و غصّه می‌میرد.

چون محک آمد بلا و بیمِ جان — زآن پدید آید شُجاع از هر جَبان[2] ۲۹۲۰

«بلا» و «بیم جان»، در زندگی همانند «محک» موجبِ افتراق «مؤمن» از «کافر» است و مراتب ایمانی را مشخّص می‌کند.

وحی کردنِ حق به موسی علیه السَّلام که: ای موسی! من که خالقم تعالی، تو را دوست می‌دارم[3]

در این قطعه، موسی(ع) به وحی دل در می‌یابد که پروردگار خطاب به وی می‌فرماید که ای برگزیدهٔ من، تو را دوست دارم؛ زیرا در همه حال به یاد خدای خود هستی، تنها او را می‌پرستی و فقط از او یاری می‌خواهی، مانند کودکی که جز مادر خود کسی را نمی‌شناسد و هنگامِ خشم مادر نیز به وی پناه می‌بَرَد. این ابیات در تقریر عالی‌ترین درجات «توکّل» است که متوکّل جز از طریق خدایش هدایت نمی‌پذیرد و جز او خواستار چیزی نیست.

در قطعهٔ پیشین گفته شد که «مؤمن» در مصاف با بلایا و مصایب از تقدیر نمی‌گریزد و به حق توسّل افزون‌تری می‌یابد، اینک در استمرار همان معنا این قصّه تقریر یافته که در شرحِ ایمان تامّ و درجات عالی توکّل است.

گفت موسی را بـه وحـی دل خـدا — کای گزیده! دوست مـی‌دارم تـو را ۲۹۲۱

خداوند به وحی دل به موسیٰ(ع) گفت: ای انسان برگزیده، تو را دوست دارم.

گفت: چه خصلت بُوَد ای ذوالکَرَم — موجبِ آن؟ تا مـن آن افـزون کـنم ۲۹۲۲

موسیٰ(ع) گفت: ای صاحب کَرَم، چه خصلتی سبب شد که بکوشم تا بر آن بیفزایم؟

گفت: چون طـفلی بـه پیش والده — وقتِ قهرش دست هـم در وی زده ۲۹۲۳

خداوند گفت: چون تو همانند آن کودکی هستی که در هنگامِ قهرِ مادر نیز به او پناه می‌برد.

---

۱ - **رستمان**: پهلوانان، مراد سالکانِ متعالی است. ۲ - **جبان**: ترسو.

۳ - به عنوان مأخذ آن مطلبی را در باب توکّل از رسالهٔ قشیریه، ص ۷۸ و همچنین احیاءالعلوم، ج ۴، ص ۱۸۵ ذکر کرده‌اند با همین مضمون: احادیث، صص ۴۰۱ و ۴۰۲.

خود نداند که جز او دیّار[۱] هست   هم از او مخمور[۲]، هم از اوست مست[۳] ۲۹۲۴

او اصلاً نمی‌داند که جز مادر کس دیگری هم هست؛ زیرا غم و شادی‌اش از مادر است.

مادرش گر سیلیی بر وی زند   هم به مادر آید و بر وی تَنَد[۴] ۲۹۲۵

اگر مادر او را تنبیه کند، باز هم به سویش می‌رود و به او پناه می‌برد.

از کسی یاری نخواهد غیرِ او   اوست جمله شرِّ او و خیرِ او ۲۹۲۶

از هیچ کس جز مادر یاری نمی‌خواهد. برای او خوبی‌ها و بدی‌ها در وجود مادر خلاصه شده است.

خاطرِ تو هم ز ما در خیر و شر   التفاتش نیست جاهایِ دگر ۲۹۲۷

دل تو هم در تمام موارد متوجّه ماست و به هیچ چیز دیگری گرایش ندارد.

غیرِ من پیشت چو سنگ است و کلوخ   گر صَبی و گر جوان و گر شیوخ ۲۹۲۸

غیر از من همه در نظرت مثل سنگ و کلوخ بی‌قدراند، خواه کودک، جوان یا پیر.

همچنانک اِیّاکَ نَعْبُدْ در حَنین[۵]   در بلا، از غیرِ تو لا نَسْتَعینْ[۶] ۲۹۲۹

همان‌طور که در راز و نیاز می‌گویی: «تنها تو را می‌پرستیم» و در بلا «جز از تو یاری نمی‌خواهیم».

هست این اِیّاکَ نَعْبُدْ حَصْر[۷] را   در لغت، و آن از پیِ نفیِ ریا ۲۹۳۰

می‌گوییم: «تنها تو را می‌پرستیم»؛ امّا اگر قبلهٔ دل ما، ماسِوَی‌الله باشد، با خدا ریا ورزیده‌ایم.

هست اِیّاکَ نَسْتَعینْ هم بهرِ حَصْر   حصر کرده استعانت را و قَصْر[۸] ۲۹۳۱

«جز از تو یاری نمی‌خواهیم» هم «یاری خواستن» را فقط به خداوند منحصر کرده است.

که عبادت مر تو را آریم و بس   طَمْع یاری هم ز تو داریم و بَس ۲۹۳۲

یعنی تنها تو را می‌پرستیم و فقط از تو یاری می‌خواهیم.

---

۱ - **دیّار**: کس، فرد، نفر.
۲ - **مخمور**: کسی که به سبب زایل شدن اثر شراب به کسالت یا دردسر مبتلا شده است، اینجا به معنی اندوه و غم.
۳ - **مست**: اینجا به معنی سرمستی و شادی.
۴ - **تَنَد**: از تنیدن به معنی بافتن، اینجا دور و بر کسی چرخیدن.
۵ - **حَنین**: ناله و زاری، اینجا راز و نیاز، نیایش.   ۶ - **لا نستعین**: یاری نمی‌خواهیم.
۷ - **حَصْر**: منحصر کردن یا اختصاص دادن به یک چیز خاصّ.   ۸ - **قصر**: کوتاه کردن.

خشم کردنِ پادشاه بر ندیم و شفاعت کردنِ شفیعْ آن مغضوبٌ عَلَیه را، و از پادشاه درخواستن، و پادشاه شفاعتِ او قبول کردن و رنجیدنِ ندیم از این شفیع که: چرا شفاعت کردی؟[1]

پادشاهی بر ندیمی خشم گرفت و شمشیر بر کشید تا جزای خلاف او را بدهد. عمادُالملک نامی از خواصّ شاه به شفاعت سجده کرد و او را از خشم و کیفر سلطان رهانید. ندیم که از عقوبت رَسته بود، از شفاعت شفیع آزرده خاطر شد و با وی قطع محبّت و دوستی کرد که جان من مبذول شاه است «او چرا آید شفیع اندر میان؟»، خواهان توجّه و رحمت شاه هستم؛ حتّی اگر به ظاهر قهر نماید و پناهی جز او را نمی‌خواهم. «من نخواهم غیر آن شه را پناه»

سِرّ قصّه رمزی است از تقریر حال عارف که «عاشقم بر قهر و بر لطفش به جدّ»، عارفی عاشق که ماسوی‌الله را به کناری افکنده است و در «قهر حق»، «لطف خفی» را به عیان مشاهده می‌کند و همچنانکه به «اِیّاکَ نَعْبُد» معتقد است به «اِیاکَ نَسْتَعین» نیز مؤمن است.

دربارهٔ عمادالملک[2] نام، مولانا قصّهٔ دیگری را هم در دفتر ششم مثنوی، بیت ۳۳۵۴ نقل می‌کند که راجع به خوارزمشاه است با اسب یکی از امیران وی، که در آنجا نیز عمادالملک نقش میانجی دارد و به نظر می‌رسد که هر دو قصّه مربوط به شخص واحدی باشد و شاید مقصود عماد الملکِ ساوه باشد که در اواخر عهد سلطان محمّد از مقرّبان و خاصان سلطان بوده است و چون وزیر پسر سلطان محمّد به نام رکن‌الدّین غورسانجی بوده و از جانب او به نزد سلطان آمده، مقرّب سلطان گردیده است.

۲۹۳۳ پادشاهی بر ندیمی[3] خشم کرد   خواست تا از وی بر آرَد دود و گَرد[4]

پادشاهی بر یکی از ندیمان خشم گرفت و خواست او را هلاک کند.

۲۹۳۴ کرد شه شمشیر بیرون از غلاف   تا زند بر وی، جزایِ آن خلاف

شاه شمشیر را از غلاف بیرون آورد تا او را کیفر دهد.

---

۱ - مأخذ این قصّه رمزگونه را حکایتی در تذکرةالاولیای عطّار دانسته‌اند، ج ۲، ص ۱۹۲، که در طیّ آن خداوندی بر بندهٔ خود خشم می‌گیرد. شفیعان سبب عفو او می‌شوند؛ امّا بنده همچنان می‌گرید. خداوندِ او می‌گوید: او رضای من می‌جوید و وی را اندر آن راه نیست. همچنین رسالهٔ قشیریه، ص ۹۰. این حکایت را از قول ابوعلی دقاق روایت می‌کند: احادیث، ص ۴۰۲. ۲ - بحر در کوزه، ص ۳۶۰. ۳ - **ندیم** : همنشین، یکی از نزدیکان یا مقرّبان.

۴ - **دود و گرد بر آوردن** : دمار از روزگار کسی بر آوردن، کشتن یا نابود کردن.

هیچ کس را زَهره نه تا دَم زند یا شفیعی بر شفاعت بر تَنَد ۲۹۳۵

هیچ کس جرأت نداشت حرفی بزند یا شفاعتی بکند.

جز عمادُالملک نامی، در خواص در شفاعت مصطفی‌وارانه خاص[1] ۲۹۳۶

به جز یکی از مقرّبان شاه به نام عمادالملک که هیچ کس در شفاعت شأن او را نداشت.

بر جهید و زود در سجده فُتاد در زمان، شه تیغ قهر از کف نهاد[2] ۲۹۳۷

عمادالملک از جای جست و در برابر شاه سجده کرد. شاه فوراً شمشیر را فروگذاشت.

گفت: اگر دیو است من بخشیدمش ور بلیسی کرد[3]، من پوشیدمش ۲۹۳۸

شاه گفت: اگر شیطان هم باشد، او را عفو کردم و از گناهش چشم‌پوشی می‌کنم.

چونکه آمد پایِ تو اندر میان راضیم، گر کرد مُجرم صد زیان ۲۹۳۹

چون تو پادرمیانی کرده‌ای، من از او راضی هستم؛ حتّی اگر گناهان بزرگی داشته باشد.

صدهزاران خشم را توانم شکست که تو را آن فضل و آن مقدار هست ۲۹۴۰

شأن و فضل تو نزد من آن قدر هست که می‌توانم شدیدترین خشم خود را فرو بنشانم.

لابه‌ات را هیچ نتوانم شکست زانکه لابهٔ تو یقین لابهٔ من است ۲۹۴۱

هرگز نمی‌توانم خواسته‌ات را ندیده بگیرم؛ زیرا خواهشِ تو خواستهٔ خود من نیز هست.

گر زمین و آسمان بر هم زدی ز انتقامْ این مردْ بیرون نامَدی ۲۹۴۲

اگر او آسمان و زمین را برای شفاعت می‌آورد، هرگز نمی‌پذیرفتم و انتقام می‌گرفتم.

ور شدی ذرّه به ذرّه لابه‌گر او نَبُردی این زمان از تیغْ سر ۲۹۴۳

اگر تمام ذرّات وجودش التماس می‌کرد، جان سالم به در نمی‌بُرد.

---

۱ - اشاره به روایتی است با این مضمون که در روز رستاخیز مؤمنان برای وارد شدن به بهشت از پیامبران شفاعت می‌خواهند و هر یک از ایشان دیگری را بر خود برتر می‌شمارد تا نوبت به محمّد(ص) می‌رسد و آن حضرت اجازه می‌یابد تا برخیزد و درِ بهشت را بگشاید: احادیث، صص ۴۰۲ و ۴۰۳.

۲ - عمادالملک در این قصّه نمادی از مرد حق است که شفاعت او جز به خواست حق نیست.

۳ - **بلیسی کرد**: کاری شیطانی کرد، گناه بزرگی کرد.

۲۹۴۴ **بـر تـو مـی‌نَنْهیم منّت ای کـریم! لیک شرحِ عزت توست ای ندیم![1]**

ای مرد بخشنده، بر تو منّتی نمی‌گذاریم؛ بلکه ای ندیم، عزّت تو را بیان می‌کنیم.

۲۹۴۵ **این نکردی تو، که من کـردم یـقین ای صفاتت در صفاتِ مـا [2]دفـین[3]**

ای آنکه صفات بشری‌ات در صفات ما محو شده است، مسلّماً این خواهشِ تو نبود، من خواستم.

۲۹۴۶ **تو در این مُسـتَعمِلی[4]، نـی عـاملی زانکه مـحمولِ[5] مـنی، نـی حـاملی**

تو «وسیله»‌ای در دستِ ارادهٔ حق بودی، ارادهٔ مرا اجرا کردی نه ارادهٔ خودت را.

۲۹۴۷ **مـــا رَمَـیْتَ اِذْ رَمَـیْتَ [6]گشـته‌ای خویشتن در موج چون کف هِشته‌ای[7]**

آیهٔ شریفهٔ «آنگاه که تیر می‌انداختی، تو تیر نمی‌انداختی» در تـو تـحقّق یـافته است و خـود را همچون کف به دست موج ارادهٔ الهی سپرده‌ای.

۲۹۴۸ **لا شــدی، پــهلوی الاّ[8] خـانه گـیر این عجب که هم اسیری هم امیر[9]!**

چون فنا شدی، بقا می‌یابی. شگفت‌آور است که هم اسیر باشی و هم امیر.

۲۹۴۹ **آنــچه دادی، تـو نـدادی، شـاه داد اوست بس، اَللهُ اَعْـلَـم بـالرَّشاد[10]**

حیات دوباره را تو ندادی، حق داد. وجودِ حقیقی اوست و بس. خداوند هدایت به راه راست را بهتر می‌داند.

۲۹۵۰ **وآن نــدیمِ رَسـته از زخـم و بـلا زین شفیع آزرد و برگشت از وَلا[11]**

ندیم که از شمشیر و بلا نجات یافته بود، از شفیع رنجید و با او قطعِ محبّت کرد.

۲۹۵۱ **دوسـتی بُـبْرید زآن مُـخْلِص تـمام رُو به حایط[12] کرد تـا نـارَد سـلام**

با دوستِ باصفا قطع رابطه کرد و هر وقت او را دید، صورتش را به سوی دیوار گرداند که سلام و علیک نکند.

---

۱ - در این بیت و چند بیت بعد از آن، سخنان شاه با شفیع حالتی دارد که گویی حضرت حق است که مقرّبی خاصّ‌الخاص را مورد خطاب قرار داده است. ۲ - **دفین** : دفن شده، اینجا محو و مستهلک شده.

۳ - مراد فنای صفات عبد در حق است. ۴ - **مستعمِل** : به کار گرفته شده. ۵ - **محمول** : ر.ک: ۹۴۱/۱.

۶ - اشارت قرآنی؛ انفال: ۱۷/۸؛ ر.ک: ۶۱۹/۱. ۷ - **هِشته ای** : رها کرده‌ای.

۸ - **لا و الاّ** : مراد «فنای در حق» و «بقای به حق» است. ر.ک: ۱۷۶۸/۱ و ۳۰۶۷/۱.

۹ - **اسیر و امیر** : تقابل ظاهر و باطن ولیّ حق. ۱۰ - **رَشاد** : هدایت به راه راست. ۱۱ - **وَلا** : دوستی.

۱۲ - **حایط** : دیوار.

زیـن شـفیعِ خـویشتن بـیگانه شـد زین تـعجّب خَـلق در افسـانه شـد ۲۹۵۲

چنان دوری می‌کرد که گویی او را نمی‌شناسد. مردم متعجّب شدند و هرکس چیزی می‌گفت.

که:نه مجنون است، یاری چون بُرید؟ ازکسـی کـه جـانِ او را واخـرید ۲۹۵۳

مردم می‌گفتند: اگر او دیوانه نیست، چرا از کسی که جانش را نجات داده، قهر کرده است؟

واخـریدش آن دم ازگـردن زدن خـاکِ نـعلِ[1] پـاش بـایستی شـدن ۲۹۵۴

شفیع او را از «بریده شدن سر» نجات داد، باید خاک پایِ او بشود.

بـازگونه رفت و بـیزاری گـرفت با چنین دلدار[2]، کـینْداری گـرفت ۲۹۵۵

امّا او برعکس، ابراز انزجار کرد و با این دوستِ مهربان به کینه‌توزی پرداخت.

پس مـلامت کـرد او را مُـصلحی کین جفا چون می‌کنی با ناصحی[3]؟ ۲۹۵۶

آدم خیرخواهی او را سرزنش کرد که چرا با این مشفق ستم می‌کنی؟

جانِ تـو بـخْرید آن دلدارِ خـاص[4] آن دم ازگردن زدن کردت خلاص ۲۹۵۷

آن مرد مهربانِ مقرّب جانت را خرید و گردنت را از تیغ نجات داد.

گـر بـدی کـردی، نـبایستی رمـید خاصه نـیکی کـرد آن یـارِ حـمید[5] ۲۹۵۸

اگر بدی هم می‌کرد، نباید دوری می‌کردی، چه رسد به اینکه آن دوست پسندیده نیکی کرده است.

گفت: بهرِ شاهْ مـبذول است جـان او چـرا آیـد شـفیع انـدر مـیان؟[6] ۲۹۵۹

ندیم گفت: برای شاه باید جان را قربان کرد، او چرا باید پادرمیانی می‌کرد؟

لِي مَـعَ اللّـه وقت بـود آن دم مـرا لا یَسَـعُ فـیهِ نَـبِیٌّ مُـجْتَبیٰ[7] ۲۹۶۰

ارتباط من با شاه رابطهٔ خاصی است که در آن «غیر» نمی‌گنجد، همان‌گونه که پیامبر(ص) فرمود: مرا با خدا لحظه‌هایی است که در آن هیچ فرشتهٔ مقرّب و پیامبرِ مُرسلی نمی‌گنجد.

---

۱ - **نعل**: کفش. ۲ - **دلدار**: دوست مهربان.
۳ - **ناصح**: نصیحت کننده، مشفق، دوست دلسوز، خیرخواه. ۴ - **خاص**: اینجا محرم و مقرّب.
۵ - **حمید**: پسندیده. ۶ - ندیم رمزی است از بنده‌ای که جویای رضای حق است؛ حتّی اگر مرگ باشد.
۷ - حدیث نبوی: ر.ک: ۳۹۶۸/۱.

من نخواهم رحمتی جز زخمِ شاه   مـن نـخواهـم غـیرِ آن شـه را پـناه ۲۹۶۱

من خواست او را می‌خواهم؛ حتّی اگر هلاکت باشد. جز او پناهی نمی‌جویم.

غـیرِ شـه را بـهرِ آن لا کـرده‌ام   کـه بـه سـویِ شـه تَـوَلّا[۱] کـرده‌ام ۲۹۶۲

چون ادّعای دوستی و محبّت او را دارم، غیر از شاه هیچ وجودی برایم اهمّیّتی ندارد.

گـر بِـبُرَّد او بـه قـهرِ خـود سـرم   شاه، بخشد شصت جانِ[۲] دیگـرم[۳] ۲۹۶۳

اگر شاه از روی خشم سر مرا بِبُرَّد، جانی بس عظیم به من عطا می‌کند.

کارِ من سربازی[۴] و بی‌خویشی[۵] است   کارِ شـاهنشاهِ مـن سـربخشی[۶] است ۲۹۶۴

کار من فنا شدن و کار شاه من هم بقا دادن به جانبازان است.

فخرِ آن سر کـه کـفِ شـاهش بُـرَد   ننگِ آن سر کو به غیری سـر بَـرَد[۷] ۲۹۶۵

سری که به دست او بریده شود، مایهٔ مباهات است و سری که با «غیر» بسازد، مایهٔ ننگ.

شب که شاه، از قهر در قیرش کشید   نـنگ دارد از هـزاران روز عـید ۲۹۶۶

تمام اجزای عالم هستی خواهان اجرای ارادهٔ حق‌اند، مثلاً «شب» که «قهر حق» او را «ظلمانی» کرده است، هرگز این ظلمت را با هزاران روز و عید عوض نمی‌کند.

خود، طوافِ[۸] آنکه او شه‌بین[۹] بُـوَد   فوقِ قهر و لطف و کفر و دین[۱۰] بُوَد[۱۱] ۲۹۶۷

حالِ کسی‌که به‌مقام شهود ذات حق رسیده، ماورای «قهر و لطف» و برتراز مفهوم «کفر و دین» است.

---

۱ - **تولاّ :** دوستی و محبّت.

۲ - **شصت جان :** مراد عدد خاصّی نیست؛ بلکه به معنی جانی بسیار عظیم و متعالی که معادل شصت و بلکه هزاران جان است.

۳ - مضمون بیت تطابق دارد با مضمون حدیث قدسی: ...که هر که را بکشم، خود دیهٔ او هستم: ر.ک: ۲۹۲/۱ و ۱۷۵۹/۱، احادیث، ص ۴۰۴.   ۴ - **سربازی :** باختن سر، باختن جان.   ۵ - **بی خویشی :** فنا.

۶ - **سربخشی :** مراد حیاتِ حقیقی است.

۷ - **به غیری سر بَرَد :** با «غیر» به سر بردن و «حق» را فراموش کردن.

۸ - **طواف :** گرد چیزی چرخیدن، اینجا به مفهوم «خدامحوری» یا توجّه قلبی به خدا و با خدا زیستن در همه حال است.   ۹ - **شه‌بین :** اینجا شهود حق و استغراق تامّ.

۱۰ - اشاره است به مقام انسان کامل محمّدی(ص) که به اعتبار باطن در مرتبهٔ بطن هفتم، یعنی بالاترین مراتب فنا و محو تامّ و ازالهٔ احکام امکان و شرک معنوی جای دارد: ر.ک: ۳۵۱۴/۱، به عبارت ساده‌تر در این مقام انسانِ واصل وجودی جدا از حق ندارد که مورد قهر و یا لطف باشد.

۱۱ - کلام در این ابیات اوج عظیمی یافته و به شهود حق در مرتبهٔ «احدیّت» یا «تعیّن اوّل» رسیده است که در آن وجود عین صفات است و صفات از یک‌دیگر و از ذات تمییز ندارند.

زآن نیامد یک عبارت در جهان   که نهان است و نهان است و نهان ۲۹۶۸

اگر در شرحِ آن حال تاکنون عبارتی گفته نشده برای این است که در لفظ نمی‌گنجد.

زانکه این اسما و الفاظِ حمید   از کِلابهٔ[1] آدمی آمد پدید[2] ۲۹۶۹

زیرا تمام «الفاظ» که ستوده‌ترین آن‌ها «اسماءالحسنیٰ» است، باز هم در «قالبِ لفظ» است و به سبب «خلقتِ انسان» پدید آمده است.

عَلَّمَ ٱلأَسْمٰا[3] بُد آدم را امام   لیک نه اندر لباس عَین و لام ۲۹۷۰

خداوند نام‌ها و حقایق هستی را از طریقِ ادراک باطنی به آدم(ع) آموخت، نه در «قالب لفظ».

چون نهاد از آب و گِل بر سر کلاه[4]   گشت آن اسمایِ جانی[5] رُوسیاه ۲۹۷۱

هنگامی که آن علوم در «قالبِ لفظ» آمدند، تنزّل یافتند و تابناکی را از دست دادند.

که نقابِ حرف و دم[6] در خودکشید   تا شود بر آب و گِل[7] معنی پدید ۲۹۷۲

«اسما و حقایقِ عالمِ هستی» در زیر نقابی از «حرف و دَم»، یعنی «سخن و نَفَس» قرارگرفت تا برای انسان قابل درک باشد.

گرچه از یک وجه منطق[8] کاشف است   لیک از دَه وجه، پرده و مُکْتِف[9] است ۲۹۷۳

«نطق و بیان» تا حدّی روشن کننده هست؛ امّا چون «معانی غیبی و حقایقِ عالم هستی» برتر از آن‌اند که در «قالبِ لفظ» بگنجند، حجاب درک آن‌ها نیز می‌شود.

---

۱ - **کلابه** : کلافِ نخ، مراد خلقت پیچیدهٔ انسان است.

۲ - حقیقت وجود که مقام «صرافت هستی» است، از جمیع قیود تنزّه دارد، (نه کسی زو نام دارد نه نشان) : شرح مقدّمهٔ قیصری، ص ۲۳۱.   ۳ - اشارت قرآنی؛ بقره: ۳۱/۲؛ ر.ک: ۱۲۳۹/۱ و ۲۶۶۲/۱.

۴ - مصراع اوّل: مراد تنزّل اسما و حقایق به قالب دنیوی و الفاظ است.

۵ - **اسمای جانی** : اسماءالحسنی و حقایقِ صرف که در مقام احدیّت و واحدیّت، صِرف وجودند و عقل انسان قادر به درک عظمت و تابناکی آن‌ها نیست.   ۶ - تنزّل این حقایق به قالب لفظ.

۷ - **آب و گِل** : اینجا انسانِ خاکی.   ۸ - **منطق** : نطق و سخن.   ۹ - **مُکْتِف** : پوشاننده.

گفتنِ خلیل [۱] مر جبرئیل را عَلَیهِمَا السَّلام، چون پرسیدش که: اَلَکَ حٰاجَةٌ؟ خلیل جوابش داد که: «اَمّٰا اِلَیْکَ فَلاٰ» [۲]

در حکایتِ «خشم گرفتن شاه بر ندیم خود...» احوال بنده‌ای به تقریر آمد که میان خود و حق هیچ واسطه و شفاعتگری را نمی‌خواهد. اینک در توالی همان معنا و به عنوان برجسته‌ترین نمونه به ابراهیم(ع) اشاره می‌شود که در آتش نمرود از جبرائیل یاری نخواست و حاضر بود، بسوزد.

جان کلام در بیانِ این معناست که عارفان نیز چنین‌اند.

۲۹۷۴ **مـن خـلیلِ وقـتم و او جـبرئیل　　　مـن نـخواهـم در بـلا او را دلیـل [۳]**

ندیم گفت: ابراهیم(ع) در آتش از جبرائیل کمک نخواست، من هم در این بلا شفاعت او را نمی‌خواستم.

۲۹۷۵ **او ادب نآمـوخت از جـبریلِ راد [۴]　　　کـه بـپرسید از خـلیلِ حـق مـراد**

آیا عمادالملک از جبرائیل نیاموخت که ابتدا از خلیل حق پرسید: خواسته‌ات چیست؟

۲۹۷۶ **که: مُرادت هست، تـا یـاری کـنم؟　　　ورنـه بگـریزم، سـبکباری [۵] کـنم**

جبرائیل گفت: آیا می‌خواهی به تو کمک کنم؟ وگرنه بروم و رفع مزاحمت کنم.

۲۹۷۷ **گـفت ابـراهـیم: نـی، رو از مـیان　　　واسطه، زحمت بُوَد بَعْدَ [۶] اَلعِیٰان [۷]**

ابراهیم(ع) گفت: نه، از میانه برو. بعد از رسیدن به حقیقت نیازی به واسطه نیست.

۲۹۷۸ **بـهرِ ایـن دنـیاست مُـرسَل [۸] رابـطه　　　مؤمنان را، زانکـه هست او واسـطه**

پیامبر برای مؤمنان در این دنیا واسطه‌ای است میان خالق و مخلوق.

۲۹۷۹ **هر دل ار سامع [۹] بُدی وَحْیِ نـهان　　　حرف و صوتی کی بُدی اندر جهان؟**

اگر هر دلی می‌توانست «وحیِ نهان» را بشنود، در دنیا الفاظ و اصوات پدید نمی‌آمد.

---

۱ - سرگذشت ابراهیم(ع): ر.ک: ۵۵۱/۱: اشارت قرآنی؛ انبیاء: ۶۷/۲۱.

۲ - ماجرای ابراهیم(ع) و جبرائیل: ر.ک: ۴۲۱۶/۳.　۳ - **دلیل**: راهنما، اینجا کمک و شفاعت.

۴ - **راد**: جوانمرد، آزاده.　۵ - **سبکباری کردن**: کنایه از رفع زحمت.

۶ - **عیان**: مشاهدهٔ حقیقت یا عین‌الیقین: ر.ک: ۸۶۳/۲.

۷ - اشاره است به این سخن: طَلَبُ ٱلدَّلیلِ بَعْدَ ٱلْوُصولِ إلَی ٱلْمَدلُولِ قَبیحٌ: ر.ک: ۱۴۰۷/۳ که داستان مشغول شدن عاشق به نامه خواندن است.　۸ - **مُرْسَل**: رسول.　۹ - **سامع**: شنوا.

۲۹۸۰ **گرچه او[1] محوِ حق است و بی‌سر است[2] لیک کـارِ مـن از آن نـازکتر است[3]**

هرچند که او هم در حق فانی شده؛ امّا کار من از او ظریف‌تر و برتر است.

۲۹۸۱ **کـردهٔ او کـردهٔ شـاه است لیک پیشِ ضعفم[4] بَد نماینده‌ست نیک**

با وجود آنکه او در حق محو شده و فعلِ او فعل حق است؛ امّا در قبال «ظرافتِ کار و حالِ» من، شفاعت او بد بود.

۲۹۸۲ **آنچه عینِ لطف[5] باشد بر عوام قـهر شـد بـر نـازنینانِ کِـرام[6]**

چیزی را که عوام «لطف» می‌دانند، کاملان «قهر» می‌شمارند؛ زیرا با حق واسطه نمی‌خواهند.

۲۹۸۳ **بس بـلا و رنـج مـی‌باید کشـید عـامه را، تـا فـرق را تُـوانند دیـد**

شاید عوام با تحمّل رنج‌ها و بلاها بتوانند این فرق را درک کنند.

۲۹۸۴ **کین حروفِ واسطه، ای یارِ غار[7] ! پیشِ واصل خار باشد، خار، خار[8]**

ای یار همدل، این «حروف و کلمات» که به عنوان «واسطه» برای «تفهیمِ معانی» به کار می‌روند، در نظرِ «واصل» جز «رنج و آزار» نیستند.

۲۹۸۵ **بس بـلا و رنـج بـایست و وقـوف تا رهد آن روحِ صافی[9] از حـروف**

«روح» برای آگاهی و درکِ «عالم غیب» باید بسی بلاها و رنج‌ها را متحمّل شود.

۲۹۸۶ **لیک بعضی زین صدا کـرتر شـدند بـاز بـعضی صـافی و بـرتر شـدند**

کسانی که استعدادِ درک این «الفاظ» را نداشتند، منکرتر شدند و آن‌ها که داشتند، منوّرتر.

---

۱ - **او :** اشاره به عمادالملک. ۲ - **محو حق است و بی‌سر است :** فانی در حق.

۳ - این بیت در توصیف انسان کامل محمّدی(ص) است که به مرحلهٔ «تعیّن اوّل» رسیده و در آنجا، «وجود» عین «صفات» است و صفات از یک‌دیگر و از ذات تمییز ندارند؛ امّا در «تعیّنِ ثانی»، یعنی در واحدیّت، ذات و صفات از یک‌دیگر متمایزند؛ پس برای کسی که چنان کمال یافته است، صفات جمالی «لطف» یا صفات جلالی «قهر» از یک‌دیگر و از ذات تمایز ندارند؛ بنابراین مرتبهٔ او برتر از کسی است که بین صفات تفاوتی قائل است: ر.ک. شرح مقدّمهٔ قیصری، ص ۲۲۷.

۴ - **ضعف :** مراد ناتوانی نیست؛ بلکه ظرافت کار و شدّت حال و عمق استغراق و وحدت است.

۵ - اشاره است به این سخن: حَسَناتُ الأَبْرارِ سَیِّئاتُ الْمُقَرَّبینَ: ر.ک: ۲۸۲۴/۲.

۶ - **نازنینانِ کِرام :** کاملان واصل، مردان حق. ۷ - اشاره به ابوبکر است و از آیهٔ ۴۰ سورهٔ توبه اخذ شده.

۸ - سخنان اوجِ بلندی یافته بود که از درک سالک متوسّطِ آگاه نیز فراتر است، چه برسد به عام خلق، به ناچار فرود کلام الزامی بود و از اینجا به بعد حروف و سخنان به عنوان «واسطه»ای برای تفهیم معانی مطرح می‌شوند.

۹ - **روحِ صافی :** روحِ متعالی.

همچو آبِ نیل آمد این بلا سعد[1] را آب است، و خون بر اشقیا[2] ۲۹۸۷

«بانگِ توحید»، همانند آب نیل است، برای «مؤمن» گوارا و برای «مُنکر» بلا.

هر که پایان‌بین‌تر او مسعودتر جِدْتَر[3] او کارَد[4]، که افزون دید بَر ۲۹۸۸

هر کس که عاقبت‌اندیش‌تر باشد، سعادتمندتر است. مجاهدهٔ بیشتر نتیجهٔ بهتری دارد.

زانکه داند کین جهانِ کاشتن هست بهرِ محشر و برداشتن[5] ۲۹۸۹

زیرا می‌داند که این جهان مزرعه‌ای برای کاشتن و برداشت محصول در رستاخیز است.

هیچ عَقدی بهرِ عین خود نبود بلکه از بهرِ مقامِ ربح[6] و سود ۲۹۹۰

هیچ معامله‌ای صِرفاً برای عقد یک پیمان نیست؛ بلکه برای سود و زیانِ آن است.

هیچ نَبْوَد مُنکِری گر بنگری منکری‌اَش بهرِ عینِ مُنکِری ۲۹۹۱

انکار هیچ منکری صرفاً برای نَفْسِ انکار نیست.

بل برای قهرِ[7] خصم اندر حسد یا فزونی جُستن و اظهارِ خَود ۲۹۹۲

یا به سبب حسادت می‌خواهد دشمن را مغلوب کند و یا می‌خواهد اظهار وجود نماید.

و آن فزونی هم پی طَمْعِ دگر بی معانی چاشنی ندهد[8] صُوَر ۲۹۹۳

اظهار وجود هم در پیِ مقصودی نهانی است؛ زیرا ظاهر بدون باطن لطفی ندارد.

زآن همی پرسی: چرا این می‌کنی؟ که صُوَر زَیْت[9] است و معنی روشنی ۲۹۹۴

اینکه از کسی می‌پرسی که چرا این کار را می‌کنی؟ برای آن است که «ظاهر»، همانند «روغن» و «معنا و مفهومِ» هر کار، همانند «روشنیِ» چراغ است.[10]

ورنه این گفتن چرا، از بهرِ چیست؟ چونکه صورت بهرِ عینِ صورتی‌ست ۲۹۹۵

اگر در هر کاری فقط ظاهرِ آن مورد نظر باشد، پرسش‌هایی از قبیل: چرا؟ به چه منظور؟ مفهومی ندارد؛ زیرا کار انجام شده برای وقوعِ «ظاهر» یا «صورت» بوده و معنایی را در پی نداشته است.

---

۱ - **سَعد :** نیک‌بخت، مؤمن. ۲ - **اشقیا :** جمعِ شَقی به معنی بدبخت. ۳ - **جِد :** جهد، مجاهده.
۴ - **کارَد :** بکارد، اینجا کنایه از جهد در راه خداست.
۵ - مناسب است با مضمون این خبر: اَلدُّنیا مَزْرَعَةُ الآخِرَة: دنیا مزرعهٔ آخرت است: احادیث، ص ۳۵۸.
۶ - **ربح :** نفع و سود. ۷ - **قهر :** مقهورکردن، غلبه‌کردن. ۸ - **چاشنی ندهد :** مزه ندارد، لطفی ندارد.
۹ - **زَیت :** روغن. ۱۰ - یعنی می‌خواهیم فایدهٔ هر کار را بدانیم و از ظاهرِ هر چیز به باطنش پی ببریم.

این چرا گفتن، سؤال از فایده‌ست   جز برای این، چرا گفتن بد است ۲۹۹۶

چراگفتن برای رسیدن به فایده‌ای است که از سؤال حاصل می‌شود و گرنه بیهوده است.

از چه رُو فایده جویی ای امین!   چون بُوَد فایدهٔ این خود همین؟[1] ۲۹۹۷

ای انسان امین، اگر فایدهٔ هر چیز در ظاهرش باشد، چرا جویای فایدهٔ آن هستی؟

پس نقوشِ آسمان، وَ اهلِ زمین   نیست حکمت کآن بُوَد بهرِ همین ۲۹۹۸

پس وجود کائنات و مخلوقات فقط برای نقش ظاهرشان نیست و در آفرینش آن‌ها حکمتی هست.

گر حکیمی نیست، این ترتیب چیست؟   ور حکیمی هست، چون فعلش تهی‌ست؟ ۲۹۹۹

اگر آفرینش عالم حکیمانه نیست، چگونه این نظم به وجود آمده است؟ و اگر خالقی حکیم آن را آفریده، چگونه ممکن است فعلش بیهوده باشد؟

کس نسازد نقشِ گرمابه[2] و خِضاب[3]   جز پی قصد صواب و ناصواب ۳۰۰۰

حتّی کارهای سادهٔ انسان‌ها در پی هدفی است که می‌تواند بجا یا نابجا باشد؛ امّا بی‌فایده نیست.

---

۱ - زیرا می‌دانی که هر ظاهری دارای باطنی نیز هست.

۲ - **نقش گرمابه**: تصاویری که در رختکن حمّام‌ها نقش می‌شده است.

۳ - **خضاب**: موادّ رنگی که موی سر و یا پوست بدن را با آن رنگ کنند مانند حنا و وسمه.

مطالبه کردنِ موسی علیه السّلام حضرت راکه: «خَلَقْتَ خَلْقاً وَ اَهْلَکْتَهُم؟» و جواب آمدن[۱]

موسی(ع) در جایگاه رفیع رسالت و خلافت و مرتبهٔ تکلیم، خواهان حکمت الهی است تا از سرّ بقا آگاهی یابد و عام را بر آن واقف سازد تا اگر تناقض‌هایی در خلقت به تصوّر خویش یافتند، حکمت آن را بر ایشان عرضه دارد. از این‌رو در این قطعه موسی(ع) از خداوند جویای آن است که خدایا، خلقی را می‌آفرینی و بعد آنان را به هلاکت می‌رسانی، سبب چیست؟ به وی وحی می‌رسد که تخمی در زمین بیفشانَد. موسی(ع) چنین می‌کند و دانه‌هایی می‌کارَد و در پایانِ کِشت به درودن آن می‌پردازد. اینجاست که خطاب حق می‌رسد: چیزی را که کاشتی، چرا اکنون می‌بُری؟ موسی(ع) می‌گوید: برای جدا کردن کاه از دانه، این امر اجتناب‌ناپذیر است، و به این ترتیب پاسخ خود را می‌یابد که سرّ آن جدا شدن روح‌های پاک از روح‌های تیرهٔ گِلناک است.

ضمن سؤال و جوابی بین خداوند و کلیم، حکمت خلقِ عالم و وجود آنچه راکه نزد خلق عیب و یا شرّ محسوب است، به تقریر می‌آوَرَد و عیان می‌سازد که هر یک از این‌ها در علم حق به مقتضای حکمتی و بنابر مصلحتی است که متضمّن خیری باطنی است که تحقّقش وابسته به وقوع همان شرّ ظاهری است.

تمثیل گندم در سؤال موسی(ع) در این مورد صراحت دارد که چون فعل عَبَث از انسان صادر نمی‌شود، چگونه می‌توان آن را در مورد صانعی حکیم تصوّر کرد؟

همین سؤال موسی(ع) به شکلی دیگر و به مناسبت اینکه «نقش ـ کـژمژ» در آب و گِل دیده در «سرّ غلبهٔ ظالمان»، ۱۸۱۸/۲ به بعد، مطرح شده است و در تمام این موارد نتیجهٔ اخذ شده آن است که فعل عَبَث از حکیم جایز نیست و در قرآن کریم؛ مؤمنون: ۱۱۵/۲۳: آیا پنداشته‌اید که شما را بیهوده آفریده‌ایم و شما به نزد ما بازگردانده نمی‌شوید؟ هم بدین معنی اشارت هست که آفرینش عالمیان عبث نیست و برای آن است که گنج حکمت‌ها عیان گردد.

---

۱ - مأخذ آن را روایتی با همین مضمون در حلیةالاولیاء، ج ۴، صص ۲۸۶ و ۳۶۰ دانسته‌اند: احادیث، ص ۴۰۵.
احتمال است که سؤال موسی(ع) توجیه و یا تفسیری باشد از مضمون قول و اعتراض او در باب «رَجَفَهٔ میقات» و هلاک یاران وی و از همین‌جاست که صوفیه گفته‌اند: «سطوت حدّت موسی می‌باید تا دمِ اِن هِیَ اِلاّ فِتْنَتُکَ تواند زد» و این دمِ اعتراض‌آمیز که گویی او را به همان سبب «به ضربهٔ لَنْ ترانی گوشمال بدادند» نیز از همین تعبیر مذکور در قرآن کریم؛ ۱۵۵/۷، مأخوذ باشد: سرّ نی، ص ۳۹۰.
اشارت قرآنی؛ اعراف: ۱۵۵/۷: ...این نیست جز آزمون تو... که در ارتباط است با قوم بنی‌اسرائیل که درخواست رؤیت الهی را داشتند و موسی(ع) ۷۰ نفر از آنان را برگزید و برای میعاد برد که به زلزله گرفتار و هلاک شدند.

گفت موسی: ای خداوندِ حساب! نقش کردی، باز چون کردی خراب؟ ۳۰۰۱

موسی(ع)گفت: ای خداوند عادل! چرا موجودات را می‌آفرینی و بعد از بین می‌بری؟

نـرّ و مـاده نقش کردی جـان‌فـزا وآنگهان ویـران کـنی ایـن را چرا؟ ۳۰۰۲

چرا موجودات نر و ماده را در نهایت زیبایی می‌آفرینی و بعد نابود می‌کنی؟

گفت حق: دانم که این پرسش تو را نیست از انکار و غـفلت وز هـوا ۳۰۰۳

خداوند گفت: می‌دانم که این پرسش به سبب انکار، بی‌خبری و یا هوای نفس نیست.

ورنــه تأدیب و عِـتابت کـردمی بـهرِ این پرسش تو را آزردمی ۳۰۰۴

وگرنه تو را ادب می‌کردم و مورد نکوهش قرار می‌دادم و می‌آزردم.

لیک می‌خواهی کـه در افعالِ مـا بـاز جـویی حکمت و سِرِّ بـقا ۳۰۰۵

تو می‌خواهی که حکمت و سرّ آفرینش و استمرار آن را بدانی.

تـا از آن واقـف کـنی مر عـام را پُختـه گـردانی بـدین هـر خـام را ۳۰۰۶

تا خلق را آگاه کنی و انسان‌های خام را به پختگی معنوی برسانی.

قاصدا[1] سائل شدی در کـاشفی[2] بر عوام، ارچـه کـه تـو زآن واقـفی ۳۰۰۷

خودت حکمت فعل ما را می‌دانی؛ امّا می‌پرسی که پاسخی برای عام خلق بیابی.

زانکه نیم عِلْم آمـد ایـن سؤال[3] هـر بـرونی[4] را نباشد آن مجال ۳۰۰۸

زیرا این پرسش نیمی از پاسخ است و هر نامحرم نمی‌تواند چنین سؤالی مطرح کند.

هم سؤال از عِلم خیزد، هم جواب[5] همچنانکه خار و گُل از خاک و آب ۳۰۰۹

پرسش و پاسخ برخاسته از دانش است، همان‌طور که خار و گل هر دو از خاک و آب می‌رویند.

هم ضَلال از علم خیزد، هـم هُدیٰ همچنانکه تـلخ و شـیرین از نَدا[6] ۳۰۱۰

گمراهی و هدایت هم برخاسته از دانش‌اند، همان‌طور که میوهٔ تلخ یا شیرین از آب نشأت می‌یابد.

---

۱ - **قاصداً**: عمداً. ۲ - **کاشفی**: با یاء مصدری به معنی کشف کردن، ادراک.

۳ - اشاره است به این کلام: اَلسؤالُ نصفُ الْعِلْم: نیکلسون آن را حدیث نبوی دانسته است؛ امّا منبعی برای آن نیافتم. احتمالاً از کلام بزرگان است. ۴ - **برونی**: نامحرم، کسی که به عالم حقایق راه نیافته است.

۵ - همواره منشأ پرسش و پاسخ‌های ارزشمند آدمی دانش او بوده و هست.

۶ - **نَدا**: باران، رطوبت، خاک نمناک.

۳۰۱۱ **ز آشنایی خیزد این بُغض و وَلا[۱] وز غذایِ خوش بُوَد سُقم[۲] و قُویٰ[۳]**

دوستی و دشمنی از آشنایی بر می‌خیزد، همان‌گونه که سلامتی یا بیماری نیز وابسته به غذاست.

۳۰۱۲ **مستفیدِ[۴] اَعجمی[۵] شد آن کلیم تا عَجَمْیان را کند زین سِرْ علیم**

موسی(ع) برای آگاهیِ ناآگاهان وانمود کرد که پاسخ را نمی‌داند.

۳۰۱۳ **ما هم از وی اعجمی سازیم خویش پاسخش آریم چون بیگانه پیش[۶]**

ما هم وانمود می‌کنیم که از آگاهیِ او بی‌خبر هستیم و پاسخش را چنان می‌دهیم که گویی ناآگاه است.

۳۰۱۴ **خرفروشان خصمِ یکدیگر شدند تا کلیدِ قُفلِ آن عَقد آمدند[۷]**

خرفروشان برای تشویقِ خلق وانمود می‌کنند یکی خریدار و دیگری فروشنده است و با هم چانه می‌زنند.

۳۰۱۵ **پس بفرمودش خدا: ای ذو لباب[۸]! چون بپرسیدی، بیا بشنو جواب**

پس خداوند به موسیٰ فرمود: ای خردمند، چون سؤال کردی، اینک این پاسخ توست.

۳۰۱۶ **موسیا! تخمی بکار اندر زمین تا تو خود، هم وادهی انصافِ این**

ای موسیٰ، دانه‌ای در زمین بکار تا پس از کشت، منصفانه پاسخ خودت را بدهی.

۳۰۱۷ **چونکه موسی کِشت و شدکِشتَش تمام خوشه‌هااَش[۹] یافت خوبی و نظام**

چون موسیٰ دانه‌ها را کاشت و کشت به پایان رسید و خوشه‌ها رشد کرد و خوب شد،

۳۰۱۸ **داس بگرفت، و مر آن را می‌بُرید پس ندا از غیب درگوشش رسید**

موسیٰ(ع) داس را گرفت و مشغول درو کردن خوشه‌ها شد. ندایی به گوشش رسید.

---

۱ - **وَلا**: دوستی. ۲ - **سُقم**: بیماری. ۳ - **قُویٰ**: نیروهای حیاتی آدمی، سلامتی.

۴ - **مستفید**: سودمند شدن.

۵ - **اعجمی**: آنکه کلام پیدا و فصیح نتواند گفتن هرچند که از عرب باشد، گنگ، خلاف عرب، اینجا خود را به نادانی زدن.

۶ - این ابیات در توصیف «تجاهل العارف» است: وانمودکردن به عدم آگاهی چه از سوی حق و چه از سوی بنده در واقع تحریض خلق به درک معارف است و در همین راستا و در بیت بعد این روش را به نیرنگ خرفروشان مانند می‌کند که جنگ لفظی‌شان و چک و چانه‌ای که می‌زنند برای ترغیب خریدار است.

۷ - مصراع دوم: تا کلید قفل معامله بشوند؛ یعنی معامله به انجام برسد. ۸ - **ذولباب**: خردمند.

۹ - خوشه‌هایش.

که چرا کِشتی کُنی و پروری چون کمالی یافت، آن را می‌بُری؟ ۳۰۱۹

نداگفت: چرا چیزی را که کاشتی و اینک به کمال رسیده است، درو می‌کنی؟

گفت: یا رَب! زآن کنم ویران و پست[1] که در اینجا دانه هست و کاه هست ۳۰۲۰

موسیٰ گفت: پروردگارا، برای آن درو می‌کنم که اینجا دانه و کاه با هم مخلوط هستند.

دانه لایق نیست در انبارِ کاه کاه در انبارِ گندم، هم تباه ۳۰۲۱

شایسته نیست که گندم در انبار کاه باشد و کاه هم در انبار گندم از بین می‌رود.

نیست حِکمت این دو را آمیختن فرق، واجب می‌کُند در بیختن[2] ۳۰۲۲

این دو را در کنار یک‌دیگر قرار دادن کار حکیمانه‌ای نیست. تفاوت میان آن‌ها موجب جدا کردن‌شان است.

گفت: این دانش تو از که یافتی؟ که به دانش بَیْدَری[3] بر ساختی ۳۰۲۳

خداوند فرمود: این دانش را از چه کسی آموخته‌ای که توانستی خرمنی فراهم کنی؟

گفت: تمییزم تو دادی ای خدا گفت: پس تمییز چون نَبْوَد مرا؟ ۳۰۲۴

گفت: خداوندا، این تشخیص را تو عطا کردی. حق تعالیٰ فرمود: ممکن است من فاقد آن باشم؟

در خلایق روح‌هایِ پاک هست روح‌هایِ تیرهٔ گِلناک[4] هست ۳۰۲۵

بعضی از مردم روح‌های پاک دارند و برخی روح‌های ناپاک.

این صدف‌ها[5] نیست در یک مرتبه در یکی دُرّ[6] است و در دیگر شَبَه[7] ۳۰۲۶

وجود انسان‌ها مرتبهٔ یکسانی ندارد، در یکی روحی منوّر است و در دیگری جانی تاریک.

واجب است اظهارِ[8] این نیک و تباه همچنانک اظهارِ گندم‌ها ز کاه ۳۰۲۷

جدا کردن روح‌های نیک از بد، همانند جداسازی گندم از کاه ضروری است.

---

۱ - **ویران و پست کردن :** اینجا درو کردن. ۲ - **بیختن :** غربال کردن. ۳ - **بَیدر :** خرمن گندم.
۴ - **روح تیرهٔ گلناک :** جانی که فقط به دنیا تمایل دارد. انسان‌ها هم از نظر ظاهر متفاوت‌اند و هم از نظر باطن.
۵ - **صدف :** کنایه از تن آدمی. ۶ - **درّ :** مروارید، کنایه از روح منوّر.
۷ - **شبه :** سنگ سیاه و سخت که در جواهرسازی به کار می‌رود، اینجا کنایه از روحِ تاریک.
۸ - **اظهار :** ظاهر ساختن، آشکار کردن.

۳۰۲۸ **بهرِ اظهار است این خلقِ جهان — تا نماند گنجِ حکمت‌ها نهان**

آفرینش مخلوقات جهان برای آن است که گنج حکمت الهی عیان شود.

۳۰۲۹ **کُنْتُ کَنْزاً کُنْتُ مَخْفِیّاً[1] شنو — جوهرِ خود گم مکن، اظهار شو**

حدیث قدسی: «من گنجی نهانی بودم، خلق را آفریدم تا شناخته شوم» را بشنو و بکوش تا گنجِ وجودت در آینهٔ دلت آشکار شود.

بیانِ آنکه روح حیوانی[2] و عقلِ جُزوی[3] و وَهمْ و خیال[4] بر مثالِ دوغ‌اند، و روح[5] که باقی است، در این دوغ همچون روغن پنهان است

در ابیات پیشین جان‌کلام در تقریر «راز آفرینش و مرگ» و «تمییز روح‌های پاک از ناپاک» بود. اینک در ادامهٔ همان معنا سخن از مراتب روح است که بنا بر اشارت قرآنی؛ حجر: ۲۹/۱۵: ...**وَ نَفَخْتُ فِیهِ مِنْ روحی**.... روح قدسی که در انسان دمیده شده، در وجودش نهان است، همان‌گونه که در این تمثیل «روغن» در «دوغ» پنهان است.

۳۰۳۰ **جوهرِ صدقت خَفی شد در دروغ[6] — همچو طعمِ روغن اندر طعمِ دوغ**

«روح مجرّد و نفس ناطقه»ات در قالبِ جسمانی پنهان شده است، همان‌طور که طعم روغن در دوغ عیان نیست.

۳۰۳۱ **آن دروغت این تنِ فانی بُوَد — راستت آن جانِ ربّانی بُوَد**

جسمِ تو فناپذیر است؛ امّا «جانِ ربّانی» یا «روحِ قدسی»ات فناناپذیر و منسوب به ذات است.

۳۰۳۲ **سال‌ها این دوغِ تن پیدا و فاش — روغنِ جان اندر او فانی و لاش[7]**

همواره «تن» دیده می‌شود و «جان» ربّانی نهان است و گویی ابداً نیست.

---

۱ - اشاره به حدیث قدسی: ر.ک: ۲۸۷۵/۱.

۲ - **روح حیوانی**: نازل‌ترین مرتبهٔ جانِ انسان که مرتبهٔ بهایم است: برای مطالعهٔ مراتب متفاوت باطن انسان: ر.ک: ۳۵۱۳/۱. ۳ - **عقل جزوی**: ر.ک: ۲۱/۲. ۴ - **وهم و خیال**: ر.ک: ۷۰/۱.

۵ - **روح**: مراد روح قدسی یا روح عالیِ عِلْوی است که نور محض است و در عالی‌ترین مرتبهٔ هستی قرار دارد.

۶ - **دروغ**: کنایه از تن است که از عالَمِ مادّه است و قائم به ذات نیست و چون هستیِ موهومی دارد «دروغ» یا غیر واقعی خوانده شده است.

۷ - **لاش**: ناچیز، اینجا چیزی که به چشم نمی‌آید و حس نمی‌شود. در این تمثیل «تن» به «دوغ» و «جان ربّانی» به «روغنِ دوغ» مانند شده‌اند.

تــا فــرسـتد حـق رسـولی، بنده‌یی   دوغ را در خُـمــره جُـنبانندهیی ۱ ۳۰۳۳

تا حق بنده‌ای از کاملان را مأمور کند که کششی به سوی حق به وجود آوَرَد. ۲

تـا بـجنباند بـه هنجار و بـه فن   تا بدانـم مـن کـه پنهان بود مـن ۳ ۳۰۳۴

و چنان با مهارت حال مرا تغییر دهد که روحم از قید زندگی مادّی نجات یابد و متوجّه شوم که حقیقتِ من در پس نگرشی ظاهری پنهان بوده است.

یـا کـلام بنده‌یی کآن جزوِ اوست   در رَوَد در گوشِ او کو وحیْ جُوست ۳۰۳۵

یا سخن یکی از واصلان که جزوی از وجودِ پیامبر است، به گوشِ مشتاقِ وحی برسد.

أُذُن ۴ مؤمن وحی ما را واعی ۵ است   آنچنان گوشی قرین داعی ۶ است ۳۰۳۶

گوش باطنی مؤمن شنواست و «وحی» را می‌پذیرد و همواره به داعیِ حق توجّه دارد.

همچنانکه گوشِ طفل از گفتِ مام   پُر شود، نـاطق شـود او در کـلام ۳۰۳۷

همان‌طور که گوش طفل از سخنان مادر پر می‌شود و سرانجام می‌تواند سخن بگوید.

ور نـباشد طـفل را گوش رَشَد ۷   گفتِ مـادر نشنود، گنگی شـود ۳۰۳۸

اگر طفل کر مادرزاد باشد، کلام مادر را نمی‌شنود که تقلید کند و لال می‌شود.

دایـما هـر کـرّ اصلی گُنگ بود   ناطق ۸ آن کس شدکه از مادر شنود ۳۰۳۹

هـمواره هـر کـر مـادرزاد لال هـم هست. کـودکی سخن می‌گوید که سخن مادر را شنیده باشد.

دان که گوشِ کرّ و گُنگ از آفتی‌ست   کـه پـذیرای دَم و تـعلیم نیست ۳۰۴۰

بدان که نپذیرفتن کلام حق ناشی از علّتی باطنی است که قابلیّت و استعداد لازم را ندارد.

---

۱ – مصراع دوم: دوغ را در خمره جنباندن؛ یعنی تحرّکی روحانی و معنوی به وجود آوردن.
۲ – تعلّقی که «روح قدسی» با «روح حیوانی یا روح طبیعی» و یا «روح انسانی» دارد ارتباطی در جهت تصرّف و تدبیر و در واقع همان ارتباطی است که روح آدمی با بدن عنصری دارد و این به ارتباط «روغن با دوغ» و یا ارتباط «اسم با معنی» تشبیه می‌گردد.   ۳ – این ابیات اشاره به رسالت پیامبران است و پس از آنان اولیا و کاملان.
۴ – أُذُن : گوش، همان اُذُن است.   ۵ – واعی : شنونده و نگهدارنده.   ۶ – داعی : دعوت کننده.
۷ – گوش رَشَد : گوشی که بشنود. در این تمثیل کسی که کلام حق را نمی‌پذیرد به کر مادرزاد مانند شده است.
۸ – ناطق : در اینجاکسی است که باگوش شنواکلام حق را شنیده و متعالی شده و اینک می‌تواندکلام حق بگوید.

آنکه بی تعلیم بُد ناطق، خداست که صفاتِ او ز علّت‌ها جداست[۱] ۳۰۴۱

هیچ‌کس جز خداوند بدون تعلیم نمی‌تواند سخن بگوید؛ زیرا صفات او منزّه از علّت و سبب‌است.

یا چو آدم، کرده تلقینش خدا بی حجابِ مادر و دایه و اِزا[۲] ۳۰۴۲

یا همانند آدم(ع) که خداوند بدون واسطه او را تعلیم داد، بی‌آنکه پدر، مادر، دایه و سبب در میان باشد.

یا مسیحی که به تعلیمِ وَدود[۳] **در ولادت، ناطق آمد در وُجود** ۳۰۴۳

یا همانند مسیح(ع) که با تعلیم خداوند مهربان به محض تولّد سخن گفت.

از برای دفع تهمت در وِلاد[۴] **که نزاده‌ست از زنا و از فَساد** ۳۰۴۴

مسیح(ع) در هنگام تولّد برای رفع اتّهام سخن گفت که از زنا و فساد به وجود نیامده است.

جنبشی[۵] **بایست اندر اجتهاد**[۶] **تا که دوغ آن روغن از دل باز داد**[۷] ۳۰۴۵

جهدِ خالصانه می‌تواند از میان وجه مادّیِ وجود آدمی، حقیقتِ او را آشکار کند.

روغن، اندر دوغ باشد چون عَدَم دوغ در هستی بر آورده عَلَم[۸] ۳۰۴۶

«روح» در «تن» چنان نهان است که گویی نیست. فقط وجه مادّی با چشمِ ظاهر دیده می‌شود.

آنکه هستت می‌نماید، هست پوست وانکه فانی می‌نماید، اصلْ اوست ۳۰۴۷

«تن» که به نظرت حقیقی جلوه می‌کند، «پوستهٔ ظاهری» است و «روح» که گُمان می‌کنی نیست، اصلِ وجود توست.

دوغ[۹]**، روغن**[۱۰] **ناگرفته‌ست وکُهُن**[۱۱] **تا بنگزینی**[۱۲]**، بِنِه، خرجش مکن** ۳۰۴۸

تا «روح» را از آلایش‌های دنیوی پاک نکردی، عمر را بیهوده صرف نکن.

---

۱ - اشاره به اینکه: جز حق تعالیٰ همه کس نیازمند ارشاد و تعلیم است.

۲ - **اِزا** : به جای، در عوض. نیکلسون راغب است که «ادا»، «یعنی ادای حروف» را قرائت صحیح آن بداند؛ امّا در نسخهٔ کهن «اَزا» کاملاً واضح است. ۳ - **وَدود** : دوست، مُحب یا محبوب.

۴ - ر.ک. قرآن؛ مریم: ۳۰/۱۹-۲۶. ۵ - **جنبش** : کوشش، اینجا مراد صدق و اخلاص است.

۶ - **اجتهاد** : جهد کردن، مراد عبادت، ارادت و ریاضت سالک.

۷ - در این تمثیل، حقیقتِ وجود آدمی به روغنی که در دوغ نهان است مانند شده.

۸ - **عَلَم** : پرچم، «برآورده عَلَم»، یعنی اظهار وجود می‌کند، دیده می‌شود.

۹ - **دوغ** : کنایه از حیات جسمانی در زندگی دنیوی. ۱۰ - **روغن** : کنایه از روح انسانی.

۱۱ - **دوغ کهن** : دوغ ترشیده، عمری که به بطالت و غفلت گذشته است. ۱۲ - **تا بنگزینی** : تا جدا نکردی.

هین بگردانَش به دانش دستْ دست   تا نماید آنچه پنهان کرده است ۳۰۴۹

همان‌طور که برای جدا کردن کره از دوغ، خُمره را بین دو دست می‌گیرند و به سرعت می‌گردانند، تو هم خمرهٔ تنت را به تکاپو وادار کن تا حقیقتِ نهانی‌اش هویدا شود.

زانکه این فانی دلیلِ باقی است   لابهٔ مستان دلیلِ ساقی است ۳۰۵۰

زیرا این «جسمِ فانی» نشان وجودِ «روحِ باقی» است همان‌طور که «نالهٔ آدم‌هایِ مست»، نشانی از وجودِ «ساقی» است.

مثالِ دیگر هم در این معنی

جانِ کلام در بیانِ این معناست که «جسم» آدمی همانند تصویر شیر بر روی «عَلَم» است که به خودیِ خود حرکتی ندارد و با وزش باد به گردش و چرخش می‌آید. بادهایی که موجب تحرّک انسان است، همان اندیشهٔ اوست که نشأت گرفته از روح آدمی است. «اندیشهٔ نیک» موجب بروز آثار نیک و «اندیشهٔ بد» موجب بروزِ آثارِ بد است.

هست بازی‌هایِ آن شیرِ عَلَم[1]   مُخبِری از بادهایِ مُکْتَتَم[2] ۳۰۵۱

حرکتی که تصویر شیر بر روی عَلَم دارد، نشان و خبری از باد نهانی است.

گر نبودی جُنبش آن بادها   شیرِ مُرده کی بجَستی در هوا؟ ۳۰۵۲

اگر آن بادها نمی‌وزید، شیر بی‌جان چگونه می‌توانست در هوا حرکت کند؟

زآن شناسی باد را، گر آن صباست[3]   یا دَبور[4] است، این بیانِ آن خفاست[5] ۳۰۵۳

از نوع حرکت تصویر شیر می‌توانی بفهمی که باد صباست یا باد دَبور.

این بَدَن مانندِ آن شیرِ عَلَم   فکر می‌جنبانَد او را دَم به دَم ۳۰۵۴

این بدن از اندیشه‌های گوناگون، همانند آن شیر عَلَم لحظه به لحظه حرکت می‌کند.

---

۱ - این تمثیل قبلاً در دفتر اوّل نیز آمده است: ر.ک: ۶۰۷/۱.   ۲ - **مُکْتَتَم** : پنهان، نهان.

۳ - **باد صبا** : بادی که از مشرق می‌وزد، نسیم لطیف و زندگی‌بخش، کنایه از اندیشهٔ نیکِ روح پاک.

۴ - **باد دَبور** : بادی که از مغرب می‌وزد، باد زیان‌بخش، کنایه از اندیشهٔ بدِ روح ناپاک.

۵ - در واقع احساس، افکار و اعمال هر کس نشانه‌های ظاهریِ روحِ نهان در قالب عنصریِ اوست.

فکر کآن از مشرق آید، آن صباست   وانکه از مغرب، دَبورِ با وَباست ۳۰۵۵

اندیشهٔ جانِ پاک، همانند باد صبا اثرات نیک دارد و اندیشهٔ جانِ تاریک، مانند باد دبور اثرات بد دارد.

مشرقِ این بادِ فکرت[1] دیگر است   مغربِ این بادِ فکرت زآن سر است ۳۰۵۶

منشأ اندیشهٔ نیک، «روح پاک و عقل پالایش یافته» و منشأ اندیشهٔ بد، روحِ حیوانی است.

مَهْ جماد است و بُوَد شرقش جماد   جانِ جانِ جانْ بُوَد شرقِ فُؤاد[2] ۳۰۵۷

«ماه» وجودی مادّی دارد و مشرقش نیز مادّی است؛ امّا دلِ جویای حق مشرقش «جانِ جانِ جان» یا «روح انسان کامل» است.

شرقِ خورشیدی[3] که شد باطنْ‌فروز[4]   قشر و عکس[5] آن بُوَد خورشیدِ روز ۳۰۵۸

«جانِ جانِ جان» یا «روحِ انسانِ کامل» که «دل و جانِ» انسان را منوّر می‌کند، «هستیِ مطلق» یا «روحِ مطلق» است که خورشید آسمان پرتوی از آن است.

زانکه چون مرده بُوَد تنْ بی‌لَهَب[6]   پیش ِ او، نه روز بنماید نه شب ۳۰۵۹

زیرا «تن» بدون «نورِ جان یا شعلهٔ جان» مانندِ مُرده نمی‌تواند شب و روز را درک کند.

ور نباشد آن[7]، چو این باشد تمام   بی شب و بی روز دارد انتظام[8] ۳۰۶۰

امّا «روحِ» به کمال رسیده، بدونِ «تن» هم حیاتِ حقیقی دارد.

همچنانکه چشم می‌بیند به خواب[9]   بی مه و خورشید ماه و آفتاب ۳۰۶۱

همان‌طور که چشم در رؤیا بی‌آنکه ماه و خورشید باشد، آن‌ها را می‌بیند.

نَوم[10] ماچون شد اَخُ اَلمَوْت[11] ای فلان!   زین برادر آن برادر را بدان ۳۰۶۲

ای فلان، چون خواب برادر مرگ است، از «خواب» و حیاتی که در آن هست، می‌توان تا حدودی به «مرگ» و حیاتِ روحانی آن پی بُرد.

---

۱ - **باد فکرت**: اندیشه‌ای که آدمی را به حرکت وامی‌دارد.
۲ - **فؤاد**: از فأد به معنی افروختن، جمع آن أَفْئِدَة، قلب. در قرآن جمع و مفرد آن هر دو به کار رفته است.
۳ - **خورشید باطن‌فروز**: همان «جانِ جانِ جان» است. ۴ - **باطن فروز**: فروزان کنندهٔ دل و جان.
۵ - **قشر و عکس**: پوسته و بازتاب، پرتو. ۶ - **لَهَب**: شعله. ۷ - **آن**: این ضمیر به «بدن» باز می‌گردد.
۸ - حیات و هستیِ حقیقیِ ما غیر مادّی است. ۹ - مراد ادراک باطنی بدون ابزار ظاهری است.
۱۰ - **نوم**: خواب، غنودگی. ۱۱ - ر.ک: ۴۰۳/۱.

۳۰۶۳ **ور بگویندت که: هست آن فرعِ این　　مشنو آن را ای مقلّد[۱] بی‌یقین[۲]**

اگر بگویند که «خواب دیدن»، «فرع» و نتیجهٔ حیات مادّی است، آن را مقلّدانه نپذیر و بگذار ارتقا بیابی تا به چشمِ دل ببینی که چنین نیست.

۳۰۶۴ **می‌ببیند خواب، جانَت وصفِ حال[۳]　　که به بیداری نبینی بیست سال[۴]**

جان تو در خواب حقایقی را می‌بیند که وصف‌الحال خودت یا دیگران است که در بیداری نمی‌توانستی آن را ببینی.

۳۰۶۵ **در پیِ تعبیرِ آن، تو عُمرها　　می‌دَوی سوی شهانِ با دَها[۵]**

برای تعبیر و درکِ رؤیایی که دیده‌ای، سال‌ها به دنبال مردان آگاه می‌دوی.

۳۰۶۶ **که بگو آن خواب را تعبیر چیست؟[۶]　　فرع گفتن، این چنین سِر را، سگی‌ست[۷]**

و می‌گویی: تعبیر خوابم چیست؟ چنین سرّی را «فرع» نامیدن نشانهٔ پستی و پلیدی است.

۳۰۶۷ **خوابِ عام است این، و خود خوابِ خواص　　باشد اصلِ اجتبا[۸] و اِختصاص**

این خوابِ عام خلق است، در حالی که خاصّان در خواب که اتّصال آنان با عالم غیب است، در می‌یابند که به حق اختصاص یافته و برگزیده شده‌اند.

۳۰۶۸ **پیل[۹] باید تا چو خسبد او سِتان[۱۰]　　خواب بیند خِطّهٔ هندوستان[۱۱]**

برای اتّصال با عالم غیب، باید آدمی «مرد حق» باشد تا در خواب بتواند وطن حقیقی خود را ببیند.

۳۰۶۹ **خر[۱۲] نبیند هیچ هندُستان به خواب　　خر ز هندُستان نکرده‌ست اِغتراب[۱۳]**

«بیگانه» هرگز «عوالم غیبی و برتر» را در خواب نمی‌بیند؛ زیرا آنجا را ندیده و حس نکرده است و احساس غربت ندارد.

---

۱ - **مقلّد** : کسی که دانشش رسمی یا کسبی است، در مقابل محقّق که علمش کشفی است.

۲ - مراد آن است که هرچه را که آدمی در رؤیا می‌بیند، چیزهایی است که جان او در قلمرو ماورای حس دیده است؛ پس «جان» بدون تن حیات دارد و می‌تواند حرکت کند و ببیند یا بشنود.

۳ - حقایقی که ربطی به زندگی روزمرّه‌ات ندارد و متأثّر از آن نیست.

۴ - **بیست سال** : سال‌های دراز، مُراد هرگز است.　۵ - **دَها** : زیرکی، هوشمندی.

۶ - مراد آن است که اگر رؤیاها را صرفاً نشأت گرفته از حیات مادّی بدانیم، نشانهٔ بی‌ایمانی و بی‌اعتقادی به عالم ماورای حس است.　۷ - **سگی** : پستی و پلیدی، بی‌ایمانی.　۸ - **اجتبا** : برگزیدن.

۹ - **پیل** : کنایه از مرد حق.　۱۰ - **سِتان** : به پشت.　۱۱ - **هندوستان** : کنایه از عالم ملکوت.

۱۲ - **خر** : کنایه از اهل دنیا، بیگانه با عالم معنا.　۱۳ - **اِغْتراب** : به غربت رفتن، ترک وطن.

۳۰۷۰ **جانِ همچون پیل باید، نیک زَفت [۱] تا به خواب او هند داند رفت تَفت [۲]**

«جان» باید همانندِ «جانِ مردِ حق» متعالی باشد تا بتواند به سرعت هنگام خواب به عوالم برتر متّصل شود.

۳۰۷۱ **ذکر هندُستان کُند پیل از طلب پس مُصوَّر گردد آن ذکرش به شب**

«مرد حق» در بیداری، همواره به یادِ «عوالم برتر» و «طالب» آن است؛ پس در خواب به همان عوالم اتّصال می‌یابد و حقایقی را در رؤیا می‌بینند.

۳۰۷۲ **اُذکُرُو اللّه [۳] کارِ هر اوباش نیست اِرْجِعی [۴] بر پایِ هر قلاّش [۵] نیست**

«خدا را یاد کنید»، کار هر آدم بی‌سروپایی نیست، همچنین هر مکّاری شایستگی شنیدن خطاب «اِرْجِعی» را ندارد.

۳۰۷۳ **لیک تو آیِس [۶] مشو، هم پیل باش ورنه پیلی، در پیِ تبدیل باش**

امّا ناامید نشو و سعی کن که شایستهٔ حق باشی. اگر نیستی، بکوش تا آن را احراز کنی.

۳۰۷۴ **کیمیاسازانِ گردون [۷] را ببین بشنو از میناگران [۸] هر دَم طنین**

«مردان حق» را ببین که چگونه هر لحظه آوای هدایتشان در آسمان جان طنین‌افکن است.

۳۰۷۵ **نقشْ‌بندان [۹] اند در جَوّ فلک کارسازانند بهرِ لی و لَک [۱۰]**

آنان در آسمانِ جانِ آدمی نقش تازه‌ای می‌آفرینند و تو را به سوی حق، هدایت می‌کنند.

۳۰۷۶ **گر نبینی خَلقِ مُشکین جَیب [۱۱] را بنگر ای شب‌کور [۱۲]، این آسیب [۱۳] را**

ای کور باطن، اگر نمی‌توانی هدایت‌شدگان را ببینی و باور کنی، تأثیرِ عوالم غیبی را در خودت ببین و باور کن.

۳۰۷۷ **هر دم آسیب است بر ادراکِ تو نَبْتِ [۱۴] نو نو رُسته بین از خاکِ تو**

اینکه در هر لحظه درک و اندیشهٔ تازه‌ای داری، چیزی جز تأثیرِ عوالمِ غیبی نیست.

---

۱ - **زَفت** : عظیم، اینجا متعالی و منوّر. ۲ - **تَفت** : تند، با شتاب.

۳ - احزاب: ۴۱/۳۳: ای کسانی که ایمان آورده‌اید، خدا را یاد کنید، یادی بسیار.

۴ - فجر: ۸۹/۲۸-۲۷: ای روح آرامش یافته به سوی پروردگارت بازگرد، تو خشنود از او و او خشنود از تو.

۵ - **قَلاّش** : کَلاّش، مکّار. ۶ - **آیِس** : ناامید. ۷ - **کیمیاسازان گردون** : انبیا و اولیا، مردان حق.

۸ - **میناگران** : مردان حق. ۹ - **نقشْ‌بند** : نقّاش، کسی که نقشی می‌آفریند. ۱۰ - **لی و لک** : من و تو.

۱۱ - **مُشکین جَیب** : کسی که سینه و دلی معطّر دارد، معطّر از عِطر حقایق.

۱۲ - **شبْ‌کور** : خفّاش، کنایه از کوردلی است یا کور باطنی. ۱۳ - **آسیب** : برخورد.

۱۴ - **نَبْت** : گیاه، اینجا کنایه از اندیشه.

زین بُد ابراهیمِ ادهم[1] دیده خواب بسطِ هندستانِ دل[2] را، بی‌حجاب ۳۰۷۸

ابراهیم ادهم هم به سبب تأثیرِ «عوالم غیبی»، توانست عظمتِ عالمِ معنا را در خواب ببیند.

لاجرم زنجیرها[3] را بر درید مملکت بر هم زد و شد ناپدید ۳۰۷۹

ناچار زنجیرهای تعلّقات را از هم گسست، پادشاهی را رها کرد و از انظار ناپدید شد.

آن نشانِ دیدِ هندستان بُوَد که جَهَد از خواب و دیوانه شود ۳۰۸۰

اینکه کسی یکباره با تحوّلی شگفت‌انگیز از خواب غفلت بیدار شود، نشانهٔ دیدن عالم حقایق است.

می‌فشانَد خاک بر تدبیرها می‌دراند حلقهٔ زنجیرها ۳۰۸۱

عارف با دیدن عالم حقایق، تدبیرهای حسابگرانهٔ عقل جزوی را بی‌قدر می‌یابد و زنجیرِ تعلّقات دنیوی را از هم می‌دَرَد.

آنچنانکه گفت پیغمبر[4] ز نور که: نشانش آن بُوَد اندر صُدور ۳۰۸۲

همان‌طور که پیامبر(ص) در ارتباط با دریافت نور الهی فرمود: نشان دلی که این نور بر آن بتابد آن است که:

که تَجافی[5] آرد از دارُ ٱلغُرور[6] هم اِنابت[7] آرَد از دارُٱلسُّرُور[8] ۳۰۸۳

از دنیا و آخرت کناره می‌گیرد؛ یعنی نه مهر دنیا را دارد و نه طمعِ بهره‌های آن‌جهانی را.

بهرِ شرحِ این حدیثِ مصطفی داستانی بشنو ای یارِ صفا ۳۰۸۴

ای یار باصفا، برای شرح این حدیث پیامبر(ص) داستانی را بشنو.

---

۱ - **ابراهیم ادهم** : ر.ک: ۷۲۷/۴ به بعد و ۸۳۰/۴ به بعد. ابراهیم ادهم به عنوان نمونه‌ای از کسانی که تأثیر عالم غیب در واقعه‌ای به او رسیده و موجب هدایتش به سوی کمال شده است، ذکر می‌شود.

۲ - **هندُستانِ دل** : عالم معنا، عالم غیب. ۳ - **زنجیرها** : تعلّقات دنیوی، اینجا سلطنت و حکومت بلخ.

۴ - اشاره به روایتی تقریباً با همین مضمون: ر.ک. احادیث، ص ۴۰۶.

۵ - **تجافی** : برجای نماندن و دور شدن. ۶ - **دارُالغُرور** : دنیا. ۷ - **اِنابت** : بازگشت، توبه.

۸ - **دارُالسرور** : جهان دیگر، عالم غیب.

حکایت آن پادشاه‌زاده که پادشاهیِ حقیقی به وی روی نمود، «یَوْمَ یَفِرُّ ٱلْمَرْءُ مِنْ أَخِیهِ وَ أُمِّهِ وَ أَبِیهِ»[۱]، نقدِ وقتِ او شد، پادشاهیِ این خاک‌تودهٔ کودک‌طبعان، که قلعه‌گیری نام کنند، آن کودک که چیره آید بر سر خاکْ‌توده بر آید و لاف زند که قلعه مراست، کودکان دیگر بر وی رشک بَرَند که «اَلتُّرابُ رَبیعُ الصِّبْیانِ»[۲] آن پادشاه‌زاده چو از قید رنگ‌ها بِرَست گفت: من این خاک‌هایِ رنگین را همان خـاک دون مـی‌گویم، زر و اطلس و اِکسـون[۳] نمی‌گویم، من از این اِکسون رَستم، به یکسُون[۴] رفتم، «وَ آتَیناهُ الْحُکْمَ صَبِیّاً»[۵]، ارشادِ حق را مرورِ سال‌ها حاجت نیست، در قدرتِ «کُـنْ فَیَـکُـونْ» هیچکس سخنِ قابلیّت نگوید.[۶]

پادشاهی مرگ یگانه پسر خود را در خواب دید و اندیشهٔ فردای تخت و تاج او را بر آن داشت که هرچه زودتر وی را داماد کند؛ بنابراین دختری را از نسل صالحی بر گـزید و بـه ایـن تـرتیب بـا زاهدی آزاده پیوند خویشی برقرار کرد. خبر به بانوان قصر رسید و علی‌رغم ملاحتِ بی‌نظیر و چهره‌ای رخشان و خصالی نیکو که نامزد شهزاده داشت، عَلَم مخالفت بـرافـراشـتند. از سـویِ دیگر عجوزهٔ کابلی که کمپیرکی جادوگر بود، دل به مهر جوان بست و با سحری سیاه شاهزادهٔ جوان را شیفته و مفتون خویش کرد، چنانکه به کُلّی عروس مهروی خویش را از خاطر برد و به صحبت کمپیرک عجوزه پرداخت تا از وجودش نیم‌جانی بیش نماند.

شاه که از حوادث تلخ و سیاهی که رخ داده بود، جهان را زندانی می‌دید، به ناله و فغان

---

۱ - روزی که آدمی از برادر، مادر و پدرش می‌گریزد: عَبَس: ۸۰/۳۵-۳۴: در توصیف رستاخیز.

۲ - خاک نوبهار کودکان است؛ یعنی خاک بازی را دوست دارند.

۳ - **اِکسون یا اَکسون**: دیبا و پارچهٔ زربفت.

۴ - **یکسون**: یکسان، مراد عالم بی‌رنگی است؛ یعنی از تعلّقات رها شدن.

۵ - و در کودکی به او دانایی عطا کردیم: مریم: ۱۹/۱۲: در توصیف یحیی بن زکریّا.

۶ - داستان به احتمال قوی از روایات عامیانه در باب سحر و جادو اخذ شده است. جزییات این طرز جادو که بر گره زدن موی و خواندن و دمیدن افسون مبتنی است، چنانکه از روایات بر می‌آید، نزد ساحران عرب و یهود مدینه معمول بوده است و چون یهود در مقابل دعوت رسول خدا(ص) به سحر تمسّک جُستند، پیروی ایشان از سـحر و جادو در قرآن کریم: ۲/۱۰۲، نکوهش شده است. گویند: حتّی لبید بن اعصم یهودی سحر و جادوی سیاه را در مورد رسول خدا(ص) نیز اعمال کرد و نزول سورهٔ مبارکهٔ فَلَق که اشارت به این طرز جادوی ساحران هم در آن (۱۱۳/۴) هست، به دفع و ابطال سحر این یهودی مربوط است. معتزله وقوع سحر را نفی می‌کنند و اشاعره در تقریر صحّت آن استدلال دارند. از مفسّران و متکلّمان، امام فخر رازی پربارترین بحث را در باب سحر داشته است. قرآن نیز چنانکه از همین آیه و دیگر آیات بر می‌آید قائل به آن است. چنین اموری نزد طوایف بَدَوی و اقوام دیگر نیز سابقه دارد: بحر در کوزه، ص ۴۲۳ و قرآن، ترجمهٔ خرّمشاهی، ص ۱۶.

آمد و سرانجام دریافت که این امر قضای الهی است. سجده‌ها و لابه‌ها و افغان او راهی از امداد خداوندی راگشود و ساحری سخت استاد که ماجرا را شنیده بود به محضر شاه آمد تا به قدرت سحری سپید، سحر سیاه کمپیر را باطل سازد. به تدبیر و اشارت او شاه سحرگاهان به گورستانی رفت و گور سپیدی را که نزدیک دیواری بود، شکافت و دسته‌ای از موی شاهزاده را که کمپیر کابلی آن را گره بسته و پنهان کرده بود، یافت و باگشودن گرِه‌ها شاهزاده را از جادوی سیاه عجوزه رهانید. شاهزادهٔ جوان با شادمانی به سوی نوعروس ماهروی خویش بازگشت و عجوزهٔ کابلی از غصّه مُرد.

سرّ سخن اینکه: «شهزاده» نمادی است از «انسان» که قابلیّت و استعداد رسیدن به کمال در وی نهفته است. «کمپیر کابلی» نمادی است از «دنیا» که با «سحری سیاه» که چیزی جز «حبّ جاه و حبّ مال و لذایذ و شهوات» نیست، آدمی را مسحور سحر سیاه خود می‌کند که رهایی از قید این سَحّاره جز به امداد «انبیا و اولیا و کاملان» امکان‌پذیر نیست؛ زیرا ارشاد و امداد الهی کاملان واصل است که آدمی را از خودی به بی‌خودی می‌کشاند تا در آن بی‌خویشی، خویشتن حقیقی خود را بیابد و به بقای یار واصل گردد.

این قصّه از نظر مضمون و نتیجه‌گیری شباهتی تامّ به حکایت کنیزک و زرگر دارد که «نقدِ حالِ ما» خوانده شد و بدون شک این داستان نیز «نقدِ حال» آدمی است.

پادشاهی داشت یک بُرنا[1] پسر　　ظاهر و باطن مُزَیَّن از هنر ۳۰۸۵

پادشاهی پسری جوان داشت که ظاهر و باطن او آراسته به هنر بود.

خواب دید او کآن پسر ناگه بِمُرد　　صافیِ[2] عالم بر آن شه گشت دُرد[3] ۳۰۸۶

شاه در خواب دید که آن پسر ناگهان مُرد. تمام خوشی‌های دنیا در نظرش زشت و تلخ شد.

خشک شد از تابِ آتش مَشکِ[4] او　　که نماند از تَفِ آتش اشکِ او ۳۰۸۷

آتش غم چنان در وجودش شعله می‌کشید که چشمه‌های اشکش را خشکاند.

آنچنان پُر شد ز دود و درد شاه　　که نمی‌یابید در وی راهْ آه ۳۰۸۸

چنان جانش پر از غم و درد بود که نمی‌توانست آه بکشد.

خواست مردن، قالبش بی‌کار شد　　عمر مانده بود،[5] شه بیدار شد ۳۰۸۹

بدن شاه سست شده بود و نزدیک بود بمیرد که از خواب بیدار شد.

---

۱ - **بُرنا :** جوان.　۲ - **صافی :** شراب صاف، کنایه از خوشی‌ها.
۳ - **دُرد :** رسوب، ته‌نشینِ خم شراب، کنایه از درد و رنج.　۴ - **مَشک :** اینجا کنایه از چشمه‌های اشک است.
۵ - هنوز عمرش به پایان نرسیده بود.

شادیی[1] آمد ز بیداریش پیش　　　که ندیده بود اندر عمرِ خویش ۳۰۹۰

از بیدار شدن چنان شاد شد که هرگز در عمرش چنین شاد نشده بود.

که ز شادی خواست هم فانی شدن　　　بس مُطَوَّق[2] آمد این جان و بدن ۳۰۹۱

نزدیک بود از شادی بمیرد. «جسم» و «جان» ما در میان «مرگ» و «زندگی» گرفتارند.

از دَمِ غم می‌بمیرد این چراغ　　　وز دَم شادی بمیرد، اینْت[3] لاغ[4] ۳۰۹۲

خنده‌آور آنکه: چراغِ حیات هم با وزش بادِ غم خاموش می‌شود و هم با وزش باد شادی.

در میانِ این دو مرگ او زنده است　　　این مَطَوَّق شکل، جایِ خنده[5] است ۳۰۹۳

زندگیِ انسان در میان این دو مرگ تعجّب‌آور است.

شاه با خود گفت: شادی را سبب　　　آنچنان غم بود، از تسبیبِ[6] رب ۳۰۹۴

شاه با خودگفت: خداوند خواسته است که چنان غم بزرگی، موجب شادی شود.

ای عجب! یک چیز از یک روی مرگ　　　و آن ز یک رویِ دگر اِحیا و برگ ۳۰۹۵

عجیب است که یک چیز از یک جهت «مرگ» و از جهت دیگر «حیات» و شادی است.

آن یکی نسبت بدآن حالت، هلاک　　　باز هم آن، سویِ دیگر اِمتساک[7] ۳۰۹۶

عاملِ «هلاک» می‌تواند «عاملِ حیات» شود.

شادیِ تن سویِ دنیاوی[8] کمال　　　سویِ روزِ عاقبت[9] نقص و زوال ۳۰۹۷

شادیِ «اهلِ دنیا» در نظرِ «اهلِ معنا» غم و هلاک است.

خنده را در خواب، هم تعبیر خوان[10]　　　گریه گوید، با دریغ و اندهان ۳۰۹۸

خوابگزار، «خنده» را در خواب، «گریه» در بیداری تعبیر می‌کند.

---

۱ - شادیِ اینکه پسرش زنده است.　　۲ - **مطوّق :** در طوق افتاده، طوق‌دار، گرفتار.
۳ - **اینت :** این تو را، هم برای تحسین می‌آید و هم تعجّب.　　۴ - **لاغ :** شوخی، هزل.
۵ - **خنده :** اینجا تعجّب یا امرِ شگفت‌انگیز.　　۶ - **تسبیب :** سبب سازی.
۷ - **امتساک :** مانع شدن، اینجا مانع هلاک شدن.　　۸ - **سوی دنیاوی :** از نظر اهل دنیا.
۹ - **سوی روز عاقبت :** از دیدگاهِ سنجشِ روز رستاخیز، از جهت عاقبت‌اندیشی.
۱۰ - **تعبیر خوان :** خوابگزار، معبّر.

۳۰۹۹ **گریه را در خواب، شادی و فَرَح هست در تعبیر، ای صاحبْ‌مَرَح[1]!**

ای انسان شاد، «گریه» در خواب «شادی» در بیداری است.

۳۱۰۰ **شاه اندیشید کین غم خود گذشت لیک جان از جنسِ این بَدْظَنّ[2] گشت**

شاه به فکر فرو رفت که این غم سپری شد؛ امّا نگران و بدگمان شدم.

۳۱۰۱ **ور رسد خاری چنین اندر قَدَم[3] که رَوَد گُل[4]، یادگاری[5] بایدم**

اگر با چنین بلایی پسرم از دست برود، باید یادگاری از او داشته باشم.

۳۱۰۲ **چون فنا را شد سبب بی‌منتهیٰ پس کدامین راه را بندیم ما؟**

چون اسبابِ بی‌شماری موجبِ «مرگ» می‌شوند؛ کدام راه را ببندیم؟

۳۱۰۳ **صد دریچه و در سویِ مرگِ لَدیغ[6] می‌کُند اندر گشادن ژیغ ژیغ[7]**

صدها در و پنجره به سوی «مرگ» باز است که صدای ژیغ ژیغش شنیده می‌شود.

۳۱۰۴ **ژیغ ژیغِ تلخِ آن درهایِ مرگ نشنود گوشِ حریص، از حرص برگ[8]**

گوشِ آدم حریص از حرصِ زندگیِ دنیوی، این صدای تلخ را نمی‌شنود.

۳۱۰۵ **از سویِ تن، دردها بانگِ در است وز سویِ خصمان، جفا بانگِ در است**

دردهای جسمانی و ستمِ دشمنان، همان صدایِ باز شدن در است.

۳۱۰۶ **جانِ سر[9]! برخوان دمی فهرستِ طب نارِ علّت‌ها نظر کن مُلتهب**

عزیز من، لحظه‌ای فهرست کتاب‌های طبّی را ببین که چه بیماری‌هایی در کمین است.

۳۱۰۷ **زآن همه غُرها[10] در این خانه رَه است هر دو گامی پُر زکژدُم‌ها چَهْ[11] است**

همهٔ آن بیماری‌ها می‌تواند ما را مبتلا کند. خطرات بی‌شماری در کمین است.

---

۱ - **مَرَح** : شادی و خوشحالی. ۲ - **بدظن** : بدگمان.

۳ - مصراع اوّل: اگر چنین خاری به پایم فرو رَوَد؛ یعنی اگر چنین بلایی به سرم بیاید.

۴ - **گُل** : کنایه از فرزند. ۵ - **یادگار** : نوه یا فرزندی از نسل آن پسر. ۶ - **لَدیغ** : گزنده.

۷ - **ژیغ ژیغ** : اسم صوت، صدای ساییده شدن چیزهای سخت به یکدیگر، صدای باز و بسته شدن در، همان ژغ‌ژغ است. ۸ - **از حرصِ برگ** : از حرص و طمعی که به دنیا و بهره‌های زندگی دنیوی دارد.

۹ - **جانِ سر** : عزیز من. ۱۰ - **غُر** : بیماری فتق، اینجا مطلق بیماری.

۱۱ - **چاه پر از عقرب** : کنایه از خطرات عدیده.

بادِ تند است و چراغم[1] اَبْتَری[2] زو بگیرانم[3] چراغ دیگری ۳۱۰۸

تند باد مرگ می‌وزد و از پسرم نسلی بر جای نمانده است، باید از او فرزندی داشته باشیم.

تا بُوَد کز هر دو، یک وافی[4] شود گر به باد آن یک چراغ از جا رَوَد ۳۱۰۹

تا اگر تند باد مرگ وزید و یکی از آنان را خاموش کرد، دیگری بماند.

همچو عارف، کز تنِ ناقص چراغ شمعِ دل افروخت، از بهرِ فراغ ۳۱۱۰

همانند عارف که از «حیاتِ دنیوی»، چراغِ سرمدیِ «حیاتِ روحانی» را می‌افروزد.

تا که روزی کین بمیرد ناگهان پیش ِ چشم خود نهد او شمع جان ۳۱۱۱

تا اگر روزی ناگهانی «حیاتِ دنیوی» به پایان برسد، «حیاتِ روحانی و جاودانی» بر جای بماند.

او نکرد این فهم، پس داد از غِرَر[5] شمعِ فانی را به فانیِّ دگر ۳۱۱۲

شاه این حقیقت را نفهمید و جاهلانه کوشید تا با یک شمع فناپذیر شمع فناپذیر دیگری را روشن کند.

عروس آوردنِ پادشاه فرزندِ خود را از خوفِ انقطاعِ نسل

پس عروسی خواست باید بهرِ او تا نُماید زین تَزَوُّج[6] نسلِ رُو ۳۱۱۳

شاه اندیشید: باید عروسی برای پسرم بیاورم تا از این ازدواج نسل او ادامه یابد.

گر رَوَد سویِ فنا این باز[7] باز[8] فَرْخِ[9] او گردد ز بعدِ باز باز ۳۱۱۴

که اگر پسرم مُرد، بعد از او فرزندش جای او را بگیرد.

صورتِ این باز گر زینجا رود معنیِ او در وَلَد باقی بُوَد ۳۱۱۵

اگر جسم او از دست برود، معنیِ او در وجود فرزندش باقی بماند.

---

۱ - **چراغم**: فرزندم، پسرم. ۲ - **اَبْتَری**: بی‌دنباله، بدون فرزند. ۳ - **بگیرانَم**: روشن کنم.
۴ - **وافی**: وفاکنندهٔ به عهد، وافی شود؛ یعنی وفا کند و بماند. ۵ - **غِرَر**: جمع غِرة به معنی نادانی و فریب.
۶ - **تَزَوُّج**: مزاوجت، ازدواج. ۷ - **باز**: پرندهٔ شکاری، کنایه از شاهزاده است. ۸ - **باز**: دوباره.
۹ - **فرخ**: جوجه، اینجا فرزندِ شاهزاده.

۳۱۱۶ بـهرِ ایـن فـرمود آن شـاهِ نَـبیه[۱] مـصطفی، کـه: اَلْـوَلَدْ سِرُّ اَبِیْه[۲]

به همین مناسبت پیامبر(ص) فرمود: فرزند سرِّ پدر خویش است.

۳۱۱۷ بهرِ این معنی همه خلق از شَـغَف[۳] مـی‌بیاموزند طِـفلان را حِـرَف[۴]

به همین مناسبت، مردم با علاقه علوم و فنونی را که می‌دانند به فرزندانشان می‌آموزند.

۳۱۱۸ تـا بـماند آن مـعانی در جـهان چون شـود آن قـالبِ ایشـان نـهان

تا بعد از مرگ آنان، این دانش‌ها و هنرها باقی بماند.

۳۱۱۹ حق به حکمت حرصشان داده است جِد بـهرِ رُشـدِ هـر صـغیرِ مُسـتَعِد

بنا بر حکمتِ الهی انسان علاقمند به تعلیمِ کودکانِ مُستعد است.

۳۱۲۰ مـن هـم از بـهرِ دوامِ نسلِ خـویش جفت خواهم پُورِ خود را خوبْ کیش[۵]

من هم برای استمرار نسل خود، برای پسرم همسری پاک‌آیین بر می‌گزینم.

۳۱۲۱ دختری خـواهـم ز نسـلِ صـالحی نـی ز نسـلِ پـادشاهی، کـالحی[۶]

دختری را از نسلی نیک برای او انتخاب می‌کنم، نه از نسل پادشاهی بدخو.

۳۱۲۲ شاه خود این صالح است، آزاد اوست نی اسیرِ حرصِ فـرج است و گـلوست

در واقع شاه حقیقی انسان صالحی است که اسیر شهوات و خور و خواب نیست.

۳۱۲۳ مـر اسـیران را لقب کـردند شـاه عکس، چـون کـافور نـامِ آن سـیاه

«اهلِ دنیا» هر چیزی را وارونه نام نهاده‌اند. اسیرانِ شهوات را «شاه» می‌نامند و سیاهِ زنگی را «کافور».

۳۱۲۴ شـد مَـفازه[۷] بـادیهٔ خـون‌خوار نـام نیکبخت آن پیس[۸] را، کـردند عـام

مردم، «بادیه» را که «هلاکت آور» است، «مفازه» می‌گویند و آدم «بدبخت» را «نیکبخت» می‌نامند.

---

۱ - **نبیه** : آگاه. ۲ - اشاره به جمله‌ای عربی که مولانا آن را حدیث می‌داند و برخی آن را اصیل نمی‌شمارند.
۳ - **شغف** : شدّت محبّت. ۴ - **حِرَف** : جمع حرفه به معنی کار. ۵ - **خوبْ کیش** : پاک دین، نیک‌آیین.
۶ - **کالح** : ترش‌رو، زشت‌خو. ۷ - **مفازه** : محلّ نجات، کویر، بادیهٔ هلاکت‌آور.
۸ - **پیس** : نام یک بیماری پوستی که موجب تغییر رنگ و سفید شدن پوست به صورت لکّه‌لکّه است، همچنین به مبتلایان این بیماری هم گفته می‌شود، در «نثر و شرح مثنوی» گولپینارلی، دفتر چهارم، ذیل صفحه توضیح داده است که این واژه به ترکی به معنی نحس، کثیف و یا مُردار است، اینجا مراد کسی است که نیکبخت نیست.

۳۱۲۵ **بر اسیرِ شهوت و خشم و اَمَل[1] بر نوشته میر یا صدرِ اَجَل**

اسیر شهوت و خشم و آرزوهای بی‌پایان را امیر و یا صدر اعظم می‌گویند.

۳۱۲۶ **آن اسیرانِ اَجَل[2] را عام[3] داد نام امیرانِ اجلّ[4] اندر بِلاد**

عامِ خلق کسانی را که اسیرِ اجل‌اند امیرِ اجلّ می‌نامند.

۳۱۲۷ **صدر خوانَندَش که در صفِّ نعال[5] جانِ او پست است، یعنی جاه و مال**

مردم به کسی که با جانِ پست به «جاه» و «مال» بسنده کرده است، «صدر» یا «وزیر» می‌گویند.

۳۱۲۸ **شاه چون با زاهدی خویشی گُزید این خبر در گوشِ خاتونان رسید**

تصمیم شاه مبنی بر پیوند با خانواده‌ای پارسا، به گوش بانوان حرم‌سرا رسید.

اختیار کردنِ پادشاه دخترِ درویشِ زاهدی را از جهتِ پسر و اعتراض کردنِ اهلِ حَرَم و ننگ داشتنِ ایشان از پیوندیِ درویش

۳۱۲۹ **مادرِ شه‌زاده گفت از نقصِ عقل[6] شرط کُفْویّت[7] بُوَد در عقلْ نقل[8]**

مادر شاهزاده که ظاهربین بود، گفت: در ازدواجِ عاقلانه تناسبِ زن و شوهر شرط است.

۳۱۳۰ **تو ز شُحّ[9] و بُخل خواهی، وز دَها[10] تا ببندی پُورِ ما را بر گدا**

تو به سبب تنگ‌نظری و خسّت و زرنگی می‌خواهی پسر ما را با گدایی پیوند دهی.

۳۱۳۱ **گفت: صالح را گدا گفتن خطاست کو غَنِیُّ الْقَلْب از دادِ خداست**

شاه گفت: گدا خواندنِ مردی نیک که قلبی بی‌نیاز دارد، کار درستی نیست.

---

۱ - **اَمَل** : آرزوی دور و دراز. ۲ - **اَجَل** : مرگ.
۳ - **عام** : عوام‌النّاس، مراد غیر عارف است، کسی که اهل معنا نیست. در دنیا معیارها و ارزش‌ها برای عام دنیوی است. ۴ - **اجلّ** : جلیل‌تر، دارای جلال. ۵ - **صف نعال** : کفش‌کن، دون‌ترین جا، پایین‌ترین مرتبه.
۶ - **نقص عقل** : ضعف عقل، کم‌عقلی. ۷ - **کُفْویّت** : برابری، هم‌سطح بودن.
۸ - **عقلْ نقل** : از عقل نقل شده یا از عاقلان نقل شده است. ۹ - **شُحّ** : پستی، تنگ‌نظری.
۱۰ - **دَها** : زیرکی، اینجا زیرکی منفی، زرنگی.

در قـناعت مـی‌گریزد از تُـقیٰ[۱] نه از لئیمی[۲] و کَسَل[۳] همچون گـدا ۳۱۳۲

این انسانِ پارسا به سبب پرهیزکاری قناعت پیشه کرده است، نه از سرِ پستی و تنبلی.

قـلّتی[۴] کآن از قـناعت وز تُـقاست آن ز فقر و قلّتِ دونـان[۵] جـداست ۳۱۳۳

فقرِ ناشی از بی‌نیازیِ دل و پرهیزکاری با فقر و تنگدستیِ فرومایگان تفاوت دارد.

حَـبّه‌یی[۶]، آن گـر بـیابد، سـر نـهد وین ز گنج زر به هـمّت[۷] مـی‌جهد ۳۱۳۴

آدمِ فرومایه در برابرِ «حبّه‌ای» سر فرود می‌آورد؛ امّا انسانِ قانع به گنج زرّ توجّهی ندارد.

شَه که او از حرصْ قصدِ هر حـرام مـی‌کند، او را گـدا گـوید هُـمام[۸] ۳۱۳۵

بزرگمرد به شاهی که از طمع قصد هر حرامی را می‌کند، گدا می‌گوید.

گفت: کو شهر و قِلاع[۹] او را جِهاز[۱۰] یـا نـثارِ گـوهر و دیـناررِیز[۱۱]؟ ۳۱۳۶

مادر شاهزاده گفت: جهیزیّه‌ای که باید بدهد یا جواهرات و سکّه‌های شاباش کجاست؟

گفت: رو، هر که غمِ دین برگُزید[۱۲] بـاقیِ غـم‌ها خـدا از وی بُـرید ۳۱۳۷

شاه گفت: هر کس که تمام همّ و غمش دین باشد، خداوند غم‌های دیگرش را رفع می‌کند.

غـالب آمـد شـاه و دادش دخـتری از نژادِ صالحی، خوش جـوهری[۱۳] ۳۱۳۸

بالاخره شاه غلبه کرد و دختری از خانواده‌ای پاک و اصیل انتخاب کرد.

در مَـلاحت خـود نـظیرِ خـود نـداشت چهره‌اش تابان‌تر از خورشیدِ چـاشت[۱۴] ۳۱۳۹

آن دختر در ملاحت بی‌نظیر بود و چهره‌ای بسیار تابناک داشت.

حُسنِ دختر این، خصالش آنچنان کـز نکـویی مـی‌نگنجد در بـیان ۳۱۴۰

زیبایی ظاهری‌اش چنین بود؛ امّا خصوصیّات اخلاقی‌اش در وصف نمی‌گنجد.

---

۱ - **تُقیٰ** : تقوا، پرهیزکاری. ۲ - **لئیمی** : پستی، فرومایگی. ۳ - **کَسَل** : تنبلی.
۴ - **قلّت** : کم بودن مال، تنگدستی. ۵ - **دونان** : فرومایگان.
۶ - **حبّه** : دانه، مراد هر چیز بی‌ارزش است. ۷ - **همّت** : اینجا قدرتِ روحِ بزرگ. ۸ - **هُمام** : مرد بزرگ.
۹ - **قِلاع** : جمع قلعه به معنی دژ. ۱۰ - **جهاز** : به صورت اماله بخوانید: جهیز.
۱۱ - **نثارگوهر و دینارریز** : ریختن گوهر و سکّه بر سر عروس و داماد، شاباش.
۱۲ - اشاره به مضمون این حدیث: مَنْ جَعَلَ الْهُمُومَ هَمّاً وَاحِداً کَفَاهُ اللهُ هَمَّ دُنْیَاهُ... : احادیث، ص ۴۰۷.
۱۳ - **خوش جوهر** : اصیل.
۱۴ - **خورشید چاشت** : خورشید نیم‌روز، چهره‌اش تابان‌تر از خورشید نیم‌روز بود؛ یعنی بسیار تابناک بود.

صیدِ دین کن، تا رسد اندر تَبَع[۱] حُسن و مال و جاه و بختِ مُنْتَفَع[۲] ۳۱۴۱

طالبِ دین باش و بدان که در پی‌اش زیبایی، ثروت، مقام و اقبال بلند می‌رسد.

آخِرت قِطّارِ اشتر دان به مُلک در تَبَعْ دنیاش، همچون پشم و پُشک[۳] ۳۱۴۲

«آخرت»، همانند «کاروان شتر» است که «دنیا» همچون پشم و سرگین در پی‌اش هست.

پشم بگزینی، شتر نَبْوَد تو را ور بُوَد اُشتُر، چه قیمت پشم را؟ ۳۱۴۳

اگر دنیا را بخواهی، آخرت را نداری؛ امّا اگر جویای آخرت باشی، دنیا در برابر آن چه شأنی دارد؟

چون بر آمد این نکاح آن شاه را با نژادِ صالحانِ بی‌مِرا[۴] ۳۱۴۴

چون شاه مراسم این ازدواج را با آن خانوادهٔ نیک سرشتِ بی‌ادّعا به پایان رسانید،

از قضا کمپیرکی[۵] جادو، که بود عاشقِ شهزادهٔ با حُسن و جود ۳۱۴۵

اتّفاقاً پیرزن جادوگری که به شاهزادهٔ زیبا و سخاوتمند عشق می‌ورزید،

جادوی کردش عجوزهٔ کابُلی[۶] که بَرَد ز آن رَشکْ[۷]، سِحرِ بابلی[۸] ۳۱۴۶

شاهزاده را چنان جادو کرد که قوی‌ترین جادوها در قبالش چیزی نبود.

شَه‌بَچه شد عاشقِ کمپیرِ زشت تا عروس و آن عروسی را بِهِشت[۹] ۳۱۴۷

شاهزاده چنان عاشق آن پیرزن کریه شد که عروس و عروسی را رها کرد.

یک سیه دیوی و کابُولی زنی گشت بر شهزاده ناگه رهزنی ۳۱۴۸

عفریته‌ای سیاه و کابلی ناگهان عقل شاهزاده را ربود.

---

۱ - **تَبَع** : به تبعیّت، به دنبال، در پی.   ۲ - **بختِ منتفع** : بختِ سودبخش، یعنی اقبال بلند.

۳ - **پُشک** : مدفوع، سِرگین.

۴ - **بی‌مِرا** : بی‌ستیزه، کسی که با خود و دیگران در صلح و آرامش است و با کسی در نمی‌افتد، دکتر استعلامی در تعلیقات دفتر چهارم، ص ۳۷۱، آن را «بی‌ادّعا» تعبیر کرده است.

۵ - **کمپیرک** : کمپیر یعنی پیرزن +کاف تصغیر.

۶ - **کابلی** : غالباً جادوگری کار زنان کولی و دوره‌گرد بوده و کولی مخفّف کاولی (کابلی) است.

۷ - **رَشک** : حَسَد.   ۸ - **سحرِ بابلی** : کنایه از سحرِ قوی، بابل مرکز سحر و ساحری بوده است.

۹ - **بِهِشت** : از هِشتن به معنی فرو نهادن.

آن نـوَد سـاله عجـوزی گَنده کُس   نه خِرَد هِشت آن مَلِک را و نه نُس ۱   ۳۱۴۹

عجوزهٔ نود ساله با آن شرمگاهِ گندیده برای شاهزاده عقل و هوشی بر جای نگذاشت.

تـا بـه سـالی بـود شـهزاده اسیر   بوسه جایش نعلِ کفش ۲ گَنده‌پیر ۳   ۳۱۵۰

شاهزاده یک سال اسیر بود و کف پای عجوزهٔ متعفّن را می‌بوسید.

صــحبتِ کـمپیر او را مـی‌دُرُود ۴   تا ز کاهش نیم جانی مانده بود   ۳۱۵۱

مصاحبت پیرزن او را به تحلیل برد و نیمه جانَش کرد.

دیگران از ضـعفِ وی بـا دردِ سر   او ز سُکرِ سحر ۵ از خـود بـی‌خبر   ۳۱۵۲

دیگران از ضعف او و در اندوه بودند؛ امّا او تحت تأثیر جادو از وضع خود بی‌خبر بود.

این جهان بر شاه چون زندان شـده ۶   وین پسر بر گریه‌شان خندان شـده   ۳۱۵۳

دنیا در نظر شاه عذاب‌آور شده بود؛ ولی شاهزاده به گریهٔ آنان می‌خندید.

شاه بس بیچاره شد در بُرد و مات ۸   روز و شب می‌کرد قربان و زکات ۸   ۳۱۵۴

شاه از فرط تلاشِ بی‌حاصل بیچاره شده بود. قربانی می‌کرد و صدقه می‌داد.

زانکه هر چاره کـه مـی‌کرد آن پـدر   عشقِ کمپیرک هـمی شـد بیشتر   ۳۱۵۵

زیرا هر تدبیری به کار می‌برد، عشق پسر افزون‌تر می‌شد.

پس یقین گشتش که مطلق آن سری‌ست   چاره او را بعد از این لابه‌گری‌ست ۹   ۳۱۵۶

پس شاه یقین آورد که این ابتلا مطلقاً از عالم غیب است و چارهٔ آن عجز و لابه است.

---

۱ – نُس : هوش.   ۲ – نعلِ کفش : مرادکف پاست.
۳ – گنده پیر : پیرزنی که از شدّت کهنسالی گندیده باشد و بوی تعفّن بدهد.
۴ – می‌دُرُود : درو می‌کرد، از بین می‌برد.   ۵ – سُکرِ سحر : مستی جادو، تحت تأثیر جادو.
۶ – چون زندان شده : تاریک و سیاه مثل زندان، یعنی عذاب‌آور.
۷ – بُرد و مات : برد و باخت، کنایه از کوشش‌های بی‌حاصل شاه برای نجات شاهزاده.
۸ – زکات : مالی که در راه خدا می‌دهند، اینجا صدقه.
۹ – احوال شاه در این لحظه بسیار شبیه حال شاهی است که در اوّلین حکایت دفتر اوّل مثنوی برای نجات جان
کنیزک به درگه حق پناه برد: شه چو عجز آن حکیمان را بدید   پابرهنه جانب مسجد دوید

سجده می‌کرد او که هم فرمان تو راست   غیر حق بر مُلکِ حق فرمان که راست؟ ۳۱۵۷

شاه سجده می‌کرد و می‌گفت: خدایا، فرمان، فرمانِ توست و در مُلکِ تو حُکم حُکمِ توست.

لیک این مسکین همی سوزد چو عود   دست گیرش [1]، ای رحیم و ای ودود [2] ۳۱۵۸

امّا این پسر بینوا، همانند عود در حال سوختن است، ای خدای مهربان، نجاتش بده.

تا ز یا رَب یا رَب و افغانِ شاه   ساحری اُستاد پیش آمد ز راه ۳۱۵۹

تا در اثر یارب، یارب گفتن و ناله‌های شاه، جادوگر ورزیده‌ای از راه رسید.

مستجاب شدنِ دعایِ پادشاه در خلاصِ پسرش از جادویِ کابلی

او شنیده بود از دور این خبر   که اسیرِ پیرزن گشت آن پسر ۳۱۶۰

استادِ سحر دورادور شنیده بود که شاهزاده اسیر عجوزهٔ جادوگر شده است.

کآن عجوزه بود اندر جادوی   بی نظیر و ایمن از مِثْل و دُوی [3] ۳۱۶۱

زیرا آن پیرزن در جادوگری بی‌همتا بود و در این کار مثل و مانند نداشت.

دست بر بالایِ دست است ای فتیٰ   در فن و در زور تا ذاتِ خدا ۳۱۶۲

ای جوان، هر فنّ و قدرت مراتب و مدارجی دارد تا به ذات خداوند برسد.

منتهایِ دست‌ها دست خداست [4]   بحرْ بی شک منتهایِ سیل‌هاست ۳۱۶۳

بالاترین دست‌ها، دست خداست؛ یعنی قدرت‌ها در قدرتِ حق محواند و سیل‌ها در دریا.

هم از او گیرند مایه ابرها   هم بدو باشد نهایت سیل را ۳۱۶۴

هم ابرها از دریا بر می‌خیزند و هم سیل‌ها به آن می‌پیوندند.

گفت شاهش: کین پسر از دست رفت   گفت: اینک آمدم، درمانِ زَفت ۳۱۶۵

شاه گفت: این پسر از دست رفته است. استاد گفت: اینک او را درمان می‌کنم.

---

۱ - **دست گیرش**: دستش را بگیر، نجاتش بده.   ۲ - **وَدود**: مهربان، از اسمای حق.
۳ - **ایمن از مثل و دُوی**: بی همتا، دومی نداشت.   ۴ - اشاره است به: فتح: ۱۰/۴۸: ...یَدُ اللهِ فَوْقَ أَیْدِیهِمْ... .

۳۱۶۶ **نیست همتا زال را زین ساحران　　جز منِ داهی[1] رسیده زآن کران**

این پیرزن در میان جادوگران همتایی ندارد جز منِ زیرک که از جانب حق مأمور شده‌ام.

۳۱۶۷ **چون کفِ موسی به امرِ کردگار　　نک برآرَم من ز سِحرِ او دَمار**

اینک من به فرمان الهی، همانندِ دستِ موسی(ع) سحر او را محو و نابود می‌کنم.

۳۱۶۸ **که مرا این علم آمد زآن طرف　　نه ز شاگردیِ سِحر مُستَخَف[2]**

زیرا که علم من از عالم غیب است نه از شاگردیِ ساحران دنیوی.

۳۱۶۹ **آمدم تا بر گشایم سِحرِ او　　تا نمانَد شاه‌زاده زردْرو**

آمده‌ام که سحر او را باطل کنم تا شاهزاده زرد و پژمرده نماند.

۳۱۷۰ **سویِ گورستان برو وقتِ سَحور[3]　　پهلویِ دیوار هست اسپیدْ گور**

سپیده‌دم به گورستان برو، کنار دیوار گور سپیدی است.

۳۱۷۱ **سویِ قبله باز کاو آن جای را　　تا ببینی قدرت و صُنع خدا[4]**

قسمتی از گور را که به جانب قبله است، حفر کن تا قدرت و صنعت خدا را ببینی.

۳۱۷۲ **بس دراز است این حکایت تو ملول　　زُبده[5] را گویم، رها کردم [6]فُضول[7]**

این قصّه را که طویل و خارج از حوصلهٔ توست، خلاصه می‌گویم و زواید را رها می‌کنم.

۳۱۷۳ **آن گِره‌هایِ گران را بر گشاد　　پس ز محنت پورِ شَهْ را راه داد**

شاه گره‌های محکم را باز کرد و شاهزاده را از رنج و اندوه رهانید.

---

۱ - **داهی :** زیرک، باهوش. «استاد سحر» مردی از مردان حق است و علم او «سحر سیاه دنیوی» نیست.
۲ - **مُسْتَخَف :** حقیر و خوار، بی‌ارزش، «سِحرِ مُستخَف» یعنی جادوی بی‌قدر جادوگران دنیوی.
۳ - **سَحور :** سحر، بامداد.
۴ - در ادامهٔ قصّه، رازگورِ سپید و چگونگیِ ابطالِ سحر مسکوت می‌ماند و مولانا با تکیه بر «ملالتِ» شنوندگان، «زبده» را می‌گوید و «حواشی» را رها می‌کند.　۵ - **زُبده :** خلاصه.
۶ - **فُضول :** یاوه‌گفتن، اینجا زواید یا حواشی.
۷ - در بعضی از نُسَخِ مُتأخّر کاتبان دو بیت افزوده‌اند که در نسخهٔ کهن و معتبر مثنوی نیست:

سویِ گورستان برفت آن شاه زود　　گور را آن شاه در دم برگشود
جادویی‌ها دید پنهان اندر او　　صد گره بر بسته بر یک تار مو

معمولاً گره بستن به «مو» یا «نخ» و دمیدن به آن در جادوگری تداول داشته است.

۳۱۷۴ **آن پسر با خـویش آمـد، شـد دوان　　　سوی تختِ شاه بـا صـد امـتحان**[۱]

شاهزاده به خود آمد و با درد و رنجِ شدید ناشی از این آگاهی به سوی تخت شاه دوید.

۳۱۷۵ **سجده کرد و بر زمین می‌زد ذَقَن**[۲]　　　**در بـغل کـرده پسـر تـیغ و کَـفَن**[۳]

شاهزاده عذرخواهانه سجده می‌کرد و زمین را می‌بوسید.

۳۱۷۶ **شاه آیین بست و اهـلِ شـهر شـاد　　　و آن عـروس ِ نـاامـیدِ بی مـراد**

به فرمان شاه شهر را آذین بستند. مردم و عروس ِ ناکام شادی‌ها کردند.

۳۱۷۷ **عالَم از سر زنده گشت و پُـر فـروز　　　ای عجب! آن روزْ روز، امروزْ روز**

جهان دوباره زنده شد. عجیب است که آن روزها هم روزی بود و امروز هم روزی است.

۳۱۷۸ **یک عروسی کرد شـاه او را چـنان　　　که جُلابِ قـند بُـد پـیش ِ سگـان**[۴]

شاه چنان جشن مفصّلی گرفت که همه، حتّی سگ‌ها نیز برخوردار شدند.

۳۱۷۹ **جـادوِی کـمپیر از غـصّه بِـمُرد　　　روی و خُوِی زشت فا**[۵] **مالِک سپرد**

پیرزن جادوگر از غصّه مُرد و صورت و سیرت پلید خود را به مالک دوزخ سپرد.

۳۱۸۰ **شـاه‌زاده در تـعجّب مـانده بـود　　　کز من او عقل و نظر**[۶] **چون در ربود؟**

شاهزاده بسیار متعجّب بود که چگونه پیرزن عقل و هوش مرا ربود؟

۳۱۸۱ **نوعروسی دید همچون مـاهِ حُسـن　　　که همی زد**[۷] **بر ملیحانْ راهِ حُسـن**

شاهزاده نوعروسی زیبا دید که در برابر جمالش، زیبایی زیبارویانِ دیگر به چشم نمی‌آمد.

۳۱۸۲ **گشت بـیهوش و بـه رُو انـدر فُـتاد　　　تا سه روز از جسم وی گُم شد فُؤاد**[۸]

با دیدنِ او بیهوش شد و به روی افتاد و تا سه روز به هوش نیامد.

---

۱ - **صد امتحان:** محنت بسیار.　　۲ - **ذَقَن:** چانه.

۳ - **تیغ و کفن با خود همراه داشتن:** در قدیم مرسوم بوده که فرد خطاکار برای اعتراف به گناه و طلب مغفرت، تیغ و کفن با خود می‌آورده است.　　۴ - مصراع دوم: به سگان شربت گلاب دادند.

۵ - **فا:** با، به، حرف اضافه است.　　۶ - **نظر:** بینش یا حقیقت‌بینی.

۷ - **همی زد...:** راهِ حُسن را بر ملیحان می‌بست؛ یعنی زیبایی‌شان را از آن‌ها می‌گرفت و نمی‌گذاشت به جلوه بیاید.

۸ - **فؤاد:** قلب: ر.ک: ۳۰۵۷/۴، «از جسم وی گم شد فؤاد»، یعنی عاشق شد و عشق سبب بیهوشی‌اش گردید.

سه شبان روز او ز خود بیهوش گشت   تاکه خلق از غَشْیِ[1] او پرجوش[2] گشت ۳۱۸۳
بیهوشی‌اش سه شبانه‌روز تمام ادامه یافت و مردم دچار نگرانی و اضطراب شدند.

از گلاب و از علاج آمد به خَود   اندک اندک فهم گشتش نیک و بَد ۳۱۸۴
با گلاب و داروهای دیگر به هوش آمد و کم‌کم توانست نیک و بد را تمییز دهد.

بعدِ سالی گفت شاهش در سخن   کِای پسر! یاد آر از آن یارِ کهن ۳۱۸۵
یک سال بعد، شاه از سرِ مزاح گفت: ای پسر، از آن یار قدیمی هم یاد کن.

یاد آور زآن ضَجیع[3] و زآن فِراش[4]   تا بدین حد بی‌وفا و مُر[5] مباش ۳۱۸۶
از همبستر و همسر خود نیز یاد کن. تا این حدّ بی‌وفا و تلخ نباش.

گفت: رو، من یافتم دارُ آلسّرور[6]   وارهیدم از چَهِ دارُ آلغُرور ۳۱۸۷
شاهزاده گفت: من به شادی رسیدم و اندوه را رها کردم.

همچنان باشد، چو مؤمن راه یافت   سویِ نور حق، ز ظلمت روی تافت ۳۱۸۸
مؤمن هم همین است و با رسیدن به نور از ظلمت روی‌گردان می‌شود.

در بیانِ آنکه شه‌زاده آدمی‌بچّه است، خلیفهٔ خداست، پدرش آدمِ صفی، خلیفهٔ حق، مسجودِ ملایک، و آن کَمپیرِ کابلی، دنیاست که آدمی‌بچّه را از پدر بِبُرید به سحر، و انبیا و اولیا آن طبیبِ تدارک کننده

ای برادر دان که شه‌زاده تویی   در جهانِ کهنه، زاده از نوی ۳۱۸۹
ای برادر، بدان آن شاهزاده تویی که در این جهان کهنه، آفرینشی نو و تازه هستی.

کابلیِّ جادو این دنیاست کو   کرد مردان را اسیرِ رنگ و بو ۳۱۹۰
«جادوگرِ کابلی» این «جاذبه‌های دنیوی و شهوات» است که انسان‌ها را اسیرِ خود کرده است.

---

۱ - **غشی**: بیهوشی.   ۲ - **پرجوش**: نگران و مضطرب.   ۳ - **ضجیع**: همبستر.   ۴ - **فِراش**: همسر.
۵ - **مُر**: تلخ.   ۶ - **دارُ السّرور**: خانهٔ شادی، کنایه از عوالم معنوی و امنیّت و آرامش ناشی از آن است.

۳۱۹۱ **چون در افکندَت در این آلوده رود — دم به دم می‌خوان و می‌دَم قُلْ اَعُوذ**[۱]

چون در این دنیا زندگی می‌کنی و این جلوه‌ها هم هست، از خداوند یاری بخواه.

۳۱۹۲ **تا رهی زین جادُویِّ و زیـن قَـلَق**[۲] **— اِسـتعاذت**[۳] **خـواه از رَبُّ اَلفَـلَقْ**[۴]

برای رهایی از این جلوه‌ها و جاذبه‌ها به پروردگار پناه ببر.

۳۱۹۳ **زآنْ نَبی دنیات را سَحّاره**[۵] **خـوانـد — کو به افسون خَلق را در چَهْ نشـانـد**

پیامبر(ص) دنیا را جادوگر خواند؛ چون مردم را با افسون گمراه کرده است.

۳۱۹۴ **هـین! فسـونِ گـرم دارد گَـنده پـیر — کرده شـاهان را دَم گـرمش**[۶] **اسـیر**

آگاه باش که جاذبه‌های دنیا گیراست و شاهان را اسیر کرده است.

۳۱۹۵ **در درونِ سـینه نَـفّاثاتْ**[۷] **اوست — عُقده‌های سِحْر**[۸] **را اِثبات**[۹] **اوست**

دنیا با «جاذبه‌های فریبنده»، «زرّ و زور» آدمی را می‌فریبد و روز به روز گره‌ها را محکم‌تر می‌کند.

۳۱۹۶ **سـاحرهٔ دنیا قـوی دانـا زنـی‌ست — حَلِّ سِحرِ او به پـایِ عـامه نـیست**

جادویِ دنیا بسیار قوی است و ابطال سحرش کار هر کسی نیست.

۳۱۹۷ **ور گشـــادی عـقدِ او را عـقل‌ها — انـبیا را کـی فـرستادی خـدا؟**

اگر عقل انسان‌ها می‌توانست گِره او را بگشاید، خداوند پیامبران را نمی‌فرستاد.

۳۱۹۸ **هین! طلب کن خوش دَمی عُقده‌گشا — رازدانِ یَـفْعَلُ اللّـه مـا یَشـا**[۱۰]

هان! انسان کاملِ گره‌گشایی را بجو و به او اعتماد کن؛ زیرا رازِ «خدا هرچه اراده کند، انجام می‌دهد» را می‌داند.

---

۱ - اشارتی قرآنی؛ ناس: ۱/۱۱۴: قُلْ أَعُوذُ بِرَبِّ النّاس: بگو من پناه می‌جویم به پروردگار آدمیان.

۲ - **قَلَق**: پریشانی، اضطراب. ۳ - **اِستعاذَت**: پناه.

۴ - اشارتی قرآنی؛ فَلَق: ۵/۱۱۳-۱، دو سورهٔ ناس و فَلَق را مُعَوِّذَتَین گویند و مؤمنان از طریق تلاوت آن‌ها از شرّ وسوسه‌ها و آفات به حق پناه می‌جویند.

۵ - **سحّاره**: جادوگر. اشاره به این حدیث است: إحْذَرُوا الدُّنْيا فَإنَّهَا أَسْحَرُ مِنْ هَارُوتَ وَ مَارُوتَ: از دنیا برحذر باشید؛ زیرا بیش از هاروت و ماروت [در شما] نفوذ جادویی دارد. [این دو فرشته به زمین فرود آمده بودند و سحر تعلیم می‌دادند.]: احادیث، ص ۴۰۸. ۶ - **دَم گرم**: نَفَسِ گرم.

۷ - **نفّاثات**: جمع نفّاثه به معنی بسیار دمنده، زن جادوگر، اینجا کنایه از وسوسه‌های نَفْسانی و شیطانی است.

۸ - **عُقده‌هایِ سحر**: گره‌های جادو. ۹ - **اِثبات**: ثابت و یا پابرجای کردن.

۱۰ - اشارتی قرآنی؛ آل‌عمران: ۴۰/۳: ...كَذٰلِكَ اللهُ يَفْعَلُ ما يَشاءُ: بدین گونه خدا هر چه بخواهد می‌کند.

۳۱۹۹ **همچو ماهی بسته استت او به شست   شاهزاده مـانْد سـالی، و تـو شـصت**[1]

در قلاّبِ دنیا، همانندِ ماهی گرفتار شده‌ای. شاهزاده یک سال اسیر شد، تو یک عمر.

۳۲۰۰ **شصت سال از شستِ او در محنتی   نه خـوشی، نـه بـر طـریقِ سـنّتی**[2]

عمری است که رنجور در این دام مانده‌ای، نه خوشی داری و نه ایمان.

۳۲۰۱ **فاسقی بدبخت، نه دنـیات خـوب**[3]   **نــه رهـیده از وَبـال و از ذنـوب**[4]

تبهکارِ بدبختی هستی که نه این دنیا را داری، نه آن دنیا را.

۳۲۰۲ **نَفخِ**[5] **او این عقده‌ها را سخت کـرد   پس طـلب کـن نـفخهٔ خَـلاّقِ فـرد**

دمیدن او این گره‌ها را محکم کرده است. برای گشودن آن، جویای نفخهٔ الهی باش.

۳۲۰۳ **تا نَـفَخْتُ فـیهِ مِـنْ رُوحـی**[6] **تـو را   وارهـــانَد زیــن و گـــوید بــرتر آ**

تا نفخهٔ الهی از سحر بِرَهانَدَت و بگوید: بالاتر بیا؛ یعنی متعالی شو.

۳۲۰۴ **جز به نفخِ حق نسـوزد نـفخِ سِـحر   نفخِ قهر است این، و آن دم نفخِ مِهر**

«دمِ الهی»، «دمِ جادویی» را محو و نابود می‌کند؛ زیرا «دمِ جادو» از قهر است و «دمِ الهی» از مهر.

۳۲۰۵ **رحمتِ او سـابق**[7] **است از قـهرِ او   سابقی خـواهـی بـرو سـابق بـجو**[8]

چون «مهرِ حق» بر «قهرِ حق» پیشی دارد، استاد کاملی از پیشتازانِ راه حق بجو تا مـهرِ او شامل حالت شود.

۳۲۰۶ **تـــا رســی انـدر نُـفوسِ زُوِّجَتْ**[9]   **کِای شهِ مَسحور اینک مَخْرَجَت**[10]

تا به مقامِ «آنگاه که روح‌ها با تن‌ها دوباره پیوند یابند» برسی. ای شاه جادو شده، راهِ نجات این است.

---

۱ – تو شصت سال مانده‌ای؛ کنایه از یک عمر، تمام عمر.

۲ – **بر طریق سنّت :** در راه پیامبر(ص) بودن، مؤمن بودن، ایمان داشتن.

۳ – **نه دنیات خوب :** در دنیا هم همواره در رنج هستی.

۴ – **ذنوب :** جمع ذَنْب به معنی گناه، مصراع دوم: از وبال و گناهان نرهیده‌ای؛ پس آن دنیا را هم نداری.

۵ – **نفخ :** دمیدن، اینجا جاذبه‌های دنیوی.

۶ – اشارتی قرآنی؛ حجر: ۲۹/۱۵؛ ر.ک: ۳۸/۱، ۱۲۵۲/۱ و ۳۳۳۰/۱.

۷ – اشاره به حدیث قدسی: ر.ک: ۲۶۸۴/۱.   ۸ – اشارتی قرآنی؛ واقعه: ۱۰/۵۶؛ ر.ک: ۱۹۶۰/۱ و ۲۹۸۱/۱.

۹ – اشارتی قرآنی؛ تکویر : ۷/۸۱ : وَ إِذَا النُّفُوسُ زُوِّجَتْ : آنگاه که هر کس با همسان خود قرین گردد. مُراد آن است که با ارشاد و امداد مُرشدِ روحانی به درجه‌ای از تعالی و کمال برسی که در آن هر کس می‌تواند حقیقت خود را ببیند و با آن قرین شود و چون در قیامت حقایق بر همگان آشکار است، در توصیف مقامی که در آن می‌توان با حقیقت خود قرین بود، وصف روز رستاخیز است.   ۱۰ – **اینک مخرجت :** این راه فرار و نجات توست.

۳۲۰۷ **با وجودِ زال[۱] نـایَد انحلال[۲] در شَبیکه[۳] و در بَرِ آن پُر دَلال[۴]**

تا دنیا با فریبندگی‌هایش مجذوبت می‌کند، از دامش رهایی نداری.

۳۲۰۸ **نـه بگـفته‌ست آن سِراجِ امّـتان[۵] این جهان و آن جهان را ضَرّتان[۶] ؟**

مگر آن چراغِ راه امّت‌ها نفرموده است: جمعِ این جهان و آن جهان ممکن نیست؟[۷]

۳۲۰۹ **پس وصالِ ایـن، فـراقِ آن بُـوَد صحّتِ این تَـن، سَقامِ جـان بُـوَد**

پس رسیدن به این، دوری از آن است. همان‌طور که تن‌پروری موجب بیماری جان آدمی است.

۳۲۱۰ **سخت مـی‌آید فـراقِ ایـن مَـمَر[۸] ؟ پس فـراقِ آن مَقَرّ[۹] دان سـخت‌تر**

دور شدن از «دنیا» برای انسان سخت است؛ پس دور شدن از «قرارگاهِ آخرت» سخت‌تر است.

۳۲۱۱ **چون فراقِ نقش سخت آیـد تـو را تا چه سخت آید ز نقّاشش جـدا !**

چون دوری از «دنیا و مافیها» یا «نقش‌ها» دشوار است، تصوّر کن که دوری از «نقّاش ازلی» چه‌سان دشوار است.

۳۲۱۲ **ای کـه صـبرت نـیست از دنـیای دون چونت صبر است از خدا؟ ای دوست چون؟**

ای کسی که دوری از دنیا را نمی‌توانی تحمّل کنی، دوری از «خدا» را می‌توانی؟

۳۲۱۳ **چونکه صبرت نیست زین آبِ سیاه[۱۰] چون صبوری داری از چشمهٔ اِلٰه[۱۱] ؟**

تو که نمی‌توانی از این دنیای آلوده دست بکشی، می‌توانی از دنیای پاک دور باشی؟

۳۲۱۴ **چونکه بی این شُرب کم داری سکـون چون ز اَبْراری[۱۲] جدا وز یَشْرَبُونْ[۱۳] ؟**

تو که بدون شُربی مادّی آرامش نمی‌یابی، می‌توانی از شُرب روحانی دور باشی؟

---

۱ - **زال** : عجوزهٔ دنیا. ۲ - **انحلال** : حل شدن، گشوده شده گره. ۳ - **شبیکه** : دام، تور.
۴ - **دَلال** : ناز و کرشمه. ۵ - **سِراجِ اُمّتان** : چراغ راه امّت‌ها، پیامبر(ص).
۶ - **ضرّتان** : مُثنای ضرّة به معنی هوو.
۷ - دنیا و آخرت همانند دو هوو هستند که هر قدر یکی را خرسند کنی، دیگری خشمگین می‌شود: احادیث مثنوی، ص ۱۳۷، اصل کلام چنانکه از اشارات غزّالی بر می‌آید از امثال و حکم منسوب به امیرالمؤمنین علی(ع) است نه از احادیث نبوی: نقل از سرّ نی، ج ۱، ص ۴۳۵. ۸ - **مَمَر** : گذرگاه، محلّ عبور.
۹ - **مَقَرّ** : قرارگاه، محلّ قرارگرفتن. ۱۰ - **آبِ سیاه** : دنیای آلوده.
۱۱ - **چشمهٔ اله** : مراد بهشت جاوید است. ۱۲ - **اَبرار** : نیکان.
۱۳ - اشارتی قرآنی؛ دهر : ۵/۷۶ : إِنَّ ٱلْأَبْرَارَ يَشْرَبُونَ مِن كَأْسٍ كَانَ مِزَاجُهَا كَافُوراً : نکوکاران عالم در بهشت از شرابی نوشند که طبعش کافور است.

گر ببینی یک نَفَس حُسنِ وَدود[۱] اندر آتش افکنی جان و وجود ۳۲۱۵

اگر لحظه‌ای جمال حق را ببینی، هستی‌ات را می‌دهی تا شهودت همیشگی باشد.

جیفه[۲] بینی بعد از آن این شُرب را چون ببینی کرّ و فَرِّ قُرب را ۳۲۱۶

اگر شکوهِ تقرّب را حس کنی، همه چیز این دنیا را مُردار می‌یابی؛ حتّی آب را.

همچو شه‌زاده رسی در یار خویش پس برون آری ز پا تو خارِ خویش ۳۲۱۷

همانند شاهزاده به وصال می‌رسی و خارِ تعلّقات را از پایِ جانت بیرون می‌آوری.

جهد کن، در بی خودی خود را بیاب زودتر، وَ اللهُ اَعْلَمْ بِالصَّواب ۳۲۱۸

بکوش تا در «بی‌خودی»، خودِ حقیقی‌ات را بیابی. خداوند بر راستی داناتر است.

هر زمانی، هین! مشو با خویش جُفت هر زمان چون خر در آب و گِل مَیُفت ۳۲۱۹

هوشیار باش که با خودمحوری، مانندِ درازگوشی درگِلِ امور دنیوی گرفتار نشوی.

از قصورِ چشم[۳] باشد آن عِثار[۴] که نبیند شیب و بالا کوروار ۳۲۲۰

اینکه فراز و نشیب راه حق را در نمی‌یابی و می‌لغزی ناشی از ضعفِ بصیرت توست.

بویِ پیراهانِ یوسف[۵] کن سَنَد[۶] زانکه بویش چشمْ روشن می‌کند ۳۲۲۱

با دقّت در آثار و نشانه‌هایِ عالمِ غیب، بینش می‌یابی و می‌توانی راه حق را طی کنی.

صورتِ پنهان و آن نورِ جبین کرده چشمِ انبیا را دوربین[۷] ۳۲۲۲

هرچند در این جهان، حقیقتِ هر چیز نهان است؛ امّا نوری دارد که انبیا از طریق آن حقایق را دیده‌اند.

نورِ آن رخسار، بِرْهانَد ز نار هین! مشو قانع به نورِ مستعار[۸] ۳۲۲۳

نورِ حقایق، تو را از آتش می‌رهاند. هوشیار باش و به نور این جهانی قانع نشو.

چشم را این نور حالیْ‌بین کند جسم و عقل و روح را گَرگین[۹] کند ۳۲۲۴

اینکه چشم با نورِ این جهانی فقط می‌تواند مادّه را ببیند، آدمی را از کمالِ روحی غافل می‌کند.

---

۱ - **وَدود** : از اسمای حق، بسیار مهربان. ۲ - **جیفه** : مردار.
۳ - **قصور چشم** : ضعف بینایی، اینجا ضعف بینش. ۴ - **عِثار** : لغزش.
۵ - **بوی پیراهن یوسف** : کنایه از نشانه‌های عالم غیب است: اشارتی قرآنی؛ یوسف: ۹۶/۱۲.
۶ - **سَنَد** : تکیه‌گاه. ۷ - **دوربین** : اینجا چشمی که می‌تواند عالم معنا را ببیند. ۸ - **مستعار** : عاریه.
۹ - **گَرگین** : مبتلا به بیماری گَر، اینجا مطلق بیماری یا مرض؛ یعنی جسم، عقل و روح در نقص باقی می‌مانند.

صورتش نور است و در تحقیقْ نار   گر ضیا خواهی دو دست ازوی بدار   ۳۲۲۵

نورِ دنیوی ظاهراً نور است؛ ولی باطناً آتش است. اگر نور می‌خواهی، آن را رها کن.

دم به دم در رُو فتد هر جا رَوَد   دیده و جانی که حالی‌بین[1] بُوَد   ۳۲۲۶

چشم و جانی که فقط این جهان را می‌تواند ببیند، مرتب مرتکب اشتباه و خطا می‌شود.

دُور بینند دوربین بی‌هنر   همچنانکه دور دیدنْ خواب در   ۳۲۲۷

چشمِ «اهلِ دنیا» هم «دوربین» و «عاقبت‌اندیش» هست؛ امّا در جهت آمال و آرزوهای بی‌پایان، مانند کسی که در خواب دوردست‌ها را می‌بیند.

خفته باشی[2] بر لبِ جو[3] خُشک‌لب   می‌دوی سوی سراب[4] اندر طلب   ۳۲۲۸

حالِ «اهلِ دنیا» مانند تشنهٔ خُفته بر لبِ جوی است که در رؤیا به سوی سراب می‌دَوَد.

دُور می‌بینی سراب و می‌دَوی   عاشقِ آن بینشِ خود می‌شوی   ۳۲۲۹

سراب را در دوردست، حقیقت می‌پنداری، دلبسته‌اش می‌شوی و به سویش می‌شتابی.

می‌زنی در خواب با یاران تو لاف   که مَنم بینادل و پرده‌شکاف[5]   ۳۲۳۰

در خواب نزد یارانِ خود ادّعا می‌کنی که بصیر و آگاه هستی.

نک بدان سو آب دیدم، هین! شتاب   تا رویم آنجا، و آن باشد سراب   ۳۲۳۱

می‌گویی: من در آن سو آب دیدم، هان! به شتاب آنجا رویم؛ امّا آن نیز سراب است.

هر قَدَم زین آبِ[6] تازی دورتر   دَو دَوان سوی سرابِ با غِرَر[7]   ۳۲۳۲

در هر گام از آب دورتر می‌شوی و دوان دوان به سوی سراب فریبنده می‌روی.

عینِ آن عزمت، حجابِ این شده   که به تو پیوسته است و آمده   ۳۲۳۳

تصمیمِ رفتن به سوی سراب، نمی‌گذارد «آبِ حقیقی» را در کنارت ببینی.

---

۱ – **حالی بین** : چشمی که فقط دور و برش را می‌تواند ببیند؛ یعنی دنیا را.

۲ – **خفته بودن** : کنایه از غافل بودن.

۳ – **لب جو** : کنایه از «حقیقت» که در کنار ماست و ما از آن غافل هستیم.

۴ – **سراب** : کنایه از هر چیز غیر حقیقی، غیر از حقیقت و غیر از عالم معنا، خواسته‌های دنیوی.

۵ – **پرده‌شکاف** : کسی که عالم غیب را می‌بیند و درک می‌کند، آگاه.

۶ – **زین آب** : آب حقیقی، جوی آبی که بر کنارش خفته‌ای، کنایه از حقیقتی که در کنار توست و در میان جانت.

۷ – **سرابِ با غِرَر** : کنایه از دنیای فریبنده.

بس کسا عزمی به جایی می‌کُند　　از مقامی، کآن غَرَض در وی بُوَد ۳۲۳۴

خیلی از مردم در کنارِ مقصودشان هستند؛ امّا به امید یافتن آن به جای دیگری می‌روند.

دید و لافِ خفته می‌نایَد به کار　　جز خیالی نیست، دست از وی بدار ۳۲۳۵

مشاهده و ادّعای آدم غافل ارزشی ندارد، همه ناشی از خیالات اوست، او را رها کن.

خوابناکی[1]، لیک هم بر راه[2] خُسب　　اَللَّه اَللَّه، بر رهِ اَللّه خُسب ۳۲۳۶

اگر از حقایق هیچ نمی‌دانی، باز هم در راه حق بمان. تو را به خدا، تو را به خدا، در راه حق باش؛ حتّی اگر غافل باشی.

تا بُوَد که سالِکی بر تو زند　　از خیالاتِ نُعاست[3] بر کَنَد ۳۲۳۷

شاید یکی از سالکان با تو روبرو شود و از پندارهای واهی نجاتت دهد.

خُفته را گر فکر گردد همچو موی　　او از آن دقّت نیابد راهِ کوی ۳۲۳۸

شخص ناآگاه هر قدر اندیشهٔ دقیقی داشته باشد، با آن به حقیقت نمی‌رسد.

فکرِ خُفته گر دو تا و گر سه تاست　　هم خطا اندر خطا اندر خطاست ۳۲۳۹

اندیشهٔ آدمِ غافل هر قدر وسعت داشته باشد، باز هم خطا اندر خطا اندر خطاست.

موج بر وی می‌زند بی‌احتراز　　خُفته، پویان در بیابانِ دراز ۳۲۴۰

موجِ حقایق بی پروا به او می‌خورَد؛ امّا او در بیابان خُفته و جویای سراب است.

خُفته می‌بیند عطش‌هایِ شدید　　آبْ اَقْرَبْ مِنْهُ مِنْ حَبْلِ اَلْوَرید[4] ۳۲۴۱

شخصِ خُفته تشنگیِ شدید را حس می‌کند در حالی که آب به او از رگ گردن نزدیک‌تر است.

---

۱ - **خوابناک**: غافل، ناآگاه.　۲ - **راه**: راه سیر و سلوک به سوی حق.
۳ - **نُعاس**: چُرت، «خیالات نُعاس»، یعنی اندیشه‌های دنیوی، پندارهای واهی.
۴ - اشارتی قرآنی؛ ق: ۱۶/۵۰: ...وَ نَحْنُ اَقْرَبُ إِلَيْهِ مِنْ حَبْلِ اَلْوَرِيدِ: و ما از رگ گردن به او نزدیک‌تریم.

حکایتِ آن زاهد که در سالِ قحط شاد و خندان بود، با مفلسی و بسیاریِ عیال، و خلق می‌مُردند از گرسنگی، گفتندش: چه هنگامِ شادی است؟ که هنگامِ صد تعزیت است، گفت: مرا باری نیست[1]

زاهدی در سال قحط، در عین مفلسی و بی‌چیزی سخت خندان و شادان بود، در حالی که مردم از گرسنگی به شدّت اندوهگین بودند. به او گفتند: مگر در وجود تو رحم و شفقت نیست؟ زاهد گفت: اینجا در چشم شما قحط است، پیش چشم من چون بهشت همه جا سراسر نعمت و رحمت است. چون شما تحت تسلّط و سیطرهٔ تمنّیاتِ تنِ فرعون صفتِ خویش هستید، نیلِ پر آب در چشمتان خون می‌نماید، اگر یار خِرَدِ موسیٰ صفت خود باشید، می‌بینید آنچه اینجا هست، خون و بلا نیست؛ بلکه لطف و صفاست.

سرّ قصّه، تقابلی است میان احوال معنوی و روحانی «عارف» و «عامی». عارف که گردن به حُکم نفسانیات ننهاده و تکامل یافته است، رحمت و نعمت را در درون خود می‌یابد و با استغراق در حق و استهلاک ارادهٔ خویش در ارادهٔ حق، به صلح کلّی با مخلوقات و نظام جهان هستی رسیده است. عامی که به حُکمِ فرعونِ تن می‌زیَد، احوالِ عالم را از دریچهٔ چشمِ نَفْسانی خود می‌نگرد و عالم در چشم او پر است از قحط نعمت، رحمت و محبّت. بدین سان همواره نالان و گریان است و با نظامِ هستی در ستیز.

۳۲۴۲ همچنان کآن زاهد اندر سالِ قحط — بود او خندان، و گریان جمله رَهْط[2]

همانند زاهدی که در قحط سال شاد بود؛ در حالی که قبیله‌اش می‌گریستند.

۳۲۴۳ پس بگفتندش: چه جای خنده است؟ — قحط، بیخِ مؤمنان برکنده[3] است

به او گفتند: اینک که خشکسالی مؤمنان را نابود کرده چه جای خنده است؟

۳۲۴۴ رحمت، از ما چشمِ خود بر دوخته‌ست — ز آفتابِ تیزْ صحرا سوخته‌ست

رحمت الهی شامل حال ما نیست. صحرا از تابش آفتاب سوزان سوخته است.

---

۱ - مأخذ این قصّه را ظاهراً حکایتی در جوامع‌الحکایات عوفی، باب سوّم از قسم اوّل، در بیان سبب توبهٔ شقیق بلخی دانسته‌اند که در سالی قحط که مردمان به جان آمده بودند، شقیق غلامی را دید که به نشاط می‌خندید. شقیق او را گفت: این چه نشاط است که مردم این چنین در محنت و بلاآند، مگر نمی‌بینی که تیغ سیاست قهر خون خلق ریخت؟ غلام گفت: من از قهر چه خبر دارم که من از آن خواجه‌ای هستم که دو انبار غلّه دارد و مرا چه باک؟ و دانم که مرا ضایع نگذارد: احادیث، ص ۴۰۹. ۲ - رَهْط : قوم، قبیله.

۳ - بیخِ مؤمنان را برکنده : نابودشان کرده است.

کِشت و باغ و رَز سیه اِستاده است — در زمینْ نم نیست، نه بالا نه پست ۳۲۴۵

مزرعه، باغ و تاک سوخته و سیاه شده است. در هیچ جای زمین آب و رطوبتی نیست.

خلق می‌میرند زین قحط و عذاب — دَه دَه و صد صد چو ماهی دور از آب ۳۲۴۶

مردم از این خشکسالی و رنج، همانند ماهیِ دور از آب، گروه گروه می‌میرند.

بر مسلمانان نمی‌آری تو رحم؟ — مؤمنان خویش‌اند و یک تن شَحم[۱] و لَحم[۲] ۳۲۴۷

آیا دلت بر مسلمانان نمی‌سوزد؟ مؤمنان با هم خویشاوند و همانندِ گوشت و پیه یک بدن‌اند.

رنجِ یک جزوی ز تن، رنجِ همه‌ست[۳] — گر دَمِ صلح است، یا خود مَلحَمه[۴]ست ۳۲۴۸

رنج یک عضو مایهٔ رنج تمام بدن می‌شود و این قاعدهٔ همیشگی در صلح و جنگ است.

گفت: در چشمِ شما قحط است این — پیشِ چشمم چون بهشت است این زمین ۳۲۴۹

زاهد گفت: شما آن را خشکسالی می‌بینید؛ امّا در نظر من، این زمین همانند بهشت است.

من همی بینم به هر دشت و مکان — خوشه‌ها انْبُه، رسیده تا میان[۵] ۳۲۵۰

من در هر دشت و هر جا خوشه‌های انبوهی را می‌بینم که تا کمر بالا آمده است.

خوشه‌ها در موج از بادِ صبا — پُر بیابان، سبزتر از گندنا[۶] ۳۲۵۱

خوشه‌ها با وزش باد صبا موج می‌زنند و بیابان پُر و سبزتر از تره است.

ز آزمونْ من دست بر وی می‌زنم — دست و چشمِ خویش را چون بر کَنَم؟ ۳۲۵۲

برای امتحان به خوشه‌ها دست می‌زنم که ببینم واقعاً هست، چگونه چشم و دستم را انکار کنم؟

یارِ فرعونِ تن‌اید[۷]، ای قوم دون! — زآن نماید مر شما را نیلْ خون ۳۲۵۳

ای قوم فرومایه، شما به دنبالِ تمایلاتِ پست هستید و «رحمت» را «زحمت» یا «لطف» را «قهر» می‌بینید.

---

۱ - **شَحم** : پیه. ۲ - **لَحم** : گوشت.

۳ - اشاره به حدیثی که روایات گوناگونی دارد: مَثَلُ الْمُؤْمنینَ فی تَوادِّهِمْ وَ تَراحُمِهِمْ و تَعاطُفِهِم مَثَلُ الْجَسَدِ إذَا اشْتَکی مِنْهُ عُضْوٌ تَداعی لَهُ سَائِرُ الْجَسَد بِالسَّهَرِ وَ الْحُمّی: روابط بین مردم با ایمان در اظهار دوستی، مهربانی و عاطفهٔ متقابل، باید مانند روابط اعضای بدن باشد. وقتی یک عضو به درد می‌آید بقیهٔ اعضا نیز در بی‌خوابی و تب با آن عضو همدردی می‌کنند: احادیث، ص ۴۰۹. ۴ - **مَلْحَمه** : جنگ.

۵ - **تا میان** : تا کمر انسان، یعنی رشدِ فراوان خوشه‌ها. ۶ - **گندنا** : تره.

۷ - **فرعونِ تن** : تمایلات و وسوسه‌هایِ نَفْسانی به فرعون مانند شده است.

تــا نمانَد خـون، و بینید آب رود	یــار مــوسیّ خِـرد¹ گــردید زود

۳۲۵۴

از «عقلِ معاد»تان استفاده کنید تا «قهر» بر جای نمانَد و «لطف» را ببینید.

آن پدر در چشمِ تو سگ می‌شود²	بــا پــدر از تــو جــفایی می‌رود

۳۲۵۵

اگر با پدرت نافرمانی و خطا کنی، بر تو خشم می‌گیرد و به نظرت بسیار بد می‌آید.

که چنان رحمت³، نظر را سگ نماست	آن پــدر سگ نیست تأثیرِ جفاست

۳۲۵۶

پدرت بد نیست؛ این حالت نتیجهٔ خطای تو و خشم اوست که مهرِ پدر را قهر می‌بینی.

چونکه اِخوان را حسودی بود و خشم	گرگ می‌دیدند⁴ یوسف را به چشم

۳۲۵۷

چون برادرانِ یوسف(ع) حسود و خشمگین بودند، او را بد می‌دیدند.

آن سگی شد، گشت بـابا یـار تَفت⁵	با پدر چون صلح کردی، خشم رفت

۳۲۵۸

اگر با پدرت آشتی کنی و خشم از میان برود، آن بدی به خوبی بَدَل می‌شود.

بیانِ آنکه مجموعِ عالم، صورتِ عقلِ کُلّ است⁶، چون با عقلِ کُلّ به کَژروی⁷ جفا کردی⁸، صورتِ عالَم تو را غم فزاید، اغلبِ احوال، چنانکه دل با پدر بد کردی، صورتِ پدر غم فزاید تو را و نتوانی رویش را دیدن، اگرچه پیش از آن، نورِ دیده بوده باشد و راحتِ جان

در ابیاتِ پایانی قطعهٔ پیشین، «اهل دنیا» به فرزندی مانند شده که با پدرکه با «رحمتِ حق» است، جفا می‌کند و در اثر جفای او خشمِ پدر برانگیخته می‌شود. علی‌رغم آنکه «قهر» را می‌بیند، نمی‌داند به سبب نافرمانیِ خود اوست و پدر را بد می‌شمارد.

اینک در این قطعه، همان تمثیلِ ارتباطِ پدر و فرزند با همان معنا در قالبی کلّی‌تر به تقریر آمده است و در شرحِ این نکته است: «عقلِ کُلّ» نخستین صادر از مبدأ هستی است و برای «عالم هستی» که از تجلیّاتِ اوست، حکم پدر را دارد و مجموعِ عالم، صورت اوست. اگر حقایق را انکار کنی، در واقع «حقیقت ساری در کُلّ عالم هستی» را انکار کرده‌ای و در این حال «صورتِ عالم» برایت قهرآمیز است و غم‌فزا.

---

۱ - موسیّ خِرد : عقلِ خداجو یا عقل معاد به موسی(ع) مانند شده است.

۲ - در این تمثیل، «اهل دنیا» به فرزندی مانند شده که با پدرکه همان «رحمت حق» است، جفا و خطا ورزیده و نافرمانی کرده است و اینک پدر را بد می‌بیند «قهر»، و نمی‌داند که عیب در وجودِ خود اوست نه پدر.

۳ - چنان رحمت : وجود مهربانِ پدر.

۴ - گرگ می‌دیدند : موجودی بد و هلاکت‌آور، وجود مزاحم و غیر قابل تحمّل.

۵ - یار تَفت : دوست صمیمی.   ۶ - عقلِ کُلّ : ر.ک: ۱۱۱۷/۱ و ۱۸۱۷/۱.

۷ - کَژروی : خطا کردن، انحراف از راه راست.   ۸ - جفا کردی : بدی کردی، رنجانیدی.

۳۲۵۹ **کُـلِّ عـالَم صـورتِ عـقلِ کُـل است　　　کوست بابای هر آنک اَهلِ قُلْ[۱] است**

تمامِ «عالمِ هستی» صورتِ «عقلِ کُلّ» و وجود یافته از اوست؛ پس برای «مجموعِ عالم» حُکمِ پدر را دارد.

۳۲۶۰ **چون کسی با عقلِ کُل کُفران فـزود　　　صورتِ کُل پیش ِ او هم سگ نمود**

انکارِ «حقیقتِ ساری در تمامِ عالم» ستیزه با «عقلِ کُلّ» و مظاهر هستی است.

۳۲۶۱ **صلح کن با این پدر، عاقی[۲] بِـهِل[۳]　　　تا که فرش ِ زر[۴] نـماید آب و گِـل[۵]**

با پدر آشتی کن و در صلح باش تا حقیقت را درک کنی و حسّ خوبی به «هستی» داشته باشی.

۳۲۶۲ **پس قـیامت نـقدِ حـالِ تـو بُـوَد　　　پیش ِ تو چرخ و زمین مُبْدَل شود[۶]**

با درکِ حقیقت، در وجودت قیامت به ظهور می‌رسد؛ زیرا همه چیز دگرگون می‌شود.

۳۲۶۳ **من[۷] که صلحم دایـما بـا ایـن پـدر　　　این جهان چون جَنّت اَستم در نظر**

برایِ من که حقیقت کُلّی و سیطره‌اش را بر عالم هستی باور دارم، جهان بهشت است.

۳۲۶۴ **هر زمان نـو صـورتی و نـو جـمال　　　تـا ز نـو دیـدن فـرو مـیرد مـلال**

هر لحظه شکلی و جمالی نو را می‌بینم و با این تازگی‌ها، ملالتی به وجود نمی‌آید.

۳۲۶۵ **من هـمی بـینم جـهان را پُـر نـعیم　　　آب‌ها از چشمه‌ها جـوشان مُـقیم[۸]**

من جهانی سرشار از نعمت‌ها را می‌بینم که آب‌ها همواره از چشمه‌ها می‌جوشند.

۳۲۶۶ **بانگِ آبش مـی‌رسد در گـوش ِ مـن　　　مست می‌گردد ضمیر و هوش ِ مـن**

بانگِ آب چشمه‌ها به گوشم می‌رسد و دل و جانم را مست می‌کند.

---

۱ - **اهل قُلْ** : قُل به معنی بگو، «اهل قُل» یعنی تمامِ «عالم هستی» که بعضی با صوت و گروهی بدون صوت و با بودن و هستی داشتن، ثنای حق را می‌گویند. ۲ - **عاقی** : عاق بودن، نافرمانی.

۳ - **بِهِل** : فروگذار، ترک کن. ۴ - **فرش ِ زر** : کنایه از عالم معنا، عالم حقایق.

۵ - **آب و گِل** : وجودِ مادّی‌ات، وجود تو که هنوز به عالم معنا ره نیافته است و وجودی مادّی محسوب می‌شود.

۶ - اشارتی قرآنی؛ ابراهیم : ۴۸/۱۴ : يَوْمَ تُبَدَّلُ الْأَرْضُ غَيْرَ الْأَرْضِ وَالسَّمٰوٰتُ... : روزی که این زمین به زمینی دیگر مبدّل گردد و هم آسمان‌ها... .

۷ - ابیات این قطعه از زبان زاهدی است که در سال قحط شاد و خندان بود.

۸ - اشاره به کشف و شهودی که زاهد از عالم غیب دارد.

۳۲۶۷ **شاخه‌ها رقصان شده چون تایبان[۱] — برگ‌ها کف‌زن مثالِ مطربان**

شاخه‌ها، مانند توبه‌کاران سر فرود آورده‌اند و برگ‌ها، مانند رامشگران کف می‌زنند.

۳۲۶۸ **برقِ آیینه‌ست لامع[۲] از نَمَد[۳] — گر نماید آینه[۴] تا چون بُوَد؟**

نورِ دلِ آیینه‌صفتِ من از وجود مادّی‌ام به بیرون می‌تابد. اگر چشمی آن را ببیند، چه نوری را خواهد دید؟!

۳۲۶۹ **از هزاران می‌نگویم من یکی — زانکه آگنده‌ست هر گوش از شکی**

من از هزاران سرّی که می‌بینم، یکی را هم نمی‌گویم؛ زیرا گوش‌ها پُر از تردیدند.

۳۲۷۰ **پیشِ وَهْم[۵] این گفت مژده دادن است — عقل گوید: مژده چه؟ نقدِ من است**

عقلِ جزوی، آن‌ها را «خبر» یا «مژده‌ای» از «عالم غیب» می‌داند، در حالی که «عقلِ حق‌جو» آن را آشکارا می‌بیند.

قصّهٔ فرزندانِ عُزیر[۶] علیه السّلام که از پدر احوالِ پدر می‌پرسیدند، می‌گفت: آری دیدمش، می‌آید، بعضی شناختندش، بیهوش شدند، بعضی نشناختند، می‌گفتند: خود مژده داد، این بیهوش شدن چیست؟[۷]

پسران عُزَیر(ع) که جویای پدر بودند از هر کس و در هر رهگذر سؤال می‌کردند تا به پدر برخورد کردند که جوان مانده بود و او را نشناختند؛ پس از او هم احوال پدر را پرسیدند. گفت: بعد از من خواهد آمد. یکی از پسران از این مژده شاد شد و دیگری که او را شناخت، بیهوش گردید.

سرّ سخن در تقریر این نکته است که ادراک حقایق عالم غیب در نظر «مؤمن» مژده یا خبری مسرّت‌بخش است، در نظر «منکر» خبری عذاب‌آور و برای عارف که به ادراک آن نایل آمده «نقد» است؛ زیرا به وضوح تحقق آن را می‌بیند.

---

۱ - **تایبان**: توبه کنندگان، اینجا کسانی که واقعاً به سوی حق و راه راست باز گشته‌اند. ۲ - **لامع**: درخشان.
۳ - **نَمَد**: کنایه از تن، وجود مادّی انسان. ۴ - **آینه**: دلِ انسانِ کامل، دلِ مردِ حق.
۵ - **وهم**: اندیشهٔ عقل جزوی.
۶ - **عُزَیر**: از پیامبران قوم بنی‌اسرائیل. نام اصلی او عِزرا است و در قرن پنجم قبل از میلاد می‌زیسته، یهود او را پسرِ خدا دانسته است: توبه: ۳۰/۹: وَ قَالَتِ ٱلْیَهُودُ عُزَیْرٌ ٱبْنُ اللهِ...: ر.ک: ۱۷۶۴/۳.
۷ - قصّهٔ عُزیر(ع): اشارتی قرآنی؛ بقره: ۲۵۹/۲: أَوْ كَالَّذِی مَرَّ عَلَىٰ قَرْيَةٍ وَ هِیَ خَاوِيَةٌ عَلَىٰ عُرُوشِهَا...: یا به مانند آن کس که [برخی از مفسّران گفته‌اند: مراد عُزیر است] به دهکده‌ای گذر کرد که خراب و ویران شده بود.

۳۲۷۱ **هـمچو پـورانِ عُـزَیر انـدر گـذر   آمـده پـرسان ز احـوالِ پـدر**

مانندِ پسرانِ عُزیر(ع) که در گذرگاه، جویای احوال پدر بودند.

۳۲۷۲ **گشته ایشان پیر و بـاباشان جـوان   پس پـدرْشان پـیش آمـد نـاگـهان**

پسران پیر شده بودند؛ ولی پدر که جوان مانده بود، ناگهان با آن‌ها روبرو شد.

۳۲۷۳ **پس بـپرسیدند از او کِـای رهْگـذر!   از عُـزَیرِ مـا، عـجب داری خـبر؟**

از او پرسیدند: ای رهگذر، آیا از عُزَیرِ ما خبر داری؟

۳۲۷۴ **که کسی‌مان گفت کامروز آن سَنَد[1]   بـعدِ نـومیدی ز بـیرون مـی‌رسد**

ما از آمدنش ناامید بودیم؛ امّا کسی گفت که آن مرد بزرگ امروز می‌آید.

۳۲۷۵ **گـفت: آری، بـعدِ مـن خـواهـد رسـید   آن یکی خوش شد، چو این مژده شنید**

عُزَیر گفت: آری، بعد از من خواهد آمد. یکی از پسران از این مژده شاد شد.

۳۲۷۶ **بانگ می‌زد کِای مُبَشِّر بـاش شـاد[2]   و آن دگر بشناخت، بیهوش اوفـتاد**

فریاد می‌زد: ای بشارت دهنده، شاد باش؛ امّا فرزند دیگر که عُزَیر را شناخت، بیهوش افتاد.

۳۲۷۷ **که: چه جای مژده است ای خیره‌سَر[3]؟   کـه در افـتادیم در کـانِ شَکَـر**

به برادر گفت: ای نادان، چه جای مژده است؟ ما به «مطلوب» رسیده‌ایم.

۳۲۷۸ **وَهْم[4] را مژده است، و پیشِ عقلْ[5] نقد[6]   زانکه چشمِ وَهْم شـد مـحجوبِ فَـقد[7]**

«مطلوب» یا «ادراکِ عالم غیب» برای «عقلِ جزوی» مژده است و برای «عقل» که آن را درک می‌کند، «نقد» است.

۳۲۷۹ **کـافران را درد و مؤمن را بشیر[8]   لیک نـقدِ حـال در چشـمِ بـصیر**

سخن از «حقایق عالم غیب» برای «منکر» دردناک، برای «مؤمن» مژده و برای عارف «نقد حال» اوست.

---

۱ - **سند** : تکیه‌گاه، اینجا مرد بزرگ.   ۲ - **باش شاد** : شاد باشی که ما را شاد کردی، دعای نیک.
۳ - **خیره‌سر** : گستاخ، نادان.   ۴ - **وهم** : مراد کسی که عقل جزوی دارد، دارای عقلِ معاش.
۵ - **عقل** : عقلِ جویای معرفت و حقایق.   ۶ - **نقد** : حاضر و حاصل.
۷ - **فَقد** : فقدان، نبودن، نبودن در عالم مادّه، فقدان ظاهری.   ۸ - آل‌عمران: ۲۱/۳: فَبَشِّرْهُمْ بِعَذابٍ أَلِيمٍ.

۳۲۸۰ **زانکه عاشق در دمِ نقد است مست لاجرم از کفر و ایمان بَرتر است** [۱]

زیرا عارفِ عاشق از وصل سرمست است و عشق از «کفر» و «ایمان» برتر است.

۳۲۸۱ **کفر و ایمان هر دو خود دربانِ اوست کوست مغز، وکفر و دین او را دو پوست**

«حقیقت»، همانند مغزی است که «کُفر» و «دین» دو پوستهٔ آن‌اند.

۳۲۸۲ **کفر، قِشرِ خشکِ رو برتافته باز ایمان قِشرِ لذّت یافته**

«کفر» پوستهٔ خشک و «دور از مغز» است و «ایمان» پوستهٔ پیوسته به مغز. به سبب همین پیوستگی مؤمن شاد است.

۳۲۸۳ **قشرهای خشک را جا آتش است قشرِ پیوسته به مغزِ جان خوش است**

پوستهٔ خشک را می‌سوزانند؛ امّا پوسته‌ای که به مغز پیوسته، خوشایند است.

۳۲۸۴ **مغز خود از مرتبهٔ خوش برتر است برتر است از خوش که لذّت‌گستر است**

«حقیقت»، همان «مغز» است و از هر مرتبه‌ای برتر؛ زیرا تمام خوشی‌ها از او نشأت یافته‌اند.

۳۲۸۵ **این سخن پایان ندارد، باز گرد** [۲] ** تا بر آرَد موسیَم از بَحرْ گَرد**

این سخن را پایانی نیست. باز گردیم تا کلامم موسیٰ‌وار از بحرِ این بحث بگذرد.

۳۲۸۶ **در خورِ عقلِ عوام این گفته شد از سخن، باقی آن بنهفته شد**

آنچه گفتیم در حدِّ عقل عام بود که از درک عالم غیب عاجزند و بقیّهٔ آن نهان گشت.

۳۲۸۷ **زرِّ عقلت ریزه است ای مُتَّهَم** [۳] **! بر قراضه** [۴] **، مُهرِ سکّه چون نَهَم؟**

ای متّهم، عقل و ادراکِ تو همانند خُرده‌های زرّ است که نمی‌تواند نقش سکّه را بپذیرد.

۳۲۸۸ **عقلِ تو قسمت شده بر صد مُهِمّ بر هزاران آرزو و طِمّ و رِمّ** [۵]

عقل تو مشغول امور دنیوی و خواسته‌های پایان‌ناپذیرِ «خوب و بد» توست.

---

۱ - «عاشق» یا «واصل به حق» از طریق دل به «حقیقت» اتّصال یافته است؛ پس در «مقامِ وصل»، کفر و ایمان یا خوب و بد مفهومی ندارد، این‌ها مراتب قبل از اتّصال‌اند.

۲ - مولانا ادامهٔ بحث را بی‌حاصل می‌یابد و از آن می‌گذرد.

۳ - **مُتَّهم** : کسی که مورد اتّهام است، پیرو هوا و هوس، اهل دنیا.

۴ - **قراضه** : هرچیزی که از شکل در آمده و خراب باشد.

۵ - **طِمّ و رِمّ** : این سخن: جاء بالطّم و الرّم، یعنی آورد برّی و بحری را یا خشک و تر را یا خاک و آب را، مُراد «خوب یا بد» است.

جمع باید کرد اجزا را به عشق — تا شوی خوش چون سمرقند[۱] و دمشق[۲] ۳۲۸۹

با عشق حق این پراکندگی‌ها یا «تفرقه»، در وجودِ معشوق «جمع» می‌شود، آنگاه به خرّمیِ حقیقی می‌رسی.

جُو[۳] جُوی، چون جمع گردی ز اشتباه[۴] — پس توان زد بر تو سکّهٔ پادشاه[۵] ۳۲۹۰

اگر عقلت ذرّه ذرّه از «تفرقه» باز آید و «جمع» شود، می‌تواند نقش سکّهٔ پادشاه را بپذیرد.

ور ز مثقالی شوی افزون، تو خام — از تو سازد شَه یکی زرّینه جام ۳۲۹۱

ای انسان خام، اگر عقلت فراتر رَوَد و به حق اتّصال یابد، پروردگار از وجودت جامی شاهانه و سرشارِ از معارف و حقایق می‌سازد.

پس بر او هم نام[۶] و هم القابِ[۷] شاه — باشد و هم صورتش[۸]، ای وصلْ‌خواه! ۳۲۹۲

ای طالب وصل، بر رویِ آن جام هم نام و هم لقب‌ها و هم تصویر شاه حک می‌شود.

تا که معشوقت بُوَد هم نان هم آب — هم چراغ و شاهد و نُقل و شراب[۹] ۳۲۹۳

تا با این وصال، چنان در حق مستغرق شوی که همه چیزِ تو معشوق باشد.

جمع کن خود را، جماعت رحمت است[۱۰] — تا توانم با تو گفتن آنچه هست ۳۲۹۴

حواسّ خود را «جمع» و متوجّه حق کن؛ زیرا «جماعت رحمت است» تا بتوانم همه چیز را بگویم.

زانکه گفتن از برای باوری‌ست — جانِ شرک[۱۱] از باوریِ حق بری‌ست ۳۲۹۵

زیرا بدون «ایمان» و در تفرقه نمی‌توانی حقایق را بپذیری و هنوز زمینهٔ پذیرش در تو مهیّا نشده است.

---

۱ - **سمرقند**: شهری در ازبکستان، در گذشته شهری بزرگ و آباد بوده است، مولانا از آن خاطراتی خوش داشته که در دفتر اوّل سمرقند را چون قند یاد می‌کند.

۲ - **دمشق**: از شهرهای سوریه، این دو شهر از مراکز تمدّن بوده‌اند و انتساب خوشی و خرّمی به آن‌ها به مناسبت آبادانی و خوبی بوده است.

۳ - **جُو**: ذرّه، مقدارکم، واحد وزن به اندازهٔ یک جویِ متوسط.

۴ - **اشتباه**: لغزش، اینجا تفرقه.

۵ - با یک مثقال عقلِ طلاصفت می‌توانی به حق انتساب یابی.

۶ - **نام**: اسمای حق.

۷ - **القاب**: صفات باری تعالیٰ.

۸ - **صورتش**: عالم هستی صورتِ عقل کُلّ است.

۹ - برای عارفان واصل همهٔ نیازها معطوف به حق است و از ماسِوَی الله بی‌نیاز.

۱۰ - اشاره به حدیثی با همین مضمون: جماعت رحمت و تفرقه موجب عذاب است: احادیث مثنوی، ص ۳۱.

۱۱ - **جانِ شرک**: جانی که در تفرقه است.

۳۲۹۶ **جانِ قسمت گشته بر حَشْوِ[1] فلک — در میانِ شصت سودا مشترک**

جانی که فقط متوجّه امور دنیوی است، با خیال و اندیشهٔ فراوان از حق منفک می‌شود.

۳۲۹۷ **پس خموشی بِهْ دهد او را ثُبوت — پس جوابِ احمقان آمد سُکوت**

برای چنین جانی، خاموشی بهتر است؛ زیرا او را در همان حالی که هست نگه می‌دارد.

۳۲۹۸ **این همی دانم ولی مستیِّ تن[2] — می‌گشاید بی مُرادِ من دهن**

امّا اکنون مستغرق و بی‌اختیارم که معانی بلند و خارج از حدّ درک مخاطب از دهانم خارج می‌شود.

۳۲۹۹ **آنچنان کز عطسه و از خامیاز — این دهان گردد به ناخواهِ تو باز**

همان‌گونه که هنگام عطسه و خمیازه بدون اراده دهان تو گشوده می‌شود.

تفسیر این حدیث که :
«إِنّی لَاَسْتَغْفِرُ اللهَ فی کُلِّ یَوْمٍ سَبْعینَ مَرَّةً»

ناظر است به این حدیث[3]: وَاللهِ إِنّی لَأَسْتَغْفِرُ اللهَ وَ اَتُوبُ اِلَیْهِ فِی الْیَوْمِ سَبْعینَ مَرَّةً: به خدا سوگند، روزی هفتاد بار از خداوند طلب مغفرت و توبه می‌کنم.

عصمت انبیا با ارتکاب گناه مغایرت دارد و این حدیث اشاره دارد به «ترک اولیٰ».

۳۳۰۰ **همچو پیغمبر ز گفتن، وز نثار — توبه آرَم روزْ من هفتاد بار**

من هم همانند پیامبر(ص) روزانه هفتاد بار از گفتن این معانی بلند توبه می‌کنم.

۳۳۰۱ **لیک آن مستی شود توبه‌شکن — مُنْسیِ[4] است این مستیِ تن، جامه کَن[5]**

امّا در پرتوِ مستیِ جان، تن بی‌اختیار توبه‌ام را می‌شکند. این حالت فراموشی آورنده و عریان کننده است؛ یعنی مرا از خودم و اراده‌ام عاری می‌کند.

---

۱ - **حَشْو** : زاید، چیزی که با آن درون شیء را پر کنند، مانند پنبه برای تشک.

۲ - **مستیِ تن** : در پرتوِ مستی جان، تن نیز مست شده و اختیار از کف داده است.   ۳ - احادیث، ص ۴۱۱.

۴ - **مُنْسیِ** : فراموشی آورنده.   ۵ - **جامه کَن** : عریان کننده.

۳۳۰۲ **حکمتِ اظهارِ تاریخِ دراز[۱] مستیی انداخت بر دانایِ راز[۲]**

حکمت الهی چنین ایجاب کرده است که عارفی که به راز هستی پی برده و از «تاریخِ دراز» ازل تا به ابد آگاهی یافته است، آن را در حال مستی افشا کند.

۳۳۰۳ **رازِ پنهان[۳] با چنین طبل و عَلَم[۴] آبِ جوشان گشته از جَفَّ ٱلقَلَم[۵]**

تقدیرِ الهی چنین است که اسرار نهانی با این همه سروصدا و شکوهمندی، همانند چشمه‌ای بجوشد و عیان شود.

۳۳۰۴ **رحمتِ بی حد رَوانه هر زمان خفته‌اید از درکِ آن ای مردمان!**

ای مردم، رحمت بیکران الهی در هر لحظه جاری است؛ امّا شما از درک آن غافل‌اید.

۳۳۰۵ **جامهٔ خفته خورَد از جویْ آب[۶] خفته اندر خواب جویایِ سراب[۷]**

شما همانند تشنهٔ خُفته بر لب جوی آب‌اید که جامه‌اش خیس است و خودش تشنه به دنبال سراب.

۳۳۰۶ **می‌رود کآنجایْ بویِ آب هست زین تفکّر راه را بر خویش بَست**

به امید یافتن آب به آنجا می‌دود و با این اندیشه راهِ رسیدنِ به آب را بر خود می‌بندد.

۳۳۰۷ **زانکه آنجا گفت، زینجا دور شد بر خیالی، از حقی مهجور شد**

به تصوّرِ وجودِ آب از اینجا دور شد و با خیالی واهی از رسیدن به حق دور ماند.

۳۳۰۸ **دُوربینان‌اند و بس خفته روان رحمتی آریدشان ای ره‌روان!**

ای سالکان، به «اهلِ دنیا» که دوربینی و عاقبت‌اندیشی دنیوی دارند و غافل‌اند، رحم کنید.

۳۳۰۹ **من ندیدم تشنگی[۸] خواب آوَرَد[۹] خواب آرَد تشنگیِ بی خرد[۱۰]**

هرگز «طالبِ راستین» به «خواب‌آلودگیِ باطنی» دچار نمی‌شود؛ زیرا تمایل او برای رسیدن به «حقیقت» رکود را از وی می‌گیرد. تمایلاتِ دنیوی غافل کننده است.

---

۱ - **تاریخ دراز**: ازل تا ابد، تاریخ هستی. ۲ - **دانای راز**: عارف کامل واصل.
۳ - **راز پنهان**: اسرار حق. ۴ - **طبل و عَلَم**: سروصدای پرشکوه و پرهیبت.
۵ - **جَفَّ القلم**: مشیّت حق، تقدیر الهی: ر.ک: ۱/۳۸۶۶.
۶ - اینجا مضمون ابیات ۳۲۲۸ و ۳۲۲۹ همین دفتر تکرار شده است.
۷ - «جوی آب» کنایه از حقیقتی است که در وجود انسان است و او به سبب غفلت از آن ناآگاه و جویای «سراب».
۸ - **تشنگی**: تشنه و مشتاق چیزی بودن، طلب راستین، کشش باطنی. ۹ - **خواب آوَرَد**: غفلت به بار آورد.
۱۰ - **تشنگیِ بی خرد**: تمایلاتِ دنیوی، کشش و تمایلی که از عقل معاد یا عقلِ حق‌جو نشأت نگرفته است.

خود خرد آن است کو از حق چرید　　نه خرد کآن را عُطارد[1] آورید ۳۳۱۰

«عقلِ» حقیقی از فیض الهی بهره و نیرو می‌گیرد؛ امّا عقلِ جزوی برخاسته از زمینه‌ای مادّی است و خواهان امور دنیوی.

بیانِ آنکه عقلِ جزوی تا به گور بیش نبیند، در باقی مقلّدِ اولیا و انبیاست

در تقریر این معناست که «عقلِ جزوی» که پایین‌ترین مرتبهٔ عقل است، توانایی بسیار محدودی دارد و قلمرو احاطهٔ او تدبیرِ بدن و معاش است و به فراتر از آن و «عالمِ غیب» راهی ندارد.

پیش بینی این خرد تا گور بود　　و آنِ صاحب دل به نفخِ صور بود ۳۳۱۱

«عقلِ معاش» یا «عقلِ جزوی» فقط در محدودهٔ عالم مادّه می‌تواند بیندیشد؛ ولی «عقلِ معاد» یا «عقلِ حق‌جو»ی صاحبدل می‌تواند عالم معنا و رستاخیز را درک کند.

این خرد از گور و خاکی نگذرد[2]　　وین قَدَم عرصهٔ عجایب نسپَرَد ۳۳۱۲

این عقل به فراتر از مادّه راهی ندارد و این پایِ ظاهری ما را به عالم غیب و شگفتی‌هایِ آن نمی‌رسانَد.

زین قَدَم وین عقل، رو بیزار شو　　چشمِ غیبی جوی و برخوردار شو ۳۳۱۳

این ابزار معمولی تو را به «حقیقت» نمی‌رساند. خواهان چشمی باطنی باش و از آن بهره بجوی.

همچو موسی، نورْکِی یابد ز جیب[3]　　سُخرهٔ استاد و شاگردِ کتاب ۳۳۱۴

کسی که خود را محدود به علمِ دنیوی می‌کند، هرگز از نورِ علمِ عالم غیب بهره‌مند نمی‌شود.

زین نظر[4] وین عقل، ناید جز دَوار[5]　　پس نظر بگذار و بگزین انتظار ۳۳۱۵

«عقلِ جزوی» و «بینشِ ناشی از علمِ دنیوی» را که حاصلی جز سرگشتگی ندارد، رها کن و منتظرِ فضل الهی باش.

---

۱ - **عطارد**: به اعتقاد قُدَما ستارهٔ دبیری و کتابت است، عقل آدمی را متأثر از آن می‌دانستند، خرد ناشی از ادراکِ مادّی.

۲ - ابزار معمولی که در اختیار عام خلق است؛ یعنی «عقل جزوی» و «پای ظاهری» برای ورود به عالم معنا کارآیی ندارد.　۳ - اشاره به ید بیضا: ر.ک: ۳۵۰۰/۱.　۴ - **نظر**: بینش.　۵ - **دَوار**: سرگیجه، سرگشتگی.

از سخن گویی، مجویید ارتفاع[۱]   منتظر را، بِهْ زگفتن، استماع ۳۳۱۶

از سخنوری، کمالی حاصل نمی‌شود، اگر واقعاً منتظرِ فضل الهی هستید، شنیدن بهتر از گفتن است.

منصبِ تعلیم، نوعِ شهوت است   هر خیالِ شهوتی در ره بُت است ۳۳۱۷

انسانِ غیر کاملی که به دیگران تعلیم معنوی می‌دهد به شهوت کلام مبتلاست و همین غَرَض نفسانی، مانندِ «بُت»، مانعِ رسیدن او به حقیقت می‌شود.

گر به فضلش پی بِبُردی هر فضول[۲]   کِی فرستادی خدا چندین رسول؟ ۳۳۱۸

اگر «فضلِ خدا» شامل حالِ هر آدم افزون‌طلبی می‌شد، نیازی به انبیا نبود. انبیا آمدند تا «قابلیّت و استعدادِ» خلق را برای برخورداری از «فضلِ الهی» به ظهور برسانند.

عقلِ جزوی همچو برق است و دَرَخش[۳]   در دَرَخشی کِی توان شد سویِ وَخْش[۴]؟ ۳۳۱۹

نور عقل جزوی همانند درخشش برقِ ناپایدار آسمان است، در پرتو آن راه درازی را نمی‌توان طی کرد.

نیست نورِ برق بهرِ رهبری   بلکه امر است ابر را که: می‌گِرِی ۳۳۲۰

نور برق ناپایدار آسمان برای نشان دادن راه نیست؛ بلکه فرمانی است برای ابر که ببار.

برقِ عقلِ ما برای گریه است   تا بگرید نیستی در شوقِ هست ۳۳۲۱

نورِ مختصرِ عقلِ جزوی برای فهمِ این است که هستیِ فانیِ ما از هستیِ باقی پدیده آمده است تا در شوق رسیدن به آن گریه کنیم.

عقلِ کودک گفت: بر کُتّابْ تَن[۵]   لیک نتوانَد به خود آموختن ۳۳۲۲

عقل کودک به او می‌گوید: به مکتب برو؛ چون نمی‌تواند به خودیِ خود چیزی بیاموزد.

عقلِ رنجور، آرَدَش سویِ طبیب   لیک نَبْوَد در دوا عقلش مُصیب ۳۳۲۳

عقل، آدم بیمار را به سوی طبیب می‌کشاند؛ امّا خودش قادر نیست دوا تجویز کند.

---

۱ - **ارتفاع :** بلندی، کمال.

۲ - **فضول :** یاوه‌گو، اینجا آدم زیاده‌خواه، کسی که «با سخن‌گویی ارتفاع می‌جوید».

۳ - **دَرَخش :** دِرَخش: پرتو، روشنی.

۴ - **وَخش :** شهری در کنار رود جیحون که نسبت به قونیه که محلِّ زندگی مولانا بوده، راهِ درازی به شمار می‌آمده است، کنایه از عالم معنا.

۵ - **بر کتّاب تَنْ :** به مکتب برو، «تن» از تنیدن به معنی به کاری مشغول بودن. خلق همان اطفال‌اند که در مکتب ارشاد انبیا و اولیا از تعالیمِ ادراکِ عالمِ غیب بهره می‌جویند.

نک[۱] شیاطین سویِ گردون می‌شدند گوش بر اسرارِ بالا می‌زدند[۲] ۳۳۲۴

به همین ترتیب، شیطان‌ها هم به سوی آسمان می‌رفتند که اسرار عالم بالا را استراق سمع کنند.

می‌ربودند اندکی زآن رازها تا شُهُب[۳] می‌راندشان زود از سَما[۴] ۳۳۲۵

اندکی از اسرار را دزدیده می‌شنیدند تا شهاب‌های آسمانی به سرعت آن‌ها را دور می‌کرد.

که: رَوید، آنجا رسولی آمده‌ست هر چه می‌خواهید، زو آید به دست ۳۳۲۶

شهاب‌ها می‌گفتند: به زمین باز گردید. آنجا پیامبری آمده است. هر چه می‌خواهید از او به دست آورید.

گر همی جویید دُرِّ بی‌بها اُدْخُلُوا اَلاَبْیاتَ مِنْ اَبْوابِها[۵] ۳۳۲۷

اگر جویای «علوم و اسرار الهی» هستید، باید «از راه در به خانه‌ها وارد شوید»؛ یعنی هر کاری راهی دارد.

می‌زن آن حلقهٔ در و بر باب بیست[۶] از سویِ بامِ فلکْتان راه نیست ۳۳۲۸

حلقهٔ خانهٔ او را به صدا در آورید و منتظر بمانید. مستقیماً و بدونِ او به بام فلک راهی نیست.

نیست حاجت‌تان بدین راهِ دراز خاکیی را داده‌ایم اسرارِ راز ۳۳۲۹

نیازی نیست که این راه دراز را برای دریافت علوم و اسرار بپیمایید، آن‌ها را به انسان خاکی سپرده‌ایم.

پیشِ او آیید، اگر خاین[۷] نه‌اید نیشکر گردید از او، گرچه نی‌اید[۸] ۳۳۳۰

اگر خیانتکار نیستید نزد او بروید تا «نی» وجودتان را به «نیشکر» مبدّل کند.

سبزه رویانَد ز خاکت آن دلیل[۹] نیست کم از سُمِّ اسبِ جبرئیل[۱۰] ۳۳۳۱

راهنمایِ راهِ حق از وجودِ مادّی‌ات سبزهٔ معارف را می‌رویاند. دست هدایت او که کمتر از سمّ اسب جبرائیل نیست.

---

۱ - **نک** : اینک.

۲ - اشارتی قرآنی؛ حجر : ۱۸/۱۵ : إِلاَّ مَنِ اسْتَرَقَ ٱلسَّمْعَ فَأَتْبَعَهُ شِهابٌ مُبِينٌ : لیکن هر شیطانی برای سرقت سمع به آسمان نزدیک شد، تیر شهاب شعلهٔ آسمانی او را تعقیب کرد. ۳ - **شُهُب** : شهاب.

۴ - **سَما** : آسمان.

۵ - اشارتی قرآنی؛ بقره: ۱۸۹/۲؛ ر.ک: ۱۶۳۷/۱. «دریافت علوم و اسرار الهی از طریق انبیا و اولیا امکان‌پذیر است.»

۶ - **بیست** : بایست. ۷ - **خاین** : خیانتکار.

۸ - **نی** : اینجا وجود کمال نیافته است و «نیشکر» وجودِ متعالی که قادر به درک عالم معنا هست.

۹ - **دلیل** : راهنما، اینجا نبی و تعالیم اوست، پیامبر(ص).

۱۰ - اشاره است به مضمون آیهٔ ۹۶ سورهٔ طه و آنچه که مفسّران در باب آن نوشته‌اند. در روایات آمده است که سامری مقداری از خاک پای اسب جبرائیل را برداشت و در دهان گوسالهٔ زرّین ریخت تا به صدا آمد. اسب جبرائیل را «فَرَس الحیاة» می‌گفتند؛ زیرا زیر سمّ او سبزه می‌رویید.

۳۳۳۲ سبزه گردی، تازه گردی، در نَوی گر تو خاکِ اسبِ جِبْریلی شوی

با ارشادِ مردِ خدا، از نشاطِ درک حقایق، جانت تر و تازه و شاداب می‌شود.

۳۳۳۳ سبزه‌یی جانْ بخش کآن را سامری کرد در گوساله، تا شد گوهری

سامری آن سبزهٔ جان‌بخش را در گوسالهٔ زرّین ریخت تا گوهر حیات یافت.

۳۳۳۴ جان گرفت و بانگ زد، زآن سبزه او آنچنان بانگی که شد فتنهٔ عدو

گوسالهٔ زرّین از سبزه جان گرفت و بانگی زد که به غیر از مؤمنان همه فریب خوردند.

۳۳۳۵ گر امین آیید سوی اهلِ راز وارَهید از سَر کُلَه[۱] مانندِ باز[۲]

اگر محرمِ مرد حق شوید، شما را از قیدِ صفاتِ بشری و تعلّقات می‌رهانَد تا همانند باز شکاری که از قید سرپوش رها شده است، بتوانید اوج بگیرید.

۳۳۳۶ سر کلاهِ چشمْ‌بندِ گوش‌بند که از او باز است، مسکین و نژند[۳]

سرپوشی که چشم و گوش را می‌بندد و سبب درماندگی و افسردگی باز می‌شود.

۳۳۳۷ زآن کُلَه مر چشمِ بازان را سَد است که همه میلش سویِ جنسِ خَود است

چون باز همواره به جنس خود گرایش دارد، با آن سرپوش چشمانش را می‌بندند.

۳۳۳۸ چون بُرید از جنس[۴]، با شه گشت یار[۵] بر گشاید چشمِ او را بازْدار

هنگامی که «باز» تربیت شد و با شاه الفت یافت، مربّی سرپوش را از سرش بر می‌دارد.

۳۳۳۹ راند دیوان را حق از مِرْصادِ[۶] خویش عقلِ جزوی را ز اِستبدادِ[۷] خویش

خداوند، «شیطان»ها را از کمینگاهِ حق راند. مشیّت او، «عقلِ جزوی» را هم به علّت عدم شایستگی از قلمرو خود دور کرد.

---

۱ - **سرکُلَه**: سرپوشی که بر روی سر باز شکاری قرار می‌دادند، اینجا تعلّقات دنیوی.

۲ - در این تمثیل بنده به باز شکاری مانند شده است که برای تربیت پوششی بر روی سرش قرار می‌دادند تا بمانَد و تربیت شود؛ پس از آن سرپوش را بر می‌داشتند تا در محضر شاه پرواز کند. ۳ - **نژند**: اندوهگین، غمناک.

۴ - **بُرید از جنس**: تعلّقات دنیوی را رها کرد.

۵ - **با شه گشت یار**: جانش متعالی شد و به درک حقایق نایل آمد.

۶ - **مرصاد**: کمینگاه. واژه‌ای قرآنی؛ فجر: ۱۴/۸۹: إِنَّ رَبَّكَ لَبِالْمِرْصاد: پروردگار تو در کمینگاه است.

۷ - **استبداد**: قرارگرفتن رأی و مشیّت.

۳۳۴۰ **که: سَری کم کن، نه‌یی تو مُستبِد　　بلکه شاگردِ دلی[1] و مُستعِد**

و به او فرمود: تو نمی‌توانی مستقلاً به کمال برسی. استعداد و قابلیّتِ شاگردیِ «دل» و «صاحبدلان» را داری، از آن راه به سوی حق بیا.

۳۳۴۱ **رو بِرِ دل، رو که تو جزوِ دلی　　هین! که بندهٔ پادشاهِ عادلی[2]**

حقیقتِ تو در «دل» یا «عالم معنا»ست. خداوند، کمالِ تو را از طریق دل قرار داده است.

۳۳۴۲ **بندگیِ او بِهْ از سلطانی است　　که أَنَا خَیْرٌ[3] دَم شیطانی است**

بندگیِ خداوند بهتر از پادشاهی است؛ زیرا دم زدن از «من بهترم» شیطانی است.

۳۳۴۳ **فرق بین و بر گزین تو ای حَبیس[4]　　بندگیِ آدم از کبرِ بِلیس[5]**

ای اسیر ظواهر و محسوسات، یا بندگیِ آدم یا کبرِ ابلیس، یکی را انتخاب کن.

۳۳۴۴ **گفت آنکه هست خورشیدِ رَهْ او　　حرفِ طوبیٰ هر که ذَلَّت نَفْسُه[6]**

پیامبر(ص) که خورشید راه حق است، گفت: خوشا به سعادت کسی که نَفسش خوار شود.

۳۳۴۵ **سایهٔ طوبیٰ[7] ببین و خوش بخُسب[8]　　سر بِنِهْ در سایه، بی‌سرکش[9] بخُسب**

زیر سایهٔ «دل» و «صاحبدل» که «بهشت» و «آرامش» است برو و بدان که سیر کمال را طی می‌کنی.

۳۳۴۶ **ظِلِّ ذَلَّتْ نَفْسُهُ خوش مَضْجَعی‌ست[10]　　مستعدِّ آن صفا را، مَهْجَعی‌ست[11]**

در سایهٔ «نَفْسَش خوار شد» آسوده باش. آنجا برای کسی که شایستگی آن صفا را دارد، محلّ آرامش است.

---

۱ - **شاگرد دل** : به احتمال قوی باید متأثّر از قصیدهٔ معروف خاقانی باشد که درآن دل را «پیرِ تعلیم» می‌خوانَد و خود را شاگرد وی می‌یابد. دل من پیر تعلیم است و من طفل زباندانش: سرّ نی، ج ۱، ص ۲۵۰.

۲ - **عادل** : یکی از تعاریف «عدل» نزد عارفان این است که می‌گویند: عدل خداوند آن است که هرچیز را در جایگاه مناسب و شایسته‌اش قرار می‌دهد.　۳ - اشارتی قرآنی؛ اعراف: ۱۲/۷.

۴ - **حبیس** : محبوس، اینجا محبوسِ عالمِ محسوس بودن، کسی که راه به عالم غیب ندارد.

۵ - بندگیِ «عقل جزوی» تکامل از طریق دل است و کبرِ او، پندار واهیِ کمال و اینکه مستقلاً می‌تواند حقایق را درک کند.　۶ - اشاره به حدیث: طُوبیٰ لِمَنْ ذَلَّ نَفْسُهُ...: احادیث، ص ۳۲۳.

۷ - **طوبیٰ** : نام درختی است در بهشت.　۸ - **خوش بخسب** : خوب بخواب، آسوده باش.

۹ - **بی سرکش** : بی آنکه سرت را بلند کنی، به آسودگی تمام.　۱۰ - **مَضْجَع** : خوابگاه.

۱۱ - **مَهْجَع** : خوابگاه، محلّ آسایش.

۳۳۴۷ گر از ایــن ســایه رَوی ســوی مَــنی　　زود طــاغی گــردی و ره گــم کــنی

اگر از این سایه به سوی «خودبینی» بروی و «تحتِ سیطرهٔ نَفْسِ جزوی» در آیـی، بـه زودی سرکشی می‌کنی و گمراه می‌شوی.

بیانِ آنکه یٰا ایُّهاالَّذینَ آمَنُوا لاٰ تُقَدِّموا بَیْنَ یَدَیِ اللهِ وَ رَسُولِهِ

چون نَـبی نـیستی، زِ اُمّت بـاش　　چونکه سلطان نه‌ای، رعیّت باش

پس‌رِو خاموش باش، از خود زحمتی و رایی مَتَراش

در ادامهٔ معنایی که در قطعهٔ پیشین به تفصیل آمد و در الزام «انکسارِ نفس» و تعلیم و تکاملِ عقل جزوی بود، به اشارتی قرآنی استناد می‌شود: **حُجُرات: ۱/۴۹**: ای مؤمنان بر حکمِ خداوند و پیامبر او پیشدستی نکنید... .

سخنی از سنایی نیز که دارای همین مضمون است از حدیقة الحقیقه نقل و تصرّف شده که اصل آن این است:

مــرد هــمّت نــه مــرد نَــهمَت[1] بــاش　　چــــون پــــیمبر نــه‌ای ز امّت بــاش

۳۳۴۸ پس برو خاموش بـاش، از انـقیاد[2]　　زیـرِ ظِـلِّ امـرِ شـیخ و اُوسـتاد

پس از فرمان شیخ و استاد اطاعت تامّ بکن و خاموش باش.

۳۳۴۹ ور نــه، گــر چـه مُـستعدّ و قـابلی　　مــسخ گــردی تــو ز لافِ کــاملی

در غیر این صورت، حتّی اگر استعداد و قابلیّت هم داشته باشی، ادّعای کمال جانت را مسخ می‌کند.

۳۳۵۰ هــــم ز اســـتعداد وامــانی، اگــر　　ســر کشــی ز اســتادِ راز و بــاخبر

اگر از فرامین استاد رازدان و آگاه سرکشی کنی، استعداد و قابلیّتت را از دست می‌دهی.

۳۳۵۱ صبر کن در موزه‌دوزی[3] تـو هـنوز　　ور بُوی بی صبر، گـردی پـاره‌دوز[4]

صبر کن، مدّعیِ کفش دوزی نشو. اگر صبور نباشی، پینه‌دوز می‌شوی.

---

۱ – **نَهمَت**: غایت آرزو، مُراد. کنایه از هوا و هوس.　۲ – **انقیاد**: اطاعت، مطیع و تحت امر کسی بودن.
۳ – **موزه‌دوزی**: کفش‌دوزی، اینجا کنایه از شاگردیِ استاد کامل است. لازمهٔ کسب مهارت و استاد شدن در هر فن، صبر و ثبات است.　۴ – **پاره‌دوز**: پینه‌دوز، اینجا کنایه از نقص است، در مراتب دون ماندن، اهل دنیا.

کهنه‌دوزان گر بُدی‌شان صبر و حلم   جمله نو دوزان شدندی هم به علم ۳۳۵۲

اگر پینه‌دوزها صبر و بردباری داشتند، استاد می‌شدند و کفش‌های نو می‌دوختند.

پس بکوشی و به آخِر از کَلال[1]   هم تو گویی خویش کَالْعَقْلُ عِقال[2] ۳۳۵۳

سرانجامِ کوششی که تحتِ ارشادِ استادِ کامل نباشد، آن است که با درماندگی به این نتیجه برسی که «عقل پای‌بند است».

همچو آن مرد مُفَلسِفْ[3] روزِ مرگ   عقل را می‌دید بس بی‌بال و برگ ۳۳۵۴

همانند آن فیلسوف می‌شوی که روز مرگ عقل را ناتوان و عاجز می‌دید.

بی غرض می‌کرد آن دم اعتراف   کز ذکاوت راندیم اسب از گزاف[4] ۳۳۵۵

هنگام مرگ صادقانه اعتراف می‌کرد: به اتّکای این عقل کارهای بیهوده‌ای کردیم و بیش از قابلیّتش به او ارج نهادیم.

از غروری سر کشیدیم از رجال   آشنا کردیم[5] در بحرِ خیال ۳۳۵۶

به سبب تکبّر از مردان حق پیروی نکردیم و در دریای وهم و خیال شنا کردیم.

آشنا هیچ است اندر بحرِ روح   نیست اینجا چاره جز کشتی نوح ۳۳۵۷

شنا کردن در دریایِ جان جز هلاکت ثمری ندارد، باید در کشتیِ مرد حق نشست.

این چنین فرمود آن شاهِ رُسُل   که منم کشتی در این دریایِ کُل[6] ۳۳۵۸

سلطان پیامبران چنین فرموده است: من کشتی نجات در دریای کلّ هستم.

یا کسی کو در بصیرت‌هایِ من   شد خلیفهٔ راستی بر جایِ من ۳۳۵۹

یا کسی که بصیرت و معرفت باطنی مرا به دست آورده و جانشین راستین من شده است.

---

۱ - **کلال :** درماندگی، خستگی و کوفتگی.

۲ - این کلام منسوب به فخر رازی فقیه برجستهٔ شافعی مذهب است که احتمالاً مولانا از شمس اخذ کرده و در مقالات، ص ۵ هست که: او به وقت مرگ این می‌گوید از روی انصاف:

نـهایةُ اِدراکِ العـقُولِ عِـقالُ   وَ اکـثرُ سَـعیِ العـالَمینَ ضَـلالُ

سرانجامِ ادراکِ عقل‌ها رسیدن به بن‌بست است. بیشتر کوشش جهانیان درگمراهی است.

ابونصر فارابی هم سخنانی تقریباً با همین مضمون در پایان عمر گفته است: احادیث، صص ۴۱۲ و ۴۱۳.

۳ - اشاره به فخر رازی، فلسفه‌دان، فلسفه‌باف، اهلِ فلسفه. ۴ - **اسب از گزاف راندن :** کار بیخودی کردن.

۵ - **آشنا کردن :** شنا کردن. ۶ - **دریایِ کُلّ :** بحرِ روح، بحرِ معنی.

۳۳۶۰ **کشتیِ نوحیم در دریا که تا — رو نگردانی ز کشتی ای فتیٰ**

در بحرِ کُلّیِ جان، ما کشتی نوح هستیم. ای جوان، مبادا از این کشتی روی‌گردان شوی.

۳۳۶۱ **همچو کنعان سویِ هر کوهی مرو — از نُبی لا عاصِمَ اَلیَوْمَ[1] شنو**

همانند کنعان به سوی هر کوهی نرو. از قرآن این آیه را بشنو: «امروز هیچ نگه‌دارنده‌ای نیست.»

۳۳۶۲ **می‌نماید پست این کَشتی ز بند — می‌نماید کوهِ فکرت بس بلند[2]**

به سببِ حجابِ دیدهٔ باطنی، این کشتی در نظرت حقیر جلوه می‌کند و کوه اندیشه‌ات رفیع.

۳۳۶۳ **پست منگر هان و هان این پست را — بنگر آن فضلِ حقِ پیوست را**

آگاه باش و این کشتیِ کوچک را حقیر نبین. فضلی را که شامل حالش هست، ببین.

۳۳۶۴ **در عُلُوّ[3] کوهِ فکرت کم نگر — که یکی موجش کند زیر و زَبَر**

به اوج اندیشهٔ بلندت چندان اهمّیّتی نده؛ زیرا یک موج این دریا آن را زیر و زبر می‌کند.

۳۳۶۵ **گر تو کنعانی، نداری باورم — گر دو صد چندین نصیحت پرورم**

اگر تو همانند کنعان باشی، صدها برابرِ این نصیحت را هم نخواهی پذیرفت.

۳۳۶۶ **گوشِ کنعان کی پذیرد این کلام؟ — که بر او مُهرِ خدای است[4] و خِتام[5]**

گوشِ طغیانگر این سخن را نمی‌پذیرد؛ زیرا خداوند به سبب عِناد بر آن مُهر نهاده است.

۳۳۶۷ **کی گذارد موعظه بر مُهرِ حق؟ — کی بگرداند حَدَث[6] حکمِ سبق[7]؟**

آیا اندرز می‌تواند مُهر الهی را عوض کند؟ و یا موجودِ حادث می‌تواند مشیّت حق را تغییر دهد؟

۳۳۶۸ **لیک می‌گویم حدیثِ خوش پیی[8] — بر امیدِ آنکه تو کنعان نه‌ای**

امّا به امید آنکه تو معاند و منکر نیستی، سخنی خوش به تو می‌گویم.

---

۱ - اشارت قرآنی؛ هود: ۴۳/۱۱: ...لا عاصِمَ اَلْیَوْمَ...: ر.ک: ۶۷۷/۲.

۲ - عقل جزوی راهی به عالم معنا ندارد؛ زیرا «فکرت» یا «تعقّل» آن فقط در محدودهٔ محسوسات است.

۳ - **عُلُوّ** : بلندی.

۴ - اشارتی قرآنی؛ بقره: ۷/۲: خَتَمَ اللهُ عَلیٰ قُلُوبِهِم وَ عَلیٰ سَمْعِهِمْ وَ عَلیٰ أَبْصارِهِمْ غِشاوَةٌ...: قهر خدا مُهر بر دل‌ها و پردهٔ گوش‌ها و چشم‌های ایشان نهاد. ۵ - **خِتام** : پایان کار، خمیری که با آن مُهر می‌کنند.

۶ - **حَدَث** : نو، حادث؛ چیز بی‌ارزش. ۷ - **حُکمِ سَبَق** : تقدیر الهی.

۸ - **خوش‌پی** : خوش و خوب، فرخنده.

۳۳۶۹ **آخِر [1] این اقرار خواهی کرد، هین! هم ز اوّل روزْ آخِر را ببین**

آگاه باش که عاقبت تو هم به آن اعتراف می‌کنی؛ پس از روز اوّل به آخر توجّه کن.

۳۳۷۰ **می‌توانی دید آخر را، مکُن چشمِ آخربینت را کورِ کُهُن [2]**

تو هم می‌توانی عاقبت کار را ببینی، اگر با حق ستیزی مُهرِ قهرِ حق بر چشمت نخورد.

۳۳۷۱ **هر که آخِر بین [3] بُوَد مسعودوار نَبْوَدش هر دم ز رَه رفتن عِثار [4]**

هر کسی که عاقبت‌اندیش‌تر باشد، نیکبخت‌تر است، گویی که از فراز کوه انتها را می‌بیند.

۳۳۷۲ **گر نخواهی هر دمی این خُفتْ خیز کن ز خاکِ پایِ مردی چشمْ تیز [5]**

اگر نمی‌خواهی که هر لحظه بیفتی و برخیزی، خاکِ پایِ مردِ خدایی را سرمهٔ چشمت کن.

۳۳۷۳ **کُحلِ [6] دیده ساز خاکِ پاش را تا بیندازی سرِ اوباش [7] را**

خاکِ پایِ مرشد کامل را سرمهٔ چشم کن و تسلیم باش تا به همّت او پیروز شوی.

۳۳۷۴ **که از این شاگردی و زین اِفتقار [8] سوزنی باشی، شوی تو ذوالْفقار**

زیرا از شاگردیِ او و انکسار و ارادت، هر قدر ناقص باشی به کمال وجودی‌ات می‌رسی.

۳۳۷۵ **سُرمه کن تو خاکِ هر بگزیده را هم بسوزد [9] هم بسازد دیده را**

در برابرِ انسانِ کامل خاک باش تا به همّت او چشمت به حقایق بینا شود.

۳۳۷۶ **چشمِ اُشتر زآن بُوَد بس نورْبار کو خورَد از بهرِ نورِ چشمْ خار [10]**

چشم شتر بدان سبب پر نور است که برای تقویت چشم خار می‌خورد.

---

۱ - **آخر**: چه در این جهان و هنگام مرگ مثلِ «فخر رازی» که تعقّلِ دنیوی یا «کوه فکرت» را توشه‌ای برای عالم معنا نمی‌بیند و چه در جهان دیگر. ۲ - **کورِ کهن**: کور ابدی که ناشی از قهر حق است، نهاده شدن مُهر حق.

۳ - **آخِربین**: عاقبت اندیش، کسی که به عالم معنا توجّه دارد و می‌داند که دنیای دیگری هم هست.

۴ - **عِثار**: لغزش.

۵ - **چشم تیز**: چشم تیزبین، چشم عاقبت‌اندیش، چشمی که از پسِ ظواهر می‌تواند بواطن را بفهمد یا ببیند.

۶ - **کُحل**: سرمه. ۷ - **اوباش**: اراذل، موجودات بی‌قدر و پلید، اینجا نفس امّاره و وسوسه‌های نفسانی.

۸ - **اِفتقار**: فقیر شدن، اینکه آدمی بپذیرد که نمی‌داند و فاقد توانایی و دانش لازم برای سلوک و تعالی است و حلقهٔ ارادت استاد کاملی را به گردن جان خویش بیفکَنَد. ۹ - **بسوزد**: می‌سوزاند، در اثر رنج‌ها و ریاضت‌ها.

۱۰ - شتر نمادی است از تنِ مرد حق یا سالکِ مجاهد و خار نمادی از رنج‌ها و ریاضت‌ها.

قصهٔ شکایتِ اَستر به اُشتر که: من بسیار در رُو می‌افتم در راه رفتن، تو کم در روی می آیی، این چراست؟ و جواب گفتنِ شتر او را[1]

«استر»ی به «اُشتر»ی گفت: تو کمتر در فراز و نشیب راه سرنگون می‌شوی؛ امّا من علی‌رغم احتیاط و دقّت از افتادن در امان نیستم. اُشتر گفت: من از بلندی می‌نگرم و تا آخر پُشته را می‌بینم؛ ولی تو فقط پیشِ چشم خود را می‌بینی.

در این تمثیل که در دفتر سوم نیز آمده است[2]، سرّ سخن در تقابل انسان «ناقص» و «کامل» است و در لزوم تمسّک به پیران طریقت که کاملان‌اند و جز به هدایت ایشان نمی‌توان گردنه‌های سیر و سلوک را به سلامت طی کرد.

۳۳۷۷ **اُشـتری را دیـد روزی اسـتری[3]　　　چونکه با او جـمع شـد در آخُـری**

روزی استری شتری را که در آخوری با او بود، دید.

۳۳۷۸ **گـفت: مـن بسـیار مـی‌اُفـتم بـه رُو　　　در گَـریوه[4] و راه و در بـازار و کـو**

استر گفت: من در گردنه، راه، بازار و کوچه بسیار با صورت به زمین می‌افتم.

۳۳۷۹ **خـاصه از بـالایِ کُـه تـا زیـرِ کـوه　　　در سـر آیـم هـر زمـانی از شِکـوه[5]**

مخصوصاً همواره هنگام سرازیر شدن از کوه از ترس سرنگون می‌شوم.

۳۳۸۰ **کم همی اُفتی[6] تو در رو، بهرِ چیست؟　　　یا مگر خود جانِ پاکت دولتی‌ست؟**

چرا تو نمی‌افتی؟ مگر جان پاکات از بخت و اقبالِ عنایت حق برخوردار است؟

۳۳۸۱ **در سـر آیـم هـر دم و زانـو زنـم　　　پوز و زانو زآن خطا پر خـون کـنم**

من هر لحظه با سر به زمین می‌افتم و زانو می‌زنم و پوزه و زانویم غرقِ خون می‌شود.

۳۳۸۲ **کژ شـود پـالان و رختم بـر سَـرَم　　　وز مُکاری[7] هر زمان زخمی خـورم**

پالان و باری که بر پشتم هست کج می‌شود و همواره از قاطرچی کتک می‌خورم.

---

۱ - مأخذ این حکایت که در اصل یگ گفتگو است، احتمالاً سخنان شمس است در مقالات که در آن اشتر، بزرگی جثّه و بلندی قد و روشنی چشم خویش را سببی بر زیادتی خود بر استر می‌داند که می‌تواند نشیب و یا پایان عقبه را ببیند و دیگر استدلال او آن است که خود را حلال‌زاده و استر را حرام‌زاده می‌داند. استر به حرام‌زادگی خود که رمزی از انکار است، معترف می‌شود و حرامی از او بر می‌خیزد: مقالات، ص ۲۷۲. ۲ - ر.ک: ۱۷۴۷/۳.

۳ - **اَستر**: قاطر. ۴ - **گریوه**: گردنه. ۵ - **شِکوه**: ترس. ۶ - **کم افتی**: به معنی نمی‌افتی.

۷ - **مُکاری**: کسی که خر، قاطر، اسب و امثال آن را کرایه می‌دهد، قاطرچی.

۳۳۸۳ **همچو کم‌عقلی که از عقلِ تباه[۱] بشکند توبه به هر دم در گناه**

من همانند آدم کم عقلی‌ام که به سبب عقل ناقص هر لحظه برای گناهی توبه‌اش را می‌شکند.

۳۳۸۴ **مسخرهٔ ابلیس گردد در زَمَن[۲] از ضعیفی رای آن توبه شکن**

و به سبب ضعف اراده در تمام عمر بازیچه و آلتِ دستِ ابلیس می‌شود.

۳۳۸۵ **در سر آید هر زمان چون اسبِ لنگ که بُوَد بارَش گران و راه سنگ**

هر لحظه، همانند اسبی لنگ با باری سنگین در سنگلاخ، سرنگون می‌شود.

۳۳۸۶ **می‌خورد از غیب بر سر زخم[۳] او از شکستِ توبه، آن اِدبارْخو[۴]**

آن بدبخت به سبب شکستن توبه از عالم غیب کیفر می‌بیند.

۳۳۸۷ **باز توبه می‌کند با رایِ سست دیو یک تُف کرد[۵] و توبه‌ش را سُکُست**

دوباره با اراده‌ای ضعیف توبه می‌کند؛ امّا با یک وسوسهٔ شیطان، توبه‌اش را می‌شکند.

۳۳۸۸ **ضعف اندر ضعف و کِبرش آنچنان که به خواری بنگرد در واصلان**

او موجودی ضعیف و ناتوان است که متکبّرانه به واصلان حق می‌نگرد.

۳۳۸۹ **ای شتر که تو مثالِ مؤمنی کم فُتی[۶] در رُو و کم‌بینی زنی[۷]**

ای شتر، تو همانند انسان باایمان هستی که سقوط نمی‌کنی و تکبّر نمی‌ورزی.

۳۳۹۰ **تو چه داری که چنین بی‌آفتی؟ بی عِثاری[۸] و کم اندر رُو فُتی**

تو چه چیزی داری که این‌طور بی‌عیب و علّت هستی، نمی‌لغزی و سقوط نمی‌کنی؟

۳۳۹۱ **گفت :گر چه هر سعادت از خداست در میانِ ما و تو بس فرق‌هاست**

شترگفت: هر چند که نیکبختی از خداوند است؛ امّا میان ما تفاوتِ زیادی هم هست.

۳۳۹۲ **سربُلندم من، دو چشمِ من بلند بینش ِ عالی، امان است از گزند**

سرِ من بلند است و از بلندی به هر چیزی می‌نگرم و با بینش عالی در امان می‌مانم.

---

۱ - **عقلِ تباه:** عقل ناقص، عقل جزوی، عقل دنیوی. ۲ - **در زَمَن:** در روزگار، اینجا روزگار عمر.

۳ - **بر سر زخم خوردن:** ضربه خوردن، صدمه دیدن، مجازات شدن. ۴ - **اِدبار:** سیه‌روزی، سیه‌بختی.

۵ - **دیو تف کرد:** شیطان ناراحت شد. ۶ - **کم فُتی:** نمی‌افتی.

۷ - **کم‌بینی زنی:** تکبّر نمی‌ورزی، «کم» اینجا و در موارد دیگری در مثنوی به معنی ابداً و اصلاً به کار رفته است.

۸ - **عِثار:** به سر در افتادن.

۳۳۹۳ **از سَـرِ کُـه، مـن ببینم پـایِ کـوه　　　هر گَوْ[1] و هـموار را مـن تُـوه تُـوه[2]**

من می‌توانم از بالای کوه، پایین و هر پستی و بلندی را مو به مو ببینم.

۳۳۹۴ **هـمچنانکه دیـد آن صـدرِ اجـل[3]　　　پـیش ِ کـارِ خـویش تـا روزِ اجـل**

همان‌طور که آن انسان والاالمقام همهٔ اتّفاقاتی را که تا روز مرگش می‌بایست رخ دهد، دید.

۳۳۹۵ **آنچه خواهد بود بـعدِ بـیست سـال　　　دید انـدر حـال، آن نـیکو خـصال**

آن مرد نیک خصلت، حوادث بیست سال آینده را هم می‌دید و می‌دانست.

۳۳۹۶ **حـالِ خـود تـنها، نـدید آن مـتّقی　　　بـلکه حـالِ مـغربی و مشـرقی**

آن مرد پرهیزگار نه فقط از احوالِ خود، بلکه از احوال خلق در هر جا باخبر بود.

۳۳۹۷ **نور در چشم و دلش سازد سَکَـن[4]　　　بـهرِ چـه؟ سـازد پـیِ حُبُّ آلوَطَـن**

نور در چشم و دل «مؤمن» جای می‌گیرد؛ زیرا دلِ او جایگاه نور حق است و نظرگاهِ او.

۳۳۹۸ **همچو یوسف کو بدید اوّل به خواب　　　کـه سـجودش کـرد مـاه و آفـتاب**

همانند یوسف(ع) که اوّل در رؤیا دید که ماه و خورشید به او سجده می‌کنند.

۳۳۹۹ **از پس ِ ده سـال بـلکه بـیشتر　　　آنچه یوسف دیده بُد، بر کرد سر[5]**

آنچه را که در رؤیا دید، پس از ده سال؛ بلکه بیشتر به حقیقت پیوست.

۳۴۰۰ **نیست آن یَـنْظُر بِـنُورِ اللّـه[6] گـزاف　　　نـورِ ربّـانی بُـوَد گـردون شکـاف**

اینکه گفته‌اند: «مؤمن به نور خدا می‌بیند» گزافه نیست. نور بـاطنی، آسـمان را مـی‌شکافد و حقایق را می‌بیند.

۳۴۰۱ **نیست انـدر چشـمِ تـو آن نـور، رو　　　هسـتی انـدر حسّ حـیوانـی گـرو**

اگر آن نور در چشم تو نیست، برای آن است که اسیر حواس ظاهری هستی.

۳۴۰۲ **تو ز ضعفِ چشم بـینی پـیش ِ پـا　　　تو ضعیف، و هم ضعیفت پـیشوا[7]**

تو با چشمِ ظاهر که حقیر است، فقط پیش پای را می‌بینی. هم خودت ناتوانی و هم چشمت.

---

۱ - **گَوْ :** گودال.　　۲ - **تُوه تُوه :** لایه لایه، مو به مو، خیلی دقیق.

۳ - احتمالاً اشاره به شخص خاصّی نیست، هر انسان کامل والامقام، در ابیات بعدی به یوسف(ع) اشاره می‌شود.

۴ - **سازد سَکَن :** مسکن می‌گیرد، جای می‌گیرد.　　۵ - **بر کرد سر :** حقیقت یافت، نمود پیداکرد.

۶ - اشاره به حدیث: ر.ک: ۱۳۳۶/۱.　　۷ - **پیشوا :** مراد چشم ظاهر است.

۳۴۰۳ پیشوا چشم است دست و پای را — کو ببیند جای را، ناجای را

«چشمِ ظاهر» فقط از توانایی دیدن راه و بی‌راه برای هدایتِ دست و پا برخوردار است.

۳۴۰۴ دیگر آنکه چشمِ من روشن‌تر است — دیگر آنکه خلقتِ من اَطْهَر[1] است

دلیل دیگر آن که چشم من پرنورتر است و گذشته از آن، سرشتی پاک‌تر دارم.

۳۴۰۵ زانکه هستم من ز اولادِ حلال — نه ز اولادِ زنا، وَ اهلِ ضَلال[2]

زیرا من حلال‌زاده هستم. زنازاده و فرزند آدم‌های گمراه نیستم.

۳۴۰۶ تو ز اولادِ زنایی بی‌گمان — تیرْ کژ پَرَّد چو بد باشد کمان

امّا تو بدون تردید زنازاده هستی. از کمانِ کج تیر کج می‌رود.

تصدیق کردنِ اَستر جواب‌های شتر را، و اقرار آوردن به فضلِ او بر خود و از او استعانت خواستن و بدو پناه گرفتن به صدق و نواختنِ شتر او را و ره نمودن و یاری دادن، پدرانه و شاهانه

۳۴۰۷ گفت استر: راست گفتی ای شُترا! — این بگفت و چشم کرد از اشک پُر

استر گفت: ای شتر، حق با توست. این حرف را گفت و چشمانش پر از اشک شد.

۳۴۰۸ ساعتی بگریست و در پایش فُتاد — گفت: ای بگزیدهٔ رَبِّ آلعباد[3]!

مدّتی گریه کرد و به پای شتر افتاد و گفت: ای برگزیدهٔ خداوند.[4]

۳۴۰۹ چه زیان دارد گر از فرخندگی — در پذیری تو مرا در بندگی[5]؟

چه زیانی دارد که به سببِ وجودِ فرخنده‌ات، مرا به بندگی بپذیری؟

۳۴۱۰ گفت: چون اقرار کردی پیشِ من — رو[6]، که رَستی تو ز آفاتِ زَمَن[7]

شتر گفت: چون حاضر شدی نزد من اعتراف کنی، آسوده باش که از آفات روزگار نجات یافتی.

---

۱ - اَطْهَر: پاکیزه‌تر. ۲ - قاطر از جفت‌گیری خرِ نر با اسب ماده به وجود می‌آید.
۳ - ربُّ العباد: پروردگار بندگان، خداوند.
۴ - کسی که فضل الهی شامل حال اوست. «استر» که نمادی از انسان ناقص است «شتر» را که نمادی از مرشد کامل است به عنوان استاد می‌پذیرد و خواستار ارشاد و هدایت او می‌شود. ۵ - بندگی: کوچکی و مریدی.
۶ - رو: برو، راحت باش. ۷ - مراد وسوسه‌های نفسانی یا خودبینی و خودمحوری‌هاست.

۳۴۱۱ **دادی انصاف و رهیدی از بلا — تو عدو بودی، شدی ز اهلِ وَلا[۱]**

چون منصفانه حقیقت را پذیرفتی، از بلا نجات یافتی. دشمن بودی که دوست شدی.

۳۴۱۲ **خویِ بد در ذاتِ تو اصلی نبود — کز بدِ اصلی نیاید جز جُحود**

خویِ بدِ تو ناشی از ذاتِ بد نبود؛ زیرا از سرشتِ بد جز انکار دیده نمی‌شود.

۳۴۱۳ **آن بدِ عاریّتی[۲] باشد که او — آرَد اقرار و شود او توبه جو[۳]**

کسی که بد بودن در او عاریه است و ذاتی نیست، به خطای خود معترف می‌شود و توبه می‌کند.

۳۴۱۴ **همچو آدم زَلّتش عاریّه بود — لاجرم اندر زمان توبه نمود**

همانند آدم(ع) که لغزشش قابل جبران بود؛ بنابراین بلافاصله توبه کرد.

۳۴۱۵ **چونکه اصلی بود جُرم آن بِلیس — ره نبودش جانبِ توبهٔ نفیس[۴]**

گناهِ ابلیس از ذات بد بود و راهی برای بازگشت که عنایتِ خداوند است، نداشت.

۳۴۱۶ **رو که رَستی از خود و از خویِ بد — و از زبانهٔ نار و از دندانِ دَد[۵]**

آسوده باش که از خودمحوری، صفات بد، شعلهٔ آتش و دندان جانوران وحشی نجات یافتی.

۳۴۱۷ **رو که اکنون دست در دولت زدی — در فِکندی خود به بختِ سَرْمَدی[۶]**

آسوده باش که اکنون به اقبال رسیدی و خود را به سعادت جاودانه رسانیدی.

۳۴۱۸ **اُدْخُلِي تو فی عِبادِي[۷] یافتی — اُدْخُلِي فی جَنَّتِي در بافتی[۸]**

«در زمرهٔ بندگان من در آی» شاملِ تو شد و زمینهٔ «به بهشت من داخل شو» را به دست آوردی.

۳۴۱۹ **در عبادش راه کردی خویش را[۹] — رفتی اندر خُلد از راهِ خفا[۱۰]**

در میان بندگانش جایی یافتی و از طریقِ «باطن»، به بهشت راه پیدا کردی.

---

۱ - **وَلا:** دوستیِ حق. ۲ - **عاریّتی:** غیر ذاتی و قابل جبران. ۳ - **توبه جو:** طالب توبه، جویای توبه.

۴ - **توبهٔ نفیس:** توبهٔ ارجمند، توبه یا بازگشت به سوی حق، در واقع عنایتی است که خداوند در حقّ بندگان کرده و چنین راهی را برای آنان قرار داده است. ۵ - اشاره است به اینکه صفات و اعمال بد تجسّم می‌یابد.

۶ - **سرمدی:** دائم و جاودان و ابدی.

۷ - اشارت قرآنی؛ فجر: ۸۹/۳۰-۲۹: فَادْخُلِي فِي عِبَادِي وَادْخُلِي جَنَّتِي: در زمرهٔ بندگانم در آی و در بهشتم داخل شو. ۸ - مراد آن است که شایستگی و لیاقت آن را یافتی که جزو سالکان راه حق باشی.

۹ - خود را در میان بندگان خدا جا کردی؛ یعنی جایی یافتی. ۱۰ - **راهِ خفا:** راهِ باطن.

اِهْدِنا گفتی، صِراطِ مُسْتَقیم   دستِ تو بگرفت و بُردَت تا نعیم[۱] ۳۴۲۰

گفتی: «ما را به راه راست هدایت کن»، او نیز دستت را گرفت و به بهشت بُرد.

نار بودی، نور گشتی ای عزیز!   غوره بودی، گشتی انگور و مویز ۳۴۲۱

ای عزیز، «مُنکر» بودی، «مؤمن» شدی. «خام» بودی، «پخته» شدی.

اختری[۲] بودی، شدی تو آفتاب   شاد باش، اَللهُ اَعْلَمْ بِالصَّواب ۳۴۲۲

«ستاره» بودی، «خورشید» شدی. شاد باش که خداوند به راستی و درستی داناتر است.

ای ضیاالحق حُسامالدّین! بگیر   شهدِ خویش[۳] اندر فکن در حوضِ شیر[۴] ۳۴۲۳

ای ضیاءالحق حُسامالدّین، اینک که سالک خواهان هدایت است، قابلیّت و استعدادِ او را بالفعل کن.[۵]

تا رَهَد آن شیر از تغییرِ طَعْم   یابد از بحرِ مزه[۶] تکثیرِ طعم[۷] ۳۴۲۴

تا قابلیّتِ او برای رسیدن به کمال زوال نیابد و با اتّصال به عالم معنا فعلیّت یابد.

متّصل گردد بدان بحرِ اَلَست   چونکه شد دریا، زِ هَر تغییر[۸] رَست ۳۴۲۵

هنگامی که به عالم معنا متّصل شود، دریا شده و از هر آلایشی رهایی یافته است.

مَنْفَذی یابد در آن بحرِ عَسَل   آفتی[۹] را نَبْوَد اندر وی عمل ۳۴۲۶

چون راهی به دریایِ معنا بیابد، دیگر آفتی در او اثر نمی‌کند.

غُرّه‌یی کُن شیروار ای شیرِ حق!   تا رود آن غُرّه بر هفتم طَبَق[۱۰] ۳۴۲۷

ای شیر خدا، چون شیر غرّشی کن که بانگ آن به آسمان هفتم برسد.

---

۱ - **نعیم** : نعمت‌های بهشت، بهشت.

۲ - **اختر** : اینکه مرید اختر خوانده می‌شود اشاره به این نکته است که او قابلیّت و استعدادِ کمال الهی را بالقوّه داشته است که به همّت و امداد مرشد فعلیّت می‌یابد.

۳ - **شهدِ خویش** : جاذبهٔ روحانی، نفوذ روحانی مرشد در جان مرید، همّت.

۴ - **حوضِ شیر** : کنایه از قابلیّت و استعداد مرید.

۵ - مصراع دوم: اشاره است به تأثیرِ نفوذِ روحانیِ مرشدِ کامل در فعلیّت بخشیدنِ قابلیّت و استعداد مرید.

۶ - **بحرِ مزه** : عالم غیب، عالم معنا.   ۷ - **تکثیرِ طعم** : بهتر شدن طعم و مزه، اینجا ارتقای روحانی.

۸ - **تغییر** : اینجا به معنی تغییر منفی یا تنزّل است، آلایش.   ۹ - **آفت** : اینجا عوامل سقوط‌اند.

۱۰ - با قدرتمندی و سخاوتمندانه از نفوذ روحانیِ خود استفاده کن که همگان از آن بهره‌مند و ارشاد شوند.

چــه خــبر جــانِ مـلولِ سـیر را؟   کـی شـناسد مـوش غُرَّهٔ شـیر را؟ ۱   ۳۴۲۸

جانِ دلتنگی که تمایلی به ارتقا ندارد، از قدرتِ نفوذ روحانیِ تو چه می‌فهمد؟ کجا موش غرّش شیر را می‌شناسد؟

بر نویس احوالِ خـود بـا آبِ زر   بــهر هــر دریـادلی نـیکو گُـهَر   ۳۴۲۹

احوالِ روحانیِ خود را برای هر دریادلِ پاک‌نژادی با آب طلا بنویس.

آبِ نیل ۲ است این حدیثِ جان‌فزا ۳   یاربش در چشمِ قِبْطی ۴ خـون نـما   ۳۴۳۰

جاذبهٔ روحانی و دانشِ تو حیات‌بخشِ مؤمنان است. پروردگارا، معاندان را از آن بهره‌مند نکن.

لایه کردنِ قِبطی سِبطی را که: یک سبو به نیّتِ خویش از نیل پُر کن، و بر لبِ من نِه تا بخورم به حقِّ دوستی و برادری، که سبو، که شما سِبطیان بهرِ خود پُر می‌کنید از نیل، آب صاف است، و سبو که ما قِبطیان پُر می‌کنیم، خون صاف است ۵

پیامدِ آنکه فرعون درخواست مـوسیٰ(ع) را عـلی‌رغم مـعجزات و نشـانه‌های آشکاری که می‌بیند، نمی‌پذیرد و ایمان نمی‌آوَرَد و با خروج قوم بنی‌اسرائیل که اینک در حدود چهار سده از مهاجرتشان از کنعان به مصر گذشته است و جـزو شهروندان بـه شـمار مـی‌آیند،

---

۱ - شِکوه‌ای است از مریدانی که شأن روحانی حُسام‌الدّین را در نمی‌یافتند.

۲ - نیل : رودخانهٔ نیل، اینجا مطلق رودخانه، کنایه است از دانش وسیع و گستردهٔ حق که در وجود حُسام‌الدّین متجلّی گشته است.   ۳ - حدیث جان‌فزا: مراد احوال روحانی حُسام و جانِ کامل اوست.

۴ - قِبطی : فرعونیان، اینجا کسی که حُسام‌الدّین را انسان کامل نمی‌داند و شأن او را به عناد و سرکشی در نمی‌یابد.

۵ - مأخذ آن روایات اهل تفسیر و قُصّاص است: احادیث، ص ۴۱۵. این قطعه در شرح این معناست: حقیقتی در کُلّ کاینات ساری و جاری است که در پرتو آن جمادات نیز از ادراک مخصوص به خود برخوردارند و فرمان الهی را گردن می‌نهند، چنانکه رود نیل برای قِبطی که پیرو فرعون است، خون بود؛ امّا برای سِبطی که متعلّق به یکی از دسته‌های دوازده‌گانهٔ پیروان موسیٰ(ع) از قوم بنی اسرائیل است، آبی گوارا به شمار می‌رفت. در این داستان همان‌گونه که مفسّران نوشته‌اند: آب‌های آنان در جُوی و رودخانه و چاه و ظرف‌ها مبدّل به خون شد و در پی این رویداد که به اعلام فرعون، مردم می‌پندارند موسیٰ(ع) آنان را جادو کرده است، قِبطی که از فرط تشنگی جان بر لب می‌یابد، به سوی سِبطی می‌رود و با زاری از وی می‌خواهد تا سبویی به نیّتِ خویش پُر کند، شاید برای او نیز آبی بر آید و مبدّل به خون نگردد؛ امّا سبویی که برای وی آب است، هنگام خوردن قِبطی خون می‌شود و سرانجام با هشدار و زنهاری که سِبطی به قِبطی می‌دهد، قِبطی از سِبطی می‌خواهد تا برای وی دعا کند، باشد که به اجابت مقرون شود و او نیز جزو مؤمنان محسوب گردد و خداوند به فضل خویش اجابت می‌فرماید: ماجرای موسیٰ(ع) و فرعون، ر.ک: ۸۴۰/۳

موافقت نمی‌کند، به گزارش تورات[۱] مصریان به بلاهای آسمانی دچار می‌شوند. آب نیل به خون مبدّل می‌شود و رود بویناک و گَنده می‌گردد. پس از هفت روز، خداوند وزغ‌ها را بر آنان می‌گمارد، و چنان انبوه که هنگامِ راه‌رفتنشان، گویی زمین راه می‌رفت، نشانه‌هایی از نزول این بلاها و بیچارگی‌ها را در قرآن نیز می‌بینیم: و همانا که فرعونیان را به قحط و خشکسالی و کاهشِ فرآورده‌ها دچار کردیم، چون پند نپذیرفتند و همچنان به سرکشی و بیراهی خود پای فشردند، بلاهایی چون: توفانِ ملخ و سوسکِ گندم و وزغ و خون بر آنان فرو فرستادیم و...، اعراف: ۷/۱۳۳-۱۳۰.

۳۴۳۱ **مـن شـنیدم کـه در آمـد قِبطیی　　　از عـطش انـدر وثـاقِ سِبْطیی**

شنیدم که یکی از قبطیان به در خانهٔ یک نفر از سبطیان رفت.

۳۴۳۲ **گفت: هستم یـار و خـویشاوندِ تـو　　　گشـته‌ام امـروز حـاجتمندِ تـو**

گفت: من دوست و خویشاوندت هستم. امروز نیازمند کمک توام.

۳۴۳۳ **زانکه موسی جادویی کرد و فسـون　　　تـا کـه آبِ نـیل، مـا را کـرد خـون**

زیرا موسی جادو کرد و افسونی خواند و آب نیل را برای ما به خون مبدّل کرد.

۳۴۳۴ **سـبطیان زو آبِ صـافی مـی‌خورند　　　پیشِ قبطی خون شد آب، از چشم‌بند[۲]**

قوم بنی اسرائیل از رود نیل آب صاف می‌خورند؛ امّا با جادو برای قبطیان خون شده است.

۳۴۳۵ **قِـبْط ایـنک مـی‌مُرَند از تشـنگی　　　از پـیِ ادبـارِ خـود یـا بَـدرَگی[۳]**

اینک که قبطیان از تشنگی می‌میرند، یا از بدبختی آن‌هاست یا از بدنهادی‌شان.

۳۴۳۶ **بهرِ خود یک طاس را پـر آب کُـن　　　تـا خـورَد از آبت ایـن یـارِ کُـهُن**

کاسه‌ای آب برای خودت پر کن تا این دوست دیرین هم از آن بخورد.

۳۴۳۷ **چون برای خود کنی آن طـاسْ پُـر　　　خون نباشد، آب باشد پاک و حُر[۴]**

اگر کاسه را به نیّت خودت پر کنی، خون نمی‌شود؛ بلکه آبی صاف و پاک خواهد بود.

---

۱ - سِفْر خروج، ۷: ۲۲-۱۴، ۸: ۱۵-۱.　　۲ - **چشم‌بند**: جادو و افسون.　　۳ - **بدرگی**: بدنهادی.
۴ - **حُر**: خاک پاکیزه.

مـن طُـفیلِ تـو، بـنوشم آب هـم   کـه طفیلی در تَبَع' بِجْهَد زِ غم   ۳۴۳۸

من هم به دنبال تو آب بخورم؛ زیرا طفیلی با دنباله‌روی می‌تواند از غم رهایی یابد.

گفت: ای جان و جهان'! خدمت'کنم   پـاس دارم ای دو چشـم روشـنم!   ۳۴۳۹

سبطی گفت: ای دوست عزیز و محترم، اطاعت می‌کنم. ای نور دو چشمم، گفته‌ات را می‌پذیرم.

بـر مُـرادِ تـو رَوَم، شـادی کـنم   بـندۀ تـو بـاشم، آزادی کـنم   ۳۴۴۰

خواسته‌ات را با شادی بر می‌آوَرَم. خدمت می‌کنم و مفتخرم.

طـاس را از نـیل او پُـر آب کـرد   بر دهان بـنهاد و نیمی را بـخَورد   ۳۴۳۱

کاسه را از آب نیل پر کرد، به دهان برد و نیمی را خورد.

طـاس را کـژ کرد سوی آبْ‌خواه   که: بخور تو هم، شد آن خونِ سیاه   ۳۴۴۲

کاسه را به سوی قبطی خم کرد و گفت: تو هم بخور؛ امّا آب به خون تیره مبدّل شد.

بـاز این سو کـرد کَژ، خـون آب شـد   قبطی اندر خشم و انـدر تـاب شـد   ۳۴۴۳

بار دیگر کاسه را به طرف خود خم کرد، خون به آب مبدّل شد. قبطی خشمگین شد.

سـاعتی بـنشست تـا خشمش بـرفت   بعد از آن گفتش که: ای صَمْصام زَفت⁴!   ۳۴۴۴

مدّتی نشست تا آرامش پیدا کرد؛ سپس گفت: ای قدرتمند!

ای برادر! این گِرِه را چاره چیست؟   گفت: این را او خوَرَد کو متّقی‌ست⁵   ۳۴۴۵

ای برادر، راه حل چیست؟ سبطی گفت: آب را کسی می‌تواند بخورد که مؤمن باشد.

مـتّقی آن است کـو بـیزار شـد   از رهِ فـرعون، و مـوسی‌وار⁶ شـد   ۳۴۴۶

«پرهیزکار» کسی است که از فرعون دوری کند و به موسی بپیوندد.

قوم موسی شـو، بـخور این آب را   صلح کن بـا مَه⁷، بـبین مـهتاب را   ۳۴۴۷

از موسیٰ پیروی کن و این آب را بخور. با ماه آشتی کن تا نورش را ببینی.

---

۱ - در تَبَع : در پیامدِ طفیلی بودن.   ۲ - ای جان و جهان : کسی که بسیار عزیز و محترم است.

۳ - خدمت : اطاعت.

۴ - صمصام زفت : شمشیر بزرگ، اینجا کنایه از قدرت معنوی و روحانیِ سبطیان و حمایت حق از آنان است.

۵ - متّقی : پرهیزگار، اینجا مطلق مؤمن.   ۶ - موسی‌وار : مانند موسی، اهل توحید.

۷ - مَه : ماه، کنایه از موسیٰ(ع).

۳۴۴۸ **صد هزاران ظلمت است از خشمِ تو　　بـــر عــبادالله انــدر چشـمِ تــو**

تو با خشمی که به بندگان خدا داری، چهره‌شان را تیره می‌بینی؛ ولی آن‌ها روشن‌اند.

۳۴۴۹ **خشم بنشان، چشم بگشا، شاد شو　　عبرت از یاران[۱] بگـیر، اسـتاد شـو**

خشم را بنشان. با چشمِ باز حقایق را ببین. از ما عبرت بگیر و خودت راه را بشناس.

۳۴۵۰ **کِی طُفیلِ من شوی در اِغْتراف[۲]؟　　چون تو راکُفری‌ست همچون کوهِ قاف**

تو با کفری عظیم، چگونه می‌توانی در برداشتن آب طفیل من باشی؟

۳۴۵۱ **کوه در سـوراخ سـوزن کِـی رود؟　　جـز مگـر کآن رشتهٔ یکـتا شـود[۳]**

کوه از سوراخ سوزن رد نمی‌شود، مگر اینکه به صورت رشتهٔ یک لایی در آید.

۳۴۵۲ **کوه راکَهْ کُن به استغفار، و خَـوش　　جامِ مغفوران[۴] بگیر و خوش بکَش[۵]**

با طلب مغفرت، کوه کفر را باریک کن تا محو شود؛ سپس جامِ سبطیان را بگیر و بنوش.

۳۴۵۳ **تو بدین تزویر چون نـوشی از آن؟　　چون حرامش کرد حق بـر کـافران**

خداوند آب را بر کافران حرام کرده است. با این نیرنگ نمی‌توانی آن را بنوشی.

۳۴۵۴ **خــالقِ تــزویر، تــزویرِ تــو را　　کِــی خَـرَد؟ ای مُـفتریْ[۶] مـفترا[۷]!**

ای افترا زنندهٔ حیله‌گر، اگر تو مکر داری، خداوند خالقِ مکر[۸] است و گول نمی‌خورد.

۳۴۵۵ **آلِ موسی شو، که حیلت سود نیست　　حــیله‌ات بـادِ تـهی پـیمودنی‌ست**

به پیروان موسیٰ بپیوند که تدبیر و چاره‌جویی ثمری ندارد. حیله‌گری کار بیهوده‌ای است.

۳۴۵۶ **زَهــره دارد آب کــز امــرِ صــمد　　گــردد او؟ بــا کـافران آبـی کـند؟**

آیا «آب» جرأت دارد که از فرمان خداوند سرپیچی کند و برای کافران آب باشد؟

---

۱ - **یاران**: مراد خودِ سبطی و دیگر سبطیان است که به موسیٰ(ع) و حقّانیّت او مؤمن‌اند.

۲ - **اِغْتراف**: آب برداشتن.

۳ - کوهِ کفر تو باید تغییر کند، عوض شود و به صورت رشتهٔ یکتای توحید و ایمان در آید.

۴ - **مغفوران**: بخشوده شدگان، مراد قوم بنی اسرائیل است.　۵ - **خوش بکش**: به خوشی سر بکش.

۶ - **مفتری**: افترا زننده.　۷ - **مفترا**: کسی که افترا و تهمت بر او وارد است.

۸ - خداوند بنا بر تعبیر قرآن کریم **خَیرالماکرین** است: آل‌عمران: ۵۴/۳، انفال: ۳۰/۸.

۳۴۵۷   **زهرِ مار و کاهِشِ جان می‌خوری؟**   **یا تو پنداری که تو نان می‌خوری؟** [۱]

برای شما، نه آب است و نه نان نان، زهری است که جان را می‌کاهد.

۳۴۵۸   **کو دل از فرمانِ جانان بر کَنَد؟**   **نان کجا اصلاحِ آن جانی کُند** [۲]

چگونه «نان» می‌تواند برای جانی که دل در گروِ فرمانِ معشوق ندارد، مفید باشد؟

۳۴۵۹   **چون بخوانی، رایگانش بشنوی**   **یا تو پنداری که حرفِ مثنوی**

آیا می‌پنداری که به صِرفِ خواندنِ مثنوی، معانی والای آن را در می‌یابی؟

۳۴۶۰   **اندر آید زَغْبه [۳] در گوش و دهان؟** [۴]   **یا کلامِ حکمت و سِرِّ نهان**

یا گمان می‌کنی که حکمت و اسرار نهانی خیلی آسان به گوش و دهانت راه می‌یابد؟

۳۴۶۱   **پوست بنماید، نه مغزِ دانه‌ها**   **اندر آید، لیک چون افسانه‌ها**

«صورتِ ظاهر»ش را می‌شنوی که قالبِ قصّه است و از «سرِّ سخن» چیزی نمی‌فهمی.

۳۴۶۲   **رُو نهان کرده ز چشمت دلبری**   **در سر و رُو در کشیده چادری**

«مغز» آن، همانند زیبارویی خود را در چادری نهان کرده است.

۳۴۶۳   **همچنان باشد که قرآن، از عُتُو [۵]**   **شاهنامه یا کلیله، پیشِ تُو**

برای آدم متمرّد، شاهنامه یا کلیله با قرآن یکسان است و آن را حکایت یا اسطوره می‌بیند.

۳۴۶۴   **که کند کُحلِ [۶] عنایتْ چشمْ باز**   **فرق آنگه باشد از حقّ و مجاز**

هنگامی که آدمی حق را از باطل می‌شناسد که عنایت چشم او را بینای حقایق کند.

۳۴۶۵   **هر دو یکسان است، چون نَبُّود شَمی [۹]**   **ورنه پُشْک [۷] و مُشک پیشِ اَخْشمی [۸]**

وگرنه برای کسی که حسّ بویایی ندارد، پشکل و مُشک چه تفاوتی دارند؟

---

۱ - روی سخن مولانا با مریدان غافل است. مراد آنکه خوردن طعام یا بهره‌مندی از دنیا برای استمرار حیات ظاهری سالکی که بار تهذیب و تعالی روح را بر دوش می‌کشد، ضروری و مفید است؛ امّا جانِ غافل در اثر بهره‌مندی از دنیا زیان می‌بیند؛ چون غفلتش مضاعف می‌شود.

۲ - همان‌گونه که «آب» به فرمان خداوند برای قبطیان «آب» نبود، «نان» هم برای منکران و معاندان «نان» نیست، کاهش جان است.   ۳ - زَغْبه : مفت، به آسانی.

۴ - این قبیل سخنان نه به آسانی گفته می‌شود و نه به آسانی شنیده می‌گردد. باید درون آدمی با آن سنخیّت داشته باشد.   ۵ - عُتُو : سرکشی، تجاوز، حدّ خود را نشناختن.

۶ - کحل : سرمه و هرچه در چشم کشند جهت شفای چشم.   ۷ - پُشک : سرگین.

۸ - اَخْشم : کسی که فاقد حسّ بویایی است.   ۹ - شَم : حسّ بویایی.

۳۴۶۶ خـویشتن مشـغول کـردن از مـلال　　باشدش قصد، از کـلامِ ذوالجـلال[1]

آدمِ خام اگر هم قرآن بخواند، برای دفع ملالت خاطر است، نه برای درکِ سرّ نهان آن.

۳۴۶۷ کآتش ِ وســواس را و غــصّه را　　زآن ســخن بــنشانَد، و سـازد دوا

تا توسط آن کلام، آتش وسوسه‌ها را موقّتی فرونشانَد و غصّه‌ها را فراموش کند.

۳۴۶۸ بــهرِ ایــن مــقدار آتش شـاندن[2]　　آبِ پاک و بول[3] یکسان شد به فن[4]

برای فرو نشاندن این آتش ِ ناچیز «حق» و «باطل» هر دو یکسان‌اند.[5]

۳۴۶۹ آتش ِ وسـواس را ایـن بـول و آب　　هر دو بنشانند همچون وقتِ خواب

وسوسه یا دلتنگی را، «حق» و «باطل» زایل می‌کنند، همان‌طور که در خواب آن‌را فراموش می‌کنیم.

۳۴۷۰ لیک گر واقف شوی زین آبِ پـاک　　کـه کـلامِ ایـزد است و رُوحـناک[6]

امّا اگر بدانی که قرآن کلام الهی و دارای جان است،

۳۴۷۱ نیست گردد وسوسهٔ کُـلّی ز جـان　　دل بـیابد رَه بـه سـویِ گـلْستان

تمام وسوسه‌ها محو می‌شوند و دلت به گلستان عالم معنا راه می‌یابد.

۳۴۷۲ زانکه در باغی[7] و در جـویی[8] پَـرَد　　هر که از سرِّ صُـحُف[9] بـویی بَـرَد

هرکس که حکمتِ آن را دریابد، علوم الهی در او متجلّی می‌شود و به دانش ِ گستردهٔ حق راه می‌یابد.

۳۴۷۳ یـا تـو پـنداری کـه روی اولیـا　　آنــچنانکه هست مــی‌بینیم مـا؟

اولیا هم ظاهری دارند و باطنی. می‌پنداری حقیقت‌شان را چنانکه هست، می‌بینیم؟

۳۴۷۴ در تـعجّب مـانده پـیغمبر از آن:　　چــون نــمی‌بینند رویَـم مـؤمنان؟

پیامبر(ص) متعجّب بود که چرا مؤمنان روی مرا نمی‌بینند؟

---

۱ - **ذوالجلال** : دارای عظمت و بزرگی.　۲ - **شاندن** : مخفف نشاندن، نشانیدن.

۳ - **آب پاک و بول** : کنایه از حق و باطل.　۴ - **به فن** : در عمل.

۵ - اضطراب، ملال یا وسوسه را قصّه‌ها هم فرو می‌نشانند، چرا از «آبِ پاکِ» کلامِ حق برای آن استفاده کنیم؟

۶ - **روحناک** : دارای جان، بطن در بطن و تأثیرگذار.

۷ - **باغ** : گلستان عالم معنا، علوم الهی با طلب و عشق حق.　۸ - **جو** : عالم غیب، دانش وسیع و گستردهٔ حق.

۹ - **صُحُف** : جمع صحیفه، کنایه از کتاب‌های آسمانی.

۳۴۷۵ **چـــون نــمی‌بینند نــورِ رُومْ خَــلق؟ که سبق بُرده است[1] بر خورشیدِ شرق؟**

چرا خلق نور رویِ مرا که از خورشید تابناک‌تر است، نمی‌بینند؟

۳۴۷۶ **ور همی بینند، این حیرت چراست؟ تاکه وحی آمدکه:آن رُو در خَفاست[2]**

و اگر می‌بینند، چرا سرگشته‌اند؟ تا وحی آمد که آن روی از خلق نهان است.

۳۴۷۷ **سویِ تو ماه است و سویِ خلق ابر تـا نـبیند رایگـانْ[3] رویِ تـو گـبر[4]**

تو ماهِ تابناکِ جـانت را مـی‌بینی؛ امّـا «خلق» آن را از پسِ ابـر تـنت نـمی‌بینند. هـمگان شایستگیِ لازم را ندارند.

۳۴۷۸ **سویِ تو دانه‌ست و سویِ خلقْ دام تا ننوشد زین شرابِ خـاص، عـام**

در نظر تو «حقیقتِ وجودت»، همانند «دانه» یا «غذایِ روحانی و معنوی» است که «مرغِ جان»هـا می‌تواند از آن تغذیه کند و ارتقا یابد؛ امّا «خلق» آن را «دام» می‌پندارند. سرمستیِ نـاشی از مشاهدهٔ جمالت به خاصّان درگاه اختصاص دارد، نه عوام.

۳۴۷۹ **گفت یـزدان کـه: تَـراهُـمْ یَـنْظُرُون نقشِ حَمّامَـنـد، هُـمْ لا یُـبْصِرُون[5]**

خداوند گفت: «می‌بینی که به تو می‌نگرند»؛ امّا همانند تصویرهایِ حمّام «تو را نمی‌بینند».

۳۴۸۰ **می‌نماید صورت، ای صورت‌پرست[6]! کآن دو چشمِ مُـردهٔ او نـاظر است**

ای ظاهربین، چنین به نظر می‌رسد که تصویر هم با آن دو چشم بی‌جان به تو نگاه می‌کند.

۳۴۸۱ **پیشِ چشمِ نـقش[7]، مـی‌آری ادب کو چـرا پـاسَم نـمی‌دارد؟ عـجب!**

در برابرِ تصویر مؤدّب و متعجّب هستی که چرا او هم برخوردِ محترمانه‌ای ندارد؟

۳۴۸۲ **از چه پس بی‌پاسخ است این نقشِ نیک کـه نـمی‌گوید سـلامم را عَـلیک؟**

چرا تصویر زیبا جوابم را نمی‌دهد و در برابر سلامم علیک نمی‌گوید؟

۳۴۸۳ **مـی‌نجنباند سـر و سـبلت زِ جُـود پاسِ آنکه کردمش من صد سجود؟**

چرا به پاس آن همه احترام، با محبّت پاسخی نمی‌دهد و سر و سبیلی نمی‌جنباند؟

---

۱ - **سَبَق بردن :** پیشی گرفتن.   ۲ - چشم باطن غالب خلق گشوده نیست.
۳ - **رایگان :** اینجا به سهولت، بدون لیاقت و شایستگی.   ۴ - **گبر :** مطلق کافر، بی‌دین.
۵ - اشارتی قرآنی؛ اعراف : ۱۹۸/۷ : إِنْ تَدْعُوهُمْ إِلَى الْهُدىٰ لاٰ يَسْمَعُوا وَ تَرٰيهُمْ يَنْظُرُونَ إِلَيْكَ وَ هُمْ لاٰ يُبْصِرُونَ : اگر ایشان را به هدایت بخوانی، نمی‌شنوند و می‌بینی‌شان که به تو می‌نگرند و تو را نمی‌بینند.
۶ - **صورت پرست :** ظاهربین.   ۷ - **نقش :** تصویر، کنایه از اهلِ دنیا، منکر و معاند.

۳۴۸۴ **حق اگرچه سر نجنباند برون — پاسِ آن، ذوقی دهد در اندرون**[۱]

خداوند در برابر طاعات و عبادات خلق سر نمی‌جنباند؛ امّا ذوقی در دلت به وجود می‌آورد.

۳۴۸۵ **که دو صد جنبیدنِ سر ارزد آن — سر چنین جنبانَد آخر عقل و جان**

آن ذوق به صدها سر جنباندن می‌ارزد. «عقل و جان» پاسخِ احترام را این چنین می‌دهند.

۳۴۸۶ **عقل را خدمت کنی در اجتهاد — پاسِ عقل آن است کافزاید رَشاد**[۲]

اگر برای رسیدن به «عقل حق‌جو» مجاهده کنی، پاسخِ عقل آن است که بهتر هدایت می‌شوی.

۳۴۸۷ **حق نجنباند به ظاهر سر تو را — لیک سازد بر سران سَروَر تو را**[۳]

خداوند برای تو سری نمی‌جنباند؛ امّا جانت را به درجات بسیار عالی می‌رساند.

۳۴۸۸ **مر تو را چیزی دهد یزدان نهان — که سجودِ تو کنند اهلِ جهان**

خداوند چنان باطنت را منوّر می‌کند که همگان در برابرت متواضع و افتاده باشند.

۳۴۸۹ **آنچنانکه داد سنگی را هنر**[۴] **— تا عزیزِ خلق شد، یعنی که زر**

همان‌طور که مشیّت او سنگ بی‌بهایی را به سنگی پربها، یعنی طلا مبدّل کرده است.

۳۴۹۰ **قطرهٔ آبی بیابد لطفِ حق**[۵] **— گوهری گردد، بَرَد از زر سَبَق**

قطرهٔ آبی که مورد لطف حق قرار گرفت، مروارید شد و از طلا هم گرانبهاتر.

۳۴۹۱ **جسمْ خاک است و چو حق تابی‌ش داد — در جهانْگیری چو مَهْ شد اوستاد**

«بدنِ» انسان از «خاک» است؛ ولی خداوند به او «جانِ» تابناکی داده که نورش به همه‌جا می‌تابد.

۳۴۹۲ **هین طلسم است این و نقشِ مُرده است — احمقان را چشمش از رَه بُرده است**[۶]

صورتِ «اهلِ دنیا» و خودِ «دنیا» نقشی «فاقدِ جان» است و این همه «تحرّکات و جاذبه‌ها»، «چشم‌بندی یا طلسم» است برایِ فریبِ غافلان و جاهلان.

---

۱ - پاسخ حق تعالیٰ به احترام بنده، ذوق درونی است. ۲ - **رشاد:** راه راست یافتن، هدایت شدن.
۳ - مصراع دوم؛ به مراتب عالی روحانی و معنوی رساندن.
۴ - اشاره است به اعتقاد قُدَما که می‌پنداشتند سنگ و خاک در اثر تابش آفتاب به طلا و یا سنگ‌های گرانبها مبدّل می‌شوند. ۵ - اشاره به همان اعتقاد که می‌پنداشتند قطرهٔ باران به درون صدف می‌چکد و مروارید می‌شود.
۶ - ناظر است به هر چیزی که حیات حقیقی ندارد و به هستی راستین اتّصالی نیافته است.

۳۴۹۳ **مـی‌نماید او کـه چشـمی مـی‌زند   ابـلهان ســازیده‌انـد او را سَـنَد[1]**

ظاهراً نقش‌ها زنده‌اند و چشمک می‌زنند؛ امّا فقط ابلهان آن را باور می‌کنند.

در خواستنِ قِبطی دعای خیر و هدایت از سِبطی، و دعا کردنِ سِبطی قِبطی را به خیر، و مستجاب شدن از اَکْرَمُ اَلاَکرَمین وَ اَرْحَمُ اَلرّاحِمین

۳۴۹۴ **گفت قبطی: تو دعایی کن کـه مـن   از ســیاهی دل نـدارم آن دهــن**

قبطی گفت: تو برای من دعا کن؛ زیرا با دلِ سیاه دهانی پاک برای دعا ندارم.

۳۴۹۵ **که بُـوَد کـه قـفلِ ایـن دل وا شـود   زشت را در بزمِ خـوبان جـا شـود**

شاید با دعای تو مُهرِ دلم برداشته شود و آدم زشتی به محفل زیبایان راه یابد.

۳۴۹۶ **مَسْخی[2] از تو صاحبِ خوبی شود   یـا بـلیسی بـاز کـرّوبی[3] شــود**

شاید با دعایِ تو جانِ مسخ شدهٔ من، زیبا شود. یا ابلیس دوباره از کرّوبیان گردد.

۳۴۹۷ **یا به فرِّ دستِ مـریم،[4] بـویِ مُشک   یابد و تـرّی و مـیوه، شـاخِ خشک**

یا شاخهٔ خشکیدهٔ جانِ من به برکت دستِ مقدّسی عطر و طراوت یابد و میوهٔ ایمان دهد.

۳۴۹۸ **سبطی آن دم در سجود افتاد و گفت   کِای خدایِ عـالِمِ جَـهر[5] و نـهفت**

سبطی همان لحظه به سجده در آمد و گفت: ای خداوندی که آشکار و نهان را می‌دانی.

۳۴۹۹ **جز تو پیشِ که بر آرَد بنده دست؟   هم دعا و هـم اجـابَت از تـو است**

بنده جز پیشگاه تو کجا می‌تواند بنالد؟ دعا و اجابت از توست.

۳۵۰۰ **هــم ز اوّل تــو دهــی مــیلِ دعـا   تــو دهــی آخِــر دعــاها را جــزا**

ابتدا میل به دعا کردن را در ما به وجود می‌آوری و سرانجام پاداشِ آن را می‌دهی.

---

۱ - **او را سند سازیده‌اند**: به آن استناد می‌کنند، آن را باور می‌کنند.
۲ - **مسخ**: تغییرات و دگرگون شدن ظاهر آدمی در جهت بد و یا به شکل حیوانات، اینجامسخ باطنی مورد نظر است، جانی که به درجات اسفل سقوط کرده و همانجا ثابت مانده است.   ۳ - **کرّوبی**: فرشتهٔ مقرّب.
۴ - اشارتی قرآنی؛ مریم: ۲۵/۱۹: ای مریم، شاخهٔ درخت را حرکت ده تا از آن برایِ تو رطب تازه فرو ریزد.
۵ - **جَهر**: آشکار، عیان.

اوّل و آخر تویی، ما در میان هیچِ هیچی، که نیاید در بیان ۳۵۰۱

اوّل و آخر تویی و ما در این میان هیچ هیچیم، آن چنان که قابل گفتن نیست.

این چنین می‌گفت تا افتاد طشت از سرِ بام[1] و دلش بیهوش گشت ۳۵۰۲

سبطی متضرّعانه می‌نالید و راز و نیاز می‌کرد تا حدّی که بی‌خود و بیهوش شد.

باز آمد او به هوش اندر دعا لَیْسَ لِلاِنْسانِ اِلاّ ما سَعیٰ[2] ۳۵۰۳

دوباره به هوش آمد و دعا کرد. انسان جز آن که بکوشد کاری نمی‌تواند بکند.

در دعا بود او که ناگه نعره‌یی از دلِ قِبْطی بجَست و غُرّه‌یی ۳۵۰۴

سبطی در حال دعا کردن بود که ناگهان نعره و غرّشی از دل قبطی برخاست.

که: هلا بشتاب و ایمان عرضه کن تا بِبُرَّم زود زنّارِ[3] کُهُن ۳۵۰۵

قبطی گفت: هان، شتاب کن و کلمهٔ شهادت را بگو تا هرچه زودتر ایمان بیاورم.

آتشی در جانِ من انداختند مر بلیسی را به جان بنواختند ۳۵۰۶

شعله‌ای از عشق و ایمان به جانم افکندند و ابلیسی را مورد عنایت قرار دادند.

دوستیِ تو، و از تو ناشِگِفت[4] حَمْدُ لِلّٰهْ عاقبت دستم گرفت ۳۵۰۷

خدا را شکر که دوستیِ تو نجاتم داد؛ البتّه از تو همین انتظار هم می‌رفت.

کیمیایی بود صحبت‌هایِ تو کم مباد از خانهٔ دلْ پایِ تو ۳۵۰۸

مصاحبت با تو کیمیایی بود. امیدوارم همیشه جان ما با هم ارتباط داشته باشد.

تو یکی شاخی بُدی از نخلِ خُلد چون گرفتم، او مرا تا خُلد بُرد ۳۵۰۹

وجودت شاخه‌ای از نخلِ بهشت است که مرا به بهشت جاوید برد.

سیل بود آنکه تنم را در ربود بُرد سیلم تا لبِ دریایِ جود ۳۵۱۰

راز و نیازِ تو با خداوند مانند سیلی وجودِ مرا به دریای بیکران لطف الهی بُرد.

---

۱ - **تشت از بام افتادن:** رسوایی، برملا شدن راز، اینجا تاب و توان را از دست دادن و از شوقِ حق بیخود شدن.

۲ - اشارت قرآنی؛ نجم: ۳۹/۵۳؛ ر.ک: ۲۵۴۵/۴. ۳ - **زنّار بریدن:** کنایه از ایمان آوردن است.

۴ - **ناشِگِفت:** شگفتی‌آور نیست، باید همین طور باشد.

من به بویِ آب رفتم سویِ سیل   بحر دیدم، دُرگرفتم کَیْل[1] کَیْل ۳۵۱۱

من به امید آب نزدِ تو آمدم؛ امّا جاذبهٔ روحانیِ تو سیلابی بود که مرا به دریا و مرواریدِ «معنا و ایمان» رسانید.

طاس آوردش که اکنون آب گیر   گفت: رو، شد آب‌ها پیشم حقیر ۳۵۱۲

سبطی آب آورد که بنوش. قبطی گفت: جانم سیراب شده و آب‌ها در نظرم بی‌قدر گشته‌اند.

شربتی خوردم ز اللّٰهَ اَشْتَریٰ[2]   تا به محشر تشنگی ناید مرا ۳۵۱۳

خداوند خریدار من شد و فضل او چنان جانم را سیراب کرد که تا قیامت تشنه نمی‌شوم.

آنکه جوی و چشمه‌ها را آب داد   چشمه‌یی در اندرونِ من گشاد ۳۵۱۴

خداوندی که به جوی‌ها و چشمه‌ها آب عطا کرده است، در درون من هم چشمه‌ای جاری کرد.

این جگر، که بود گرم و آبْ‌خوار   گشت پیشِ همّتِ او آبْ خوار ۳۵۱۵

جگرم که گرم بود و نیازمند آب، اینک در پرتوِ چشمهٔ درونی‌ام به آب نیازی ندارد.

کافِ کافی آمد او بهرِ عباد   صدقِ وعدهٔ کهٰیٰعص[3] ۳۵۱۶

وعدهٔ خداوند در **کهیعص** صادق است و بندگان را کفایت می‌کند.

کافی‌اَم، بِدْهم تو را من جمله خیر   بی سبب، بی واسطهٔ یاریِ غیر[4] ۳۵۱۷

خداوند می‌گوید: من برای تو کافی‌ام. بدون سبب یا واسطه، تمام نیکی‌ها را به تو عطا می‌کنم.

کافی‌اَم، بی نان تو را سیری دهم   بی سپاه و لشکرت میری دهم ۳۵۱۸

من کفایت کننده‌ام. اگر بخواهم بدون نان تو را سیر می‌کنم و بدون سپاه به امارت می‌رسانم.

---

۱ - **کیل**: پیمانه.   ۲ - اشارتی قرآنی؛ توبه: ۱۱۱/۹؛ ر.ک: ۲۷۲۱/۱.

۳ - **کهیعص**: حروف مقطّعه‌ای که در ابتدای سورهٔ مریم آمده است. مفسّران نوشته‌اند که هر یک از این پنج حرف رمزی از اسما و صفات پروردگار است: «ک» یعنی کافی، کفایت کنندهٔ نیازها، «ه» رمز اسم هادی، «ی» یعنی «ید» که خداوند دهندهٔ رزق است، «ع» رمز عالم السّر و «ص» یعنی صادق الوعد و وفاکنندهٔ به وعده و پیمان: ر.ک. شرح مثنوی مولوی نیکلسون، ج ۴، ص ۱۶۵۹.

۴ - اشاره است به «رشتهٔ خاصّ» یا «سبب سوزی» که جمیع اسباب و علل در مقابل سیطرهٔ حق تعالی و عظمت وجوبی او فانی و مقهوراند. پروردگار بلاواسطه با هر موجودی رابطهٔ خاصّی دارد.

ارتباطی بی تکیّف بی قیاس   هست ربّ الناس را با جان ناس

۳۵۱۹ **بی‌بهارت نرگس و نسرین دهم — بی‌کتاب و اُوستا تلقین[۱] دهم**

بدون بهار برای تو گل نرگس و نسرین می‌رویانم و بدون کتاب و معلّم تعلیمت می‌دهم.

۳۵۲۰ **کافی‌اَم، بی داروَت درمان کنم — گور را و چاه را میدان کنم[۲]**

من کفایت کننده‌ام. می‌توانم تو را بدون دارو درمان کنم و دشواری را سهل گردانم.

۳۵۲۱ **موسیی را دل دهم با یک عصا — تا زند بر عالمی شمشیرها[۳]**

به موسی دلی پرجرأت و عصایی می‌دهم که جهانی را مطیع و مقهور کند.

۳۵۲۲ **دستِ موسی را دهم یک نور و تاب — که طپانچه[۴] می‌زند بر آفتاب**

دست موسی را از درخشش خورشید تابناک‌تر می‌کنم.

۳۵۲۳ **چوب را ماری کنم من، هفت سر — که نزاید ماده مار او را زِ نر**

چوب را به مار هفت سری مبدّل می‌کنم که همانند آن هرگز زاده نشده باشد.

۳۵۲۴ **خون نیامیزم در آبِ نیلْ من — خود کنم خون عینِ آبش را به فن**

خون را با آب رود نیل مخلوط نمی‌کنم؛ بلکه خودِ آب را به خون مبدّل می‌کنم.

۳۵۲۵ **شادیت را غم کنم چون آبِ نیل — که نیابی سویِ شادی‌ها سَبیل[۵]**

شادی‌ات را همانند «آبِ نیل» که مبدّل می‌شد، به غم بدل می‌کنم که آن را نیابی.

۳۵۲۶ **باز چون تجدیدِ ایمان بر تَنی[۶] — باز از فرعون بیزاری کنی**

اگر برای تقویت ایمانت بکوشی و همچنان از فرعون بیزار باشی،

۳۵۲۷ **موسیِ رحمت[۷] ببینی آمده — نیلِ خون بینی از او آبی شده**

رحمت الهی را می‌بینی که شامل حالت شده است و جانت را از آلایش‌ها پاک می‌کند.

---

۱ - **تلقین**: تعلیم. ۲ - **گور و چاه را میدان کردن**: سختی‌ها را به آسانی و راحتی بدل کردن.

۳ - مصراع دوم؛ جهانی را یا گروه کثیری را تحت امر خود در آوَرَد.

۴ - **طپانچه**: سیلی، مصراع دوم: به آفتاب سیلی می‌زند؛ یعنی خورشید را خوار و بی‌مقدار می‌کند، اشاره است به ید بیضا: ر.ک: ۳۵۰۰/۱. ۵ - **سَبیل**: راه. ۶ - **تَنی**: از تنیدن به معنیِ بافتن و پیچیدن، توسّعاً توجّه کنی.

۷ - **موسیِ رحمت**: مراد رحمت الهی است.

چـون سـرِ رشـته نگـه داری درون نـیلِ ذوقِ تـو نگـردد هـیچ خـون ۳۵۲۸

اگر ایمان قلبی‌ات را حفظ کنی، هرگز «ذوق و شوقِ» حق‌جویی‌ات را از دست نمی‌دهی.

مـن گـمان بُـردم کـه ایـمان آورم تا از این طوفانِ خـون آبـی خـورم ۳۵۲۹

قبطی گفت: گمان کردم که ایمان بیاورم تا از نیلِ پُر خون آبی بخورم.

مـن چـه دانسـتم کـه تـبدیلی کـند در نـهادِ مـن، مـرا نـیلی[1] کـند[2] ۳۵۳۰

من چه می‌دانستم که خداوند وجود مرا تبدیل می‌کند و به رودخانه‌ای مبدّل می‌سازد.

سویِ چشم خـود یکـی نـیلم روان بـرقرارم پـیشِ چشـمِ دیگـران ۳۵۳۱

من جریان عظیمی از تجلّیات حق را کـه در درونـم روان است، مـی‌بینم، در حـالی کـه دیگران آن را نمی‌بینند و مرا مانند گذشته ساکن می‌پندارند.

همچنانکه ایـن جـهان پـیشِ نَـبی غرقِ تسبیح است و پیشِ ما غَبی[3] ۳۵۳۲

همان‌طور که عالم مادّه در نظرِ پیامبر(ص) تسبیح‌گوی است و ما آن را فاقد شعور می‌دانیم.

پیشِ چشمش این جهان پر عشق و داد پـیشِ چشـم دیگـران مُـرده و جـماد ۳۵۳۳

این جهان در نظرِ «انسانِ کامل» سرشار از «عشق و عدل» و در نظرِ دیگران «مُرده و جامد» است.

پست و بالا پیشِ چشمش تـیزرو از کـلوخ و خشت، او نکـته شـنو ۳۵۳۴

در نظرِ او عالم در «تحوّل و تحرّک» است. گوش او از «سنگ و کلوخ» هم نکتهٔ دقیق می‌شنود.

با عوام این جمله بسـته و مُـرده‌یی زین عـجب‌تر مـن نـدیدم پـرده‌یی ۳۵۳۵

تمام این تحرّکات و عشق در نظر عوام ساکن و جامد است. حجابی شگفت‌انگیزتر از این ندیده‌ام.

گورها یکسان به پـیشِ چشـم مـا روضـه و حُـفره بـه چشـمِ اولیـا[4] ۳۵۳۶

در نظرِ ما که «ظاهر» را می‌بینیم، گورها یکسان‌اند؛ امّا در نظر اولیا برخی «باغ و بوستان» و برخی «گودال»اند.

---

۱ - **نیل**: رودخانه رمزی از تجلّی دانش گستردهٔ حق در جان مرد خداست.

۲ - در اثر تبدیل، قطره به رود و رود به دریا «هستی مطلق» پیوست. ۳ - **غَبی**: سبک مغز، بی‌شعور، گول.

۴ - اشاره است به حدیثی با همین مضمون: ر.ک. احادیث، ص ۴۱۶.

۳۵۳۷ **عـــامه گـفتندی کـه: پـیغمبر تُـرُش از چه گشته‌ست و شده‌ست او ذوق‌کُش؟**

عوام می‌گفتند: چرا پیامبر(ص) ترش‌رو شده و ذوق و شادی را می‌کُشد و از بین می‌برد؟

۳۵۳۸ **خاص گفتندی که: سویِ چشمتان مـــی‌نماید او تُـرُش، ای امّـتان!**

خواص گفتند: ای مردم، این شما هستید که او را ترش‌رو می‌بینید.

۳۵۳۹ **یک زمـان در چشـم مـا آیـید، تـا خـنده‌ها بـینید انـدر هَـلْ اَتـیٰ**[1]

از چشمِ ما بنگرید تا در پس چیزی که ترش‌رویی می‌نامید، شادی را ببینید.[2]

۳۵۴۰ **از ســرِ اَمـرودْ بُـن**[3] **بـنماید آن منعکس صورت، به زیر آ ای جوان**[4] **!**

ای خام، از بالای درخت صورت را وارونه می‌بینی. بیا پایین تا آن را چنان که هست، ببینی.

۳۵۴۱ **آن درختِ هستی است اَمرودْ بُـن تـا بـر آنـجایی، نـماید نـو کُـهُن**[5]

«درختِ گلابی»، نمادی از «هستیِ مادّی» یا «ذهنیاتِ» ماست. تا از این دریچه نگاه می‌کنی، هر چیزی را وارونه می‌بینی.

۳۵۴۲ **تـا بـر آنـجایی بـبینی خـارزار پُر ز کـژدُم‌هایِ خشـم و پُـر ز مـار**

تا از «دیدگاهِ مادّی» و «خودمحوری»های ناشی از «قیودِ عالمِ حس» به هستی نگاه می‌کنی، همه چیز در نظرت آزاردهنده، زشت و تلخ است.

۳۵۴۳ **چون فـرود آیـی، بـبینی رایگـان**[6] **یک جهان پر گل‌رُخان**[7] **و دایگان**[8]

اگر با «دیدگاهِ غیرِ مادّی» و بدون «خودمحوری» بنگری، عالم را پر از زیبایی و لطف می‌بینی.

---

۱ - **هَلْ أَتیٰ** : اشارتی قرآنی؛ دهر: ۱/۷۶، در این سورهٔ مبارکه اشاره به این است که خداوند به مؤمنان نعمت و سرور عطا می‌کند.

۲ - چشم حقیقت‌بین از پسِ ظاهر به باطن می‌نگرد و تجلّی بهشت و سرور آن را در وجودِ پیامبر(ص) می‌بیند.

۳ - **اَمرود بُن** : درخت گلابی، کنایه از هستی مادّی. ۴ - **جوان** : اینجا آدم خام.

۵ - **نماید نو کُهُن** : نو را کهنه می‌بینی، وارونه دیدن. ۶ - **رایگان** : اینجا به آسانی.

۷ - **گل‌رُخان** : زیبارویان، مراد زیبایی تمام عالم هستی است. ۸ - **دایگان** : دایه‌ها، کنایه از لطف.

حکایتِ آن زنِ پلیدکار که شوهر را گفت که: آن خیالات از سرِ اَمرودْبُن می‌نماید تو را، که چنین‌ها نماید چشم آدمی را سرِ آن امرودبُن. از سرِ اَمرودبُن فرود آی تا آن خیال‌ها برود، و اگر کسی گوید که آنچه آن مرد می‌دید خیال نبود، جوابِ این مثالی است نه مِثْل. در مثال همین قدر بس بُوَد که اگر بر سرِ اَمرودبُن نرفتی، هرگز آن‌ها ندیدی، خواه خیال خواه حقیقت[1]

زنی پلید که می‌خواست در حضور شوی احمق خویش با معشوق درآمیزد، مکری اندیشید و به شوی گفت: تو در زیر درخت گلابی بنشین تا من بر درخت رَوَم و میوه بچینم. چون بر درخت رفت، سوی شوهر نگریست و گریست که آنجا در کنار تو کیست که چنین و چنان می‌کند و او را به فعلی زشت با مردی که وانمود می‌کرد در آنجاست، متّهم ساخت. مرد گول گفت: من در این دشت تنها هستم و بلندی اَمرودبُن تو را به سرگیجه و توهّم مبتلا کرده است و از او خواست که پایین بیاید و خود به جای زن بر درخت برود و میوه بچیند.

هنگامی که شوهر به امرودبُن بَر شد، زن پلید معشوق را در بر گرفت و با وی در آمیخت و در پاسخ فریاد اعتراض شوهر بر وقایعی که در زیر درخت در جریان بود، گفت: این خیالات از بلندی امرودبُن است، «هین! فرود آ تا بینی هیچ نیست».

سِرّ سخن آنکه: «اَمرودبُن» نمادی است از «هستیِ موهومی» یا «هستیِ مادّی و حیاتِ حسّی» که هرکس در محدودهٔ آن، هرچه را که می‌بیند و ادراک می‌کند، از دیدگاهِ عارف واصل که از سرِ هستیِ موهومی برخاسته و به نیستی یا «فنا» رسیده است، جز پندار و خیالات ناشی از دوّار نیست.

«شویِ گول»، نمادی است از «عقلِ معاش» که در جوار امرودبُن چه در زیر و چه زبَر در هر حال گول است و تبدیل و تبدّل این «هستیِ موهومی» به «نیستیِ عارفانه» از وی ساقط است و زنِ پلید نمادی است از «نَفْس امّاره» که به سویِ سِفل و پستی گرایش دارد. این قصّه قبلاً در دفتر اوّل بیت ۲۳۷۳ نیز به صورت تمثیل آمده است.

۳۵۴۴ **آن زنی می‌خواست تا با مُولِ[2] خود — بر زند در پیشِ شویِ گولِ خود**

زنی می‌خواست در حضور شوهر ابله خود با مردی همبستر شود.

---

۱ - این قصّهٔ هزل‌آمیز با اندک تفاوت در کتاب الاذکیاء ابن الجوزی و همچنین در قصّه‌های کنتربوری اثر جفری چاسر شاعر انگلیسی هم هست. در مجموعهٔ دکامرون اثر بوکاتچو ایتالیایی که مأخذ روایت چاسر به شمار می‌رود با لطف بیشتر و وقاحت کمتر آمده است: بحر در کوزه، ص ۴۱۶. ۲ - **مُول**: فاسق.

۳۵۴۵ **پس به شوهر گفت زن، کای نیکبخت! من بر آیم میوه چیدن بر درخت**

پس به شوهر گفت: ای مرد سعادتمند، من از درخت بالا می‌روم تا میوه بچینم.

۳۵۴۶ **چون بر آمد بر درخت آن زن، گریست چون ز بالا سویِ شوهر بنگریست**

هنگامی که زن به بالای درخت رسید به سوی شوهر نگاه کرد و گریست.

۳۵۴۷ **گفت شوهر را که: ای مَأبونِ[1] رَد کیست آن لوطی[2] که بر تو می‌فُتَد؟**

زن به شوهر گفت: ای بدکار، آن فاسد کیست که روی تو افتاده است؟

۳۵۴۸ **تو به زیر او چو زن بِغْنوده‌ای[3] ای فلان! تو خود مخنّث[4] بوده‌ای**

تو مانند زن زیر او خوابیده‌ای. ای فلانی، تو مرد نیستی، بدکاره‌ای.

۳۵۴۹ **گفت شوهر: نه سرت گویی بگشت ورنه اینجا نیست غیرِ من به دشت**

شوهر گفت: نه، احتمالاً سرت گیج می‌رود. در این صحرا جز من کسی نیست.

۳۵۵۰ **زن مکرّر کرد کآن با بَرْطُلَه[5] کیست بر پشتت فروخفته؟ هِله[6]!**

زن با تکرار می‌گفت: آهای، آن مردِ باکلاه که بر پشت تو خوابیده کیست؟

۳۵۵۱ **گفت: ای زن! هین! فرود آ از درخت که سَرَت گشت و خَرِف[7] گشتی تو سخت**

شوهر گفت: ای زن، از درخت پایین بیا که سرت گیج رفته و عقلت را از دست داده‌ای.

۳۵۵۲ **چون فرود آمد، بر آمد شوهرش زن کشید آن مول را اندر برش**

چون زن از درخت پایین آمد، شوهر از درخت بالا رفت. زن فاسق خود را در بر کشید.

۳۵۵۳ **گفت شوهر: کیست آن ای روسپی! که به بالای تو آمد چون کَپی[8]؟**

شوهر گفت: ای بدکاره، آن مردی که مثل بوزینه روی تو آمده، کیست؟

۳۵۵۴ **گفت زن: نه نیست اینجا غیرِ من هین! سَرَت برگشته شد، هرزه مَتَن[9]**

زن گفت: اینجا که غیر از من کسی نیست. هان! سرت گیج می‌رود، چرند نگو.

---

۱ - **مَأبون**: کسی که در لواط مفعول است. ۲ - **لوطی**: هرزه‌کار ۳ - **بِغْنوده‌ای**: غنوده‌ای، خوابیده‌ای.
۴ - **مخنّث**: مرد بدکاره، کسی که به لواط تن می‌دهد. ۵ - **بَرطُلَه**: کلاه، کلاهی که گوش را هم می‌پوشاند.
۶ - **هِله**: هان، ای. ۷ - **خِرِف**: پیر، کم عقل. ۸ - **کَپی**: بوزینه، میمون. ۹ - **هرزه مَتَن**: بیهوده نگو.

او مکرّر کرد بر زن آن سخُن   گفت زن: این هست از امرودْبُن ۳۵۵۵

شوهر همان حرف را باز هم تکرار کرد. زن گفت: این خاصیّتِ درختِ گلابی است.

از سرِ امرودبُن من همچنان   کژ همی دیدم که تو ای قَلْتَبان[1] ! ۳۵۵۶

ای بی غیرت، من هم از بالای درخت گلابی همین‌طور وارونه می‌دیدم.

هین فرود آ تا ببینی هیچ نیست   این همه تخییل[2] از امروبُنی‌ست ۳۵۵۷

از درخت پایین بیا تا ببینی که خبری نیست. این خیالات از درخت گلابی است.

هزل[3] تعلیم است، آن را جِد شنو   تو مشو بر ظاهرِ هزلش گرو ۳۵۵۸

این قصّه عامیانه و البتّه طنزِ بی‌قدری بود؛ امّا بدان که ما «هزل» را هم به «تعلیم» تبدیل کرده‌ایم. آن را جدّی بشنو. گولِ ظاهر بی‌قدرش را نخور.

هر جِدی هزل است پیشِ هازلان   هزل‌ها جِدّ است پیشِ عاقلان ۳۵۵۹

در نظر بیهوده‌گویان که بیهوده‌جویان هم هستند، هر سخنِ جدّی، «هزل» است و نزدِ عاقلان هر هزلی جدّی است؛ یعنی از لابه‌لای آن معانی بلندی را استخراج می‌کنند.

کاهلان امرودبُن جویند، لیک   تا بدان امرودبُن راهی‌ست نیک ۳۵۶۰

آدم‌های تن‌پرور خواهان همین «حیاتِ ظاهری و تعلّقاتِ دنیوی»، یعنی خواهانِ «مجاز»اند. مجاز هم می‌تواند «حقیقت» شود؛ ولی راه درازی در پیش است.

نقل کن ز امرودبُن، کاکنون بر او   گشته‌ای تو خیره چشم و خیره رُو[4] ۳۵۶۱

این «هستیِ مجازی» یا «حیاتِ مادّی» را که مانع رسیدن به حقیقت است، رها کن.

---

۱ - **قَلْتَبان** : بی حَمیّت، نامرد، بی غیرت.   ۲ - **تخییل** : خیال، بیهوده دیدن.

۳ - **هَزل** : بیهوده و لغو، شوخیِ رکیک.

۴ - **خیره چشم و خیره رو** : کسی که چشم و روی بی‌حیا دارد، کسی که قادر به دیدن حقایق نیست و مرتکب اعمالی می‌شود یا سخنانی می‌گوید که اگر چشم حق‌بین داشت، نمی‌شد؛ پس از نظر عارفِ حقیقت‌بین او به علّت نقصی که در باطن دارد، بی‌حیا و بی‌شرم هم هست.

۳۵۶۲ **ایــن مــنیّ و هســتیِ اوّل بُــوَد   که بر او دیـده کـژ و احـول[1] بُـوَد**

این چیزی را که تو به عنوان «موجودیّت» یا «هستی»ات می شناسی، «خودبینی» و «حیات مادّی» است که دیدگاهی غیر واقعی دارد.

۳۵۶۳ **چون فـرود آیـی از ایـن امـرودبُن   کژ نماند فکرت و چشم و سـخُن**

اگر «خودبینی» و «حیاتِ مادّی» را رها کنی و جویای «حیاتِ روحانی و معنوی» باشی، اندیشه، بینش و گفتارت تغییر می‌کند.

۳۵۶۴ **یک درختِ بخت بینی گشـته ایـن   شـــاخِ او بـر آسـمانِ هـفتمین**

با رها کردن «هستیِ مجازی» و طلبِ «هستیِ حقیقی» می‌بینی که وجودت به درخت بخت مبدّل شده و شاخه‌اش از آسمان هفتم هم گذشته است.

۳۵۶۵ **چون فرود آیی، از او گـردی جـدا   مُبْدَلَش گـردانَـد از رحـمت، خـدا**

هنگامی که از درختِ «خودبینی» دوری کنی، خداوند به رحمت خویش آن را مبدّل می‌کند.

۳۵۶۶ **زین تواضـع کـه فـرود آیـی، خـدا   راستْ‌بینی بـخشد آن چشمِ تـو را**

به سبب فروتنی که راضی شدی خودمحور نباشی، خداوند به چشمت واقع‌بینی عطا می‌کند.

۳۵۶۷ **راست‌بینی گر بُـدی آسـان و زَب[2]   مصطفی کی خواستی آن را زِ رَب[3]؟**

اگر واقع‌بینی کار سهل و آسانی بود، مصطفی(ص) آن را از خدا درخواست می‌کرد؟

۳۵۶۸ **گفت :بنما جزو جزو از فوق و پست   آنچنانکه پیشِ تو آن جـزو هست**

پیامبر(ص) می‌گفت: خدایا، تمام اجزای زمین و آسمان راچنانکه در پیشگاه توست، به من نشان بده.

۳۵۶۹ **بـعد از آن بـر رو بـر آن امـرودبُن   که مُبدّل گشت و سبز از امـرِ کُـنْ[4]**

بعد از آنکه توانستی واقعیّت هرچیز را دریابی، از زندگی دنیوی هم بهره‌مند شو؛ زیرا «حیات ظاهری»ات مبدّل شده و در راستای «حیاتِ باطنی»ات قرار گرفته است.

---

۱ - **اَحْوَل** : دوبین، لوچ، در تعبیر عرفانی آن به کسی گفته می‌شود که هستی را دوگانه می‌بیند؛ یعنی برای خود هستیِ مستقلّی قائل است.   ۲ - **زَب** : آسان.

۳ - اشاره است به حدیث: اَللهُمَّ أَرِنَا الْأَشیاءَ کَمَا هِیَ : خداوندا هرچیز را آن چنان که هست به ما بنما: احادیث، ص ۴۱۶.   ۴ - **امر کُن** : ارادهٔ حق.

چون درختِ موسوی شد این درخت   چون سویِ موسی کشانیدی تو رخت[۱] ۳۵۷۰

چون درختِ هستی‌ات از «انانیّت» خالی شد، محلِّ تجلّی حق می‌شود، همانند درختی که در وادی اَیْمَن بود و خداوند از آن با موسی(ع) سخن گفت.

آتش او را سبز و خرّم می‌کُند   شاخِ او اِنّی اَنَا اللّه[۲] **می‌زند** ۳۵۷۱

«درختِ هستی» با آتش، طراوت و شادابی می‌یابد و هر شاخه‌اش می‌گوید: من خدایم.

زیرِ ظِلّش جمله حاجات روا   این چنین باشد الهی‌کیمیا ۳۵۷۲

اینک زیر سایهٔ این درختِ «تن و حیاتِ دنیوی» تمام حاجاتت برآورده می‌شود؛ زیرا تن ابزار تعالی و کمال شده، کیمیای الهی این چنین است.

آن منی و هستی‌اَت باشد حلال   که در او بینی صفاتِ ذوالجلال ۳۵۷۳

برای کسی که به جای «خودمحوری»، «خدامحور» باشد، بهره‌مندی از وجود مادّی و وجوه نفسانی در جهت کمال زیان‌بخش نیست و رواست.

شد درختِ کژ مُقَوَّم، حق نما   اَصلُهُ ثابِتٌ وَ فَرْعُهُ فی اَلسَّما[۳] ۳۵۷۴

درختِ کج هستی‌ات راست شد و مظهر حق گردید و اینک «ریشه‌اش در زمین استوار و شاخه‌هایش در آسمان است».

باقیِ قصّهٔ موسیٰ علیه السَّلام[۴]

کآمدش پیغام از وَحْیِ مُهِم   که: کَژی بگذار اکنون فَاسْتَقِمْ[۵] ۳۵۷۵

به آن درخت از طریق وحی پیام مهمّی رسید که کج بودن را رها کن. اکنون «راست باش».

---

۱ - مصراع دوم؛ یعنی چون به سوی حقیقت که موسیٰ(ع) رمزی از آن است، رفتی.

۲ - اشارت قرآنی؛ قصص: ۳۰/۲۸.

۳ - اشارت قرآنی؛ ابراهیم: ۲۴/۱۴: که در این آیهٔ شریفه، سخن خوب به درختی مانند شده است که ریشه‌اش در زمین است؛ امّا شاخه‌هایش تا آسمان.   ۴ - قصّهٔ موسیٰ(ع) و فرعون؛ ر.ک: ۸۴۰/۳

۵ - اشارت قرآنی؛ هود: ۱۱۲/۱۱: فَاسْتَقِمْ کَمَآ اُمِرْتَ...: پس همچنان که دستور یافته‌ای پایداری کن. اشاره است به تبدیل و تحوّلی که رخ می‌دهد و در نتیجهٔ آن «تن» ابزارِ کمال روح می‌گردد: ر.ک: ۲۶۶۹/۳.

۳۵۷۶ این درختِ تن عصایِ موسی است [1] کامَرَش آمد که: بیندازش ز دست

این درختِ «تن» که در خدمتِ کمالِ «جان» قرار گرفته، همانندِ عصایِ موسی(ع) است که به او وحی شد: عصا را بینداز.

۳۵۷۷ تـــا بـبـیـنـی خـیـر او و شـرِّ او بـعد از آن بـرگیر او را زَ امرِ هُـو

تا خوبی و بدی‌اش را ببینی و بعد به امر خداوند آن را بردار.

۳۵۷۸ پیش از افکندن نبود او غیرِ چوب چون به امرش برگرفتی، گشت خوب

عصا پیش از افکندن چوبی بیش نبود. چون به امر حق برگرفت، معجزه کرد.

۳۵۷۹ اوّل او بُـد بـرگ افشان بَـرّه را گشت مـعجز آن گروه غَـرّه را

ابتدا با آن چوبدستی برگ درختان را برای گوسفندان می‌ریخت؛ یعنی قابلیّت ناچیزی داشت؛ امّا بعد برای آن گروه فریب خورده به صورت معجزه در آمد.

۳۵۸۰ گشت حـاکـم بـر سرِ فرعونیان آبشان خون کرد [2]، وکف بر سر زنان [3]

عصای موسی(ع) بر فرعونیان حاکم شد. آب نیل را خون کرد و آن قوم را بدبخت.

۳۵۸۱ از مزارعشان بر آمد قحط و مرگ از ملخ‌هایی که می‌خوردند برگ [4]

با حملهٔ ملخ‌ها و برگ‌هایی که طعمهٔ آن‌ها می‌شد، مزارع دچار قحطی و زوال گردید.

۳۵۸۲ تا بر آمد بی‌خود از موسی دعا چون نظر افتادش اندر مُنتَها

چون موسی(ع) عاقبت کار را دید، بی‌اختیار دست به دعا برداشت.

۳۵۸۳ کین همه اِعجاز و کوشیدن چراست؟ چون نخواهند این جماعت گشت راست

گفت: این همه معجزه و تلاش برای چیست؟ این قوم که ایمان نمی‌آورند.

---

۱ - عصا به اژدهایی مبدّل شد که تمام ماران جادو را بلعید. در این بیت مراد آن است که: این تن نیز اینک همان قدرت را به ارادهٔ حق یافته است و می‌تواند تمام افسون و فریبندگی‌های دنیای مادّی را ببلعد؛ یعنی برای آن شأنی قائل نشود. اشارت قرآنی؛ طه: ۲۲/۲۰-۱۸.

۲ - آبشان خون کرد: در روایات آمده است: موسی(ع) عصا را به نیل زد و نیل خون شد.

۳ - کف بر سر زنان: رمزی از بیچارگی و بدبختی.   ۴ - اشارت قرآنی؛ اعراف: ۱۳۳/۷.

۳۵۸۴ امر آمد که اِتِّباعِ نوح کن[1] ترکِ پایان بینیِ مَشروح کن

فرمان رسید: همان‌گونه باش که نوح بود. اینکه عاقبت کار چه خواهد شد و جزییات را رها کن.

۳۵۸۵ زآن تغافل[2] کن، چون داعیِ[3] رهی امر بَلِّغْ[4] هست، نَبْوَد آن تهی

از عاقبت اندیشی بگذر؛ زیرا تو قوم را به راه راست فرا می‌خوانی. «فرمان را ابلاغ کن» که بنابر حکمت امر حق است.

۳۵۸۶ کمترین حکمت، کزین الحاحِ تو جِلوه گردد آن لجاج و آن عُتُو[5]

کمترین حکمتِ اصرارِ تو این است که عِناد و سرکشی آن قوم آشکار می‌گردد.

۳۵۸۷ تا که ره بنْمودن و اضلالِ[6] حق فاش گردد بر همه اهل و فِرَق

تا برای پیروان فرقه‌های مختلف معلوم شود که خداوند مؤمنان را هدایت می‌کند و منکران را در ضلالت باقی می‌گذارد.

۳۵۸۸ چونکه مقصود از وجود، اظهار بود بایدش از پند و اِغوا[7] آزمود

چون هدفِ آفرینش آشکار شدن حقایق بود و چون هر چیزی با ضدّ خود آشکار می‌شود؛ پس برای عیان شدن حقایق باید آن را از طریق «هدایت» و «ضلالت» آزمود و شناخت.

۳۵۸۹ دیو، الحاح غوایَت[8] می‌کند شیخ الحاحِ هدایت می‌کند[9]

شیطان برای ضلالت اصرار می‌کند و انسانِ واصل برای هدایت.

۳۵۹۰ چون پیاپی گشت آن امرِ شُجون[10] نیل می‌آمد سراسر جمله خون

چون عذاب‌های گوناگون پی‌درپی بر فرعونیان فرود آمد، نیل یکپارچه خون شد.

۳۵۹۱ تا به نفسِ خویش[11]، فرعون آمدش لابه می‌کردش، دوتا گشته قَدَش[12]

تا اینکه فرعون با تواضع و افتادگی نزد موسیٰ آمد.

---

۱ – نوح(ع) هلاک قوم و فرزندش کنعان را دید؛ ولی به رضای حق راضی بود.

۲ – **تغافل**: خود را به غفلت زدن. ۳ – **داعی**: دعوت کننده.

۴ – اشارتی قرآنی؛ مائده: ۶۷/۵: ...بَلِّغْ مَا أُنْزِلَ إِلَيْكَ...: به مردم برسان آنچه را که به تو نازل می‌شود.

۵ – **عُتُو**: سرکشی. ۶ – **اِضلال**: گمراه کردن. ۷ – **پند و اِغوا**: هدایت و ضلالت.

۸ – **غوایت**: گمراهی، گمراه شدن. ۹ – انسان کامل واصل مظهر «هادی» است و شیطان مظهر «مُضلّ».

۱۰ – **شُجون**: غم‌انگیزی، اینجا غم‌انگیز. ۱۱ – **به نفسِ خویش**: خودِ فرعون و شخصاً.

۱۲ – مصراع دوم؛ با افتادگی و خواهش: اشاره به اعراف: ۱۳۴/۷، که فرعونیان از موسیٰ(ع) خواستند تا از خداوند دفع بلاها را بخواهد.

۳۵۹۲ **کآنچه ما کردیم، ای سلطان! مکن — نیست ما را رویِ ایرادِ سخُن**

فرعون گفت: ای موسیٰ، ما بدی کردیم، تو نکن. ما روی عذرخواهی نداریم.

۳۵۹۳ **پاره پاره گردمت فرمان پذیر — من به عزّت خوگَرَم، سختم مگیر**

اندک اندک فرمانت را می‌پذیرم. من به عزّت خو گرفته‌ام. با من سختگیری نکن.

۳۵۹۴ **هین بجنبان لب به رحمت، ای امین! — تا ببندد این دهانهٔ آتشین**

هان، ای امینِ خداوند، دعا کن تا دهانهٔ آتش خشم الهی بسته شود.

۳۵۹۵ **گفت: یا رب! می‌فریبد او مرا — می‌فریبد او فریبندهٔ تو را**[1]

موسیٰ گفت: پروردگارا، او مرا فریب می‌دهد. می‌خواهد رسول تو را بفریبد.

۳۵۹۶ **بشنوم یا من دهم هم خدعه‌اش؟ — تا بداند اصل را آن فرعْ‌کَش**[2]

حرفش را قبول کنم یا در برابر نیرنگش نیرنگ بوَرزَم؟ تا بداند که هر چیز اصلی دارد.

۳۵۹۷ **کَاصلِ هر مکری و حیلت پیشِ ماست — هرچه بر خاک است، اصلش از سماست**

تا بفهمد که اصلِ هر مکر نزد ماست. هرچه در زمین است، اصلِ آن از آسمان است.

۳۵۹۸ **گفت حق: آن سگ نیرزد هم به آن — پیشِ سگ انداز از دور استخوان**

خداوند گفت: آن سگ ارزش این کار را ندارد. از دور استخوان بینداز و کمکِ دنیوی بکن.

۳۵۹۹ **هین بجنبان آن عصا، تا خاک‌ها — وادهد هر چه ملخ کردش فنا**

هان، آن عصای اعجازآور را بجنبان تا خاک آنچه را که ملخ‌ها نابود کردند، برویاند.

۳۶۰۰ **و آن ملخ‌ها در زمان گردد سیاه — تا ببیند خلق، تبدیلِ اِلَه**

ملخ‌ها فوراً نابود می‌شوند تا خلق ببینند که خداوند بدون اسباب و علل همه چیز را تبدیل می‌کند.

---

۱ - **فریبندهٔ تو را:** هرچیزی که به فکر آدمی برسد و قادر به انجامش باشد، اصل و مبدأیی دارد که نزد پروردگار است؛ پس اگر خلق مکر می‌ورزند، برترین مکرها یا تدبیرها، نزد خداوند است که مکر و خدعهٔ آنان را باطل می‌کند؛ پس پیامبر با مردم فریبکار، فریب نیرومندتری دارد. آل‌عمران: ۵۴/۳: ...واللهُ خَیْرُ الْماکِرینَ. نساء: ۱۴۲/۴: إِنَّ الْمُنافِقینَ یُخادِعُونَ اللهَ وَ هُوَ خادِعُهُمْ...: همانا منافقان با خدا خُدعه می‌کنند و خدا نیز با آن‌ها خُدعه می‌کند.

۲ - **فرعْ‌کَش:** کسی که به فرع اهمّیّت می‌دهد و از اصل غافل است. فرعون به تدبیر یا نیرنگ خود تکیه دارد؛ چون نمی‌داند که برتر از آن هم هست.

۳۶۰۱ آن سبب بهرِ حجاب است و غِطا¹ که سبب‌ها نیست حاجت مر مرا

زیرا من به «اسباب و علل» نیازی ندارم. وجودِ «سلسلهٔ اسباب و علل» حجابی است که حقایق را از چشم ظاهربینان پنهان می‌کند.

۳۶۰۲ تا منجّم رُو به استاره کند تا طبیعی خویش بر دارو زنَد

اسباب و علل برای آن است که طبیعت‌گرا به دارو و درمان روی بیاورد و منجّم به ستاره‌شناسی.

۳۶۰۳ سویِ بازار آید، از بیمِ کَساد تا منافق از حریصی، بامداد

تا ریاکار هر روز صبح حریصانه برای کسب سود به بازار بیاید و از زیان بیمناک باشد.

۳۶۰۴ لقمهٔ دوزخ بگشته لقمه‌جوی بندگی ناکرده² و ناشُسته روی³

آن ریاکارِ طغیانگرِ ناپاک در حالی که خود لقمهٔ دوزخ است در طلب لقمه به بازار می‌شتابد.

۳۶۰۵ همچو آن برّهٔ چرنده از حُطام⁵ آکل و مأکول آمد جانِ عام⁴

همان‌طور که برّه از گیاهان پروار می‌شود تا خوراک آدمی شود، جانِ عامِ خلق نیز با تمتّعاتِ دنیا پروار می‌شود تا خوراک دوزخ شود.

۳۶۰۶ کو برای ما چَرَد برگِ مراد⁶ می‌چَرَد آن برّه و قصّاب شاد

از چریدن برّه قصّاب شادمان می‌شود که این برگ و گیاه را برای ما می‌خورد.

۳۶۰۷ بهرِ او خود را تو فربه می‌کنی کارِ دوزخ می‌کنی در خوردنی⁷

ای آدم شکمباره، تو که از خوردن سیر نمی‌شوی، خود را برای دوزخ پروار می‌کنی که هرگز سیر نمی‌شود و «هَلْ مِنْ مَزید» می‌گوید.

۳۶۰۸ تا شود فربه دل با کَرّ و فَرّ⁸ کارِ خود کن، روزیِ حکمت بِچَر

خود را برای اصلِ خود فربه کن. از رزق حقیقیِ «حکمت» ارتزاق کن که جانت کمال یابد.

۳۶۰۹ جان چو بازرگان و تن چون روزن است خوردنِ تن مانعِ این خوردن است

پروار کردن تن مانعِ پروار کردن جان است. جان همانند بازرگانی است که تن کالای او را می‌رباید.

---

۱ - غِطا : غطاء؛ پرده، پوشش.   ۲ - بندگی ناکرده : طغیانگر.   ۳ - ناشُسته روی : ناپاک.
۴ - این عالم، عالم آکل و مأکول است.   ۵ - حُطام : مال دنیا، اینجا علف.
۶ - مصراع دوم؛ برگ مراد را برای ما می‌خورند؛ یعنی آنچه راکه می‌خورند مراد ما را حاصل می‌کند.
۷ - اشاره به مضمون آیۀ ۱۲ سورۀ محمّد: ...می‌خورند چنانکه چهارپایان می‌خورند و دوزخ جای آنهاست.
۸ - کَرّ و فَرّ : شکوه و جلال.

۳۶۱۰ **شـمعِ تـاجر آنگـه است افـروخته　　　کـه بُـوَد رهزن چـو هـیزم سـوخته**

تجارت بازرگان با نابودی راهزن رونق می‌گیرد.

۳۶۱۱ **که تو آن هوشی[۱] و باقی هوش‌پوش[۲]　　　خویشتن را گـم مکـن، یـاوه مکـوش**

زیرا واقعیّتِ تو «جان» توست و بقیّه حجابی است بر آن؛ پس خود را بشناس، تو این تن نیستی. به کارهای بیهوده نپرداز.

۳۶۱۲ **دانکه هر شهوت چو خَمر است و چو بَنگ　　　پردهٔ هوش است، و عاقل زوست دَنگ[۳]**

آگاه باش که شهوت، یعنی لذّت دنیوی اثری همانند شراب و افیون دارد و عقل را زایل می‌کند.

۳۶۱۳ **خـمرْ تـنها نـیست سرمستیِّ هـوش[۴]　　　هر چه شَهْوانی‌ست[۵]، بندد چشم و گوش**

فقط شراب قوای باطنی را به تحلیل نمی‌برد، هر تمایلِ شدید چشم و گوش باطنی را می‌بندد.

۳۶۱۴ **آن بلیس از خَمر خوردن دور بـود　　　مست بـود او از تکـبّر وز جُـحود**

شیطان شراب نمی‌خورد؛ امّا از تکبّر و انکار سرمست بود.

۳۶۱۵ **مست آن باشد، که آن بیند که نیست[۶]　　　زر نـماید آنـچه مسّ و آهـنی‌ست[۷]**

مست کسی است که خواهان «دنیا» و «اهل دنیا» باشد. او مطلوب بی‌قدر خود را گران‌بها می‌پندارد.

۳۶۱۶ **ایـن سـخن پـایان نـدارد مـوسیا !　　　لب بـجنبان تـا بـرون رُوزَد[۸] گـیا**

ای موسیٰ، این سخن پایانی ندارد. دعا کن تا کشتزارها سرسبز و خرّم شود.

۳۶۱۷ **همچنان کرد و هـم انـدر دم زمـین　　　سبز گشت از سنبل و حَبِّ ثَـمین[۹]**

موسیٰ دعا کرد و بلافاصله زمین از سنبل و دانه‌های باارزش پوشیده و سرسبز شد.

۳۶۱۸ **انـدر افـتادند در لوت[۱۰] آن نَـفَر[۱۱]　　　قحط دیده، مُرده از جُـوعُ آلبَـقَر[۱۲]**

فرعونیان قحطی زده که از گرسنگی در حال مرگ بودند، به خوردنی‌ها حمله کردند.

---

۱ - **هوش** : مراد جان آدمی است.　۲ - **هوش‌پوش** : تن و ذهن.　۳ - **دَنگ** : بی‌هوش.

۴ - مُراد عقل معاد یا عقل معرفت‌جو است.

۵ - شهوت مال و جاه، شهوت زهدفروشی، شهوت فضل فروشی... .

۶ - **آن بیند که نیست** : خواهان دنیا که هستیِ حقیقی ندارد باشد.

۷ - **مس و آهن** : مس: «اهل دنیا»، آهن: «دنیا»، کنایه از چیزهای کم بها و بی‌ارزش.

۸ - **روزَد** : جوشیدن، تراویدن، روییدن.　۹ - **حَبِّ ثمین** : دانه‌های باارزش و گرانبها.

۱۰ - **لوت** : غذای پیچیده در نان، اینجا مطلق غذا.　۱۱ - **نفر** : گروه، قوم.

۱۲ - **جُوعُ البقر** : مَرَضی که مبتلا هرچه می‌خورد سیر نمی‌شود، مثل گاو خوردن، اینجا مراد گرسنگی شدید است.

۳۶۱۹ **چند روزی سیر خوردند از عطا　　آن دمی[1] و آدمی و چارپا**

چند روزی همهٔ موجودات اعمّ از سبطی و قبطی و چهارپا از عطای الهی سیر شدند.

۳۶۲۰ **چون شکم پُر گشت و بر نعمت زدند　　و آن ضرورت رفت، پس طاغی شدند**

چون شکمشان پر شد، سختی‌های قحطی از یاد رفت و دوباره سرکشی کردند.

۳۶۲۱ **نَفْس، فرعونی‌ست، هان! سیرش مکن[2]　　تا نیارَد یاد از آن کفرِ کُهَن**

نفس همانند فرعون است. به‌هوش باش و سیرش نکن تا به یاد کفر دیرینهٔ خود نیفتد.

۳۶۲۲ **بی تَفِ آتش، نگردد نَفْس خوب　　تا نشد آهن چو اخگر، هین! مکوب**

نَفْس بدون آتش ریاضت اصلاح نمی‌شود. مانند آهنی که تا در کوره سرخ نشود، کوبیدن پتک بر آن ثمری ندارد.

۳۶۲۳ **بی مَجاعت[3] نیست تن جنبش کُنان　　آهنِ سردی‌ست می‌کوبی، بدان**

تن تا گرسنه نباشد به سوی حق نمی‌رود، مانند پتکی که بر آهن سرد کوبیده می‌شود و اثری ندارد.

۳۶۲۴ **گر بگرید ور بنالد زار زار　　او نخواهد شد مسلمان، هوش دار**

اگر نفس امّاره بگرید یا زار زار بنالد، بدان که تسلیم نمی‌شود.

۳۶۲۵ **او چو فرعون است، در قحط آنچنان　　پیشِ موسی سر نهد لابه‌کنان**

«نَفْس» همانند فرعون است که در زمان قحط لابه‌کنان در برابر موسیٰ تعظیم می‌کند.

۳۶۲۶ **چونکه مستغنی شد او، طاغی شود　　خر چو بار انداخت، اِسکیزه[4] زند**

چون نیازش برطرف شود، طغیان می‌کند. همانند درازگوشی که بارش را می‌اندازد و جفتک می‌زند.

۳۶۲۷ **پس فراموشش شود، چون رفت پیش　　کار او زآن آه و زاری‌های خویش**

هنگامی که خواسته‌اش برآورده شد، گریه و زاری‌های خود را فراموش می‌کند.

---

۱ - **آن دَمی**: کسی که دم حق را درک می‌کند، مراد قوم بنی‌اسرائیل است که کلام حق را پذیرفته بودند.
۲ - با برآورده نکردن خواسته‌های نفسانی، نفس سیر تکاملی را طی می‌کند.　۳ - **مَجاعت**: گرسنگی.
۴ - **اسکیزه**: جفتک انداختن، لگد انداختن.

۳۶۲۸ **سال‌ها مردی که در شهری بُوَد[1] یک زمان که چشم در خوابی رود**

مردی که سال‌ها در شهری زندگی کرده است، اگر لحظه‌ای بخوابد،

۳۶۲۹ **شهرِ دیگر بیند او پُر نیک و بد هیچ در یادش نیاید شهرِ خَود**

و در خواب خود را در شهر دیگری با زشتی‌ها و زیبایی‌هایش ببیند، همانجا را موطن خود می‌پندارد و شهر اصلی‌اش را به یاد نمی‌آورد.

۳۶۳۰ **که: من آنجا بوده‌ام، این شهرِ نو نیست آنِ من، دراینجااَم گرو**

با خود نمی‌گوید که قبلاً در شهر دیگری بوده‌ام. این شهر موطن من نیست و موقّتی اینجا هستم.

۳۶۳۱ **بل چنان داند که خود پیوسته او هم در این شهرش بُده‌ست اِبداع[2] و خو**

بلکه می‌پندارد که همواره در همین شهر بوده و همانجا به دنیا آمده و به آن خو گرفته است.

۳۶۳۲ **چه عجب گر روحْ موطن‌هایِ خویش که بُده‌ستش مسکن و میلادْ پیش**

بنابراین تعجّبی ندارد که روح انسان از مبدأ خود و عالمی که قبلاً در آن ساکن بوده،

۳۶۳۳ **می‌نیارد یاد، کین دنیا چو خواب می‌فروپوشد، چو اختر را سَحاب**

یادی نمی‌کند؛ زیرا این جهان همانند رؤیایی آن‌ها را فرو می‌پوشانَد، همان‌طور که ابر ستاره را.

۳۶۳۴ **خاصه چندین شهرها[3] را کوفته گَردها از دَرکِ او ناروفته[4]**

مخصوصاً که روح برای حضور در تن و عالم حس، مراحلی را طی کرده و هنوز گردِ راه از ادراکش پاک نشده است.

۳۶۳۵ **اجتهادِ گرم[5] ناکرده، که تا دل شود صاف، و ببیند ماجرا[6]**

هنوز به مجاهده نپرداخته تا با پاک کردنِ دل از گردِ تعلّقات بتواند در آن حقایق و آنچه را که بر او گذشته است و می‌گذرد، ببیند.

---

۱ - در این تمثیل «روح» که از عالم امر به این دنیا و در قالب مادّی آمده به مردی مانند شده است که در عالم خواب شهر دیگری را می‌بیند و آن را موطن خود می‌پندارد. ۲ - **ابداع:** خلقت، آفرینش.

۳ - **شهرها:** مراد اطوار و منازل خلقت آدمی است: جماد، نبات، حیوان و انسان.

۴ - طی منازل مختلف گرد و غبار یا حجابی بر روح افکنده است که مانع دریافت نور حق است.

۵ - **اجتهاد گرم:** مشتاقانه و خالصانه به مجاهده پرداختن.

۶ - **ماجرا:** سیر اطوار و منازل خلقت آدمی و اینکه از کجا آمده و به کجا می‌رود، ماجرای آفرینش و هدفِ آن.

سر برون آرَد دلش از بُخْشِ[1] راز اوّل و آخـر ببیند چشمْ باز ۳۶۳۶

اگر دل صاف شود و چشم باطن گشاده گردد، می‌تواند از منفذی به اسرار بنگرد و اوّل و آخر کار را ببیند.

اَطوار[2] و منازلِ خلقتِ آدمی از ابتدا

ناظر است به سیری در مراتب طولی وجود از «جماد» تا «انسان» و در مراتب عرضی از «عالم خلق» به «عالم امر» که حاصل و غایت آن تحقّق «لطیفهٔ انسانی» است در وجود انسان.[3]

وقتی که مولانا از مراتب سیر آدمی از اقلیم «جماد» تا قلمرو «حیات انسانی» سخن می‌گوید، به غیر از ظهور شعور در وی که شامل طیّ مراتبی در نفس از «نامیه» تا «ناطقه» است به قالب عنصریِ او هم که در طیّ این سیر به تدریج از نقص و خشونت جسم جمادی کاسته و به لطف و کمال انسانی مبدّل می‌شود، نیز نظر دارد و این سیر کمال که قسمتی از آن در مسیر دنیای ناآگاهی و جبر می‌گذرد، او را از طریق نفس نامیه به نفس ناطقه می‌رساند و شایستهٔ امانت الهی که «عشق»، «اختیار»، «شعور» و «تکلیف» لازمهٔ آن است، می‌کند.[4]

انعکاس این مراتب در مثنوی حاکی از یک نظام فکری و جهان‌شناسی منظم و به هم پیوستهٔ تعلیمی نیست؛ امّا در واقع از لطیفهٔ انسانی تصویر «نی» از خود تهی شده‌ای را ترسیم می‌کند که در نهایتِ اطوارِ سیرِ وجودی مشتاق بازگشت به نیستان وجود است. به این ترتیب یک «تعلیم عرفانی» را ظاهر می‌کند و نشان می‌دهد که تعلیم او عرفان عملی است و از سالک سیر و عمل می‌خواهد نه بحث و نظر که لازمهٔ عرفان نظری است.[5]

سیری که جمادِ نطفه را به انسانی کامل بَدَل می‌کند که صاحب نفس ناطقه است، البتّه از مرتبه جمادی آغاز نمی‌شود؛ زیرا جماد هم مراتب و اطواری را که موالید و عناصر و ارکان منازل آن است باید طی کرده باشد و این همه به یقین از عالم ماورای حس، یعنی علم غیب و علم حق نشأت گرفته است؛ پس سیری که در یک سوی آن از جماد به نطفه و از نطفه به ماورای عالم ناسوت می‌رود سوی دیگرش از مراتب و اطوار موالید و عناصر به عالم غیب و علم حق ربط می‌یابد و به این ترتیب گویی حاشیتین وجود را که در نزد حکما در یک سوی آن واجب الوجود و در سوی دیگر آنچه که آن را هیولای اُولیٰ می‌خوانند، واقع است، در وجود انسان به هم مربوط می‌کند.[6]

نظریهٔ مربوط به مراتب سه‌گانهٔ عروج روح، از نبات به حیوان و بعد انسان را نخستین بار ارسطو اظهار کرد و در عیون المسائل فارابی و دیگر آثار دوباره تکرار شد؛ امّا اندیشهٔ مولانا اساساً به فلوطین نزدیک‌تر است. روح نزد او نقطهٔ تلاقی «معقول» و «محسوس» است و در همه جا

---

۱ - **بُخْش** : بَخش: سوراخ.   ۲ - **اطوار** : جمع طَور به معنی وضع و حالت، روش و مقدار، قاعده و قانون.

۳ - سرّ نی، ج ۱، ص ۵۴۹.   ۴ - همان، ص ۵۴۸.   ۵ - همان، ص ۵۵۰.

۶ - با استفاده از سرّ نی، ج ۱، ص ۵۵۷.

منتشر و حیوان و نبات در آن انبازند. خاک را روحی است که می‌بیند و می‌شنود و روح مجرّد و نامیه است؛ زیرا به وجود حقیقی تعلّق دارد. روح با نقش زدن صورت بر مادّه که به خودی خود هیچ است، جسم را می‌آفریند.

جهان را باید موجود زندهٔ عظیمی تصوّر کرد که روحی واحد آن را به هم پیوسته نگه می‌دارد. نوعی جاذبهٔ مایل به مرکز، جملهٔ وجود را به بالا و به سوی خداوند می‌کشاند که در موجودات پست، ناآگاه و در موجودات برتر، نیمه‌آگاه است.[1]

جالب آن است که این طرز تلقّی از حیات را امروزه با اندیشه‌های ظاهراً مشابه در نزد هِگِل فیلسوف آلمانی (وفات ۱۸۳۱ م) قابل مقایسه یافته‌اند، هرچند که هگل آن چنان که از سخن خود وی و از طریق بعضی منقولات بر می‌آید، با پاره‌ای از آرا و اقوال مولانا به‌خصوص با مبحث وحدت وجود بیگانه نیست و هرچند که اندیشهٔ تحوّل حیات نزد مولانا سرشار از مفاهیم صوفیانه است و با اقوال هگل در این باب مشابهتی ندارد. تحوّلی که نزد مولانا مطرح است، ادراک و حیات مرئی ذرات جماد را در وجود انسان به کمال مرتبهٔ «نفس مطمئنّه» می‌رساند و هر مرتبهٔ مادون را در مرتبهٔ مافوق، فانی و مستهلک می‌کند و سرانجام عالم صغیر را در عالم عدم که زوال تعیّن است به بقای سرمدی در وجود مبدأ ایجاد تحقّق می‌بخشد.[2]

میلتون نیز نظریه‌ای مشابه دارد که می‌گوید: تمام موجودات، جان‌دار و بی‌جان، همه مراتب گوناگون یک مادّهٔ اصلی واحداند و این مادّه در واقع ظهوری یا صدوری از روح ازلی واحدی است.[3]

۳۶۳۷ **آمده اوّل به اقلیمِ جماد — وز جمادی در نباتی اوفتاد[4]**

انسان ابتدا به عالم جماد و پس از آن به عالم نبات آمده است.

۳۶۳۸ **سال‌ها اندر نباتی عُمر کرد[5] — وز جمادی یاد ناوَرد، از نَبَرد[6]**

سالیان دراز در عالم نبات ماند و هرگز به یاد نیاورد که قبلاً در عالم جماد بوده است.

۳۶۳۹ **وز نباتی چون به حیوانی فُتاد — نامَدَش حالِ نباتی هیچ یاد**

از مرحلهٔ نبات به مرتبهٔ حیوانی رسید و از مرحلهٔ نبات چیزی را به یاد نیاورد.

---

۱ - با استفاده از شرح مثنوی مولوی، ج ۴، ص ۱۶۷۰.   ۲ - با استفاده از سرّ نی، ج ۱، ص ۵۷۰.

۳ - با استفاده از شرح مثنوی مولوی، ج ۴، ص ۱۶۷۱؛ **جان میلتون** ادیب و شاعر انگلیسی (۱۶۷۴-۱۶۰۸ م) معروف‌ترین اثر او «بهشت گمشده» است که در ۱۰ دفتر منتشر شد. دیگر آثار وی «فردوس موجود» و «آلام شمشون» است. او آزاداندیش و سرشار از ذوق و قریحه بود.

۴ - نزد مولانا ادراک و حیات از همان اقلیم جماد به عالم نبات می‌آید.

۵ - در سیر کمال ادراکات تازه سبب فراموشی ادراک مرحلهٔ قبل می‌شود.

۶ - **نبرد**: جنگ و ستیز، اینجا: به سبب شرایط تازه‌ای که با آن مواجه شد ناچار بود خود را با آن تطبیق بدهد.

جز همین میلی که دارد سوی آن   خاصه در وقت بهار و ضَیْمَران[1] ۳۶۴۰

جز همین میل و اشتیاقی که بخصوص در بهار به گل و ریحان و سبزه‌ها دارد.

همچو میلِ کودکان با مادران   سِرِّ میلِ خود نداند در لِبان[2] ۳۶۴۱

همانند علاقه‌ای که کودکان به مادران دارند؛ ولی سبب تمایل او را به شیر نمی‌دانند.

همچو میلِ مُفرطِ هر نو مُرید   سوی آن پیرِ جوانبختِ[3] مجید[4] ۳۶۴۲

همانند علاقهٔ فراوانی که هر مُرید تازه‌وارد به پیر بلند اقبالِ بزرگوارِ خود دارد.

جزوِ عقلِ این از آن عقلِ کُل است   جنبشِ این سایه[5] زآن شاخ گُل[6] است ۳۶۴۳

عقل جزویِ مرید پرتوی از عقل کلّ است و اندیشه‌اش هم از همان مبدأ نشأت گرفته است.

سایه‌اش فانی شود آخر در او   پس بداند سرّ میل و جست و جو ۳۶۴۴

عاقبت «عقلِ جزوی» در «عقلِ کلّی» فانی می‌شود و آنگاه سبب میل و کوشش خود را می‌فهمد.

سایهٔ[7] شاخِ دگر ای نیکبخت!   کی بجنبد، گر نجنبد این درخت؟ ۳۶۴۵

ای نیکبخت، حرکت شاخه‌های این درخت سببِ حرکتِ سایه‌ها می‌شود.

باز از حیوان سوی انسانی‌اَش   می‌کشید آن خالقی که دانی‌اَش ۳۶۴۶

بار دیگر خالقی که می‌شناسی، او را از مرتبهٔ حیوانی به مرتبهٔ انسانی می‌کشد.

همچنین اقلیم[8] تا اقلیم رفت   تا شد اکنون عاقل و دانا و زَفت ۳۶۴۷

به همین ترتیب، انسان تمام مراتب وجودی را طی کرد تا خردمند و دانا و توانمند شد.

عقل‌هایِ اوّلینَش یاد نیست   هم از این عقلش تحوّل کردنی‌ست ۳۶۴۸

همان‌گونه که از ادراک مراتب اوّلیّه چیزی را به یاد نمی‌آوَرَد، باید از ادراک مرتبهٔ انسانی نیز فراتر رَوَد و آن را به دست فراموشی بسپارد.

---

۱ - **ضَیْمَران :** ریحان.   ۲ - **لِبان :** شیرخوارگی.

۳ - **جوانبخت :** بلند اقبال، چون خداوند به او عنایت دارد.

۴ - میل و کشش به پیر در واقع میل و کشش به مبدأ هستی است.   ۵ - **سایه :** مراد عقل جزوی مرید است.

۶ - **شاخ گل :** کنایه از عقلِ کُل که تجلّی آن در انسان کامل واصل دیده می‌شود.

۷ - اشارَه است به فنای فعلی مرید در مراد: ر.ک: ۶۰۴/۱.

۸ - **اقلیم :** سرزمین، کشور، اینجا مراد مرتبهٔ وجود است.

۳۶۴۹ **تا رَهَد زین عقلِ پُر حرص و طلب[1] صد هزاران عقل[2] بیند بوالعجب**

تا از مرحلهٔ عقل حریص و آزمند بگذرد و در مراتب برتر که «عقل معاد» یا «عقل حق‌جو» است، مراتبِ شِگفت‌انگیزی را در رسیدن به کمال و اتّصال با عقل کلّ طی کند.

۳۶۵۰ **گر چو خفته گشت و شد ناسی[3] ز پیش کی گذارندش در آن نسیانِ خویش[4]**

هرچند که انسان در زندگی دنیوی مراتب و اطوار خلقت خود را از یاد برده است؛ امّا اجازه نمی‌دهند که او در فراموشی خود باقی بماند.

۳۶۵۱ **باز از آن خوابش به بیداری کَشَند که کند بر حالتِ خود ریش‌خند**

همان‌طور که او را در مراتب و منازل پیشین ارتقا دادند و متحوّل کردند، بار دیگر نیز آگاه می‌کنند، چنانکه حال پیشین خود را شایستهٔ تمسخر می‌یابد.

۳۶۵۲ **که چه غم بود آنکه می‌خوردم به‌خواب[5]؟ چون فراموشم شد احوالِ صواب[6]؟**

که چرا غافلانه اندوهِ بیهوده داشتم؟ چگونه احوال راستین خود را فراموش کردم؟

۳۶۵۳ **چون ندانستم؟ که آن غم وِ اعتلال[7] فعلِ خواب است و فریب است و خیال**

چطور نفهمیدم که آن غم و غصّه ناشی از غفلت است و فریب یا خیالی بیش نیست؟

۳۶۵۴ **همچنان دنیا که حُلْم[8] نایم[9] است خفته، پندارد که این خود دایم است[10]**

دنیا و زندگی دنیوی، همانند رؤیای شخص خوابیده است که آن را همیشگی می‌پندارد.

۳۶۵۵ **تا بر آید ناگهان صبحِ اجل وارهد از ظلمتِ ظنّ و دَغَل[11]**

تا ناگهان اجل فرا رسد و او را از تاریکی گمان و فریب رها سازد.

---

۱ - مراد «عقل معاش» است که حیطهٔ ادراکش تدبیر بدن است و تحت سیطرهٔ نفس فقط به امور دنیوی می‌اندیشد و آمال و آرزوهای بی‌پایان دارد. ۲ - **صد هزاران عقل**: مراد طیّ مراتب کثیری است برای رسیدن به کمال.

۳ - **ناسی**: دچار نسیان و فراموشی. ۴ - انسان یا در این جهان آگاه می‌شود یا در جهان دیگر و پس از مرگ.

۵ - **خواب**: مراد حال آدم غافل در دنیاست که فراموش کرده است که این جهان گذرگاهی بیش نیست و باید از این مرتبه نیز گذشت. ۶ - **احوال صواب**: مراد حرکت در مسیر کمال است.

۷ - **اعتلال**: علّت و بیماری، علیلی. ۸ - **حُلم**: خواب. ۹ - **نایم**: شخص خوابیده.

۱۰ - اشاره به خبر است: اَلدُّنیا کَحُلْمِ النّائِم: دنیا مانند رؤیای شخص خوابیده است.

۱۱ - **دغل**: فریب، نیرنگ.

۳۶۵۶ **خنده‌اش گیرد از آن غم‌هایِ خویش　　چون ببیند مستقرّ[1] و جایِ خویش**

در جهان دیگر که جایگاه خود را ببیند، به غم‌هایِ بیهوده‌اش در دنیا می‌خندد.

۳۶۵۷ **هر چه تو در خواب[2] بینی نیک و بد　　روزِ محشر یک به یک پیدا شود**

هرچه را که در خواب ببینی و انجام دهی، روز رستاخیز یک به یک آشکار می‌شود.

۳۶۵۸ **آنچه کردی اندر این خوابِ جهان　　گـردَدت هنگامِ بیداری عیان**

هرچه در دنیا انجام داده‌ای، هنگام بیداری در آخرت ظاهر و آشکار می‌شود.

۳۶۵۹ **تا نپنداری که این بد کردنی‌ست　　اندر این خواب، و تو را تعبیر نیست**

تا تصوّر نکنی که کار بدی که در خواب انجام داده‌ای، تعبیری ندارد.

۳۶۶۰ **بلکه این خنده بُوَد گریه و زَفیر[3]　　روزِ تعبیر ای ستمگر بر اسیر!**

ای کسی که بر ناتوان ستم می‌کنی، تعبیر خنده و شادی‌ات، گریه و رنج خواهد بود.

۳۶۶۱ **گریه و درد و غم و زاری خود　　شادمانی دان به بیداری خود[4]**

بدان که اگر در خواب گریه، درد، غم و زاری ببینی، در بیداری به شادی تعبیر می‌شود.

۳۶۶۲ **ای دریده پوستینِ یوسفان[5]　　گرگ برخیزی از این خوابِ گران[6]**

ای آزاردهندهٔ «صالحان و مؤمنان»، بدان که در رستاخیز، درنده‌خویی‌ات تجسّم می‌یابد.

۳۶۶۳ **گشته گُرگان یک به یک خوهایِ تو　　می‌درانند از غَضَب اعضایِ تو[7]**

درنده‌خویی و غضبِ تو به صورت گرگی خشمگین اعضای بدنت را پاره پاره می‌کنند.

۳۶۶۴ **خون نخسبد بعدِ مرگت در قصاص　　تو مگو که مُردَم و یابم خلاص**

خونی که به ناحق ریخته شود، آرام نمی‌گیرد. نگو می‌میرم و خلاص می‌شوم، بعد از مرگت هم قصاص خواهد بود.

---

۱ – **مستقر:** محل استقرار، قرارگاه.　۲ – **خواب:** اینجا مراد زندگی دنیوی است.

۳ – **زفیر:** نالیدن و زار زدن.　۴ – اشاره است به تعبیر خوابگزاران.

۵ – **پوستین یوسفان را دریدن:** کنایه از ظلم و ستم به یوسف صفتان، یعنی اولیا و عزیزان درگاه یا مؤمنان.

۶ – اشاره است به صُوَر حشریه، که خلق با صفاتی که در آنان ملکه‌اند محشور و برانگیخته می‌شوند.

۷ – اشاره است به تجسّم اعمال.

۳۶۶۵ **این قصاصِ نقد[1] حیلت سازی است — پیش، زخم آن قصاص، این بازی است**

قِصاص دنیوی، قانون و تدبیری است که نظامِ زندگیِ دنیوی استمرار یابد و در تقابل با قصاص آن جهانی بازیچه‌ای بیش نیست.

۳۶۶۶ **زین لَعِب[2] خوانده‌ست دنیا را خدا — کین جزا لِعْب است پیش، آن جزا**

از این رو خداوند دنیا را «لِعْب» خوانده است که همه چیزِ آن در تقابل با عالم آخرت بازیچه است؛ حتّی کیفر.

۳۶۶۷ **این جزا تسکینِ[3] جنگ و فتنه‌ای‌ست — آن چو اِخْصا[4] ست و این چون ختنه‌ای‌ست**

کیفر دنیوی برای فرونشاندن آتش جنگ و خونریزی است. قصاص آن جهان، مانند «اخته کردن» و قصاص این جهان، همانند «ختنه کردن» است.

بیانِ آنکه خلقِ دوزخ گرسنگان‌اند، و نالان‌اند به حقّ که: روزی‌هایِ ما را فربه گردان، و زود زاد به ما رَسان که ما را صبر نماند

در تقریر آن است که ساکنان دوزخ «آتش هولناک و جانوران موذی» که همان عواملِ قهرِ الهی‌اند، چونان گرگ‌هایی خشمگین و گرسنه خواهان طعمهٔ خویش‌اند و زوزه‌کشان از حق می‌خواهند که درازگوشانی را که در اثر افراط در شهوات فربه شده‌اند، هرچه زودتر روزی آنان سازد.

---

۱ - **قصاصِ نقد**: قصاص در دنیا: اشارتی قرآنی؛ بقره: ۱۷۹/۲: وَلَكُمْ فِي الْقِصاصِ حَيٰوةٌ يا أُولِي الْأَلْبابِ...: و قصاص برای شما مایهٔ حیات است، ای خردمندان. همچنین: ر.ک: ۳۹۰۳/۱.
این واژه به معنی پیگیری و در اصطلاح قرآنی و دین اسلام کیفری است برای مجازات قتل و ضرب و جرح عمدی. در مورد جرایم خطایی دیه جاری می‌شود. کین‌کشی بی محابا در زندگی عرب جاهلی هیچ حد و مرزی نمی‌شناخت و تعصّب قبیله‌ای غالباً خونخواهی‌ها را به جنگ طایفگی تبدیل می‌کرد. قصاص در بیشتر موارد از خونریزی‌ها و کین‌کشی‌های پردامنه جلوگیری کرده است: قرآن کریم، ترجمهٔ بهاءالدّین خرّمشاهی، ذیل بقره: ۱۷۸/۲.
۲ - اشارتی قرآنی؛ عنکبوت: ۶۴/۲۹؛ ر.ک: ۴۷۲/۴، انعام: ۳۲/۶، محمّد: ۳۶/۴۷، حدید: ۲۰/۵۷، اینکه دنیا «لَعِبٌ وَ لَهْوٌ» خوانده شده است، علی‌رغم آنکه مزرعهٔ آخرت هم هست و محلّ کسب معارف هم هست، حاکی از این است که دنیا اصالت نهایی ندارد و در واقع این یک تعبیهٔ ادبی و مبالغهٔ هشداردهنده‌ای در جهت دل نبستن به دنیاست: نقل از قرآن کریم، ترجمهٔ خرّمشاهی، ذیل آیهٔ حدید: ۲۰/۵۷.
۳ - **تسکین**: سکون و عدم حرکت، آسایش و راحت و آرامی. ۴ - **اِخْصا**: اِخْصاء: اخته کردن.

این سخن پایان ندارد موسیا ![1] هین رها کن آن خران[2] را در گیا[3] ۳۶۶۸

ای موسیٰ، این سخن پایانی ندارد. فرعونیان را رها کن تا در این دنیا خوش باشند و بچرند.

تا همه زآن خوش علف فربه شوند هین! که گرگان‌اند[4] ما را، خشم‌مند ۳۶۶۹

تا با بهره‌مندی از لذایذ دنیوی فربه شوند؛ زیرا ما گرگ‌های خشمگینی داریم.

نالهٔ گرگان خود را مُوقِنیم[5] این خران را طعمهٔ ایشان کنیم ۳۶۷۰

زوزهٔ گرگ‌های خود را می‌شنویم و این خرها را طعمهٔ آن‌ها می‌کنیم.

این خران را کیمیایِ خوش دمی از لبِ تو خواست کردن آدمی ۳۶۷۱

کیمیای نَفَسِ گرمِ انسانِ کاملی، همانند تو می‌توانست این‌ها را آدم کند و به راه بیاورد.

تو بسی کردی به دعوت لطف و جُود آن خران را طالع و روزی نبود ۳۶۷۲

تو در دعوت نرمش و بخشش داشتی؛ امّا آن درازگوشان بخت و روزی هدایت شدن را نداشتند.

پس فرو پوشان لحافِ نعمتی تا بَرَدْشان زود خوابِ غفلتی ۳۶۷۳

پس اجازه بده تا با برخورداری از لذّت‌ها و نعمت‌ها بیشتر در خواب غفلت فرو روند.

تا چو بِجْهَند از چنین خواب این رَده[6] شمعْ مُرده باشد و ساقی شده[7] ۳۶۷۴

تا چون از خوابِ گران برخیزند، ببینند که کار از کار گذشته است و در تاریکی مانده‌اند.

داشت طغیانْشان تو را در حیرتی پس بنوشند از جزا هم حسرتی[8] ۳۶۷۵

سرکشی آنان تو را به حیرت انداخت، پس به کیفر طغیان خود دچار حسرت خواهند شد.

تا که عدلِ ما قَدَم بیرون نهد در جزا هر زشت را در خور دهد ۳۶۷۶

تا عدالت ما ظهور یابد و هر زشتی را کیفری شایستهٔ آن بدهد.

---

۱ - بازگشت به قصّهٔ موسیٰ(ع) و اینکه فرعونیان هدایت‌پذیر نیستند.
۲ - **خران :** مراد فرعونیان‌اند که هدایت‌پذیر نیستند. ۳ - **گیا :** گیاه، علف، کنایه از تمتّعات دنیوی است.
۴ - **گرگان‌اند :** اینجا گرگ‌ها همان عوامل انتقام الهی‌اند. ۵ - **مُوقِن :** کسی که یقین دارد، اینجا دارای آگاهی.
۶ - **رده :** گروه، قوم. ۷ - **مردن شمع و رفتن ساقی :** کنایه از پایان یافتن فرصت و کار از کار گذشتن است.
۸ - شراب حسرت نوشیدن، به حسرت مبتلا شدن.

کاَن شهی که می‌ندیدندیش فاش — بود با ایشان، نهان اندر معاش[1] ۳۶۷۷

آن پادشاهی که آنان آشکارا نمی‌دیدند، همواره در طول حیاتشان نهانی با آنان بود.

چون خرد، با توست مُشرِف بر تنت — گرچه زو قاصر بُوَد این دیدنت ۳۶۷۸

همانند عقل که همواره با توست و بر وجودت سیطره دارد؛ امّا چشمت قادر به رؤیت آن نیست.

نیست قاصر دیدنِ او ای فلان! — از سکون و جُنبِشت در امتحان ۳۶۷۹

ای فلان، عقل و خرد تو از دیدنت عاجز نیست و بر تمام حرکات و حالاتت آگاهی دارد.

چه عجب گر خالقِ آن عقل نیز — با تو باشد، چون نه‌ای تو مُستَجیز[2] **؟** ۳۶۸۰

پس تعجّبی ندارد که آفرینندهٔ عقل هم همواره با تو باشد، چرا این را باور نمی‌کنی؟

از خِرَد غافل شود بر بد تَنَد — بعدِ آن عقلش ملامت می‌کُند ۳۶۸۱

انسان از خرد خود غفلت می‌ورزد و مرتکب خطایی می‌شود؛ سپس عقلش او را نکوهش می‌کند.

تو شدی غافل ز عقلت، عقل نی — کز حضورستش ملامت کردنی[3] ۳۶۸۲

این امر نشان آن است که در آن لحظه تو از عقل خود غافل شده‌ای، نه عقل از تو.

گر نبودی حاضر و غافل بُدی — در ملامت کِی تو را سیلی زدی[4] **؟** ۳۶۸۳

اگر عقلت همواره حضور نداشت و غافل بود، تو را نکوهش می‌کرد؟

ور از او غافل نبودی نَفْسِ تو — کِی چنان کردی جنون و تَفْس[5] **تو؟** ۳۶۸۴

و اگر نَفْسِ تو از خِرَدَت غافل نبود، چگونه ممکن بود مرتکب خطا و اشتباه بشود؟

پس تو و عقلت چو اُصطرلاب[6] **بود — زین بدانی قربِ خورشیدِ وُجود**[7] ۳۶۸۵

همان‌طور که منجّمان با استفاده از اصطرلاب می‌توانستند دوری یا نزدیکی خورشید را بسنجند، «تن و نَفْس» تو نیز که مشابه اصطرلاب است، از طریق «عقل» می‌تواند دوری یا نزدیکی‌ات را به مبدأ هستی دریابد.

---

۱ - این بیت و ابیات پس از آن در ارتباط است با معیّت حق تعالیٰ با خلق: ر.ک: ۱۴۷۰/۱.

۲ - **مستجیز**: جایز داننده. ۳ - نکوهش عقل دلیل حضور یا عدم غفلت اوست.

۴ - مصراع دوم؛ سیلیِ نکوهش زدن؛ یعنی سرزنش کردن. ۵ - **تَفس**: گرمی، داغی، اینجا کارهای نسنجیده.

۶ - **اصطرلاب**: صفحه‌ای از فلز که برای سنجش ارتفاع ستارگان به کار می‌رفت: ر.ک: ۱۱۰/۱ و ۳۰۲۲/۲.

۷ - هر قدر انسان بیشتر از خرد ناب برخوردار باشد، به حق تقرّب افزون‌تری دارد.

قربِ بی چون است عقلت را به تو   نیست چپّ و راست و پس یا پیش ِرو ۳۶۸۶

نزدیکیِ عقلت به تو غیر قابل وصف است و به عبارتی کیفیّت‌پذیر نیست؛ یعنی نمی‌توانی بگویی چپ یا راست، پس یا پیش است.

قربِ بی چون چون نباشد شاه را؟   که نیابد بحثِ عقل آن راه را ۳۶۸۷

پس حق نیز می‌تواند به تو نزدیک و عجین باشد؛ ولی چگونگیِ آن را نمی‌توان وصف کرد.

نیست آن جنبش که در اِصْبَع[1] تو راست   پیش ِاِصْبَع یا پسش یا چپّ و راست[2] ۳۶۸۸

آنچه که انگشت‌هایت را حرکت می‌دهد، مادّی نیست که محلّ خاصّی را برای آن تعیین کنی، مثلاً بگویی در جلو و عقب یا چپ و راست است.

وقتِ خواب و مرگ از وی می‌رود   وقتِ بیداری قرینش می‌شود ۳۶۸۹

این حرکت هنگام خواب یا مرگ زایل می‌شود و باز در بیداری باز می‌گردد.

از چه رَه می‌آید اندر اِصْبَعَت   که اِصبَعَت بی او ندارد منفعت؟ ۳۶۹۰

این حرکت که جدا از انگشت نیست، از چه راهی می‌رسد که انگشت بدون آن فایده‌ای ندارد؟

نورِ چشم و مردمک، در دیده‌ات   از چه ره آمد؟ به غیر شش جهت[3]؟ ۳۶۹۱

دیدن چشم هم همین‌طور است، چیزی است که هست؛ امّا وجود مادّی ندارد که بتوانی بگویی از چه راهی می‌آید.

عالَمِ خلق[4] است با سوی و جهات   بی جهت دان عالمِ امر[5] و صفات ۳۶۹۲

«عالم مادّی»، عالم بُعد و جهات است؛ امّا «عالمِ امر» که روح انسان در مفهوم نفس ناطقه بدان تعلّق دارد از جهات و صفات مبرّاست.

بی جهت دان عالَمِ امر ای صنم!   بی جهت‌تر باشد آمِرِ لاجرم ۳۶۹۳

ای عزیز، «عالمِ امر» یا «عالمِ مجرّدات» مقیّد به جهت نیست؛ پس «آمرِ مطلق» بی‌جهت‌تر است.

---

۱ - **اِصْبَع** : انگشت.   ۲ - از طریق عقل قابل درک است.   ۳ - **شش جهت** : جهات ششگانهٔ جهان مادّی.
۴ - **عالمِ خلق** : مراد عالم مادّی است.   ۵ - **عالمِ امر** : ر.ک: ۱۱۰۵/۲.

بی جهت بُد عقل، و عَلّامُ اَلبیان[۱] عقل‌تر از عقل، و جان‌تر هم ز جان ۳۶۹۴

«عقل» غیر مادّی است و بُعد و جهات نمی‌پذیرد؛ پس «عَلّامِ البیان»، یعنی پروردگار که «خالقِ عقل و جان» و در واقع «عقلِ عقل» و «جانِ جان» است، مقیّد به هیچ قیدی نیست و منزّه از جهت و مکان و حد است.

بی تعلّق نیست مخلوقی بدو آن تعلّق هست بی چون ای عمو! ۳۶۹۵

هر مخلوقی به خالق خود وابسته است؛ امّا ای عمو، این تعلّق و وابستگی کیفیّت‌پذیر نیست؛ یعنی با معیارهای این جهانی نمی‌توان آن را وصف کرد.

زانکه فصل و وصل[۲] نَبْوَد در روان غیر فصل و وصل نَندیشد گمان[۳] ۳۶۹۶

زیرا در جان فصل و وصل، یعنی جدا شدن و پیوستن وجود ندارد؛ امّا عقلِ جزوی ما که درک و فهمی جز «گُمان»[۴] و «پندار» ندارد، فقط «فصل و وصل» را می‌شناسد.

غیرِ فصل و وصل، پی بر از دلیل[۵] لیک پی بُردن بِنَنْشانَد غلیل[۶] ۳۶۹۷

برای درکِ امور غیر مادّی، یعنی «روحِ انسانی»، «عقل» و «عالمِ غیب» می‌توانی دلایل و نشانه‌هایی را که در ابیات آوردیم و عقل و خرد هم آن‌ها را می‌پذیرد، به عنوان مقدّمه‌ای برای معرفت عالم غیب و مجرّدات بپذیری، هرچند که این دلایل نمی‌تواند عطش تو را فرو بنشاند؛ امّا در جهت جهد به سوی عالم معنا بسیار مفید است.

پی پیاپی می‌بَر، اَزْ دوری ز اصل تا رگِ مردیت آرَد سویِ وصل ۳۶۹۸

اگر از اصلِ خود که همان «روحِ عالیِ عِلْوی» و از «عالمِ امر» است، دور هستی، بکوش تا در

---

۱ - **علاّم البیان** : بسیار آموزندهٔ بیان. ۲ - **فصل و وصل** : جدایی و پیوستگی.

۳ - «روح» و «روان» غیر مادّی و دارای وحدت جوهری است که در ابدان مختلف حضور دارد، بدون آنکه تجزیه شده باشد. این نکته معنیِ «نَفْسِ واحده» را که در قرآن کریم: انعام: ۹۸/۶ و لقمان: ۲۸/۳۱، بدان اشارت هست، در مورد «مؤمنان» که نَفْسِ آنان از مراحل حیوانی و اَمّاره عبور کرده است، قابل بیان می‌کند: با استفاده از سرّ نی، ج ۲، ص ۶۲۵. در حالی که «عقل جزوی» که تعقّل و ادراکش از نظر عارف چیزی جز «گُمان» نیست، جز در مقولهٔ «کیفیّت و کمّیّت» یا «فصل و وصل» نمی‌تواند دریافتی داشته باشد در حالی که شناخت و ادراک این «تعلّق» و «روح» از طریق عقل نیست و از راه دل است.

۴ - **گُمان** : کنایه از تعقّلِ عقل جزوی است، علم رسمی در تقابل با علم کشفی و شهودی.

۵ - **دلیل** : مرشد، راهنما، نشانه، اینجا دلایل عقلانی قابل قبول، نیکلسون هم همین معنا را برای آن پذیرفته است، مراد دلایل یا مثال‌هایی است که مولانا در ابیات پیشین در ارتباط با حقایق و صُوَر مجاز می‌آورد.

۶ - **غلیل** : عطش، تشنگی.

پیِ درکِ برتری باشی تا کم‌کم جهد و ثبات قدم تو را به مرتبهٔ «وصل» که در واقع «اتّصال با حقیقتِ وجودِ خود توست» برسانَد.

۳۶۹۹ ایــن تــعلّق را خِــرَد چــون رَه بَـرَد؟ بستهٔ فصل است و وصل است این خرد

عقل جزوی نمی‌تواند به چگونگی تعلّق مخلوق به خالق پی ببرد؛ زیرا این امر کیفیّت‌پذیر نیست و «بی چون» است.

۳۷۰۰ زیـن وصیّت کـرد مـا را مـصطفی بـحث کـم جـویید در ذاتِ خـدا[1]

به همین مناسب مصطفی(ص) توصیه کرد که در ذات خداوند نیندیشید و بحث نکنید.

۳۷۰۱ آنکـه در ذاتش تـفکّر کـردنی‌ست در حقیقت آن نظر در ذات نیست[2]

مواقعی هم که در ذات خداوند تفکّر می‌کنیم، در حقیقت اندیشه در الطاف الهی است، نه در ذات.

۳۷۰۲ هست آن پـندارِ او، زیـرا بـه راه صـد هـزاران پـرده آمـد تـا اِلٰـه[3]

تفکّر در ذات پنداری بیش نیست؛ زیرا ذهن برای درک ذات حق باید از صدها هزار پرده بگذرد.

۳۷۰۳ هـر یکـی در پـردهٔ مـوصول‌خوست[4] وهمِ او آن است کآن خود عینِ هوست

هر یک از ما بنا بر درک و خو و خصلتی که داریم، به حجابی از مقولات ذهنی که مقیّد به فصل و وصل است، چسبیده‌ایم و می‌پنداریم که حقیقت است، در حالی که تعلّقی که خداوند با مخلوق خود دارد، «بی چون» است و در هیچ یک از این مقولات نمی‌گنجد.

۳۷۰۴ پس پیمبر دفع کرد این وهـم از او تــا نــباشد در غـلط سـوداپَـز[5] او

چون تفکّر به سبب محدودیّت عقل به ذات حق راه ندارد، پیامبر(ص) آن را منع کرد.

---

۱ - احادیث متعدّدی با همین مضمون وجود دارد از جمله: تَفَکَّرُوا فِی کُلِّ شَیءٍ وَ لاَ تَفَکَّرُوا فِی ذَاتِ الله: به هر چیزی بیندیشید، جز ذات خدا: احادیث، ص ۴۱۸.

۲ - اشاره به این نکته است که تفکّر در احوال خلق و عجایب صُنع که صوفیّه آن را تفکّر در آلاء تعبیر می‌کنند الزامی است؛ امّا در ذات ممکن نیست.

۳ - اشاره به روایتی با همین مضمون: اِنَّ لِلّهِ سَبْعینَ اَلْفَ حِجَابٍ مِنْ نُورٍ وَ ظُلْمَةٍ...: خداوند هفتاد هزار پردهٔ نور و ظلمت دارد که اگر آن‌ها را بگشاید، تابش انوار او هر چشمی که او را ادراک کرده می‌سوزاند: احادیث، ص ۴۱۸.

۴ - **موصول‌خُو**: موصول یعنی وصل شده، موصول‌خُو هم همان معنی را دارد، خُو: خصلت.

۵ - **سوداپز**: خیال بیهوده داشتن.

۳۷۰۵ **و آنکه اندر وَهْمِ او ترکِ ادب — بی ادب را سرنگونی دادْ رب**

پندارِ تفکّر در «ذاتِ حق» بی‌ادبی است و همانند تفکّرِ «منکر و معاند» است که خداوند او را سرنگون می‌کند.

۳۷۰۶ **سرنگونی آن بُوَد کو سویِ زیر — می‌رود، پندارد او کو هست چیر**

«منکر یا معاند» اگر از نظر امور دنیوی موفّق هم باشد، در هر حال سرنگون است؛ چون گمراه است.

۳۷۰۷ **زانکه حدِّ مست[۱] باشد این چنین — کو نداند آسمان را از زمین**

زیرا حدّ درک آدم مستِ ناآگاه همین است که بالا و پایین را نمی‌تواند تشخیص دهد.

۳۷۰۸ **در عجب‌هااَش[۲] به فکر اندر روید — از عظیمی وز مَهابت گم شوید**

اندیشه در صنع حق چنان عظمت و هیبتی دارد که آدمی متحیّر و گیج می‌شود.

۳۷۰۹ **چون ز صنعش ریش و سبلت گُم کند[۳] — حدِّ خود داند ز صانع تن زند**

کسی که با تفکّر در صنع حق دچار حیرت شدید می‌شود، به عجز خود و عظمت صانع پی می‌برد؛ بنابراین به بحث و تفکّر در ذات حق نمی‌پردازد.

۳۷۱۰ **جز که لا اُحْصی[۴] نگوید او ز جان — کز شمار و حَد برون است آن بیان[۵]**

و از صمیم دل «لا اُحصی» می‌گوید؛ زیرا بیان عظمتِ صنع از توان آدمی بیرون است، چه رسد به صانع.

---

۱ - **مست**: منکر و معاند از شراب جهل و خودبینی سرمست است.

۲ - **عجب‌هااَش**: صنع حق. عقل انسان می‌تواند به صنع حق که عارض و حادث است، بیندیشد و از عظمت آن حیران شود؛ امّا ذات حق نه عارض است و نه حادث؛ پس نمی‌تواند موضوع شناخت عقل واقع گردد.

۳ - **ریش و سبلت گم کند**: فرق ریش و سبیل را نداند، حیرت شدید،گیج شدن.

۴ - **لا اُحْصی**: به شماره در نمی‌آورم.

۵ - اشاره است به حدیث: از علی(ع) روایت کرده‌اند که رسول اکرم(ص) پس از نماز وِتْر چنین می‌گفت: ...لا اُحصی ثَناءً عَلَیْكَ، أنْتَ کَما أثْنَیْتَ عَلیٰ نَفْسِكَ: بر شمردن ثنای تو کار من نیست. تو آن‌چنانی که خود را ستوده‌ای: احادیث، ص ۱۱.

رفتنِ ذُوالقَرنَیْن [1] به کوهِ قاف و درخواست کردن که: ای کوهِ قاف! از عظمتِ صفتِ حق ما را بگو، و گفتنِ کوهِ قاف که: صفتِ عظمتِ او در گفت نیاید که پیشِ آن ادراک‌ها فدا شود، و لابه کردن ذُوالقَرنَیْن که: از صنایعش که در خاطر داری، و بر تو گفتنِ آن آسان‌تر بُوَد، بگوی [2]

ذوالقرنین به کوه قاف رفت و از عظمت آن متحیّر گردید و از کوه خواست تا سخنی از اسرارِ صفاتِ حق را باز گوید؛ امّا کوه گفت: وصف حق در بیان نگنجد؛ ولی اگر وصف صنع او را می‌خواهی بـه دشت و هامون بنگر که اگر برودت کوه‌های مملوّ از برف نبود، دنیا از حرارت دوزخ نابود می‌شد.

در ابیات پایانی قطعهٔ پیشین شاهد بودیم که ذات حق که نه عارض است و نه حادث، از حیطهٔ شناخت عـقل جزوی خارج است و تفکّر در صنع حق، چنان عظمت و هیبتی دارد که آدمی را متحیّر و گیج مـی‌کند، اینـک در استمرار همان معنا و در تفصیل آن: ذوالقرنین که به کوه قاف می‌رود، در مثنوی یک عارفِ اهلِ دل و اهلِ الهام است نه یک شاه جهانگشا و رفتن او به شرق و غرب عالم هم: قرآن:کهف: ۹۰/۱۸-۸۶ رمزی از سلوک روحانی.

---

۱ - **ذوالقرنین** : این واژه به معنی خداوندِ دو شاخ یا صاحبِ دو سر است و در تحت عنوان اسکندر بن فیلوس (اسکندر مقدونی، اسکندر کبیر) آمده است. بلعمی در ترجمهٔ تاریخ طبری می‌گوید: او به هر دوگوشهٔ جهان (شرق و غرب) که هر یک را (قرن) خوانند رسیده بود و اینکه خداوند عزّوجل چندین بار در نُبی از او یاد می‌کند، آن است که چون مردم مکّه با پیامبر(ص) به حجّت برنیامدند از جهودانِ خیبر که صاحب کتاب بودند، خواستند از تورات اخبار گذشتگان را بیابند تا آنان از رسول خدا(ص) بپرسند تا راست یا دروغ او آشکار شـود و آنـان سه مسأله از تـورات استخراج کردند: اوّل «روح» که گفتند: اگر روح را تأیید کند؛ امّا وصف نکند، بدانید که پیامبر است، دوم از اصحاب کهف بپرسید و وصف آن را در تورات گفتند، سوم حدیث رسیدن ذوالقرنین از مشرق تا مغرب و حدیث سدّ یأجوج و مأجوج و گفتند که اگر چنین و چنان بدانید که پیامبر است و رئیس سؤال کنندگان بوجهل بن هشام بود.
پیامبر(ص) در پاسخ گفت: خداوند مرا از این‌ها آگاه نکرده است، تا جبرائیل بیاید و این خبرها بیاورد؛ امّا «ان‌شاءالله» نگفت. پانزده روز جبرائیل نیامد. کافران گفتند: خدای محمّد او را فراموش کرده است. پیامبر(ص)، تنگدل شد و پس از پانزده روز جبرائیل فرود آمد و خداوند رسولش را عِتاب کرد که چرا «ان‌شاءالله» نگفته است: قرآن: ۲۴/۱۸-۲۳، و اینکه خداوند او را فرو نگذاشته است: قرآن: ۳/۹۳.
خداوند فرمود: وَيَسْئَلُونَكَ عَن ذِى ٱلْقَرْنَيْنِ... قرآن: ۸۳/۱۸، دیگر جای گفت: حَتَّىٰٓ إِذَا بَلَغَ مَغْرِبَ ٱلشَّمْسِ... قـرآن: ۸۶/۱۸، وَ حَتَّىٰٓ إِذَا بَلَغَ بَيْنَ ٱلسَّدَّيْنِ: قرآن: ۹۳/۱۸، و این سدّ به میان دو کوه است که با آن یأجوج و مأجوج را که قومی غول پیکر و از فرزندان یافث بن نوح(ع)اند و اهل فسادِ بسیار، باز داشته است. این قوم را همان مغولان می‌دانند و سدّ یاد شده را در کوه‌های قفقاز در معبر داریال. با استفاده از لغت نامهٔ دهخدا، قرآن کریم، ترجمهٔ خرّمشاهی، ذیل آیات شریفه.
۲ - مأخذ آن سورهٔ کهف است آیات ۹۷-۸۳ و تفسیری که مفسّران بر آن نگاشته‌اند. اینکه واقعاً ذوالقرنین که بوده است، آرای متعدّدی از محقّقان عرضه می‌شود که گروهی او را با اسکندر مقدونی و برخی با کوروش کبیر مطابقت می‌دهند.

رفت ذوالقرنین[1] سوی کوهِ قاف[2]   دیــد او را کـز زُمـرّد بـود صــاف[3]   ۳۷۱۱

ذوالقرنین به سوی کوه قاف رفت و دید که کوهی است یکپارچه از زمرّد صاف.

گِردِ عـالَم حـلقه گشـته او مـحیط   مـاند حیران انـدر آن خـلقِ بسـیط[4]   ۳۷۱۲

کوهی که گِردِ عالَم حلقه زده و آن را احاطه کرده است. از عظمتِ یکپارچهٔ آن متحیّر شد.

گفت: تـو کـوهی، دگرهـا چیستند   که به پیش عُظم[5] تـو بـازیستند[6]؟   ۳۷۱۳

ذوالقرنین گفت: اگر تو کوهی، کوه‌های دیگر چه‌اند؟ در برابر تو بازیچه‌ای بیش نیستند.

گفت: رگ‌هایِ مـن‌انـد آن کـوه‌ها   مثل مـن نَبْوَند در حُسـن و بَهـا[7]   ۳۷۱۴

کوه قاف گفت: آن‌ها رگ‌های من‌اند؛ امّا زیبایی و روشنی مرا ندارند.

مـن به هر شهری رگی دارم نهـان[8]   بـر عُـروقـم بسـته اطـرافِ جهـان   ۳۷۱۵

من در هر شهری رگی نهانی دارم. دور تا دور جهان به رگ‌های من بسته شده است.

حـق چو خواهد زلزلهٔ شـهری، مـرا   گـوید او، من برجَهـانم[9] عِـرق[10] را   ۳۷۱۶

خداوند که اراده کند در جایی زلزله رخ دهد، فرمان می‌دهد تا من رگِ آنجا را بجنبانم.

پس بجنبانم من آن رگ را به قهر[11]   که بدان رگ متّصل گشتهست شهر   ۳۷۱۷

پس من آن رگ را به تندی حرکت می‌دهم تا شهری که بدان پیوسته است، بلرزد.

---

۱ - همان‌گونه که قبلاً آمد اکثر مفسران و محقّقان غربی بر آن‌اند که ذوالقرنین همان اسکندر کبیر است، بعضی او را مُنذر بن ماءالسماء دانسته‌اند، گروهی او را صعب بن همال حمیری پنداشته‌اند، بعضی او را ابوکرب شمریر عش بن افریقس حمیری می‌دانند که دوگیسویش به شانه‌ها می‌رسیده و جهانگشا بوده است. برخی از محقّقان او راکوروش هخامنشی می‌دانند، این رأی ابوالکلام آزاد در کتاب کورش کبیر (ذوالقرنین) است که جهانگشایی‌های او و دیگر خسروان ایرانی همواره با مبنای الهی توجیه و تفسیر شده است: نقل از قرآن کریم، ترجمهٔ خرّم‌شاهی، ذیل آیهٔ ۸۳ سورهٔ کهف.   ۲ - کوه قاف : ر.ک: ۱۳۹۳/۱.

۳ - اشاره است به روش اهل منبر که با ذکر عظمت صنع توجّه خلق را به عظمت صانع معطوف می‌داشته‌اند.

۴ - خلقِ بسیط : آفرینش گسترده، اینجا عظیم.   ۵ - عُظم : بزرگی، عظمت.

۶ - بازیستند : بازیچه هستند.   ۷ - بَها : بهاء: روشنی و درخشش.

۸ - این ابیات در ارتباط با روایتی است از وهب با همین مضمون: وقتی ذوالقرنین از قاف می‌پرسد: کوه‌های اطراف چیست؟ می‌گوید: رگ و ریشه‌های من هستند و هرگاه خداوند اراده کند زمینی را بلرزاند به من فرمان می‌دهد و من یکی از رگ‌هایم را تکان می‌دهم. آنگاه ذوالقرنین از عظمت پروردگار می‌پرسد و پاسخ کوه قاف مشابه ابیاتی است که در مثنوی می‌خوانیم: احادیث، ص ۴۲۰-۴۱۹.   ۹ - برجَهانم : بجنبانم، حرکت دهم.   ۱۰ - عِرق : رگ.

۱۱ - قهر : خشم، تندی و شدّت.

۳۷۱۸ **چون بگوید: بس، شود ساکن رگم   ساکنم، وز روی ِ فعل اندر تگم**[۱]

چون بگوید: بس است. رگ آرام می‌شود. حرکتِ من به سبب خواست حق است.

۳۷۱۹ **همچو مَرْهَم[۲] ساکن و بس کارْکُن   چون خرد، ساکن وز او جنبان سخُن**

همانند «مرهم» که در عین سکون مؤثّر است یا «عقل» که به ظاهر حرکتی ندارد و منشأ کلام و افعال است.

۳۷۲۰ **نزدِ آنکس که نداند عقلش این   زلزله هست از بُـخاراتِ زمین**[۳]

نزدِ «طبیعیون» و کسی که فقط به «ظاهر و یا اسباب و علل» توجّه دارد، زلزله در اثرِ خروجِ بخارات زمین است.

موری بر کاغذ می‌رفت، نبشتنِ قلم دید، قلم را ستودن گرفت. موری دیگر که چشم‌تیزتر بود، گفت: ستایشْ انگشتان راکن که این هنر از ایشان می‌بینم. موری دگر که از هر دو چشم‌روشن‌تر بود، گفت: من بازو را ستایم که انگشتانْ فرعِ بازواند، الی آخره[۴]

در این تمثیل، موری که بر کاغذ می‌رود، قلم را بر کاغذ می‌بیند و می‌پندارد که نقشی که بر صفحه نگاشته شده است، جزکار قلم نیست. مور دیگری که چشمی دوربین‌تر دارد، می‌گوید: این نقوش از انگشت است که قلم را به حرکت می‌آوَرَد. مور سوم می‌پندارد که انگشت ناتوان چه قدرتی دارد که این نقش را حاصل آوَرَد؟ این جزکار بازو نیست و به همین ترتیب هر موری بر حسب ادراک خویش مرتبهٔ بالاتری را نشان می‌دهد تا مهترِ موران که به تعبیر مولانا اندکی فَطِن بود، می‌گوید: این هنر را از صورت مپندارید که جزکار جان و عقل نیست؛ امّا مهترِ موران نیز آن قدر ذکاوت ندارد که بداند جان و عقل آدمی هم «بی ز تقلیب خدا **باشد جماد**».

---

۱ - **تگ** : دویدن.   ۲ - **مرهم** : دارویی برای التیام زخم و دردهای موضعی.

۳ - به عقیدهٔ ارسطو، زلزله ناشی از تبخیر و خروجِ رطوبت‌های ناشی از باران است. نقل از شرح مثنوی مولوی، ج ۴، ص ۱۶۷۷.

۴ - مأخذ این تمثیل ظاهراً گفتهٔ غزّالی در احیاءالعلوم، ج ۱، ص ۲۲ و ج ۲، صص ۱۷۵ و ۱۷۶ که در کیمیای سعادت نیز آن را مکرّر کرده است و در آن طبیعی‌دان و منجّم را تمثیل آن مور دانسته است که عالِم طبیعی جز به اسباب و علل مادّی نمی‌اندیشد و همانند موری است که بر کاغذ راه می‌رود و منجّم هم که طبایعِ بشری را مسخّرِ کواکب می‌پندارد، مور دیگری است که چشمی تیزبین دارد: احادیث، ص ۴۲۰.

در این تمثیل، «مور» نمادی است از «ادراکِ آدمی» و تفاوت مراتبی که در دیدگاه موران است، مراتب گونه‌گون ادراک اشخاص است که برخی جز «اسباب و علل» را نمی‌بینند و گروهی نیز به ماورای آن راه می‌یابند.

جانِ کلام در تقریر تفاوت درجات ادراک اهل معرفت است و سبب تداعی آن مضمون ابیات پیشین است که در طیّ آن گفته شد: حرکت رگ‌های زمین و حاصلِ آن، همه و همه فعل حق است؛ امّا کمتر کسی آن را در می‌یابد.

۳۷۲۱ **مورکی بر کاغذی دید او قَلَم گفت با مورِ دگر این رازْ هم**

«مورِ» ضعیفی قلمی را روی کاغذ دید و این راز را با مورِ دیگری در میان گذاشت.

۳۷۲۲ **که: عجایب نقش‌ها آن کِلْک[1] کرد همچو ریحان و چو سوسن زار و وَرد**

گفت: قلم نقش‌های حیرت‌انگیزی، همانند ریحان، باغِ سوسن و گل سرخ رسم می‌کند.

۳۷۲۳ **گفت آن مور: اِصبَع[2] است آن پیشه‌ور وین قلم در فعلْ فرع است و اثر**

مور دوم گفت: انگشتان آن را رسم می‌کنند و قلم تحت تأثیر انگشتان است.

۳۷۲۴ **گفت آن مور سِوُم کز بازو است که اصْبَعِ لاغر ز زورش نقش بَست**

مور سوم گفت: در اثر قوّت بازو انگشتِ ضعیف نقشی را رسم می‌کند.

۳۷۲۵ **همچنین می‌رفت بالا، تا یکی مهترِ موران فَطِن[3] بود اندکی[4]**

به همین ترتیب هر یک نظری ابراز می‌کردند تا نوبت به موری رسید که اندکی صاحب نظر بود.

۳۷۲۶ **گفت: کز صورت مبینید این هنر که به خواب و مرگ گردد بی‌خبر**

مهترِ موران گفت: این فعل را از ظواهر ندانید که ظواهر با خواب یا مرگ از کار می‌افتند.

۳۷۲۷ **صورت، آمد چون لباس و چون عصا جز به عقل و جان نجُنبد نقش‌ها**

«صورت»، همانند لباس یا عصاست که به خودی خود حرکتی ندارد، «عقل و جان» آن را به حرکت می‌آوَرَد.

۳۷۲۸ **بی‌خبر بود او که آن عقل و فُؤاد[5] بی ز تقلیب[6] خدا باشد جَماد**

مهتر موران هم نمی‌دانست که «عقل و قلب» هم به قدرتِ حق کار می‌کنند.

---

۱ - **کِلْک**: قلم. ۲ - **اِصْبَع**: انگشت. ۳ - **فَطِن**: دانا، زیرک.
۴ - تمثیل معروف غزّالی در باب مور و نقش که در مأخذ هم ذکر گردید. ۵ - **فؤاد**: قلب.
۶ - **تقلیب**: دگرگون کردن.

۳۷۲۹ **یک زمان از وی عنایت بر کَنَد — عقلِ زیرک ابلهی‌ها می‌کند**

اگر لحظه‌ای عنایت خداوند از عقل منقطع گردد، مرتکب حماقت‌های فراوانی می‌شود.

۳۷۳۰ **چونْش گویا یافت ذوالقرنین، گفت — چونکه کوهِ قاف دُرِّ نطق سُفت[1]**

چون کوه قاف سخنان باارزشی گفت و ذوالقرنین او را صاحب سخن یافت، گفت:

۳۷۳۱ **کِای سخن گویِ خبیرِ[2] رازدان — از صفاتِ حقّ بکن با من بیان**

ای کوه سخنگوی رازدان، از صفات حق تعالیٰ برایم بگو.

۳۷۳۲ **گفت: رو[3] کآن وصف از آن هایل‌تر[4] است — که بیان بر ویْ تواند بُرد دست**

کوه گفت: صفات حق تعالیٰ شکوهمندتر و پرهیبت‌تر از آن است که بتوان آن را وصف کرد.

۳۷۳۳ **یا قلم را زَهره باشد که به سَر — بر نویسد بر صحایف[5] زآن خبر**

یا قلم جرأت کند که با نوک خویش در بابِ صفات حق تعالیٰ چیزی بر کاغذ بنگارد.

۳۷۳۴ **گفت: کمتر داستانی باز گو — از عجب‌هایِ حق، ای حَبْرِ[6] نکو**

ذوالقرنین گفت: ای دانای نکو، کمترین چیزی را که از عجایب صفات حق می‌توانی، بگو.

۳۷۳۵ **گفت: اینک دشتِ سیصد ساله راه — کوه‌هایِ برف پُر کرده‌ست شاه**

کوه قاف گفت: هم اکنون شاهِ وجود، دشتی را که طولِ آن سیصد سال راه است با کوه‌هایِ پُر برف پوشانده.

۳۷۳۶ **کوه بر کُه، بی‌شمار و بی عدد — می‌رسد در هر زمان برفش مدد**

در هر لحظه کوهی از برف بر روی کوه برف دیگری قرار می‌گیرد و بر مقدار برف‌ها می‌افزاید.

۳۷۳۷ **کوهِ برفی می‌زند بر دیگری — می‌رساند برفِ سردی تا ثَری[7]**

کوه برف روی کوه دیگر قرار می‌گیرد و سرما را تا اعماق زمین می‌رساند.

۳۷۳۸ **کوهِ برفی می‌زند بر کوهِ برف — دم به دم ز انبارِ بی حَدّ و شگرف**

لحظه به لحظه از منبع بیکران شگفت‌انگیزی کوه‌های برف انباشته‌تر می‌شود.

---

۱ – **دُرّ سُفتن**: کنایه از سخن باارزش گفتن. ۲ – **خبیر**: آگاه، خبره. ۳ – **رو**: برو.
۴ – **هایل**: ترسناک، اینجا پرهیبت، شکوهمند. ۵ – **صحایف**: جمع صحیفه به معنی کاغذ، ورق، کتاب.
۶ – **حَبْر**: آگاه، بیشتر به علمای یهود اطلاق شده است. ۷ – **ثَری**: خاک، زمین.

۳۷۳۹ **گر نبودی این چنین وادی، شَها! تَفِ[1] دوزخ محو کردی مر مرا**

ای شاه، اگر چنین دشت سرشار از برفی نبود، گرمای دوزخ مرا از بین می‌برد.

۳۷۴۰ **غافلان را کوه‌هایِ برف دان تا نسوزد پرده‌هایِ عاقلان[2]**

بدان که در جهان، «غافلان» همان «کوه‌های برف»اند و وجودشان ضروری است تا هستیِ «عاقلان» یکباره نسوزد و در حق محو نشود.

۳۷۴۱ **گر نبودی عکسِ جهلِ برفْ باف[3] سوختی از نارِ شوق آن کوهِ قاف**

اگر تأثیر برودتِ وجودِ غافلان نبود، هستیِ دنیوی عارفان از آتش شوق می‌سوخت و نابود می‌شد.

۳۷۴۲ **آتش، از قهرِ خدا خود ذرّه‌ای‌ست بهرِ تهدیدِ لئیمان[4] دِرّه‌ای‌ست[5]**

آتش دنیوی، ذرّه‌ای از خشم خداوند و تازیانه‌ای است که فرومایگان را می‌ترساند.

۳۷۴۳ **با چنین قهری که زَفت و فایق[6] است بَرْدِ[7] لطفش بین که بر وی سابق است[8]**

با غضبی که بر همه مسلّط است، توجّه کن که لطف او برودت را بر آتش پیشی می‌دهد.

۳۷۴۴ **سَبْقِ بی چون و چگونهٔ معنوی سابق و مسبوق دیدی بی دُوی[9]؟**

این «پیشی»، بی‌کم و کیف یا «بی چون» و معنوی‌است. آیا هرگز «سابق» و «مسبوق» را یکی دیده‌ای؟

۳۷۴۵ **گر ندیدی، آن بُوَد از فهمِ پست[10] که عقولِ خلق، زآن‌کان[11] یک جو[12] است**

اگر نمی‌فهمی که در ذات حق، صفات عین ذات‌اند به سبب درک ضعیف توست؛ زیرا عقول خلق ذرّه‌ای از عقل کلّ است که برای درکِ عالمِ معنا کافی نیست.

---

۱ - **تف**: بخار و حرارت و گرمی را گویند.

۲ - در واقع مولانا عارفان یا «عاقلان» را به کوه قاف مانند کرده است که «عشق حق» می‌توانند آنان را بسوزاند همان‌طور که «آتش دوزخ» کوه قاف را می‌سوزاند و از بین می‌برد؛ امّا وجود «غافلان» که همان «کوه‌ها و دشت‌های سرشار از برف»اند مانع این سوختن و در حقیقت موجب بقای آنان در زندگی زمینی است.

۳ - **برف باف**: چیزی که مثل برف ناپایدار است، اینجا هستیِ مجازی غافلان. ۴ - **لئیمان**: فرومایگان.

۵ - **دِرّه**: تازیانه. در متن کهن «دُرّه» آمده است به معنی مروارید و یا دلیل و برهان؛ امّا اکثر شارحان آن را «دِرّه» قرائت کرده‌اند که با معنی و مضمون بیت سازگار است. ۶ - **فایق**: پیروز، مسلّط. ۷ - **بَرد**: سرما.

۸ - اشاره به حدیث قدسی؛ ر.ک: ۲۶۸۴/۱.

۹ - **دوی**: دوگانگی. اشاره است به اینکه «قهر» و «لطف» یا «صفات جلالی» و «صفات جمالی»، صفات الهی و عین ذات‌اند و سابق و مسبوق بودن نسبت به مخلوق است، نه خالق؛ پس قهر عین لطف است و لطف عین قهر.

۱۰ - **فهم پست**: درک ناچیز. ۱۱ - **کان**: معدن، کنایه از عقل کلّ.

۱۲ - **جو**: به اندازهٔ یک جو، یک ذرّه.

۳۷۴۶ **عیب بر خود نِهْ، نه بر آیـاتِ دیـن　　کی رسد بر چرخِ دین مرغِ گِلین[۱] ؟**

اگر قادر به درک این معانی نیستی، اشکال از توست که به عالم غیب راهی نداری نه از امور دینی. مرغِ گِلی نمی‌تواند در آسمان پرواز کند.

۳۷۴۷ **مــرغ را جـولانگهِ عـالی هـواست　　زانکه نَشْوِ او ز شهوت وز هـواست**

برترین جایی که «عقلِ معاش» می‌تواند در آن جولان بـدهد، «هـوایِ نَفْس» است؛ زیـرا او موجودی «مادّی» است و حیطهٔ ادراکش هم همین «عالمِ مادّه» است.

۳۷۴۸ **پس تو حـیران بـاش بـی لا و بَـلی　　تا ز رحمت پـیشت آیـد مَـحمِلی[۲]**

پس تو که «عقل معاش»، یا «نازل‌ترین عقلِ انسانی» را داری، معانی و معارفِ عالم غیب را تأیید یا تکذیب نکن و حرفی نزن. شاید حیرتت سببِ عنایت شود و تو را به درک برتری برساند.

۳۷۴۹ **چون ز فـهمِ ایـن عـجایب کـودنی　　گــر بـلی گـویی، تکـلّف[۳] مـی‌کنی**

چون از فهمِ این معانی ناتوان هستی، هرگونه تأییدت تکلّف و ساختگی است.

۳۷۵۰ **ور بگویی: نـی، زنـد نـی گـردنت[۴]　　قــهر بــربندد بـدان نـی، روزنت[۵]**

اگر تکذیب کنی، تکذیبت موجب قهر الهی می‌شود و راه نجات را بر تو می‌بندد.

۳۷۵۱ **پس همین حیران[۶] و واله باش و بس　　تا در آید نـصرِ حـقّ از پـیش و پس**

پس همین حیرانی و ناتوانی در واقع طلبِ هدایت است و سبب امداد الهی از همه سو.

۳۷۵۲ **چونکه حیران گشتی و گیج و فـنا[۷]　　بـــا زبــانِ حــال گــفتی: اِهْــدِنا**

تحیّری که موجب عجز و رهایی از خودبینی‌ها گردد، به زبان حال طلب هدایت است.

---

۱ - **مرغ گلین** : کنایه از انسانی که دارای عقلِ جزوی «عقلِ معاش» است و اسیر امور ظاهری و دنیوی است و یا کنایه از خودِ «عقل معاش».

۲ - **مَحمِل** : کجاوه‌ای که روی شتر می‌بندند، اینجا چیزی که تو را حمل کند؛ یعنی عنایت حق که تو را برای ادراک برتر امداد کند.　۳ - **تکلّف** : ظاهرسازی.

۴ - **زند نی گردنت** : نه گفتن، یعنی انکارکردن موجب قهر الهی می‌شود، تو را به هلاکت می‌افکند.

۵ - **روزنت** : راه نجاتت، روزنهٔ نجات و رهایی، شاید مراد آن باشد که مُهر قهر حق بر قلب وگوش و چشمت نهاده می‌شود که هرگز حقایق را درک نکنی: بقره: ۷/۲: خَتَمَ اللهُ عَلىٰ قُلُوبِهِمْ وَ عَلىٰ سَمْعِهِمْ وَ عَلىٰ أَبْصارِهِمْ غِشَاوَةٌ... .

۶ - اینجا مزید حیرت مشابه مزید معرفت است؛ زیرا نشان عجز است و عجز موجب نصر حق و هدایت.

۷ - **حیران و گیج و فنا** : مراد تحیّر در عدم درک لطایف و اسرار حق و ذات و صفات است.

۳۷۵۳ زَفتِ زَفت است[1] و چو لرزان می‌شوی — مـی‌شود آن زَفت نـرم و مُسـتَوی[2]

شکوه و عظمتی که سبب عدم درک اسرار است با عجز و ناتوانی‌ات به رحمت و هدایت بدل می‌گردد.

۳۷۵۴ زانکـه شکـلِ زفت بـهرِ مُـنکِرِ است — چونکه عاجز آمدی، لطف و بِر است

زیرا «عظمت و هیبت» برای «منکر و مدّعی» است. برای کسی که به عجز خود معترف است، «عظمت و هیبت» به «لطف و محبّت» مبدّل می‌شود.

نمودنِ جبرئیل علیه السَّلام خود را به مصطفی صلی الله علیه و سَلَّم، به صورت خویش، و از هفتصد پَرِ او چون یک پر ظاهر شد، افق را بگرفت و آفتاب محجوب شد با همهٔ شعاعش[3]

بنا بر اشتیاقی که پیامبر(ص) برای دیدار آشکار و محسوس جبرائیل داشت، وی اندکی از هیبت خود را نمایاند و حضرت از هوش رفت.

مضمون ابیات پایانی قطعهٔ پیشین در تقریر این معنا بود که «عظمت و هیبت» برای «مُنکر» است نه برای «مؤمن». اینک در تفصیل همان معنا و به عنوان نمونهٔ اعلای آن، شرح دیدار آشکار و محسوس جبرائیل به تبیین آمده است که برای دوست «عظمت و هیبت» به «لطف و محبّت» بدل می‌شود. همچنین در تقریر ضعفِ «وجهِ خلقیِ» انسان نیز هست که در تقابل با «وجهِ ربّیِ» او ناتوان است.

«اینکه حضرت ختمی مرتبت(ص) در القای کلمات الهیه احتیاج به واسطه داشت و جبرائیل واسطهٔ ایصال فیض وحی و یا واسطهٔ خروج نَفْسِ نَبی از قوّه به فعلیّت بود و مربوط به وجود خاصّ و شخصی پیامبر(ص)، وگرنه به حسب باطنِ ولایت، جبرائیل ثمره‌ای از ثمرات و حَسَنه‌ای از حَسَناتِ اصلِ کلّیِ مقامِ ولایتِ محمّدی است.»[4]

احـمد ار بگشـاید آن پـر جـلیل — تـا ابـد مـدهوش گـردد جـبرئیل

---

۱ - **زفت زفت است :** عظیم عظیم است، مراد عظمت و شوکت بی منتهای حق و درک ذات و صفات است.

۲ - **مستوی :** هموار، راست و مستقیم.

۳ - مأخذ آن روایاتی است که با اندک اختلاف در جزییات آمده است و مضمون آن هم این است که رسول خدا(ص) جبرائیل را در شب معراج دید که ششصد بال دارد و از هیبت او بیهوش شد. در روایتی دیگر حمزه عموی پیامبر که از رسول خدا(ص) خواستار دیدار جبرائیل بود با دیدنش بیهوش شد: احادیث، صص ۴۲۲-۴۲۱.

۴ - شرح مقدّمهٔ قیصری، ص ۷۹۵.

مصطفی می‌گفت پیشِ جبرئیل   که: چنانکه صورتِ توست، ای خلیل[1] ۳۷۵۵

مصطفی(ص) به جبرائیل می‌گفت: ای دوست، صورتت را چنانکه هست نشان بده.

مر مرا بنما تو، محسوس آشکار   تا ببینم مر تو را نَظّاره‌وار[2] ۳۷۵۶

خود را به من آشکارا و محسوس نشان بده تا تو را واضح ببینم.

گفت: نَتْوانی و طاقت نَبْوَدَت   حس ضعیف است و تُنُک[3]، سخت آیدت ۳۷۵۷

جبرائیل گفت: نمی‌توانی و طاقت نداری. برای حسّ ضعیفِ انسان سخت است.

گفت: بنما تا ببیند این جَسَد   تا چه حَد حِس نازک است و بی مدد ۳۷۵۸

پیامبر(ص) گفت: خودت را بنما تا این تن دریابد که تا چه حد ناتوان و بی‌یاور است.

آدمی را هست حسِّ تن[4] سَقیم[5]   لیک در باطن یکی خُلقی عظیم[6] ۳۷۵۹

«تن» و «حواسِ ظاهری» بسیار ضعیف‌اند؛ امّا «حواس باطنی» و روحی عظیم در نهان دارند.

بر مثالِ سنگ و آهن این تنه   لیک هست او در صفت آتش زنه[7] ۳۷۶۰

این «تن مادّی با حواسّ ظاهری»، همانند «سنگ آتش زنه و آهن» است که قابلیّت اشتعال دارد.

سنگ و آهن مُولِدِ ایجادِ نار   زادِ آتش[8]، بر دو والد[9] قهربار[10] ۳۷۶۱

«سنگ و آهن» آتش را پدید می‌آورند که بر پدیدآورندگانِ خود غالب است.

باز آتش دستکارِ وصفِ تن[11]   هست قاهر بر تنْ او و شعله‌زن ۳۷۶۲

همچنین آتش تحتِ تأثیر صفات و خصوصیّات تن است؛ امّا بر تن غلبه دارد و آن را می‌سوزاند.

---

۱ - **خلیل**: دوست.   ۲ - **نظّاره‌وار**: مانند نظاره‌گر، مثل تماشاگر.   ۳ - **تُنُک**: لطیف و نازک.

۴ - **حسّ تن**: حواس پنجگانهٔ ظاهری.   ۵ - **سَقیم**: بیمار.

۶ - **خُلق عظیم**: اینجا مراد حواسّ پنجگانهٔ باطنی و در واقع به معنی «روح بزرگ و عظیم» به کار رفته است، همچنین اشاره‌ای است به: قرآن، قلم: ۴/۶۸: وَ إِنَّكَ لَعَلىٰ خُلُقٍ عَظیم : و تو دارای اخلاق بسیار کریمانه هستی.

۷ - **آتش زنه**: سنگ چخماق.   ۸ - **زادِ آتش**: مراد روح است که بر تن و حواسّ ظاهری غلبه دارد.

۹ - **قهربار**: بارندهٔ قهر، غالب، مسلّط. روح به سبب غلبه‌ای که بر تن و حواسّ ظاهری دارد آن‌ها را در جهت کمال خویش به کار می‌گیرد.

۱۰ - نفس به اعتبار وجود نفسی و تعلّق به بدن و اتّحاد با مادّه جسمانی در صمیم ذات نار معنوی است: شرح مقدّمهٔ قیصری، ص ۸۱۳

۱۱ - **دستکارِ وصفِ تن**: مراد روحِ حیوانی است که وجودش از آتشِ شهوات و غرایزِ حیوانی پدید می‌آید.

۳۷۶۳ **بـاز در تـن شُـعله ابـراهیم‌وار[1] کـه از او مـقهور گـردد بُـرج نـار[2]**

همین «آتشِ نَفْس که در صمیمِ ذات نارِ معنوی است» بـعد از تـحوّل و تـرقّی بـه مـقامِ «روح»[3] می‌رسد و به «نورِ محض» تبدیل می‌شود و «برجِ نار»، یعنی «تن و تمامِ قوایش» تحت سیطرهٔ روح متعالی و منوّر قرار می‌گیرند.

۳۷۶۴ **لاجـرم گـفت آن رسـولِ ذوفـنون[4] رمـزِ نَـحْنُ الآخِـرُونَ السَّـابِقُون[5]**

لاجرم رسول صاحب کمالات(ص) گفته است: هرچند که در تاریخِ ادیان ما بعد از دیگران آمده‌ایم؛ امّا بر همه تقدّم داریم.

۳۷۶۵ **ظاهرِ[6] ایـن دو بـه سـندانی زبـون در صـفت[7] از کـانِ آهـن‌ها فـزون**

علی‌رغم آنکه «تن و حواسّ ظاهری» در طیّ سیر کمال تبدیل می‌شوند؛ امّا تبدیلِ «جان» که بتواند مراحل باطنی را طی کند و از «نار به نور» برسد، دشوارتر از کَندن و نرم کردن یک معدن است.

۳۷۶۶ **پس به صورت، آدمی فـرعِ جـهان وز صفت، اصلِ جهان[8] این را بدان**

پس نتیجه می‌گیریم که تن «فرعِ» هستی و جان «اصلِ» آن است.

۳۷۶۷ **ظـاهرش را پشّـه‌یی آرَد بـه چـرخ باطنش[9] باشد محیطِ هـفت چـرخ**

تن آدمی چنان ناتوان است که پشّه‌ای آن را بی‌تاب می‌کند؛ امّا باطن او بر افلاک سیطره دارد.

۳۷۶۸ **چونکه کرد الحـاح، بـنمود انـدکی هیبتی کـه کُـه شـود زو مُـنْدَکی[10]**

چون پیامبر(ص) اصرار کرد، جبرائیل اندکی از هیبت خود را نشان داد که از عظمتِ شهودِ آن، کوه متلاشی می‌شود.

---

۱ – اشاره به اینکه همان‌طور که ابراهیم(ع) در آتش رفت؛ امّا نسوخت و آتش را تبدیل کرد، نفس آدمی نیز قابلیّت عظیمی دارد و می‌تواند با ترقّی و استکمال «نار معنوی» را به «نور محض» مبدّل کند: ابراهیم(ع) و سرگذشت او؛ ر.ک: ۵۵۱/۱. ۲ – **برج نار :** برج آتش، مراد تن آدمی است.

۳ – **مقام روح :** انسان به اعتبار باطن دارای هفت بطن است: ر.ک: ۳۵۱۳/۱.

۴ – **ذوفنون :** دارای هنرهای گوناگون، صاحب کمالات.

۵ – اشاره است به عقل اوّل که اوّلین تجلّی حق است و جمیع انبیا و اولیا از ظهورات و تجلّیات آن‌اند و به همین مناسبت پیامبر(ص) فرمود: اوّل مَا خَلَقَ الله نوری: ر.ک: ۵۲۶/۴.

۶ – تن و حواسّ ظاهری در طیّ سیر کمال و تهذیب نفس آراسته می‌شوند و کمال می‌یابند.

۷ – **در صفت :** در باطن، مراد باطن آدمی یا جان اوست که باید از «نار به نور» برسد و این کار بی‌نهایت دشوار است. ۸ – **وز صفت، اصل جهان :** چون جان متعلّق به عالم معناست. ۹ – ر.ک: ۳۵۱۳/۱.

۱۰ – **مُنْدَک :** متلاشی، پاره‌پاره.

۳۷۶۹ **شهپری[۱] بگرفته شرق و غرب را　　از مَهابت گشت بیهُش مصطفی**

شهپرِ جبرائیل سراسر آسمان را فراگرفته بود. مصطفی(ص) از هیبت آن بیهوش شد.

۳۷۷۰ **چون ز بیم و ترس بیهوشش بدید　　جبرییل آمد در آغوشش کشید**

چون جبرائیل دید که پیامبر(ص) از بیم و ترس بیهوش شده است، او را در آغوش کشید.

۳۷۷۱ **آن مَهابت[۲] قسمتِ بیگانگان　　وین تَجَمُّش[۳] دوستان را رایگان**

آن «عظمت و هیبت» برای بیگانگان و این «لطف و محبّت» به رایگان برای دوستان است.

۳۷۷۲ **هست شاهان را زمانِ بر نِشست[۴]　　هَولْ[۵] سرهنگان و صارِمها[۶] به دست**

شاهان که سوار بر اسب عازم می‌شوند، سرهنگان با هیبت شمشیرها را در دست می‌گیرند.

۳۷۷۳ **دورْباش[۷] و نیزه و شمشیرها　　که بلرزند از مَهابت شیرها[۸]**

چاووشان و نیزه‌ها و شمشیرها چنان رعب‌آورند که افراد نیرومند هم به لرزه می‌افتند.

۳۷۷۴ **بانگِ چاووشان[۹] و آن چوگان‌ها　　که شود سُست از نهیبش جان‌ها**

بانگِ پیشقراولان و چماق‌ها چنان وحشت‌انگیز است که جان آدمی از ترس به لب می‌آید.

۳۷۷۵ **این برای خاص و عامِ رَه‌گذر[۱۰]　　کُه کُنَدْشان از شهنشاهی خبر**

این هیبت و هیاهو برای رهگذران است تا آنان را از عبور شاهنشاه خبردار کنند.

۳۷۷۶ **از برای عام باشد این شکوه　　تا کلاهِ کبر نَنْهَند آن گروه**

شوکت و هیبت برای عوام است که حقارت خود را ببینند و دعوی بزرگی نکنند.

---

۱ - **شهپر** : شاه‌بال، بالِ عظیم.　۲ - **مَهابت** : شکوه و عظمت.　۳ - **تَجَمُّش** : عشق‌ورزی، لطف و محبّت.
۴ - **بر نشست** : سواره به جایی رفتن.　۵ - **هول** : ترس و بیم، اینجا هیبت و شکوه.　۶ - **صارِم** : شمشیر.
۷ - **دورباش** : کلمه‌ای که فرّاشان و پیشقراولان پیشاپیش پادشاه می‌گفته‌اند تا عابرین را دور کنند. زمان ناصرالدّین شاه می‌گفتند: دورباش، کورباش. همچنین به نیزهٔ دوشاخهٔ مرصّعی که پیشاپیش پادشاهان می‌کشیده‌اند، هم می‌گفته‌اند.
۸ - «شیر» در اینجا نمادی از «انسان کامل» است و مراد آنکه: «عظمت و هیبت»؛ حتّی کاملان را می‌لرزاند. در بیت بعد «جان» نمادی از «انسان ناقص یا سالک» و مقصود کلّی این است که انسان چه کامل و چه ناقص تاب و تحمّل هیبت حق را ندارد.
۹ - **چاووش** : پیشقراولان که پیشاپیش مرکب شاه حرکت می‌کرده‌اند و دورباش می‌گفته‌اند.
۱۰ - **خاص و عامِ رهگذر** : رهگذران در هر مرتبه و مقام، عامِ خلق، غیر درباریان.

تـا مـن و مـاهایِ ایشـان بشکـند   نفسِ خودْبین فتنه و شَر کـم کـند ۳۷۷۷

تا خودبینی و غرورشان بشکند و نفسِ خودمحورشان فتنه و آشوب نکند.

شهر از آن آمِن شـود، کآن شـهریار   دارد اندر قهر[1]، زخم[2] و گیر و دار[3] ۳۷۷۸

و به این ترتیب در شهر امنیّت برقرار شود و مردم بفهمند که پادشاه برای غلبه بر مخالفان، قدرت و بگیر و ببند دارد.

پس بـمیرد آن هـوس‌ها در نُـفوس   هیبتِ شَه مـانع آیـد زآن نُـحوس[4] ۳۷۷۹

پس هوس قدرت‌طلبی در دل مردم بمیرد؛ زیرا هیبتِ شاه مانع این بدی‌ها شده است.

باز چون آید به سـویِ بـزمِ خـاص   کِی بود آنجا مَهابت یا قـصاص[5]؟ ۳۷۸۰

امّا هنگامی که شاه در بزمِ خصوصی است، هرگز بیم و هراسی در آن محفل نیست.

حلم در حلم است و رحمت‌ها به جوش   نشـنوی از غـیرِ چـنگ و نـا[6] خـروش[7] ۳۷۸۱

در محفل خاص، شکیبایی و رحمت می‌جوشد و بانگی جز نوای چنگ و نی به‌گوش نمی‌رسد.

طبل و کوسِ[8] هَول باشد وقتِ جنگ   وقتِ عشرت با خواص، آوازِ چـنگ ۳۷۸۲

طبل و کوس و هیبتِ آن مخصوصِ جنگ است و در بزم خاص فقط آوای لطیف چنگ.

هست دیـوانِ مُـحاسِب[9]، عـام را   و آن پَری رویان، حریفِ جام را[10] ۳۷۸۳

حسابرسی‌ها فقط مخصوصِ عام است. در بزم خاص همه حریف جام و دوست‌اند.

آن زِره و آن خُود، مـر چـالیش[11] راست   وین حریر و رود[12]، مر تعریش[13] راست ۳۷۸۴

زره و کلاهخُود برای نبرد است و این حریر و ساز برای بزم.

این سخن پـایان نـدارد ای جـواد!   خـــتم کــن، وَاللهُ اَعْـلَمْ بِـالرَّشاد ۳۷۸۵

ای کریم، این سخنان را پایانی نیست؛ پس آن را به پایان ببر؛ زیرا خداوند به هدایت مردم داناتر است.

---

۱ - **قهر** : کیفر.   ۲ - **زخم** : ضربه.   ۳ - **گیرودار** : رزم، زدوخورد، رتق و فتق امور.
۴ - **نُحوس** : جمع نحس به معنی نامبارک.   ۵ - **مهابت یا قصاص** : هیبت یا کیفر.   ۶ - **نا** : نی.
۷ - وصفی است از فضل و عنایات بیکران حق تعالی نسبت به خاصّ الخاصان قرب الهی.
۸ - **کوس** : طبل بزرگ.   ۹ - **محاسب** : حسابرس.   ۱۰ - انبیا و اولیا مقرّبان درگه حق‌اند و دوست.
۱۱ - **چالیش** : چالِش، نبرد.   ۱۲ - **رود** : ساز زهی، مطلق ساز.
۱۳ - **تعریش** : سایه‌بان و آلاچیق، مراد بزم سلطنتی است.

اندر احمد آن حسی کو غارب[1] است خفته این دم زیرِ خاکِ یثرب است ۳۷۸۶

در وجود پیامبر(ص) حواسِ زوال پذیر بشری اینک در خاک مدینه خفته است.

وآن عظیمُ ٱلخُلقِ[2] او کآن صفدر[3] است بی تَغَیُّر مَقْعَدِ صِدق[4] اندر است[5] ۳۷۸۷

امّا آن «خُلق عظیم» که همان «روح پر عظمت و حواس باطنی و ادراک برترِ» غالب اوست، بدونِ تغییر در بارگاه الهی است.

جایِ تغییرات، اوصافِ تن است روحِ باقی آفتابی روشن است ۳۷۸۸

اوصاف جسمانی و مادّی در معرض تغییر است؛ امّا روح ابدی همواره می‌درخشد.

بی ز تغییری، که لا شَرقیَّةٌ بی ز تبدیلی، که لا غَربیَّةٌ[6] ۳۷۸۹

درخششِ «روحِ باقی» به سبب اتّصالِ با حق است که از لامکان می‌تابد نه از شرق و نه از غرب؛ یعنی از دنیای محسوس نیست که در آن تغییر و تبدیلی باشد.

آفتاب از ذرّه کِی مدهوش شد؟ شمع از پروانه کِی بیهوش شد؟ ۳۷۹۰

آیا آفتاب از درخشش یک ذرّه بیهوش می‌شود و یا شمع از پروانه مدهوش می‌گردد؟

جسمِ احمد را تعلّق بُد بدآن[7] این تغیّر آنِ تن باشد، بدان ۳۷۹۱

جسم پیامبر(ص) مدهوش شد نه روح او. آگاه باش که بیهوشی مربوط به تن بود، نه روحِ الهی.

همچو رنجوری و همچون خواب و درد جان از این اوصاف باشد پاک و فرد ۳۷۹۲

همانند بیماری، خواب یا درد که مربوط به «تن» است و «جان» عاری از آن است.

خود نتوانم، ور بگویم وصفِ جان زلزله افتد در این کون و مکان[8] ۳۷۹۳

من نمی‌توانم «جان» را توصیف کنم؛ زیرا اذهان تواناییِ درک آن را ندارند و اگر بگویم همه چیز به هم می‌ریزد.

---

۱ - **غارب:** غروب کننده، زوال پذیر. ۲ - ر.ک: ۳۷۵۹/۴.
۳ - **صفدر:** کسی که صف‌ها را می‌دَرَد، صف شکن.
۴ - **مقعد صدق:** جایگاه صدق و راستی، اشارتی قرآنی: قمر: ۵۵/۵۴: ر.ک: ۱۷۶۹/۴.
۵ - وجه مادّی زوال پذیر است؛ امّا وجه غیر مادّی باقی است. ۶ - قرآن: نور: ۳۵/۲۴: ر.ک: ۸۲۲/۲.
۷ - **تعلّق بُد بدان:** بیهوشی مربوط به تن و ویژگی‌های جسمانی و حواسّ ظاهری بود.
۸ - مصراع دوم؛ همه چیز از هم می‌پاشد؛ یعنی اذهان آن را بر نمی‌تابند.

رُوبَهَش۱ گر یک دمی آشفته بود   شیرِ جان مانا۲ که آن دم خفته بود   ۳۷۹۴

اگر جسم آن حضرت(ص) لحظه‌ای مدهوش شد، گویی جان عظیمش در آن هنگام به سبب استغراق تامّ از تن روی برتافته و خود را از خواب زده بود.

خفته بود آن شیر۳ کز خواب است پاک۴   اینْت شیر نرمسار سهمناک۵   ۳۷۹۵

روح عظیمی که «خواب و غفلت» به آن راهی ندارد، خود را به خواب زده بود، چه شیر لطیفِ سهمناکی!

خفته سازد شیر خود را آنچنان   که تماشِ مُرده دانند این سگان۶   ۳۷۹۶

روح الهی مرد حق چنان خود را به خواب می‌زند که غافلان از عظمت و هیبتش بویی نمی‌برند.

ورنه در عالم کِه را زَهره بُدی   که رُبودی از ضعیفی، تُربُدی۷؟   ۳۷۹۷

اگر حضورِ روح الهی مرد حق برای همه محسوس بود، چه کسی جرأت می‌کرد کمترین ظلمی به ضعیفی بکند؟

کفِّ احمد۸ زآن نظر مخدوش گشت   بحرِ او۹ از مهرِ کف۱۰ پرجوش گشت   ۳۷۹۸

تن پیامبر(ص) و وجه مادّی او از مشاهدهٔ بال جبرائیل مدهوش شد؛ امّا جان دریاوش او از این دیدار به هیجان آمد.

مَهْ همه کفّ است، مُعطی۱۱ نورباش   ماه را گر کف نباشد، گو مباش۱۲   ۳۷۹۹

ماه هم فقط وجه مادّی‌اش که نورافشانی می‌کند، دیده می‌شود که اگر دیده نشد، مهم نیست.

---

۱ - روبهش : کنایه از تنِ آن حضرت(ص).   ۲ - مانا : گویا، مثل اینکه.
۳ - شیر : روح الهی پیامبر(ص) به شیر مانند شده است.   ۴ - اشاره به عقل کلّ: ر.ک: ۱۱۱۷/۱ و ۱۸۱۷/۱.
۵ - خود به خواب زده بود تا قوای ظاهری به ضعف خود در تقابل با قوای باطنی پی ببرند.
۶ - سگان : مراد منکران است.
۷ - مصراع دوم؛ چه کسی تُربُد (داروی لینت مزاج، چیز بی‌ارزش) را ضعیفی می‌دزدید؟
۸ - کفِّ احمد : جسم پیامبر(ص).   ۹ - بحرِ او : جان دریاوش، روح دریایی و پرعظمت.
۱۰ - مهرِ کف : مهر مشاهدهٔ بال جبرائیل که حسنه‌ای از حسنات روحِ مقدّس خود پیامبر(ص) است: ر.ک: توضیحات مربوط به عنوانِ همین قطعه.   ۱۱ - مُعطی : عطاکننده.
۱۲ - اگر روح محمّدی(ص) را هیچ دستی [وجود جسمانی] نباشد که بدان کَرَم خود را به عالم نثار کند، گو مباش که این حقیقت بی‌نیاز از همهٔ وسایط است: شرح مثنوی مولوی، ج ۴، ص ۱۶۸۲.

احـمـد اَر بگشـایـد آن پَـرِّ جـلیـل   تـا ابـد بیـهوش مـانَد جبـرئیل   ۳۸۰۰

احمد(ص) اگر «پرِّ جلیل»، یعنی «روحِ» خود را نشان می‌داد، جبرائیل تا ابد بیهوش می‌شد.

چون گذشت احمد¹ ز سِدْره² و مِرْصَدَش³   وز مـــقـام⁴ جبـرئیل و از حَــدَش   ۳۸۰۱

در شب معراج که احمد(ص) از سدرةالمنتهیٰ و از حدِّ جبرائیل فراتر رفت،

گـفت او را: هین! بپَر انـدر پـی‌اَم   گفت: رو رو، من حریفِ تو نی‌اَم⁵   ۳۸۰۲

به جبرائیل گفت: هان! در پی من بیا. جبرائیل گفت: برو که من نمی‌توانم با تو برابری کنم.

بازگفت او را، بیا ای پرده سوز⁶!   مـن به اوج خـود نرفتسـتم هنوز   ۳۸۰۳

بار دیگر به او گفت: ای مقرّبِ درگاه، با من بیا؛ زیرا هنوز به اوج خود نرسیده‌ام.

گفت: بیرون زین حد، ای خوشْ فَرِّ من⁷   گـر زَنَـم پَـرَّی، بسـوزد پَـرِّ مـن   ۳۸۰۴

جبرائیل گفت: ای همراهِ باشکوهِ من، اگر از این مرتبه فراتر بیایم بال و پرم می‌سوزد.

حیرت انـدر حیرت آمد این قَصَص   بیـهشی خـاصگان انـدر اَخَـص   ۳۸۰۵

این قصّه‌ها حیرت‌انگیز است. جبرائیلی که پیامبر(ص) با دیدن یک بال او مدهوش گردید، در معراج از عظمت روح این نبی بزرگوار بیهوش شد.

بیـهشی‌ها جمله اینجا بـازی است   چند جان داری که جانْ‌پردازی است   ۳۸۰۶

واژه‌هایی از قبیل «بیهوشی» یا «مدهوشی» در قبالِ رسیدن به جایگاهی که پایانِ «عالم‌کثرت» و شروعِ «عالمِ وحدت» است، همانند بازیچهٔ کودکان است؛ زیرا کسانی که به اینجا رسیده‌اند، جانبازی‌ها کرده‌اند و با فنای هستیِ مجازیِ خود چنین مقامی یافته‌اند. اینک ای جبرائیل، آیا آن «جانِ حق‌جو»⁸ را داری که ببازی؟ اینجا مرحلهٔ جانبازی است.

---

۱ – اشاره به روایت معراج؛ ر.ک: ۱۰۷۲/۱ و ۱۵۸۹/۱.
۲ – سِدره: سدرةالمنتهیٰ درختی است بالای آسمان هفتم، حدِّ جبرائیلِ عقل.
۳ – مِرْصَد: محلّ رَصَدِ ستارگان، اینجا به معنی مقام و مرتبه.
۴ – به توضیحات عنوان همین قطعه رجوع کنید.   ۵ – حریف تو نی‌اَم: نمی‌توانم با تو برابری کنم.
۶ – پرده سوز: کسی که پرده‌ها یا حجاب‌ها را می‌سوزاند و از بین می‌برد، مقرّب، کسی که به سببِ تقرّب حجابی با حق ندارد.   ۷ – ای خوشْ فَرِّ من: ای دوست باشکوه من.
۸ – جانِ حق‌جو: اشاره به جانِ انسان که قابلیّت و استعدادِ استکمال و رسیدن به عالی‌ترین درجات را دارد و به همین مناسبت بار امانت را پذیرفته است.

۳۸۰۷ **جبرئیلا! گر شریفی و عزیز تو نه‌ای پروانه و نه شمع نیز**[۱]

ای جبرائیل، هرچند که گرامی و عزیزی؛ امّا نه عاشقی و نه معشوق.[۲]

۳۸۰۸ **شمعْ چون دعوت کند وقتِ فروز جانِ پروانه نپرهیزد ز سوز**[۳]

هنگامی که «مطلوبِ سرمدی» بار امانت را که پذیرفتنش مساوی با سوختن‌ها و جانبازی‌ها و فنای کامل بود، عرضه کرد، فقط انسان آن را پذیرفت. فرشتگان قابلیّت و توانایی حمل این بار را نداشتند.

۳۸۰۹ **این حدیثِ مُنقلِب را گورکن**[۴] **شیر را، بر عکس، صیدِ گورکن**

این سخن آشفته را به خاک بسپار و بگذار که بر خلاف همیشه این دفعه شیر شکار گورخر شود.

۳۸۱۰ **بند کن مَشکِ سخنْ‌شاشیت**[۵] **را وا مکن انبانِ قُلماشیت**[۶] **را**

در مَشکِ این سخنان پریشان را ببند و کیسهٔ بیهوده‌گویی را نگشا.

۳۸۱۱ **آنکه بر نگذشت اجزاش از زمین پیش او معکوس و قُلماشی‌ست این**

کسی که ادراکش از محدودهٔ عالم مادّه فراتر نیست، آنچه را که از ماورای عالم مادّه می‌گوییم، «حدیث منقلب» و بی‌سروته خواهد یافت.

---

۱ - جبرائیل از عُقول روحانی است و در مقام عاشقان و سوختگان عشقِ الله نیست پس در مرتبه‌ای نازل‌تر از عارفان عاشق جای دارد.

فرشته عشق نداند که چیست قصّه مخوان بخواه جام و گلابی به خاک آدم ریز

«حافظ»

۲ - حقیقت کلّی انسان که تعیّنِ اوّلِ وجودِ صرف است، مبدأ جمیع تعیّنات است. آنچه را که حُکمای مَشّاء [ارسطو و اتباع او] عقل مجرّد می‌نامند و اهل توحید آن را روح می‌خوانند و روح‌الامین یا روح‌القُدُس نیز می‌گویند، در مرتبهٔ عقل اوّل است که از باطن اسم الله در وجود آمده است: شرح مقدّمهٔ قیصری، صص ۲۲۱-۲۱۲.

۳ - اشارتی قرآنی؛ احزاب: ۷۲/۳۳؛ ر.ک: ۱۹۶۸/۱.

۴ - اینک در پایان دفتر چهارم و هجوم معانی بلند و تداعی‌های گونه‌گون و تقریر قصّه‌ای که در واقع ظاهر و باطن پیامبر(ص) را در تقابل با یک‌دیگر قرار داده است و تبیین این نکته که رسول(ص) با چشم دل به شهود خداوند رسید؛ امّا با چشم سر از عظمت جبرائیل مدهوش گشت و اینکه در معراج، جبرائیل از عظمت روح پیامبر(ص) مدهوش شد، احتمالاً در ذهن مولانا به سبب تنگی ادراک عام و دل‌نگرانی از سوء برداشت، آشفتگی خاصّی به وجود آمده که او آن را «حدیثِ منقلب» می‌نامد و سعی می‌کند به سرعت کلام را به پایان ببرد.

۵ - **سخن‌شاشی:** سخنان پریشان و آشفته به مشکی پر از ادرار مانند شده است.

۶ - **قُلماشی:** واژه ترکی به معنی بیهوده‌گویی، انبانِ قلماشی یعنی سخنان بیهوده.

۳۸۱۲ لا تُـخالِفْهُمْ حَـبیبی! دارِهِـم یـا غَـریباً نـازِلاً فـی دارِهِـم[۱]

ای دوست من، که غریبی و به منزلشان فرود آمده‌ای، با آنان در نیفت و مدارا کن.

۳۸۱۳ اَعْطِ مـا شـاؤوا وَ رامُـوا، وَأَرْضِـهِم یـا ظَـعیناً[۲] سـاکِـناً فـی اَرْضِـهِم[۳]

ای دوستی که در سرزمین آنان ساکن شده‌ای، خواسته‌هایشان را بده و راضی‌شان کن.

۳۸۱۴ تا رسیدن در شَـه و در نـازِ خـوش رازیا[۴]! با مرغَزی[۵] می‌سازْ خـوش

ای «اهل معنا»، تا روزی که به محضر شاه برسی و به آن تفاخر کنی با «اهل دنیا» مدارا کن.

۳۸۱۵ مـوسیا! در پـیشِ فـرعونِ زَمَـن نـرم بـاید گـفت، قَـوْلاً لَـیِّناً[۶]

ای موسیٰ، نزد فرعونِ زمان باید با نرمش سخن گفت.

۳۸۱۶ آب اگـر در روغـنِ جـوشان کـنی دیگـدان[۷] و دیگ را ویـران کـنی[۸]

اگر در روغن جوشان آب بریزی، اجاق و دیگ را ویران خواهی کرد.

۳۸۱۷ نرم گـو، لیکـن مگـو غـیرِ صـواب وسوسه مفروش در لینُ ٱلخِـطاب[۹]

به ملایمت سخن بگو؛ امّا به جز حقیقت چیزی نگو. توجّه کن که سخنان نرمِ تو چنان نباشد که منکران بپندارند انکارشان را پذیرفته‌ای و به وسوسهٔ افزون‌تری مبتلا شوند.

۳۸۱۸ وقتِ عصر[۱۰] آمد، سخن کوتاه کـن ای که عصرت[۱۱] عصر[۱۲] را آگاه کن

شامگاه فرارسید. ای کسی که سخنان دقیق و فشرده‌ات مردم را آگاه می‌کند، کلام را به پایان ببر.

---

۱ – اینک مولانا از اینکه معانی بلند، حتّی در میان مخاطبان مجلس تقریر مثنوی به سبب حقارت ادراک و اذهان، «حدیثِ منقلب» شمرده شود و سخنان او را «معکوس و قُلماشی» محسوب دارند، خود را در میان «اهلِ حسّ» چونان غریبی می‌یابد که در سرزمین آنان ساکن شده است و قصد رسیدن به منزل «یار» و «وصال حق» را دارد؛ پس به خود دلداری می‌دهد که باید آنچه را که می‌خواهند به آن‌ها بدهیم و راضی‌شان کنیم و بگذریم.

۲ – **ظعین**: رونده و کوچ کننده.

۳ – این بیت تصنیفی از یک ضرب المثل منظوم عرب با همین مضمون است: احادیث، ص ۴۲۳.

۴ – **رازی**: اهل ری.

۵ – **مَرْغَزی**: مروزی، اهل مرو، ری در غرب و مرو در شرق ایران و مراد دو چیز متضاد و مخالف است.

۶ – مولانا خود را به موسیٰ(ع) مانند می‌کند که به فرمان حق باید با فرعون که اینجا «اهل دنیا» و «منکران»اند به نرمی سخن بگوید: اشارتی قرآنی؛ طه: ۴۴/۲۰: فَقُولاَ لَهُ قَوْلاً لَيِّناً...: و با او سخنی نرم بگویید.

۷ – **دیگدان**: اجاق. ۸ – افشایِ اسرار و «سخنِ تند» همانند ریختن آب در روغن جوشان است.

۹ – **لینُ الخطاب**: سخن نرم. ۱۰ – **عصر**: شامگاه.

۱۱ – **عصر**: عصاره‌گرفتن، اینجا بیان معانی بلند و ظریف. ۱۲ – **عصر**: زمان و زمانه، مردم زمانه.

۳۸۱۹ **گو تو مر گِل‌خواره را که: قند بِهْ / نرمیِ فاسد مکن، طینش[۱] مده**

به بیمارِ گِل‌خوار بگو که قند بهتر از گِل است، با ملایمتِ نابجا به او گِل نده.

۳۸۲۰ **نطقْ جان را روضهٔ جانیستی / گر ز حرف و صوت مُستَغنیستی[۲]**

سخنی که از جان برمی‌خیزد، متعلّق به «روضهٔ جان» یا «بوستانِ عالمِ معنا» است، از آنجا می‌آید و به همانجا باز می‌گردد. نمی‌توان آن را در قالب «حرف و صوت» به غیرِ «اهلِ معنا» تفهیم کرد.

۳۸۲۱ **این سرِ خر[۳] در میانِ قندزار[۴] / ای بسا کس را که بنهاده‌ست خار[۵]**

وجود «حرف و صوت» که برای «تفهیم و القای معانی» نارساست، همانند خار سدّ راه بسیاری از جویندگان حقایق شده است.[۶]

۳۸۲۲ **ظن ببرد از دور، کآن آن است و بس / چون قُچِ مغلوب وا می‌رفت پس**

جویندهٔ حقیقت از دور «حرف و صوت» یا «سرِ خر» را دید و پنداشت که فقط همین است، نزدیک نیامد تا ببیند نیشکر هم هست و همانند قوچی که در جنگ با قوچ دیگر مغلوب شده‌باشد، واپس رفت.

۳۸۲۳ **صورتِ حرف آن سرِ خر دان یقین / در رَزِ معنی[۷] و فردوسِ برین[۸]**

همان‌طور که در مزرعه و باغ، مترسک و خار سدّ راه غیر اهل است، «ظاهرِ حروف» یا «کلمات» هم سدّ راه غیرِ اهلِ معنا می‌شود.

۳۸۲۴ **ای ضیاءُالحق حُسام الدّین! در آر / این سرِ خر را در آن بِطّیخ‌زار[۹]**

ای ضیاءالحق حُسام‌الدّین، کمک کن که این «کلمات» جانی بیابند.

---

۱ - **طین**: خاک. در این تمثیل، گل‌خواره همان «اهل دنیا» است که شاید بتوان با نرمی و «پند» او را به سوی «قند» که عالم معناست رهنمون شد، با نرمش بیش از حدّ همچنان گِل‌خوار می‌ماند.

۲ - حرف چه بُوَد تا تو اندیشی از آن؟ / حرف چه بُوَد؟ خار دیوار رزان

حرف و صوت و گفت را بر هم زنم / تا که بی این هر سه با تو دم زنم

مثنوی ۱۷۳۸/۱ و ۱۷۳۹/۱.

۳ - **سر خر**: مترسک در میان کشتزار، مراد «حرف و صوت» است. ۴ - **قندزار**: کنایه از عالم معنا.

۵ - **خار**: کنایه از سدّ و مانع شدن.

۶ - حقیقت پنهان در مثنوی همانند «قندزاری» است که کلمات و سخنان گویندهٔ آن بخصوص هزلیات بسان مترسک یا «سرخری» درکنار آن آویخته است و اهل ظاهر را از کاویدن معانیِ آن باز می‌دارد: شرح مثنوی مولوی، ج ۴، ص ۱۶۸۵. ۷ - **رَزِ معنی**: باغ معنوی. ۸ - **فردوس برین**: بهشت برین.

۹ - **بطّیخ‌زار**: جالیز، مزرعهٔ هندوانه و خربزه و ...، اینجا باغِ عالم معنا.

تا سرِ خر چون بمُرد از مَسْلَخه[۱] نشوِ[۲] دیگر بخشدش آن مَطبَخه[۳] ۳۸۲۵

تا هنگامی که این «الفاظ» در حضور دمِ سردِ اهلِ دنیا کاملاً بی‌جان می‌شوند، به امداد باطن منوّر تو، یعنی «آشپزخانهٔ معنوی» حیاتی نو بیابند.

هین! ز ما صورت‌گری و جان ز تو نه، غلط، هم این خود و هم آن ز تو ۳۸۲۶

آراستن ظاهر کلمات با ما و جان بخشیدن از توست. نه، اشتباه گفتم، هر دو با توست.

بر فلک محمودی[۴] ای خورشیدِ فاش[۵] بر زمین هم تا ابد محمود باش ۳۸۲۷

ای خورشید تابناک، تو مورد ستایش افلاکیان و فرشتگان هستی، مورد ستایش زمینیان نیز باش.

تا زمینی با سمایی بلند[۶] یک دل و یک قبله و یک خُو شوند ۳۸۲۸

تا زمینیان و آسمانیان یک دل و یک سو و یک خُو شوند.

تفرقه بر خیزد و شرک و دُوی وحدت است اندر وجودِ معنوی ۳۸۲۹

و به برکت این اتّحاد «تفرقه و دوگانگی» از میان برخیزد و در سخن ما نیز باز وحدتِ «صورت» و «معنی» دیده شود؛ زیرا «وجودِ معنوی» دارای وحدت است.[۷]

چون شناسد جانِ من جانِ تو را یاد آرَند اتّحادِ ماجریٰ[۸] ۳۸۳۰

اگر جانِ من جانِ تو را بشناسد می‌فهمد که «روح» یک حقیقت واحد است.

موسی و هارون شوند اندر زمین مختلط، خوش، همچو شیر و انگبین ۳۸۳۱

هنگامی که جان‌ها اتّحادِ قبل از خلقت صوری را به یاد بیاورند، در زندگی زمینی هم متّحد و سازگار می‌شوند، همانند «موسیٰ و هارون» یا «شیر و عسل» که به خوشی با هم می‌آمیزند.

---

۱ - **مسلخه**: سلاّخ خانه. ۲ - **نشو**: پیدا شدن، روییدن و بالیدن. ۳ - **مطبخه**: آشپزخانه.

۴ - **محمود**: ستوده. ۵ - **خورشید فاش**: خورشیدی که آشکارا همه جا می‌تابد، خورشید تابناک.

۶ - **سمایی بلند**: آسمانیان، کرّوبیان و فرشتگانِ بلند مرتبه. مراد آنکه میان «عالم صورت» و «عالم معنا» اتّحاد و یگانگی به وجود آید.

۷ - مولانا خواستار اتّحاد میانِ حاضران جلسهٔ تقریر مثنوی «آسمانی با زمینی» است تا با این وحدت همه همچنان که قبلاً بوده‌اند یک «وجود معنوی» شوند و «حرف و صوت» هم جاندار و معنوی گردند.

۸ - اشاره است به اتّحاد جان‌ها قبل از خلقت صوری. همین معنا در دفتر اوّل مثنوی ۶۹۳-۶۹۱:

منبسط بودیم و یک جوهر همه بی سر و بی پا بُدیم آن سر همه
یک گُهر بودیم همچون آفتاب بی گِره بودیم و صافی همچو آب
چون به صورت آمد آن نور سَره شد عدد چون سایه‌های کنگره

۳۸۳۲ **چون شناسد اندک و مُنکِر شود　　مُنکِری‌اش پردهٔ ساتر شود**

امّا اگر جان‌ها یک‌دیگر را اندکی بشناسند و آن اتّحاد پیشین را منکر شوند، همین انکار پرده‌ای می‌شود و نمی‌گذارد حقیقت را ببینند.

۳۸۳۳ **پس شناسایی بگردانید رُو　　خشم کرد آن مَه ز ناشکریِّ او**

پس شناساییِ ناقص و انکار سبب می‌شود که هرگز شناسایی کامل حاصل نشود؛ زیرا «معرفت» مه‌رویی است که با ناسپاسی خشمگین و روی‌گردان می‌شود.

۳۸۳۴ **زین سبب جانِ نَبی را جانِ بد　　ناشناسا گشت و پشتِ پای زد**

به همین دلیل جان‌های بد جان پیامبر(ص) را نشناختند و انکار کردند.

۳۸۳۵ **این همه خواندی فروخوان لَمْ یَکُن[1]　　تا بدانی لَجِّ[2] این گبرِ کُهُن[3]**

آنچه را که گفتیم، خواندی، اینک «لَمْ یَکُن» را بخوان تا عناد این کافران دیرین را دریابی.

۳۸۳۶ **پیش از آنکه نقشِ احمد فر[4] نمود　　نَعْتِ[5] او هر گبر را تَعویذ[6] بود**

پیش از خلقت صوری پیامبر(ص) و قبل از بعثت او، هر کافری از نعت وی به عنوان تعویذ و حِصن استفاده می‌کرد.

۳۸۳۷ **کین چنین کس هست تا آید پدید　　از خیالِ رُوش دلشان می‌طپید**

می‌گفتند: چنین کسی هست یا ظهور می‌کند و با خیال آن حضرت دلشان می‌لرزید.

۳۸۳۸ **سجده می‌کردند کای ربِّ بشر!　　در عِیان آریش هرچه زودتر**

در حال سجده دعا می‌کردند و می‌گفتند: ای آفریدگار، زودتر او را به ظهور برسان.

---

۱ - **لَمْ یَکُن** : نبوده است. اشارتی قرآنی؛ بیّنه : ۹۸/۱-۲ : لَمْ یَکُنِ الَّذینَ کَفَرُوا مِن اَهلِ الکتاب وَ المُشرکینَ مُنفکّینَ حَتّیٰ تَأتِیَهُمُ البَیِّنَةُ. رَسولٌ مِنَ اللهِ یَتْلُوا صُحُفاً مُطَهَّرَةً: کافرانِ میان اهل کتاب و مشرکان، دست‌بردار نبودند تا آنکه برایشان حجّت هویدا آمد. پیامبری از سوی خداوند که بر آنان صحیفه‌های پاک [آسمانی] می‌خواند.

۲ - **لج** : لجبازی، ستیزه‌گری.　۳ - **گبر کُهُن** : کسی که در تمام عمر کافر بوده است.

۴ - **فرّ** : شکوه، اینجا شوکت نبوّت.　۵ - **نعت** : وصف: ر.ک: ۷۳۲/۱.

۶ - **تعویذ** : دعایی که برای دفع بلایا می‌نوشتند و به بازو می‌بستند، اینجا مراد آن است که قبل از ظهور پیامبر(ص)، کافران نام و اوصاف پاک او را می‌نوشتند و به عنوان تعویذ به بازو می‌بستند.

۳۸۳۹ **تا به نام احمد[1] از یَسْتَفْتِحُون[2] یاغیان‌شان می‌شدندی سرنگون[3]**

به نام احمد(ص) از خداوند طلب پیروزی و غلبه بر دشمنان می‌کردند.

۳۸۴۰ **هر کجا حربِ مَهُولی[4] آمدی غوثشان[5] کرّاریِ[6] احمد بُدی**

هرجا جنگ هولناکی پیش می‌آمد، قدرت احمد(ص) فریادرس آنان بود.

۳۸۴۱ **هر کجا بیماریِ مُزمِن بُدی یادِ اوشان داروِی شافی شدی**

هرجا بیماری کهنه و درمان ناپذیری بود، نام آن حضرت داروی شفادهنده می‌شد.

۳۸۴۲ **نقشِ[7] او می‌گشت اندر راهشان[8] در دل و در گوش و در اَفواهشان[9]**

تأثیرات نهانیِ وجود او همواره در دل، گوش و دهان‌شان، یعنی در تمام زندگی‌شان بود.

۳۸۴۳ **نقشِ او را کی بیابد هر شغال[10] بلکه فرعِ نقشِ او، یعنی خیال**

هرآدمِ حقیری تأثیرات نهانی اورا درخود حس نمی‌کند، خیال اورا حس می‌کند، نه حقیقتِ وجودش را.

---

۱ - کلمهٔ «**احمد**» به عنوان نام یا صفت برای رسول خدا(ص) فقط یک بار و در آیهٔ ششم سورهٔ صف و از زبان عیسی(ع) در بشارتِ آمدنِ پیامبری پس از او آمده است. غالب محقّقان قدیم مسلمان و غیر مسلمان گفته‌اند: کلمهٔ پاراکلیتوس یونانی که در انجیل یوحنا «باب ۱۴، آیه ۱۶ و ۲۶، ۲۶/۱۵، ۷/۱۶» آمده و معنای آن تسلّی دهنده است و مراد از آن را روح‌القُدُس دانسته‌اند در واقع شکل تحریف شدهٔ واژهٔ پریکلوتوس است که معنای آن بسیار ستوده شده=احمد است و این ترجمهٔ دقیق یونانی واژهٔآرامی موحمنه **Mowhamana** است. آرامی زبان رایج عصر ظهور عیسی و چند قرن پس از او و در فلسطین بوده است و بی‌شک زبان اصلی و اوّلیّهٔ متون اکنون از دست رفتهٔ اناجیل بوده است. معنای واژهٔ آرامی موحمنه برابر با محمّد و واژهٔ پریکلوتوس که با موحمنه یکی است، احمد بوده است. همچنین گفته‌اند: نام «محمّد» به عنوان پیامبر آینده در انجیل بَرنابا بوده که در سال ۴۹۶ مسیحی از سوی پاپ گلاسیوس بدعت‌آمیز تلّقی شده و اصل این انجیل هم از دست رفته است؛ امّا ترجمهٔ قرن شانزدهمی آن به زبان ایتالیایی با این نام و این بشارت هست: قرآن، ترجمهٔ خرّمشاهی، ذیل آیهٔ ششم سورهٔ صف.

۲ - اشارتی قرآنی؛ بقره: ۸۹/۲: و آنگاه که کتابی از سوی خداوند برای آنان آمد که همخوان با کتابشان بود، با آنکه پیش از آن در برابر کافران [از فرارسیدن پیامبر اسلام و قرآن] یاری می‌جستند، چون آنچه [از پیش] می‌شناختند به نزدشان آمد، آن را انکار کردند...

۳ - در عهد جاهلیّت یهودیان مدینه که با مُشرکان عرب ستیزه داشتند، اگر شکست می‌خوردند، به گفتهٔ میبدی، گفتندی: بارخدایا، دانی که در این شهر منتظر پیامبر آخر زمان محمّد عربی نشسته‌ایم تا بیرون آید و او را یار باشیم، به حق وی که ما را بر دشمنان نصرت دهی: با استفاده از قرآن، ترجمهٔ خرّمشاهی، ذیل آیهٔ ۸۹ سورهٔ بقره.

۴ - **مَهُول**: هولناک. ۵ - **غُوث**: فریادرس. ۶ - **کَرّاری**: جنگاوری، اینجا قدرت و امداد باطنی.

۷ - **نقش**: تصویر، اینجا انعکاس و در پرتو قدرت و امداد باطنیِ آن حضرت.

۸ - **اندر راهشان**: در تمام زندگی‌شان. ۹ - **افواه**: جمع فوه به معنی دهان.

۱۰ - **شغال**: در متن کهن «شعال» است؛ امّا همهٔ شارحان آن را شغال خوانده و گذاشته‌اند. در لغت‌نامهٔ دهخدا و فرهنگ معین چنین واژه‌ای نیافتم «شعالیل» بود به معنی پریشان و متفرّق.

نـقشِ او بـر رویِ دیـوار اَر فـتد ‌‌ ‌‌ ‌‌ ‌‌ از دلِ دیـــوار خـــونِ دل چکـد ۳۸۴۴

اگر پرتوِ انوارِ حقیقت او به دیواری بتابد؛ دیوار شیفته می‌شود و از دلش خون می‌چکد.

آنـچنان فـرّخ بُـوَد نـقشش بـر او ‌‌ ‌‌ ‌‌ ‌‌ کـه رَهَـد در حـال دیـوار از دو رُو ۳۸۴۵

چنان تابش انوار حقیقت او مبارک است که بی‌درنگ دیوار را از دورویی می‌رهانَد.

گشـته بـا یک رویـیِ اهـلِ صـفا ‌‌ ‌‌ ‌‌ ‌‌ آن دو رویــی عـیب، مـر دیـوار را ۳۸۴۶

در برابر یک رویی اهل صفا، دو رویی دیوار هم عیب است و زایل می‌گردد.

این همه تعظیم و تـفخیم[1] و وداد[2] ‌‌ ‌‌ ‌‌ ‌‌ چون بدیدندش به صورت، بُرد باد ۳۸۴۷

آن همه بزرگداشت، تکریم و دوستی با دیدن خود او بر باد رفت.

قلبْ[3] آتش دید و در دَم شد سیاه ‌‌ ‌‌ ‌‌ ‌‌ قلب را در قلب[4] کِی بوده‌ست راه؟ ۳۸۴۸

«یهود و نصاریٰ»، «زرّ ناخالص» بودند که در بوتهٔ آزمایش، سیاه‌روییِ انکارشان آشکار شد، در حالی که «ناخالصی» به دل اهل ایمان راهی ندارد.

قلب مـی‌زد لافِ اَشْـواقِ[5] مِـحَک[6] ‌‌ ‌‌ ‌‌ ‌‌ تـا مـریدان[7] را در انـدازد بـه شک ۳۸۴۹

ریاکاران خود را مشتاق ظهور پیامبر(ص) نشان می‌دادند تا مؤمنان خلوصِ آنان را باور کنند.

اُفـتد انـدر دامِ مکـرش نـاکسی[8] ‌‌ ‌‌ ‌‌ ‌‌ این گمان سر بر زند از هر خسـی[9] ۳۸۵۰

لاف ریاکارانه فقط آدم فرومایه راگول می‌زند و دچار چنین گمانی می‌کند.

کین اگـر نـه نـقد پـاکـیزه[10] بُـدی ‌‌ ‌‌ ‌‌ ‌‌ کِی به سنگِ امتحان راغب شدی؟ ۳۸۵۱

که بیندیشد: او اگر در معتقدات خود خالص نبود، چگونه برایِ ظهور پیامبر آخر زمان این همه اشتیاق داشت؟

---

۱ - **تفخیم** : بزرگ داشتن. ۲ - **وَداد** : دوستی، محبّت.
۳ - **قلب** : زرّ ناخالص، طلای تقلّبی، اینجا کنایه از یهود و نصاریٰ. ۴ - **قلب** : اینجا دل، دلِ اهل ایمان.
۵ - **اَشواق** : جمع شوق به معنی مشتاق بودن.
۶ - **مَحک** : سنگِ مَحک، کنایه از انسان کامل واصل که وجودش محک تشخیص حق از باطل یا خالص از ناخالص است. ۷ - **مریدان** : مؤمنان. ۸ - **ناکس** : فرومایه. ۹ - **خَس** : آدم حقیر و بی ارزش.
۱۰ - **نقد پاکیزه** : زرّ ناب.